U0114528

何景明叢考

白潤德 著

臺灣 學生書局 印行

前言

　　何景明，字仲默，號大復山人，一號白坡，又號胎簪子，河南信陽人，為明朝中葉著名詩人之一。本書乃據其作品、相關史材，考辨其生平、交遊，詳述其行誼、並以散見各處之版本統加校讎，供備明代文學、思想史之研究。

　　筆者在研究何景明之十多年中，承蒙不少機關、學者之支持與幫助。台北漢學研究中心於民國八〇至八一年曾資助我在台灣蒐集資料、寫作。倘無該中心之前任連絡組長辜瑞蘭女士、資料室主任劉顯叔先生之關心，本書必未能夠寫成。國立中央圖書館、中央研究院傅思年圖書館、台北故宮博物院圖書館、日本東京尊經閣文庫、京都大學文學部圖書館、人文科學研究所、北京圖書館、加拿大英屬哥倫比亞大學圖書館均惠准筆者參閱其所藏之書籍。筆者於民國八三年遊學京都時，京都大學文學部教授興膳宏亦曾多方盡心幫助，謹此致謝。同年於訪何景明故鄉信陽時，筆者承信陽師範學院李叔毅、姚學賢兩位教授之熱心協助。於民國八三、八四年，再來台灣時，漢學研究中心連絡組長林如女士多所幫助不遺餘力。台北友人淡江大學教授周彥文先生、漢學研究中心李素娟女士、李今芸女士、崔燕慧女士、嚴鼎忠先生由八〇年迄今之盡心鼓勵使我畢生難忘。筆者任教之維多利亞大學，同仁蕭欣義教授、卜皚瑩女士於拙著之一部分曾加校訂。民國八四年又蒙美國各大學中國語文聯合研習所（史丹福中心）之支持來台灣進修。在此期間，本書之大部得國立台灣大學教授陳舜政先生之指正。筆者在台北修稿時，內子陳惠球、弟子芮邁高（Michael Reeve）在北美為我察疑點。由於趙廷箴文教基金會之贊助，本書得以順利付梓，特此謹申謝忱。上述各位之支持和鼓勵，筆者當銘心永誌。

　　筆者從事漢學研究已二十多年，全仗當年師長之教誨，今願敬奉拙著以表其對於葉師嘉瑩、蒲師立本（E.G.Pulleyblank）、李師祁、王師健（J.W.Walls）、謝師琰、清水師茂之感謝。

　　本人學淺而才疏，少識而多惑。今乃以拋磚引玉之心行拙筆於世，敬請讀者方家不吝指教，補其缺陋。是所至盼。

凡　例

一、述何景明生平事蹟者迄今已有三部著作：

   （甲）劉海涵編《何大復先生年譜》(載《龍潭精舍叢刻》，以下簡稱「劉譜」)

   （乙）付（傅）開沛編〈何大復年譜〉(《信陽師範學院學報》[哲學社會科學版]1982.2：115-18，

       1982.3：34-57，以下簡稱「傅譜」)

   （丙）姚學賢、霍朝安、金榮權合著《何景明評傳》(1993年，河南大學出版社，以下簡稱

       「評傳」)

一、三作雖經廣徵博引，考據質疑，然猶有可補、可辨之處。本書以第一章〈詩文
繫年考〉為主，輔以第二章〈人物考〉、第三章〈版本考〉、第四章〈編次
考〉，並補以數種附錄如下：(一)人物別名索引、(二)交遊本籍、登科年表、
(三)各本詩文編次表、(四)詩文補遺、(五)交遊倡和集、(六)參考書目。全文
資料以何景明詩文為主，輔之以各種史籍、地方志、詩文總、別集。

一、何景明之朋友、同僚與其文集之編纂、校刊有關者甚多。本書為其可考之二百
餘人立小傳。有現存傳記較詳者，則可以其傳補何景明繫年(例如李夢陽、薛蕙、呂
經等)。無傳，或傳記不詳者，則可以何景明繫年為之立傳(例如王昇、范淵、陶驥
等)。今收諸人小傳為第二章〈人物考〉以備考。

一、第三章〈版本考〉有二節。第一節〈現存版本初探〉略述何景明集之明清諸版
本，考其年代、編者、序文、版式等。第二節〈版本源流略考〉以數種互校製
成〈何景明集版本源流圖〉藉示何景明詩文集現存或已佚二十五種版本之源
流。

一、第四節〈編次考〉考證各篇著作年月，以比對其編次與年月次序之關係。

一、何景明集版本為數甚多。然多源於以下四種刻本(詳見〈版本考〉)：

   （甲）　　十卷本《何仲默集》　　　　　以下簡稱「雍本」

   （乙）　　二十六卷本《何氏集》　　　　以下簡稱「申本」

　　（丙）　　　三十七卷本《大復集》　　　以下簡稱「袁本」
　　（丁）　　　三十八卷本《何大復先生集》　以下簡稱「足本」

一、各本何景明集又分其詩爲四小集如下：
　　（甲）「使集」載何景明由弘治十八年(1505)夏自京師奉孝宗皇帝哀書使貴州、雲
　　　　　南，至正德元年(1506)初夏返京之作。
　　（乙）「家集」載由正德二年春稱病歸信陽，至六年冬自信陽返京師之作。
　　（丙）「京集」載何景明使雲貴、隱居信陽時期前後居京師年間之作。
　　（丁）「秦集」載何景明由正德十三年秋任陝西提學副使至十六年春棄官歸里而卒
　　　　　其間四年之作。

一、何景明現存著作有詩一千六百餘首，文賦等體二百餘篇。爲便於檢索原文，本書將
　　全部詩文編以總號。總號有前、後之分。中有冒號(：)相間。各文總號前著一字以
　　明類別，如「賦」、「記」、「銘」等。詩之總號前半爲三位數字，其編排體例如
　　下：
　　　　　第一位數指其集別：1，使集；2，家集；3，京集；4，秦集
　　　　　第二位數指其句法：4，四言；5，五言；6，六言；7，七言
　　　　　第三位數指其詩體：1，古詩；2，律詩；3，排律；4，絕句
　　詩、文總號後半指其編次。申本所載各作之總號依申本編次，由001始(稱「共次」)。
　　申本未載諸作之總號後半則依袁、足二本之編次(二本編次不同時，則以袁本爲準，輔以
　　足本)，由501始(稱「獨次」)。有例外者，則用601，701，801等號。
　　例：352：241—京集五言律詩，申本第二百四十一首
　　　　　序：510—申本中所不載之序文，依袁本編次爲第十篇。

一、本書編次表載各詩文總號、篇題，錄其申、雍、袁、足四本編次、頁數。題辭
　　有異文，則附星號(*)。

一、本書以陰曆爲本，加之以干支、陽曆。陽曆月分，各用英文縮寫如下：
　　正月　二月　三月　四月　五月　六月　七月　八月　九月　十月　十一月　十二月
　　JR　FB　MR　AP　MY　JN　JL　AG　SP　OC　NV　DC

一、本書指日、月食，引 Th.R.von Oppolzer，Canon der Finsternisse 所立之次
　　數。

一、本書概用明代地名，故今日河北地區稱「京師」，安徽、江蘇稱「南京」，湖北、
　　湖南稱「湖廣」。府、州、縣名亦然。

一、本書引何景明作品，先錄篇題，次以總號。引他人之作則先錄作者，次以篇題，次
　　以書名、頁數。若引當今影印本，則先錄原頁數，加之以影印本頁數如：「王廷相
　　〈寄顧開封華玉兼呈邊庭實何仲默〉(《王氏家藏集》18.8a[761])」。

一、所引之書如有多種版本，本書為方便讀者以善本、足本、普及本為準而錄數種
　　版本之頁數。例如「薛蕙〈王明叔同年夜集〉(《薛西原集》1.28a,《考功集》7.1b
　　[77])」。此以《薛西原集》為善,《考功集》為足、普而兼錄之。

一、錄同書名而版本不同者，則先錄書名，次以古今各本之頁數。例如李夢陽《空
　　同先生集》、邊貢集《邊華泉集》，則先錄偉文圖書公司影印明本，次錄景印
　　文淵閣四庫全書本。又如康海《康對山先生集》，稱引者共有三種如下：
　　(甲)十卷本，又善又普；
　　(乙)十九卷本，又善又足；
　　(丙)四十六卷本，極足而罕：
　　本書引《康對山先生集》而(甲)不載其篇者，則僅稱（乙）、（丙）二種之頁
　　數，(甲)、(乙)均不載則僅稱（丙）一種之頁數。

一、本書以立繫年為目。其法不止一端，今略述之。
　　(甲)何景明詩、文若所著時日無可疑者，則辨之於第一章內。
　　　　例：〈六月望月食〉(352：285)。此詩屬京集，何景明居京師諸年中，六月有
　　　　　　月食者僅有正德十年(1515)。此詩則十年六月十五日之作。故本書第一章
　　　　　　即云：
　　　　　　「十五日庚午(JL 25)。月食。有作。
　　　　　　　　按：何集有〈六月望月食〉(352：285)。何景明居京師年間，唯一六月
　　　　　　　　月食即 Oppolzer 所示之4206次，本日見。」
　　　　第四章：
　　　　　　「：285　　　十年六月十五日　　　〈六月望月食〉(見〈繫年考〉)」
　　　　又：何集有〈送劉養和侍御謫金壇〉(372：035),〈送王秉衡謫贛榆〉(372：
　　　　　　036)。現存史籍載有其事，故知此二首當為正德九年正月二十四日稍後
　　　　　　之作。第一章云：

「二十四日 戊子 (FB 18)。劉天和、王廷相謫官。何景明以詩贈之。

　　按：《武宗實錄》：「降監察御史劉天和爲金壇縣丞」，王廷相爲贛榆縣
　　　　丞'(108.10b[2218])。〈送劉養和侍御謫金壇〉(372：035)、〈送王秉衡謫
　　　　贛榆〉(372：036)爲稍後之作。」

第四章：

「：035　　　九年正月二十四日後〈送劉養和侍御謫金壇〉(見〈繫年考〉)
　：036　　　九年正月二十四日後〈送王子衡謫贛榆〉(見〈繫年考〉)」

(乙)何景明著作中，其時日可以確定者不到全集十分之一。雖然，有指人名、官
　　稱、地名、時事、節日、時令、草木者甚多。第四章則廣引旁証以察其編
　　次。以此，可知何景明詩諸體(除樂府、七言古詩外)，申本編次附帶編年(此說詳
　　見第四章)。其著成時日已定之諸篇則可以據其前後諸篇推算而得知何景明
　　諸詩約十分之八以上爲何時之作。原則上，是以時間確定之篇來對照編次，
　　然後據編次以補繫年。

例：〈立秋寄獻吉〉(252：011)：第四章：

「：011　　　夏、初秋　　　　　〈立秋寄獻吉〉」

既知 252：001-074 爲正德二年之作，第一章：

「二十二日 甲午(JL 31)。立秋，有作。

　　按：據編次，〈立秋寄獻吉〉(252：011)爲本日之作。」

又：〈顧內翰約看花城南寺病目不赴〉(352：066)，〈三月三日〉(352：067)：第
　　四章：

「：066　　　春季　　　　　　〈顧內翰約看花城南寺病目不
　　　　　　　　　　　　　　　赴〉：「簇馬低春日，啼鶯隔綵
　　　　　　　　　　　　　　　煙。」

　：067　　　三月三日　　　　〈三月三日〉：「病眼看天地，風
　　　　　　　　　　　　　　　沙當晝吹。」此詩指其有眼病，
　　　　　　　　　　　　　　　疑此詩與：066約同時之作。」

既知 352：065-089 爲正德十一年之作，第一章：

「三月，三日 甲申(AP 4)。有作。

　　按：據編次，〈三月三日〉作於本日，云：「病眼看天地，風沙
　　　　當晝吹」(352：067)。〈顧九和內翰約看花城南寺病目不赴〉
　　　　(352：066)亦爲此時之作，指其病眼。」

一、第二章之體例如下：

（甲）各小傳有三段，第一段述其事蹟，第二段錄其出處；第三段則為雜考，如資料考證、其人與何景明之交往等。

（乙）各小傳第二段中所引用之書目簡稱如下：

史：《明史》

索：《明史人名索引》

獻：《國朝獻徵錄》(原版、影印版頁數均錄，又錄原文作者及其文體[如墓誌銘，傳等])

資：《明人傳記資料索引》

哈：《八十九種明代傳記綜合引得》

方：《明代地方志傳記索引》

庫：《四庫全書傳記資料索引》(獨引何景明集者不錄)

圖：《古今圖書集成中明人傳記索引》

實：《明實錄類纂：人物傳記卷》

叢：《中國叢書綜目》

別：《中國歷代詩文別集聯合書目》(獨引《明詩綜》者不錄)

何集：（以總號錄何景明與其人有關諸篇）

DMB：《Dictionary of Ming Biography》

（丙）明代人物同姓名者不少。〈資〉、〈哈〉、〈方〉、〈庫〉皆有未辨者，而以〈方〉為最。本書雖屢經篩揀，然猶容或有存疑、失誤者。

一、劉譜、李叔毅等所編《何景明研究》(以下簡稱「研究」)皆錄何景明諸友唱和及後人懷舊之作。其缺錄而今日發現之篇，本書另以〈交遊唱和詩集〉補之。此小集僅限於何氏諸友之作；後人之作從缺。

何 景 明 叢 考

目 錄

第一章　何景明詩文繫年考

明憲宗成化十九年癸卯(1483)。一歲。何景明生於河南信陽州。

秋，八月，六日丙寅(SP7)。生於信陽。

> 樊鵬〈中順大夫陝西提學副使何大復先生行狀〉(下簡稱行狀)：「先生生成化十九年八月六日。」

成化二十二年丙午(1486)。四歲。

秋，何景明長兄景韶中舉。

> 《(乾隆)信陽州志》載舉人「何景韶，丙午科，巴陵知縣，東昌通判」(7. 4a[233])。

孝宗弘治元年戊申(1488)。六歲。

已能對句。

> 行狀：「先生六歲，能對句，出奇字，日記數百言。知敬諸兄，至撻之不敢詬。見群兒逐戲，即不同群。」

何景明父何信約於本年任會寧驛丞。

> 按：何信於何年任會寧待考。〈封微仕郎中書舍人先考梅溪公行狀〉：「公兩爲驛丞…會寧三年，以內憂去。已而復除渭源…又三年…求罷官還矣(「狀：501)。何信於弘治十年自渭源歸信陽(此說見下)。該狀稱「三年」，以周歲、虛歲計算待考。今仍以周歲爲當，逆算得弘治元、二年，則知何信任會寧驛丞時，景明未滿十歲。或隨其母留信陽。

弘治三年庚戌(1490)。八歲。

已能寫作文、詩。

> 行狀：「八歲，能文。」孟洋〈中順大夫陝西按察司提學副使何君墓誌銘〉(下簡稱墓誌銘)：「八歲，能屬文。」喬世寧〈何先生傳〉(下簡稱喬傳)：「生有異質，穎記殊絕，八歲時能賦詩，爲文章。諸老生見者爭傳誦，稱爲神童。」

弘治七年甲寅(1494)。十二歲。

約於本年從父官遊陝西。

行狀：「十二歲，隨父宦之陝西會寧驛。」墓誌銘：「十二，從梅溪公宦
遊陝西之渭源。」喬傳：「年十二，以父仕臨洮府驛丞乃隨侍臨洮。」

按：據《明史》〈地理志〉42.1006-08，渭源縣屬臨洮府；會寧縣屬鞏昌
府。故知墓誌銘稱渭源、喬傳稱臨洮均是，而行狀稱會寧則誤。傳譜以
會寧、渭源同屬臨洮府亦誤。

又按：何景明於何年從其父之渭源諸説不一。今有四事可考以爲據者如
下：(一)樊、孟、喬均稱「十二」。然，劉譜以此事繫六年，稱「十一
歲。」《評傳》(7)辨此事，以樊、孟、喬均稱何景明十五中鄉舉，而
其實當於十六歲無疑(見下)，據此得知其確用周歲計算。然而據其皆稱何
景明三十九歲，卒視之，知其亦用虛歲。其稱「十二」則指弘治七、八
年。(二)何集有〈憶昔行〉：「我年十一十二餘，與子握手相懽娛。嚴
君視我猶視子，日向庭前問詩禮」(371：007)。詩中所稱「子」當指臨洮
府知府李紀長子李汝佐(見下)。傳譜以「十一十二餘」爲「屬于部分肯
定句，他不是肯定十一，而是肯定十二。」《評傳》已辨明此説之誤。
(三)何景明居渭源，三年而歸信陽，從其長兄何景韶習《尚書》，未至
一年中鄉試(亦見下)。以其於弘治十一年中舉而逆算，得其十年歸，七、
八年往陝西。(四)〈姪渭女壙磚銘〉：「姪渭女，予三兄女也。兄從父
宦陝西渭源，女生于渭，故名。生十二年天…歲丁卯夏，疫…女乃疾…
病旬餘…有頃絶」(銘：101，亦見下)。丁卯歲即正德二年(1507)。渭女十二
天，逆算得丙辰，即弘治九年(1496)。總之，以(一)、(三)，則七、八
年爲是。以(二)，則六、七年。以(四)，則六、七、八年均可。今以七
年爲當。

臨洮府知府李紀見景明而奇之。

行狀：「時臨洮守李公聞其奇，召置門下，甚愛幸。爲延師授春秋。其師
閒出，他長兒皆譴笑履師坐。先生獨安坐説春秋。李公歎，曰，何兒
麟鳳也。嘗盛衣冠束金呼入，謂其夫人曰，汝視予貴耶。他日是子貴奚
啻予耶。」墓誌銘：「臨洮守聞其奇，召置館下，甚愛幸。令師受春
秋，數月即説春秋。其師乃辭避弗教也。」喬傳：「臨洮守李紀者，聞
其奇，召置門下，甚愛重，賢之。爲延師授春秋。居頃之，即善説春
秋。」〈明故大中大夫資治少尹福建都轉運鹽使司運使李公墓誌銘〉：

「李公卒，子汝佐以使於京赴其友人何景明…男子五人，長汝佐…初，景明從先君爲驛丞時。公使與汝佐同學，朝夕惠教，即父師矣。嘗謂毛夫人，曰，汝視景明母可以異汝佐。然，毛夫人視景明毋嘗不異汝佐也…夫予侍公三年也」（銘：001）。〈祭李默菴先生文〉：「夫景明昔寓于公。是時有毛夫人也。公執詩書，毛夫人執燈燭，晝夜課景明誦讀。居也視衣食，還也饋車馬。此豈不有父母恩邪。是時景明幼孺，非有能知也。公以成人禮之…公嘗盛衣冠入召景明語。毛夫人在傍。公謂曰，汝視予貴邪。它日是子貴奚翅予邪」（祭：002）。

約於此時夢見「玉笙樓」。

　按：薛蕙〈奉同何大復苦熱行〉第七首：「三年臥病楚江扉，六月池臺滿眼稀。玉笙樓上含煙霧，只許仙人醉酒歸。」自注：「仲默少時，夢至一所臺樓，臨水，榜曰玉笙樓」（《薛西原集》1.9b、《考功集》8.6a〔87〕）。

弘治十年丁巳(1497)。十五歲。

本年，父致仕歸信陽。李紀送之。

　〈…李公墓誌銘〉：「及先君致仕，貧甚，公饋之車馬。其歸也。集衛官送之郊亭。揚爵酌先君，曰，吾老友。酌景明，曰，吾小友」（銘：001）。行狀：「居三年，父致仕。貧不能還，李公饋之車馬，集諸官相送郊亭上。揚爵酌先生，曰，吾小友。」

既歸信陽，從兄學尚書。

　行狀：「既歸，改治書。」墓誌銘：「梅溪公既歸，乃又從其兄受尚書。」喬傳：「歸又受尚書長兄景韶所。」〈祭亡兄東昌公文〉：「父亦罷官，羸囊單車，辛勤來歸…是時二兄學已就緒，予亦從父旋。兄從容試之，曰，小弱弟可教也。遂口解經疑，手授簡冊。朝啟夕勵，不得相違」（祭：001）；按：「二兄」指景暘。傳譜以爲指景韶、景暘二人，誤。見「草木」所撰〈關於「何大復年譜」若干問題的考證〉〔《信陽師範學院學報》1991.3：58-61〕）。〈東昌公哀詞〉第一首：「入政光前輩，傳經實我師」（252：014）。孟洋〈趙王左長史戴公墓誌銘〉：「公（此指戴冠父戴宜）父諱緝訓。緝訓處鄉有望，人以行稱正二翁云。正二翁生公，奇其穎峻，目之，曰，戴氏自爾八（此指宜四祖）來亡顯。其能顯者，幾是乎。乃遣事何仲律先生（即景韶）。受尚書。何仲律先生父梅溪翁故善正二翁，令其仲子仲升（此指景暘）友之，季子仲默師之。二子者與公同舉鄉試」（《孟有涯集》17.9a）。

弘治十一年戊午(1498)。十六歲。居信陽。秋赴鄉試，中試歸。

御史李瀚奇之。

> 行狀：「治書纔九月，泌水李御史瀚時按汝寧，調試信陽諸生。先生從其兄往試。御史讀其文曰，奇才，奇才。吾未見山川何盛生此人也。遂復如信陽觀之。」

秋，八月，與二兄景暘同榜舉鄉試。

> 行狀：「已而中經魁。報者至，先生臥應之。人曰，汝何不喜。曰，吾個知己，何喜爲也。是時年纔十五，形貌又小且禿弁也。諸王公大人爭負視。至轉相負，匿府不出。所居過人遮蔽弗得進。草書日數百張，應諸求者。一時盡呼爲神童。」墓誌銘：「受尚書才九月，弘治戊午即以尚書魁河南鄉試。」喬傳：「甫數月，即以尚書魁河南省試。當是時，年纔十五也。諸王公大人爭迎致一見。候車嘗數十乘，所過人觀者如堵。」
>
> 按：本年與何景明先後相交而同榜中舉者有王光、袁鎔、崔銑、郭維藩、劉大謨、焦董中、盛琛、何景暘、陰盈、戴誼、蔡天祐、劉節、師存智、田汝籽、王希孟。
>
> 又按：行狀、喬傳均誤稱十五歲舉鄉試。王廷相〈大復集序〉：「十有六齡即舉于鄉。」以此爲是。此事，劉譜已辨之：「以歷年論，仍當以十六年爲正。」《評傳》從之(見上)。傅譜以「是時年纔十五」爲劉譜之誤，非也。

弘治十二年己未(1499)。十七歲。居信陽。春赴京師應試，不第而歸。後或從兄景韶之湖廣巴陵。

春，應試於禮部，落第。

> 行狀：「次年春試，以文多奇字，覆省卷見除，不第。」墓誌銘：「己未，試禮部，不第。」
>
> 按：本年與何景明先後相交而登進士第者有楊廷儀、謝忠、杭淮、朱應登、都穆、謝廷柱、左經、唐澤、陰盈。

爲長官所奇。

> 按：顧璘《國寶新編》：「少有神解，弱冠入京。身不勝衣。馳才長賦便凌作者。時海陵儲公 、錫山邵公寶，領袖文苑，咸加賞歎」(6b)。

入太學，尋歸。祭酒林瀚贈之詩。

行狀：「入太學，匝月歸。林祭酒作詩贈之。祭酒贈詩諸生，前未嘗有也。」墓誌銘：「遊太學，祭酒林公又甚愛幸何君，贈詩美之。」喬傳：「既入京師，遊太學。祭酒林公又甚愛重，賢之。歸則詩贈焉。于是，名盛傳海內，猶鳳鳴麟出。世人驚睹也。」王廷相序：「至京師，學士大夫慕其神藻，無不降重造謁以求識面。」

按：林瀚〈何景明舉人辭歸賦此壯之〉：「伊洛何家此景明，詞章落筆盡天成。李唐謾説張童子，昭代凌雲蓋世英」（《林文安公詩集》3.4a）。此即諸傳言及之詩。〈奉寄泉山先生〉(252：524)、〈壽泉山先生〉(353：013)均為林瀚而作。何集有〈奉寄泉山先生〉：「北戰南征兵未休，我師高臥只林丘」(372：040)、〈送林利正同知之潮陽〉（林利正即林瀚子林廷模）：「憶在成均共攜手，泉山門下相知久。萬里恩情若父兄，十年道義慚師友。」（「成」：申本作「城」）又：「過家登堂壽禮畢，道予問訊泉山老」(371：028)。據上引諸詩句得知何景明終生認林瀚為師。

又按：傳譜以〈渡河〉(251：011)、〈入京篇〉(271：018)為此時之作。今據編次繫諸正德二、三年，見下。

何景韶或於本年知巴陵縣。

按：〈亡兄行狀〉：「為巴陵令…居六年，將考績，民赴監司留之…已而果遷東昌…居六月，疾作，竟卒」(狀：001)。何景韶於正德二年(1507)春季卒，推算約於本年始知巴陵，而〈祭亡兄東昌公文〉：「二兄洎弟（此自指）同舉于鄉…逾年，兄遂令巴陵，逾三年弟仕于朝，又逾三年兄遷東昌」(祭：001)。所稱年數不合。按何景明於弘治十八年奉孝宗哀詔至貴州、雲南，取道巴陵與景韶遊(見下)，數言及其曾過此地，〈古松行〉：「六年前過蒲圻城，古松陰中三日行」(171：002)、〈雲溪驛〉：「雲溪驛？經過處，六七年間兩度行」(172：004)、〈寄君山〉：「十里無緣攜客到，六年不見使人思」(172：008)。李夢陽送何景明赴雲南時，贈以詩，〈贈何舍人齎詔南紀諸鎮〉：「巴陵縣令舍人兄，接詔會弟西樓中。童年題詩在高壁，六載不到紗為籠」(《空同先生集》18.2a[387]，20.1a[145])。何景明何年從兄赴巴陵未定，然據上引「六年」、「六七年」、「六載」諸語當以本年為是。然，劉譜以此事屬十三年。《評傳》已辨其誤(14)。

又按：《(萬曆)東昌府志》6.11b、《(嘉慶)東昌府志》15.20b均載通判有何景韶，正德六年任官，「六」字或為「元」字之誤。

弘治十三年庚申(1500)。十八歲。居巴陵。

弘治十四年辛酉(1501)。十九歲。歸信陽。

或讀書於堅山寺。

> 按：疑本年回信陽。然無據。傳譜引孟洋〈宿堅山寺何仲默有讀書樓〉：
> 「爲問登樓客，長安何處眠」(《孟有涯集》5.15b)。據孟洋集之編次，此詩
> 當作於正德八年春季，即孟洋取道信陽赴桂林時。

弘治十五年壬戌(1502)。二十歲。赴京應試，登進士，尋歸。

春，二月，二十五日戊辰(AP2)。會試於禮部。

> 《孝宗實錄》：「戊辰，禮部會試。」(184.8a [3401])

三月，十五日丁亥(AP21)。殿試。

> 《孝宗實錄》：「丁亥，上御奉天殿策會試。中式舉人魯鐸等二百九十九
> 人。」(185.4b [3410])
> 按：傳譜誤以〈殿試宿禮部張子淳郎中署奉和馬張二光祿喬直閣諸公〉
> (352：021)爲此時之作。此詩實作於正德九年，見下。

十八日庚寅(AP24)。賜進士出身。

> 《孝宗實錄》：「庚寅，上御奉天殿賜康海等進士及第、出身有差。文武
> 群臣行慶賀禮」(185.5b[3412])。行狀：「未冠，中弘治壬戌進士，授中書
> 舍人。」墓誌銘：「壬戌舉進士。」喬傳：「年十九登壬戌進士，授中
> 書舍人。」
> 按：何景明於弘治十七年始授中書舍人，見下。本年與何景明先後相交而
> 登進士第者有康海、王尚絅、李時、呂柟、何瑭、惲巍、鄭選、王廷
> 相、徐問、熊紀、師夔。
> 又按：王尚絅〈孟川行〉序云：「若大復何子仲默、覺湖朱子亨之輩，皆
> 秀出壬戌者，今皆不可作矣。」詩云：「壬戌號多才，飄瀟嬴洲偉…大
> 復諸郎銷紫煙，痛如覺湖亦小年」(《蒼谷全集》1.15a)。

二十四日丙申(AP30)。新進士多授庶吉士辦事。何景明未授。

> 《孝宗實錄》：「授…第二甲胡煜等九十五人、第三甲卞思敏等一百二人
> 分撥各衙門辦事」(185.7b[3416])。
> 按：據《明清進士題明碑錄索引》(2491)，本年第三甲有一百九十九人。
> 墓誌銘：「進士例改庶吉士。何君獨以不喜私謁。弗與。」

尋請歸，娶張氏。

> 墓誌銘：「請歸娶。娶張氏。」

按：〈贈蕭文彧號古峰序〉：「蕭文彧先生與余父兄游者數十載，與余游者六七年…余第進士，猥來見訪。至再乃徵余言，請爲別號」(序：510：「徵」：袁本作「識」)。此或作於夕治十五年，即適逢何景明歸信陽娶張氏時。

弘治十六年癸亥(1503)。二十一歲。返京師。

按：何景明於何時返京師諸說不一。劉譜：「是年先生同張夫人至京師。」傳譜：「在京師。」然簡錦松《李何論詩研究》載年譜：「弘治十七年…何景明返京。」劉譜、傳譜、《評傳》均稱張氏十七年卒，以「二年」指「過二年」非謂「第二年」。今據墓誌銘：「娶張氏，二年卒…甲子授中書舍人」得知張氏癸亥年卒。何景明〈悼亡〉詩入京集，可知張氏卒時，何景明夫婦已返京師。

從李夢陽、邊貢等遊。

行狀：「初，國朝去古益遠。詩文至弘治間極矣。先生首與北地李子一變而之古…天下翕然從風，盛矣哉。」墓誌銘：「當是時，關中李君獻吉、濟南邊君廷實以文章雄視都邑。何君往造，語合，三子乃變之古。自是，操觚之士往往趨風秦漢矣。」喬傳：「是時，北地李獻吉、武功康德涵、鄠杜王敬夫、歷下邊廷實，皆好古文辭。先生與論文，語合，乃一意誦習古文。而與獻吉又駿發齊名。憂憤時事，尚節義而鄙榮利，並有國士之風焉。」康海〈大復集序〉：「弘治時，上興化，重文士，大夫翕然從之。文視昔盛。是時，仲默爲中書舍人，而予以次第爲翰林修撰。一時能文之士凡予所交與者，不可勝計。予顧獨以仲默爲難能。仲默時方弱冠也。」王廷相〈大復集序〉：「及登第，與北郡李獻吉爲文社，交稽述往古式昭遠模，檳棄積俗，肇開賢蘊。一時修辭之士翕然宗之。稱曰李何云。」

按：劉譜、傳譜均據〈李大夫行〉：「憶年二十當弱冠，結交四海皆豪彥。文章天上借吹噓，杯酒人中迴顧盼」(371：058)。李夢陽〈朝正倡和詩跋〉：「詩倡和莫盛於弘治。蓋其時古學漸興士彬彬乎盛矣…其後又有…信陽何仲默」(《空同先生集》58.15a[1671]，59.18b[543])。李氏此文亦提及趙鶴、錢榮、杭淮、杭濟、何孟春、王守仁、邊貢、都穆、徐禎卿、顧璘、朱應登等人。劉、傳譜均引李夢陽〈送昌穀〉：「是時少年誰最文，太常邊丞何舍人。」(此詩原題〈徐子將適湖湘余實戀戀難別走筆長句述一代文人之盛兼寅祝望焉耳〉，見《空同先生集》19.18a[451]，20.20b[154])。何集中作於弘治年間者甚少，並無言及邊貢之作。其言及李夢陽者僅有〈贈李獻吉〉

（351：011-013）、〈答獻吉〉（351：014-015）。言及王廷相僅有〈別王秉衡〉
（352：130）。雖然，則據〈中秋十七夜留康德涵飲〉（351：018-019）、〈寄顧
華玉〉（352：150：以上均為正德元年之作，見下）、〈夢何粹夫〉（252：022）、〈王
檢討九思〉（251：022）、〈邊太常貢〉（251：026）、〈王職方尚絅〉（251：027：
以上均為二年之作）、〈寄杭東卿〉（252：501：家集，為何年之作待考）、〈崔生行〉
（371：013：六年之作）可知何景明與康海、顧璘、何瑭、王九思、邊貢、王尚
絅、杭淮、崔銑早已相識。

又按：李夢陽〈大復山賦〉（《空同先生集》3.2b[54]，3.2b[23]）序云：「夫大復山
者，荊徼之名山，淮實出焉。淮過桐柏始著，於是禹道，淮桐柏始。淮
山二精，發於何生。產諸申陽，何生於是，自號大復子。實非遺淮，要
有攸先焉耳，余珍其人，爰造斯賦。」此賦作於何時不可考。今按疑為
此時之作。除此賦外，李集另有不少言及「何舍人」、「何子」之作，
其中當有此時之作，如〈簡何舍人二十韻〉（《同》28.12a[735]。28.10b[237]）、
〈郊齋逢人日有懷邊、何二子〉（《同》31.3a[821]，30.1a[255]）、〈病間聞何
舍人夢故山有感〉（《同》31.5a[825]，30.4a[257]）、〈春望東何舍人〉（《同》32.
6b[860]，31.5b[267]）。

冬，悼惲魏亡妻蕭氏。

　　按：據羅玘〈惲進士妻蕭氏墓誌銘〉（《文肅公圭峰羅先生文集》20.24a），惲魏妻
　　蕭氏於弘治十六年十一月十二日（NV30，1503）卒，十七年四月歸葬。〈惲
　　功甫悼亡〉第一首：「捐棄不待年，幽魂渺仙嶠」（351：005）。此詩當為
　　蕭氏卒之稍後所作。邊貢〈病婦行為惲功甫悼亡〉（《邊華泉集》2.9b[66]，2.
　　16a[30]）、朱袞〈挽惲功甫內子〉（《白房雜興》3.5b）皆為同時之作。

　　妻張氏卒。

　　按：張氏本年亦卒，説見上。〈悼亡〉第一首：「冬夜一何長，展轉難及
　　晨」（351：007）。第二首：「鳴雞報早朝，出戶履晨霜」（351：008）。疑張氏
　　卒於本年冬季。

弘治十七年甲子（1504）。二十二歲。居京師。授中書舍人。

　　墓誌銘：「甲子，授中書舍人」（已見上）。《名山藏》（12b[5296]）傳：「十九
　　與進士…居二年授中書舍人。」此言「十九」誤。

春，三月，十一日戊寅（MR27）。寒食節。送孫榮之信陽，有作。

　　按：〈五馬行〉：「去年來時楚江秋，長鞭馳過黃鶴樓。」又：「今年朝
　　天入五鳳，紅纓寶玦連錢重。」又：「天子命下巡吾州，輝光重整金絡

頭。」又：「出門一送五馬行，我馬躊躇皆不鳴。相逢同是他鄉客，惆悵城邊暮春別。山亭草色細雨時，野館梨花寒食節」(371：001)。《(乾隆)信陽州志》：「孫榮，湖廣華容人，弘治十七年守信陽」(6.8b [212])。孫榮自華容赴京，途中當過武昌黃鶴樓，知此詩為本年寒食節送孫榮赴任信陽之作。魯鐸〈送孫懋仁守信陽〉(《魯文恪公集》2.10b)為同時之作。

　　又按：何景明於正德三年(1508)春作〈寄孫世其〉言：「昔為燕地客，常到楚人家」(252：076)。今疑孫榮子繼芳此時已與景明遊。

約於此時為信陽州仕紳作碑文以彰前知州張琪之德。

　　按：〈張公去思碑〉：「吾州守張公以彰德府推官蒞吾州，遷南京戶部員外郎，適弘治甲子，為吾州凡七年。既去，州之大夫士越考翼馳狀于京，謂余曰，公政吾州，德我民，我民德之。子州人，且公所舉，其知公。為我民文其實，碑之」(雜：503)。

秋，約於此時，送劉鳳鳴、劉爕赴山西鄉試。

　　按：〈送劉筆峰暨從子黃巖赴省應試〉：「朝出長安門，夕至晉水邊」(451：701)。可知其作於京師。據劉鳳鳴於正德二年中舉，知該詩作於二年之前(鳳鳴為筆峰說見其小傳)。何景明於正德二年秋季已歸信陽，弘治十四年不在京師。此詩則為弘治十七年之作。

八月，十五日壬申(SP22)。中秋節。賞月。

　　按：〈查城十五夜對月〉(十八年，雲南途中之作，見下)第四首：「去年當此夜，坐對紫薇間」(152：022)。傳譜以第二首：「美人何處共，光彩隔雲端」(152：020)指張氏。

九月，九日丙申(OC16)。重陽節。遊慈恩寺。

　　按：據編次，〈九日登慈恩寺閣〉(352：126-128)當為本日之作。

十四日辛丑(OC21)。遊馮顯宴集。有作。

　　按：〈白菊賦〉序云：「甲子九月十四日，馮侍御宴集。出白菊詠賞，屬予賦之」(賦：022)。馮侍御即馮顯，說見其小傳。

冬，送錢榮。有作。

　　按：〈別思賦〉(賦：025)當與邊貢〈車搖搖・送錢伯川監稅河西〉作於同時(見錢榮小傳)。邊氏詩云：「孟冬北風冽，河水寒不流。」又：「君行西河上，幾日河迎春。」可知其為十月之作。〈後別思賦〉序云：「伯川將之河西，予既為〈別思賦〉矣。及王舍人文熙館為別，予以事不得

往，益爲之快然，乃紓鄙懷爲〈後別思賦〉」(賦:026)。〈後別思賦〉確爲弘治十七年冬季之作(見王昇小傳)。疑〈別思賦〉作於同年十月。

本年與李紀長子李汝佐遊。有作。

> 按：〈憶昔行〉(己見上)：「杳杳雲鴻異鄉縣，十載長安見君面。昔別未冠今已婚，回憶少年空嘆羨。一官碌碌經三春，二十光陰似飛電」(371：007；「十」：申本作「千」，誤)。以「十一十二餘」添「十載」得二十二、三，即弘治十七、八年。以「一官」與「經三年」或得正德元年(自授中書舍人第三年，而於此時何景明自雲南返，尚未至京師)，或得弘治十七年(自登進士第三年始授官)。此事劉譜不載，傅譜：「景明弘治十五年中進士，至十七年恰爲三春。」其說顧當，今從之。」

弘治十八年乙丑(1505)。二十三歲。居京師。夏奉孝宗哀詔使貴州、雲南。

春，二月。送王昇奔喪。

> 按：〈贈王文熙〉第四首：「遲遲仲春日，叢薄華且芬」(351：004)、邊貢〈贈王文熙〉第一首：「陽鳥流歸音，空堂春風早」(《邊華泉集》1.8a[19]，1.14a[10])、杭淮〈王文熙守制還家〉第一首：「春入燕關道，草色青已齊」(《雙溪集》1.4a[254])均爲送別之作。王文熙即王昇，說見其小傳。王昇於弘治十七年四月甫授中書舍人，何景明於正德元年春季尚未返京師，二年春歸信陽，其送王昇歸當在本年。何景明詩未言王氏以何故歸，邊詩明指其奔喪。王昇父沂十七年十一月卒。然，何、邊二人詩均指其子昇二月始辭京師。邵寶撰沂母楊氏墓誌銘(見王昇小傳)云：「中舍自京師奔喪，逾淮而及淑人。」邊貢第一首：「歎息素冠詩，繁臺滿中抱」或均指此事。

三月，十八日癸卯(AP21)。顧鼎臣等獲賜進士。

> 《孝宗實錄》：「癸卯，上御奉天殿賜顧鼎臣等進士及第、出身有差。」222.9a [4195]

> 按：本年與何景明先後相交而登進第士者有顧鼎臣、董玘、崔銑、嚴嵩、陸深、王綖、徐縉、張承仁、江玨、曹琥、張繼孟、顧可學、徐禎卿、段炅、蔡天祐、高　、馬卿、陶驥、顧應祥、王希孟、殷雲霄、孫紹先、易舒誥、張士隆、田汝耔、鄭善夫、師存智、孟洋、曹儆。

又按：〈送楊子濬下第還廣東〉(352：129)爲稍後之作。楊子濬待考。〈送
　鄉人還〉：「楊柳花飛蕪草青，故鄉南望幾長亭。城邊客散重回首，愁
　見孤鴻落晚汀」(374：005)。雖不稱落第，此詩或爲不第之人而作。

李夢陽以劾外家下獄。

　　按：《明通鑑》：「是月(三月)，下戶部主事李夢陽于錦衣衛獄」(40.
　　1529)。李夢陽〈述憤一十七首〉序云：「弘治乙丑年四月作，是時坐劾
　　壽寧侯逮詔獄」(《空同先生集》10.1b[200]，9.1b[62])。〈答獻吉〉第二首：
　　「彼蒼亦何神，五月飛霜風。至誠變金石，何懼不感通」(351：015)。疑
　　爲李夢陽甫獲釋之作。

或與戴冠作詞。

　　按：戴冠〈和朱淑真斷腸詞書後〉：「始予得朱淑真《斷腸詞》於錢塘處
　　士陳逸山。閱之善其清麗，哀而不傷。癸亥歲除之夕，因乘興偏和之。
　　目繁以詩，蓋欲益白朱氏之心，非與之較工拙也。已而攜之遊都下，以
　　呈大復先生，間有一二字爲所許者。北來漸覺玩物喪志，欲遂棄之，竊
　　嘆當時好事，故不忍焉…弘治乙丑九月望後三日題」(《戴氏集》11.8a)。戴
　　冠自弘治十六年六月丁母憂(見下)，十八年夏始除服。然，因何景明於
　　本年五月使雲南可知戴冠除服之前已返京師與何景明遊。戴冠集有〈和
　　大復先生所書虞美人〉二闋(《同》11.10b)、〈和大復先生所書浪淘沙〉三
　　闋(《同》11.12b)，或爲此時之作。

夏，五月，五日己丑(JN6)。何景暘女卒於京師。

　　戴冠〈何處子壙志銘〉：「處子姓何氏，爲河南信陽州人，從其父何景暘
　　遊宦于京。弘治十八年五月五日，病殤。年十有七…其兄士之友，戴冠
　　爲之誌壙」(戴氏集12.8)。

七日辛卯(JN8)。孝宗崩。何景明奉哀書使貴州、雲南。

　　《孝宗實錄》：「遣官代行廣東、廣西、四川、雲南、貴州所屬府州縣」
　　(224.5a[4245])。行狀：「奉敬皇帝哀書南下。」

　　按：不知何景明於何日自京師發，然確知其於六月始聞邊報(見下)。故離
　　京當在五月二十四日之前。

李夢陽、王廷相送何景明之雲南。

　　按：據編次，〈別王秉衡〉爲此時之作，云：「賈生能抗疏，司馬善爲
　　文」(352：130)。疑此指李夢陽、王廷相。李夢楊〈贈何舍人齎詔南紀諸
　　鎮〉作於此時(已見上)。該詩云：「先皇乘龍去不返，悲風慘淡吹震
　　極。」又：「此時九道使臣出，舍人亦輙蠅頭筆。」何景明離京師後，

　　李夢陽乃有念之之作，如〈得何子過湖南消息〉、〈憶何子〉(均見
　　《空同先生集》24.5a[591]，25.4a[204])。

六月，經武昌。

　　按：何集有〈舟次漢陽〉(172：001)、〈武昌聞邊報〉：「一時邊將當關
　　少，六月王師出塞難」(172：002)。《明通鑑》：「(五月)戊申(JN25)，小王
　　子犯宣府」(40.1531)。何景明本日之前離京師，故至武昌始聞邊報。

　　又按：何景明自京師之武昌，曾否取道信陽待考。使、家、京三集所載均
　　無以爲據。《評傳》引〈舟次漢陽〉二句：「使客舟從漢口來，武昌城
　　對漢陽開」(28)。故推測何景明經開封、南楊，自襄陽乘舟下漢水至漢
　　口。

秋，自武昌之雲南府。據編次、地名推斷，何集151：001-029；152：001-025；
　　　154：801；171：001-008；172：003-022；173：001；174：001-005　　等
　　　詩、文為此時之作，詳見下。

　　自武昌經蒲圻、臨湘至岳陽。

　　按：〈避雨山舍望見蒲圻縣〉(152：001)、〈長安驛〉(172：003)、〈雲溪驛〉
　　(172：004)均作於此時。長安驛在臨湘縣東南五十里，雲溪驛在臨湘縣西
　　南五十里，均見《(隆慶)岳州府志》10.63a。〈雲溪驛〉：「異方見月
　　思鄉縣，遠客逢秋念友生。」可知何景明抵岳陽時已在六月、七月之
　　交。

　　又案：傳譜誤以「長安驛」指陝西西安。又以〈渡涇渭〉(451：008)爲此時
　　之作，而此詩諸本屬秦集，與此行無關。《評傳》已辨之(27-28)。

七月，七日庚寅(AG6)。在岳陽，與兄何景韶過七夕。

　　〈岳陽〉：「千家樹色浮山郭，七月濤聲入郡樓」(172：005)。〈乞巧
　　行〉：「岳陽女兒迎七夕，乞巧樓高高百尺」(171：001)。

遊君山寺。

　　〈寄君山〉(172：008)已見上。該詩云：「塵蹤西過巴陵地，尚欠君山寺
　　詩。」

　　按：君山寺在岳陽西。君山亦爲范淵號。據《武宗實錄》：「(戊寅[正德元
　　年十二月二十八日，JR21，1506])遣…刑部員外郎范淵爲副使」(8.15a[263])。可知
　　於本年十二月范淵在京師任員外郎，疑七月已任京官。六年前，何景明
　　在巴陵從兄景韶學，范淵或曾與之遊。李夢陽有〈七峰歌壽范郎中淵〉
　　(《空同先生集》18.5a[393]，20.4b[146])。據此詩題得知范淵約於此時與李夢陽
　　同遊。

經華容，安鄉，澧州，之武陵。

案：〈華容悼楚宮〉(172：009)、〈景港渡〉(152：002)、〈津市打魚歌〉(171：003)均爲此時之作。據《岳州府志》，楚靈王章華臺跡在華容治東(7.83a)。景港渡在安鄉東四十里，見《(光緒)安鄉縣志》1.15a。津市在澧州東十里，見《岳州府志》7.69b。

又按：傅譜因信陽州知州孫榮爲華容人(見上)，其沱西別業在華容縣西，即以〈沱西別業記〉(記：001)、〈石磯賦〉(賦：021)爲此時之作，以爲孫榮之子孫世其(即孫繼芳)此時陪何景明遊華容。然〈石磯賦〉屬家集，當與本年經華容無關。〈沱西別業記〉：「沱出於江。予嘗浮江下峽…既入荊地平溢十數里，其勢始得自縱，乃有別出若沱者焉…予望慕者久之，乃知其地多秀產，固有山川蔭之也。吾郡守孫公，華容人。闡以是語之。公曰，沱之西，吾別業在焉。始，吾遊沱西…遂購得之。他日獲解宦，將惟是以終。而子昔嘗得其概，爲我記一言。予業已奇公，曰，是予所云華容秀產也。既公之子世其者，來從予游，予益奇之，曰，是又所謂秀產也。」據此得以確知二事：其一爲何景明自雲南返京師經三峽下江始遊華容縣之西境。其二爲孫繼芳來信陽從遊，何景明始奇其才。其離岳陽經華容東境往雲南府實未遊沱西，亦未與孫繼芳遊，甚明。〈沱西別業記〉爲何時之作待考，而與〈沱西別業〉(252：013)作於同時。此詩亦屬家集。據編次，得知該詩作於正德二年秋季。傅氏之誤，《評傳》亦辨之甚詳(30-32)。

又按：《(光緒)華容縣志》有「何景明讀書處，邑北石磯山」(2.43[97])。《(乾隆)華容縣志》無此條。此亦爲後人誤增。

遊武陵。

按：〈武陵〉(151：001)、〈桃川宮〉(151：002-005)、〈秦人洞〉(172：010-011)均作於此時。桃川宮、秦人洞見《(嘉靖)常德府志》5.9b、2.9b、《(光緒)桃源縣志》2.6a(110)、1.15a(74)。

自武陵經沅陵、沅州、鎮遠、平越、新添等地，八月至貴州。

按：此時之作有〈自武陵至沅陵道中雜詩〉(151：006-015)、〈辰溪縣〉(152：003)、〈沅水驛〉(152：004-007)、〈渡沅水〉(152：901)、〈懷化驛芭蕉〉(151：016)、〈沅州道中〉(152：008-011)、〈平溪〉(152：012)、〈清浪〉(152：013)、〈鎮遠〉(152：016-018)、〈偏橋行〉(171：004)、〈月潭寺〉(172：012-013)、〈清平令〉(151：018)、〈平越〉(151：019)、〈新添〉(151：020)、〈出新添城〉(172：014)等。

又按：〈鎮遠〉第三首：「踟躕暮江上，又是仲秋時」(152：018)、〈月潭

寺〉第二首：「旅懷寥落逢秋半，僧話淹留坐夜闌」(172：013)。故知此時已值八月。月潭寺在興隆衛治(今清平)東，見《(嘉靖)貴州通志》8.9a(149)。

在貴州適公讌。

按：〈省中公讌〉(171：005)爲此時之作。《評傳》〈關于出使的目的地〉以明代貴州非省級行政區，辨何景明此使雲南偶經貴州，非奉哀書而過之(26-27)。其說或是。然，〈皇告〉序云：「歲乙丑中夏，皇帝告萬國。」又：「八月至貴，其日載晹」(古：005)。或指宣告孝宗大行之事。

自貴州府經平垻、普定、安莊等地。

何集有〈平垻城南村〉(151：021-023)、〈普定〉(151：024)、〈安莊道中〉(172：017)。

八月，十五日丁卯(SP12)。中秋節。宿查城，有作。

〈查城十五夜對月〉(152：019-023)已見上。

經關索嶺、安南、普安等地至雲南府。

〈關索嶺〉(151：026)、〈盤江行〉(171：006)、〈安南〉(152：024)、〈送孫敎諭〉(152：025)、〈新興〉(172：019)、〈普安〉(172：020)、〈城南婦行〉(151：027)、〈平彝道中〉(154：801)、〈平夷所老人〉(173：001)、〈平夷〉(151：028-029)皆爲此時之作。〈大石關行〉(171：007)或亦爲此時之作。

按：〈平彝道中〉何集不載，見劉譜附錄2.35a引《雲南通志》29.14.40b(707)。又見《(康熙)平彝縣志》10.182b(364)。大石關無考，據何集編次，當在盤江與雲南府之間。何景明自平夷至雲南府無其他著作，疑有佚。

時見官軍敉平土賊之遺害。

按：〈城南婦行〉：「前年彌魯亂，腥穢入我堂。弟兄各戰死，親戚俱陣亡。」又：「況復官軍至，燒焚廬井荒。主將貪賄賂，百死不一償」(151：027)。〈盤江行〉：「土人行泣向我云，此地前年曾敗軍。守臣祇知需貨利，將士欲　圖功勳。」又：「千家萬家雞犬盡，十城五城煙火空。夕陽愁向盤江道，黃蒿離離白骨稿」(171：006)。〈新興〉：「卻怪當年出師者，豈無寸策達戎機」(172：019)。〈普安〉：「日下孤城生夕煙，相逢只說敗師年。」又：「寇至不知重鎖隘，兵來能得幾家全」(172：020)。

按：《明通鑑》：「(弘治十二年)九月壬午(即二十五日[OC 29, 1499])，普安賊婦米魯作亂」(39.1475)。又：「(十五年七月)己丑(十九日，AG 21，1502)，王軾平

普安，斬賊婦米魯…用兵凡五閱月，破賊寨千餘，斬首四千八百有奇」
《同》39.1502。

九月，在雲南府。

〈玉庵〉(174：001)、〈遊黔國魚池〉(174：002-005)、〈棲鳳亭〉(171：008)俱爲
此時之作。〈送孫教諭〉(152：025)、〈畫鶴賦〉(賦：030)或作於此時。

按：〈棲鳳亭〉、〈玉庵〉皆稱「爲黔國賦」，可知其在雲南府之作。
〈畫鶴賦〉足本編入使集。雖不稱人名、地名，而誇其畫，疑爲在雲南
府之作。〈玉庵〉、〈遊黔國魚池〉皆言及秋季。

又按：明初，沐英立功，封黔國公，鎮雲南，其裔次第嗣焉，見《明史》
126.3756-67.何集稱黔國均指黔國公沐崑(其小傳)。傳譜誤以「黔國」指
貴州，而不顧此時何景明已旅次雲南，故其所言何景明遊貴州多與當時
地理、時令不合。《評傳》(33-36)雖已辨傅氏之誤，其說又未盡是。
《評傳》以「黔國」爲指貴州西部，亦非也。

九日庚寅(OC5)。重陽節。有作。

〈九日黔國後園〉(172：021-022)爲本日之作。

冬，自雲南府，經永寧，乘舟而下江至江陵，之信陽。據編次，地名推斷，何集
151：030-031；152：026-029；154：001；171：009；172：023-025；
174：006等詩文為此時之作，詳見下。

十月，經烏撒、赤水等地，至永寧。

按：〈蛀盜文〉：「孟冬始魄，永寧官署」(雜：005)。據此語可知何景明
不久留雲南府。十月中旬下半已至永寧。〈與侯都閫書〉：「僕之西行
遂果，及歷烏撒、黑張阿容、摩尼之地，冒赤水之炎，犯雪山之寒，入
倒馬關　」(書：001)。據此語得知其自雲南府往東北向，曾途經烏撒府
等地。

遇盜。有作。

按：〈蛀盜文〉：「予抵永寧，吏役無郊迎者。造館，供具不設，寂無與
語。始入城門，視其不禁概。夜不聞鈴柝之聲。虞有盜，戒僮，僮曰，
未聞城隍而盜者。然予猶飾門者堅封鑰，舉火周垣燭之及其室奧處。命
僮宿中室。夜半，僮忽大叫，曰，盜持扛去矣。起視盜入處，見其壁皆
編竹爲者，飾以土灰，故盜得踰鄰牆，斬壁開門以入。予徐思，囊中無
他長物，惟所服衣並書六十餘卷。書則予甚愛者。旦，有來告者，曰，
北城之江有箱委于岸。空無物，獨書冊狼籍，水浸其半。命收視之，乃
予裝。蓋盜發之盡取其衣服去，而留其書。幸而留吾書，盜亦仁哉。」

又按：〈與侯都閫書〉：「侯都閫足下。僕鄙薄於取與，則甚謹而不敢苟。足下前所惠牙筯并梳，受之實非所欲。初見來价道殷勤甚懇。恐拒盛意。故不復辭。及途始知足下禮意甚衰。凡物以表恭，交以道，接以禮，雖孔子受之。　儀不及物，君子弗屑也。僕不敢以君子自號。然不義之物，受竊不安。請以元封識返之。幸不多怪僭妄敢呈一辭于足下。僕自貴州抵雲南行陸四閱月。車怠馬煩，欲圖少逸，故來就永寧之舟耳。又聞寔益。至永寧傳舍，衛戍廢弛，人皆狡，不識上下。又寡廝隸之役。僕懼遲王命，不即飾行李。當時藩司諸公皆以足下當西路能禮，往來士大夫爲僕慰。由是僕之西行遂果(見上)…入倒馬關　。霧雨連旬不開，竟日無人行，廢蕪寒蔓猿泣鬼嘯，思之令人神竦。又羅羿出沒，劫略于道前後繼聞。誠非人所居者。僕始悔是行。然望永寧則如歸，以其有足下在也。及抵界，殊自慶其出夷窟而至大境。目若開而明者。去城不數里，則寥然無一人出迎。僕以足下主是，亦必出郊，而城門咫尺之地，不能屈足下車馬。及館處至夜愈益不通問。遂爲盜所輕。僕意足下素稱能禮士大夫者。豈以僕不足齒于士大夫之行與。抑足下所禮者，皆要路顯赫，而僕非其流與，足下宜不如是之汙也。僕不足言，所執者王命也。足下王臣也，以王臣而恭王命，不當乎。何乃坐視其困而使之遲王命也。凡禮之交際，來有迎，去有餞。在主土者，尤不可缺。始而不肯枉迎，足下託以他出。其不枉送，其亦他出乎。若有他出，爲行者可也。足下位尊，恐屈官不出，令麾下一出，烏乎不可。何使之寂然不出也。意者足下以僕夫之故爲累足下。遂簡僕邪。然足下爲天子捍衛。遠人使行不拾遺，居者按堵其職也。乃致盜入公署，偷天子使臣之物，是僕累足下，亦足下累僕邪。」又：「蓋君子之待人，以義不以利害，以情不以顯晦。足下於二者，不如察，而人稱其能禮士大夫，何也。昔葉公好龍，几杖門戶，皆手畫龍形。一日有龍下于庭，葉公驚且走。曰，吾非好真龍也。足下之禮士大夫，無乃葉公之好龍與。抑如僕前顯晦利害之說與。足下審之。」

又按：行狀：「遠方君長貴使者，咸贈遺犀象珍寶。有熊太監者，獨復重贈遺。先生平卻不目。太監大發悟於心，曰，彼年少能爾，吾獨不醜哉。遂去職。踰年還，惟衣、書一篋而已。」〈蟁盜文〉：「夫盜欲以利大貨者也。雲南，人稱多異產。至其地必購香水、珍貝、犀象齒角、

怪石、金銀之屬以還。盜豈以是貪我邪。盜亦誤矣。凡善爲盜者，望其
人占其富貧，相其室占其虛盈，故盜無不得，算無不成。茲盜持吾衣，
服之則不稱其體，賈之則敗其跡。雖不利於予，其利於盜也，亦淺矣。
是豈善盜哉。予既仁其留吾書，復笑其不善於盜。」行狀、〈螢盜文〉
諸語與〈與侯都閫書〉之「甚謹而不敢苟」合。

自永寧下納溪水，經江門，至瀘州。

按：〈永寧舟中〉(152：026)、〈進舟賦〉(賦：029)、〈江門〉(152：027)、
〈渡瀘賦〉(賦：028)皆作於此時。

自瀘州下長江，經涪陵、雲陽、奉節、瞿塘峽、巫峽、歸州、兵書峽、夷
陵、江陵。

按：〈涪萬〉(151：030)、〈泊雲陽江頭玩月〉(151：031)、〈白帝城〉(172：
023)、〈灩澦〉(152：028)、〈峽中〉(152：029)、〈歸州〉(172：024)、〈兵
書峽〉(154：001)、〈黃陵廟〉(171：009)、〈夷陵〉(174：006)、〈郢中〉
(172：025)均爲此時之作。

又按：〈涪萬〉：「孟冬氣始肅，葉落北風涼」(151：030)。〈泊雲陽江頭
玩月〉：「扁舟泊沙岸，皓月出翠嶺」(151：031)。可知何景明於十月中
旬已至雲陽。何集中無言及重慶、巴縣之作。劉譜載〈賦四亭詩〉
(152：801-804)，稱「見山」、「閱耕」、「楚頌」、「淮隱」四亭(附錄2.
34b引《全蜀藝文志》13.12b[129])，然而四川長江區諸府、州、縣志均無其亭，
亦無其詩。不知《全蜀藝文志》何據。

十一、十二月，在信陽。

按：何景明於十月入峽，孟春經河南北部返京師(見下)。於途中曾留信陽
無疑，然無其著作以爲據。故家集或有待考者。

武宗正德元年丙寅(1506)。二十四歲。官中書舍人。

春，據信陽返京師。據編次，何集352：131-134等詩、文爲此時之作，詳見下。

還信陽，娶王氏。

墓誌銘：「還過里閈，再娶唐縣王氏。是歲正德元年也。」

按：行狀：「繼配王氏，封孺人…孺人隨先生同旋，甚相愛，又能敬。每
奉飲食，必自爲，無不甘嘗。夜分，先生不寢，孺人不寢也。」又：
「孺人少先生二年。」墓誌銘：「孺人幼喪父。相者貴之。人求婚，母
輒不許。年二十二始歸何君，以賢稱。」

正月，十五日乙未(FB7)。元夕。有作。

按：〈元夕〉(352：131)不言及地名，此或爲信陽之作而未入家集者。則該

詩作於開封亦未可知。

返京師。途中有作。

　　按：據編次，〈新鄭道中〉(352：132)、〈淇門〉(352：133)、〈銅雀臺〉(352：134)均作於此時，可知曾途經新鄭、淇門、邯鄲。

夏，至京師。

　　按：〈自滇蜀歸李戶部馬舍人見訪〉(352：135)稱李戶部者，當爲李夢陽。馬舍人或爲馬陟(見其小傳)。李夢陽〈何子至自滇〉：「醉折荷花別，寧期花復開。」又：「進舟雖一賦，胡棄楚陽臺」(《空同先生集》24.5b[592]，25.4a[204])。劉譜、傅譜均以爲五月至京師，或僅據「醉折」二句而已。

　　又按：《評傳》(37-38)亦以該詩爲據，又引〈觀漲〉：「五月十日雨如射，西山諸溪水皆下。」又：「憶昨曾爲萬里行，洞庭　湔何渺冥」(271：004)。(《評傳》每引「五月十日」句，皆作「五月十五日」，非也。)今考何景明五月三日壽許進(見下)，知其至京師應在五月三日之前。「醉折」句指何景明弘治十八年五月離京師。據編次，〈觀漲〉爲正德二年之作。「憶昨」句實指何景明使雲南，該詩或非元年之作。

訪僧普泰。

　　按：據編次，〈遊魯山城南舍〉(351：016-17)爲此時之作。第一首：「初夏苗始盛，荷笠事田圃。」

五月，三日壬午(MY25)。壽許進。

　　按：〈壽許司馬〉(353：002)爲許進賀壽而作無疑。「司馬」指兵部尚書、侍郎。《武宗實錄》：「戊子(即弘治十八年七月五日[AG4，1505])，改起用戶部左侍郎許進爲兵部左侍郎」(3.3a[91])。又：「丙午(即正德元年五月二十七日[JN18，1506])，陞兵部左侍郎許進爲本部尚書」(13.14a[415])。又：「己亥(指元年十月三十日[NV14])，改兵部尚書許進爲吏部尚書」(18.14a[557])。許進生於正統二年五月三日(JN6，1437)。正德元年五月三日乃其七十壽辰，而是時正在兵部侍郎任內。故〈壽許司馬〉當爲本年之作。王九思〈壽太宰許公〉(《渼陂集》4.18b[154])稱許進爲太宰，指其任吏部尚書。許進正德三年八月八日(SP2，1508)以吏部尚書致仕，王九思詩當爲二、三年之作。

本日，王儼乞致仕。有作。

　　按：《武宗實錄》：「(壬午)…戶部左侍郎王儼乞致仕。許之。仍進散官一階，給驛而歸」(13.1b[390])。〈明山草堂賦〉：「肆游衍兮，皇有他。嗟哉駟馬兮，憂患孔多」(賦：020)。王氏於正德元年歸，未幾戍遼東。足本以此賦繫京集，當爲元年下半年之作。李東陽亦有〈明山草亭、爲王侍郎民望題、時王致仕歸〉(《李東陽集》1.490)。

秋，據編次，何集351：018-019，352：136-155等詩、文為此時之作，詳見下。約
於此時，遊靈濟宮。

按：據編次，〈雨中過李真人方丈〉(352：137-138)為此時之作。熊卓有〈和
何仲默遊靈濟宮韻〉(見《列朝詩集》丙11.25[356])。其韻腳(居、虛、書、疏)與
〈雨中過李真人方丈〉第二首盡同。

送錢榮歸無錫。

按：錢榮於正德元年歸(見其小傳)。邊貢〈次空同子韻送伯川子歸吳二首〉
第一首：「關山雙寶鋏，江海一秋蓬。」第二首：「遙憐相憶處，落葉
薊門秋」(《邊華泉集》4.3b[172]，4.3b[61])。據此語得知錢榮秋季離京師。
然，據編次，〈寄錢水部〉(352：140)為正德元年秋季之作。該詩云：
「多情錢水部，別後有哀吟。萬里秋風興，孤舟日暮心。」此似為送錢
氏稍後之作，則〈伯川詞〉(賦：004)當為七、八月之作。

八月，十七日甲子(SP4)。夜。與康海飲。

按：何集有〈中秋十七夜留康德涵飲〉(351：018-019)。李開先〈對山康修撰
傳〉：「癸亥，以母氏苦思歸，給假送還故里。正德丙寅，毅皇即位，
復奉其母入京師」(《李開先集》593)。據此傳得知弘治十七、十八年八月
康海均不在京師，即十六年亦未必在，或當以該詩為正德元年之作。

又按：此時即所謂「前七子」將散之際。徐禎卿〈往歲中秋，與獻吉飲幽
吟於月下。飛蓬一失載離寒暑。今茲之夕，時異事非，對月舉觴悵然有
作〉：「今夜中秋月，清輝異往時。終知萬古色，不受片雲欺。走魅應
含淚，潛蛟一奮鬐。遙憐澤畔客，千里正相思」(《徐迪功外集》3.1b)此詩或
為正德二年中秋之作。指元年中秋事。

二十四日辛未(SP11)。求地葬姪。

按：戴冠〈何處子壙志銘〉(已見上)：「正德初元之八月二十四日，其季父
中書舍人何景明哀其久暴，求寺僧西園地葬之。」

送三兄景暉歸信陽。

按：〈懷望之姊夫〉(352：153)、〈懷姊〉(352：154)、〈懷三兄〉(352：155)均
作於景暉歸後，而據〈懷三兄〉：「為客全經夏，還家已過秋」可知何
景暉於秋季歸信陽。

九月，九日乙酉(SP25)。重陽節。或有作。

按：據編次，〈菊莊〉(352：139)為約於此時之作，云：「吾憐陶處士，瀟
灑出塵埃。」又：「百年常對酒，九日漫登臺。」

災異多見，諸臣以諫武宗。有作。

按：七月有異星，彗星。《明通鑑》：「己丑夜(即七月十二日，JL 31)，」，
有星見紫微西藩外。如單丸，色蒼白。越數日，有微芒見參、井間。漸
長二尺如帚，西北至文昌。欽天監奏言，恐日久不消，為咎非淺，蓋彗
之漸也。庚子夜(即二十三日，AG11)，彗星見。光流東南，長三尺…是時，
八黨竊枋，朝政日非，災異迭見」(41.1555)。《明史》〈天文志，星
變〉：「正德元年八月，大角及心中星動搖，北斗中璿、璣、權三星不
明」(27.417)。《武宗實錄》：「(癸卯，即九月二十七日，OC13)，欽天監五官監
侯楊源奏，八月初，大角及心宿中星動搖不止，大角天王之座，心宿中
星，天王正位也。俱宜安靜而今乃動搖，意者皇上輕舉嬉戲，遊獵無
度，以致然耳。其占曰，人主不安，國有憂…奏無所諱，然為劉瑾所
惡。竟杖而斃之」(17.12a[527])。〈星變〉：「九重方避殿，四海望垂
衣。」又：「廟堂圖至理，早晚答天威」(352：146)。蓋是時之作也(亦見
下)。

送都穆之南京。

　　按：〈送都玄敬主事〉第一首：「落日空山暮，清霜十月繁」(352：147)。
當寫都穆到南京後景象。劉龍〈送都玄敬工部改官南京兵部〉(《紫巖集》
2.4b)、杭淮〈都玄敬乞養親改官留都兵曹〉(《雙溪集》8.11b[304])皆為此時
之作。〈寄顧華玉〉(352：150)或亦為同時之作。顧璘此時任南京吏部主
事，何景明或將以此詩付都穆。

約於此時兄何景韶遷東昌府同知。

　　按：何景韶任東昌同知，居六月而卒，卒於正德二年春，詳見上。

冬，據編次，何集351：020-030，352：156-160等詩、文為此時之作，詳見下。

　　　十月，一日丙午(OC16)。有作。

　　按：據編次，〈十月一日〉(352：156-157)乃本日之作。

本月作〈後白菊賦〉

　　〈後白菊賦〉序云：「丙寅之秋，京師桃李皆花。予庭是種，生意淒然，
久而不敷。至十月始盛開。色益鮮屬，予感焉作賦」(賦：023：「淒」野竹」
本作「姿」)。

十二日丁巳(OC27)。廷臣請誅劉瑾，不果。

　　《明通鑑》：「十月丁巳。大學士劉健、謝遷等、戶部尚書韓文等，請誅
太監劉瑾等，不果…戊午，大學士劉健、謝遷致仕…己未，李東陽復請
致仕，詔慰留之…壬戌，以吏部尚書焦芳兼文淵閣大學士，吏部侍郎王
鏊兼翰林學士。並入內閣預機務」(41.1559-62)。

按：李夢楊有〈代劾宦官狀疏〉(《空同先生集》39.1a[1095]，40.1a[356])。

作詠懷詩十首。

按：據編次，〈詠懷十首〉(351：020-029)當爲此時之作。詠懷體以阮籍爲宗，以憂時爲題，以隱晦爲法。此時廷臣謀除劉瑾不果，何景明以詩寄意。《評傳》(39-41)以〈秋風〉(古：003)、〈黃鵠歌〉(樂：019)、〈歸來篇〉(271：021)爲此時之作。〈歸來篇〉屬家集。據編次，知該詩爲正德三年春季之作。其他二首，則其說或是，然無據。

十一月，作〈甘露頌〉。

按：〈甘露頌〉：「皇嗣元載，仲月維冬，茂彼陵木，甘露以降」(賦：009)。李夢陽〈甘露〉序云：「甘露紀異也，元年冬至，甘露降于陵樹」(《空同先生集》4.3a[85]，4.3a[33])。何、李二篇乃是時之作甚明。然，不知主題爲何。

四日己卯(NV18)。天文有異，李夢陽有。

按：李夢陽〈月星操〉序云：「元年冬，十有一月，其日己卯，月在寅位，金宿來襲。李子見之而憂，作此操也」(《空同先生集》5.2b[100]，5.2b[38])。

十一日丙戌(NV25)。劉淮陞為　西按察副使。

按：《武宗實錄》：「丙戌，陞廣東道監察御史劉淮爲　西按察司副使，漢中等處撫民」(19.3a[563])。〈贈劉東之憲副〉：「旌旗臨漢水，雨雪度秦城」(352：162)。據編次推斷，此篇爲正德二年早春之作，知劉淮於京師稍留後始赴任陝西。

上書兵部尚書許進。

墓誌銘：「劉瑾時，君度惟大臣可與抗節，乃上書諸尊貴，言宜自振立，撓瑾權。諸尊貴惡，顧嗛何君。」喬傳：「先是，逆瑾撓吏部權，則移書許太宰，引正大義。」《中州人物志》傳：「是時，逆瑾用事，景明移書許進，言宜自振立以抑瑾權。瑾聞而銜之。景明乃謝病。」

按：〈上蒙宰許公書〉(書：501)當作於十月三十日，即許進改任吏部尚書時，之後。

十五日庚寅(NV29)。〈冬月〉一詩或作於本日。

按：〈冬月〉：「冬月今宵滿，他鄉此夜情」(352：158)。十月十五日，廷臣抗劉瑾甫敗。此詩懷鄉而無其他意，當非十月作。十一、十二月均有可能。

送戴冠之獻縣。

按：〈送戴生歸憲縣〉(352：159)作於此時。戴冠父戴宜此時官獻縣。據

《國朝獻徵錄》樊鵬所撰戴冠墓志銘：「是時長史公(指戴宜)仕獻縣學，君每省視，往來途中口詠不綴，途人異之」(95.69[4171])。本年秋季戴冠已欲歸省。〈戴生在吾語感秋思歸，詩以慰留之〉第一首：「到日中元節，淹留歲漸微。而翁在異縣，知汝苦思歸」(352：151)。孟洋〈趙王左長史戴公墓韶銘〉(已見上)：「公始娶程氏。弘治十六年四月十日獻縣卒。」戴冠當以內艱自十六年四月至十八年六月憂居。何景明當自雲南返京師後與遊。戴冠〈代家君乞養親疏〉言「弘治十八年八月初四日」(《戴氏集》1.11b)。故知戴宜於此時猶官獻縣，其乞歸省或未准。

或送呂夔。

按：〈贈祖邦〉(352：610)爲熊卓所和(見〈唱和集〉)。熊氏於正德四年卒，另有和何詩之作(見下)。該詩題稱呂夔「還南都」，則非呂氏於弘治十五年甫登進士授南京主事時之作。〈贈祖邦〉：「客心悲歲晚，歸路及春時。」可知其爲冬季之作。另有〈陸子樓餞祖邦〉：「塞接寒天迥，城銜落景長」(352：607)。今疑二首爲同時之作。「陸子」或爲陸深。

十二月，寄家信。

按：〈寄家信〉(352：612)，雍本、申本均不載，故編次不足以考辨其寫作之年時，而詩云：「一返滇中使，重嗟故里違。」又：「雨雪三冬暗，家書累月稀。」可知該詩爲此時之作。

何景明或已萌歸意。

〈歲晏〉「歲晏看人事，蒼茫繫所思。」又：「報國元無術，還家未有期。獨憐張內侍，吟絶四愁詩」(352：160)(「還家」袁、足二本作「寧親」)。

按：張衡〈四愁詩〉(《文選》29.11a[402])序云：「時國王驕奢，不遵法度…時天下漸獎，鬱鬱不得志，爲四愁詩。」張衡與何景明同爲河南人，作四愁詩不久，辭官而歸。

又按：熊卓有和何氏詩之作(見唱和集)。

正德二年丁卯(1507)。二十五歲，居京師。官中書舍人。春告病歸信陽。

春，據編次，何集251：001-003，007-016，252：001-004，253：001-002，264：001-002，271：001-002，272：001-003，352：161-162等詩、文爲此時之作。詳見下：

正月，二十八日壬寅(FB9，1507)。李夢陽罷官。

按:《武宗實錄》:「壬寅…降户部員外郎李夢陽爲山西布政司經歷…致
　　仕。時太監李榮傳旨謂夢陽阿附韓文…故黜之。蓋瑾意也」(21.6a
　　[605])。徐縉〈明江西按察司副使空同李公墓表〉(下簡稱李公墓表):「武皇
　　帝初年,逆瑾輩擅柄。淇洞韓公等劾之,瑾知疏草出公手,必欲殺,不
　　果。竟奪官,降山西布政司經歷,尋勒令致仕」(《徐文敏公集》5.34a)。李
　　夢陽〈發京師二首〉自注:「正德二年春二月作。是時與職方王子同放
　　歸田里」(《空同先生集》9.3a[181],9.5a[64])。據此注得知李孟陽於二年二月
　　始離京師。王職方爲王守仁。陸深有〈南征賦〉序云:「空同子、陽明
　　子同日去國,作〈南征賦〉」(《儼山集》1.7a[5])。李夢陽〈河上草堂
　　記〉:「正德二年閏月,予自京師返河上築草堂居。其地古大梁之墟,
　　今曰康王城」(《空同先生集》48.4b[1390],49.5b[454])。正德二年確有閏正月。
又按:《明通鑑》:「十一月…甲辰(二十九日DC13),户部尚書韓文罷…踰
　　月,(李夢陽)亦謫山西布政司經歷,勒致仕」(41.1565)。此以李夢陽事繫元
　　年,韓文致仕時。非也。

何景明兄景韶卒。

按:何景韶亡卒之確切時日無考。〈祭亡兄東昌公文〉:「乞病歸。自京
　　奔亡兄東昌通判君之喪。」又:「嗚呼,孰謂吾兄死也。死之先一日,
　　作書遣吏來京視弟。弟方與客坐語,得書讀之,至再且以遍視坐客。有
　　頃,僕進報兄死,弟叱之。僕頃復報兄死,弟猶以爲僕之誤聞也」(祭:
　　001)。何景明自京師歸信陽確爲春季之事(見下),故知何景韶於正德二年
　　春某月死。康海有〈承德郎東昌府通判何君墓志銘〉(《康對山先生集》38.
　　10a)。康海誤以景韶名景和,該墓志銘無加於景明所撰行狀。

歸信陽養病。

行狀:「後值逆瑾用事,知以小臣不能奪,諸大臣又多自顧,即謝病
　　歸。」墓誌銘:「丁卯,何君恐禍及,謝病歸,郊居著述。」
按:〈發京邑〉第三首:「青陽藹廢墟,春氛感鳴禽」(251:009)。此詩寫
　　春,途中諸詩亦多寫春景,可知何景明於正德二年春季歸。陸深〈酌
　　別何舍人兼問訊空同子〉:「年少誰如子,他鄉怯病身。春風滿歸路,
　　幾日罷征輪」(《儼山集》7.9a[45])作於同時。

途經涿鹿,白溝河,滹沱河,邯鄲,黃河。

〈涿鹿道中〉(251:001)、〈渡白溝〉(251:002)、〈滹沱河上〉(252:001)、
　　〈呂公祠〉(272:001)、〈叢臺〉(251:003)、〈渡河〉(251:011)作於此時。
　　〈銅雀妓〉(樂:011)或亦爲此時之作。
按:〈呂公祠〉:「落日蕩漾古水濱,邯鄲城邊逢暮春。」又:「馬上十

年元是夢，世間何處可還真」(272：001)。邯鄲在信陽、京師之中途，而
何景明於晚春過之共有弘治十五年應試落第後、十八年登進士後、正德
二年謝病歸三次。據上引諸語，此詩當爲正德二年之作。該詩云「十
年」，由正德二年(1507)上溯第十年得弘治十一年(1498)，何景明赴開封
應鄉試之年。可以此爲佐證。

留開封。〈大梁行〉(271：001)爲此時之作。〈上李石樓方伯〉(253：501)
亦作於此時。

　　按：據編次，〈大梁行〉爲此時經開封之作。該詩或爲贈李夢陽而作。李
　　　　夢陽有〈贈何舍人〉：「朝逢康王城，暮送大堤口。相對無一言，含悽
　　　　各分手」(《空同先生集》36.13a[1015]，34.12a[299])。此詩作於開封，或爲此時之
　　　　作。然，繫之正德十三年，何景明赴任陝西亦無不可。

　　又按：李石樓方伯即李瀚(已見上)。《武宗實錄》：「(正德二年正月)乙未(FB2)
　　　　陞…湖廣按察使李瀚…爲右布政使…河南」(21.4b[602])。又：「(閏月)
　　　　壬戌(MR1)轉河南右布政使李瀚爲本司左布政使」(22.8a[621])。又：「(五
　　　　月)壬申(JL9)以河南左布政使李瀚爲順天府府尹」(26.9a[701])。李瀚正德二
　　　　年正月至五月爲河南布政使。何詩題稱「上」，不稱「寄」，此詩當爲
　　　　留開封時之作。

途經許州、襄城、蔡州。

　　〈許下〉(251：012)、〈復庵忘公錦〉(253：001)、〈愚庵王公璜〉(253：002)、
　　〈蔡州行〉(271：002)、〈渡淮〉(252：002)諸詩爲此時之作。

　　按：王錦、王璜爲襄城人，見《(嘉靖)襄城縣志》4.16ab。陸深亦有五言
　　　　排律二首〈挽王復菴錦〉、〈追挽王愚菴〉(《儼山集》18.1b[114]，18.2a
　　　　[115])。

晚春至信陽。

　　何集有〈還家口號〉(272：002)。〈還至別業〉第四首：「弭駕及春暮，比
　　屋事耘耕」(251：016)。

　　按：〈還家口號〉：「十年奔走違親舍，本日歸來喜不禁。敢向明時輕組
　　　　綬，祇緣多病乞山林。」此亦當爲正德二年，何景明甫病歸時期之作。

夏，據編次，何集252：005-011，253：003，271：003-005，272：004，274：
　　002-005等詩、文爲此時之作，詳見下。

編《王右丞詩集》。

　　按：〈王右丞詩集序〉：「予奉疾還，值長夏…偶取王右丞集…凡數日竟
　　　　其編。顧集中長短混列，欲考體制，以求作者之意，實煩簡閱。乃略加

編定稍用己意去取之釐…首標體制，俾篇詩各有統紀，總五卷，錄爲一本」(序：001)。

約於此時作〈七述〉。

　　按：〈七述〉：「胎簪子爲舍人，病弗能朝謁。脫籍納組，買車以還。還而謝姻戚社慶弔，卻除塗戸塊焉以居」(賦：027)。劉、傅譜均以此爲正德三年之作。其說或是而無據。然何氏文未稱「罷官」而稱「病還」，當繫該賦於二年。

五月，五日丁未(JN14)。有作。

〈五日〉：「五月五日天氣鮮，艾葉榴花堆眼前」(272：004)。

　　按：傅譜以此詩爲正德三年之作。據其言「回首十年車馬地，每逢佳節淚潸然」，可知該詩當爲二年之作。

本月大雨。

　　按：據編次，〈雨霽〉(252：005)、〈雨〉(252：006)當爲四月、五月上旬之作。〈觀漲〉：「五月十日雨如射，西山諸溪水皆下」(271：004)。〈溪上水新至漫興〉第一首：「溪上水生三尺深，茅堂清夏氣蕭森」(274：002)。第三首：「薗蒿風前花不稀，菖蒲雨後葉初肥」(274：004)。或亦爲此時之作。

約於此時送知州孫榮赴京師考績。

　　按：〈送郡守孫公考績詩序〉：「予得告還，處野中別業，不能應州閭交際。趙元澤氏者，予所好者也，來造予，且將諸卿大夫之命曰，吾守孫公將奏功天子…聚咸榮其行而不忍其去我也，見之歌詩焉…敢以茲言首之。詩凡若干篇」(序：003)。據編次，〈送孫太守〉(252：008)爲此時之作。該詩云：「五馬朝天日，傾城出餞時。倪寬行考最，何武去留思。」

十五日丁巳(JN24)。月食。有作。

　　按：《武宗實錄》：「丁巳，昏刻月食」(26.4b[692])。此即Oppolzer所示之4192次(亦見下)。〈五月望月食〉(252：009)爲本日之作。穆孔暉〈月蝕〉自注云：「正德丁卯」，該詩云：「煩蒸初得雨，瀟瀟正新晴」(《穆文簡公宦稿》2.17b)。據此語可知其非指本年十一月之月蝕者(見下)。

六月，十日壬午(JL19)。姪渭女死，年十二。何景明稍後爲作壙銘。

〈姪渭女壙磚銘〉：「丁卯夏，疫。家婢有遘之者，聚不敢視。女入其臥持水飲之。家人固止，弗聽。數日婢愈，女乃疾。恐憂其父母，曰，吾疾殊不甚。父母見其弗眩困，信之。病旬餘，忽起呼其母，曰，衣我，我不可活。有頃絕，六月十日也…予痛惋未及銘其壙，後數日乃治磚

砂，書誌銘」(銘：101)。

十六日戊子(JL25)。作〈悼馬詩〉。

　　〈悼馬詩〉序云：「丁卯歲季夏十五夜。予忽夢一龍子立階下蹈　而死。
　　　夢警，僮在戶外呼曰，廄馬死，廄馬死。予怪且惜之，作悼馬詩」
　　　(253：003)。

二十二日甲午(JL31)。立秋日，有作。

　　按：據編次，〈立秋寄獻吉〉(252：011)爲本日之作。

二十三日乙未(AG1)。姪岳州髒。

　　〈姪岳州壙誌銘〉：「姪岳州，東昌公(指何景韶)第二子…東昌公歿，哀哭
　　　夜不寐…遂嬰病，病且死…正德二年六月二十三日」(銘：102)。

約於此時贈張子麟以詩。

　　按：〈寄贈張方伯〉(271：005)爲寄張子麟之作(見張子麟小傳)。《武宗實
　　　錄》：「乙丑(即正德二年閏正月二十一日[MR4，1507])，陞陝西布政司右參政張
　　　子麟爲河南布政司右布政使」(22.8b[622])。又：「正德二年六月癸酉朔
　　　(JL10)…以河南右布政使張子麟爲本司左布政使」(27.1a[703])。又：「癸
　　　酉(即三年二月四日[MR6，1508])，陞河南左布政使張子麟爲都察院右副
　　　都御史巡撫湖廣兼贊理軍務」(35.2a[841])。何景明此篇盡美張子麟，疑
　　　圖求友以免劉瑾怒。故當繫此篇於張子麟左布政使上任之稍後。

秋，據編次，何集251：004-005，017-035，252：012-059，253：004，254：001-
　　019，271：006-009，272：005-010，274：006-035等詩、文爲此時之
　　作，詳見下。

七月，七日戊申(AG14)。七夕。有作。

　　按：據編次，〈七夕〉(251：017-018)爲本日之作。〈織女賦〉序云：「予病
　　　值七夕之夜」(賦：015)，或亦爲本日之作。其序以評謝朓、王勃之作爲
　　　題，與何景明其他弘治末、正德初年之作意同。

十五日丙辰(AG22)。中元節。有作。

　　〈東昌公哀辭〉(252：014-018)、〈中元夜月〉(252：019)、〈中元節有感〉
　　　(253：004)均爲此時之作。〈寡婦賦〉(賦：014)或亦爲此時之作。

　　按：〈中元節有感〉：「去歲中元節，朝陵百職同。」又：「病居逢此
　　　日，長望五雲中」(253：004)。可知該詩爲二年中元之作。據編次，(252：
　　　014-018)宜繫於中元節或中元節之稍前。〈寡婦賦〉序云：「予痛吾兄宦
　　　業未竟抱志，中逝而孤嫂懷保遺孩。」又本文：「秋氣凜以懍切分，悲
　　　回風與降霜。」該賦當爲何景韶身後第一年之作，而寫風、降霜，當爲

二年中元節或中元節稍後之作。

又按：〈東昌公哀辭〉序云：「東昌公奄沒已踰三時。」傅譜已以此語辨
何景韶卒於二年春季。其說是，今從之。

有閒居情之作。

按：何景明此時雖忤劉瑾意，以養疾爲名歸里免憲，其仍有遊覽之樂見於
其作，如〈水曲納涼〉(251：019)、〈西郭〉(252：020)、〈吹笛〉(272：
006)、〈穫稻〉(252：021)、〈晚歸自溪上〉(252：023)、〈絡緯吟〉(254：
001)、〈木槿花歌〉(271：006)、〈聽琴篇〉(271：007)、〈登樓〉(252：025-
026)。

亦有念其京師諸友之作。

按：據編次，〈夢何粹夫〉(252：022)、〈六子詩〉(251：022-027)爲此時之
作。該詩指王九思、康海、何瑭、李夢陽、邊貢、王尚絅。〈懷三吉
士〉(271：701)亦爲此時之作，云：「黃河西來走蜿蜒，睢漳之水相蕩
泊。少室王屋俱崢嶸，太行林慮朝中嶽。」又：「蔡君通朗及聚藝，馬
氏多才步前作。昂藏崔子抱群經，徑操巨舸從伊洛。」此指蔡天祐、馬
卿、崔銑。崔銑於正德二年十月以庶吉士授編修。故此詩當爲二年之
作。

又按：據編次，〈五平五仄體〉(251：004)或爲此時之作。李濂有〈京師秋
日和何舍人五平五仄體〉：「秋風寒飂飂，節候倏爾變。孤鴻號湘雲，
碧草歇漢甸。人無松喬年，歲月欻若電。歸哉燒丹砂，勿使俗子見」
(《嵩渚文集》11.1b)，或爲此時之作。李濂此時未識何景明，然，以友人示
其詩而和之。李濂本年甫十七歲，然其文集載此時之作。以其〈艮岳
賦〉序云：「正德丙寅歲也」(《嵩渚文集》1.3b)爲例。何景明或以〈五平
五仄體〉并〈六子詩〉寄送仍居京師之友人，友則以示李濂。

與沈昂同遊。

按：〈贈清溪子序〉：「今年予得告，屏處郭西之別業所，罕有接識。吾
鄉有趙元澤者，長者也，故常與語也。他日，偕客來，予謂客誰也。元
澤曰，是清溪子也，予業已識之蓋二十年而再至也。清溪子亦長者，又
能爲歌詩，善鼓琴」又：「清溪子名昂，字子高，出東陽沈氏」(序：
004)。此時又有〈同沈清溪夜坐〉(252：027-028)、〈雨夜次清溪〉(252：029-
030)、〈雨中和清溪〉(252：032)、〈清溪草堂〉(252：033-036)、〈沈逸士來
自吳下能詩善鼓琴間投篇什見訊顧館於城中予以病不得造乃作此詩招致
敝庄〉(272：007)等詩(亦見下)。

與高鑑、趙惠、馬錄、賈策同遊。

按：趙惠已見上〈送郡守孫公考績詩序〉、〈贈清溪子序〉。據編次，此
　　時亦有〈贈賈司教先生〉(264：001-002)、〈高夔州先生示賞李秀才園中芍
　　藥詩用韻奉答〉(272：003)、〈雨後邀馬君卿〉(252：031)、〈懷高鐵溪先
　　生〉(252：037-040)、〈簡賈司教〉(274：034-035)等詩。〈邀沈清溪趙雪舟馬
　　百愚登樓次百愚韻〉：「無奈天涯歸思切，孤帆八月下長洲」(272：
　　008)、〈馬百愚同沈清溪見訪次韻〉第二首：「莫向尊前話離別，雲山
　　秋色易生悲」(272：010)。

或送二兄景暘之子何士赴開封應鄉試。

按：〈寒賦〉序云：「兄子士之上大梁也。予戒之，曰，至則求大梁李子
　　書。及還，李子乃書所著〈鈍賦〉焉。曰，何子其和予篇。夫鈍者，委
　　時之弗利，無如之何，欲以藏用而自完。蓋獲予志焉。讀其辭，傷懷慷
　　慨，悲之。遂抽其緒餘，因別為〈寒賦〉繼之。書付士，使並藏觀覽
　　焉」(賦：003)。李夢陽〈鈍賦〉序云：「鈍者何，傷時之鋸也，亦自
　　也」(《空同先生集》1.2a[3]，1.2b[7])。該賦當作於正德二年，李夢陽歸開封之
　　稍後。何士於正德八年舉人，其二、五年曾否應鄉試待考，而五年因祖
　　喪或留信陽。故或當以何士於二年秋季為應鄉試與戴冠、任鏞同時赴開
　　封、訪李孟陽並付何景明所作賦。劉、傅譜均據安涎《李空同先生年
　　表》言何士訪李夢陽，李、何互寄所作賦為正德十年之事。然，〈寒
　　賦〉屬家集，可知此說非也。

八月，六日丁丑(SP12)。有作。

按：《武宗實錄》：「丁丑，釋奠先師孔子，遣戶部尚書兼文淵閣大學士
　　王鏊行禮」(29.2a[737])。〈八月丁日〉：「孔庭嚴祀典，冠冕萃吾鄉」
　　(252：041)。八月六日亦為何景明生日(見上)。〈初度〉(252：042)當為此時
　　之作。

中秋節，與諸友賞月。

按：〈十三夜對月〉(251：028)、〈十四月同清溪子對月〉(251：029)、〈十五
　　夜高鐵溪同沈清溪趙雪舟馬百愚過敝居對月〉(251：030)、〈十六夜月〉
　　(251：031)、〈十七夜月〉(251：032-033)、〈月〉(252：050-051)皆為此時之
　　作。

本月鄉試。戴冠(河南)、孫繼芳(湖廣)舉于鄉，任鏞(河南)落第。

按：〈喜戴仲鶡得鄉薦〉(274：024-025)、〈慰任宏器諸友失第〉(274：026-027)
　　均為此時之作。《(光緒)華容縣志》載本年舉人有孫繼芳(9.4[180])。
　　〈寄孫世其舉人〉(252：061)或為稍後之作。

九月，八日戊申(OC13)。遊樊秀才園，有作。

　　按：據編次，〈樊秀才園內菊〉(252：054)爲本年之作。該詩云：「明日重
　　　　陽酒，殷勤爲爾攜。」

九日己酉(OC14)。重陽節。有作。

　　按：〈簡趙雪舟乞菊〉第二首：「相見九日到，分送里人家」(254：018)。
　　　　〈九日同馬君卿任宏器登高〉第一首：「歲歲重陽菊，開時不在家，那
　　　　知今日酒，還對故園花」(252：055)。可知諸詩俱爲二年九日之作。

本日，李夢陽或有詩寄。

　　按：李夢陽〈九日寄何舍人景明〉：「九日無朋花自開，登樓獨酌當登
　　　　臺。」又：「梁南楚北無消息，塞　風高首重回」(《空同先生集》31.6b
　　　　[828]，30.5b[257])。據「梁南楚北」可知李氏於此時在開封，何景明在信
　　　　陽。三年九日，李夢陽甫釋，留京師，此詩當爲二年重陽節之作。

冬，據編次，何集251：006，036-042；252：060-074；253：005；271：010-
　　017；272：011-024等詩、文爲此時之作，詳見下。

　　本年冬，天候有異。

　　按：據〈九月桃梨花〉(254：019)、〈雷〉(253：005)、〈冬雨率然有二十
　　　　韻〉：「北風吹零雨，冬熱雪不作」(251：006)。〈見雪柬沈馬任三
　　　　子〉：「一冬纔見雪，十月已開花」(252：069)。本年冬季似異暖。見下
　　　　二條。

十一月，五日甲辰(DC8)。邀沈昂、趙惠，僅有沈昂來。

　　按：〈十一月五日雨中邀沈清溪趙雪舟〉：「仲冬風雨似秋來，無客蓬門
　　　　晝自開」(272：011)。〈雨夕行〉：「城中佳人沈與趙，我忽思之費招
　　　　挽。趙子閉門臥不出，沈生衝泥來獨晚」(271：011)(「佳」：申本作「家」：
　　　　誤)。

十日己酉(DC13)。冬至，有作。

〈冬至〉：「簷前白日不覺晚，山下寒梅俱放春」(272：013)。

沈昂返吳。

〈贈清溪子序〉(序：004)、〈再別清溪子〉(252：071)均爲此時之作。〈懷沈
　　子〉(252：073)爲稍後之作。

十六日乙卯(DC19)。月食。有作。

　　按：《武宗實錄》：「乙卯…月食，命次日免朝」(32.4a[793])。此即
　　　　Oppolzer所示之4193次。〈月食篇〉：「仲夏月食月半缺，仲冬月食食
　　　　之既」(樂：063)。五月月食已見上。

孟洋過信陽。

按：未審孟洋何故過信陽。此時官行人司行人，故時旅行。據《孟有涯
集》，孟洋任行人時期有二次使陝西、山西、河南，此行當同列。〈喜
望之至以詩迎之〉(252：070)、〈雨雪呈望之〉(271：013)、〈聞望之買馬促
裝以詩留之〉(272：024)、〈贈望之〉(251：036-040)、〈別望之〉(252：
074)、〈人日懷孟望之〉(272：026)，屬孟洋此次旅信陽。孟洋〈酬何仲
默以詩見留次韻〉爲答272：024之作。孟洋亦有〈夜坐白坡書舍〉，此
時之作。(孟詩均見《孟有涯集》9.17b)。

送戴冠赴京師應試禮部。

〈寶劍篇〉序云：「戴仲鶡將赴春官，來別何子，何子作〈寶劍篇〉贈
之」(271：014)。戴冠於正德二年秋中舉，三年春登進士。此篇當作於二
年冬、三年早春。〈寄孫世其〉第三首：「戴生北上日，吾吟寶劍篇」
(254：024)爲稍後之作。據編次，〈入京篇〉(271：018)爲約於同時之作。

十二月，二十五日甲午(JR27，1508)。立春日。有作。

按：〈立春〉：「今年臘月逢春日，喜見東風隔歲吹」(272：014)。何景明
家居過立春日共四次：1.正德二年十二月二十五日、2.四年正月七日、
3.四年十二月十八日、4.五年十二月二十八日。謂此詩指1、3、4均可，
2不可。立春日以陽曆爲準，此時當西曆正月二十七日。故此詩指公元
1508，1510，1511諸年之正月二十七日均可。據編次，該詩當爲1508之
作。

約於此時和杜甫詩。

按：據編次，〈燕子次杜工部韻〉(272：015)、〈秋興〉(272：016-023)爲此時
之作。同時有〈寄王職方〉(271：015)、〈寄李空同〉(271：016)，或均將以
託孟洋、戴冠北上途經寄。

二十九日戊戌(JR31)。除夕。有作。

〈除夜〉(251：041-042)爲此時之作。〈歲晏行〉(271：017)或亦爲此時之作。

正德三年戊辰(1508)。二十六歲。家居信楊。春，免官。

春，據編次，何集251：071；252：075-076；254：020-035；271：018-022；
025；272：025-029等詩、文爲此時之作，詳見下。正德三年爲共次
末，獨次初之交，編次不盡可靠。

正月，有懷念之作。

按：據編次，七日乙巳(FB7)有〈人日懷孟望之〉(272：026)。十二日庚戌
(FB12)有〈十二夜月〉(272：025)。〈元夕懷都下之遊〉(274：521-525)或爲

此年正月十五日癸丑(FB15)之作。

本月，李夢陽下獄。

　　《明通鑑》：「是月，逮前郎中李夢陽下錦衣衛獄」(42.1584)。徐縉〈李公
　　墓表〉：「居康王城，著書。乃修李氏族譜，作游輝縣集。又作賦弔申
　　徒狄，以明志。而瑾恨未已，復羅織他事，械至京師，再下詔獄」(《徐
　　文敏公集》5.34a)。

　　按：〈懷李獻吉〉第一首：「聞君在羅網，古道正難行。無使傳消息，憑
　　誰問死生」(252：093)。第二首：「神龍在泥淖，朱鳳日摧頹。世路無知
　　己，乾坤孰愛才。梁園別業在，何日見歸來」(252：094)。李夢陽〈答何
　　子問訊〉第一首：「伊汝投簪日，憐余　網羅。」第二首：「仲夏辭梁
　　地，中秋出夏臺。醉行燕市月，留滯菊花杯」(《空同先生集》24.8a[597]，25.
　　7b[205])。李氏〈離憤五首〉自注：「正德戊辰，五月作，是時閹瑾知劾
　　章出我手，矯旨收詣詔獄」(《同》10.4b[206]，9.6a[65])。〈述征集後記〉：
　　「余以正德三年五月十七日繫而北行…其始行也，人人窒息，奔匿而
　　謂，必死也。獨我兄曰，我從。我內弟國玉曰，我與從。二人者，觸暑
　　晝夜行饑渴草莽風沙中」(《同》47.14a[1379]，48.17b[449])。何景明第一首指
　　李夢陽於三年下獄。第二首當指夢陽得釋後留京師，重陽節之後始歸。
　　據李夢陽〈答何子問訊〉第一首、〈離憤〉可知該詩爲答何集252：
　　093-094之作。據第二首、〈述征集後記〉可知李夢陽於五月始「械至
　　京師」，八月獲釋，暫留京師，九月始歸開封(亦見下)。

二月，一日己巳(MR2)。劉瑾定制，稍後以養病違限罷何景明。

　　墓誌銘：「一年，瑾盡舉免諸在告者。戊辰，何君免。」

　　按：〈述歸賦〉序云：「正德戊辰(1508)…詔許罷歸鄉里」(賦：013)。《明
　　通鑑》：「(正德)三年二月己巳朔，光祿寺寺丞趙松歸省違限，劉瑾聞
　　之曰，凡省親，丁憂，養病，皆託故營私曠職者也。乃定制…違限文武
　　凡百四十六員，皆如新例處之，又定養病一年以上者亦令致仕」(42.
　　1584)。賦序之稱戊辰則指「違限致仕」，而非謂何氏之歸家時。

或多作擬古、詠史等詩。

　　按：家集各體共次末有此諸作。或爲三年春季之作，或偶置之於編次末。
　　待考。其中有〈豔曲〉(251：043-050)、〈擬古詩〉(251：051-068)、〈魯連〉
　　(251：069)、〈張良〉(251：070)、〈白雪曲〉(254：026-035)、〈吾郡古要害地
　　也閒居興懷追詠古跡作詩〉(274：036-043)。

約於此時，酬劉大夏、送孫榮赴任處州府同知。

　　按：何集有〈寄贈劉東山先生次林都憲韻〉(272：027)、〈代孫太守自題沱

西別業次劉東山先生韻兼酬東山〉(272：030)、〈送孫處州序〉(序：005)、
〈處州別駕行〉(樂：057)。林俊詩似佚。何集272：027首二句：「一疏
歸來臥舊山，天上識容顏城邊。」劉大夏於正德元年乞休歸，三年戍肅
州，可知此篇爲元年與三年之間所作。劉氏亦有〈題孫懋仁貳守沱西別
業〉(《東山詩集》1.31b)，韻腳爲莊、堂、長、方、祥，與272：030盡同。
據劉大夏集編次，該詩爲三年晚春、夏季之作。272：030當爲稍後之
作。孫榮以赴任處州取道還華容，説見其小傳。

又按：《明詩紀事》載李夢陽〈奉送大司馬劉公歸東山草堂歌〉，附莊
昶、李東陽、楊一清、邊貢、何孟春諸家之作，並載何集272：027(丁1.
1166)。

三月，十八日乙卯(AP17)，呂柟等獲賜進士。

《武宗實錄》：「賜呂柟等三百四十九人進士及第、出身有差」(36.5b
[864])。

按：本年與何景明先後相交而登進士第者有呂柟(狀元)、景暘、焦黃中、
劉大謨、侯宜正、徐度、劉天和、韓邦奇、曾璵、王九峰、胡止、王崇
慶、韓邦靖、劉文煥、戴冠、雷雯、毛伯溫、唐龍、呂經、閻欽、許
逵、王光、馬錄、顧可適、方豪。

又按：孫繼芳本年應試不遇。何景明有〈寄孫世其〉：「世路渺難定，相
期未有涯」(252：076)。此詩當作於孫繼芳落第之稍後。

又按：孟洋於此時旅趙州已知馬錄、戴冠登進士，又念及何景明，有〈三
月十五日病寓趙州時何舍人致仕馬戴二進士應廷試〉：「正喜交遊新得
意，卻憐骨肉已韜光」(《孟有涯集》9.18a)。

王尚絅、王綖遊信陽。

按：據編次，〈洪法寺別錦夫邊伯〉(252：075)爲此時之作。該詩云：「雲
樹千山暗，風花三月飛。」此時王綖或憂居。未審二人何故於此時來信
陽。王尚絅有〈雨夜次大復韻作別兼懷空同子〉：「君年纏弱冠，辭官
許禁庭。煙花開舊卷，風雨共閒亭」(《蒼谷全集》3.7b)，當爲同時之作。
然，何景明現存詩作中並無與王氏詩韻腳同者。

約於此時訪堂兄何景旺。

按：據編次，〈長歌行贈旺兄〉(271：025)爲此時之作。該詩云：「兄爲吾
祖之長孫，能將孝義持家門。耕鑿不隨時俗改，衣冠頗有古風存。」

夏，旱，六月雨。

按：〈憂旱賦〉(賦：017)，袁、足本屬家集。〈雨頌〉序云：「歲戊辰，

五月不雨，至六月土脈龜坼，井汲不給，禾則半僵。民實憂作，動而轉徙者擾不可禁矣。是月己亥雨，庚寅復雨，人於是乃有秋望，稍定逋志。予既爲〈憂旱賦〉矣。茲則喜而有頌焉」(賦：008)。本年六月無己亥日。「己」當作「乙」。六月乙亥乃九日(JL6)，庚寅則爲二十四日(JL21)。

又按：〈苦熱行〉第一首(樂：033)，雍本入家集。或亦爲此時之作。

秋，據編次，何集252：077-124；272：032-039等詩、文爲此時之作，詳見下。　與葛蘭遊。

按：〈酬葛時秀〉：「罷歸翻自喜，舊業有青山」(252：077)。此云「罷歸」當指劉瑾於三年二月定制罷違限諸臣。又：「積雨稀來客，孤雲獨往還。」此或寫秋景。

又按：此詩題有異文。雍本作〈酬葛時秀才〉。「時秀」即葛蘭字，倘原題爲〈酬葛時秀〉雍本或誤增「才」字於題後。此當爲有意改，然此種詩題常用字、號。別名至少以二字成題，而「葛時」不類別名。疑此說不當。使原題爲〈酬葛時秀秀才〉，刻雍本時或誤脫一「秀」字。葛蘭爲信陽人，正德五年舉人，十二年進士。嘉靖初，申本正於信陽編輯中，此時稱「秀才」不當，乃有意略之。此說是否未定，今錄以備考。

孫繼芳留信陽，與何景明游。

按：孫繼芳本年春試禮部不利，後當還信陽省親。孫榮赴虔州上任，繼芳或留信陽從何景明學。〈與孫世其晚坐〉(252：081)爲中秋稍前之作。〈送孫世其舉人歸華容〉第一首：「孤城常作客，九月始還家」(252：107)。當作於重陽節與九月二十四日之間。〈石磯賦〉(賦：021)或亦爲此時之作。

馬錄還京師。

按：據編次，〈遊賢隱寺次馬君卿韻〉(252：080)爲八月十四日以前之作，〈寄馬君卿進士〉(252：088)爲八月十四日與九月九日之間之作。〈寄馬君卿進士〉：「憐君得意日，騎馬向春風。」此指馬錄甫登進士時，不指該詩之寫作時期。據李夢陽〈九子詠〉(《空同先生集》12.2b[246]，12.1b[83])可知馬錄於歲末已還京師(見下)。

八月，十四日己卯(SP8)。有作。

按：〈十四夜〉：「萬山秋葉下，獨坐一燈深。白露華葭落，西風蟋蟀吟」(252：082)。據天候，此篇當非七月之作；據編次，當作於九月之前。

十五日庚辰(SP9)。與柴先生遊。

> 按：「柴先生」之名、籍無考，而何集有四題曾言及之：〈送柴先生之霍
> 丘訪朱調元〉(252：106)、〈送柴先生〉(252：135-136)、〈病馬〉(252：137-
> 142)、〈醉歌行贈柴逸士〉(271：502)。〈醉歌行贈柴逸士〉：「今年中秋
> 與君共，舉觴待月城西宅。」又：「君是長安舊相識，坐論舊事還相
> 憶。」此詩屬獨次，而其他三篇皆屬五言律詩之共次，應繫諸三年秋、
> 冬季。〈醉歌行贈柴逸士〉言及中秋，可知該詩爲四題中之最早者，其
> 次乃〈送柴先生之霍丘訪朱調元〉。該詩云：「客裏黃金盡，天邊逐歲
> 華。」又：「朱君舊相識，見爾惜生涯。」朱調元無考，不知其見柴先
> 生是否「惜生涯」。據〈送柴先生〉第一首：「迢遞京華路，憐君歲暮
> 行。」又：「白首家無定，黃金藥未成。」第二首：「爲客江湖遠，求
> 仙歲月遲。」可知柴先生將還京師，亦知其有「登仙」之望。〈病馬〉
> 第一首：「柴公有名馬，騎出自京華」當指「長安舊相識」之柴先生。

約於此時有懷友之作。

> 按：據編次，此時之作有〈寄焦太史蘊德〉(252：087)、〈寄馬君卿進士〉
> (252：088)、〈寄阮行人〉(252：089)、〈寄張季升給事〉(252：090)、〈寄孟
> 望之〉(252：091)、〈寄戴仲鶡進士〉(252：092)、〈望京師寄王職方〉
> (252：100)。阮行人無考；其他篇指焦黃中、馬錄、張雲、孟洋、戴冠、
> 王尚絅。王尚絅有〈得仲默書〉自注：「和韻」(《蒼谷全集》3.10b)，而其
> 韻腳與何景明〈望京師寄王職方〉盡同。王氏詩云：「過眼風花處，秋
> 鴻遞遠愁。故人歸汴野，新月照蘆溝。海曙春迴宴，雲波凍不流。小齋
> 空寂寞，千里寄神游。」

本月，李夢陽獲釋獄。

> 按：李夢陽「中秋出夏臺」已見上。〈述征集後記〉：「至秋八月八日，
> 乃赦之出。」李開先〈李空同傳〉：「是時，(劉)瑾獨禮敬康修撰海，
> 但嗔不出其門。內弟左國玉遂上書，求救於康，而張潛、何景明共促之
> 往，乃投刺上謁」(《李開先集》602)。此事始見於李開先集。李開先少年
> 曾遊康海門，或聞之於海。是否實有其事待考。
>
> 又按：李夢陽〈九子詠〉序云：「九子者，皆天下賢豪人也。今乃合余於
> 孟氏之堂祖行也。慕義傷離悵然有感於前遊。於是，作九子之詠」(《空
> 同先生集》12.2b[246]，12.1b[83])。九首各題一「子」之姓、官、字、名：「劉
> 戶部遠夫，大謨」、「王戶部邃伯，綖」、「王職方錦夫，尚絅」、
> 「馬給事中敬臣，卿」、「陶行人良伯，驥」、「馬進士君卿，錄」、
> 「戴進士仲鶡，冠」、「孟行人望之，洋。」據各人任官年時，可知此

詩爲三年秋季之作。

九月，九日甲辰(OC3)。重陽節。登賢隱山。高鑑病，不與諸友遊。

按：據編次：〈九日同諸友登賢隱山〉(252：095-099)，〈九日懷鐵溪〉：「一秋常臥病，九日廢登臺」(252：101)爲本日之作。〈九日不見菊次劉朝信韻〉(272：032)亦爲本日之作。

二十四日己未(OC18)。萬壽節，有作。

按：據編次〈萬歲節〉：「祥雲九重殿，仙露萬年杯」(252：109)爲本日之作。

二十六日辛酉(OC20)。與賈策、劉節、任鏞賞菊於高鑑宅，有作。

按：〈九月二十六日同賈廣文劉舉人任貢士高夔府先生宅內賞菊〉第三首：「去年此會今皆健，來歲花時可對誰」(272：036)。可知該詩非正德二年之作。家集無其他言及九月二十六日者，而任鏞於四年春季赴京師(見下)，可知此篇確爲三年秋季之作。

冬，據編次，何集252：125-155；271：026-035；272：040-046等詩、文爲此時之作，詳見下。

有災。

按：《明通鑑》：「十月辛未(指七日OC30)，振湖廣、河南饑」(42.1595)。〈擬與藩司論救荒書〉：「頃者，朝廷以淮西告災，蠲其常稅，命守臣存撫賑貸」(書：002)。又〈贈李仲良耆老序〉：「今歲弗熟，自汝以南數百里，草盡死」(序：006)。又〈答望之〉第一首：「饑饉饒群盜，徵求及寡妻」(252：143)(「盜」、「徵」：申本缺此二字)，第二首：「百口同饑饉，千村盡虎狼」(252：144)諸作當為此時之作。〈東門賦〉：「三日無食，腸如朽苜，仰首鼓喙，思得一餐」(賦：012)、〈官倉行〉：「鄉間餓夫立墻下，稍欲近前遭吏罵」(271：033)或亦爲此時之作(亦見下)。

又按：〈同高鐵溪先生劉朝信兄宿賢隱寺次韻〉：「兵戈此際同盃酒，愁聽春城鼓角哀」(272：521)。據其言及「兵戈」、「鼓角」，則該詩似爲六年春季之作。然，憂居期間，何景明當未「同盃酒」。據何集賦：012，252：143，271：035，書：002，可知正德三年冬有賊亂。此詩或亦指其事。

十一月，二十日甲寅(DC12)。冬至，有作。

〈至日〉(252：128-129)爲本日之作。

本年冬，雨。十二月中旬始雪。

按：據編次，〈雪〉(252：126)爲孟冬(或季秋)之作。然，該詩云：「隨風斜

著樹，帶雨不成花」當指雪之不積。〈冬雨嘆〉第一首：「季冬十日雨不絕，寒煙凍霧何淒淒」(271：029)。本年十二月十日爲癸酉(DC31)。第二首：「一冬枯槁雪不集，細雨冥冥高岸濕。」又：「昨聞汝北多死亡，橫尸委骨官道傍」(271：030)明指災情。〈雪中簡賈長教〉(252：145)、〈雪〉：「更將三白兆，一慰老農憂」(252：149)或爲稍後之作。

戶部侍郎韓福過信陽。何景明以詩二首贈之。

　　按：初，韓福以附劉瑾陞戶部侍郎，命理湖廣缺餉(見《武宗實錄》35.5b[848]，7b[852])。《明通鑑》：「(十月)韓福奉詔叢理湖廣缺餉…湖廣民粗，自弘治改元後，逋六百餘萬石。福欲追徵之，劾所司催科不力…奏至…瑾忽大怒…福引罪求罷，乃召還」(42.1597)。〈贈韓亞卿返湖南〉(亞卿指戶部侍郎)第一首：「斧鉞辭燕闕，襜帷駐楚宮。」又：「劉晏經邦計，蕭何餉士功。歸朝論事業，不愧古人風」(252：147)，第二首：「送節初臨夏，迴旌已逼年」(252：148)。據此可知韓福於十月召還，於歲末始過信陽。此詩亦寫河南災。第二首：「淮西困饑饉，側望達堯天」(亦見上：「達」申本作「遠」)。

得劉瑞消息。有作。

　　按：〈得五清先生消息尚客澧州悵然有懷作詩〉第一首：「憔悴東都士，吾師更可嗟。三年爲逐客，萬里未還家」(252：150)。第二首：「昔遇南來客，曾傳北寄聲」(252：151)。第四首：「夫子先辭國，嗟予亦罷官」(252：153)。劉瑞不屈於劉瑾，乃謝病歸，其南行早於何景明。王九思〈與劉德夫書〉：「丁卯之春，足下南歸」指此事(《渼陂集》7.11a[251])。何詩第一首：「暮阻巴山雪，春行楚岸花」當指四年早春之景。「南來客」爲誰待考，或即韓福。

十二月，三十日癸巳(JR20，1509)。除夕。有作。

　　按：〈除夕醉歌〉第二首：「野風蕭條山雪暮，寒梅無花柳難綠」(271：035)。可知此二首非二年冬季之作。

本年作袁凱集序。

　　按：〈海叟集序〉：「今年罷官歸」又：「其集陸吉士深所編定者。李戶部夢陽有序」(序：007)。陸深〈題海叟集後〉：「正德元年秋八月八日(AG26，1506)雲間陸深題。」李夢陽、何景明作序均未題年月。何序言及孫榮、孫繼芳，謂繼芳「從予論學，大有向往。」

正德四年己巳(1509)。二十七歲。家居信陽。本年殆無共次之詩。除少數有據以定時之篇外，其他詩、文繫之本年未妥。

春，正月，一日甲午(JR21)、七日庚子(JR27)，立春日、八日辛丑(JR28)，穀
日。或有作。

> 按：〈元日言志〉(251：520)、〈立春日作〉(251：503-504)、〈穀日〉(272：530)
> 均屬獨次，其爲何年之作待考。然，以諸詩爲本年之作似是。今錄以備
> 考。

約於此時，送任鏞赴京師。

> 按：〈送任宏器入京〉第一首：「四十功名亦狀年，丈夫才氣豈徒然」
> (272：531)。第二首：「與爾相逢已十年，孤城此別意蕭然」(272：532)。
> 然未知該詩爲何年之作。〈再送宏器〉：「長安三月鶯花爛，得意休忘
> 尺素書」(272：703)。任鏞未曾舉于鄉，故其春季赴京與會試當無關。據
> 孟洋〈訪任草亭初至都下次君卿韻〉(《孟有涯集》9.21b)知任鏞到京時，孟
> 洋、馬錄亦皆在京師。正德三年春，孟洋在趙州(見上)。六年春，馬錄
> 已知固安縣，可知272：531-532、603爲四、五年之作。又據〈寄任宏
> 器〉：「白髮三年客，滄江萬里船」(252：528)可知任鏞離信陽後三年，
> 何景明未還京師。據此，何集272：531-532，603確爲四年春季之作。
> 又據272：531「江畔梅花初送雪，天邊楊柳正含煙」則此次送任鏞赴京
> 師當爲早春之事，三月乃任鏞至京師之時。

多與諸友遊。

> 按：本年雖無共次之作可據，然，有不少詩似爲此時之作，如〈賢隱寺次
> 劉朝信〉(252：560)、〈賈西谷邀飲山寺朝信不至詩以促之〉(274：512)、
> 〈袁惟學南園〉(272：522)、〈葉四公子西園〉(272：517)、〈袁沖霄先生
> 同惟學過訪〉(272：520)、〈袁惟武邀客泛舟夜下次韻〉(272：516)、〈袁
> 揮使別墅次朝信惟學韻〉(252：561)。

二月，二日甲子(FB20)。有作。

> 按：〈仲春二日〉：「荒村春甲子，暮雨散高天」(252：548)。何景明家居
> 時唯一之二月二日應屬甲子之年即正德四年。

本月與賈策集信陽知州張志宅。

> 按：〈張太守宅同賈長教會集〉：「千年又下南州榻，二月同傳北海杯」
> (272：518)。張太守即張志，正德四年始知信陽州。何景明自四年四月喪
> 親，此詩當非五、六年之作。

二十二日甲申(MR12)。馮洸葬。何景明為作墓誌銘。

> 〈馮宗武墓誌銘〉：「宗武…卒正德戊辰八月一日…以己巳二月二十二日
> 歸于城東土家河之原」(銘：501)。

三月，七日己亥(MR27)。何景明與諸生遊。有作。

按：〈三月七日與諸生出遊〉：「寒食孤村路，春風萬樹花」(252：537)。寒食節當清明日前之一、二日。正德四年清明節為三月八日。此詩確作於四年。

夏，四月，三日甲子(AP21)。何景明父何信卒。二十九日庚寅(MY17)，其母李氏亦卒。何景明為作行狀。

行狀：「梅溪公與李夫人同時卒。先生哀毀骨立，禮祭未成，不飲酒不彈琴。」墓誌銘：「己巳，梅溪公及李太孺人相繼卒，何君哀毀危絕。」喬傳：「持父母喪，不終禮則不酒不琴。」〈封徵仕郎中書舍人先考梅溪公行狀〉：「公…卒正德己巳四月三日，李氏…己巳四月二十九日卒」(狀：501)。孟洋〈哭妻父〉(《孟有涯集》5.6b)亦為此時之作。

本年六月始雨。民以此為知州徐度之功。景明亦有作。

按：〈喜雨卷序〉：「己巳，太守來…五月，又弗雨。至六月，太守曰…今天又弗雨。非我責，誰也。我弗可辭。乃露跣求于郡之山川禱之，弗旬日，穫大雨，稼乃成。民相作，曰，此我太守雨我也。弗可忘也。於是，郡大夫士又相與，為文志其事。時予方于制大憂，弗能歌頌太守之盛」(序：502；全文見詩文補遺)。

冬，十一月，二日庚申(DC13)。袁勛葬。何景明為作墓誌銘。

〈懷遠將軍信陽衛指揮同知袁公合葬墓誌銘〉：「公卒于正德己巳八月十九日…以是年十一月二日合葬」(銘：505)。

十二月，十日丁酉(JR10，1510)。鮑龍妻倪氏、鮑威妻任氏葬。何景明為作墓誌銘二篇。

〈誥封太淑人倪氏墓誌銘〉：「正德四年十一月十六日乃卒…是年十二月十日…葬在溮水之南」(銘：503)。〈誥封淑人任氏墓誌銘〉：「是年己巳十二月十日，葬于溮河之陽祖塋」(銘：504)。

約於此時送徐聯赴任陝西參議。有作。

按：《(嘉靖)陝西通志》載參議有徐聯(19.37b)。弘治、正德年間無其他徐姓之參議。《武宗實錄》：「(十月)己酉(DC2)，陞河南按察司僉事徐聯為陝西布政司右參議」(56.6b[1260])。此稍後赴任，何集有〈隴右行送徐少參〉(271：510)，當為此時之作。

約於此時，與賈策遊。

按：〈與賈郡博宿夜話〉：「予方值憂艱，子亦念淹滯。邂逅胡不頻，茲歲忽將逝。蒼蒼季冬夕，悄悄昆蟲閉」(251：508)。此詩「予方」句指丁

憂，「季冬」指十二月。此詩當作於正德四年十二月。

三十日丁巳(FB8)。除夕。有作。

> 按：〈除夕述哀〉第一首：「逝者豈復迴，有生無不化」(251：509)。第二
> 首：「別離今幾何，墓樹亦已青」(251：510)。第三首：「去年值今夕，
> 庭闈奉顏色。今年值今夕，空奠几筵側」(251：511)。第四首：「憂人不
> 能寐，起踐中夜霜。」又：「所親半重泉，有姊各一鄉」(251：512)。第
> 五首：「親存兒不覺，親去兒空哀」(251：513)。據上引諸語知此五首均
> 爲四年除夕之作。

正德五年庚午(1510)。二十八歲。家居信陽。

春，正月，一日戊午(FB9)。元旦，有作。

> 按：〈元日哭先人墓〉第二首：「地下今安在，人間春自來，空餘萬行
> 淚，不盡百年哀」(252：542)。此題亦當爲雙親卒後第一年之作。

馬應祥過信陽，有作。

> 按：《武宗實錄》：「(四年十月)癸卯(NV26)…陞吏部署員外郎馬應祥爲湖
> 廣按察司僉事」(56.3b[1254])。馬應祥赴任途經開封、信陽。何集有〈送
> 公順赴湖南有懷舊遊〉(252：510)、〈公順阻雨又贈〉(252：511)、〈和獻吉
> 送公順〉(271：503)、〈送馬公順視學湖南〉(272：501-504)。〈和獻吉送公
> 順〉和李夢陽〈君不見贈馬僉事應祥〉(《空同先生集》18.9a[401]，20.10a
> [149])。〈公順阻雨又贈〉：「水國春多雨，江沙晚更風」指馬應祥爲
> 雨所阻之景。又：「幾欲相挤過，清尊未得同」指何景明於此時憂居。
> 孟洋〈送馬公順湖廣提學〉：「風雪燕山雲不開，別離愁傍黃金臺」寫
> 馬應祥離京師時之景(《孟有涯集》10.4b)。王九思〈送馬公順提學湖南序〉
> (《渼陂集》8.8a[281])爲同時之作。

或以詩寄孟洋。

> 按：據編次，〈寄希哲望之二兄〉(272：511)爲此時之作。該詩云：「君夢
> 可曾回故里，予心終日在長安。」孟洋〈答何仲默見寄〉：「人世百年
> 常異處，帝鄉爲別動三年。頻頻入夢見顏色，日日袪愁多醉眠」(《孟有
> 涯集》10.6a)。此詩當爲答何集272：511之作。

三月，或和賈策之作。

> 按：〈和賈西谷暮春雨後之作〉：「溪雨清明過，遊雲薄遠空。鷗喧春水
> 至，燕落晚泥融。麥秀千家暗，桃花昨夜風。獨憐豔陽日，尊酒未能
> 同」(252：534)。據「暮春」、「清明」、「春水」、「麥秀」、「桃
> 花」諸語可知此詩確作於春季。據「尊酒」句知此詩作於何景明憂居期

間，即正德五、六年。據何集252：501-533之編次知賈策於五年夏季「得浙聘」。此詩當作於五年三月。五年清明節二月二十日行，可爲佐證。

夏，或送賈策之浙江。

　　按：據編次，〈西谷有浙聘，予喜其得勝遊，因話浙中之勝〉(252：516)爲約於此時之作。

秋，送人赴鄉試。

　　按：〈送高子登赴試〉：「夏雲連楚甸，秋月滿梁園」(252：518)。〈送徐生赴試〉：「爾到梁都日，西風發醉歌。秋深花近苑，夜迴月臨河」(252：521)。可知高、徐赴正德五年河南鄉試。〈送朱有中〉：「秋國八月起，宋苑一花開」(252：519)或亦爲送人應試之作。

或答李夢陽詩。

　　按：李夢陽有〈艮嶽篇〉(《空同先生集》29.15a[785]，29.18b[255])而其爲何時之作待考。〈讀李子艮嶽詩有感〉(272：506)屬家集獨次，當爲正德四、五年之作。李氏另有〈艮嶽十六韻〉(《同》14.8b[308]，15.9a[110])。然〈艮嶽篇〉與272：506同爲七言律詩。

八月，二十五日戊申(SP27)。劉瑾伏誅。

　　《明通鑑》：「八月…甲午(SP13)，張永自寧夏還…劉瑾謀反事發…丁酉(SP16)，籍劉瑾家…辛丑(SP20)，科、道官奏劾內、外官爲瑾奸黨者…侍郎則吏部…李瀚、前戶部韓福…刑部張子麟…太常則少卿楊廷儀…翰林則侍讀焦黃中、修撰康海…檢討段炅、吏部郎則王九思…戊申，劉瑾伏誅」(43.1620-27)。

九月，九日壬戌(OC11)。重陽節。袁鎔邀登高，何景明稱病不赴。

　　按：〈九日袁惟學邀南園登高，病不赴〉：「經秋予臥病，九日汝登臺」(「經」：雍本作「一」)。又：「亦有杯中物，孤懷未易裁」(252：536)。據詩題、「經秋」二句知此詩爲九月九日之作。據「亦有」二句則知其作於憂居期間，即四、五年之重陽節。且袁鎔父袁勛四年八月十九日卒。鎔之於憂制雖容於何景明，豈能喪父過十九日而「登臺」！此詩當作於五年重陽節。

二十日癸酉(OC22)。以不附瑾而被左遷、罷官、戍邊之諸士多召復其官。

　　《武宗實錄》：「吏部奏，正德二年以來內外大小文職官員降調、致仕、閒住、爲民、充軍者不可勝舉，如尚書李傑…編修何瑭…中書舍人何景明…按察使金獻民…副使…吳廷舉…凡五十三人，年力才識皆堪任。使

詔皆復其官」(67.10b[1486])。

約於此時，贈葛蘭詩。

> 按：〈贈葛時秀〉：「驊騮萬里路，鵬鶚九秋天。白璧先淹楚，黃金晚入
> 燕。春花爛熳日，定醉曲江邊」(252：523)。此詩指葛蘭於正德五年秋中
> 鄉試，其明年將赴京師試禮部。

冬，十月，馬錄知固安縣。

> 按：《(嘉靖)固安縣志》載知縣馬錄，正德六年任官(4.5a)。王崇慶〈送馬
> 君卿尹固安〉：「長安十月好天氣，把酒送子生離愁」(《端溪先生集》8.七
> 律。1a)。孟洋〈別馬君卿尹固安〉：「朔風蕭稍寒日白，躊躇執手城南
> 陌。」又：「去年花發來長安，春風得意下金鑾」(《孟有涯集》3.2b)。據
> 上引諸語知馬錄於正德四年春自信陽返京師，五年十月知固安。呂柟有
> 〈送馬固安序〉(《涇野先生文集》1.21a)。何景明〈寄君卿〉：「望爾爲官
> 處，悠悠天一涯。白雲連海嶠，紅日近京華。」又：「春風桃李樹，應
> 登滿城花」(252：527)。據「近京華」可知此指馬錄之官固安。「春風」
> 二句據「應」字知爲想像明春之語。〈寄馬君卿固安〉：「寇盜縱橫朋
> 舊隔，江湖此日淚盈巾」(272：513)。此指六年春之事(見下)。

本月，遊賢隱寺。

> 按：〈古松歌〉：「賢隱寺旁之古松，奇絕可比徂徠峰。」又：「葉暗秋
> 燈梵殿深，花香晚飯齋廚靜。一年幽憂不到此，寧知摧折空山裏。」
> 又：「石上連朝走雲雨，山中十月飛霹靂」(271：509)。此似指正德五年
> 十月之事。

張雲母李氏淑。何景明爲作墓誌銘。

〈封孺人張公夫人李氏墓誌銘〉：「封孺人張公夫人李氏，以正德五年八
月十四日(SP16)卒。子雲爲給事中，聞喪于京師，懼戚冒星來奔，將以
十二月二十五日(JR24，1511)葬。乃乞余誌銘夫人墓」(銘：506)。

約於此時，送劉節之京師。

> 按：據編次，〈送別劉朝信〉(252：526)、〈賢隱寺別劉朝信〉(272：526)均
> 爲此時之作。〈對雪懷劉朝信〉(272：528)爲稍後之作。

正德六年辛酉(1511)。二十九歲。家居信陽，晚秋還京師，復官中書舍人。

春，二月，二日癸未(MR1)。李夢陽起爲江西按察司提學副使。

> 按：《明通鑑》：「是月(此指正月)，以王守仁爲吏部主事…又起李夢陽爲

江西提學副使」(44.1639)。然，《武宗實錄》：「癸未，陞…戶部員外郎李夢陽…爲按察司副使…江西」(72.1b[1580])。又有李濂〈送李獻吉之江西提學〉：「璽書三月下青冥，五兩輕風送去舲」(《嵩渚文集》26.1a)。可知李夢陽於三月始離京師。《明通鑑》此條以李夢陽起官附王守仁遷官之事。

三月，一日辛亥(MR29)。清明節。上家墓。有作。

> 按：據編次〈清明日上先祖並兄墓〉(272：515)當爲本日之作。〈過先人墓示彭天章〉(252：567-568)、〈清明自先塋歸〉(252：551)亦或爲本日之作。

十八日戊辰(AP15)。楊慎等獲賜進士。

《武宗實錄》：「戊辰，賜楊慎等三百五十人進士及第、出身有差」(73.6b[1614])。

> 按：本年與何景明先後交遊而登進士第者有鄭元、孫繼芳、管楫、施儒、劉佐、周廷用、申理。

約於此時，有寄任鏞之作。

> 按：〈寄任洪器〉：「白髮三年客，滄江萬里船。」又：「碧草成詩夢，桃花入醉眠」(252：528)。任鏞於四年春季赴京，五年任新城訓導(見任鏞小傳)。此詩稱「三年客」，二詩均稱「桃花」，當作於六年晚春之時。〈寄任司訓〉(272：512)亦爲此時之作，

本月，流賊攻信陽州。

> 按：《明通鑑》：「(三月)己卯(AP26)，賊犯信陽州，指揮僉事馬振等督丘城守，賊解去，追擊至湖廣應山縣境。官軍失利，振及信陽衛指揮陳鎮皆死焉」(44.1641)。〈同季升過李生書舍〉：「避寇孤城裏，君家數倒尊。柳邊開草閣，花下覓柴門」(252：569)當爲此時之作。然，該詩云：「數倒尊。」此距喪親之後不到二十七個月，不知何故竟有此作。

> 又按：孟洋此時在京師，有作。〈聞河南寇二首〉第一首：「賊兵十月渡黃河，河上諸城破已多。」第二首：「殺吏已聞過上蔡，屠城近報入西平。」又：「腸斷鄉關兄妹在，不知何日可休兵」(《孟有涯集》10.8a)。

夏，李夢陽赴任江西途經信陽，與何景明遊。

> 按：李夢陽有〈正德辛未四月十七日簡書始至於時久旱甘澍隨獲漫爾寫興〉(《空同先生集》29.7b[770]，29.7b[249])、〈赴江西之命初發大梁作〉：「戚戚辭故里，盛陽遠行游」(《同》10.5b[208]，9.8b[66])。又有〈汎彭蠡賦〉序云：「正德六年夏五月，李子赴官江西南道彭蠡之湖，作賦」(《同》2.7a[39]，2.8b[18])。據上引諸語可知李夢陽赴任時已屆夏季。其途經

大梁、彭蠡，亦經信陽。何集無言及此事之作。然，李夢陽有〈中州贈
何子〉（《同》9.7a[189]，11.5a[78]），不言其爲何年之作，又不言李夢陽自信
陽何之。然，該詩云：「別君倏五載，我髮忽已素。」此當指正德二年
至六年之期。李氏〈賢隱寺集贈〉（《同》24.8b[598]，25.8b[206]）、〈賢隱
寺〉（《同》30.5b[796]，33.4b[286]）二詩或亦爲此時之作。李夢陽〈提學江西
分司題名碑〉：「正德六年夏六月，予奉敕提學江西至」（《同》41.10b
[1170]，42.13b[381]）。據此語可知其六月始至江西上任。

秋，八月，孟洋過信陽。有作。

　　按：〈贈別孟望之〉第一首：「我有一樽酒，送君溮水涯。酒酣思無極，
　　　　臨岐理桐絲」（251：514）。第三首：「仲秋物色慘，遊子生離顏。」又：
　　　　「遙望武昌路，漢水何瀰渙」（251：516）。據上引諸語知孟洋於某年八月
　　　　赴武昌經信陽，何景明與之共飲，以詩贈之。正德二年，孟洋於晚冬始
　　　　過信陽，次年八月間何景明之作不少而無言及孟洋過信陽者。正德四、
　　　　五年，何景明憂居期間，滴酒不沾。故知此四首爲六年之作。又有〈九
　　　　日震雷山懷望之〉：「九日東山上，思君江漢深。故園頻宴會，佳節自
　　　　登臨」（252：539）。此詩亦當作於六年。

或與焦芳、焦黃中父子遊寺。

　　按：何景明曾與劉瑾黨大學士焦芳子黃中遊，說見焦黃中小傳。〈同焦太
　　　　史遊青峰禪寺〉（272：545）屬獨次，其爲何時之作待考，或當繫之於正德
　　　　五年夏以後。該詩云：「厭逐風塵爲客久，喜將樽酒對僧閒。同遊更有
　　　　情親在，並轡山中日往還。」疑「情親」指焦芳而言。

得戴冠書。

　　按：戴冠〈與何大復先生〉：「寓都下門生戴某頓首謹啟…終制即當整
　　　　駕，以答天下之望。不必更爲猶豫可也。且向以言坐者今並復用相知於
　　　　獻吉、伯安、衍之輩。又得朝夕相與，甚可喜也」（《戴氏集》12.18b）。

九月，九日丙辰（SP30）。重陽節。有作。

　　按：〈九日〉：「盜賊無休日，憑高淚滿纓。」又：「兵戈生朔氣，鼙鼓
　　　　入秋聲」（253：504）。可知此篇爲正德六年九月九日之作。

自信陽返京師。

　　行狀：「服除而逆瑾敗。當是時，諸名節士多爲瑾污者，不即被大禍，而
　　　　先生獨超然遠舉，天下皆曰，見幾而作，何子豈不高哉。已，用大學士
　　　　李公薦，復授中書，直內閣制敕庋，經筵官。」墓誌銘：「辛未冬，何
　　　　君用閣老李公薦，復授中書舍人，直內經筵官。」

按：王廷相〈鵠湖亭宴集贈張天益道長兼訊何粹夫何仲默二內翰〉：「脩撰不得臥王屋，閣老亦薦中書君」(《王氏家藏集》13.14b[500])指此事。何景明何時召還不甚明確。雙親於正德四年四月卒，六年七、八月服除，而九月九日仍在信陽。〈新色寺與諸生留別〉：「秋原臺殿臨寒景，長路風塵入暮天。」，又：「平生師友兼恩義，未卜相逢是幾年」(272：538)。何景明當於九月十日與三十日之間離信陽。

又按：〈途中寄別餞送諸生〉：「西路臨秋寺，登臺憶送行。風塵別汝輩，江海本吾情。塞柳凝寒望，關雲入暮征。長安日不遠，相見待諸生」(252：531)。何景明以歲寒之時離信陽有二次。一則於正德六年復官還京師。另則十三年赴任陝西副使。此詩雖稱「西路」、「長安」，據「長安」二句知其將還京師。

冬，至京師。據編次，何集351：031-034；372：009等詩、文為此時之作，詳見下。

途中留開封。與邊貢、王廷相、顧璘、鮑弼遊。

按：〈飲鮑以忠〉(354：008)當為此時之作(見鮑弼小傳)。何集著作中無言及與王、邊、顧在開封同遊者，然而王廷相〈寄顧開封華玉兼呈邊廷實何仲默二首〉第一首：「兵戈滿地仍災眚，太守賢勞倍往年。」第二首：「邊何王顧梁園夜，醉裏悲歌世莫知。」自注：「去歲與三子會于大梁。」又：「官閣梅花鬥殘臘，悽悽歲暮一題詩」(《王氏家藏集》18.8a[761])。該詩當為正德七年冬季之作。顧璘於正德五年至八年間知開封府。邊貢於五年知荊州府，於六年七月十六日(AG9)陞山西提學副使(見《武宗實錄》77.5a[1691])。王廷相於此時任御史。其〈十八子詩〉序云：「辛未秋，予出巡關中，遠友益而孤處。暇日感念風誼，各得一詩」(《王氏家藏集》14.8b[534])。可知王廷相於此時赴任陝西，途中當過開封。該十八首為此後之作。其中有「何脩撰瑭」、「王鴻臚希孟」、「郭吉士維藩」、「蔡給事天祐」、「劉御史大謨」、「崔編修銳」、「田給事汝籽」、「王郎中尚絅」、「張進士漢卿」、「孟行人洋」、「何中書景明」。〈贈邊子〉第一首：「北騖方自茲，東轅偶相值。聯轊始宋中，解纜及河曲」(351：031)。第二首：「同車越梁晉，覽歷多古疆。紆遲衛流汭，轉眄淇水陽」(351：032)。第三首：「戎馬暗中原，嗟此遠行子」(351：033)。第四首：「浮雲興歲暮，素雪翳晨光」(351：034)。可知景明、邊貢自開封相偕北行，亦知此時已屆冬季。

送王廷相按陝西。

> 按:〈別王秉衡御史〉:「客車梁地相逢日,驄馬秦關獨去時。荏苒風塵
> 千里別,飄零江海六年思。旌旗暮入黃河戍,殿閣晴登華嶽祠」(372:
> 009)。「六年」乃指正德二年離別。

既返京師,名聲甚高。廷臣無不爭友之。宦官錢能義子錢寧亦圖交之,求題
畫。何景明不允。

> 行狀:「是時,錢寧舞權,指使百職。一日持古畫造門求題。先生曰,好
> 畫勿汙吾題爾。留一年不與一字。」墓誌銘:「時四方學士咸願知何
> 君,車馬填門巷。即元老鉅卿亡不欲出門下。錢寧欲交驩何君,開持古
> 畫謁何君題。君謝曰,此名畫不可點毀。弗許。」喬傳:「是時,寧賜
> 宗姓,最寵貴弄權。先生顧奴視遠之。」

> 按:未審錢寧於何年持畫求題。行狀、喬傳均以此事稱何氏之正義,而置
> 之乾清宮災記之後。然,墓誌銘亦以此事稱其名望而將題畫之事置之宮
> 災記述之前。錢寧自正德初貴幸,自八年起與江彬爭寵,十三年始因黨
> 寧王伏誅。劉譜以此爲十一年之事,無據。雖無以據,顧何景明應詔上
> 書力劾義子,疑錢寧求題之事當置於宮災之前。

與崔銑遊,有作。

> 按:正德六年殆無京集共次之詩,而〈崔生行〉序云:「予之至京師也,
> 友人崔太史子鍾見之曰,久不聞何子言矣,爲我作崔生行」(371:013)。

> 又按:王尚絅〈仲默初至〉:「三載衾綢夢,風雲與爾俱。野花虛別墅,
> 秋月淨江隅。阻絕哀時暮,艱難謝世虞。乍逢猶未晤,寂寞短檠孤」
> (《蒼谷全集》3.10a)。似指王、何均新近丁憂。《武宗實錄》:「甲寅(此指
> 七年正月八日,JR26,1512)…陞吏部郎中王尚納…布政司左參政…山西」(83.
> 2a[1795]:按:納字誤,見《明武宗實錄校勘記》83.1[338])。據此知王尚絅於正德七
> 年春季赴山西。

本年送張珍知寧國府。

> 按:何集有〈(送張君二守寧國序)〉(內:013)。《(萬里)寧國府志》3.7b載
> 府同知張珍,正德六年任官。弘正年間無其他張姓之知府、同知者。何
> 景明文當指斯人,爲本年之作。

正德七年壬申(1512)。三十歲,在京師,官中書舍人。

春,據編次,何集352:196-209;372:006-008等詩、文爲此時之作,詳見下。

正月,十日丙辰(JR28)。齋居慶壽寺。

> 按:《武宗實錄》:「丙辰,以大祀天地,上御奉天殿,誓戒文武群臣致

齋三日」(83.2b[1796])。孟洋〈慶壽寺齋居夜倍喬、劉、何三舍人〉(《孟有涯集》10.9b)亦當爲此時之作。

或送韓邦奇謫平陽。

　　按::何集中無言及此事之作。韓邦靖〈送二兄赴平陽席上同何仲默、孟望之、劉子靜分韻〉第一首:「豈能忘弟妹,況復有干戈。歲序冰霜劇,關河涕淚多」(《五泉韓汝慶詩集》3.3b)。何景明於正德六年冬始還京師,孟洋於八年早春謫桂林,韓詩寫冬、春季之景、並有干戈之語,疑其爲斯時之作。《(萬曆)平陽府志》載韓邦奇於八年任通判(3.11b)。似誤。

　　又按:孟洋有〈同劉子靜伯仲慶壽寺齋居〉、〈送韓汝節〉(均《孟有涯集》5.11a),亦當爲此時之作。

流賊橫行山東、河南、京師。

　　按:此時多有警報,如《武宗實錄》:「(七年正月乙丑)(FB6),河南守臣奏流賊滋蔓,請益調湖廣士兵。兵部議調附近河南者五千人…許之」(83.5a[1801])。〈聞河南寇〉(372:006)指此。疑〈觀兵〉(352:198-199)、〈諸將〉(352:200)、〈防寇〉(352:201)、〈盜起〉(352:202)亦爲此時之作。〈送客〉第一首:「中原雖寇盜,晉國有山河」(352:604)、〈懷李生園東季升〉:「江湖歸路少,天地戰場多」(352:611)或亦爲此之作。

移居。

　　按:孟洋〈和何子移居〉:「花柳春天臨上苑,雲霞朝日近蓬萊」(《孟有涯集》10.10a)。據孟集編次,此詩當作於正德七年春季,而何集中無此時移居之作。或佚。(本年季夏、早秋仍有〈小齋初開崔、郭、田三君子至〉[372:018],見下。)

與李東陽書。

　　喬傳:「少師李西涯疏上乞休,會有兵事,又援古大臣義,爲書讓之。」

　　按:〈上李西涯書〉:「昨乃見有引疾求退之疏…近河南盜賊日益橫,起山東士卒經年露暴,國有強禦而獄有言官,野有屠戮而朝方宴笑」(書:503)。李東陽於年年上疏乞休,而該書或指其二月九日(FB21)之乞。《武宗實錄》:「(二月)甲申(MR10),大學士李東陽以老病乞休」(84.2b[1810])。

三月,三日戊申(MR20)。有作。

　　〈三月三日〉:「戎馬中原地,鄉關萬里臺」(352:204)。

約於此時、與孟洋、韓邦靖過陳真人院賞牡丹。

　　按:韓邦靖〈陳真人院牡丹同何仲默、孟望之分韻〉:「他鄉客子愁看

汝，海內風塵未有涯」(《五泉韓汝慶詩集》4.3a)似指中原賊亂。何景明於六
年春季末返京師，八年春，孟洋已謫桂林。何集中言及陳真人者，僅有
內：022，乃壽序。袁本雖題作〈壽陳真人序〉，其文卻云：「陳真人
壽何子曰…」當爲何景明八月初度壽辰時之作。據編次，〈芍藥〉
(352：205)爲約於此時之作。孟洋〈四月陳山人院內牡丹〉(《孟有涯集》5.
13a)或作於此之稍後。

十一日丙辰(MR28)。清明節。有作。

　按：〈清明日病懷〉：「客病閒官馬，囊空澀俸錢。故鄉聞稍定，南望好
　　林泉」(352：208)。據編次，〈病居田給事中夜過〉(352：206)亦爲此時之
　　作。

十二日丁巳(MR29)。或贈張璉以序。

　按：《武宗實錄》：「丁巳，監察御史張璉劾奏，大學士梁儲縱子次攄非
　　法致人於死。及子死而爲求散官。孫幼而輒丐恩命等事乞罷儲，仍置次
　　攄於法」(85.7a[1831])。〈(贈張侍御序)〉：「張子璉爲御史，嘗按治當
　　世鉅重，舉奏當世尊顯，下弗屬其法，而上不咎其言」(內：001)。該文
　　或爲稍後之作。

約於此時，送潘希曾使安南。

　按：據編次，〈送宗魯使安南〉(352：209)爲正德七年春、夏季之作。弘正
　　年間之字宗魯者有陳沂。然，於此時陳沂未登進士，此篇似與陳沂無
　　關。潘希曾有〈南封錄序〉：「正德七年春，希曾以刑科右給事中奉天
　　子命，偕翰林編修湛君若水持節往封安南國王」(《竹澗集》6.20b[723])。
　　《竹澗集》2.8a-18b(663-68)多收安南往返途中之作。疑何景明該詩題中
　　之「宗魯」爲「仲魯」之誤。魯鐸〈送潘仲魯給事使安南二十韻〉(《魯
　　文恪公集》4.19a)爲此時之作。

二十六日辛未(AP12)。馮禎戰死。何景明以詩歌其功。

　按：《武宗實錄》：「(三月辛未)副總兵都督僉事馮禎以追賊死」(85.10a
　　[1837])。此事於二十六日聞於朝。〈馮都督歌〉(371：011)當爲稍後之作，
　　云：「都督猛氣世不多，一日百戰千里過。」又：「宋門西平傳凱歌，
　　洛水轉鬥風揚波。」又：「君不見諸將歸來金滿室。生封萬戶食千邑，
　　都督河頭死爲伯。」《武宗實錄》：「贈禎洛南伯」(85.10b[1838])。

夏，據編次，何集352：175-178，193-195；353：003；372：004-005，015-017等
　詩、文爲此時之作，詳見下。

　五月，上旬。山東、河南寇平。有作。

《明通鑑》:「五月丙午(MY17)…賊大敗,山東遂平…戊申(MY19)…敗河
南之賊…溺死者二千人,斬首八十餘級」(44.1661-62)。〈聞河南捷呈閣內
諸公〉:「近得河南定旋收,東海疆元兒親受」(353:003)當爲此時之
作。

十八日辛酉(JN1)。孟洋陞為監察御史。

按:《武宗實錄》:「辛酉,授…行人孟津(誤,「津」當作「洋」;見《明武宗實
錄校勘記》87.3[353])…爲試監察御史…洋,浙江西道」(87.6b[1868])。

本年夏季,有苦熱之作。

按:〈苦熱〉:「燕京閏夏清涼阻,楚客羸驅毒熱偏」(372:004)。據編
次,此詩當爲七年閏五月之作。同時又有〈與孫戴張三子納涼〉(352:
177)、〈避暑存上人方丈〉(352:178)。「孫戴張」疑指孫繼芳、戴冠、張
詩。此時亦有〈與孫世其過張秀才〉:「長夏稀朝謁,相邀此地同。占
晴行苑外,避暑出城中」(352:176)均寫苦熱。

雨,有作。

按:〈雨中〉(372:005)或爲此時之作,云:「炎天樓閣虛相映,燕地風塵
日自悲。」孟洋〈田給事宅對雨〉(《孟有涯集》10.10b)當作於同時。該詩
云:「日落炎城暮雨來,苑中煙色靜樓臺。」

秋,據編次,何集352:163-174,179-189;353:004;372:001-003,018-021;
374:006等詩、文為此時之作,詳見下。

約於此時,新齋落成。

按:據編次,〈小齋初開崔郭田三君子至〉(372:018)爲此時之作。「崔郭
田」疑即崔銑、郭維藩、田汝耔。

七月,十九日庚寅(AG29)。蔡天祐陞福建僉事。何景明贈之序。

按:《武宗實錄》:「庚寅,陞吏科給事中蔡天祐爲福建按察司僉事」
(90.6b[1928])。〈(送蔡子擢福建僉憲序,)〉:「蔡子由吏科給事中出爲福
建按察司僉事,搢紳大夫或惜之…」(內:016)。此爲稍後之作。韓邦靖
〈送蔡給事入閩席上分韻〉第一首:「雲樹秋天遠,風光日暮頻」(《五
泉韓汝慶詩集》3.1a)亦爲此時之作。孟洋有〈贈蔡給事成之福建僉憲〉:
「君行不得送,怨恨若爲平。」又:「朝廷虛袞職,海內盡戎兵」(《孟
有涯集》8.3a)。此詩當爲稍後之作。

八月,五日丙午(SP14)。呂經陞右給事中。有作。

《武宗實錄》:「丙午,陞…禮科給事中呂經…爲右給事中…户科」(91.
1b[1936])。〈贈呂道夫轉右給事〉(352:168)或爲本日,或稍後之作。

約於此時送周廷用知宣城、申理知丹陽、鄭選使大同。

按：《（嘉靖）寧國府志》載周廷用於正德七年知宣城縣(8上・27b)。呂柟
〈兵科給事中許君(指申理)墓誌銘〉：「壬申授丹陽」(《涇野先生文集》23.
9a)。《（乾隆）大同府志》載督餉宣大戶部鄭選，正德七年至十年在任
(10.39b)。何景明以序贈三人，其序後編入〈內篇〉爲〈(送鄭子治大同
諸餉序)〉(內：014)、〈(送申子令丹陽序)〉(內：017)、〈(送周子令宣城
序)〉(內：018)。內：018：「進士周子賢爲宣城縣，孫繼芳曰…子賢曰…
周子因孫子見何子，告之。何子曰…」孫繼芳有〈別周子賢之宣城〉
(《石磯集》1.8a)，當爲此時之作。據編次，〈晚過周進士言別聞琴〉(352：
170)爲此時之作，云：「別後清江夜，遙思絕代音。」疑此詩爲周廷用
而作。又疑何集內：014至：018亦作於此一時期。

六日丁未(SP15)。何景明生日。有作。

按：據編次，〈初度〉(352：171)爲本日之作。

同日。何孟春陞河南參政。有作。

按：《武宗實錄》：「陞…兵部郎中何孟春…爲布政司左參政…河南」
(91.2a[1937])。〈今昔行送何燕泉〉：「年今四十少方伯，富貴由來重文
采。」又：「四海風塵半甲兵，十年意氣還杯酒。子方出守紫薇垣，予
亦棲遲金馬門」(371：031)。知此篇爲正德七年送何孟春赴任河南之作。

十二日癸丑(SP21)。曹琥謫尋甸。以詩二首送之。

按：《武宗實錄》：「謫戶部主事曹琥爲雲南尋甸軍民府通判。御史周廣
既得罪，琥上疏救之」(91.4b[1942])。何集有〈送曹瑞卿謫尋甸〉(352：163-
164)。據編次，此時亦有〈寄黔國公〉(372：020)、〈送趙元澤之嵩明州〉
(372：021)。尋甸、嵩明皆近雲南府，此二首或與352：163-164作於同
時。戴冠〈送趙先生之任嵩盟〉(《戴氏集》8.18a)、呂柟〈送趙嵩盟序〉
(《涇野先生文集》2.16a)似與何集372：021作於同時。

十六日丁巳(SP25)。中秋節月食。有作。

按：據編次，〈中秋〉(352：165)、〈中秋夜集呂給事宅〉(352：166)、〈與韓
汝慶行歸長安望月〉(352：167)皆爲本日之作。韓邦靖〈中秋同何大復望
月〉第一首：「中原有戰士，今夕最關情」(《五泉韓汝慶詩集》3.1a)亦爲本
日之作。

又按：本日月食爲Oppolzer所示之4201次。〈月食〉：「月蝕中秋夜，中
天萬國看」(352：169)。此爲何景明任京官年間唯一之中秋月食。

約於此時，送易舒誥。

按：〈送易太史歸省湖南〉：「楚鄉秋去息風塵，碧石清沙江色新」

(372：001)。此寫秋景。李東陽有〈易檢討舒誥歸省長沙院中例贈〉(《李東陽集》1.590)。據李集編次，該詩當作於正德七年五月之後。李詩題言「院中」，該詩或作於其七年十二月致仕之前。何詩則當爲七年秋季之作。董玘〈贈易欽之序〉(《董中峰先生文選》3.2b)、劉龍〈送易太史欽之歸省〉(《紫巖集》4.5b)、陳沂〈翰林易欽之歸省長沙出訪于江上因贈〉(《拘虛集》2.8b)均作於同時。

九月，八日己卯(OC17)。過王希孟。有作。

　按：據編次，〈八日王宗哲宅見菊〉(372：002)爲本日之作。

九日庚辰(OC18)。重陽節。過韓邦靖宅，爲其兄邦奇作序。

　按：據編次，〈九日雪答崔太史〉(372：003)、〈汝慶宅紅菊〉(352：182-183)爲本日之作。韓邦靖〈紅菊同何大復席上分韻〉(《五泉韓汝慶詩集》3.2a)作於同時。372：003云：「常年九日多風雨，風雪今年更可哀。」正德八年有閏五月。以故，與陽曆比對，則本年重陽節後至(西方陽曆此時仍用儒略曆，其OC18與今用格勒哥里曆OC27約同)。

　又按：〈韓子律呂直解序〉(內：026，序：504)爲韓邦奇所作之序。何集本不言及此序作於何年月，而韓氏書言：「正德七年九月九日，大復山人汝南何景明序。」韓邦奇自序稱「弘治十七年三月中旬。」韓邦奇〈律呂直解序〉亦見其《苑洛集》1.25a。其書亦有衛淮後序，稱「正德辛巳(十六年)十月吉日。」疑何景明本日過韓邦靖宅賞菊，同時偶閱邦奇書而序之。此後，王廷相讀邦奇〈直解〉，乃致〈與韓汝節書〉：「蜀中偶得執事律呂直解，讀之皎然所發。來學蓋不徒作者也，甚善」(《王氏家藏集》29.21a[1309])。

遊西山。

　按：據編次，〈出遊功德寺〉(352：185)、〈大功德寺〉(352：186)、〈宿淇公方丈〉(352：187)、〈玉泉〉(352：188)、〈望湖亭〉(352：189)皆爲此時之作。

十七日戊子(OC26)。彭澤陞右都御史、總制四川軍務。何景明以詩送之。

　按：《明通鑑》：「(九月)戊子…以彭澤在河南有平賊功，擢右都御史，總制四川軍務」(44.1670)。〈送彭總制之西川〉(352：191-192)作於此之後。孟洋〈送彭總制西征〉(《孟有涯集》8.3b)、呂柟〈西征贈言序〉(《涇野先生文集》2.8b)、孫承恩〈送彭總制討蜀寇序(代作)〉(《文簡集》27.1a)、楊一清〈送彭濟物都憲總制軍務征蜀〉(《石淙詩稿》11.17a)均作於此時。王廷相

〈送彭中丞總制川陝二十六韻〉(《王氏家藏集》16.22a[663])或爲彭澤途經陝
西時之作。彭澤平四川賊後，呂柟有〈賀彭公平蜀序〉、〈賀彭公平賊
序〉(《涇野先生文集》2.1a)。

朝廷以賊平賞銀、賜宴等。有作。

按：《武宗實錄》：「(九月二十四日乙未)(NV2)…以直隸、山東、河南、江西
等處盜賊平定。京營從督官發兵會議，與各部院等衙門俱效勤勞。英國
公張懋…各賞銀三十兩，紵絲二表裏…」(92.5a[1965])。又：「(十月六日)丙
午(NV13)。以賊平賜提督軍務都御史陸完、彭澤…等官宴於禮部」(93.2a
[1975])。〈雷黃門凱旋圖歌〉(371：034)、〈諸將入朝歌〉第十二首：「正
德七年誅叛賊，大明八葉睹中興」(374：018)皆爲此時之作。

冬，據編次，何集352：190-192；353：005-006；374：007-018等詩、文爲此時
之作，詳見下。

約於此時，因樂陵知縣許逵有功，以詩贈之。

按：〈樂陵令行〉(371：018)指許逵(見其小傳)，歌其守城之功。《明通鑑》：
「(六年，冬)劉七之入山東也，所過州縣率閉城守，或棄城遁，或遺之芻
粟弓馬，乞賊勿攻。先後破者九十餘城。惟樂陵知縣許逵慨然爲戰守
計。縣初無城，督民版築，不踰月城成…賊果至…大驚擾，斬獲無遺」
(44.1655)。何氏詩云：「山東郡縣一百八，無有一城無戰場。到今漂血成
野水，如山百骨橫秋霜。」此詩當爲七年秋季之作。

與孟洋送梁迁知什邡縣。

按：據編次，〈送梁鴻臚之什邡次孟望之韻〉(353：005)當爲此時之作。梁
鴻臚即梁迁，說見其小傳。該詩云：「朝廷再遣將，郡邑半從軍。」孟
洋有〈送梁明府〉：「蜀郡猶多寇，書生亦統軍」(《孟有涯集》2.12a)。二
詩均以聞、君、分、雲、軍、勳爲韻腳，均稱四川此時有賊患。正德八
年春，孟洋下獄，此詩當作於七年冬季。

又按：何集有〈寄贈王子衡御史時按關中〉(353：006)。孟洋〈寄王子衡〉
自注云：「時巡按陝西」(《孟有涯集》8.1a)，亦當爲此時之作。雖不次韻，
二詩題則近似，又同爲五言排律。據編次，何集353：006當作於353：
005之稍後，而其明年春，孟洋下獄。什邡近成都，梁迁上任將經陝
西，何景明、孟洋或以詩付梁氏寄王廷相。

何景暘或於本年知巢縣。

按：何景暘於何年任職巢縣待考。崔銑〈送何仲子知巢縣序〉(《崔氏洹詞》
2.34a，《洹詞》1.27b[383])不言其年月。然，據崔集編次，當爲本年。呂柟

〈送何仲昇敍〉(《涇野先生文集》2.17a)誤言何丈人(指何信)生三子，誤言何景明於年十七舉進士，然其言景明中進士後，「見何子仲昇焉。…自是不接二子者十年也。比柟三入京師…未幾仲子爲巢縣。」呂柟於正德九年秋歸，此敍則爲六年至九年間之作。孫繼芳有〈洪法寺送何仲昇宰巢縣登寺後山〉：「五年舊友重相見，百里新符暫假歸」(《石磯集》2.6b)。孫繼芳於正德三年應試落第之後，遊信陽，歸華容。孫氏言「五年」，或三至七年間以周歲計。

或於本年之下半作詩以述裕州之賊亂。

按：〈裕州行〉(371：047)：「今年春夏雨不絶，黄河以南漸殺麥。裕州城中十萬家，自經寇盜惟黄沙。」《武宗實錄》：「甲午(此指正德七年二月十九日)…初，盜入河南裕州…居民死者三千人84.5b［1816］」。《同》：「丁卯(此指七年十月二十七日)…免河南裕州…七年税糧…以被賊殘害故也」(93.6a，7b［1983，86］)。此詩似爲七年夏季後之作，繫之本年似長。

正德八年癸戌(1513)。三十一歲。居京師，官中書舍人。

春，據編次，何集351：035-038；352：210-217；372：010-011；374：019-020等詩、文爲此時之作，詳見下。

正月，十五日乙酉(FB20)。元宵節。過張士隆。有作。

按：〈元夜仲修宅對月〉：「南去漢兵連楚蜀，北來胡馬傍關山」(372：010)。此當指正德八年元夜，即彭澤甫西征蜀賊時。

二十四日甲午(MR1)。謝忠陞湖廣布政司右參議。此後何景明以詩贈之。

按：《武宗實錄》：「甲午，陞工部郎中謝忠爲湖廣布政司右參議」(96.4b［2030］)。〈憶昔行〉序云：「予上京師之二年，汝正有湖南之行」(371：015)。汝正即謝忠(見謝忠小傳)。該詩云：「艷陽三月桃李耀，君非壯年我非少。」孟洋有〈送謝汝正少參之湖南〉：「曉日城隅別美人，桃花落盡始知春」(《孟有涯集》10.13a)、戴冠〈送謝汝正赴湖南少參〉：「使君今日南楚去，春城桃李花亂開」(《戴氏集》5.7a)、韓邦靖〈送謝屯部之湖廣〉：「謝子同官久，春深獨遠行」(《五泉韓汝慶詩集》3.2b)、董玘〈送少參謝君之湖廣序〉(《董中峰先生文選》4.20a)皆作於同時。何氏詩指三月，而三月八日，孟洋下獄(見下條)。此詩當作於三月上旬，八日之前。

三月，八日丁丑(AP13)。孟洋下獄，後謫桂林。此時，顧璘已謫全州。何景明以詩贈孟、顧。

按：《武宗實錄》：「(三月丁丑)下試監察御史孟津洋(案：津字誤增，見《明武宗實錄校戡記》98.1［390］)於獄…尋降爲廣西桂林府儒學教諭」(98.2a［2051］)。孟

洋以劾大學士靳貴、梁儲忤武宗怒。孟、顧何時離京邑不甚明。四月四
日(MY8)，大學士梁儲上疏自劾。請留孟洋。《武宗實錄》：「上曰…
孟洋既有旨矣」(99.2a[2061])。或四月四日始行。〈得顧華玉全州書兼知
望之消息〉：「同時萬里去，隔歲一書來」(352：022)。孟洋〈跋贈遠
卷〉：「始顧子被詔遠謫，何子洎余並集田給事宅。余謂遠方山水，佳
勝莫如全。當是時，豈有他慮。明日余即被繫，顧子果得全州。田、何
諸君復餞之，贈詩盈卷。余獨不與焉。然，當時諸君又豈知余有桂林之
謫哉」(《孟有涯集》16.23b)。何景明〈贈望之〉第二首：「我心思桂林，倚
立增歎慨」(351：036)。〈送顧華玉謫全州〉：「白日春城暮，孤雲天際
陰。」又：「夏擬浮湘水，秋應到桂林」(352：217)。知孟、顧於三、四
月離京師。孫繼芳有〈送孟望之謫桂林〉(《石磯集》2.5b)，作於同時。孟
洋〈出京〉：「十載京華客，江湖萬里心。賓親勞出餞，杯酒各霑襟。
花落日邊盡，鴻飛雲外深。此時一分手，何處更同音」(《孟有涯集》5.
14b)。此當作於離京師赴桂林時。何景明〈子純宅夜集懷望之〉：「花
月同遊客，江湖萬里遙」(352：222)爲稍後之作。李夢陽於此時官江西提
學副使，聞孟洋謫官，作〈寄孟洋謫桂林教授〉(《空同先生集》31.11b[838]，
30.13a[261])以寄。顧璘至江西時，李夢陽以詩贈之：〈顧子謫全州贈二
首〉(《空同先生集》24.10a[601]，25.10b[207])。

夏，據編次，何集351：039-041；352：218-226；354：009-010；372：012-014等
　　詩、文爲此時之作，詳見下。
　　四月，十八日丙辰(MY22)。崔銑、王希孟等遣爲副使以封王、妃。何
　　景明以詩送王希孟。
　　按：《武宗實錄》：「丙辰，遣…翰林院編修崔銑、刑部署郎中王秉良、
　　　　鴻臚寺右少卿王希孟、禮部署郎中都穆爲副使持節冊封…」(99.3b-4a
　　　　[2064-65])。〈送王宗哲少卿〉：「子身被王命，駟馬輝雲電」(351：039)或
　　　　爲稍後之作。又有何孟春〈寄何中舍〉：「崔子來，辱佳章，感激感
　　　　激。手卷久未寄，聞高作已脫稿，而諸友處詩賦有未就者故耳。崔云此
　　　　事，京中相知自有登壇拜將之舉，肯爲一席。何患不成春，竊有望於執
　　　　事之爲是舉也。一席之費幾何，執事於所厚，當不甚計區區。豈亦終負
　　　　不儻者耶。呵呵，小書二冊，附覽餘不一」(《何文簡公文集》18.34b)。據此
　　　　書知何景明在京師，何孟春在外省，崔氏自京師過之。據何景明、孟
　　　　春、崔銑三人之傳，此書當作於正德七年，即何孟春甫上任河南參政，
　　　　崔銑任副使時。

五月，遊郭氏園。

　　按：據編次，〈郭氏園亭〉(352：220)爲此時之作。然，該詩無寫時景之
　　　　語。〈再遊郭氏〉第一首則：「仲夏一到此，主人開水亭」(352：227)，
　　　　指其先遊此地。〈遊郭氏園〉(372：012)亦爲此時之作。

十四日辛巳(JN16)。胡寇小王子犯大同等地。有作。

　　按：《明通鑑》：「五月辛巳，小王子犯大同。由白羊口入，掠平廣、井
　　　　坪、乾河等處。官軍敗績于黃土嶺」(45.1679)。〈過孫世其時有警報〉
　　　　(352：221)或作於此時。

約於此時，送張詩之浙江。

　　按：據編次，〈送張子之浙江〉：「張子別我吟玉壺，荷花五月下江湖」
　　　　(372：014)爲此時之作。

與呂經、馬錄過呂柟，有作。

　　按：〈過呂涇野宅同呂道夫馬君卿〉：「夏訪呂子居，乃在北城陰」
　　　　(351：041)。呂柟於正德九年春季歸陝西，馬錄於八年始由固安知縣擢御
　　　　史還京師，故知此篇實爲八年夏季之作。

　　又按：馬錄諸傳言其於八年拜御史。然，《武宗實錄》：「(九年，六月丙辰
　　　　[指二十五日，JL16，1514])授知縣…馬錄…試監察御史…四川道」(113.4b
　　　　[2302])。疑《實錄》誤。

送劉大謨之陝西。

　　按：劉大謨於正德七年下獄，八年謫陝西隆德典史。其傳不言其於何月謫
　　　　官。〈過遠夫〉：「堂上炎天迥，明燈夕坐深」(352：224)。此寫夏季之
　　　　景。又：「此時對遷客，何意復冠簪。」「遷客」乃劉大謨。據上引諸
　　　　語知劉氏於八年夏離京師。〈隴頭流水歌送劉遠夫行〉(樂：045-047)雖爲
　　　　樂府詩，雍本置諸五言古詩中，於351：041，044之間。據編次，此詩
　　　　亦作於八年夏季。

六月，二十八日乙丑(JL30)，或二十九日丙寅(JL31)。立秋日。呂柟、景
暘、呂經、田汝耔來訪。有作。

　　按：據編次，〈立秋日呂景二內翰呂田二黃門見訪〉(352：226)爲此時之
　　　　作。

秋，據編次，何集351：042；352：227-240；353：007-008；372：022-028；
374：021-022等詩、文爲此時之作，詳見下。

七月，七日癸酉(AG7)。七夕，有作。

　　按：〈七夕〉(372：022)不言及「戎馬」，「風塵」，「盜賊」，而於正德

七年七夕，長江、南京賊未平。此詩似爲八年之作。〈贈良伯〉:「帝
座神仙侶，天河烏鵲橋」(353：007)指七夕，或作於同時。

十五日辛巳(AG15)。中元節。有作。

> 按:《武宗實錄》:「辛巳，中元節，遣駙馬都尉蔡震、馬誠、崔元分祭
> 長陵…泰陵。文、武、衛門各分官陪祭」(102.3b[2110])。據編次，〈送呂
> 內翰上陵〉(352：230)、〈送徐內翰上陵〉(352：231)皆爲此時之作。〈送
> 徐內翰上陵〉:「君向六陵間，中元月正圓。」「呂、徐內翰」當指呂
> 柟、徐縉。徐縉〈謁陵二首〉:「中元往歲多風雨，今歲中元喜獨晴」
> (《徐文敏公集》2.20a)亦爲此時之作。〈下陵曲〉(樂：048)雍本置于京集古詩
> 中，於樂：045-047(見上)與351：044之間，可知其亦爲此時之作。

集徐縉宅。有作。

> 按:〈同崔呂孫三內翰集徐子瞻辰樓〉:「秋日徐君北樓上，北樓岧嶢連
> 北斗」(371：019)。徐縉〈秋日崔洹野、孫宿山、呂涇野、何大復四子枉
> 駕瞻辰樓有作因答一首〉(《徐文敏公集》2.20b)作於同時。崔、孫、呂指崔
> 銑、孫紹先、呂柟。據徐集編次，此詩爲八年秋季之作。

或此時送韓貫知延津縣。

> 按:〈延津歌送韓令〉:「延津寇過餘少男，延津縣令莫停驂」(371：
> 039)。此詩言及「寇過」當指正德六、七年河南寇事。《(萬曆)開封府
> 志》7.43b載延津知縣韓貫，正德年間任官。徐縉亦曾以詩送韓貫之延
> 津:〈送韓一之宰延津〉(《徐文敏公集》1.27a)。徐縉不稱歲時，而據徐集
> 編次，該詩當作於八年秋季。徐縉〈山行次韻二首〉第一首:「中元喜
> 無雨，況共呂蒙行。」又:「遙望泰陵樹，淒淒傷我情」(《同》1.26b)疑
> 此指正德八年中元節與呂柟上皇陵(見上)。

八月。鄭善夫自京師南歸。何景明贈之詩。

> 按:鄭善夫〈乞歸疏〉:「臣…正德…八年七月，內養疾回還」(《鄭文》1.
> 7a，《少谷集》14.8a[187])。鄭氏〈觀射篇〉自注云:「癸酉秋仲，予南征至
> 天津，陪王、劉二君子較射西營因賦長歌」(《鄭詩》3.15a，《少谷集》3.4b[40]
> 題作〈天津同王劉二子較射西營因賦長歌〉)。〈少谷子行〉:「頃將東遊觀岱
> 宗，便欲下泛滄溟中。」又:「只今妙年始三十，辭官讀書志何逸。」
> 又:「八月高城氣稍勁，流螢木葉交相映」(371：020)當爲此時之作。鄭
> 善夫有〈贈仲默〉(《鄭詩》3.25b，《少谷集》1下·16a[13])。據鄭善夫集編次，
> 此詩作於杭州、越州，爲同年十二月之作。

十四日己酉(SP12)。以賞月而集會於陶驥宅。有作。

> 按:據編次，〈十四夜對月集陶良伯〉(352：236)爲此時之作。

十六日辛亥(SP14)。以賞月而集會於侯宜正宅。有作。

　　按：據編次，〈十六夜月集侯汝立〉(352：237)爲此時之作。

本月鄉試。此後有作。

　　按：〈(河南癸酉同年齒錄序)〉(內：023)不言其作於何時，而當爲鄉試稍

　　　後之作。

九月，八日癸酉(OC6)。受菊於田汝籽。有作。

　　按：據編次，〈八日勤甫惠菊〉(372：024)爲本日之作。〈宗哲初至夜集〉

　　　(372：025)或作於同日，記王希孟由湖南使還京師。

九日甲戌(OC7)。送師存智之浙江。

　　按：據《蘭臺法鑑錄》師存智傳，師存智於正德八年巡按兩浙鹽務(14.

　　　16b)。〈九日送師御史之浙中〉(372：026)爲本日之作。徐縉亦以詩送師存

　　　智：〈送師汝愚巡浙〉，見《徐文敏公集》1.28a。崔銑〈送師御史

　　　序〉(《洹詞》1.38a[389]，《崔氏洹詞》不載)或爲同時之作。

本日，陶驥之父陶永淳卒。

　　按：〈明紹興府同知致仕進階朝列大夫陶公行狀〉(狀：002)言陶永淳卒於

　　　本日(見陶驥小傳)。狀：002或爲十一、十二月之作。

約於此時，京官多以詩和張繼孟之〈白髮〉。何景明亦有作。

　　按：崔銑〈白髮倡和詩序〉：「白髮張大夫感己也，京之才士有大夫之感

　　　者和之，音愴而旨邃讀者，莫不動心焉」(《洹詞》1.48b[394]，《崔氏洹詞》不

　　　載)。此文未及「張大夫」名、字、號。然，與銑、繼孟相識。何集中

　　　有〈和張子純白髮〉(372：027)，可知何景明即崔氏所稱「京之才士」之

　　　一。何孟春有〈白髮次張子醇正郎韻〉(《何文簡公文集》6.21b)。其韻腳(心、

　　　侵、深、襟、今)與何集372：027同。董玘〈書張儀部子醇白髮詩後〉(《董

　　　中峰先生文選》9.7b)亦指此事。

二十四日己丑(OC22)。萬壽聖節。此後，何景明有作。

　　按：據編次，〈送張國賓進萬壽表還〉(372：028)爲此時之作。《武宗實

　　　錄》：「朝鮮國王李懌差陪臣戶曹參判柳湄等賀萬壽聖節，賜宴並賞金

　　　織衣綵等有差」(104.5b[2144])。何景明詩云：「名王表達維藩禮，賓使恩

　　　勤奉教時。」疑「張國賓」乃朝鮮陪臣之一。

冬，據編次，何集351：043-046；352：241-247；353：009-010；372：029-033；

374：023-024等詩、文爲此時之作，詳見下。

送張承仁巡畿內。

　　按：崔銑〈賓筵贈別詩序〉：「癸酉冬，張御史將按京輔，翟太史而下十

人餞于王少卿第(此疑指王希孟)…王君希孟、張員外繼孟各賦詩一，諸子
和之」(《洹詞》1.40a[390]，《崔氏洹詞》不載)。〈送張元德侍御巡畿內〉(372：
029)爲此時之作。徐縉亦以詩贈張承仁：〈送張元德巡畿內〉，見《徐
文敏公集》1.28a。

送陶驥歸省。

　　按：據編次，〈十月四日過良伯〉(352：241)爲此時之作。未幾，陶驥聞其
　　父疾而歸。疑〈慈仁寺送良伯〉(372：031)爲此時之作。王廷相〈別陶良
　　伯〉(《王氏家藏集》17.17b[716])或作於同時。

送郭灌之寧波。

　　按：據《(嘉靖)寧波府志》2.16a(151)，弘正年間僅有郭姓知府者一人，即
　　郭灌，正德九年任官。〈送郭刑部守寧波〉(352：242)或爲八年冬季之
　　作。郭灌於九年春始上任。夏良勝〈贈郭君達誠守寧波序〉(《東洲初稿》
　　2.21b[747])、毛伯温〈送郭達誠守寧波〉(《東塘集》7.5a)皆爲同時之作。

十一月，十六日庚辰(DC12)。冬至。有作。

　　按：據編次，〈冬至〉(351：043)爲本日之作。〈劉德徵上陵還有贈〉(372：
　　032)疑爲稍後之作。冬至前一日有官陪祭於皇陵(見《武宗實錄》106.4b
　　[2174])，劉文煥或屬焉。

王廷相下獄。有作。

　　按：王廷相何時下獄不明。據編次，〈夜集勤甫宅時秉衡至〉(352：238)爲
　　八年八、九月之作。此後廷相始下獄。《明通鑑》：「(十二月)辛丑(七
　　日，JR2，1514)，吏部尚書楊一清論救逮問下獄之巡按陝西御史劉天和、王
　　廷相。二人者太監廖鎧搆之也」(45.1687)。〈子衡在獄感懷二十韻〉
　　(353：010)爲此時之作，云：「晝臺幽白日，冬井下霜氛。」

與楊一清書。

　　行狀：「其友北地李獻吉遭江西之訟，衆多媒蘗其短，莫肯爲直者。先生
　　獨上書爭之，且責楊蒙宰，訟遂得辨。」喬傳：「獻吉與姜御史詰奏，
　　又移書楊太宰，直獻吉獄。」

　　按：〈上楊邃菴書〉(書：502)爲救李夢陽而作。夢陽任江西提學副使，因
　　官場不諧，竟爲之下獄。何景明以楊一清任吏部尚書而致此書，或並以
　　一清有救王廷相之勇氣、李夢陽幼時爲一清所賞識爲緣。劉譜誤以此爲
　　七年之事，傅譜從之。

二十四日戊子(DC20)。田汝耔陞江西按察僉事，有作。

　　按：《武宗實錄》：「戊子，陞…刑科給事中田汝耔爲江西按察司僉事」
　　(106.8a[2181])。〈登勤甫樓〉(372：033)爲歲末思鄉之作，未言及江西之

行。〈月夜王宗哲宅贈田勤甫江西提學〉(372：034)卻以其將行爲題：
「高城吹角此宵寒,遠客今歌行路難。」〈贈田子〉第二首：「蒼蒼季
冬夕,積雪委中衢。三星出東户,纖月揚西隅」(351：045)指十二月。疑
爲上旬之作。〈田子行〉：「豫章千雲世希用,龍泉貫斗人難識」
(371：016)或亦指此行。〈田子宅宴別〉：「豫章天更遠,燕北有高樓」
(352：247)明指之。據〈元夜孫世其席上餞勤甫〉(352：017)知九年正月十
五日田汝耔尚未出發(此詩再見下)。徐縉亦以詩贈田汝耔。其〈盧山歌贈
田勤甫提學〉見《徐文敏公集》2.7a。戴冠有〈送田太行使江西〉(《戴
氏集》9.21b),或亦爲此時之作。

十二月,二十一日乙卯(JR16)。樊鵬父樊亮卒。此後有作。

　　按：〈樊懋昭墓誌銘〉：「卒正德癸酉十二月二十一日」(銘：004)。此銘
　　當爲九年之作。

本年送張漢卿知魏縣。

　　按：〈(送張子令魏縣序)〉(内：011)爲此時之作(見張漢卿小傳)。崔銑有〈送
　　張魏縣序〉(《洹詞》1.30a[385],《崔氏洹詞》不載),當作於同時。

正德九年甲戌(1514)。三十二歲,在京師,官中書舍人。

春,據編次,何集352：017-023；353：011；372：034-040等詩、文爲此時之
　　作,詳見下。

正月,十三日丁丑(FB7)。大祀天地于南郊。

《明通鑑》：「丁丑,大祀南郊」(45.1689)。

　　按：據編次,〈郊觀二十二韻〉(353：011)爲本日之作。

十五日己卯(FB9)。元宵。夜,乾清宮火。

　　按：〈元夜孫世其席上餞勤甫〉：「張燈非舊俗,滿月是離筵」(352：
　　017)。此指武宗好燈,多以飾宮,遂有火災。《明通鑑》：「庚辰,乾
　　清宮災。上每歲張燈…于庭軒間依欄設毧幕,貯火藥其中。偶不戒,延
　　燒宮殿。乾清以内皆燼焉。上往豹房臨視,回顧光焰燭天,猶笑語左右
　　曰,是一棚大煙火也」(45.1689)。

二十三日丁亥(FB17)。上疏言政事。

　　按：《武宗實錄》：「(丁亥)…中書舍人何景明言,自降敕諭後,已將旬
　　日,未一見朝…」(108.10a[2217])。此略載何景明〈應詔陳言治安疏〉(雜：
　　501)。《明通鑑》：「壬午(FB12)以災御奉天門視朝,撤寶坐不設。遂下
　　詔罪己,並諭文武百官同加修省」(45.1689)。行狀：「乾清宮災,上書陳
　　時政,言人事不修,天變將復作。至詆,曰,義子某不當畜也,某宦官

不當寵也。因留中不出，人爲之寒心。」墓誌銘：「乾清宮災。君應詔
言時事，詞義劘切，疏留不下。」喬傳：「會乾清宮災，應召言便事，
乃極言邊軍、番僧、義子數事。義子者斥錢寧也，疏留中不出。」自是
應詔上疏言事之諸臣多與何景明遊，如呂經、熊紀、張士隆、呂柟、施
儒、雷雯等，皆不報。

二十四日戊子（FB18）。劉天和、王廷相謫官。何景明以詩贈之。

　　按：《武宗實錄》：「降監察御史劉天和爲金壇縣丞，王廷相爲贛榆縣
　　丞」(108.10b[2218])。〈送劉養和侍御謫金壇〉(372：035)、〈送王秉衡謫贛
　　榆〉(372：036)爲稍後之作。

二月，三日丁酉(FB27)。顧可學、熊紀遷官。何景明以詩送之。

　　《武宗實錄》：「陞…工部(郎，見《明武宗實錄校勘記》[109.1(417)])中顧可學爲布
　　政司右參議…浙江。禮科右給事中熊紀爲右參議…湖廣」(109.1a[2227])。

　　按：〈送顧與成赴浙江參議〉(352：020)爲此後之作。顧鼎臣〈送亞參顧君
　　與成序〉：「正德癸酉…明年三月與成自繕部郎中以年資才識擢浙省少
　　參。二十二日陞辭而行，文武士傾慕追送甚衆」(《顧文康公集》文草5.5a)。
　　何集352：020或爲本日之作。然，顧鼎臣該序言及高淓、徐縉、董玘
　　與道士白飛霞，而未及景明。戴冠〈過大參顧與成席上贈舞者〉(《戴氏
　　集》7.21b)或作於同時。「大參」實指參政，非謂參議。顧鼎臣又有〈送
　　顧與成浙江參政〉(《顧文康公集》詩草5.23b)。其序言少參而其詩言參政，待
　　考。

　　又按：〈送熊廷振之楚藩〉(371：703)或爲此時之作。

七日辛丑(MR3)。唐澤遷官。何景明有作。

　　《武宗實錄》：「陞…刑部郎中唐澤爲福建按察司副使」(109.4b[2234])。
　　〈(送唐子擢福建憲副序)〉(內：008)作於此時。

十四日戊申(MR10)。謝廷柱、許讚遷官。何景明以詩送之。

　　《武宗實錄》：「陞…大里寺右評事謝廷柱…臨淄縣知縣許讚俱爲按察司
　　僉事…讚，浙江…廷柱，湖廣」(109.7a[2239])。〈送謝邦用之湖南〉(352：
　　018)、〈送許庭美之浙江〉(372：037)爲此時之作。劉龍〈送謝同年邦用僉
　　憲之湖廣〉(《紫巖集》5.3a)、顧鼎臣〈送許廷美浙江僉事〉(《顧文康公集》三
　　集4.8a)均爲同時之作。

送殷雲霄之青田。

　　按：崔銑有〈殷近夫墓誌銘〉：「癸酉(1513)調青田」(《崔氏洹詞》15.30b，

《洹詞》，3.10b[425]）。何景明〈送殷近夫之青田〉：「飄飄暮送凌空鳥，
渺渺春迴上漢槎」(372：039)。《(康熙)青田縣志》載正德年間知縣殷雲
霄(8.8a)。疑殷雲霄於八年下半調差，九年早春始離京師。

本月，呂柟歸陝西家居。

　　按：據編次，〈送呂子〉(352：019)爲此時之作，云：「上書俱不報，解珮
　　獨先歸。」王崇慶〈送呂涇野養病〉：「不獨封書上天子，已喜射策題
　　吳綾」(《端溪先生集》8.七律。2a)。《明史》〈呂柟傳〉「是年(指正德九年)
　　秋，以父病歸」(282.7243)。然，呂柟〈與何開州粹夫書(甲戌二月)〉：
　　「僕於去年十月二十二日，進講畢，是時已患腿疼，不可履。至十一
　　月，得家書，家母病不下榻，兼自料賤疾，無終瘳之勢。意圖速歸…至
　　今年二月初二日，始准西歸」(《涇野先生文集》20.15a)。呂書不提乾清宮火
　　事，而何詩云云，未知《明史》何據言其父病。《明史》傳言其於秋季
　　歸省，呂柟書言二月二日，而王崇慶詩又言：「有客有客還高陵，長安
　　雲日方炎蒸。」疑呂氏乞歸，以親疾爲由，二月二日得准，此後始離京
　　師。

約於此時送李崇光還南京。有作。

　　按：〈金陵歌送李先生〉：「李公爲舅有呂甥，甥舅四海皆知名。呂君關
　　西昨日去，公自金陵來復行」(371：030)。崔銑〈贈李典籍序〉：「高陵
　　李先生守典籍三年考績得上考，將還南監司諫。呂道夫偕銑往餞之。李
　　先生吾友呂太史仲木之外舅也」(《崔氏洹詞》1.4a，《洹詞》1.50a[395])。康海
　　〈明故南京國子監典籍李君墓表〉：「君諱崇光，字宗顯…正德庚午以
　　太學授南京國子監典籍。典籍三年…卒於官，時甲戌，九月二十六日…
　　女子四人，長爲翰林修撰吾友呂仲木妻」(《康對山先生集》36.7b)。何景明
　　詩或與呂經、崔銑餞李氏之集有關。其時當在呂柟歸之稍後，九月二十
　　六日之前。

三月，六日己巳(MR31)。呂經陞禮科左給事中。何景明此後有作。

　　按：據編次，〈贈呂子遷左給事中〉(352：057)當爲本年秋季之作。然，
　　《武宗實錄》：「己巳，陞…户科右給事中呂經…爲左給事中…禮科」
　　(110.1b[2248])。不知何集此詩是否倒置。

　　又按：或此後，何景明與孟洋書康海，求序以壽呂經母王氏。康海〈呂母
　　太孺人王氏壽詩序〉：「吾友兵科左給事中呂道夫有母太孺人王氏，壽
　　六十又三，監察御史孟君望之、中書舍人何君仲默以書抵余，曰，道夫
　　與吾輩皆交厚」(《康對山先生集》11.6b，28.21a)。此序不言其作於何時。孟洋
　　於正德八年謫桂林教諭，逾年，呂經始陞左給事中，《實錄》言禮科而

康氏言兵科，又不知孰是。待考。

十五日戊寅（AP9）。殿試。有作。

　按：《武宗實錄》：「戊寅，策試舉人霍韜等三百九十六人」(110.4b
　　[2254])。〈殿試宿禮部張子淳郎中署奉和馬張二光祿喬直閣諸公〉(352：
　　021)為此夜之作(已見上)。

十八日辛巳（AP12）。唐皋等獲賜進士。

　《武宗實錄》：「辛巳，賜唐皋等三百九十六人進士及第、出身有差」
　　(110.5b[2256])。

　按：本年曾與何景明先後交遊而登進士第者有馬理、薛蕙、蔣山卿、李
　　濂、張治道、范永鑾、戴欽。

十九日壬午（AP13）。賜進士恩榮宴于禮部。

　按：據編次，〈谷進士宴歸圖歌〉(371：041)為此時之作。谷進士即谷高，
　　說見其小傳。該詩云：「我皇九載羅豪英，坐收四百皆才名。」

得顧璘書。

　按：〈得顧華玉全州書兼知望之消息〉：「水闊蛟龍出，山深杜若開」
　　(352：022：此詩亦見上)。顧璘、孟洋於正德八年春季謫官，此詩為九年晚春
　　之作。孟洋有〈次韻何仲默見寄〉：「書自三春發，封當七月開」(《孟
　　有涯集》5.16b)。此詩用哀、來、開、臺為韻腳，與何集352：022同。

約於此時，送劉侃歸陝西。有作。

　按：何集有〈同崔子送劉以正還關中〉(371：032)。何集七言古詩無編年
　　次，故該詩為何時之作待考。劉侃於正德八年中舉，此後始往京師，據
　　何集五、七言律詩之編次知劉侃於十年春季還京師，十一年春護其兄劉
　　佐櫬還陝西(見下)。劉侃或與其弟劉仁於八年冬、九年春赴京師應試落
　　第，劉侃稍後歸中部省親。

約於此時，送李濂歸開封。

　按：〈大梁吟送李進士〉：「大梁擅豪華，鉅野生龍蛇。頃來曹李輩，擢
　　秀冠詩家。」又：「李邕門下多奇士，曹是賢甥李高弟。」又：「李當
　　春日別燕川，曹也誦詩神黯然」(371：517)。「李邕」當指李夢陽，「李
　　進士」乃夢陽弟子李濂。濂於十年春季已返京師。夏、秋、冬季均有
　　濂、景明相贈之作(見下)。此詩似為九年春之作。

三十日癸巳（AP24）。徐縉來訪。

　按：據編次，〈徐子容見過〉：「三月三十日，燕京春興悽。相過話遠
　　別，此去憶深棲。江漢今舟楫，乾坤尚鼓鼙」(352：023)為此時之作。徐
　　縉有〈三月過仲默宅夜話〉：「九十春將盡，江湖我欲行。」又：「岳

陽風景地，覓爾舊題名」(《徐文敏公集》1.29a)。徐氏〈三月三十日過仲默
夜話〉：「南過匡廬尋李白，不知蹤跡定何之」(《同》2.22a)作於同時。
疑徐縉此時擬往江西訪李夢陽(見下)。何景明詩「三十」：申本作「二
十」；誤。

約於此時，送林廷謨之潮洲任同知。

　　按：〈送林利正同知之潮陽〉：「憶在城均共攜手，泉山門下相知久。萬
　　里恩情若父兄，十年道義慚師友。」又：「過家登堂壽禮畢，道予問訊
　　泉山老」(371：028)。《(嘉靖)潮州府志》：「林廷謨，字利正，閩縣
　　人，舉人，(正德)九年任(同知)」(5.11a)。弘治十二年(1499)，何景明進士落
　　第後遊太學時，林瀚任祭酒，以詩贈景明(見上)。何詩指此事。據編
　　次，〈奉寄泉山先生〉(372：040)亦爲此時之作。

夏，據編次，何集352：024-029；372：042；044：-045；374：025-026等詩、文
　　爲此時之作，詳見下。

五月，五日丁卯(MY28)。端午節。何景明過徐縉。有作。

　　按：〈端陽日過子容登瞻辰樓〉：「浮雲暮南適，遙向楚江頭」(352：
　　029)。徐縉有〈端陽日仲默見過〉(《徐文敏公集》1.30a)。徐縉〈晚過仲默〉
　　(《同》1.29b)亦作於此時。崔銑〈瞻辰樓詩序〉：「瞻辰樓者，徐子之居
　　也。徐子居禁垣之南，修文而尚友。今之明士咸往焉。徐子與之登樓賦
　　詩以舒羈旅之懷」(《崔氏洹詞》1.10a，《洹詞》1.51b[395])。

約於此時，得李夢陽書。

　　按：〈得獻吉江西書〉：「近得潯陽江上書，遙思李白更愁予」(372：
　　042)。李夢陽〈宣歸賦〉序云：「正德九年，是歲甲戌，厥月辛未，臣
　　以居官，無狀得蒙，寬譴罷歸」(《空同先生集》1.8a[15]，1.10a[11])。「厥月」
　　之意不明。九年辛未日有正月七日(FB1)，三月八日(AP2)，五月九日
　　(JN1)，七月十日(JL31)，九月十二日(SP29)，十一月十三日(NV28)。李夢陽
　　〈與何子書〉第二首(四月八日[MY2]作)：「勘事一二日畢矣，而淹至三月
　　二十五日始發回省城候命」(《同》62.9a[1779]，63.11a[579])。《明通鑑》：
　　「(五月)癸酉，(JN3)罷…江西提學副使李夢陽，冠帶閒住」(45.1698)。據
　　上引諸語，「厥月辛未」應指三月八日。本日罷李夢陽官，二十五日始
　　回省城。四月八日與何景明書。何集372：042當爲五月上、中旬之作。

二十五日丁亥(JN17)。遣徐縉等爲副使以封王、妃。何景明以詩送徐氏。

　　按：《武宗實錄》：「遣…翰林院編修景暘、兵科右給事中高淶、翰林院
　　編修徐縉…充副使持節冊封…」(112.7a[2289])。何集有〈李南陽宅餞子

容〉(352：024)，而徐縉有〈南陽宅留別〉(《徐文敏公集》1.29b)。何集有〈醉歌贈子容使湖南便道歸省兼訊獻吉〉(371：035)、〈餞子容〉(352：026)，而徐氏有〈仲默席上作〉(《徐文敏公集》1.30b)。何氏〈送高穎之給事使楚道過揚州〉(352：025)、潘希曾〈送高掌科穎之冊封便道焚黃〉(《竹澗集》2.20a[669])皆爲此時之作。

又按：未審李「南陽」爲何人。然，據李夢陽〈白河篇送李南陽〉：「君昔坐郡襄漢東，氣勢三楚生雄風」(《空同先生集》21.4b[506]，21.18a[166])知其曾任南陽官。

二十七日己丑(JN19)。彭澤使甘肅以經理哈密事。何景明此後有作。

按：《明通鍵》：「己丑，命右都御史彭澤提督甘肅軍務，經理哈密」(45.1699)。〈彭中丞四民圖歌〉：「已聞士魯還金印，又見中丞下赤霄」(371：509)指此事。

六月，二十五日丙辰(JL16)。韓邦靖罷爲民，何景明以詩送之歸。

按：《武宗實錄》：「丙辰，勒工部署員外郎主事韓邦靖爲民」(113.4a[2301])。《明通鑑》略同(45.1699)。〈送韓汝慶還關中〉第一首：「六月西山雷雨低，長安城中十日泥」(374：025)爲此時之作。〈原有楚〉序云：「贈韓子也」(古：002)，或作於同時。

秋，據編次，何集351：047-053；352：030-042；354：011-012；372：043，046-049；374：027-030等詩、文爲此時之作，詳見下。

七月，七日戊辰(JL28)。七夕。同馬錄過劉文煥。有作。

按：據編次，〈七夕劉子緯宅次君卿韻〉(351：047)爲此時之作。

八月，十六日丙午(SP4)。過劉子宅賞月。有作。

按：據編次，〈十六夜劉子宅對月次韻〉(372：046)爲此時之作。〈燕京十六夜曲〉(374：027-030)或亦爲本日之作。「劉子」無考。

九月，九日戊辰(SP26)。重陽節。有作。

按：《武宗實錄》：「戊辰，重陽節，免文武群官宴」(116.3b[2346])。據編次，〈九日顯靈宮宴集〉(352：030)、〈登紫極閣〉(352：031)均爲此時之作。〈侯郎中劉主事見過對菊〉(352：032)、〈次韻張郎中九日無菊〉(352：033)、〈謝崔太史惠菊〉(352：034)或爲稍後之作。

又按：戴冠〈九日已過而菊始花，同白坡夜宴對花〉或爲此稍後之作。第一首：「登下憐寒影，尊前對晚華。」又：「寥落慚予志，因君重自嗟。」第二首：「幽賞同今夕，相酬各有詩」(《戴氏集》8.8a)。該詩爲何時之作待考。弘治十六、七年，戴冠有內艱，十八年何景明使雲南府，

正德三年九月有〈寄戴仲鶡進士〉(252：092)，據「寄」字知何、戴於本年無「夜宴」之事。四、五年。何景明憂居，無「尊前」之事。六年，戴冠在京師，與何景明書(見上)。十年之後，戴冠謫烏石。二、七、八年重陽節均有菊。雖元年亦可，據「因君重自嗟」句疑此詩爲九年之作。戴冠雖云，「各有詩」，然，何景明現存詩中無與該詩同時者。

與薛蕙遊。

　　按：薛蕙於本年春季登進士。會試前或已與何景明相識。薛蕙〈贈張仲修〉第二首：「昔余遊京邑，崔何共交親」(《薛西原集》1.11a；《考功集》不載)。據薛集編次，此詩作於十一年夏、秋。王廷相〈寄薛君采〉：「投荒去汝天南北，岐路微茫歲序侵。」又：「聞與崔何日來往，可無相憶白頭吟。」自注云：「崔子鍾，何仲默」(《王氏家藏集》18.6a[757])。該詩似亦爲此時之作。

冬，據編次，何集352：043-064；353：012；372：050-052等詩、文爲此時之作，詳見下。

以詩寄李夢陽。

　　按：李夢陽〈封宜人亡妻左氏墓志銘〉：「李子官復罷…泝江入漢，至於襄陽，將居焉。會秋積雨，大水堤幾潰，左氏曰，子不心大梁非患水邪…李子悟於是，挈左氏歸」(《空同先生集》43.6a[1227]，45.7b[410])。李夢陽〈緒寓賦〉：「炎炎赫赫歲閱茂兮，舟西鶩而逆流。途路艱阻渺以浩兮，遘皇天之昧幽。涉襄樊而濡滯兮，時寒涼而雨霖。水洶洶以震堤兮，勢擊盪而崩淫」(《同》1.9b[18]，1.12a[12])亦指此事。何景明〈寄空同子卜居襄陽〉(352：048)爲此時之作。何景明寄詩時，李夢陽或已還開封。李濂有〈空同子陽羨襄陽之居不果仍還大梁乃賦詩二章寄之〉，自注云：「時正德乙亥，余寓京師」(《嵩渚文集》18.1a)，當爲正德十年春季之作。

薛蕙謝病歸。

　　按：〈贈君采效何遜作〉(351：050-053)、〈過君采次韻〉(352：038-039)、〈薛生行〉(371：036)、〈晚過君采次韻〉(372：041)、〈夜過君采〉(372：047)均當爲九年秋、冬之作，多次言及薛氏之將歸。

送孫繼芳歸華容。有作。

　　按：初，孫繼芳於正德九年元夕乾清宮災之稍後上疏，力救劉天和、王廷相。久不報，竟謝病歸。何集有〈汝立席上送世其〉(352：055-056)、〈以

道席上送世其與其妹丈蕭執夫同行〉(372：051)。〈汝立席上送世其〉第一首：「市夜盤飧易，城春鼓吹多。」第二首：「河塞行無雪，江鄉到巳花。」372：051：「鄉土青春歸有伴，風塵滄海見無期。」三首均似早春之作(晚冬亦可)。侯宜正於十年夏季遷東昌府知府，知何氏詩作於九年冬、十年春季。〈石磯〉(372：512)亦當爲此時之作。

十一月，二十五日癸未(DC10)。賈詠陞南京翰林院學士。此後何景明有作。

按：《武宗實錄》：「陞左春坊左中允兼翰林院修撰賈詠爲南京翰林院學士」(118.7b[2394])。〈送賈學士之南都〉：「宮月夜懸鳷鵲觀，江流春轉鳳凰臺」(372：058)寫春景。疑賈詠於十一月遷官，正月始離京師。崔銑〈士林贈別詩序〉：「賈先生之南也，京之士贈詩十八篇」(《崔氏洹詞》1.5a，《洹詞》2.8b[401])或作於同時。

約於此時遊西山。

按：據編次，〈平坡〉(352：058)、〈夜歸昌化寺〉(352：059)、〈圓通寺〉(352：060)、〈贈權僧過昌化寺見訪次韻〉(352：061)、〈兩湖書屋〉(372：052)皆爲此時之作。

十二月，三十日戊午(JR14，1515)。除夕。過劉佐，有作。

按：據編次，〈除夕劉戶部宅〉(352：062)、〈除夕和以道懷弟之作〉(352：063)爲此時之作。劉佐仲弟劉侃或於正德九年春季歸陝西。〈同崔子送劉以正還關中〉(371：032)言其將省親。此時歸或以試禮部落第之故(見上)。〈過以道喜其弟以正至限韻得衣字〉(352：263)爲十年春季之作。詩云：「美人今夕酒，行子暮春衣。常念賢昆弟，經年望爾歸。」劉佐季弟劉仁於九年冬季離京師，何集有〈送以行往平山省外父母次韻〉：「歲暮忽爲別，亦知非遠遊」(352：064)。〈夜過劉以道兄弟〉(352：260)爲十年春季之作，當早於352：263。該詩不言及「弟」名、字，亦不言其近歸。劉仁去平山省外親「非遠遊」，故疑352：260」之「弟」指劉仁。總之，正德九年除夕，侃、仁均不在京師，故何景明以詩慰其兄劉佐。

正德十年乙亥(1515)。三十三歲，居京師，官中書舍人。

春，據編次，何集351：054-055；352：248-271；354：013-014；372：053-065等詩、文爲此時之作，詳見下。

正月，一日己未(JR15)。有作。

按：據編次，〈元日〉(352：248)爲本日之作。

四日壬戌(JR18)。與張繼孟過劉　。有作。

　　按：據編次，〈正月四日同子純過劉汝忠次韻〉(352：249-250)爲本日之作。

送韓奕之新都。

　　按：據《(道光)新都縣志》，韓奕於正德十年任知縣(7.7b)。何集有〈送
　　　韓大之赴新都〉：「雲邊石棧斜懸閣，樹裏春流曲抱臺」(372：053)。此
　　　寫春景。該詩當作於九、十年之際。

送劉節之江山。

　　按：據編次，〈送劉朝信之江山〉(372：054)當爲十、十一年之作。

七日乙丑(JR21)。百官齋居以大祀天地。盧雍見訪。何景明過王崇慶。有
　　作。

　　《明通鑑》：「乙丑，以大祀天地，誓戒致齋」(46.1709)。

　　按：〈人日齋居過王德徵〉(352：252)爲本日之作(見下)。疑〈酬贈王德徵〉
　　　(351：054)亦爲此時之作。〈寺中齋居簡崔內翰張侍御〉(352：253)當爲同
　　　時之作。

　　又按：何集352：252之韻腳爲亭、星、青、停。盧雍〈訪何仲默〉(《古園
　　　集》2.3a)、何集〈酬盧侍御見訪有作用韻〉(352：613)，二詩之韻腳與
　　　352：252同。疑盧雍訪何景明，二人偕過王崇慶。潘希曾亦曾用此韻
　　　(見下)。

十日戊辰(JR24)。大祀南郊。武宗失禮，二鼓始還宮。此後有作。

　　按：《武宗實錄》：「戊辰，大祀天地於南郊，是夜漏下二鼓上始還宮」
　　　(120.1b[2416])。此後，楊一清、王良佐等官上疏諫，皆不報。〈答潘都諫
　　　郊壇見遺之作前韻〉：「璧壇流霽月，銀闕動春星」(352：254)寫二鼓始
　　　還宮。「諫獵心空赤，逢時鬢尚青」指潘諫不報。潘希曾於此時任工科
　　　都給事中。其集雖無言及武宗之事，有〈大興隆寺齋居次韻簡何中舍仲
　　　默〉(《竹澗集》2.22b[670])。此詩之韻腳與何集352：252，：254，：613
　　　同，又與盧雍〈訪何仲默〉同(見上)。因潘氏《竹澗集》之編次與歲月
　　　次序合，知何景明之詩爲此時之作。

　　又按：正德十一年郊壇武宗又失禮。潘希曾又有作：〈郊祀分獻四瀆壇
　　　(丙子歲)〉(《竹澗集》3.1a[674])。然，該詩不諫武宗之過。另有兵科都給事
　　　中潘塤者，此時上疏言其事。然，何景明無答上疏之詩。

十三日辛壬(JR27)。立春日。管楫見過，有作。

　　按：據編次，〈立春管汝濟見過次韻〉(352：255)爲本日之作。〈和李宗易

內翰立春作〉(372：059)亦當爲本日或稍後之作。

十五日癸酉(JR29)。元夜。或過劉佐,有作。

　　按:〈元夕以道宅同蘇管二君子〉(372：513)屬獨次,其爲何時之作待考。
　　　　然,劉佐於十年卒,知該詩爲正德七年至十年間之作。七年正月,賊近
　　　　京師,當無「望裏樓臺盡放燈」之景。八年元夜何景明賞月於張士隆
　　　　宅,九年元夜錢田汝耔於孫繼芳宅。此篇或爲十年元夜之作。盧雍有
　　　　〈次韻何仲默元夕同燕劉戶部〉(《古園集》3.21a)用何集372：513之韻腳。
　　　　據盧集編次,該詩當爲此時之作,可爲佐證。

約於此時,張詩自浙江返京師。

　　按:據編次,〈寺中張子言自浙來話〉(352：258)爲此時之作。稍前,有
　　　　〈鞏〉(352：256)。〈張子近得道士飲鹿血術,欲試未得,吾家有一鹿,
　　　　吾欲取血飲張子…〉(374：051)或亦爲此時之作。

有遊樊氏洞觀梅之約而何景明竟不赴。

　　按:盧雍有〈樊氏洞中觀梅,何仲默有約不赴〉(《古園集》3.22a)。何集有
　　　　〈答盧侍御樊lmf氏洞中觀梅見懷之作次韻〉(372：057),韻腳與盧氏該
　　　　詩盡同。據二人集之編次,該詩爲此時之作。

約於此時,送范輅之南京。

　　按:何集有〈送范以載之南京〉(352：259)。據呂柟所撰墓志銘,范輅於甲
　　　　戌年(正德九年)遷南京。據編次,何集352：259爲十年正月十五日,(即
　　　　352：255)與三月十五日(352：268,見下)之間所作。范輅或於九年歲末遷
　　　　官,十年正、二月始離京師。李濂〈金陵歌送范御史以載〉亦爲此時之
　　　　作,云:「舟下秦淮道路長,春江融雪水痕香。南都若見梅花發,好寄
　　　　寒枝到洛陽」(《嵩渚文集》13.9a),可知范輅於早春離京師,亦知此時李濂
　　　　已返京師。

送施儒之應天府。

　　按:施儒傳言其於正德九年巡按應天,十年罷。據編次,〈送施聘之侍
　　　　御〉爲十年春季之作,云:「別絃更憶風流調,愁聽東城二月鶯」
　　　　(372：060)。疑施儒於九年冬季授任,十年春季始離京師。崔銑〈贈施御
　　　　史序〉:「施御史聘之將南巡」(《洹詞》2.9b[401],《崔氏洹詞》不載)、盧雍
　　　　〈分得驄馬送聘之〉(《古園集》3.22b)皆當爲此時之作。

約於此時,送劉諭之襄陵。

　　按:據編次,〈送劉令還襄陵〉(372：061)爲此時之作。李濂〈送劉令還襄
　　　　陵〉:「春花滿縣迴驄馬,好鳥巡簷聽素琴」(《嵩渚文集》26.2b)當爲同時
　　　　之作。

三月，三日庚申(MR17)。李紀卒。此後有作。

> 按：〈明故大中大夫資治少尹福建都轉運鹽使司運使李公墓誌銘〉：「正
> 德十年三月三日…李公卒。子汝佐以使於京赴其友人何景明」(銘：
> 001)。此後，何景明爲作〈祭李默菴先生文〉(祭：002)、銘：001。

約於此時，劉侃返京師。

> 按：據編次，〈過以道喜其弟以正至，限韻得衣字〉(352：263)爲此時之
> 作。

約於此時，王九思之弟王九峰見過。

> 按：據編次，〈王壽夫過分韻得吾字〉(352：265)爲此時之作。〈寄三子
> 詩〉(352：266)或爲同時之作。該詩有序云：「三子者，王、康、呂三子
> 也。三子俱產之關中，並見而同隱。西望高驟，慷慨悲懷，爲詩寄
> 之。」此指王九思、康海、呂柟。

十五日壬申(MR29)。清明節。有作。

> 按：據編次，〈清明日二張王劉諸友同出遊城南寺〉(352：268)、〈清明〉
> (354：013-014)皆爲本日之作。352：268云：「風畫人遊少，沙郊馬並行。
> 穿花尋野寺，冒雨出春城。」〈清明〉第一首：「城南好花樹，不作看
> 花行。恰好人來日，春風不放晴。」第二首：「不爭風雨惡，無奈委泥
> 沙。」據諸語知三篇均爲同日之作。

約於此時，孟洋量移。

> 按：據編次，〈喜望之量移兼寄〉爲此時之作，云：「三年一消息，萬里
> 轉相思」(352：271)。「三年」指正德八年至十年。孟洋〈湘水歌〉序
> 云：「昔，東橋直道，讁守湘州。賤子多辜，放流桂郡。慚非郭李之
> 仇，竊幸同舟。竟等參商之跡。仍悲各處。顧卿懸涵，東橋公之子也，
> 乃乙亥(1515)，正月浮游桂林，將命若翁下迎賤子」(《孟有涯集》3.13b)。據
> 此知孟洋於十年正月仍居桂林。孟氏〈跋贈遠卷〉(已見上)：「及余與顧
> 子同時來此，文字相往來弗絕幾二年矣。今年夏，余得量移，過全留十
> 日。」孟洋或途中暫留信陽，於十年秋季始上任汶上。顧璘有〈初聞望
> 之量移汶上〉、〈江上迎望之逆風舟不得進〉、〈江上感秋呈望之〉、
> 〈共泛東潭餞望之〉、〈贈別望之兼寄諸相知十首〉(《浮湘集》3.11b-12b
> [158])均爲孟洋移汶上時之作。李夢陽有〈贈孟明府自桂林量移汶上〉
> (《空同先生集》24.15b[612]，25.18a[211])，當爲孟洋途經開封之作。據孟洋〈祭
> 仲女文〉：「正德丙子，我宰汶邑」(《孟有涯集》15.30a)可知孟洋於十一年
> 已在汶上。

約於此時，送杭淮之天津。

按：據編次，〈送杭憲副兵備天津〉(372：065)爲此時之作。杭淮曾任職
天津，說見其小傳。此之稍前亦有〈子純邀過東卿〉(352：270)。此詩不
言及杭淮之將之天津。

夏，據編次，何集352：272-287；372：066-071；374：031-042等詩、文爲此時
之作，詳見下。

四月，送劉佐之河西。

按：據編次，〈送以道次君卿韻〉(352：273)爲此時之作。六月，劉侃過
之，何景明有作(〈暮雨劉以正過飲〉352：281)雖不言劉佐在河西，而崔銑所
撰劉佐墓志銘(見下)，言王希孟卒時，佐在河西。

閏四月，七日甲子(MY20)。趙鶴終喪，除山東副使。何景明贈之詩。

按：《武宗實錄》：「甲子，除服闕山西按察司副使趙鶴於山東」(124.4a
[2487])。〈送趙叔鳴視學山東〉(352：276)爲稍後之作。

五月，遊李東陽宅，有作。

按：據編次，〈懷麓堂集將遊東園以風雨遂止〉(352：277-278)爲此時之作。
第一首：「仲夏陰晴半，林堂水石隅。」第二首：「雨來留聽竹，風起
罷看花。」〈觀竹〉：「雨洗琅玕色，風傳竽籟聲」(352：279)。此詩當
爲同時之作。

約於此時，李濂、戴欽見訪。

按：據編次，〈李川甫戴時亮二子過訪〉(352：280)爲此時之作。李濂有
〈同時亮過仲默鼓琴〉(《嵩渚文集》18.2b)亦爲此時之作。何景明詩云：
「高吟俱感激，琴罷轉餘哀」可以據。戴欽有〈與李川甫夜燕何仲默〉
(《鹿原集》37a[306上])。然，戴詩云：「嚴筆生春藻，高歌度落梅。」此詩
爲春季之作，與352：280無關。

十二日戊戌(JN23)。次子何立生。

按：劉、傅譜均以何立生於本日。雖不知何據，今姑從之。

六月，十一日丙寅(JL21)。酷熱。有作。

按：據編次，〈苦熱行〉(374：031-040)爲此時之作。第一首：「六月十一日
苦熱，奪伏爭秋番太強」指其日。薛蕙有〈奉同何大復苦熱行〉亦爲七
言絕句十首(《薛西原集》1.9b、《考功集》8.6a[87])。薛詩作於十一年，而何詩
並非同年之作。疑薛蕙於十年夏季以後讀何景明詩，次年作其十首以
「奉同」。薛詩第七首云「三年臥病」(已見上)，可爲佐證。

約於此時與李濂、張詩等遊寺避暑。

按：據編次，〈鑑上人房訪大和兄飲〉(352：282)、〈同川甫寺中避暑〉

〈同李川甫鄔子家過張子言柘〉(352：283)、〈同李川甫鄔子家過張子言柘〉(352：284)皆爲此時之作。「大和」爲何人待考，而或即馮大和，見〈送馮大和〉(352：006)。馮大和亦無考。然，「大京」即馮鎬字。李濂有〈過鑑公方丈訪信陽馮子〉(《嵩渚文集》16.2b)。疑「馮大和」即「信陽馮子」。

十四日己巳(JL24)。韃靼人花當等内侵。何景明此後有作。

按：《明通鑑》：「(十年閏月)烏梁海朵顏衛入寇。時朵顏都督有花當者，恃險而驕。數請增貢加賞，不許。至是花當子把兒孫，以千騎毀鮎魚關，入馬蘭谷大掠」(46.1716)。又：「己巳，朵顏衛花當等分道内侵。」又：「花當退屯紅羅山，遣其子入朝請罪，詔釋不問」(46.1717)。此後，花當使其子打哈請罪(見花當小傳)。據編次，〈花當〉(352：292)或爲七月之作。

十五日庚午(JL25)。月食。有作。

按：何集有〈六月望月食〉(352：285)。何景明居京師年間，唯一六月月食即Oppolzer所示之4206次，本日見。

二十日乙亥(JL30)或二十一日丙子(JL31)。立秋日。送侯宜正之東昌。

按：據編次，〈立秋日寄粹夫〉(352：286)、〈送侯汝立之東昌〉(352：287)爲此時之作。〈(送侯汝立守東昌序)〉(内：005)亦作於此時。《(萬曆)東昌府志》載侯宜正於正德十年至十二年間任知府(6.6b)；又載何瑭於十年至十一年間任同知(6.9b)。何景明或會侯宜正將往東昌以詩付之寄何瑭。〈與何粹夫書〉(書：004)或於同時所寄。然，何瑭有〈東昌同知乞致仕狀〉、〈東昌再乞致仕狀〉(《柏齋集》1.24b[478]，26a[479])。」〈再乞〉云：「於正德十年，九月内奏乞放歸田里。」此指第一狀。何景明書中以説「進不可苟退」之理。景明書云：「景明頓首粹夫先生。閣下日者先生示以疏歸，竊與子鍾計慮，謂宜且止。更值時方忌諱，虞有觸冒，且疏而部不可之，無益舉動。」此指何瑭於八年將謫開州。今不知何瑭上〈東昌乞致仕狀〉前曾否與何景明通信。何瑭又有〈禮部再乞致仕狀〉、〈禮部致仕謝恩疏〉、〈禮部三乞致仕狀〉(《同》1.28a，.29a，.29b[480])均指此後之事。

約於此時，與李濂觀吳寶舞劍。

按：〈觀吳進士舞劍歌〉：「我来江夏吳郎宅，夜觀吳郎舞劍起」(371：504)。李濂有〈觀江夏吳郎擊劍〉(《嵩渚文集》18.3a)，當爲同時之作。據李濂集編次，二首爲約於此時之作。

約於此時，戴冠謫烏石。

按：何景明現存詩、文無提及戴冠之謫廣東者。戴氏於何時下獄、降官、

離京師均待考。《明通鑑》：「(三月)，癸未(即二十六日，AP9，1515)…謫戶部主事戴冠爲廣東烏石驛丞。冠在戶部，見寵倖日多，廩祿多耗，乃上疏極諫…疏入，上大怒，遂有是諫」(46.1713)。此事亦見《武宗實錄》122.7b(2458)。戴冠〈六月二十六日出獄忽憶去年今日赴汴〉：「世路紛更那可知，感今懷昔一傷悲。初從朋輩求人薦，便逐官僚受吏答。夢裏此身驚尚在，望中鄉國見何時。百年心事憑誰說，獨坐階前日影移」(《戴氏集》9.21b)。疑《明通鑑》、《武宗實錄》據孫氏下獄之日載其謫官事。

又按：戴冠赴烏石，途經山東、東浙，與王廷相、韓邦奇、顧可學、毛伯溫賦詩。王廷相有〈送戴仲鶡赴烏石〉：「蒭迷發川涘，眷戀瞻雲月」(《王氏家藏集》10.4a[361])。王廷相於九年謫贛榆。該詩似非京師之作，而戴冠上任烏石時乘舟汎海而行。《戴氏集》第十卷載戴、韓、顧三人聯句、次韻之作。韓邦奇〈送邃谷子詩序〉：「邃谷子謫嶺南，與余遇於越海之上萍會他鄉相看若夢…昔送邃谷子北山之役，謂歸期當三月也。邃谷子還，余已得罪，出判平陽…又三年，余來按浙東，邃谷子則蕭蕭江上，身爲逐客矣」(《苑洛集》2.14a)。該詩有「湖明反照吳山暮，楓落寒潮越海秋」等句。韓邦奇於九年至十一年間任浙江僉事。毛伯溫〈戴仲鶡謫嶺南遇浙江贈別〉(《東塘集》1.6a)亦爲此時之作。據上引諸語知戴冠於十年六月出獄後，浮海往烏石，過贛榆、上萍諸地。戴冠有〈戴氏殤女子墓銘〉，言其喪女事，云：「女子交河南戴冠以朝官黜爲烏石丞，謫嶺寇起，驛不可居，妻子留廣州間，從海上省之…時正德丙子二月七日(MR9，1516)女病疹以往視。已爲十二，女不可藥矣。又三日女死」(《戴氏集》12.7a)。據此記知戴冠於十一年二月已至烏石。

秋，據編次，何集351：056-062；352：288-305；354：015-017；372：072-080；374：043等詩、文爲此時之作，詳見下。

雨，有作。

按：據編次，〈訪子容自荊州使回〉第二首：「下馬逢今雨，東堂覓舊醅」(352：289)、〈雨過何太僕〉(372：072)、〈雨中劉汝忠過對棋觀詩談邊事作〉(352：290)、〈答劉子緯雨後之作次韻〉(372：074)皆爲此時之作。

與李夢陽書。

按：安涎《李空同先生年表》：「(正德)五年…得何大復論文書，以書報之。」此說誤，然，劉、傅譜均從之。〈與李空同論詩書〉：「空同丙

寅間詩爲合，江西以後詩爲離。」又：「自僕遊從穰睹作述今且十餘年來矣」(書：005)。據此知其書爲正德七年以後之作。近人傅瑛〈李夢陽與何景明論爭時間初探〉以李、何之論詩爲正德十三年後之事。其説非是，《評傳》(94-98)已辨之甚詳。然，《評傳》之説何、李論詩於八年前後亦非。近人簡錦松先生始證其書爲十、十一年之作(《李何詩論研究》33-34)。簡氏以李夢陽〈再與何氏書〉：「如月蝕詩『妖遮赤道行』」(《空同先生集》61.9a[1741]，62.11b[567])係指何景明〈六月望月食〉(352：285)之第二句以評景明之詩法。此篇確寫正德十年六月之月食(見上)，簡氏以證李夢陽書爲十年六月以後之作。今筆者加考李夢陽書又評何景明詩二首。李書云：「且仲默『神女賦』，『帝妃篇』，『南游日』，『北上年』四句接用，古有此法乎？『水亭菡萏』，『風殿薜蘿』意不一乎？」此語引何景明〈同川甫寺中避暑〉：「水堂菡萏折，風殿薜蘿開」(352：283)、〈訪子容至荊州使回〉第一首：「綠雲神女賦，班竹帝妃篇。吊古南遊日，憂時北上年」(352：288)。據編次，該詩均爲本年夏季之作。初，徐縉將使湖南，已有訪李夢陽之意(見上)，李夢陽雖尋罷官，經襄陽還開封，徐縉於十年途中訪之於開封。李夢陽有〈徐子將適湖湘，余實戀戀難別走筆長句述一代文人之盛兼寓祝望焉耳〉：「是時少年誰最文，太常邊丞何舍人。舍人飄颺使南極，直窮金馬探瀘津。爾雖不即見顏色，夢中彷彿形貌真。」又：「都門二月芳草發，御溝楊柳垂條新」(《空同先生集》19.18a[451]，20.20b[154])。此詩指正德元年二月，與徐縉於九年南使無關。徐縉此時或以何景明之近作贈李夢陽(否則何景明致書李夢陽於襄陽時[見上]或附之)。徐縉至京師，或帶有李夢陽與何景明之書(今佚)。稍後，何景明作書：005以答李夢陽，或又附其近作(其中應有352：283、：285、：289)，會其姪何士將歸省巢縣，以其途經開封託之以寄李夢陽。據編次，〈送士姪歸省巢縣〉(352：291)爲此時之作。何景明曾託何士以賦寄李夢陽(見上，正德二年秋季)。李夢陽受其書即與之〈駁何氏論文書〉(《空同先生集》61.6a[1735]，62.7a[565])、〈再與何氏書〉(見上)。李濂〈居巢篇送何子穀省親巢縣〉(《嵩渚文集》13.9b)或亦爲此時之作。

得王廷相書。

按：據編次，〈得王子衡贛榆書〉(352：293)爲此時之作。王廷相〈得仲默書〉：「一放窮荒空夢寐，十年親友歎多違。鼇竿尚掛扶桑樹，鶴馭常留明月磯。北極星辰終夜望，東溟旌節幾人歸」(《王氏家藏集》17.21a

[723])。此詩似爲王廷相在贛榆時之作，或與何集352：293有關。

送郭章之江陰。

按：何景明有〈送郭外舅之江陰〉：「郭舅佐名邑，出門憐女甥」(352：294)。《(嘉靖)江陰縣志》載郭章於正德十年至十一年間任縣丞(13.15a)，該詩則爲正德九、十年之作。

約於此時，送鞏淮之金壇。

按：何集有〈送鞏丞之金壇因訊養和〉：「鞏丞若問金壇宰，爲見風流御史才」(374：043)。此指劉天和。天和於正德九年春季謫官金壇(見上)。據《(康熙)金壇縣志》，鞏淮於正德十年至十一年間任縣丞(7.15b)，可知此篇爲九、十年之作。

約於此時，以詩簡李濂。

按：據編次，〈秋日簡川甫〉(354：015)爲此時之作。李濂有〈秋日答何仲默〉：「美人枉瑤札，空齋坐相憶。隔街騎馬來，與君對秋色」(《嵩渚文集》32.1b)。此詩或爲同時之作。

七月，二十三日戊申(SP1)。王希孟卒。

崔銑〈鴻臚少卿王公墓碑〉：「乙亥七月二十三日，以疾卒」(《崔氏洹詞》12.32a，《洹詞》6.16a[506])。

八月，十三日丁卯(SP20)。過徐縉。有作。

按：據編次，〈中秋十三日子容樓〉(352：297)爲本日之作。

十四日戊辰(SP21)。過李濂。有作。

按：據編次，〈十四夜李川甫宅〉(352：298)爲本日之作。李濂有〈醉歌送衛推官正夫入武昌〉：「八月放舟秋色深，江天風雨聽龍吟」(《嵩渚文集》13.10a)。據編次，〈送衛進士推武昌〉(372：077)亦爲此時之作。疑此夜集李濂宅爲錢衛道往武昌之讌。

十五日己巳(SP22)。過劉文煥。有作。

按：據編次，〈十五夜劉子緯宅子靜初至對月〉(352：299)爲本日之作。

十六日庚午(SP23)。過尹繼祖，有作。

按：據編次，〈十六夜尹舍人宅次劉汝忠韻〉(372：079)爲本日之作。

或亦與劉鈗過盧御史宅作聯句。

按：何孟春〈中秋後二日答盧御史聯句原韻走筆〉：「隔巷詩傳字字新，登壇不速有三人。」原注云：「劉尚寶、何中書、盧御史」(《何文簡公文集》5.14a)。〈又〉：「不用楊州重訪舊，詩壇今夕有真何。」原注：「來詩有『長安漫有梅花興，惆恨仙郎也姓何』之句。時中舍何仲默在盧宅。以此見招，故末句復之」(《同》5.14b)。何孟春於正德十年正月二

十一日以河南參政遷太僕寺少卿(見《武宗實錄》120.3b[2420])，十三年，何景明離京師後，始出巡撫雲南。劉釪於正德七年陞尚寶寺寺丞，十二年陞寺卿。盧御史即盧雍。何景明有〈答盧侍御樊氏洞中觀梅見懷之作次韻〉、〈酬盧侍御見訪有作用韻〉(已見上，正月)。未審何孟春此二首爲何年之作。今繫諸本年以備考。

　　又按：本年，何景明與劉釪作聯句，以寄邊貢，見邊作〈答西橋大復二君〉序云：「丙子之歲，客遊兩河，辱劉、何二君聯句傳寄」(《邊華泉集》4.28b[222]，4.29a[74])(此事亦見下)。

十七日辛未(SP24)。有作。

　　按：據編次，〈十七夜月思〉(352：301)爲本日之作。〈過宗哲故宅〉(352：300)或亦爲本日之作。

二十八日壬午(OC5)。徐縉見過。有作。

　　按：據編次，〈八月二十八日子容過對菊〉(352：302)爲本日之作。

九月，一日甲申(OC7)。過劉侃、仁。有作。

　　按：據編次，〈九月一日過劉氏昆弟對菊〉(352：303)爲本日之作。

三日丙戌(OC9)。李濂見過賞菊。

　　按：現存何景明作無言及此事者。然，李濂有〈九月三日飲仲默舍賞菊〉(《嵩渚文集》21.1b)，當爲本日之作。約於此時另有何、李同遊賦詩之作。〈夜過川甫〉(352：001)或與李濂〈暮秋邀大復子夜話詩以代柬〉(《嵩渚文集》20.1b)、〈秋夜酬何仲默過訪〉(《同》19.1b)有關。李濂又有〈贈崔何二子〉(《同》18.3a)、〈同仲默過存上人方丈〉(《同》18.3b)、〈過燕泉同大復子〉(《同》18.3b)、〈同大復訪鄒子家〉(《同》18.4a)諸作。

九日壬辰(OC15)。重陽節。以詩柬何孟春。夜過劉侃，送劉儲秀。

　　按：據編次，〈九日獨酌簡何太僕〉(372：080)爲本日之作。該詩云：「無客秋堂菊自芳，寒城獨酌對重陽。」何孟春〈次何仲默中舍九日見懷韻〉(《何文簡公文集》6.4b)爲和何集372：080之作。何景明另有〈九日夜過劉以正別士奇〉：「重陽愁獨酌，深夜喜相過」(352：016)。何集352：001-016不能據編次知其著作時期。然，其中不少篇爲十年下半年之作(見〈編次考〉)。劉儲秀於正德九年始登進士第，劉侃於九年秋季在陝西，十一年春歸，故352：016當爲十年重陽節之作。

二十五日戊申(OC31)。或過李東陽。有作。

　　按：何集有〈九月二十五日會曹汝學侍御于麓堂，夜歸道過侍御宅〉(352：003)。此詩爲七年至十年間之作(見〈編次考〉)。疑繫諸十年爲長。

冬，據編次，何集352：008-014；354：018；372：081-086等詩、文為此時之
　　作，詳見下。

十月，二日乙卯(NV7)。徐太母潘氏葬。何景明為作墓誌銘。

　　〈徐太母潘氏墓誌銘〉：「卒正德乙亥九月四日…是年十月二日葬城南七
　　　　里鋪祖塋」(銘：003)。

二十七日庚辰(DC2)。杭濟服闋除河南右參政。

　　按：《武宗實錄》：「庚辰，復除服闋右參政杭濟于河南布政司」(130.8a
　　　　[2595])。〈送杭大參之河南〉(372：082)當為稍後之作，云：「冬暮遙看
　　　　南去節，楚天春望北來鴻。」

約於此時得薛蕙詩。

　　按：薛蕙〈寄何中舍〉作於十年下半(《薛西原集》1.6a、《考功集》6.4b[72])。該
　　　　詩甚贊何景明之詩學，云：「李杜那堪數，曹劉不足陳。」薛蕙此時亦
　　　　贈詩王廷相、崔銑。

十一月，九日辛卯(DC13)。冬至。有作。

　　按：據編次，〈冬至〉(372：081)為本日之作。〈至日答良伯〉(354：018)或亦
　　　　為本日之作。十一年此日，孟洋當已為外察赴京。故知〈至日寄望之汶
　　　　上〉(352：012)亦當為本日之作。

或過戴欽。李濂亦見訪。

　　按：〈冬夜過飲戴時亮進士〉(352：010)不可據編次繫年。然，以戴欽於本
　　　　年冬季在京師，疑該詩為此時之作。李濂有〈冬夜過戴時亮同大復
　　　　子〉：「雪裏來尋戴，梅邊喜見何」(《嵩渚文集》18.3b)，當為同時之作。

與李濂賦詩。

　　按：何集有〈同李進士觀銅雀硯歌〉(371：054)。此詩指李濂〈過仲默宅觀
　　　　銅雀硯歌〉(《嵩渚文集》14.5a)。據何詩云：「李君好古精鑑別，冬天拂拭
　　　　開煙雪」可知該詩為十年冬季之作。李濂亦有〈銅雀硯銘〉(《嵩渚文集》
　　　　74.9b)。顧清亦有〈銅雀硯銘〉(《東江家藏集》23.1a[627])。顧銘不言硯屬何
　　　　人，故不知其為何時之作。

　　又按：〈雪簡川甫〉：「一雪數花集，空庭寒起遲」(352：005)為此時之
　　　　作。此或與李濂〈答仲默初雪見貽之作〉(《嵩渚文集》19.2a)有關。

二十五日丁未(DC29)，顧應祥陞廣東僉事。何景明有作。

　　按：《武宗實錄》：「丁未，陞錦衣衛經歷顧應祥為廣東按察司僉事」
　　　　(131.6b[2610])。〈送顧錦衣赴廣東僉憲〉(371：502)為稍後所作。

二十七日己酉(DC31)。劉佐卒。有作。

　　按：崔銑〈劉以道墓誌銘〉：「明正德乙亥秋，予友鴻臚少卿王希孟宗哲

卒於京。予暨何子仲默哭之。以道主河西，務鈔法。何子以書告曰，王
君貧曷資之，王君子弱寡貞僕曷以，以力。以道如何子言。冬，十有一
月，以道謝病歸道于京，二十有七日卒」（《崔氏洹詞》15.27a，《洹詞》2.26a
[410]）。〈簡以道〉：「久病文園客，風流漢長卿。」又：「雪盛黃精
草，雲深赤石英」（352：013）或爲此時之作。何集亦有〈哭以道〉（372：
084）、〈送以正歸其兄槻還關中〉第二首：「少弟長安終日望，西來消
息早相聞」（372：086）、〈晚過以行〉：「伯兄難更見，愛弟復佳名。」
又：「春星度北牖，暮雨到西城」（352：065）。據編次，352：065爲此時
之作。劉佐卒後，劉仁或留京師。

十二月，十三日乙丑（JR16，1516）。甯河母朱氏卒。此後有作。

　按：〈甯母朱太夫人狀〉：「卒於正德十年十二月十三日」（狀：003），或
　　作於此之稍後。

約於此時登慈仁寺閣。

　按：據編次，〈同馮光錄登慈仁寺閣〉（372：083）爲此時之作。李濂有〈登
　　慈仁寺閣和仲默〉（《嵩渚文集》23.2a）和何集372：083.

約於此時，送張惟恕。

　按：〈送張子行〉：「汝陽張季子，冬暮獨南行」（352：014）。李濂〈送張
　　子行南歸使道過德州省其叔父〉：「殘年思故國，冒雪出新豐」（《嵩渚
　　文集》19.6a）。二首指一事，或爲此時之作。九年冬季亦可。

約於此時，送左經。

　按：《武宗實錄》：「庚戌（十一月二十八日，JR1）…陞刑部署員外郎師夔爲江
　　西按察司僉事」（131.7b[2612]）。又：「辛亥（十一月二十九日［JR2］），陞大理
　　寺右寺副左經爲山西按察司僉事」（131.8a[2613]）。〈贈左先生序〉：「左
　　君以大理寺副擢山西按察司僉事，時師君亦以刑部員外郎擢江西按察司
　　僉事，二君者，同鄉也」（序：511）。此序當爲十年十二月、十一年正月
　　之作。唐錦〈送師員外陞江西僉憲〉（《龍江集》1.17b）亦當爲此時之作。

送李濂之沔陽。

　按：〈李大夫行〉：「薛生歸釣黃河岸，君亦遙維沔川纜」（371：058）。此
　　指薛蕙、李濂。薛蕙既於於正德九年冬季謝病歸，此時家居。李濂於十
　　一年赴任沔陽州知州。疑其於十年冬季離京師。徐縉〈送李進士川甫出
　　守沔陽〉：「煙霧晝蒸雲夢澤，魚龍春躍洞庭波」（《徐文敏公集》2.12b）。
　　此寫湖廣名景，疑與時景無關。何孟春有〈送李生川甫知沔陽〉（《何文
　　簡公集》5.10b）。李濂途經信陽，作〈過信陽訪何氏山莊時大復子在朝其
　　姪同年君出遊南洞〉（《嵩渚文集》23.3a）。

本年送張士隆巡按鳳陽、李廷詔任襄陽通判、陳繼昌任太谷知縣。

　　按：張士隆巡按鳳陽見其小傳。《(萬曆)襄陽府志》載通判有李廷詔，
　　　　言：「閩縣人，正德乙亥任」(20.3b)。《(乾隆)太谷縣志》載知縣有陳
　　　　繼昌，言：「陝西慶陽人，監生，正德十年任」(2.3a)。《(光緒)太谷縣
　　　　志》亦載此條，又云：「按明何景明集有〈送光祿丞陳子令太谷序〉。
　　　　疑即繼昌」(3.職官。3b[664])。崔銑〈贈陳知縣序〉：「陳君以光祿署丞出
　　　　令大谷…谿田馬子思所以贊君之治，無蹈乎昔之爲令者之失也，乃授簡
　　　　於銑俾序之」(《崔氏洹詞》3.2a，《洹詞》2.2a[398])。王崇慶〈太谷縣治記〉：
　　　　「太谷令陳君世顯重脩縣治，工始於正德乙亥十月，落成於丙子五月」
　　　　(《端溪先生集》3.1a)。二篇均指陳繼昌。〈(送李子判襄陽序)〉(內：019)、
　　　　〈(送陳子令大谷序)〉(內：004)爲此時之作，後編入〈內篇〉。〈淮
　　　　水〉序云：「送張子也。」詩云：「之子南行，征夫不遑。」又：「伊
　　　　誰之送，孝友張仲」(古：004)。今疑此詩指張士隆巡按鳳陽之事。

正德十一年丙子(1516)。三十四歲，居京師，官中書舍人。

　　春，據編次，何集351：063-064；352：065-073；372：087-088等詩、文爲此時
　　　　之作，詳見下。

　　送劉瑞之浙江任提學副使。

　　按：《武宗實錄》：「戊辰(十年十二月十六日[JR19])…復除服闋山西按察司副
　　　　使劉瑞於浙江提調學校」(132.6b[2628])。〈送五清先生赴浙江提學歌〉：
　　　　「越山桃李花萬樹，春色早渡錢塘潮。」又：「長安春迴獨回首，翠煙
　　　　漸入龍池柳」(371：055)。據上引諸句知劉瑞春季離京師。徐縉有〈送劉
　　　　德夫憲副董學浙江〉(《徐文敏公集》1.17b)。劉瑞字德符，非德夫，而該詩
　　　　云「摘芳澧水陽，弔古湘潭陰」可知其確指劉瑞。崔銑〈贈劉子德符
　　　　序〉：「初，劉瑾竊政，矯詔罷歸。瑾敗，凡所罷者悉還，獨劉子補外
　　　　藩」(《崔氏洹詞》3.3a，《洹詞》2.19a[406])。此序當爲同時之作。

　　三月，三日甲申(AP4)。有作。

　　按：據編次，〈三月三日〉作於本日，云：「病眼看天地，風沙當晝吹」
　　　　(352：067)。〈顧九和內翰約看花城南寺病目不赴〉(352：066)亦爲此時之
　　　　作，指其病眼。

　　夏，據編次，何集351：065等詩、文爲此時之作，詳見下。

　　四月，十日辛酉(MY11)。廉氏卒。此後有作。

　　按：〈明故劉孺人廉氏墓誌銘〉：「正德十一年四月初十日卒」(銘：

006）。此銘為稍後之作。

五月，十六日丙申(JN15)。呂柟父呂溥卒。此後，何景明有作。

　　按：康海〈封儒林郎翰林修撰呂公墓碑〉：「公以正德丙子，五月十六日
　　　卒」（《康對山先生集》6.6a[283]，16.13b，35.13b）。呂柟〈答何仲默書〉：「往承
　　　寄奠先考，并貺奠章，無任哀感。然，已具謝啟矣。未審達否。茲敝土
　　　獲大君子之教，遠者周漢之俗，近者張呂之賢，豈曰不興乎。幸甚幸
　　　甚。又蒙手翰高詠，并多多書曆。慈感慈感。過勞謙虛，借聽於聾。然
　　　山林之見，實無增長。所可以瀆高明者，惟在寬嚴適宜。少信下官言，
　　　乃士子之福也。詩賦非所以敦士習，尤宜慎游。側聞先察士行，此王政
　　　之大也。若得實，尤妙諸不具」（《涇野先生文集》20.33a）。何景明書今佚。

二十七日丁未(JN26)。李夢陽妻左氏卒。何景明有作。

　　按：李夢陽〈封宜人亡妻左氏墓誌銘〉：「死之日正德丙子五月丁未，年
　　　四十二矣」（《空同先生集》43.6a[1227]，45.7b[410]）。何景明〈結腸賦〉序云：
　　　「結腸賦者，悼李夫人而作者也。夫人者空同先生妻而左氏女也…空同
　　　子慟焉。於是敘歌自懷賦結腸之篇而屬余撰賦以寫永悼」（賦：701）。此
　　　篇，雍、申、袁三本均不載，而足本置諸家集。據版式知足本之編者以
　　　第一卷末頁有空而載之，與其著作時期無關（見〈編次考〉）。此時徐縉有
　　　〈結腸篇為空同悼內作〉（《徐文敏公集》1.16b）。

　　又按：《名山藏》傳云：「初與夢陽契好，後論詩不合乃罷交游」（.12b
　　　[5296]）。何景明於十年與李夢陽論詩，十一年悼其喪內，可知《名山
　　　藏》誤。錢謙益〈何副使景明〉：「仲默初與獻吉創復古學，明成之
　　　後，互相詆諆，兩家堅壘，屹不相下」（《列朝詩集小傳》322）。此實誤上加
　　　誤。

本月，錢進卒。何景明為作銘。

　　按：〈明處士錢公墓誌銘〉：「卒正德十一年丙子五月□日」（銘：005）。
　　　此銘或為十一年秋季之作。

六月，薛蕙和何景明詩。

　　按：薛蕙〈奉同何大復苦熱行〉（已見上）第三首：「六月長安冰井臺，雪官
　　　杳杳風門開。」

秋，據編次，何集351：066-067；352：074-085；372：089等詩、文為此時之
　　　作，詳見下。

七月，六日乙酉(AG3)。馬錄母王孺人卒。此後有作。

　　按：〈王孺人墓誌銘〉：「正德丙子七月六日卒」（銘：007）。此銘當為稍

後之作。

送王瑞之赴任永州府。

　　按：據編次，〈送王判之永州〉(352：076)作於此時。《(隆慶)永州府志》
　　載推官有王瑞之，江陰人，於正德十一年任官(4下.13a)。何集稱「王
　　判」，而府志稱「推官」，待考。

八月，十五日甲子(SP11)。中秋。有作。

按：據編次，〈中秋無月〉(352：078)作於本日。

何景明弟子樊鵬中舉。

　　按：據《(乾隆)信陽州志》，樊鵬於本年得鄉薦(7.4b[234])。戴冠此時居廣
　　東而仍有〈喜樊少南得薦病中聞報〉七言絶句四首。第三首：「我十年
　　前曾有志，如今潦倒竟何爲」(《戴氏集》7.8b)。

九月，四日壬午(SP29)。劉子過。有作。

　　按：據編次，〈九月四日劉子見過〉(352：080-081)爲本日之作。「劉子」爲
　　何人待考，而疑其爲劉　　（見下）。

九日丁亥(OC4)。重陽節。與張繼孟、劉鈗遊法藏寺。

　　按：據編次，〈九月五日與張劉崔三子約九日遊法藏寺塔劉嘗約遊西山竟
　　寒盟故云〉(352：082)、〈九日同張膳部劉符臺遊法藏寺〉(372：089)、
　　〈登塔〉(352：083-084)皆爲此時之作。「崔子」當即崔銑。張繼孟此時任
　　禮部郎中，膳部屬禮部，「張膳部」當指張繼孟。「符臺」即尚寶寺之
　　俗稱。據《武宗實錄》，劉鈗於正德七年陞尚寶寺丞(93.2a[1992])。正德
　　十二年，陞尚寶寺卿。徐縉〈送劉符卿汝中祭告東海〉稱劉鈗爲「劉
　　符卿」(《徐文敏公集》2.26a)，可知「劉符臺」當指劉鈗。

十五日癸巳(OC10)。有作。

按：據編次，〈九月十五夜月〉(352：085)作於本日。

冬，據編次，何集351：068-071；352：086-089；372：090-092等詩、文爲此時
　　之作，詳見下。

十月，二十六日甲戌(NV20)。罷韓邦奇爲民。此後有作。

　　按：《武宗實錄》：「甲戌…勒浙江按察司僉事韓邦奇爲民」(142.11a
　　[2805])。〈送韓仲子並訊其弟季子〉(352：087-088)爲此稍後之作。

二十八日丙子(NV22)。薛蕙自亳州返京師。

　　按：薛蕙〈十月廿八日初發鄉邑述征有作〉(《薛西原集》1.23a、《考功集》3.6b
　　[29])，爲本日之作。何集中無指薛蕙初至京師之作，而〈簡君采〉：
　　「側耳金玉章，音響時間作」(351：071)似與薛蕙〈答何大復〉：「纏綿

金玉音，參差翰墨跡」(《薛西原集》1.24b、《考功集》3.11a[31])有關。據薛集編次，此之稍後有〈對雪簡崔洹野何大復〉(《薛西原集》1.26a、《考功集》3.10b[31])、〈何中翰夜集〉(《薛西原集》1.26b、《考功集》3.12a[32])。何景明於此時雖有〈冬夜〉(351：069)、〈雪簡鄭客〉(352：086)、〈對雪〉(372：091)，該詩或與薛蕙之作無關。

十一月，十九日丙申(DC12)。冬至。李祐葬。此後有作。

　　按：〈封承德郎禮部主事李公行狀〉：「卜以正德十一年十一月十九日葬于汴城西鄭門外」(狀：502)。此文當爲稍後之作。

二十三日庚子(DC16)。調呂經爲蒲州同知。此後有作。

　　按：《武宗實錄》：「庚子，司禮太監賴義侍旨給事中呂經…陞一級補外…吏部…不許。乃授經爲蒲州同知」(143.4a[2813])。〈呂黃門畫竹歌〉：「君收此幅今西行，雷電隨入蒲州城」(371：507)。可知「呂黃門」即呂經，此篇爲十一年冬、十二年春季之作。

十二月，一日丁未(DC23)。武宗出觀牲。有作。

　　按：《明通鑑》：「上以明年南郊視牲。是日車駕暮出，比還宮，已夜分。邊軍馳騎擁門，扈從群臣爲其踩踐幾不得入」(46.1742)。〈十二月朔日大駕觀牲〉(351：070)作於本日，云：「宮闕回帝覽，鉦鼓感皇情。至敬肇茲達，大禮須時成。」此時，顧鼎臣亦有作。其〈丙子臘月南郊視牲馬上口占〉云：「天街燈火轉繁星，侯騎紛紛擁道行。聖主精誠崇祀典，侍臣遙夜出都城」(《顧文康公集》續集6.7a)。

五日辛亥(DC27)。立春日。有作。

　　按：據編次，〈閣直立春日雪〉(372：092)爲本日之作。

本年送陳標令垣曲。

　　按：《(康熙)垣曲縣志》載知縣有陳標，於十一年任官(5.7b[178])。〈(送陳子令垣曲序)〉(內：010)當爲本年之作。

正德十二年丁丑(1517)。三十五歲，居京師。本年由中書舍人陞吏部驗封員外郎，仍直內閣。

春，據編次，何集352：090-113；372：093-097；374：045-047等詩、文爲此時之作，詳見下。

正月，七日癸未(JR28)。人日。與薛蕙、李濂等餞王暘。

　　按：何集有〈送崑山王令還〉(372：096；雍本題作〈送王明叔還崑山〉)。薛蕙、孟洋於此時亦曾以詩贈王暘。薛蕙有〈王明叔同年夜集〉(《薛西原集》1.28a，《考功集》7.1b[77])。據薛集編次，該詩作於正德十二年元夕與孟洋離

京師之間。孟洋又有〈人日別王明府同陳何李薛劉五子〉（《孟有涯集》10.
23a）。疑「何、薛」即何景明、薛蕙。「陳」無考。疑「劉」即劉文
煥。「李」或即李濂。李濂有〈人日同何仲默陳魯南薛君采集劉子深
館〉（《嵩渚文集》20.2a）。此詩當爲同時之作。然，李濂此詩未及送王暘之
事。李濂〈送王明叔之崑山〉：「僊郎擊楫下東吳，百丈牽霜轉岸
梧。」又：「江城寄賦春憑鴈，晝省分曹日望鼇」（《嵩渚文集》26.2a）。此
詩或爲此時之作。然，據李濂集編次，此詩當作於正德十二年之前。李
濂又有〈別王崑山明叔〉：「爾放雙鼇還帝鄉，暫留金馬賦長楊」（《嵩
渚文集》26.3b）。此詩明指其自崑山回京師。據此語、李濂集編次，知此詩
爲十二年大計時之作。

十日丙戌(JR31)至十三日己丑(FB3)。齋居。有作。

按：《武宗實錄》：「丙戌，以大祀天地，上御奉天殿，誓戒文武群臣致
齋三日」（145.3b[2836]）。據編次，〈齋宿大興隆寺〉（352：093）爲此時之
作。

十三日己丑(FB3)。大祀天地于南郊。禮成，武宗獵南海子。有作。

按：《武宗實錄》：「己丑，大祀天地于南郊。禮甫畢，車駕遂幸南海
子。黎明文武諸大臣追從之。上方縱獵，門閉不得入。晡時傳旨令諸大
臣先還候於承天門。夜半駕始入。御奉天殿，群臣行慶成禮」（145.4a
[2837]）。何景明〈駕出〉（352：094）、〈大祀〉（352：095）、〈駕幸南海子〉
（352：096）、〈駕入〉（352：097）、〈慶成宴〉（352：098）指此事，當爲本日之
作。〈遊獵篇〉（371：514）或爲同時之作。該詩之末句云：「腐儒爲郎不
扈從，願奏相如諫獵篇。」

又按：十三年又有此事。《明通鑑》：「庚戌（即十三年正月十日[FB19]），大祀
南郊。祀畢，復幸南海子」（47.1760）。何集無言及此事之作，而薛蕙有
〈駕出南郊〉、〈駕幸南海子〉（《薛西原集》1.35a，《考功集》5.3a[58]）。據薛
集編次，均爲十三年之作。戴欽有〈駕出南郊〉、〈駕幸西海子〉、
〈駕還〉、〈慶成燕〉（《鹿原集》35ab[305上]）。戴欽詩爲何年之作待考。

約於此時送兄。

按：據編次，〈送兄二首〉（352：090-091）爲此時之作。第一首：「兩兄憐少
弟，千里會長安。」又：「風回鴻鴈急，雪度鵠鴿寒。」據上引諸句知
何景暘、何景暉均曾赴京，或於春節之稍後離京師。

有外察。

《武宗實錄》：「癸巳（即正月十七日[FB7]）…吏部會都察院考察天下諸司

官…請如例令老疾者致仕罷，軟不謹者冠帶閒住，才力不及者調用。詔
如例」(145.5a[2839])。

按：爲考察而赴京之諸官中有不少與何景明有交者。此時詩題有「還」字
者，如〈送曾建昌取道還瀘州〉(352：105)、〈送汪二司業還南京〉(352：
111-112)、〈送崑山王令還〉(372：096)。曾璵於正德十一年知建昌府，汪韋
於八年任南京國子監司業，王暘於十二年前知崑山。據編次，此三首均
作於十二年春季前後，或皆與外察有關。

送范永鑾還貴溪。

按：〈贈范君〉：「君爲進士宰江縣，頗厭簿書耽筆硯」(371：056)。此指
范永鑾知江西貴溪。薛蕙〈龍虎歌送范同年汝和〉：「豫章之東龍虎
山，南斗垂耀當天關」(《薛西原集》1.29a，《考功集》4.2b[47])。龍虎山在貴
溪，此詩亦指永鑾還其任所。據薛集編次，該詩爲丁丑年(1517)之作。何
孟春〈送范進士知貴溪序〉：「吾鄉范汝和，舉進士之明年，除知貴溪
縣」(《何文簡公文集》11.1a)。據此序知范永鑾於正德十年任貴溪，十二年爲
外察赴京。何景明詩又云：「燕山四月花滿甸，邂逅不得同遊宴。」可
知此詩爲正德十二年春季之作。

孟洋、李濂遊京師。

按：薛蕙有〈贈孟望之〉三首(《薛西原集》1.28a)。據薛集編次，此三首作於
正德十二年春季。此題亦見《考功集》(3.2a[27])，而有四首。《西原》
之不載者云：「昔余與君子，未見心相知。邂逅在今辰，果若平生
時。」可知此時爲孟與薛首次相見。此後，薛蕙又有〈春雪懷孟望
之〉：「朝來酒畔看春雪，忽憶故人春雪詩。裊霧含風不忍見，吟詩對
酒益相思」(《考功集》7.2a[77])。此詩《西原》不載。今不知其爲何時之
作，而《考功》置諸十二、十三年詩之間。薛蕙詩之云「故人春雪詩」
指孟洋〈禁中春雪〉：「長安正月逢飄雪，裊霧含風更可憐。」又：
「萬乘此時行幸地，詞臣誰獻上林篇」(《孟有涯集》10.22b)。據上引諸句知
孟氏詩作於十二年正月，即武宗獵南海子時。又知薛詩指孟洋「裊霧含
風」語。孟洋當亦爲外察自汶上上京。胡纘宗有〈和孟御史洋望之、何
中書景明仲默、薛主事蕙君采、李刺史濂川甫禁中春雪〉自注云：「崑
山作」(《鳥鼠小集》4.5b)。此詩指孟、何、薛、李四人各作〈禁中春
雪〉。何、李二詩或佚。該詩當是王暘傳至崑山(見上)。

又按：孟洋〈李子自沔陽貽詩及古製青羅巾，以長句酬之，聊暢中情永懷
疇昔〉：「我謫桂林日，何郎寄書稱薛李。長安四百豪俊徒，揮翰摛詞
兩才子。詔移汶上朝京師，文物交游非昔時。李君亦自沔陽至，薛子識

面同追隨。」又：「東遊吳下覽湖山，悵望心知那可攀。」又：「歲月
易推遷，蹤跡信漂泊。君猶滯黄蓬，我復登黄鶴。」又有自注云：「何
提學陝西，薛在北京」（《孟有涯集》3.8b）。此指「秦川桃李春風日，燕館
悲歌明月時。」之句。據上引諸句知孟洋作該詩時，官湖廣僉事，該詩
作於正德十四年春季。而不知「詔移汶上朝京師」何指。李濂於十一年
始知沔陽，薛蕙於十一年冬始返京師，孟洋於十年冬、十一年春上任汶
上。似三人無同時在京師之事。然，今疑其爲外察而赴京，於十二年早
春三人與何景明同遊賞春雪。孟洋詩或指李濂〈黄鶴篇贈孟汶上望
之〉：「嗟予不得意，遠自漢上來。」又：「旅邸相逢幾知己，孟卿與
我心相許。擊筑同歌燕市中，酒酣眼白對無語。孟卿孟卿爾誠癡，人皆
笑爾迷所爲。」又：「君不見内弟何舍人，才名北斗爭嶙峋。十年執戟
守常調，終宵彈鋏空沾巾。長安著書滿几案，揚意不薦身猶貧」（《嵩渚
文集》13.2b）。據上引諸語知此詩爲十二年春季，即大計時之作。

又按：〈昔遊篇〉：「三星爛夜河漢流，觴行瑟作中堂幽。李君勿嘆息，
　　薛君且停謳。英英孟夫子，聽我當筵歌昔遊。」又：「日與李薛輩，詩
　　酒縱歡歌。」又：「孟夫子，總角與君戲，共許非凡倫。」又：「會須
　　約爾同歸去，爲招李薛兩才人」（371：505）。據上引諸語知何景明、孟
　　洋、薛蕙、李濂均於同時在京師，則此詩爲十二年春季之作。

送孟洋之汶上。

　　案：〈送望之赴汶上〉（352：602-603）屬獨次，故編次不足以考辨其寫作之年
　　時。第二首：「春郊餘雪日，河甸起風沙。送折燕中柳，行逢汶上
　　花。」據此可知孟洋於早春離京師。

本月序《漢魏詩集》。

　　按：〈漢魏詩集序〉（序：501）不言其爲何時之作。然，《漢魏詩集》本乃
　　曰：「正德丁丑年正月。」

約於此時，送戴欽。

　　按：據編次，〈贈時亮〉（352：104）、〈送戴進士時亮〉（372：095）均屬此時
　　之作。〈送戴進士時亮〉云：「戴生長嘯出燕州，知爾尋仙不可留。」
　　〈贈時亮〉：「象郡開梅嶺，羅池傍柳州。」據上引諸語知戴欽歸家求
　　仙。李濂〈送戴時亮還山〉：「戴子身輕鶴不如，青年好道解金魚」
　　（《嵩渚文集》26.3b）亦爲此時之作。

三月，十八日癸巳（AP8）。賜舒芬等三百四十九人進士及第、出身有差。

《武宗實錄》：「癸巳，賜舒芬等進士及第、出身有差」(147.4a[2871])。

　　按：本年與何景明先後相交而登進士第者有胡侍、陳沂、范紳、葛蘭、蕭
　　　　一中。

送方豪之沙河。

　　按：《(乾隆)沙河縣志》載知縣有方豪，於正德十二年上任(5.2b)。據編
　　　　次，〈送方思道令沙河〉(352：109)爲此時之作。

約於此時，送賈策之階州。

　　按：據編次，〈送賈郡博之階州〉(352：110)爲此時之作。該詩指賈策之説
　　　　見其小傳。

夏，據編次，何集351：072-081；352：117；372：098等詩文爲此時之作，詳見
　　下。

四月，六日辛亥(AP26)。跋郭熙畫。

〈跋郭熙畫〉：「正德十二年夏四月六日何景明拜題」(雜：803)。

本日，崔銑乞歸，許之。此後有作。

　　按：《武宗實錄》：「辛亥，翰林院侍讀崔銑乞歸養病，許之」(148.1b
　　　　[2884])。崔銑〈奏乞養疾疏〉(《崔氏洹詞》11.15a，《洹詞》2.39b[416])爲此時之
　　　　作。據編次，〈送崔氏〉第二首：「出門送我友，言返故鄉縣」(351：
　　　　073)或作於此之稍後。薛蕙於此時贈崔銑以四言詩八章〈昊天贈崔子〉
　　　　(《薛西原集》1.29b，《考功集》1.3a[4])。第一首：「昊天單威，亦孔之棘。」
　　　　何集有〈中林之棘〉，序云：「送崔子也」(古：001)。此當爲同時之
　　　　作。崔銑歸後，李夢陽、嚴嵩有詩寄：〈寄崔内史病歸鄴〉(《空同先生
　　　　集》25.6a[625]，26.5b[214])、〈崔子謝病還鄴懷寄〉(《鈐山堂集》4.7a)。孟洋
　　　　〈懷崔子鍾〉自注云：「時在告居鄴」(《孟有涯集》6.4b)。孟詩或作於其
　　　　官湖廣時期，即正德十三、四年。

五月，五日己卯(MY24)。端陽節，約於此時受扇於嚴嵩，有作。

　　按：據編次，〈題嚴内翰贈扇〉(372：098)爲此時之作。

六月，十二日丙辰(JN30)。王廷相陞四川僉事。此前有作。

　　按：《武宗實錄》：「(丙辰)陞松江府同知王廷相爲四川按察司僉事」(150.
　　　　2b[2918])。〈寄贈王子衡〉第一首：「城憩屢淹薄，舟遊一迴溯」(351：
　　　　076)。第二首：「竄身窮海上，臥病天邊城」(351：077)。第三首：「棲泊
　　　　倦淮堧，量移遂山郭」(351：078)。疑該詩爲此時之作。

秋，據編次，何集352：114-116，118-121；354：019；374：048-049等詩、文爲此

時之作，詳見下。

七月，十五日己丑（AG2）。中元節。約於此時，贈嚴嵩以詩三首。

　　按：《武宗實錄》：「己丑，中元節。遣駙馬都尉馬誠、崔元、林岳祭長
　　　陵、獻陵、景陵、裕陵、茂陵、泰陵。文武衙門各分官陪祭」（151.3b
　　　[2928]）。嚴嵩有〈謁泰陵〉三首（《鈐山堂集》4.1b）。據編次，〈奉和嚴太史
　　　謁泰陵三首〉（352：114-116）作於此時，以和嚴氏之詩作。

約於此時，以詩寄鄭善夫。

　　按：〈寄少谷山人二首〉第一首：「武夷九曲上仙庭，錦疊青天萬仞屏」
　　　（374：048）。第二首：「台嶽中峰綠霧生，石梁遙挂赤霞城。仙潭尺素傳
　　　雲鯉，報爾今尋華頂行」（374：049）。此二首寫鄭善夫遊天台山諸地。據
　　　鄭氏詩集之編次知此爲十二年秋季之事。

九月，九日壬午（SP24）。重陽節。與薛蕙遊仁壽寺。有作。

　　按：據編次，〈九日登仁壽寺後山〉（352：120）爲本日之作。〈仁壽寺〉
　　　（352：119）或作於同時。何景明該二首雖未言及薛蕙，據薛集之編次，其
　　　〈九日同何仲默出郊〉（《薛西原集》1.34b、《考功集》5.3a[58]）亦作於本日。該
　　　詩云：「九日登高會，同人載酒來。」又：「零雨晨初霽，浮雲午未
　　　開。」何集〈九日登仁壽寺後山〉：「石閣凌香岫，憑高煙霧開。人疑
　　　送酒客，地即望鄉臺。」與何、薛諸詩或有關。

冬，據編次，何集352：122-123；372：099-100等詩、文爲此時之作，詳見下。

十月，十五日丁巳（OC29）。劉、薛來訪。有作。

　　按：據編次，〈十月望夜劉薛二子過對月〉（352：122）爲本日之作。「薛
　　　子」當即薛蕙，「劉子」或爲劉儲秀。

十一月，二十九日辛丑（DC12）。冬至。有作。

　　按：〈龍灣草堂記〉：「正德十二年丁丑十一月，冬至。大復山人汝南何
　　　景明記」（記：501）。（此語僅見於袁本）。該文又云：「今年許子召爲尚寶丞。
　　　數月復乞歸。」《武宗實錄》：「（二月己巳）（MR15），陞⋯全州判官許誥
　　　爲尚寶司司丞」（146.6b[2858]）。

閏十二月，十六日丁亥（JR27，1518）。立春日。有作。

　　按：〈立春日〉：「行在旌旗猶駐北，朝廷冠冕自通南」（372：100；「廷」袁
　　　本、足本甲組作「正」）。此指武宗之「北征」，可知該篇爲正德十二年冬季
　　　之作。

本年，陞吏部員外郎。

　　行狀：「先是，京官非有罪無九年不遷者。先生特以危行連蹇，湮滯中

書，凡十餘年始轉吏部員外。」墓誌銘：「丁丑，陞吏部驗封司員外郎，仍直內閣。」《中州人物志》傳：「十二年，進吏部驗封司員外郎，仍直內閣。」

　　按：劉譜、傅譜均引何集〈入京篇〉：「可憐漢室盛衣冠，揚雄蓬巷獨饑寒。終歲校書空閉閣，十年執戟不遷官」云云(271：018)，説該詩「殆自況也」(劉譜)、「實際上是拿揚雄自比」(傅譜)。然，該詩實屬家集，為正德二年送人赴京師時之作。僅有足本誤置諸京集(見上)。

本年與楊慎、張含、陶驥作詩。

　　按：此事，何景明現存著作中無作可為據者。然，楊慎有〈無題〉，自注云：「丁丑歲，同何仲默、張愈光、陶良伯作」(《升菴集》30.9a[221])。

正德十三年戊寅(1518)。三十六歲。居京師，官驗封員外郎。夏，陞陝西提學副使。赴任途經定州、開封、信陽、郟縣等處。

春，據編次，何集352：501-506；353：013等詩、文為此時之作，詳見下。

正月，六日丙午(FB15)。武宗自宣府回宮。有作。

　　按：《明通鑑》：「丙午，車駕至自宣府…及是迎駕德勝門外…群臣齊伏地叩首。上下馬，坐御幄…曰，朕在榆河親斬敵首一級，亦知之乎…上遂馳馬入東華門，宿豹房。是日，大雨雪。駕至，夜已久，廷臣迎駕，僕馬相失，曳走泥淖中，夜半入城，有幾殆者」(47.1759)。據編次，〈關門〉(352：501)為此時之作。該詩云：「虎衛關門迥，龍沙塞曲深。風雲時有氣，日月晝長陰。中使西來訊，千官北望心。天寒漢宮闕，翠蓋憶臨春。」此當寫武宗甫至關之景。嚴嵩有〈正德戊寅、正月、七日駕自宣府回，前期頒賜廷臣服色，是日大雪，百官迎德勝門外，首臣奉觴致辭稱賀，即事紀述〉(《鈐山堂集》4.3b)。

十五日乙卯(FB24)。上元日。有作。

　　按：據編次，〈元夜寺中集〉(352：502)為本日之作。薛蕙有〈元夕興隆寺觀燈〉(《薛西原集》1.35b、《考功集》5.3b[58])，亦作於本日。二人或在興隆寺同過元夕，而其詩不無互稱之語。

送毛伯溫往湖南。

　　按：羅洪先所撰毛伯溫行狀：「戊寅，巡按湖廣」(《國朝獻徵錄》39.42[1595])。〈送毛汝屬按湖南〉為此時之作，云：「臘送燕門節，春迎楚水艭」(352：503)。疑毛伯溫於正德十二年冬季，十三年早春離京師。孟洋有〈毛侍御汝屬按湖南，道出嘉興賦別三首〉第一首：「萬里他年

別，三春此地逢」(《孟有涯集》6.1b)。孟洋於正德十二、三年官嘉興。不知毛伯溫何由自京師赴湖南取道嘉興。鄭善夫〈江上贈毛汝屬侍御之荊湖〉：「浙水重逢地，閩州舊話稠。雷霆喧獨夜，風雨動三秋」(《鄭詩》8.1a，《少谷集》4.22a[67])。據鄭集編次，該詩當爲十三年早春之作。不知何以言及「三秋」。待考。

二月，十四日癸未(MR24)。張士隆、許完謫官。

《武宗實錄》：「(二月癸未)降監察御史張士隆、許完爲判官，士隆晉州，定完州」(159.6a[3057]：此有誤：「定完州」當作「完定州」)。

按：何景明著作內此時無送張士隆者。薛蕙有〈贈張仲修〉(《薛西原集》1.41b、《考功集》3.3a[27])。據薛集編次，此二首作於正德十三年，何景明亦將離京師之時(見下)。薛蕙亦有〈送許侍御謫定州〉(《考功集》6.1b[70])，《薛西原集》不載此詩，而據其事知該詩作於正德十三年。嚴嵩〈張侍御謫判晉州〉第二首：「悵惜三春晚，風花幾片飛」(《鈐山堂集》4.9b)亦爲此時之作。孟洋有〈懷張仲修〉，自注云：「時謫判晉州」(《孟有涯集》6.4b)。疑該詩爲稍後之作。

二十五日甲午(AP4)。王相降爲高郵判官。此後有作。

按：《武宗實錄》：「甲午，降御史王相爲直隸沭陽知縣」(159.15b[3076])。何集有〈送王夢弼之高郵〉(352：505)。《(隆慶)高郵州志》不載王相名(5.12b)。《(道光)續增高郵州志》載判官王相(3.5a[251])。據王崇慶所撰墓誌銘，王相登進士後，初授沭陽縣知縣，抑劉瑾，防山東賊，爲彭澤所賢(據《國朝獻徵錄》65.56[2845])。於正德七年陞御史，忤中官，下獄，補判高郵。〈送王孟弼之高郵〉當爲此時之作。疑《實錄》有誤。

約於此時，送劉澄亮守衢州府。

按：何集352：001-016雖多爲正德十年下半之作，亦有例外。〈送劉大理守衢州府〉(352：004)或爲其一。《(嘉靖)衢州府志》弘正年間知府有劉姓者二人，其一爲劉鑾，於正德五年任官；另有劉澄亮，十三年任官(7.21b，22b)。二人均無傳。《(嘉靖)臨江府志》載劉澄亮曾任知府(5.35b)，《(萬曆)章邱縣志》載劉鑾曾知衢州府(11.42a)，而均不言先官大理寺。顧鼎臣〈送劉君彥明出守衢序〉：「劉君彥明吾同年也，官爲大理者幾七年」(《顧文康公集》文章5.65b)。顧鼎臣、劉澄亮皆於弘治十八年登進士，可知〈送劉大理守衢州府〉作於正德十二、十三年，爲贈劉澄亮。劉龍〈送衢州太守劉彥明〉(《紫巖集》5.8b)爲同時之作。董玘〈送同年劉彥明知衢州〉：「春風路轉朱旛遠，越水雲多竹馬攢」(《董中峰先生文選》11.9b)。據此得知劉澄亮於春季離京師。此爲十三年春季之事。

為師存智購棺。

　　行狀：「師御史客死京邸，幸臣廖氏者贈之棺。先生叱卻，曰，吾友平生
　　不苟受也。豈以死汙之哉。遂自出金購之。其勇於為義，類如此。」墓
　　誌銘：「師御史者，客死京邸，莫能斂。錦衣官廖鵬，錢寧之黨也，贈
　　之棺，因結懼士大夫。君曰，奚為汙吾友地下。乃出金購之。諸所知皆
　　購之。斂成禮，旋卻所贈棺。其見義勇為如此。」喬傳：「師御史客死
　　京師，權倖廖鵬者贈以棺，謂可結縉紳懼也。先生曰，御史生不苟受，
　　奚為受污地下邪。乃約所知共購金斂之，竟卻其棺。」（《皇明世說新語》3.
　　12a[022-171]亦載此事。）

　　按：此事，行狀、墓誌銘、喬傳皆載而均未審師御史為何人、此為何年之
　　事。劉譜繫諸正德十一年，傅譜因之，而二譜均無以據。《（乾隆）太康
　　縣志》師存智傳：「卒於官，不能斂。信陽何中書買棺斂以歸」（5.
　　63b）。據此可知師御史即師存智。然，《（嘉靖）太康縣志》有師氏傳而
　　未載此事（8.18b〔498〕）。《武宗實錄》：「辛酉（即十三年正月二十一日
　　[MR2]），於是，六科都給事中石大柱等、十三道御史師存智等上疏」云
　　云（158.12a[3041]）。據此知師存智於正德十三年春仍在人世，而官御史。何
　　景明於本年秋季離京師，故其為師存智買棺確為本年春、夏季之事。

薛蕙有病。何景明與蔣山卿訪之。

　　按：據薛蕙集編次，其〈病中何仲默蔣子雲過訪〉（《薛西原集》1.38b、《考功
　　集》5.4b[59]）為此時之作。何景明著作內無言及此事者。

夏，據編次，何集351：082等詩、文為此時之作，詳見下。

約於此時，陞陝西提學副使，或於早秋離京師。

　　行狀：「轉吏部員外，乃陞陝西提學副使。」墓誌銘：「戊寅，陞陝西按
　　察司提學副使。」喬傳：「顧獨以不能干謁守中書十年不調官，然志在
　　經術、世務。終不言功名事。後稍遷提學副使。」

　　按：未審何景明於何月何日陞官、離京師。於七月已在途中，八月十五日
　　至家（見下）。薛蕙有〈贈何大復〉（《薛西原集》1.42a）。據薛集編次知此詩作
　　於十三年五月五日與七月七日之間（《同》1.40a有〈羲和行〉，自注云「五月日食
　　作」；《明通鑑》：「五月，己亥朔〔即JN8〕，日有食之」47.1769；《薛西原集》1.42b有〈七夕
　　集翟廷獻宅〉）。〈贈何大復〉：「吁嗟知己人，自古亦皆然。嫵婉三歲
　　間，朝夕亦周旋。」（此詩亦見《考功集》3.1a[26]）。「三歲」指正德十一年，
　　即薛蕙返京時，至十三年，何景明離京師上任陝西。據編次，〈贈君
　　采〉（351：082）為此時之作。然，該詩不言及將送別。此時，鄭善夫方返

京師，會何景明赴任陝西，贈之詩：〈送何仲默遊關中六首〉。第六
首：「杪秋行終南，箭括高刺天」(《鄭詩》8.6a，《少谷集》2.6b[25])。傅譜誤
以何景明爲春季離京師，且評劉譜據景明撰高鑑墓誌銘以爲景明八月始
至信陽，曰「這種做學問的態度欠嚴肅。」傅譜據何集〈發京邑〉
(251：007-010)、〈還至別業〉(251：013-016)等作，據其寫春景乃以爲何景明
於正德十三年春季赴任陝西，過信陽。此實大誤，《評傳》(69-71)已辨
之(又見上)。

秋，途經保定府。有作。

按：〈贈趙君士器序〉：「余官於京十五年…趙君士器通判保定府」(序：
512)。自弘治十七年授中書舍人起算，經十五年正值正德十三年。於本
年，何景明赴任陝西經保定府，其序當作於此時。

過定州，與劉文煥、許完登塔。

按：〈同許補之劉子緯登定州塔〉(352：615)屬獨次，編次不足以考辨其寫
作之年時。許完讁任定州判官見上。薛蕙有〈送劉子緯〉，題後有「病
歸」二字(《薛西原集》1.36a，《考功集》5.4a[59])。據薛集編次，知劉文煥於十
三年春季歸定州養病。〈同許補之劉子緯登定州塔〉當作於十三年，即
其途經之時。該詩云：「登高並回首，直北是神京。」

七月，途中逢劉溸，送之赴南京。

按：〈送慈谿劉伯雨之南京尚寶卿〉(252：606)，袁本題前有「戊寅七
月」。此篇申、雍本均不載，袁、足本屬之家集，卷十六卷末。編者或
以卷末有空頁置焉(見〈編次考〉)。《武宗實錄》：「(正月壬寅[FB11])陞…禮
部郎中劉溸爲南京尚寶卿」(158.1a[3019])。顧清〈送劉尚寶之南京序〉：
「今年春、正月，有詔以君爲南京尚寶司卿…劉君名溸，字伯雨」(《東
江家藏集》20.22b[583]。

途經開封。

按：李夢陽〈繁臺秋餞何子二首〉、〈現餞何子〉：「他日關中使，無忘
汴上音」(均《空同先生集》25.7a[627]，26.6b[214])爲此時之作。何集中無答此之
作，未知何故。

八月，十五日壬午(SP19)。至信陽。適高鑑卒，何景明爲作墓誌銘、祭
文。

按：〈明故夔州府知府鐵溪先生高公墓誌銘〉：「鐵溪先生高公卒，余道
赴關西，過家哭其喪…及余至，公蓋亡一日矣…卒正德戊寅八月十有四
日」(銘：008)。〈祭高鐵溪先生文〉(祭：501)亦爲此時之作。

冬，十月，記信陽、碻山修城。

　　按：〈碻山縣脩城記〉：「十三年十月閭君(指兵備閭欽)登城視，喜曰，城
　　　　不已就乎」(記：502)。〈信陽脩城記〉(記：002)不稱其月，而同爲十三年
　　　　之作。

十七日癸未(NV19)。兵備閭欽初度。有作。

　　按：〈壽閭定峰兵備序〉：「定峰先生以十月十七日爲初度之辰，諸生既
　　　　請予詩壽之…又請曰，必序其詩而卷斯成矣」(序：519)。此篇當爲十月
　　　　之作。

離信陽。諸友餞送。有作。

　　按：〈別相餞諸友〉：「雙井山邊送客時，滿林風雪倍相思，西行萬里遙
　　　　回首，太華終南落日遲」(274：501)。此篇雖屬獨次，當爲此時之作。雙
　　　　井在信陽北，爲送人之地。孟洋〈雙井留別君卿一韻二首〉(《孟有涯集》
　　　　13.12b)爲例。

送葛蘭之東明。

　　按：《(乾隆)東明縣志》載知縣有葛蘭，於正德十四年任官(4.4b[366])。
　　　　〈送葛時秀任東明〉：「東明花滿縣，令宰即神仙。」又：「隼旗開雨
　　　　雪，鳧鳥向雲天」(352：606)。疑此篇爲正德十三年冬季之作，而作於何
　　　　地待考。孟洋〈過東明會葛明府如京〉(《孟有涯集》6.10b)爲此後之作。

途經郟縣，與王尚絅遊，有作。

　　按：〈雪夜九梅翁園同蒼谷宴集〉第一首：「郟城風雪夜，騎馬叩誰門」
　　　　(352：617)。第二首：「冬夜南園集，攜遊興未窮。登臺望積雪，下嶺逐
　　　　迴風」(352：618)。何景明於冬季過郟縣之舉僅有赴任陝西副使時。王尚
　　　　絅〈用舊韻別大復二首〉(《蒼谷全集》3.17a)或爲此時之作，云：「筆倒河
　　　　流迴，帷褰華嶽新。同年三百輩，如子更何人。氣正迴天地，聲先動鬼
　　　　神。八龍兼晜爽，星聚敢論陳。」又：「宦況今餘幾，交情向爾多。鳳
　　　　毛還瑞世，鵲羽欲塡河。衢路元霄漢，山居自薜蘿。攀留意無限，高興
　　　　復如河」(「河」字似誤，疑作「何」是)。

或亦過靈寶，與許誥遊，有作。

　　按：〈函谷草堂贈許廷綸〉：「長安送別風塵暮，落日嵩雲首重回」
　　　　(372：505：「落」袁、足二本作「洛」)。此指正德十二年，許誥養病歸時期。未
　　　　審該詩爲何時之作，疑爲十三年，即往陝西途經靈寶時。陸深有〈題函
　　　　谷草堂爲許廷綸〉(《儼山續集》4.2a[675])。〈函谷子太極圖論引〉(序：506)
　　　　或爲何景明至西安後之作。此時或與王廷相書，提及許氏之作。王廷相

〈答何仲默〉：「許廷綸曾示河圖太極等論。僕讀之，有疑，乃以平日繆見覆之非有。所謂刻行成書也。告者誤矣」(《王氏家藏集》27.20b[1180])。

至西安，上任提學副使。

按：何集中無可據以斷其於十三年至西安之作。然，於十六年，將歸信陽時，康海贈之序(見下)，該序言其「居關中四年矣。」據此語可知何景明於十三年已至陝西。

正德十四年己卯(1519)。三十七歲。在西安，任陝西提學副使。本年現存詩、文甚少，詳見下。

任提學副使時，力振時習，親自督教諸生。

行狀：「陝西屬所試諸生，奇者悉取正學書院，親自督教。間出俸錢，贍其不給，關中得人于時爲盛。」墓誌銘：「提學政尚嚴，務在崇本起弊，士初稍不堪，漸久而安。風習亦振。」康海〈送大復先生還信陽序〉：「大復先生之來吾關中也，曰，教化廢壞者，上下安於所習而不變也。夫安於所習而不變，則宜其廢壞亡捄也。可不作而新之，振而起之乎。於是具以科約，示以程式，先之以身而董之以實，行之以嚴而推之以恕。其初也，疑而弗信，畏而弗親。而其中也，幡然而悟，沛然而從，曰，學者之事本如是，乃何者，恓恓惕惕若前日耶。故泛者畢定，傲者畢諧，崇其實而脫其僞。先其事而後其功，有若董生之論焉」(《康對山先生集》3.20b[158]，11.30a，33.9a)。

春，或以詩、文寄何孟春、何瑭。

按：〈四圖詩序〉：「燕泉先生由太僕卿陞副都御史巡撫雲南，朝士寵其行即以其履歷大者爲四圖以贈，表之頌歌。四圖，一職方奉使，二藩省旬宣，三太僕考牧，四都憲巡撫。先生之陞也，景明來關西矣，不得與于頌歌之列。先生乃走使萬里，俾景明文之」(序：008)。何集亦有〈四圖詩贈何燕泉〉(474：005-008)。《武宗實錄》：「(癸丑，正德十三年九月十六日，OC20，1518)…陞太僕寺卿何孟春爲都察院右副都御史，巡撫雲南」(166.5a[3215])。何景明該序、詩或爲至西安稍後之作。何孟春〈寄何仲默副使書〉：「去歲承差，回得拜雄文，不勝感愧」(《何文簡公文集》17.54a)或作於此之稍後。何孟春又有〈與戶侍邵國賢書〉：「春去京時，交遊知厚爲繪，出行四圖，賦詩贈焉」(《同》17.25b)。薛蕙有五言排律四首〈出行四圖爲何燕泉先生作〉(《薛西原集》2.41b、《考功集》6.10a[75])。據薛集編次，該詩作於嘉靖二年(1523)，歲末。李夢陽有四言古詩四首并序(〈何

公四圖詩序〉，《空同先生集》51.9a[1471]，52.11a[480])。崔銑〈四使圖記〉(《崔氏洹
詞》6.3a，《洹詞》3.24a[432])，陳洪謨〈書都憲燕泉何公出行四圖〉(《高吾詩
稿》6.23a)、周廷用〈四圖詩〉(《八埏集》3.10b)、朱應登〈何中丞四圖詩〉
(《凌谿先生集》5.12b)皆爲同時之作。何孟春遂復李、崔以〈寄李獻吉〉：
「公差人回得手筆且拜四圖詩。光不才者多矣」、〈寄崔子鍾侍讀
書〉：「前月人來，得承四使圖記，拜讀之」(《何文簡公文集》17.57a，
61b)。

  又按：〈寄翠夫〉第一首：「伊昔京室娛，安知岐路戚。君就河內棲，予
  從關西役」(451：004)。此四首無稱年時之語。何瑭此時家居懷慶，何景
  明途中或因故未於便中過訪。於此時以詩贈何瑭。

巡察各府、縣學事，至高陵、慶陽、徽州、略陽。

  行狀：「陝西邊絕胡地，緣邊數縣路出胡。舊時提學難之，皆調試其縣諸
  生。先生曰，即如此，是棄之矣。竟往試如他縣。」

  按：〈略陽縣遷建廟學記〉：「正德己卯，春，予董學事，由徽州入峽，
  浮白水江，下略陽」(記：003)。何景明於十五年巡察西安、鳳翔、漢中
  諸府學事，有三十餘作可以爲據，而十四年之旅，除該記稱徽州、略陽
  外，何集中無作以考。然，康海〈喜仲默至〉：「二月高陵縣，逢君發
  慶陽。十年方邂逅，百歲幾徜徉」(《康對山先生集》10.14b[486]，4.11b，10.3a)。
  此詩當指康、何初次會於陝西。慶陽府或即先任提學諸公畏難之地。
  《評傳》已引此詩以說何景明之二月經高陵往慶陽府(72-75)。然，《評
  傳》以其於十四年二月過高陵，春末竟能至略陽不信，故誤以該詩爲何
  景明與康海、王九思諸公遊鄠縣、樓觀等地時之作(見下)。

二月，八日壬申(MR8)。武宗還京師。

  《武宗實錄》：「壬申，上自宣府還京。文武群臣具綵帳、銀幣、羊酒迎
  于德勝門外如先年儀」(171.2a[3291])。

二十七日辛卯(MR27)。孟洋既棄官歸，致書何景明以說其故。

  按：孟洋〈與何仲默書〉：「洋頓首言仲默賢弟。足下比見家書，知足下
  其道大行甚慰。仲默視僕初志如何，乃今事與願違，殊愧同志。足下能
  察此否。自八月二十三日蒞任，巡歷荊岳，歲晏返省。正月二十一日，
  偶感于事，遂決歸計。即夜渡江，無一知者。天明泊漢口，始移文總
  司，當道皆遣官，致書，追留至再。及僚友親自攀挽，竟不能止矣。二
  十七日，道遇家眷同歸。二月四日，達鄉里。恐足下聞之駭疑，爲書以
  布衷曲…二月二十七日，洋再拜」(《孟有涯集》16.9b)。《武宗實錄》」壬
  子(三月十九日，AP17)…湖廣按察司僉事孟洋以病乞休至，許之。仍令俟病

瘥起用。初，洋有疾，撫按官言其才可惜，吏部覆奏，故有是命」(172.
10b[3332])。李濂〈寄孟望之〉：「自汝東還桐柏山，使我北望愁心
顏。」又：「關西何郎寄書未(自注云：謂仲默)，嶺南小戴何時還(自注：謂仲
鶡)」(《嵩渚文集》13.1b)。李濂於此時知沔陽，故言「北望」。

三月，二十五日戊午(AP23)。杖廷臣一百七人。

　按：初，武宗圖南巡，群臣數上疏諫，武宗怒，杖之。被杖者中有蔣山
　　　卿、顧可久。

夏，六月，十四日丙子(JL10)。寧王朱宸濠反。

　按：《明通鑑》：「六月丙子宸濠反…按察司副使許逵死之…一時從逆
　　　者…僉事…師夔」(48.1797-98)。

二十七日己丑(JL23)，朱宸濠攻安慶府。何景明兄景晹立功焉。

　按：《武宗實錄》：「(七月)丙午(十五日，AG9)，宸濠圍安慶府，不克，乃
　　　引兵還…守備都指揮楊銳、知府張文錦、同知林有祿、通判何景晹、知
　　　縣王詰…等禦之戰於江滸…乃收兵入城爲圍守計…六月己丑也…。景
　　　晹、詰等軍東南。晝夜拒戰…濠…曰，安慶且不克，安望金陵哉」(176.
　　　7a[3419])。

秋，七月，二十六日丁巳(AG20)。禽寧王朱宸濠。

　《明通鑑》：「丁巳，宸濠方晨朝其群臣，官軍奄至…萬安知縣王冕所部
　　　兵追執之…凡三十五日而賊平」(48.1805)。

送盛應期之四川。

　按：《武宗實錄》：「戊戌(七月七日，AG1)，陞陝西布政司左布政使盛應期
　　　爲都察院右副都御史，巡撫四川等處」(176.3b[3412])。〈送盛斯徵巡撫四
　　　川〉(472：501)爲此時之作。

致書薛蕙。

　按：何集不載此書，而薛蕙有〈寄何仲默〉(《薛西原集》2.7a、《考功集》5.10b
　　　[62])。據薛集編次知該詩作於十四年秋季。該詩云：「久別憂成結，書
　　　來不解顏。開緘讀未半，攬涕望秦關。簿領余方倦，馳驅君詎閒。」

八月，二十二日癸未(SP15)。武宗南巡發京師。

　《明通鑑》：「癸未，車駕發京師。命(楊)廷和及毛紀居守，梁儲、蔣冕
　　　扈從」(48.1807)。

本月鄉試。

　按：陝西通志何景明傳：「當大比，方伯移檄減舊額以節費。報之曰，國

家求賢，本意似不如是。此足吏見耳。竟不從。」呂柟〈陝西鄉試錄前序〉：「正德十四年，當天下鄉試之期，某及某官某人，謬應陝西考試官，試事既成，且錄矣」(《涇野先生文集》2.48a)。呂氏此序爲代他人之作，不提及何景明。

冬，十一月，二十七日丁巳(DC18)，錢寧因累寧王反捕逮。

　　《武宗實錄》：「丁巳…命羈管朱(錢)寧于臨清」(180.2b[3502])。

　　按：喬傳：「督學關中時，會(廖)鵬弟鸞鎮守關中，恃勢益橫。其參隨者遇藩臬官不下馬，諸藩臬伴若不見者。後遇先生。先生執參隨答繫責數之。諸參隨始人人欲避矣。」喬傳未詳此爲何年之事。廖鵬屬錢寧黨，因寧於此時涉朱宸濠反案，疑何景明答繫廖鸞參隨者爲十四年事。

十二月，五日乙丑(DC26)。序康海《武功縣志》。

　　按：〈武功縣志序〉(序：701)，《大復集》本不稱年時，而《(正德)武功縣志》作"正德十四年己卯十二月五日」(首。2a[5])。呂柟亦有〈武功縣志序〉(《涇野先生文集》2.51b)。呂氏〈復對山書〉：「貴邑志鉅籍也，而馮尹以敍拖我，甚愧…序文甚粗惡，尤望痛加改教」(《涇野先生文集》20.32a)。

十日庚午(DC31)。或本日與張治道共飲。

　　按：張治道〈襄陵酒行東何大復先生〉：「長安臘月十日雪，北風吹地地欲裂。大復山人玉學仙，招我並坐開華軒」(《張太微詩集》4.6b)或爲本日之作。然，十三、十五年本日亦無不可。今以何景明五日與康海作序，疑張、康均於此時與何景明遊。待考。

二十六日丙戌(JR16，1520)。武宗至南京。

　　《明通鑑》：「乙酉，車駕渡江。丙戌，至南京」(48.1815)。

或本年與康海遊黑龍潭。

　　按：張治道〈遊終南山記〉：「嘉靖癸未(1523)，余與對山康子、盩厔令東谷王子約遊終南。正月…辛酉(FB4)始發車往終南…日午抵仙遊寺…已而上黑龍潭…其先，大復何子謂余曰，余嘗與對山康子遊黑龍潭，余畏不敢踰，惟康子能踰之」(《張太微後集》3.40a)。此爲何年之事待考。今姑繫之於本年。

正德十五年庚辰(1520)。三十八歲。在西安，官提學副使。春、夏，巡察西安、鳳翔、漢中諸府、縣學事，校士。秋，或遊華州。冬，遊三原、高陵。

春，據編次，何集452：001-013、471：001、472：001-002、474：001等詩、文為此時之作，詳見下。

三月，離西安，過咸陽原。

　　按：據編次，〈咸陽原〉為此時之作，云：「望春時極目，訪古獨含情」(452：001)。

五日癸巳(MR23)。至鄠縣，與王九思約遊。

　　按：王九思〈遊山記〉：「正德庚辰春三月癸巳，大復山人何子仲默校士于鄠社。其暇，約予遊南山諸勝處」(《渼陂集》10.7b[340])。〈到鄠簡王敬夫〉：「去天惟尺五，隔歲一相逢。」又：「好陪王學士，杯酒日從容」(452：002)。

八日丙申(MR26)。與王九思遊化羊宮、草堂寺。

　　按：王九思〈遊山記〉：「丙申，南行二十里，抵金峰寺…出寺東行半里許，抵化羊宮…由宮後南行度一小澗，陟岡，其上平坦，可數畝，多檜。東臨澗水，渁然。坐飲，移時甚樂也。何子有詩…東行三里許，抵重雲寺…又東行七里，抵棲禪寺，即所謂草堂者也。蓋姚秦時，鳩摩羅什自西竺來，爾時未有寺也。為樹草堂，繹經其中。其後建寺，始定今名，而俗猶呼為草堂寺云。寺基宏廠，前殿壁畫甚古，西南偶為鳩摩羅什葬塔，有亭覆焉…寺在竹林之心，其竹蓋將十頃，乃今根株盡矣。獨寺後銀杏四株，上薄霄漢。亦百年外物也。薄暮，何子詩成，索予和。予老懶，弗堪，漫應曰，當追賦之。相與大笑，出門…何子以公事未及夜二鼓回至縣。」〈同敬夫遊至華陽谷聞歌妙曲〉：「名邑今重過，終南第一遊」(452：003)。〈草堂寺〉：「昔讀高僧傳，今看勝地形。院寒留檜柏，殿古落丹青。寶塔參遺影，荒臺問議經。駐車春日暮，散步出林垌」

(452：004)。據「重過」之語疑何景明於十四年已過鄠縣。

九日丁酉(MR27)。之盩厔。

　　按：王九思〈遊山記〉：「明日丁酉，何子西入盩厔。」

十日戊戌(MR28)。清明。在盩厔，有作。

　　按：〈盩厔清明日〉：「客裏遙逢令節，城中不見繁華。南山漠漠煙遠，清渭迢迢日斜。」又：「可惜年年春色，催人白髮天涯」(464：001-002)。康海六言歌行〈普緣觀眺次仲默〉(《康對山先生集》5.24b，15.1b)之韻腳乃為花、斜、家、涯，與何集462：701同。據此得知足本以該詩為六言律詩為是(雍、申、袁三本以絕句二首視之)。何景明詩作於清明節，康海詩則為數日後之作。

或救螽屋生員罪。

按：陝西通志傳：「有同知臨螽屋，加刑于生員父，生員救之。坐以探擅入公門罪。乃檄而數之。曰，子救父，死且不辟。乃以不應罪之。夫人。豈無父邪。生員獲免究。」此或爲十五年過螽屋之事，而繫之十四年亦無不可。

十四、五、六日壬寅、癸卯、甲辰(AP1-3)。與王暘、康海、王九思、張潛、段炅遊樓觀。

按：王九思〈遊山記〉：「又四日，縣令王子明叔折簡邀予西遊樓觀。予辭不赴。使者五至而予命駕。其日壬寅，望也。比至則諸公已先在，方從紫雲樓而下。秉燭逆予，笑曰，王子太俗。蓋西濱張子用昭至自華州，河濱段子德光至自長安，對山康子德涵至自武功，獨予近乃獨後至。固甚可笑也…飯已，乃相攜至老君殿，臺上席地，對月坐飲。已，又起，入方丈，環坐。何子臥榻。于是，康子鼓鳳琶歌予所製越調曲，感激憤屬。諸公擊節，歎焉。已，又據席飲。何子曰，不可無詩，乃先成一章。諸公皆和，而吾獨不能，乃自爲一章。張子、康子各爲一章贈予。詩就，漏下四鼓矣。乃寢。明日，癸卯。王子明叔隨予登紫雲樓。樓兩層。其上爲玉皇像北面，其後灰壁。南面爲山水、人物畫圖。盡甚奇，非今人筆也。憑闌一目千里。何子、段子有詩…乃南行四、五里，抵說經臺。盤屈而上，絕頂爲宮。三楹中塑老子尹喜像。其四壁畫前朝君臣逸士像。蓋有功道德經者…乃坐後殿廊下飲。人得一詩。王子明叔又請西遊仙遊寺。于是，下臺，轉折西行，既數里見山麓一塔…又數里，過康子彭麓庄。何子有詩。又西行數里，轉折而南，道路甚險，東崖山，西岸黑水，下視毛髮森豎。行里餘，天氣昏黑，與諸公相失。路愈益險，肩輿不可度。予夾兩童僕走。既數里轉折西行，渡澗，橋危甚。又里餘抵寺。寺傍曰，普緣…寺四面皆山，黑水經流其門，蓋奧區也。是時，何子已先至，未久，諸公亦次第至。于是，舉酌相慰勞。又乘月走寺前後。至夜分，乃寢。明日甲辰，登毗盧閣，已乃觀殿前石塔…乃出門。門西瀕水二石塔…北岸山上泉下瀉于黑水，有聲。其傍石洞，後漢馬融居焉。何子欲校射，乃設侯，連發三矢連中。予與諸公辭謝。已，乃入僧舍坐飲。人又得一詩。于是，何子曰，嗟乎，勝地不常，良時易失，嘉朋難合，樂事罕逢。斯遊也，一舉四美備於乎。其勝矣乎。然，吾東至草堂而難鳩摩羅什之倡佛也，西登說經臺而怪聃之滋夫道也。夫二子者，二教之宗，仲尼之罪人也。其骨朽矣，化爲灰塵，蕩爲飄風矣。其無感乎。是不可無記，是惟渼陂子長有以宜之曰中。予

揖諸公，曰，蓋歸乎。諸公又大笑，曰，王子又俗矣。乃相與別去。明叔至是，使人來取記，將併詩刻之木。其年冬，十月丁未也，漢陂山人王九思記。」何景明〈登樓觀閣，時王令明叔邀張用昭、段德光、王敬夫、康得涵四子同遊〉第二首：「峻閣含風落照孤，憑高千里視平蕪。鳳笙錦曲春縹緲，瑤草金光晝有無」(472：002)。當爲壬寅之作。第一首：「百丈丹梯俯翠岑，千年壇殿肅陰陰」當爲癸卯之作。康海有〈樓觀〉二首(《康對山先生集》10.24a[505]，6.10b，15.9a)。其韻腳爲岑、陰、沉、林、今，孤、蕪、無、都、徒，與何集472：001-002同，當爲此時之作。〈說經臺〉：「西海何年去，南山萬古存」(452：005)；「南」：申、袁二本作「高」。〈過康子德涵彭麓別業〉：「不求金馬召，翻愛碧山棲。」又：「只此林泉好，無煩到澕西」(452：006)皆爲癸卯之作。澕西，康海本宅也。康海有〈彭麓山房和白坡提學與諸公見過之作〉(《康對山先生集》10.14b[486]，4.12a，10.3b)當爲此時之作。〈普緣寺有馬融讀書洞〉：「春山尋古寺，昏黑尚攀緣。仄徑千盤轉，巉崖萬仞懸。」又：「欲訪名賢洞，泠泠隔澗泉」(452：007)。〈普緣塔〉：「石蓋凌空起，丹梯出翠微。雲從珠頂覆，燈轉鏡中輝。」又：「何能攀絕頂，一覽漢邦畿」(452：008)皆爲甲辰之作。

自整厔過郿縣、岐山、鳳翔，到寶雞。

　按：〈太白山歌〉(471：001)、〈登五丈原謁武侯廟〉(452：009)、〈磻溪〉(452：010)、〈長春宮〉(452：011)皆爲此時之作。《(嘉靖)陝西通志》載太白山，在郿縣東南四十里(3.3a)，載五丈原在縣西南五里(3.3b)，載磻溪在寶雞縣東南八十里(3.5a)。《(萬曆)陝西通志》載諸葛武侯祠亦在岐山縣南五十里(16.4a)，載長春宮在朝邑縣西北(19.14b)，而《(乾隆)鳳翔府志》載長春觀在鳳翔(3.20a[89])，又載長春觀在岐山縣東十二里(3.23a[91])。不知孰是，而以地理推之或爲鳳翔長春觀。〈寶雞縣〉：「雞鳴山下古陳倉，板屋千家清渭傍」(474：001)。《鳳翔府志》載陳倉古城在寶雞縣東二十里(1.40b[46])。

自寶雞過益門。

　按：〈益門〉：「益門通漢沔，棧閣上雲霄。蜀道從茲始，秦川望已遙」(452：012)。《鳳翔府志》載益門城在寶雞縣南十五里(1.41a[47])。

三月，二十九日丁巳(AP16)。過東河。

　按：〈東河三月晦日〉：「雨宿東河夜，送春山館寒。」又：「平生四方志，回首欲求安」(452：013)。《鳳翔府志》載東河驛在寶雞縣西南八十里(2.51a[78])。

夏，過鳳縣、漢中、金州，返西安。據編次，何集451：001-003；452：014-022；454：001；472：003；474：002-004等詩、文為此時之作，詳見下。

四月，一日戊午(AP17)。過青峰閣。

按：〈青峰閣曉霽〉：「初日東峰上，微微霽色分」(452：014)。可知此詩為四月初日之作。寶雞縣有青峰山，見《鳳翔府志》1.18a(35)，在縣東南一百八十里，上有寺。亦有青峰澗，在桃川西，即府治南約一百五十里。然，此不在何景明自寶雞到鳳縣途中。鳳縣有清風閣巡檢所，在鳳縣東北一百里，見《(嘉靖)漢中府志》1.40a。《(光緒)鳳縣志》載清風關，亦在縣東一百里。」(1.21b[104])。「青峰」或即「清風」，以音近誤。

至鳳縣。

案：〈鳳縣〉(454：001)、〈登樓鳳縣作〉(452：015)、〈草店雨行〉(452：016)皆為此時之作。據〈登樓鳳縣作〉：「朝廷仍北極，行在且南州。」可知此為十五年之作。此詩題有異文，雍本作「鳳縣」；申本作「在草店」。草店或近鳳縣而《鳳縣志》、《漢中續修志》均不載。〈草店雨行〉：「山館夏陰澹，雨行寒色淒。」疑此為四月一日以後之作。又：「棧道常通北，江流卻向西。」棧道自鳳縣先南行，後轉折東行。嘉陵江西南行。該詩或指此。

自鳳縣，過姜子嶺、三岔、高橋、柴關、新開嶺、武關、至漢中。

按：〈姜子嶺至三岔〉：「出嶺上雲霓，入谿下煙嵐。」又：「朱崖秀夏木，石壁映寒潭。」又：「振策岷峨西，揚帆江漢南」(451：002)。「振策」二句指弘治十八年、正德元年使雲南。亦有〈高橋〉(451：001)、〈柴關〉(452：018)、〈新開嶺〉(452：017)、〈武關〉(452：019)皆為此時之作。《漢中府志》載姜子鋪，在縣南十五里(2.19a)。「三岔」多見。傳譜或依《中國歷史地圖集》第七冊，圖59-60，以〈姜子嶺至三岔〉指洵陽縣北之三岔(亦見《(光緒)洵陽縣志》3.14b[84]，在縣北一百七十里)，而何景明詩當指鳳縣南六十里之三岔鋪，見《漢中府志》2.19a。王崇慶〈三岔驛分館漫興〉(《端溪先生集》7.七絕。39b)或作於此地。《(道光)留壩廳志》載棧道圖有高橋鋪，在柴關稍西(1.17a[47])。又載柴關，在留壩西北五十里(4.10b[174])。《漢中府志》載新開嶺，在鳳縣南九十里(1.26b)。「武關」亦有多處。商州，商南縣界有武關，劉邦曾由此入秦，有名。〈武關〉：「北轉趨劉圯，西盤出武關」(452：019)。《(乾隆)直隸商州志》

載此詩(13.40a)。然而留壩亦有武關，在留壩東南四十五里，見《留壩廳志》1.6b(26)。何景明此詩亦見《(嘉慶)漢中續修志》29.5b(1860)、《留壩廳足徵錄》2.1a(357)，而有異文，以「劉圯壩」作「留壩」(「圯」、「壩」同字)。該詩云「北嶇」、「西盤」，二處均無不可。然，今以作留壩爲長。王崇慶〈武關驛得漢中朱太守遣使來迎漫成一首〉(《端溪先生集》8.五律.25a)似亦作於斯。〈漢中歌〉(474：002-003)爲詠史詩，其寫作時不明，而當爲何景明過漢中時之作。

遊青石崖棧。

　按：〈青石崖棧〉：「側行青石棧，誰能久延佇。」又：「迅流西回激，峻阪東折屢」(451：003)。青石崖何在亦待考。鳳縣東四十里有青崖谷隘，見《漢中府志》1.40a。南鄭縣(即漢中府)南九十里有青石關，見《同》1.38a。此二處均有棧道。何詩云「青石」疑即南鄭縣之青石關。然此關在四川道，非何景明金州途中必經之地。或因便中閒遊到此。

自漢中至金州，與諸生射。有作。

　按：〈鄉射禮直節序例〉：「予視學漢中，至金州，集漢陰、平利、紫陽四學師生將行射焉。」又：「鄉射之禮，學校尚或習之。予由鄠、郿抵鳳、漢，攷之於學，既已無聞，而有司并其器亡之」(序：509)。可知何景明本年視學，於鄠縣、郿縣、鳳縣(或指鳳祥府)、漢中府皆有所過。王廷相有〈鄉射禮圖注序〉(《王氏家藏集》21.13a[931])。

自金州過商州、秦嶺、藍田返西安。

　按：何景明沿何路途返西安待考。其在漢中所作之詩、文無「重過」之語，而據編次、鄉射序，離金州後入山區。〈馬道驟雷雨復霽〉：「萬壑驚雷起，千峰鳴雨過。稍看風瀨減，更覺夏雲多。」又：「山中無吏事，長嘯答樵歌」(452：020)。

過商州毀王母祠。

　行狀：「商州學地狹，旁有王母祠，大官家廟，州人神其祠。先生顧謂守官曰，何祠廟爲也。具輒毀已。大官家亦不敢怨。」此爲何時之事，樊氏未詳。今疑當以返西安經商時爲長。

至藍田，遊輞川，作祭文以救旱。

　按：藍田近西安，何景明當數遊焉，而〈輞川〉：「飛泉萬壑通藍水，仄徑千峰入輞川。」又：「黿鼉岸拆深無地，雞犬林開忽有天」(472：003)。似指其下山入藍田，或爲其自金州返西安之作。據編次，〈鹿苑寺〉(452：022)亦爲此時之作。

又按：行狀：「藍田大旱，其山上有泉，先生至則登山，投祭文泉中，須
　　臾大雨。」此是否返西安途中之事待考，而於十五年西安有災，見《明
　　通鑑》：「丙午（十五年十二月二十二日，JR30，1521），免陝西西安府所屬被災
　　州、縣秋糧」（49.1826）。此或與藍田大旱有關。何景明救旱祭文，現存文
　　集各本均不載。

秋，據編次，何集452：024-026；472：004-005等詩、文爲此時之作，詳見下。
八月，十一日丙寅（AG23）。序《正蒙會稿》。
　　按：〈正蒙會稿序〉（序：505），《大復集》本不記年時，而其書中記本日
　　　爲作序之時。韓邦奇〈正蒙會稿序〉：「正德中，吾友何子仲默以近山
　　　劉先生正蒙會稿見遺」（《苑洛集》1.24a）。王崇慶亦曾序斯書。其〈正蒙會
　　　稿序〉（《端溪先生集》2.10b）未及何、韓二人之序，而言王氏於戊子年（嘉靖七
　　　年，1528）聞劉先生訃。
閏八月，十二日丁酉（SP23）。武宗發南京，返京師。
　　《明通鑑》：「丁酉，上自南京返蹕」（49.1822）。
九月，九日癸亥（OC19）。重陽。與陳鳳谷宴，有作。
　　按：據編次，〈九日同陳侍御鳳谷登宴〉（452：026）爲本日之作。陳鳳谷爲
　　　何人待考。
十五日己巳（OC25）。武宗漁淮安府清浦，舟覆。
　　《明通鑑》：「己巳，漁于積水池，舟覆，溺焉。左右大恐，爭入水扶之
　　　出。自是遂不豫」（49.1823）。
或東至華州。
　　按：〈華州作東桑汝公〉：「秋城雨色靜微塵，過陝山河望轉新。」又：
　　　「追遊少小還今日，浪跡乾坤任此身」（472：004）。據「過陝」、「追
　　　遊」諸語疑此首爲何景明於正德十三年冬季入陝西時之作。然該詩言
　　　「秋城」，可知此爲十四、五年之作。呂柟〈重修華州學宮文廟記〉：
　　　「正德戊寅，濮陽桑子汝公某來守華州」（《涇野先生文集》14.35a）。康海
　　　〈送桑華州序〉：「桑使君知華州之二年，當夫述職之期，冬十有一月
　　　吉日，使君將起行北上觀天子…正德十有四年冬十月之望序」（《康對山先
　　　生集》12.30b，29.5b）。據呂、康二序可知桑溥於十三年知華州。

冬，據編次，何集451：008：452：023，027-036；471：002；472：006等詩、
　　　文爲此時之作，詳見下。
十月，二十三日丁未（DC2）。王九思作〈遊山記〉。呂柟亦有作。

按：王九思本日作序已見上。呂柟〈五子遊山集序〉：「去年，予從對山康子，洗病于鄠之楊泉。因欲眺樓觀、覽仙遊、憩赤松嶺，以畢終南之勝也…今春，大復何子，按士至此，而王渼陂、張西谿、康對山、段河濱亦同遊焉。京人王明叔者，且尹醪屋，以爲茲山主。于是，奇巘秀峰，哲跡咸造。有詩，有歌，有賦，有記。南山之靈，亦浩乎暢矣。明叔將板焉…乃以序問予」（《涇野先生文集》3.9b）。

二十六日庚戌（DC5）。武宗至通州。

《明通鑑》：「冬，十月庚寅（六日，NV15），上至天津。庚戌，至通州」（49.1824）。

約於此時有病。詩寄管楫、劉儲秀、張治道。

按：據編次，〈臥病簡汝濟、士奇、時濟〉（452：029-030）爲此時之作。張治道有〈次韻答何大復臥病見寄二首〉（《張太微詩集》6.11a）。其韻腳與何集452：029-030盡同（居、書、渠、廬：齋、階、排、懷），當爲同年之作。張詩第二首：「掃雪過林徑，插籬映竹齋」指其爲冬季之作。

又按：452：030末韻腳，申、雍本作「懷」，袁、足本作「來」；足本有「來、一作懷」條。今據張治道詩用「懷」字，知「來」字非此詩之原文。

遊藍田，渡渭、涇河，遊三原、高陵，訪馬里、呂柟。

按：據編次，〈秦嶺謁韓祠〉：「雪阻南遷路，雲停北望時」（452：027）、〈過馬谿田村居〉（452：031）、〈弘道書院〉（452：032）、〈冬夜過仲木〉（452：033）爲此時之作。馬里，三原人，《（萬曆）陝西通志》15.2a、《（乾隆）西安府志》20.8a（905）、《（光緒）三原縣新志》4.15b（170）皆有宏（弘）道書院，馬里師焉。馬理於十五年自京師歸，薛蕙以詩二首送之（〈送馬伯循〉，見《薛西原集》2.11a、《考功集》5.12a[63]）。據薛集編次，此詩作於十五年暮春、初夏。據此詩得知何景明訪馬理爲十五年下半以後之事。〈渡涇渭〉（451：008）亦當爲此時之作。〈漢紀序〉：「是書余得之侍讀徐子容氏。徐子謂吳下世家錄此書，珍藏之而客于傳。以故，世無刻本云。余至關中，涇野子呂仲木氏移書求之，乃遂請呂子校正，而付高陵令瞿清氏刻布焉」（序：009）。疑此序爲訪呂柟時之作。呂柟〈漢紀校正序〉：「今陝西提學何子仲默獲之于侍讀徐子容，子容獲之于吳下家人。予從何子借觀，何子乃移縣尹瞿汝陽板行，而以校正畀予」（《涇野先生文集》3.3a）。

又按：〈過華清宮〉：「冬駐華清殿，千秋憶翠華。」又：「雪下湯泉樹，春回繡嶺花」（452：023）。據編次，此首當爲夏、秋季之作。然，此

明寫季冬、初春之景，或爲何集零星插入之作。王尚絅〈過華清何子韻〉用之韻腳與何景明此詩同(華、家、花、霞)(《蒼谷全集》3.4b)。王詩當爲其任陝西官時之作。該詩云：「薄暮驪山下，停車感歲華。煙波千里路，塵土十年家。故殿餘蒼柏，浮生落晚花。客宵催短晷，城戌已朝霞。」

賞趙孟頫畫。有作。

按：〈子昂畫馬歌〉：「只今天子罷南征，又聞東巡遼海城」(471：002)。此指正德十年冬季之事，該詩當爲此時之作。

約於此時進正德十六年曆。有作。

按：每年十一月初一日，朝廷例以明年曆頒達各府。本年《實錄》未及此事。武宗南巡，曆書或未得御覽而逕頒外廷。據編次，〈奉府進曆〉(452：035)爲此時之作。

十一月，十日甲子(DC19)。康海作〈修拜將壇記〉，何景明亦有作。

按：康海〈拜將壇記〉：「漢中故有高帝拜將壇，在郡城南外附城壍。實淮陰侯次第之地也…自己巳以來，蜀盜恣橫郡…於是，陝西按察司撫治副使呂工克中結亭，壇左…庚辰冬，十有一月甲子記」(《康對山先生集》5.2b[234]，14.20b、25.3b)。據編次，〈拜將壇〉(452：036)亦爲此時之作。二作應有關。拜將壇見《(嘉慶)漢中續修府志》6.1b(314)。何景明本年夏季或有此遊，而其詩值冬季始作。此後，張治道有〈答何大復拜將壇用韻〉(《張太微詩集》6.14b)。其韻腳與何集452：036盡同(時、移、垂、旗)。

十二月，五日，己丑(JR13，1521)。寧王朱宸濠伏誅。

《明通鑑》：「己丑，宸濠伏誅…上令從輕賜自盡，仍焚棄濠尸」(49.1825-26)。

十日，甲午(JR18)。武宗還京師。

《同》：「甲午，車駕還京師。文武百官迎于正陽橋南」(49.1826)。

十三日，丁酉(JR21)。大祀天地於南郊。武宗有疾，不能成禮。

《同》：「丁酉，大祀南郊。初獻，上拜，疾作嘔血，不克成禮。送還齋宮，踰宿乃入。御奉天殿，文武群臣行慶成禮，傳旨免宴。」

正德十六年辛巳(1521)。三十九歲。在西安，疾作，棄官歸。卒于信陽。

春，據編次，何集452：037-041、472：007等詩、文爲此時之作，詳見下。

正月，一日甲寅(FB7)。元日。有作。

按：〈元日〉：「萬里冠裳遙望闕，九霄車駕喜還京」(474：501)。此指武

宗自南經返京師，當爲本日之作。

本月下半，序《學約古文》。

〈學約古文序〉：「正德辛巳正月既望」(序：503)。

按：〈古樂府敍例〉(序：508)不記年時。或亦爲此時之作。

任職關中時，不重文藝而勤於政。又以經術爲本，欲編刪諸家訓詁，而早卒不果。

墓誌銘：「初，何君獨以文學著聞。既提學，人又服其能政若是。」喬傳：「來關中而教關中士，亦以經術世務。如其所自志。關中士氣習文藝，蓋自是一大變云。是時，世寧侍先生正學書院。先生說五經，義與諸家訓詁多殊，私以爲諸訓詁不及也。古天文、地理、陰陽、律曆家皆能究其指意。常言彼有是，有不是。欲取經訓與諸家書刪繁折衷成一家言。顧三十九而卒，志業竟不及就也。」王序云：「正德末，余督學四川，大復督學關中，一日走書曰，孔孟貌矣。學漸支離塗岐矣。後坐汶汶以塞遠。得論說數十，欲與君約境上之會，期越月之講。然竟不果來。今集亦不見有此論。豈終未成邪。抑遺之耶。悲哉。」康序云：「十有三年，仲默以提學來關中，數能以公事過予。出其所論著，凡數萬言。」

二月，二十日，癸卯(MR28)。清明節。有作。

〈清明日病臥聞三司諸公出城〉：「伏枕花辰過，閉門樽酒空」又：「秦川多勝事，遊賞未能同」(452：039)。

按：何景明於十四年清明日(即二月二十八、九日)恐在巡察學事(本年春季至徽州、略陽，見上)，十五年在盩厔(亦見上)。行狀：「今年四月，竟以學政勤勞得心疾。」墓誌銘：「辛巳二月，何君以形勞慮深，卒然嘔血損。」據此詩，何景明於二月已有疾，故知墓誌銘之說爲當。

三月，三日，乙卯(AP9)。有作。

按：〈贈張時濟、陳伯行、胡承之、周少安三月三日出城遊宴〉：「芳筵開上日，才子出京華。」又：「應共題春草，相過謝客家」(452：040)。此詩亦爲西安晚春之作，又據編次疑其作於十六年。雖不稱病，然以「贈」，不以「與、同」，疑因疾作不與遊。

十四日，丙寅(AP20)。武宗崩。

《明通鑑》：「丙寅，帝崩于豹房，年三十有一」(49.1830)。

按：〈送張行人賫大行皇帝遺詔使秦蜀〉(452：041)當作於此之稍後。

夏，四月，二十二日，癸卯(MY27)。世宗即位。

《明通鑑》：「癸卯…御奉天殿，即皇帝位…大赦天下。卹錄正德中言事罪謫諸臣」(49.1833)。

六月，棄官歸。諸生求序於康海。

　　行狀：「六月告歸。」墓誌銘：「六月棄官歸。」

　　按：康海〈送大復先生還信陽序〉(見上)：「大復先生居關中四年矣。今
　　　　年夏，六月以疾求去，上下固留不可。其官屬及諸生之在正學書院者，
　　　　不欲遽別於先生，知予之與先生友也，於是以予爲言贈先生焉。」

或在兩河口留別諸友。

　　按：〈兩河口〉：「東下商南路，西辭蜀北門。青山兩河口，古戍百家
　　　　村」(452：501)。《(光緒)藍田縣志》有兩河口，在王維古莊南(6.8b
　　　　[348])。此詩雍本載而申本無。疑其爲留別時之作，原稿爲陝西諸友所
　　　　收。此後，康海、張治道編雍本而載之，信陽諸親生卻無其稿而略之。
　　　　果真如此，則此詩乃爲何景明絕筆之作。

　　又按：張治道稍後有〈聞大復先生出關〉：「上書辭職早，抱病出關遲。
　　　　生死憑誰訊，　惶祇自知。斯文應不斬，岐路固如茲。回首梁園道，思
　　　　君但益悲」(《張太微詩集》6.19b)。

秋，七月，十五日，甲子(AG16)。何景明乞致仕，暫聽。

　　《世宗實錄》：「陝西提學副使何景明以疾求致仕。撫按言景明學行過
　　　　人，甚稱其職。雖乞歸，不宜聽許，然覈其病有狀，惟上裁之。吏部請
　　　　如先朝例，暫聽致仕，病愈有司奏聞起用。報可」(4.15a[183])。

八月，五日，甲申(SP5)。卒于信陽。

　　行狀：「行李蕭然，至家甫六日而卒。」墓誌銘：「會道暑益極，抵家六
　　　　日，爲八月五日而何君卒。」

卒時，孟洋、樊鵬、張詩均在信陽。

　　行狀：「方先生病駕，鵬與其姪何士、門人張詩入，執其手泣。先生曰，
　　　　死生常理，無足悲。但吾生多辛苦耳。聲尚瑯瑯然。」

　　按：李開先撰〈崑崙張詩人傳〉：「迴其轅於大梁…李崆峒在焉。凡數十
　　　　日，歌詠酬贈頗多。崆峒稱其爲燕山豪士…前此…至汝南視其何師之
　　　　疾，相守七日，師卒，乃旋京師」(載《國朝獻徵錄》115.61[5090])。李夢陽有
　　　　〈芝梓行〉序云：「崑崙子之來也，李子觴焉…客大駭笑，歡盡醉，
　　　　而李子賦詩」(《空同先生集》18.16a[415]，20.19a[154])。疑爲張詩見訪時之作。
　　　　孟洋〈約張子言遊山莊雨不果移酌宅内西軒〉、〈西軒別張子言限韻〉
　　　　(均見《孟有涯集》6.9b)不言及何景明卒。然，當爲此時之作。

二十一日，庚子(SP21)。妻王氏卒。

　　行狀：「及先生卒，日夜痛哭，環柩走，曰，吾欲死。飯漿不吞口，竟不

病而絕。」又：「後先生十六日亦卒。」而墓誌銘：「王孺人故有內
疾，號痛莫支，越十六日亦暴蹶而卒。」

樊鵬作行狀。孟洋作墓誌銘。

　　按：墓誌銘何以出於孟洋而非李夢陽，實難考辨。李開先〈何大復傳〉：
　　「大復病危屬後事，墓文必出崆峒手。時，孟有涯、張崑崙并其姪士在
　　側，相與私議曰，自論詩失懽後，絕交久矣，狀去，崆峒文必不來，吾
　　輩并樊少南、戴仲鶡，亦可攢轅一崆峒。予嘗慨其事，此又傳之所由作
　　也」(《李開先集》607)。今考李開先所撰〈何大復傳〉，當以行狀、墓誌
　　銘爲據，存其事而繁其語。例如：何景明中舉，樊鵬云：「吾固知已，
　　何喜爲也。」李傳則：「固知有此，且少年登科，古人方以爲不幸。何
　　喜之有。」故筆者儘少引用李傳。何景明、李夢陽互論詩書後，固未絕
　　交(見上)。然，或已失其論詩前之友誼。呂柟〈復孟望之書〉(見上)：
　　「聞其葬無墓志。豈非執事者之責哉。」據此可知墓誌銘早有人論及。
　　使有其事，則行狀、墓誌銘必不言。然，則李開先何以知之。其〈傳〉
　　言：「詩文集外，更有十二論(此指〈何子〉)、定古樂府、漢魏選詩、雍
　　大記、并任州守蒐輯遺稿。」任良翰曾知信陽州，刊行《大復遺稿》，
　　見〈版本考〉。任氏爲李開先同年友唐順之之外舅。使實有此事，任良
　　翰知信陽時既聞之矣，李開先或得知於唐氏。《西園聞見錄》6.23a
　　(487)襲李開先説而言：「今望之銘亦寥落不甚稱。」

冬，十月，七日，乙酉(NV5)。與王氏合葬於信陽。

　　行狀：「今年十月七日，將合葬釣魚臺之北山。」墓誌銘：「是年十月七
　　日，合葬典術公墓側。」

　　其交遊多贈之誄、挽歌。

　　按：王尚絅〈復崔後渠書〉：「仲默誄者，幸惟亞圖刻之，貞砥以慰幽
　　明。非執事無此望」(《蒼谷全集》12.19a)。張治道有〈何大復先生挽歌三
　　首〉(《張太微詩集》7.11b)。李濂有〈輓何仲默〉(《嵩渚文集》29.8b)。該詩云：
　　「廿年不見胎簪子，手把遺編一悵予」，可知其爲後作。鄭善夫此時已
　　歸，有〈哭仲默〉：「去年孫復死，今復哭何休」(《鄭詩》11.7a，《少谷集》
　　6.6b[91])。據鄭集之編次，此詩爲正德十六年之作。「去年」句指孫一元
　　(十五年卒)。王廷相有〈悼仲默仲修二首〉第一首：「吾有何平叔，同時
　　奉紫微。貞心玉避潔，大道日爭輝。鳳去桐空在，琴亡調已稀。遺文星
　　斗爛，後進足歸依」(《王氏家藏集》15.16a[599])。戴冠有〈哭何大復先
　　生〉、〈祭大復先生〉(《戴氏集》12.16a，.16b)。

其著作多行於世。

> 行狀：「所著有何氏集、十二論、定古樂府選、漢魏詩、三秦志，皆行於
> 世。」喬傳：「所著雍大記三十卷、何子十二篇、詩歌千餘首、書、
> 疏、騷賦、序、記、銘、贊、雜文數百篇，盛傳當世。」

不久，《雍大記》刊成。

> 按：段炅〈雍大記序〉：「大復子何氏仲默，汝南人。是書開局立例，召
> 學官生徒分輯成編，岐三十卷。訂改甫就，即病而休去。憲僉辰陽周公
> 宗化攝學政，乃命校錄畢刊。周公表見人文之功，此並大焉。法當記
> 者，遂於序并書之」（《雍大記》2a）。

詩文集無定稿。

> 按：呂柟〈復孟望之書〉：「仲默素弱，而加以文字之勞。故雍大記成，
> 而其病漸央。奈何奈何。聞其葬無墓志。豈非執事者之責哉。然則編次
> 遺稿，而使之不朽者，端有所望矣。交遊中，亦多哉，爲誄爲挽，以傷
> 斯人之苦。然尚未之能舉。當亦不外今年也」（《涇野先生文集》20.9a）。

此後，康海、張治道合編雍本原稿於陝西，戴冠等編申本於蘇州。

> 按：康、張編雍本，見〈版本考〉。戴冠之於申本，見《戴氏集》、黃省
> 曾《五嶽山人集》所載書數篇（見下）。

戴冠於嘉靖二年(1523)遷蘇州知府，問編法於都穆、黃省曾。

> 按：《(康熙)蘇州府志》載戴冠於嘉靖二年至三年間知府(16.51a)。黃省曾
> 集有其〈答吳郡太守戴公冠〉（《五嶽山人集》30.5b），附〈吳郡太守戴公冠
> 書〉（《同》30.9b）。戴氏書云：「五月三日。冠頓首五嶽先生足下…嗚
> 呼，先生逝矣。惟茲遺文數卷，乃先生不朽所係。先生雖嘗手自編纂，
> 然亦屢更續入，卒無定集，僅僅蒐此，或整或亂。僕欲強爲詮次。然，
> 猥淺失學，不堪任此。仰惟五嶽國士足下…尋官于閩，閩之去吳益邇，
> 而閩之人道足下者益詳，咸目足下江左第一流才子也…非子又將誰託
> 耶？入郡以來，百務交委，未遑經理…大復集詩文錄稿，凡幾十幾卷。
> 通此馳上，煩足下即爲編次。不日郡中雕梓行之也。其在秦中者，尚有
> 所遺，已往大復家訊去，寄至亦便送覽。近見貴鄉都南濠太卿，嘗一出
> 此集示之。但其論似欲悉變大復自定之舊。冠聞之悚然，心疑如欲更詞
> 賦爲擬騷，又謂滕王閣歌宜改爲辭，又謂詩之題目繁者，盡欲刪略就
> 短，又謂文集不當稱篇，及分內外，又謂賦序太冗，但宜節留數言。太
> 卿之論，大抵若此。今敢重煩足下，幸賜酌之裁之…凡集中有未妥者，
> 均乞注神，使早得流行。大復逝矣。雖不能酬冠之圖報，尚有日也。惟
> 足下念之。不悉。冠再拜。」以其先問都穆，言百務交委，疑此書爲嘉

靖三年五月之作。

又按：黃省曾〈答吳郡太守戴公冠〉雖長，因其詳說編輯之理，今全錄之：「省曾僅再拜奉書，遷谷郡公閣下，承不棄蕪瑣，殷勤遣札。目以國士，諭令詳定何舍人集編次之紀。蓋欲出吐涓細以益河海。省曾非其人也。雖然，僕於文藝不敢謂能，素於緒端，頗識一二，安敢以無言報也。諦觀舍人諸集，所謂使集者，南宣敬皇帝哀詔時所作也。所謂家集者，劉瑾柄國謝病還鄉時所作也。所謂京集者，薦直內閣制敕時所作也。所謂辭賦集者，總前後之辭賦，近於楚漢之體者也。所謂內外篇者，亦總前後之雜文，以談理撰事不同而兩之者也。其命名之義各有歸向。且道之屈伸，世之屯泰，情之憂樂，造之近遠，悉是乎寓。然，亦有所未盡安者，如詞賦既有別編，則〈渡瀘〉、〈進舟〉、〈畫鶴〉三賦，便當入此，不可復繫之各集矣。雜文既分內外，則使自嗤盜文以下，家自送孫處州序以下，便當入此，不可復繫之各集矣。若曰〈渡瀘〉諸賦，〈嗤盜〉諸文，是使時、家時、京時所作，則所謂詞賦集、內外篇者，亦不出使時、家時、京時所作也。何不遂繫之各集乎。既已別出，則三賦諸文亦宜從類而處矣。此所未安者一也。周道衰而聘問風雅不行於列國，至於屈原，乃著離騷以申諷諫。原楚人也。謂之楚辭，此風雅之變也。漢興，枚乘、馬、揚而下，競為麗衍之賦淫溢恢放。此又離騷之變也。自孝武立樂府，以採歌謠，以觀風俗，以薦郊廟，而古詩之道，蔚然復興。繼而五言之目，一開舊述新創，淪及近變。詩之流變至是極矣。由此觀之，四言一類也，辭賦一類也，樂府一類也。五言至於近體，骨調不同亦一類也。及覽劉歆七略，詩賦自為一略，而此略之中又分五種，則從來古哲，咸忌混淆。先生詞賦，別為一集當矣。但四言、樂府亦宜各為一編，不當尚繁各集。此其未安者二也。所當更定者，惟此而已。若如太卿所論，欲更辭賦為擬騷，則又不可。既曰辭，則騷在其中矣。曰辭又曰賦，則騷與賦又自分別矣。不必更加擬騷於九詠、七述之上也。況七述，是祖學七發、七啟、七命之體。蓋賦類也，非方朔七諫之比，又安得謂之騷乎。是見其牆而不睹其裏者也。其謂滕王閣歌非騷之名，欲改為辭亦不可。夫作之似騷，不似，在體，不在名也。體苟似焉，則名之殊也。何計體苟不似，則雖名為騷，亦安得而強同之哉。昔李白鳴皋歌，歌也。以其體不背騷。晁、朱輩編入楚詞後語矣。未聞改其歌曰辭也。又欲簡其詩之題也，亦不可。題者，詩之根形也。詩者，題之枝影也。若枝不附根，形不對影，恐涉於後世所謂無題之類矣。三百篇之序，亦不厭繁，而漢魏以下，命題了了可法。不必貪

約務省，以失詩人之本旨也。其謂古人文集無稱篇者，乃欲內外篇不可以稱篇，亦不可。許愼氏曰，篇者書也。班固藝文志所載六藝諸子以下，皆稱篇焉，則篇者亦古人聚文之常稱也。梁阮孝緒七錄，經典、記傳、子兵、文集、術伎五錄，謂之內篇。佛法、仙道二錄，謂之外篇，則文集在古，亦有稱篇者矣。何所忌諱無稽而不可用乎。但內外之分，起於先秦，而衍於後世。今之莊、葛可考也。言有精粗，而別爲內外，亦何有疵。若曰不逮莊旨，此固同矣。亦何減於抱朴、阮孝緒之錄，灼有明証乎。且集之爲名，創於漢之東京，蓋因屬文之士既衆後之作者，欲觀其體勢，而辯其風流，故總聚焉而謂之集。如文章流別集、集苑、集林、集鈔、集略之類是也。乃轇合衆家，而爲之名耳。後世之人，總聚一家之文，亦因借集之名以歸焉。沿效至今不改，然則篇之稱名於集，尤古未見其不當也。其謂賦之發序，不宜太冗，刪用數言者亦不可。宋玉高唐餘二百言，揚雄羽獵幾三百言，其長楊亦不下百言。班固兩都幾四百言，今設與之刪爲數言，尚何以爲序乎。凡賦之序，本無不可有，本有不可無。本繁不可簡，本簡不可繁。若欲刪本繁而爲簡，是欲截鶴之長而同鳧之短也。今省曾酌審編次之法，宜稱何氏集卷第幾，爲之綱。先以四言、詞賦，次之樂府，次之古新，分爲上下。古今詩，使集次之，家集次之，京集次之，內篇次之，外篇次之。爲之目。如史記一百三十卷，爲之綱，帝紀、年表、八書、世家、列傳爲之目。然後統會有紀，而布分不亂，倫類不謬而前後不越。散逸不憂而增入可繼。亦庶乎其可矣。倘有缺漏無吝教言，如可採納，當先具目錄呈上。童子將篰，恭承教旨，非敢憚勞也。無任悚息。五月初十日，省曾再拜」（《五嶽山人集》30.5b）。據上引諸語，知「秦集」原未入戴冠所有之手稿。此外，黃省曾所言，與今傳申本甚近。

戴冠三年遷山東僉事，胡纘宗繼之知蘇州。冠以刊《何氏集》之事付之胡氏、黃省曾、暨長洲知縣郭波。久無消息，書三人以促之。

按：戴冠〈與年兄胡可泉〉：「王昶行後，某遂有先人之戚道遠不能時。赴罪赴罪。可泉改治忽已逾歲。雖驥足，若少淹而此郡十年穢滯爲之疏滌改觀非一細事也。大復集舊出尊意。某既改郡因謂可泉在，乃及今未有消息。意者郭尹、黃生負諾耳。朱引禮來附此奉訊。即已成，望便委之來，尤爲快事。大復於可泉雖遊少流，而生平知己士大夫間，諒未有過之者。況斯文骨肉非某所敢諜，讚幸留意焉」（《戴氏集》12.21a，原注：

「諱纘宗，都御史」）。〈與黃勉之〉：「某不天先大夫遽爾棄孤憶與子江之別，寧知遂有此哉。遠道無由奉赴，奈何久欲遣人一來。偶值朱引禮之便，輒附此紙。大復集，某以解郡，處未周至，乃以重累，吾子甚非宜，茲已逾歲矣。長洲亦留意耶。可泉亦輒咨耶。何久無消耗也。倘已成事，望即付之。未成否則亦希報言也。造次不他及照」（《同》12.22a，原注「諱省曾，舉人」）。〈與長洲郭大尹〉：「某歸遂罹先大夫之戚，念在知己，無由號訴奈何。有喪以來待盡山林，已無意人世事，惟吾契以敏才，當劇邑勞已久，內台消息猶未與聞，頗以爲意耳。何大復集，昔承相助之美。然，久未報成意者。黃生有參差耶。即欲遣人來瀆偶值，朱引禮之便，輒敢奉訊吾契，於大復雖昧生平，而斯文骨肉之情，諒自不能已也。幸留意焉。外付陝刻四冊，附覽當參校之」（《同》12.23a，原注：「諱波」）。據上引諸書得知戴冠未受《何氏集》，以「陝刻」寄郭波。其是否及用以校待考。

此後，戴冠聞集成，書胡纘宗、黃省曾以表謝。

　　按：戴冠〈與年兄胡可泉〉第二首：「吳人來仰詢道體萬福，甚慰甚慰。何氏集成，吾可泉表章之力也。大復有知，知世上尚有知己如吾可泉者，其感德當何如。可泉舊許敍，述爲□□之傳茲集已完，而雄文猶吝，何也。可泉者古今文士，惜後豈可泉難于詞耶。非可泉之謂也。抱此耿耿不敢不爲知己盡」（《戴氏集》12.21b）。〈與黃勉之〉第二首：「何氏集成，斯文之幸，吾子之德也。大復有神，當感知己于九原，爲之親舅者，可不俟言矣。辱遠賜香幣，即日告之，先人几筵，幽明之荷曷有已。己良悟當在何時當□，或可以少見區區耳。顧子回輒此奉謝殊不盡所欲幸照」（《同》12.22b）。

戴氏又書何景明兄景暘、其子之外舅王尚絅以告。

　　按：戴冠〈與蒼谷王方伯〉：「人來復奉手教佳作，如親奉高人杖履，感仰感仰。大復往矣，得見其遊處可也。如無蒼谷者，乃十數年不得一親炙之。豈非不肖之不幸耶。大復集近日始完。聞何生已付上。倘有是正，望不悟垂示，蓋及今尚可也。臨紙愴愴不盡。請教之私亮亮」（《戴氏集》12.31a）。戴氏〈與西谷何老先生〉：「大復集刻，二月一日郭長洲已送至舍下。夫弟領去印刷。想自奉覽。但序文未有定論。尚俟求耳，向可泉已許，亦不肯作。或者難于下筆也。當更圖之。蔣氏人回，復附此奉報，此公蒙推愛知感無已。倘更有可爲希，不悋一教。萬萬」（《同》12.31a，原注：「諱景暘，後府經歷」）。

第二章　人　物　考

任　氏　**(1465-1509)**，信陽千戶任清女，都指揮僉事鮑威妻。

　　何集銘：504

　　按：除何景明撰銘外，任氏無他傳。

任良幹　字直夫，號南嶠，廣西桂林人。嘉靖四年(1525)舉于鄉，試禮部不第，後授潛江學諭。十四年知信陽州。

　　獻93.33(4046)樊鵬撰傳，資153，哈3.254，庫270，圖96

　　按：任良幹自嘉靖十四年至二十一年知信陽州，此時校何景明《何氏集》、《大復遺稿》。

任　武　正德、嘉靖間任信陽指揮千戶。

　　何集記：002

　　按：《(民國)信陽縣志》20.9.4b(856)載任武於嘉靖間任千戶，而何景明於正德十三年(1518)已言其任此官。傅欽同(見下)。

任　鏞　字宏(一作洪)器，號草亭，河南信陽人，貢生。約正德五年(1510)任新城訓導。

　　何集樂：513；252：055-058，069，110，528；272：034-037，512，531-532，540，703；274：026-027，513-516；352：008

　　按：任鏞無傳。何集概以字宏器稱之。家集中亦有稱「任貢士」、「任司訓」、「任子」之作。何集274：513-516題作〈任洪器草亭〉。孟洋有〈送任草亭分教新城〉(《孟有涯集》10.6b)。《(萬曆)新城縣志》，卷五(頁數破損，疑為19a頁)，載訓導表有「任鏞，河南信陽人，正德年任。」《(乾隆)信陽州志》載正德歲貢有任鏞「新城訓導」(7.10a[245])；《(民國)信陽縣志》22.4.4b[944]同)。何集所稱之宏器，司訓，貢士即任鏞無疑。任鏞為何景明信陽好友之一。自正德二年秋，任鏞鄉試落第，至四年春，赴京求官，兩人常相與遊。〈思親詩引〉(序：507)指王朝良，與任鏞無關)。〈南山篇〉序：「宏器為思親卷，予為作詩、文。及今八年矣。宏器得頁，將入京，復以此冊求

予詩，遂爲是篇」〈題任宏器思親卷〉（272：540）屬家集獨次，其爲何時之作未明。樂：513言「八年」「得頁將入京，故此詩當爲正德年之作，而272：540當爲弘治十五年之作」。

余文淵　字子登，河南汝寧人。十三歲承其父官指揮僉事，二十五歲卒。

　　何集銘：502

　　按：余文淵任信陽軍官。卒後，其父移書何景明以求墓誌銘。

何　士　字子穀，河南信陽人，何景明二兄景晹子。正德八年（1513）舉于鄉，嘉靖八年（1529）至十四年知漢陰縣。

　　《（萬曆）漢陰縣志》4.4b，何集賦：003；352：050，291

　　按：由何集352：050，291知何士於正德九年秋在京師，十年秋詣其父何景晹任所，南京巢縣。何士八年中舉(見《（乾隆）信陽州志》7.4b(234)、《（民國）信陽縣志》22.1.2b[918])，或九年應試禮部而落第，留京師。初，何景明歸信陽家居時，曾使何士訪李夢陽於開封，付之賦：003。此當爲正德二年事，乘何士應鄉試之時。崔銑〈何士字解〉(《崔氏洹詞》10.4a，《洹詞》2.16b[405])作於何時待考，或爲九年之作。

何子奇　四川榮縣人。正德年間任漢中府同知。

　　《（嘉靖）漢中府志》6.20a，何集記：003

　　按：何景明〈略陽縣遷建廟學記〉言何子奇於正德十四年夏任同知。康海〈贈楊秉衡序〉：「正德九年二月一日…漢中府同知何子奇自朝覲歸」(《康對山先生集》12.12a，3.4b)。由此語得知何子奇於正德九年已任職漢中。

何　氏　河南羅山人，何原女，王伯金妻。卒年七十六。

　　何集雜：504

　　按：何氏所出之三女爲何景明二兄景晹之妻。景明爲作墓碑。

何　立　(1515生)，字豫甫，河南信陽人，景明仲子。中嘉靖二十一年（1543）鄉試，知懷遠縣、德安同知。

　　《（乾隆）信陽州志》8.15a(291)，庫550

　　按：何集袁本鄒察題辭言魏良貴「過信陽，先訪[何]立，得詩賦若干篇」。今不知其「若干篇」爲何類著作。

何孟春(1474-1536)，字子元，號燕泉，湖廣郴州人。少遊李東陽門，登弘治六年
　　(1493)進士第。授工部主事。歷兵部郎中，陝西馬政使。正德七年(1512)任河
　　南布政司左參政，十年遷太僕寺少卿，十三年陞太僕寺卿。尋出巡撫雲南。嘉
　　靖初，議大禮時兩勸從初俗，調南京工部侍郎。罷為民。卒於家，年六十三。
　　有《餘冬序錄》，《何文簡公文集》等。

　　　史191.5065，索282，獻26.23a(1087)顧璘撰墓碑，又53.18a(2246)羅欽順撰墓志
　　　銘，資271，哈3.260，方235，庫560，叢463，別9.161，圖71，何集371：
　　　031，056；372：072，080；474：005-008；序：008

　　按：何孟春與何景明遊自弘治十五、六年(1502-03)始。正德七年，何孟春赴河
　　　南任參政，何景明贈之以詩。自九年，何孟春還京師任太僕少卿，太僕卿，
　　　時兩人皆居京師。然，少互贈詩作。十三年後，何孟春在雲南，何景明在陝
　　　西，以詩文贈之。

何岳州　(1504-1507)，河南信陽人，何景韶第二子，四歲病死。

　　　何集銘：102

　　按：何景韶卒之稍後，其次子岳州亦病死。何景明為作壙誌銘。

何　信　(1441-1509)，字文實，號梅溪，河南信陽人。何景明父。弘治年間，曾
　　任會寧、渭源驛丞。

　　　資274，庫552，圖71，何集狀：501

　　按：何信卒後，何景明為作行狀，其墓誌銘為李夢陽所作。

何洛文　(1600卒)，字啟圖，河南信陽人，景明孫。嘉靖四十年(1561)中河南鄉試
　　第一，四十四年登進士，改庶吉士。隆慶三年(1569)授編修，累官禮部左侍
　　郎，萬曆九年(1581)以省親歸，卒於家。

　　　哈3.262，《本朝分省人物考》93.23a[138-399]，方236，庫561

　　按：周子義作何景明集序言「公之孫伯子，彙萃編次，衰為成帙，會典試來南
　　　都…諸所訂正，悉出伯子。」此當指何洛文。

何[景]旺　(約1442生)，河南信陽人，何景明祖何鑑之長孫。不仕。

　　　何集271：025

　　按：何景旺無傳。然，〈長歌行贈旺兄〉略備其事(271：025)。《評傳》(163)以
　　　「兄旺」名為景旺，而未引所據。或以同輩排行景暉、景明稱名為例。其說
　　　似當，今從之。

何景暉　河南信陽人，何景明三兄。不仕。

　　　何集352：155

　　　按：何景暉無傳。據編次，何集352：155〈懷三兄〉為正德元年冬季之作。據
　　　　　該詩得知何景暉元年夏與何景明同赴京師，秋季乃歸。

何景暘　字仲昇，河南信陽人。景明二兄。弘治十一年(1498)與景明同榜中舉。知
　　　巢縣。正德十一年(1516)陞安慶府通判。寧王反時，景暘以忠立功，陞右軍都
　　　督府經歷。終光祿寺少卿。

　　　索286，資274，方237，《(乾隆)信陽州志》8.5a(271)，《(嘉靖)安慶府志》
　　　20.20a(1409)，呂柟〈送何仲昇敍〉(《涇野先生文集》2.17a)

　　　按：何景明之作甚少言及其二兄。然，景明曾付賦景暘子何士，以寄李夢陽。
　　　　　景明友崔銑、呂柟皆有贈景暘之作。

何景韶　(1462-1507)，字仲律，河南信陽人。成化二十二年(1486)中舉，屢試禮
　　　部不第。知巴陵縣。正德元年(1506)遷東昌府通判，尋卒。

　　　獻96.23(4213)，何景明撰行狀，資274，哈3.261，庫562，何集賦：014；
　　　　　252：014-018；狀：001；祭：001

　　　按：何景韶傳唯有景明所撰之行狀。

何渭女　(1496-1507)，河南信陽人，何景明三兄景暉女。生十二年夭。

　　　何集銘：101

　　　按：渭女雖年少，以仁心於疫期持水飲家婢遘疾而卒。何景明以壙磚銘記其
　　　　　事。

何　瑭　(1474-1543)，字粹夫，號虛舟、柏齋，河南懷慶衛人。弘治十四年
　　　(1501)舉鄉試第一，十五年登進士第。改翰林庶吉士，十七年授編修。正德五
　　　年(1510)以不屈於劉瑾謝病，得致仕。瑾誅復官。八年以經筵觸忌諱謫開州同
　　　知，十年擢東昌府同知，尋乞歸。後歷浙江提學副使、工、戶、禮三部侍郎、
　　　南京右都御史。里居十餘年卒，年七十。有《何文定公文集》，《柏齋集》
　　　等。

　　　史282.7256，索281，獻64.18(2784)張鹵撰傳，資276，哈3.264，方228，庫
　　　　　555，叢463，別9.177，圖72，DMB518，何集251：024；252：022；352：

286：353：004：451：004-007：內：005：書：004

按：何景明，何瑭同年登進士，早已相識而無詩文可考。正德二年，何景明歸
　　後，以詩寄何瑭。七、八年又有詩。十年，何瑭在東昌任同知，何景明以侯
　　宜正之東昌有寄。十三年後，何瑭家居，何景明任陝西副使，又以詩贈之。

又按：《明通鑑》：「(正德三年十月)劉瑾矯旨出翰林修撰何瑭爲開封府同知…
　　考異：瑭事見《明史》本傳。《憲章錄》有出張芮于十月，《紀事本末》並
　　載出何瑭事。惟瑭傳(此指《明史》本傳)但言致仕，不言出爲開封同知。《紀事
　　本末》必別有所據，蓋論讁，未之官而致仕，故史略之。今乃據《紀事本
　　末》」(42.1596)。然，《(萬曆)開封府志》同知表無何瑭名(7.4b)。《武宗實
　　錄》：「(五年三月)己卯，翰林院修撰何瑭奏乞回籍養病，許之」(61.7b[1346])。
　　可知何瑭於五年以修撰始歸。疑《紀事本末》將瑭五年不屈於瑾而罷歸與其
　　八年講經犯忌讁開州同知誤合爲一事。

侯宜正　**(1481生)**，字汝立，河南洛陽人。登正德三年(1508)進士。歷兵部員外
　　郎、郎中。十年以武選司郎中出知東昌府，稱爲善官。十二年丁憂歸，尋卒。
　　庫770，　何 集352：032，055-056，237，287：372：045，055：　內：005，
　　011

按：侯宜正無傳。何集概以字汝立稱之，著作內亦有稱「侯郎中」者。據〈送
　　侯汝立之東昌〉(352：287)、〈(送侯汝立守東昌府)〉(內：005)、《(萬曆)東
　　昌府志》6.6b載侯宜正任知府，可知汝立即侯宜正。《武宗實錄》：「(正德
　　六年五月)戊辰(JN14，1511)，上御奉天殿，傳制遣…兵部員外郎侯宜正…爲副
　　使」(75.4b[1654])。〈(送侯汝立守東昌府)〉：「侯汝立氏者三十四而爲司
　　馬，選部郎中。」可知侯宜正自正德六年至十年居京師任官，時與何景明同
　　遊。

倪　氏　**(1417-1509)**，河南汝寧人，信陽指揮鮑龍妻。
　　何集銘：503
按：倪氏卒時，何景明方家居信陽，爲作墓誌銘。

傅　欽　河南信陽人。正德、嘉靖年間任千戶。
　　《(民國)信陽縣志》20.9.4b(856)，何集記：002
按：何景明〈信陽修城記〉言千戶傅欽爲「董其役者」之一。

俞　滂　字公濟，浙江蘭谿人，監生。正德中任南雄府判官。

《(嘉靖)南雄府志》1.31a(79)，何集序：514

按：《南雄府志》不言俞滂於何年任官。然，由前任該官者為正德七年任，其後者為嘉靖年任而何景明於正德十三年離京赴陝，則俞滂之上任當於正德七至十三年之間。

寇　恭 (1449-1530)，字敬之，號毅菴，山西榆次人。累試不第。弘治八年(1495)(乙卯：《涂水先生集》言己卯，誤)遊太學，又試乃又不第。正德六年(1511)直授定州判官，三載偶不適則浩然去任歸。

資502，寇天敍〈先中丞毅菴府君并先母趙淑人事略〉(《涂水先生集》3.1a)，何集352：175

按：寇恭之子天敍與呂柟、張士隆、馬理、崔銑、馬卿同遊太學(見呂柟為天敍撰墓誌銘，獻40.52[1668])。何景明之作雖無言及寇天敍者，其〈送寇定州〉(何集352：175)當為寇恭所作。據編次，此詩為正德七年之作。

又按：《(嘉靖)真定府志》4.55b言寇恭正德元年任定州。今從寇天敍所撰〈事略〉。

劉大夏 (1437-1516)，字時雍，號東山，湖廣華容人。天順八年(1463)登進士，改庶吉士，歷兵部尚書。正德元年(1506)以抑中官乞休歸，三年戍肅州。五年赦歸。劉瑾誅，復官，致仕。卒年八十一。有《劉忠宣公集》、《東山詩集》等。

史182.4843，索971，獻38.77(1562)王世貞撰傳，資821，哈3.226，方1288，庫1649，叢716，別9.120，圖127，實924，DMB958，何集272：027，030；序514

按：劉大夏長於何景明，疑未曾與遊，而劉大夏抗劉瑾弄權，又與信陽州知州孫榮、繼芳父子同鄉，故二度以詩贈之。序：514指其於弘治二年(1489)任廣東布政使之事。

劉大謨 (1476-1543)，字遠夫，號東阜，河南儀封人。正德三年(1508)登進士。授户部主事，五年改監察御史，七年巡按遼東。以事詔獄，士民泣送。八年謫陝西隆德典史，移蒲城知縣。歷浙江僉事、陝西副使、四川巡撫御史，卒於官，年六十八。有《蜀遊集》，《東阜集》等，未見，或佚。

獻62.27(2638)王崇慶撰神道碑，資822，哈3.227，方1288，庫1649，圖127，何集樂：045-047；352：224

按：劉大謨與何景明同榜中舉。於正德七年出獄將赴陝西，何景明過訪，同時

以樂府詩三首送之。劉大謨之遼東，崔銑亦贈序(〈廣志贈劉遠夫〉，《崔氏洹詞》10.
8a，《洹詞》1.35b[387])。

劉　仁　字以行，陝西中部人。正德八年(1513)，十六歲，同仲兄侃舉於鄉。

　　何集352：045，064，065，303，305；372：094，511

　　按：劉仁僅於《(嘉慶)中部縣志》3.16b(222)與仲兄侃有合傳。甚短。內稱其與
　　　　何景明相交，善詩文。何景明奇之，與遊。據何集推算，劉仁正德八年春與
　　　　其二兄侃至京師，因其長兄佐爲何景明之友而相識。仁於正德九年或曾應會
　　　　試落第。劉佐十年卒，仁遂留京師。其正德十二年後之事未詳。

劉天和(1479-1545)，字養和，號松石，湖廣麻城人。正德三年(1508)登進士第，
　　授南京禮部主事，改御史出按陝西，劾中官廖堂，詔逮之，民哭送者萬人。久
　　不釋，楊一清上疏救，九年春竟謫金壇丞。孫繼芳抗章救，不報。遷蘇州同
　　知，湖州府知府。十六年陞山西提學副使。嘉靖歷都御史，兵部尚書，以坊
　　河，邊事立功，老乞休歸，家居三年卒。

　　史200.5292，索953，獻39.51(1599)王世貞撰墓志銘，資824，哈3.228，方
　　1291，庫1651，叢711，圖127，何集372：035；374：043

　　按：劉天和登進士後在南京、陝西任官，故未嘗與何景明遊，而何景明以劉氏
　　　　抗中官而賢之。劉天和謫金壇，何景明以詩送之。稍後筚淮赴金壇，何景明
　　　　於贈詩中託筚向劉天和致意。

劉文煥(1482-1528)，字德徵，又字子緯，號蘭村，京師定州衛人。正德三年
　　(1508)登進士，授車駕寺主事，丁母憂，去服主客司主事，歷儀制部員外郎，
　　主客、車駕二部郎中，十三年謝病歸。十四年擢東昌府知府，南巡時以不屈於
　　江彬調夔州。

　　資823，庫1650，韓邦奇〈大明中順大夫四川夔州府知府劉公德徵墓誌銘〉
　　(《苑洛集》5.14b)，圖128，《(萬曆)東昌府志》6.6b，何集351：047；352：
　　028，032，070，080-081，101，122，268，299，615；372：030，032，
　　046，074

　　按：除丁母憂時外，劉文煥自正德三年登進士至其十三年歸家養病止，其間常
　　　　在京師任官。據編次推斷，何集中有關劉文煥之作有自正德八年至十二年冬
　　　　者，劉文煥或於八年除服復官。十三年秋，何景明赴陝西，途中又有與劉文
　　　　煥、許完登定州塔詩(見〈繫年考〉)。韓邦奇謂何景明「稱德徵書類義之，詩
　　　　擬杜甫。」可知何景明對劉文煥推崇之至。

劉成德　字潤之，山西蒲州人。正德六年(1511)登進士。七年除監察御史，按遼東。十二年陞四川按察僉事，嘉靖元年(1522)陞湖廣參議。丁憂，卒。

　　　哈3.230，庫1658，《蘭臺法鑑錄》14.17a，何集序：501

　　按：何景明正德十二年正月作劉成德所編《漢魏詩集》序。此時會其友呂經謫蒲州同知。二事或相關。

劉　佐(1483-1515)，字以道，號北原，陝西中部人。為劉侃、劉仁之兄。佐正德二年(1507)舉于鄉，三年會試落第。六年登進士，授戶部山西司主事。十年有疾，卒于道，年僅三十三。

　　　獻30.71(1269)崔銑撰墓志銘，資832，哈3.248，庫1612，何集352：013，032，062，063，260，263，268，273，303，164；372：046，051，084，085-086，513

　　按：劉佐為何景明居京師時之好友，時相與遊。據崔銑所撰墓志銘，劉佐重義，敢為友冒險。不幸早卒，何景明傷之。

劉　侃　字以正，陝西中部人。性孝友。正德八年(1513)舉於鄉，九年會試落第，歸省。十年春再赴京師，與兄佐、弟仁同居。歲末佐卒，侃以佐櫬歸，亦早卒。

　　　圖125，何集352：016，260，263，281，303；371：032；372：085-086

　　按：《中部縣志》劉侃、劉仁合傳已見上。又言其妻忽氏：「侃卒有子甫二歲」(《同》3.34b[258])。又言其子劉芝：「父侃早亡，母忽氏守貞」(《同》3.30b[250])。可知劉侃與其長兄佐俱早卒。

劉　淮　字東之，河南羅山人。成化二十三年(1487)登進士，授行人，歷監察御史，正德元年(1506)陞陝西按察副使，三年外察以不謹令冠帶閒住。

　　　哈3.241，《蘭臺法鑑錄》12.43b，《(乾隆)羅山縣志》6.10a，《武宗實錄》19.3a(563)、34.2a(825)，何集254：020-021；352：162

　　按：劉淮遷陝西副使時，何景明以詩送之，歸家後又贈之詩。《蘭臺法鑑錄》載劉淮於成化二十年進士，二十三年拜御史。今依《明清進士題名碑錄索引》(1992)。

劉　訪　山東人，恩生。除廬州知府，而言者沮之。後調漢陽。

　　　何集內：012

按:〈(送劉子守漢陽序)〉(內:012)述及劉訪調官事,而未言其名。《(嘉靖)漢陽府志》6.31a載知府劉訪,正德年間任,何集〈內篇〉或指此人。

劉　榮　字世信,號武丘山人,南京長洲人。試而未第,以大父蔭為翰林秀才,歷中書舍人、禮部郎中。弘治十六年(1503)陞尚寶司卿,十八年遷太常少卿。忤於劉瑾,罷歸。瑾敗復官,十四年陞太常寺卿。

索971,哈3.228,庫1629,何集銘:002

按:劉榮作壽藏,求銘於何景明。劉鈗《明史》傳言鈗與榮時稱「二劉」。劉榮與何景明或以此相識。

劉　琛　陝西延安人。弘治十五年(1502)進士。任重慶府推官,歷兵部員外郎。十年陞山西按察司僉事。

庫1628,《(嘉慶)延安府志》56.11a(1493)5,《武宗實錄》125.1a(2499),何集內:009

按:劉琛與何景明同年登進士。何集內:009引「延安劉子」語。或指此人。

劉　鈗(1476-1541),字汝忠,號西橋,山東壽光人。八歲以父劉珝貴,憲宗召見,愛其聰敏,薦為中書舍人。弘治十五年(1502)陞大理寺右寺副,與李夢陽、何景明賦詩。劉瑾用事,托養親歸,致仕。正德五年(1510),瑾誅,復官,七年陞尚寶司司丞,十四年陞尚寶司卿。歷官五十餘年,至太常寺卿、五經博士。

史168.4527,索983,獻22.81(941)李開先撰墓誌銘,資846,哈3.249,何集352:070,080-081,082,101,122,213,249-250,268,290;372:008,046,079,089

按:李開先雖言及劉鈗於弘治末年與李夢陽、何景明同遊,然今無詩以考。何景明於正德六年還京後,時與劉鈗共飲賦詩。

劉　滂　字伯雨,浙江慈谿人。弘治十八年(1505)登進士,歷官禮部郎中。正德十三年(1518),陞南京尚寶司卿,便道還家,感疾卒。

資847,哈3.239,方1269,《(嘉靖)寧波府志》36.15a(2757),庫1630,何集252:606

按:何景明於正德十三年往陝西途經開封、信陽,劉滂於同時赴南京上任。二人偶然相識,何景明贈詩劉氏。

劉　瑞　字德符，號五清，四川內江人。弘治九年(1496)登進士，選庶吉士，授檢
討。劉瑾用事，劉瑞謝病，貧不得歸，客澧州。劉瑾謗劉瑞為奸黨，罪之。正
德七年(1512)任山西提學副使，十年轉浙江。十四年召為南京太僕少卿。有
《五清集》，未見，或佚。

　　史184.4889，索953，獻37.18 (1514) 雷禮撰傳，資848，哈3.245，方1270，庫
　　1631，何集賦：006；252：150-155；272：509；371：055

　　按：何景明於何時與劉瑞相識無考。〈得五清先生消息尚客澧州悵然有懷作
　　詩〉第一首(252：150)稱劉瑞為「吾師」，當爲師執輩。劉瑞留澧州客其從母
　　子李充嗣，該題第四首：「白頭慈母在，雨雪更愁寒」(352：153)。正德十
　　年，劉瑞遷浙江提學副使，何景明以詩贈之。

劉鳳鳴　號筆峰，山西襄垣人。正德二年(1507)中舉，曾知潁州。

　　《(萬曆)潞安府志》10.19b，何集451：701

　　按：〈送劉筆峰暨從子黃巖赴省應試〉(451：701)言「筆峰」、「黃巖」而未言
　　其名。「黃巖」乃劉夔號。劉春〈明故刑部員外郎劉公墓誌銘〉(《東川劉文簡
　　公集》17.30a)言劉夔父鳳儀，親卒後，雖孤，「撫愛庶弟鳳鳴」。現存史籍未
　　及其他兄弟，「筆峰」當即劉鳳鳴。

劉　儀　陝西略陽人。正德末年為諸生。曾任華亭主簿。

　　《(嘉靖)略陽縣志》4.14b，何集記：003

　　按：何景明〈略陽遷建廟學記〉言：「諸生劉儀等改卜。」

劉澄甫　字子靜，山東壽光人，劉鈗堂侄。正德三年(1508)登進士，授行人司行
人。七年拜監察御史，十二年陞山西按察僉事，尋陞右參議，令閒住歸。有
《山泉集》，未見，或佚。

　　索968，資852，庫1675，《武宗實錄》167.1ab(3229-30)，何集352：299

　　按：何集352：299稱「子靜」而未言其姓。孟洋〈贈林憲副序〉：「壬申，
　　秋，八月，監察御史林君陞湖廣按察司副使。林君以行人爲監察御史，於是
　　監察御史由行人者十有三人，乃合餞林君⋯劉子靜曰，諸君子之言至矣，盡
　　矣⋯澄甫何言」(《孟有涯集》14.1a)。劉澄甫雖曾任御史，《蘭臺法鑑錄》未載
　　其傳。以何景明、孟洋、劉「子靜」、韓邦靖於正德七年春送韓邦奇謫平陽
　　(見〈繫年考〉)，得知何景明與劉澄甫相識。王崇慶有〈簡劉子靜〉(《端溪先生
　　集》7.七絕。18a)、孫緒有〈送劉子靜侍御兩淮巡鹽〉(《沙溪集》19.1b[693])。毛伯
　　溫有〈七級阻水簡劉子靜二首〉(《東塘集》3.3b)。然，此時亦有「阮子靜」、

「張子靜」者，見《戴氏集》4.4a、《孟有涯集》7.5a。

劉澄亮　字彥明，江西新喻人。登弘治十八年(1505)進士。官大理寺，正德十三年
(1518)遷衢州府知府。

　　何集352：004

　按：劉澄亮赴衢州上任，何景明以詩贈之(見〈繫年考〉)。

劉　節　字朝信，河南信陽人。弘治十一年(1498)舉于鄉，正德十一年(1516)至十
三年知江山縣。

　　何集252：505-507，512，526，535，556，560，561；272：032，034-037，
　　521，526，528，544；274：512；352：190；372：054；雜：502

　按：劉節無傳。何集372：054題〈送劉朝信之江山〉。《(天啟)江山縣志》5.
　　5b：「劉節，信陽州人，舉人，有吏才，修廢廣儲境，無賊盜。死于非
　　命，上下哭之。」《(同治)江山縣志》有此條而無「死于非命」之句(5.5b
　　[608])。同治本又言劉節正德十一年任，未知何據。《(乾隆)信陽州志》
　　〈選舉志〉弘治舉人有「劉節，戊午(1498)科，江山知縣」(7.4a[233])。
　　《(民國)信陽縣志》同(22.1.2a[917])。可知朝信即劉節，與何景明同年舉于
　　鄉。據編次推斷，何景明歸信陽養病後與劉節同遊自正德三年始，二年以前
　　何故無詩不明。劉節或在外省任學官。劉節正德六年赴京師，何景明以詩贈
　　之，劉節或曾應會試而未中。自六年上京至十年官江山之間，其事蹟亦待
　　考。

劉　諭　河南懷慶人，曾中舉。正德十年(1515)知襄陵縣。

　　《(隆慶)襄陵縣志》8.22a，何集372：061

　按：何集372：061〈送劉令還襄陵〉不言劉氏名、字、號。考《襄陵縣志》，
　　弘正年間劉姓知縣者僅有劉諭：「河南懷慶人，由舉人正德十年任。」然，
　　《(嘉靖)懷慶府志》舉人表未錄其名(7.12-13)。

劉儲秀　字士奇，號西陂，陝西咸寧人。弘治十七年(1504)舉于鄉，正德九年
(1514)登進士第，授刑部主事，與薛蕙、張治道、胡侍同遊賦詩。任邢部郎
中，不避權幸，多所平反，歷山西提學副使，湖廣按察使，戶部尚書。致仕，
卒年七十六。有《西陂集》，未見，或佚。

　　索961，資859，哈3.247，方1307，庫1678，圖124，何集352：016，032，
　　070，080-081，101，122，268，304；372：046；452：029-030；472：006

按：京集詩唯有一首與劉儲秀相關，〈九日夜過劉以正別士奇〉(352：016)稱
「士奇」，〈送劉西曹次獄幾內〉(352：304)以「西曹」指刑部，當爲送劉儲
秀之作。其餘唯稱「劉子」等，或與劉仁、劉文煥、劉鈗有關。據薛蕙
《薛西原集》2.4b，劉儲秀於正德十四年暮春自京師還陝西(該詩亦見《考功集》
3.14a[33])，後與何景明仍有往還。

劉　夒 (1487-1543)，字舜弼，號黃巖，山西襄垣人，員外郎鳳儀子，尚書龍
弟。正德五年(1510)中舉，明年登進士第，授庶吉士。八年改兵科給事中，同
考十二年會試，同年假歸，養病。十五年補原職，十六年陞兵科右(一作刑科)給
事中，戶科左給事中。嘉靖二年(1523)改翰林檢討。累官南京戶部郎中、江西
按察副使、貴州參政、山東按察使。十四年(1535)擢左僉都御史，巡撫保定，
乞歸，越六年以疾卒。

　　索983，獻63.82(2734)費寀撰墓志銘，資860，哈3.234，《國朝列卿紀》118.
17b(6330)，方1285，庫1645，何集451：701
按：〈送劉筆峰暨從子黃巖赴省應試〉(451：701)作於弘治十七年(見〈繫年考〉)。
該詩雖屬秦集，足本乙組始置諸第十卷之末頁。可知其不必爲何景明居關中
時之作(見〈編次考〉)。劉夒正德十二至十六年事諸說不一。今從《披垣人
鑑》12.24a；何集451：701或爲劉夒十二年假歸之作。

向文璽　字國信，湖廣宜都人。弘治十八(1505)年登進士第。歷官戶部郎中。陞廬
州府知府，終運使。

　　《(萬曆)廬州府志》6.16b，《大清一統志》273.34a(342)，何集序：516
按：向文璽將上任廬州，「求言」於何景明。

呂　和 (1459-1526)，字克中，號介齋，浙江鄞縣人。弘治十一年(1498)中舉，
繼登十二年進士第，授臨淮知縣。丁母憂。服闋改建平。陞刑部主事、員外
郎。正德六年(1511)晉山東按察司僉事。以忤貴人遷陝西副使，撫治漢中，修
城立學，進四川按察使，數月而歸，歸四年卒。

　　資259，張邦奇〈明故嘉議大夫四川等處提刑按察司按察使呂公墓表〉(《張
文定公靡悔軒集》11.3b)，《武宗實錄》77.5a(1691)，方290，庫497，圖133，何集
序：509；記：003

按：何景明於正德十四、五年董學政而遊陝南，屢與呂和相處。其〈略陽遷建
　　廟學記〉甚讚呂氏之政：「呂君功德何可以弗著哉」（記：003）。康海〈修拜
　　將壇記〉（見〈繫年考〉，正德十五年冬），亦記呂和之功。

呂　柟　(1479-1542)，字仲木，號涇野，陝西高陵人。弘治十四年(1501)得鄉
薦，正德三年(1508)會試第六，殿試第一，授修撰。劉瑾以呂柟同鄉，欲致
之，柟謝不往，瑾惡甚，欲殺之，柟引疾歸。瑾誅，柟以薦復官。九年乾清宮
火，應詔陳六事，尤人所不敢言。尋引疾乞歸。嘉靖初，世宗召之，以大理議
詔獄，嘉靖三年(1524)謫解州判官。歷南京禮部左侍郎。歸，卒年六十四。有
《涇野先生文集》、《四書因問》等。
　　史282.7243，索880，獻37.21(1516)馬汝驥撰行狀，資259，哈2.299，方290，
　　庫497，叢691，別9.177，圖133，實1028，DMB1010，何集351：041：352：
　　019，226，230，244，266；371：019，030；452：033；內：005；序：009
按：呂柟與何景明之至交崔銑、徐縉同官翰林院，時相與遊。柟以應詔上疏留
　　中不報，稱疾歸，何景明以詩贈之。後何景明官陝西，訪呂柟於高陵。

呂　經　(1476-1544)，字道夫，號九川，陝西寧州人。正德三年(1508)登進士，
授禮科給事中，七年陞戶科右給事中，九年陞禮科左給事中，十年陞都給事
中。屢劾義子、蕃僧、邊帥，十一年竟謫蒲州同知。世宗即位，擢山東右參
政，後巡撫遼東，兵亂，謫戍茂州，數年釋還。據韓邦奇言，「九川公飲恨而
卒。」
　　史203.5368，索879，獻62.33(2641)韓邦奇撰墓表，資261，哈2.299，方292，
　　庫499，《武宗實錄》43.7b(1000)，91.3a(1939)，110.2a(2249)，126.2a(2517)，圖
　　133，何集351：041：352：057，166，168，226；371：022，507；內：004
按：呂經任官給事中而屢上書言事，何景明嘉其敢言。呂經於正德十一年謫蒲
　　州，何景明自十三年官陝西，然秦集無一提及呂經之作，不知何故。

呂　巘　(1472-1519)，字祖邦，江西永豐人。弘治十四年(1501)遊太學，與崔銑、
梁景行為友。以能效唐人為詩稱。登十五年進士，授南京虞衡主事，分司真
州。歷南京文選部郎中。正德五年(1510)陞杭州府知府，尋丁憂歸。十二年起
守寧國府，有仇家訟之，竟歸，卒年四十八。
　　獻85.24(3614)崔銑撰墓表，資263，哈2.298，方294，庫500，圖133，何集
　　352：607，610

　　按：呂㦂雖與何景明同年舉進士。正德元年，呂㦂將赴南京任，何景明以詩二
　　首贈之。

吳廷舉　字獻臣，號東湖，廣西梧州人。成化十九年(1483)舉於鄉，二十三年登進
　　士，授順德知縣。弘治九年(1496)，遷成都同知，尋丁憂歸。服闋補松江，擢
　　廣東兵備僉事，正德四年(1509)陞右參議，尋陞按察司副使，劾中官，劉瑾矯
　　詔戍雁門，旋郝免。六年起江西參政，九年陞右布政使，十一年陞左，十二年
　　陞副都御史以振濟湖廣水災。終南京工部尚書。
　　　史201.5309，索429，獻52.47 (2211)崔銑撰傳，資243，哈2.91，方280，庫
　　　530，圖200，何集序：514
　　按：何景明以序贈南雄判官俞濟，引吳廷舉之事。吳氏任江西參政，曾劾李夢
　　陽侵官。序：514或作於此事之前。

吳　金　江西安仁人。正德年間任河南確山縣典史。
　　　《(乾隆)確山縣志》3.12a，何集記：502
　　按：何景明〈確山修城記〉述兵備僉事宵河於正德八年(1513)計修城役，使縣官
　　董其工。典史吳金乃其一。九年，新僉事閔欽視城未就，專以吳金董其事。

吳　玨　河南洛陽人，貢生。正德年間任內丘訓導。
　　　《(乾隆)洛陽縣志》7.26a(449)，何集372：070
　　按：〈送吳司訓之內丘〉：「亦是洛陽年少士，白頭今日始冠簪」(372：070)。
　　　《(道光)內丘縣志》3.10b有訓導吳玨，洛陽人，正德年間任。該詩當指此
　　人。
　　又按：哈2.101，方255，庫513所載吳玨者，乃他人。

吳　偉　(1459-1509)，字次翁，號小仙，又號木英、魯天，湖廣江夏人。少孤
　　貧，善畫，不師而能山水、人物，入神品。憲宗召，授錦衣衛鎮撫待召。竟稱
　　疾得歸。居秦淮東涯。好戲、飲、命、妓，人欲得其畫，則載酒攜妓往訪之。
　　正德初，召之，未就道而病酒死，年五十。
　　　獻115.44(5082)李濂撰傳，資247，哈2.102，方258，庫516，圖201，何集371：
　　　027，516
　　按：何景明與吳偉似無往還，然曾以詩二首題其畫。

吳　照　湖廣黃縣人。正德八年(1513)知確山縣。

《(乾隆)確山縣志》3.6a，何集記：502

按：何景明〈確山修城記〉言及正德八年任知縣者吳照，亦述十二年知縣宋良臣代至。

吳　寶　號白鶴，湖廣江夏人。登正德九年(1514)進士，曾任知縣。

《(同治)江夏縣志》4.6b(414)，何集371：504

按：〈觀吳進士舞劍歌〉：「我來江夏吳郎宅，夜觀吳郎舞劍起」(371：504)。弘正年間江夏籍吳姓登進士者僅有吳寶。

周子義　**(1529-1586)**，字以方，號儆菴，南京無錫人。嘉靖四十年(1561)中舉，四十四年登進士第，授庶吉士。隆慶元年(1566)改編修。六年陞南京國子監司業。萬曆六年(1578)進翰林修撰，八年任國子監祭酒。十一年晉禮部右侍郎，未幾轉左，改吏部。數乞休卒。有《日錄見聞》、《交翠軒佚稿》，未見，或佚。

索1032，獻18.47b(748)王世貞撰傳，資314，哈2.122，庫647，叢749

按：周子義萬曆五年(1577)作〈何大復先生集序〉述景明孫洛文與陳堂、胡秉性修大復集。此序文當屬足本乙組之作。

周九梅　或為河南郟縣人。其名未錄，「九梅」似為其號。

呂柟〈明敕封安人誄靖懿周氏墓表〉(《涇野先生文集》31.29b)，何集352：617-618

按：何集352：617-618題作〈雪夜九梅翁園同蒼谷宴集〉。呂柟〈周氏墓表〉：「安人周氏者，陝西參政郟縣王蒼谷錦夫之配，陰陽訓術九梅居士之女也。」據上引者似何詩所指九梅翁即王尚絅外舅。

周廷用　**(1482-1534)**，字子賢，號八崖，湖廣華容人。登正德六年(1511)進士，出為宣城知縣。十一年拜監察御史，十五年陞福建按察僉事，歷四川副使，歸。卒于家，年五十三。有《八崖集》。

獻86.57(3678)孫宜撰專，資318，哈2.123，方465，庫652，圖44，何集352：170，內：018

按：周廷用與何景明弟子孫繼芳同鄉並同年。周、孫登進士後一年，何景明訪周廷用，以序送之赴宣城。此序後編入內篇。〈晚過周進士言別聞琴〉：「坐對燕京酒，同悲楚客吟」(352：170)或為同時之作。周廷用〈雪夜飲何大復先生宅〉：「雲外征旗連紫塞，月中鳴笛近黃昏」(《八崖集》6.2b)或指正德六、七年之事。

周　寶　正德年間任信陽醫官。

何集記：002

按：何景明〈信陽修城記〉言醫官周寶為「董其役者」之一。

唐　龍　(1477-1546)，字虞佐，號漁石，浙江蘭谿人。弘治十四年(1501)中舉，正德三年(1508)登進士。授郯城知縣。以防賊立功。丁父憂，服闋，十年拜監察御史，按雲南、江西，十六年擢陝西提學副使。歷吏部侍郎，兵、刑、吏三部尚書。以養親歸。復召，終老病乞致仕，放歸。出都門二十里，卒於旅舍，年七十。有《漁石集》、《易經大旨》等。

史202.5327，索28，獻25.26(1034)徐階撰墓誌銘，資399，哈2.317，方628，庫801，叢357，別9.188，實1042，圖167，實1042，DMB1043

按：唐龍似未與何景明相識。景明棄官卒後，唐龍繼之任陝西提學副使，序其集。

唐　澤　號南岡，南京歙縣人。弘治十二年(1499)登進士第，授平鄉縣知縣。歷刑部郎中。正德九年(1514)陞福建安察副使，十三年丁憂。後歷副都御史巡撫甘肅，卒于涼州。有《南岡集》，未見，或佚。

索31，獻61.71(2606)實錄傳，《國朝列卿記》130.29a(6937)，資399，哈2.317，方628，庫801，圖167，何集內：008

按：唐澤於正德九年將之福建，何景明以序贈之，此篇後編入內篇。

喬世寧　字景叔，號三石，陝西耀州人。為諸生，何景明、唐龍皆目為國士。嘉靖四年(1525)中鄉試第一，十七年始登進士。授南京戶部主事，累陞郎中。二十二年擢四川按察司僉事。遷湖廣提學副使。二十九年任河南參政，擢四川按察使，丁憂歸，卒於家。有《丘偶集》等。

索265，資675，哈2.87，《本朝分省人物考》104.32b(139-556)，方1017，庫1324，圖34，叢456，別9.245

按：喬世寧為諸生，親受詩法於何景明，數十年後，作〈何景明傳〉。

喬　宗　字本大，山西樂平人，宇兄。任中書舍人、光祿寺卿。

李東陽〈使難贈喬太常希大〉(《李東陽集》3.177)，顧璘〈劉介婦喬氏墓誌銘〉(《息園存稿》5.36a[528])，何集352：021

按：何集352：021題稱「喬直閣」。斯人無考，或即喬宗。

嚴　嵩 (1480-1565)，字惟中(一作惟一)，號鈐山，又號介谿，江西分宜人。登弘治十八年(1505)進士第，改庶吉士，正德二年(1507)授編修，引疾歸。讀書十年，始還朝。久之，晉侍讀。大禮議以迎世宗意得進用。歷南京吏部尚書、禮部尚書、大學士。當政二十年，竟以子世蕃罪罷官，黜爲民。逾二年，老病，卒于墓舍，年八十六，有《鈐山堂集》。

> 史308.7914，索893，獻16.44(570)王世貞撰傳，資947，哈2.304，庫1855，別9.240，圖211，DMB1586，何集352：114-116，372：098

按：嚴嵩《明史》傳入「奸臣」類，而論者皆相因王世貞而惡之。其早年未必然。何良俊引其師聶豹語：「我中鄉舉時，李空同做提學，甚相愛。起身會試往別之。空同曰，如今詞章之學，翰林諸公嚴惟中爲最。汝至京須往見之。」見《四友齋叢説》26.12a(239)。此説有誤。李夢陽正德九年罷官歸。聶豹十一年始得鄉薦，十二年登進士。聶豹習舉業時，或與李夢陽相識，十一、二年赴京應會試，途經開封，訪李夢陽而夢陽有此言。據編次，何集352：114-116、372：098均作於十二年夏、秋。此當李夢陽以嚴嵩「爲最」之期。何景明或由嚴嵩與孟洋爲同年進士與嚴嵩相識。孟洋十一年上任汶上，十二年遷嘉興均至京師。身後有嚴嵩撰墓志銘，知其曾與嚴嵩有往還。

孟　洋 (1483-1534)，字望之，號有涯，河南信陽人。弘治十八年(1505)登進士，授行人。與何景明、崔銑、李夢陽、王廷相、田汝耔遊。正德七年(1512)擢監察御史，屢上疏論事劾大臣，以是詔獄，謫桂林。十年遷汶上縣知縣，十二年陞嘉興府同知，十三年擢湖廣按察司僉事，尋引疾致仕。後歷南京大理寺卿，歸，卒于家。有《孟有涯集》。

> 獻69.14(3015)嚴嵩撰墓志銘，資283，哈2.184，方474，庫582，叢449，別9.157，圖139，何集251：036-040，514-517；252：064，070，074，091，102-103，143-144，515，539；271：013；272：024，026，511；351：035-038；352：012，022，153，222，271，602-603；353：005；371：505，372：008

按：孟洋與何景明同鄉，亦爲其姊夫。二人少小相識，爲終生至交。何景明身後墓誌銘爲孟洋所撰。

孟　漢　河南信陽人，洋兄。正德、嘉靖年間曾任信陽指揮。

> 《(民國)信陽縣志》20.9.4a(855)，何集記：002

按：何景明〈信陽修城記〉言指揮孟漢爲「董其役者」之一。

孫　元　字從一，號南江，湖廣安陸人，孫交長子。正德九年(1514)登進士第。歷官四川按察司副使。

史194.5136，索224，哈3.97，庫839，《張愈光詩文選》1.22a，何集371：057

按：〈相逢行贈孫從一〉：「憶初少小來東曹，君家兄弟同遊邀。尚書庭前兩玉樹，白日燦爛秋風高」(371：057)。此指元父孫交，曾任工部尚書。《明清進士題名碑錄索引》(553，2503)有孫元正德九年登進士。張含集載〈結交行爵里姓名記〉謂「嘉靖丙戌(1526)進士」，非也。

孫　交　(1453-1532)，字志同，號九峰，湖廣安陸人。登成化十七年(1481)進士，授南京兵部主事。遷吏部員外郎，累陞郎中。乞歸省，遂丁父母憂。起復，前後居吏部十四年。弘治十四年(1501)遷太常少卿，提督四夷館。正德改元(1506)，擢光祿寺卿。三年晉户部右侍郎，四年改吏部。以諷尚書張綵謫南京。劉瑾敗，進南京吏部尚書，六年轉户部，八年乞休，歸隱居。世宗即位，召為户部尚書，嘉靖二年(1523)以老請歸，十一年卒。

史194.5134，索223，獻29.15 (1204) 顧璘撰傳，資434，哈3.97，方641，庫841，實1002，圖161，何集371：057

按：〈相逢行贈孫從一〉言：「尚書庭前兩玉樹，白日燦爛秋風高」(371：057)。此指孫交。

孫　宗　雲南通海人。弘治年間任安南訓導。

《(萬曆)貴州通志》8.20a，何集152：025

按：《貴州通志》載孫宗，弘治年間任安南訓導。〈送孫教諭〉：「三年別燕市，萬里喜相尋」(152：025)。孫宗或在京師曾與何景明相識。

孫思和　南京丹陽人。思和當為其字，未詳其名。未仕。有七峰山房，時與其當代文人遊。

何集353：501

按：〈寄題丹陽孫氏七峰山房〉(353：501)，雍本載，可知其為正德六年後之作。王廷相有〈南山篇壽丹陽孫隱翁〉(《王氏家藏集》13.9a[489])。陸深有〈七峰歌〉(《儼山續集》2.3b[663])。張詩有〈寄題孫氏七峰山房〉(《崑崙山人集》1.8b)為嘉靖六年(1527)，張詩過鎮江、京口、杭州等地時之作。何、王、陸、張四人之詩皆似指一人。弘、正、嘉間有孫鳳者，號七峰，洛陽人，登正德三年(1508)進士，官終湖廣副使。然，孫鳳傳不言其曾居丹陽。《(隆慶)丹陽

縣志》無孫鳳、七峰之條。《(民國)丹陽縣志補遺》6.4b(98)有七峰山房，而不言及孫鳳。楊一清有〈七峰贊〉引：「山有峰舊矣。近孫思和氏始標七峰之名，因以自號。予述而爲之贊」(《石淙詩稿》13.23b)。陸深〈七峰歌〉有後序，云：「丹陽孫思和新作七峰之居，與江山相映發。予曩在翰林時，許以題識以冀身遊。」可知孫氏隱居丹陽，時與文人遊。

孫紹先 (1483-1516)，字汝宗，號宿山先生，山西代州人。弘治十七年(1504)舉鄉試第一，十八年登進士，改庶吉士，尋以丁母憂歸。正德三年(1508)服除復庶吉士，四年授檢討。十年歸，明年卒，年三十四。
　　資439，哈3.101，方656，圖162，崔銑〈孫汝宗墓誌銘〉(《崔氏洹詞》15.28b，《洹詞》2.32b[413])，何集371：019；374：021-022
按：〈資〉439言孫紹先1438年生，1471年卒。非也。〈方〉656言其科舉爲舉人，亦非。

孫 榮 字懋仁，湖廣華容人，成化十九年(1483)中舉。弘治十七年(1504)知信陽州，稱善官。後陞員外郎、處州府同知。
　　方648，《(萬曆)汝南志》9.16a，何集樂：057；252：008；272：030；371：001；序：003，005，007；記：001
按：孫榮何時自信陽赴任處州待考。《(萬曆)汝南志》(7.39a)載其於弘治十七年始任信陽，其次任信陽知州者乃徐度，正德四年任，其次爲嚴傑，七年任。《(乾隆)信陽州志》(5.11b[182])則言徐度正德元年任，其次乃張志，四年任(《(民國)信陽縣志》20.5.1b[824]同)。考〈送孫處州序〉：「其視郡凡有三年也」(序：005)，似《信陽州志》爲是。何景明於正德二、三年與孫榮、繼芳父子詩文應酬略如下：
二年夏，孫榮考滿，往京師，何集有〈送郡守孫公考績詩序〉(序：003)、〈送孫太守〉(252：008)。榮之子繼芳或暫留信陽，與何景明遊。後歸華容。據編次，〈沱西別業〉(252：013)作於二年夏、秋之際。〈沱西別業記〉(記：001)或爲同時之作。魯鐸〈孫懋仁沱西別業〉(《魯文恪公集》2.14b)或亦爲此時之作。

秋，何景明聞孫繼芳中湖廣鄉試，有〈寄孫世其舉人〉(252：061)。
三年春，孫繼芳應試京師，未審途經信陽與否。使其過，則或以林俊贈劉大夏詩示景明，景明次其韻以和。何集有〈寄贈劉東山先生次林都憲韻〉(272：027)。孫繼芳上京後，何景明以〈寄孫世其〉(254：022-025)寄之。繼芳落

第後，景明再寄之以〈寄孫世其〉(252：076)。

夏，孫榮既遷處州府同知，便道歸華容，途經信陽，何景明贈之以〈處州別駕行〉(樂：057)、〈送孫處州序〉(序：005)、〈代孫太守自題沱西別業，次劉東山先生韻兼酬東山〉(372：030；此詩題雖言「太守」，劉大夏詩題言「貳守」，指其已遷府同知，何集或誤)。孫繼芳暫留信陽。

秋，孫繼芳與何景明遊，何集有〈與孫世其晚坐〉(252：081)。繼芳後歸華容。何景明送之以〈送孫世其舉人歸華容〉(252：107-108)。

孫繼芳 **(1483-1541)**，字世其，號石磯，湖廣華容人。正德二年(1507)舉于鄉，三年試禮部落第，遊太學，從學呂柟。六年進士，授刑部山西司主事。九年，劉天和、王廷相以迕宦官逮獄，久不釋，孫繼芳以乾清宮火應詔上疏力救之，不報。因謝病歸，十一年起為車駕主事，遷職方員外郎，使陝西，哈密。十四年諫武宗南巡，後歷雲南副使而歸。有《石磯集》。
　　索227，獻102.52(4588)無名氏撰傳，孫宜〈先提學府君行實〉(《洞庭漁人文集》48.1a)，資445，哈3.101，方658，庫858，叢442，別9.176，圖161，何集賦：021；252：061，076，081，107-108；254：022-025；352：017，043，055-056，176，177，221，243；372：023，051；內018；記：001
　　按：孫繼芳即孫榮之子，因而與何景明相交。正德六年，何景明復官後，繼芳仍以為師，二人時有往還。

宋良臣　字希夔，湖廣廣濟人。正德十二年(1517)知確山縣。
　　《(乾隆)確山縣志》3.6a，何集記：502
　　按：何景明〈確山修城記〉言宋良臣十二年至，董修城事。明年，城就，乃曰，是不可無記，使人求記於何景明。

甯　河　字伯東，號石津，京師通州人。弘治十八年(1505)登進士，授戶部主事。後謫遷臨漳縣知縣，陞德州知州。正德七年(1512)擢河南按察司僉事兵備信陽。九、十年以疾告歸，信陽人建生祠祀之。十二年外察以甯不謹，遂令「冠帶」。
　　哈2.173，方1115，圖142，何集書：003；記：002，502；狀：003
　　按：甯河似未與何景明交友，而任官信陽兵備，以緝盜立功。後擬謝病歸，何景明致書以留之。正德十年，甯河母朱忠卒，求狀於何景明。十三年，何景

明作〈信陽修城記〉，述宥河之功焉。

尹繼祖　山東歷城人，旻孫。以廕授中書舍人。

李東陽〈明故吏部尚書致仕贈特進太保諡恭簡尹公墓誌銘〉《《李東陽集》3. 390），方23，《武宗實錄》112.7a(2289)，何集372：079

按：李東陽撰尹旻墓誌銘：「子龍，己丑進士，前翰林侍講，先公十年卒。孫繼祖，以公恩廕爲中書舍人」(〈獻〉24.50a[990]引缺此語)。《武宗實錄》載尹繼祖九年五月丁亥(二十五日，JN17，1514)在任。據編次，〈十六夜尹舍人宅次劉汝忠韻〉(372：079)爲十年秋所作。該詩當指尹繼祖。

又按：《披垣人鑑》12.14a有尹梅者，正德四年由中書舍人陞給事中，尋陞都給事中(亦見《武宗實錄》51.2b[1162]，52.5b[1192])。此當另有其人。

岳　泰　字豫之，河南信陽人，任千户。

《(民國)信陽縣志》20.9.3a(853)，何集274：517-520

按：何景明詩題稱岳豫之。戴冠有〈送岳千兵豫之〉(《戴氏集》8.11b)。《(民國)信陽縣志》20.9.3a(853)載千户岳泰，弘治年間在任。豫之或即岳泰。

崔　銑(1478-1541)，字子鍾，一字仲鳧，號後渠、少石、洹野、河南安陽人。弘治十一年(1498)舉于鄉，入太學，與呂柟、張士隆等爲友。登十八年進士，選庶吉士。正德二年(1507)授編修。四年以忤劉瑾出爲南京吏部主事。瑾敗復故官。十一年陞侍讀。十二年以病歸，讀書講學。嘉靖初，擢南京國子監祭酒。議大禮時，上書劾張璁、桂萼，上令致仕。家居讀書，越十五年，擢南京禮部右侍郎，未幾疾作，致仕，卒。著有《漫記》、《士翼》、《松窗寐言》、《洹詞》等。

史282.7255，索304，獻37.29 (1520)郭朴撰傳、雷禮《國朝列卿記》45.28a (2909)，資613，哈2.192，方756，庫1196，叢471，別9.171，圖176，實1026，何集古：001；271：701；351：072-075；352：034，082，218，240，253；371：013，019，032，058；372：003，018

按：崔銑與何景明同年中舉。弘治十二年，二人均試禮闈落第，入太學，何景明尋歸，崔銑留京師，與呂柟等遊。京集早期詩無言及崔銑者，而家集載〈懷三吉士〉(271：601)，指崔銑。可知何、崔於弘治末、正德初已結交。何景明六年復官後，時與崔銑遊。

左　經　(1468-1528)，字載道，陝西耀州人。弘治十二年(1499)登進士第。授永

年知縣，十四年調太康。十八年丁憂歸。服除補屯留。以忤劉瑾謫武進教諭。
瑾誅，起陞汶上知縣，以防賊立功。歷官大理右寺副，正德十年(1515)陞山西
僉事，兩月丁父憂。十五年服闋，改湖廣僉事，明年乞致仕，得罷歸。

　　索591，獻88.114(3838)喬世寧撰傳，呂柟〈皇明湖廣按察司僉事漆涯左君墓誌
　　銘〉(《涇野先生文集》25.10a)，資102，哈2.322，方158，庫188，圖175，何集
　　序：511

按：左經陞山西僉事，何景明贈之以序。

席　書　(1461-1527)，字文同，號元山，四川遂寧人。弘治二年(1489)舉於鄉，
　　明年登進士。授郊城知縣，歷都水主事、戶部員外郎。十七年因雲南地震上疏
　　論時政，明年陞河南按察司僉事。正德四年(1509)陞貴州提學副使。會王守仁
　　謫驛官，席書邀之教於書院。六年陞河南參政，尋丁憂歸。八年服除浙江按察
　　使，明年遷山東右布政使，又丁憂。十二年補雲南。十三年遷福建左布政使，
　　歷巡撫湖廣。世宗即位，議大禮，書以合帝意數陞，終禮部尚書。以目疾乞致
　　仕，卒年六十七。

　　史197.5201，索13，獻15.105(538)楊一清撰墓誌銘，又115.12(541)王世貞撰《弇
　　州別記》傳，資394，哈2.314，方659，庫811，叢353，圖74，DMB523，何
　　集252：067

按：席書任河南僉事，與韓鼐過信陽。何景明飲之並贈詩。

師存智　字克明，更安愚，號長白山人，河南太康人。弘治十一年(1498)中舉，十
　　八年登進士第。正德六年(1511)由桐城知縣選監察御史，八年巡按兩浙鹽務。
　　九年，韓邦靖下獄，師存智力救之，得不死。十年陝西紀功，十一年巡按
　　西，十三年卒于京，貧不能殮，何景明為之買棺。

　　哈3.115，《蘭臺法鑑錄》14.16b，《(嘉靖)太康縣志》8.18b(498)，《(乾隆)
　　太康縣志》5.63b，何集372：026h

按：師存智與何景明同榜中舉。何集內之作，中涉及師存智者雖僅有〈九日送
　　師御史之浙中〉一首，既為之買棺足證賢之(見〈繫年考〉，正德十三年)。縣志師
　　存智傳稱其「奄人衡行，獨畏師御史，生平無　交妄取，」可知其故。

師 夔　字洪和，陝西長安人。弘治十五年(1502)登進士，授行人。正德三年
(1508)選吏科給事中，四年降景州判官，歷刑部員外郎。十年擢江西僉事。十
四年，寧王反，夔從之。事敗，典刑于京師，廢為庶民。世宗即位，斬之。
　　索295，資449，《武宗實錄》181.5a-6a(3513-15)，方659，圖154，何集序：511
按：師夔與何景明同年進士，後與孟洋同官行人司，而何景明著作中唯一言及
　　師夔者僅見於一篇送他人之序。可知二人並無深交。

康 海　(1475-1541)，字德涵，號對山，又號滸西山人，陝西武功人。登弘治十
五年(1502)進士第一，授修撰。與李夢陽、何景明、王九思、徐禎卿等相遊賦
詩。劉瑾弄權，以康海為同鄉狀元欲致之，康海以是屢救李夢陽等人，而瑾
誅，康海以瑾黨罷為民。後不復官，家居三十年，讀書、著曲、編方志、與鄉
人遊。卒年六十四。有《對山集》、《武功縣志》、《中山狼》等。
　　史286.7348，索26，獻21.43(861)張治道撰狀、無名氏撰傳，資500，哈2.
　　315，方760，庫988，叢356，別9.170，圖97，DMB692，何集251：023；
　　351：018-019；352：266；372：506；452：006；472：001-002；序：701
按：康海與何景明同年進士，弘治末年共遊。何集稱康海之作雖少於其所言及
　　之薛蕙、田汝耔、徐縉者，而散見京集早期、家集、京集後期、秦集內。早
　　年相知，何景明官陝西時，康海送之歸，身後編其詩集，相交二十年中有十
　　二年未相聚。

廉 氏　(1447-1516)，陝西洛川人。廉景浩女，劉潤妻。
　　何集銘：006
按：廉氏卒，其三子劉琦求銘於何景明。

龐 瑽　山東恩縣人。弘治五年(1492)舉于鄉，六年登進士第，授中書舍人。正德
初，陞工部員外郎，尋以忤內監降為岳州府推官，歷知府。正德九年(1514)外
察以罷軟令閒住。
　　《(萬曆)恩縣志》4.35a，《武宗實錄》22.7a(620)，108.3a(2203)，何集274：
　　601-604
按：《恩縣志》諸科表僅載龐瑽傳二、三行。《武宗實錄》10.16b-17a(332-33)：
　　「(正德元年二月)丁丑(MR21)，遣…中書舍人龐瑽各…分祀祖陵等陵。」知龐
　　瑽、何景明以同時官中書舍人相識。〈寄岳陽龐推官〉第一首：「君因謫官
　　留南郡，予亦罷官歸故鄉」(274：601)。《武宗實錄》：「(正德二年閏正月)辛酉

（十七日[FB28]）…先是，巡撫順天等府者御史柳應辰言，各邊衛軍士在京守神木廠者，乃在邊支糧欲掣回守邊而以京衛軍餘補守廠之數。已得請移，工部付營繕司員外郎龐瑽奉行。於是，內官監奏，應辰不遵舊例，瑽不當輒行。逮瑽下鎮撫司考訊獄，具降三級調外任」（22.7a(620)）。可知龐瑽以何故謫岳陽。據《（隆慶）岳州府志》4.50b，正德年間有三名推官，七名知府，龐瑽為第一名推官，第四名知府，而均不載任官年月。其何時擢為知府無考。

張三畏　陝西西安人。

　　何集雍本唐龍序下

　　按：張三畏無考。雍本載「西安門人…校刻」，而張氏乃其四人之一。

張士隆　(1475-1525)，字仲修，號西渠，河南安陽人。弘治八年(1495)舉于鄉，入太學，與同縣崔銑，及呂柟等遊。十一年喪父，十四年卒業于太學，而其明年又落第。十六年與崔銑還安陽。十八年登進士，授廣信推官。正德六年(1511)選御史，八年巡河東鹽法。九年以乾清宮火上疏，不報。十年巡按鳳陽，屢劾廖鵬等，竟召獄，十三年謫晉州判官。久之，擢知州。世宗即位，詔復故官。出為陝西副使。卒于官，年五十一。

　　史188.4992，索195，獻98.81(4337)朱睦㮮撰傳、崔銑〈亡友張仲修墓誌銘〉（《崔氏洹詞》14.14a，《洹詞》5.7a[475]），資514，哈3.60，方822，庫1084，圖10，何集古：004；352：103，218，253，268，614；372：010；內：015

　　按：張士隆雖於弘治十八年登進士，後任推官，因其久遊太學，與崔銑、呂柟等相友，或早與何景明相識。然何氏著作中無以為據者。何集352：218，253不稱張士隆名、字，而稱「張侍御」。該詩亦稱「崔太史」「崔內翰」，確指崔銑。崔銑、張士隆既為同鄉好友，該詩當指張士隆。

張子麟　(1459-1546)，字元瑞，號恆山，京師槁城人。十九歲舉于鄉，成化二十年(1484)登進士，授南京大理寺評事。弘治九年(1496)知汝寧府，十七年陞山東參政。正德二年(1507)陞河南右布政使，改左布政使，三年陞副都御史，撫涇南。劉瑾敗，張子麟劾為瑾黨，而尋陞刑部佐侍郎，七年陞尚書。十年後以老病乞休，優遊二十餘年而卒，享年八十八。

　　索177，獻44.85(1853)嚴嵩撰墓誌銘，《國朝列卿記》56.47b(3744)，資514，哈3.59，方823，庫1086，圖4，實1041，何集271：005

　　按：〈寄贈張方伯〉(271：005)當為寄張子麟之作。「少年甲第已崢嶸，壯歲功名更輝赫」指其十九歲舉于鄉；「長淮之西古蔡州，我侯清風千載流」指其

守汝寧(此時，何景明方登進士，歸信陽，娶張氏，或與張子麟同遊)；「出參方岳聲雷動，
復道中州又棲鳳」指其曾在山東、河南任官。初，張子麟有清譽。後於武宗
朝任刑部尚書十年，與義子、邊將、宦官等相洽，喪其聲名。

張 含　字愈光，號禺山，雲南永昌人。少與楊慎同學，正德二年(1507)中舉，而
　　春試落第。不仕而歸。師事李夢陽，又自稱何景明好友。有《禺山詩選》等。
　　　資524，哈3.65，方766，庫1044，叢437，別9.182
　　按：張含「自稱何氏好友。」然，何景明著作中無言張含者。張氏〈讀亡友何
　　　仲默無題詩繼作〉見〈唱和集〉。

張 志　自正德四年(1509)至七年，知信陽州。
　　　何集272：518
　　按：張志傳甚少。《信陽州志》知州表載其名而不言及其事。

張承仁　字元德，南京泰州人。弘治八年(1495)舉于鄉，十八年登進士，授刑部主
　　事。正德五年(1510)改監察御史，巡按兩浙、順天。十年以貪除為民。
　　　哈3.59，《蘭臺法鑑錄》13.64a，《(崇禎)泰州志》5.5a，8b，《武宗實
　　　錄》123.1b(2464)，何集352：184；372：029
　　按：何景明與張承仁似無深交。然景明曾會之於京師，以詩贈之。

張治道　(1487-1556)，字時濟，一字孟獨，號太微山人，陝西長安人。正德八年
　　(1513)舉于鄉，九年登進士，授長垣縣知縣。入為刑部主事，與部僚薛蕙、劉
　　儲秀、胡侍約為詩會。不樂于官，夢其母疾，即上疏引疾歸。與康海、王九思
　　同遊，一意讀書、為文、賦詩。後有欲薦起之者，乃固止。有《張太微詩
　　集》、《嘉靖集》。
　　　獻47.72(1984)喬世寧撰墓碑，資524，哈3.79，庫1102，別9.213，圖4，何集
　　　452：024，029-030，040；472：006
　　按：張治道於正德九年登進士，三年後由地方官入為主事，與薛蕙、劉儲秀
　　　遊。當已與何景明相識，而何集中無以為據者。張治道稱病歸長安，何景明
　　　方官陝西，二人屢有往還。何景明身後，張治道與康海為編詩《何仲默
　　　集》。

張 玠　京師宛平人。弘治九年(1496)登進士。歷官太常寺寺丞，正德九年(1514)
　　陞光祿寺少卿。十一年陞太僕寺少卿。

《武宗實錄》115.3a(2329)，143.3a(2811)，何集352：021

按：正德九年殿試，何景明宿張繼孟署與人賦詩。其一為張「光祿」。殿試為三月之事，而張玠於八月始陞光祿寺少卿。今疑張玠先任光祿寺寺丞，轉太常寺，尋陞光祿寺少卿。此說雖無據，聊備一說。

張　拱　字朝儀，四川內江人。成化十年(1474)中舉，二十三年登進士第。授彰德府推官。弘治十年(1497)遷信陽州知州，十七年陞南京戶部員外郎，終郎中。卒年九十。

《(光緒)內江縣志》6.15a，何集雜：503

按：張拱由知信陽州遷南京，信陽士大夫求何景明為之作去思碑文。此文乃張拱僅有之傳，言其築義陽書院事。

張　珍　字聘之，河南光州人。成化二十二年(1486)舉于鄉，歷官寧國府知府，南京戶部員外郎，致仕。

《(乾隆)光州志》51.10a，何集內：013

按：張珍與何景明兄景韶同年舉河南鄉試。景明或以此故與之相識。張珍於正德六年(1511)將赴寧國府，何景明以序贈之，該文編入〈內篇〉。

張　恕　任信陽州千戶。

《(民國)信陽縣志》20.9.2b(852)，何集記：002

按：何景明〈信陽修城記〉言千戶張恕為董其役者之一。

張惟恕　字子行、行夫，河南上蔡人。正德八年(1513)舉于鄉，十六年登進士第，嘉靖二年(1523)授丹陽縣知縣。歷監察御史，湖廣、山東副使。以失期詔獄。後歸構別業，不復問人世事。卒年五十一。

哈3.86，方842，《(萬曆)汝南志》16.17a，何集352：014

按：〈送張子行〉：「汝陽張季子，冬暮獨南行」(352：014)。汝陽為汝寧府治，而上蔡縣屬汝寧府。《汝南志》所載張惟恕傳：「少學于兄高密令惟易。」據此知其非長子，而《汝南志》舉人表11.16a，癸酉(1513)科載張惟恕；11.17a，己卯(1519)科始載張惟易。另有張恕，字子行，山東人，見邊貢〈同年會別詩序〉(《華泉集》9.7a[170]，偉文版不載)。

張　紳　河南確山人。弘治五年(1492)中舉。曾任松江、永州通判。

《(萬曆)汝南志》11.12b，《(隆慶)永州府志》4B.13a，何集272：031

按：〈寄張別駕〉：「苦憶朗陵張別駕，尺書今忽到林丘」(272：031)。張別駕
為何人待考。朗陵縣，明代已廢，故城在確山縣，與信陽同屬汝寧府。「別
駕」指州同知、州判官。《汝南志》有張紳，弘治五年舉人，任永州判官。
《永州府志》言其於正德年間任官。然，何氏詩又云：「江東亦起秋風興，
溪上難忘雪夜舟。」永州府在湖廣南，非「江東」之地。《(崇禎)松江府
志》26.25b有通判張紳，「河南確山人，舉人。弘治十八年任，正德元年憂
去。」松江為「河東」地。〈寄張別駕〉當指張紳曾任松江。此後，張紳服
闋任永州。

又按：《(嘉靖)汝南志》7.10a，9.10a言汝寧判官張茂蘭，正德四年任官。然
前任斯官者乃正德十二年上任。今不知孰是，使為張茂蘭，則是詩或作於四
年之後。

張　鄂　山東臨清人。正德末年任西安府推官。

　　索206，何集序：505

按：張鄂無傳。何景明於正德十五年作《正蒙會稿》序言張鄂與西安府同僚
「共圖刻本行焉」。世宗朝有張鄂者，以樂律官太常寺卿。不知其是否為同
一人。待考。

張　雲　字季升，河南信陽人。弘治十五年(1502)登進士，授襄陵縣知縣。正德二
年(1507)擢禮科給事中，四年陞工科右給事中，尋改左給事中，五年丁母憂，
八年復除為刑科左給事中，十年陞都給事中，十一年丁父憂。十四年復除吏科
都給事中，十五年陞太常少卿，歷官光祿卿，巡撫遼東，戶部侍郎，尚書，以
疾乞罷，卒年七十八。

　　索171，資539，哈3.73，方792，庫1060，《(萬曆)汝南志》13.23b，何集
　　252：090，569；272：534；352：611；371：702；內：010；記：002；銘：
　　506；祭：502

按：張雲與何景明同鄉、同年進士，而何景明著作中言及張雲者之次數不如他
友之多。

張漢卿　字元傑，河南儀封人。正德六年(1511)登進士，授魏縣知縣。十一年擢刑
科給事中，屢上疏言事。武宗將南巡，偕同官伏闕諫。十六年陞吏科右給事
中，未幾陞兵科左給事中。嘉靖元年(1522)陞戶科都給事中。議大禮，兩受
杖，斥為民，卒于家。

　　史192.5093，索191，資545，哈3.79，《披垣人鑑》12.30a，方845，庫1118，

圖5，何集內：011

按：張漢卿將赴魏縣任，何景明以序贈之。該文後編入〈內篇〉。

張　詩　(1487-1535)，字子言，號崑崙山人，京師宛平人。初學舉子業於呂柟，繼學詩、文於何景明。順天將大比，先小試。小尹令士人自負几入場。張詩即撫衣出，絕意不應舉。作汙漫遊，訪李夢陽於開封，至信陽，視何景明之疾，相守七日，何景明卒，張詩訪呂柟于高陵，遂歸。所居不過一畝之宅，隙地種竹，遇風雨，欣然命酌，醉即跨蹇驢信所之，興盡而反。為文雄奇變怪，覽者不敢以今人目之。有《崑崙山人集》。

獻115.61(5090)李開先撰傳，資542，哈3.81，庫1063，叢420，別9.159，呂柟〈沈元明詩稿敍〉(《涇野先生文集》13.19a)，〈送張子汝楨任河南兵備副使序〉(《同》3.13a)，道光十二年(1832)本《重刻呂涇野先生集》35.2b又有〈明崑崙處士張子言墓誌銘〉，圖9，何集351：068；352：040，176，177，258，268，284；372：014；374：051

按：因張詩不試不仕，故其傳不記時，不能據其事而考何景明著作之年時。然，若據何集中之作為張詩之傳則無不可。〈與孫世其過張秀才〉(352：176)，〈與孫戴張三子納涼〉(352：177)；〈送張子之浙江〉(372：014)均不稱張詩名、字而稱「張子」、「張秀才」。以352：176亦稱孫，352：177亦稱孫、戴，疑其指孫繼芳、戴冠、張詩。〈送張子之浙中〉、〈送鄒子之浙中訪迎張子〉(352：040)、〈同李川甫鄒子家過張子言舍〉(352：384)皆指張詩。據編次，352：176，177為正德七年(1512)夏季之作；372：014為八年五月之作；352：040為九年秋之作；〈寺中張子言自浙來話〉(352：258)，〈清明日二張王劉諸友同出城南寺〉(352：268)；〈張子近得道士飲鹿血術欲試未得…〉(374：051)皆為十年春之作(352：268；374：051是否為張詩存疑)。〈贈子言〉(351：068)為十、十一年之作。據其第三、四句：「雖有萬里才，未蒙千金顧。」疑其為十一年秋、冬，張詩「撫衣出場」稍後之作。

張　繡　四川廣安人。正德年間以貢生任略陽訓導。

《(嘉靖)略陽縣志》4.6b，何集記：003

按：何景明〈略陽遷建廟學記〉言學官張繡為改卜其地者之一。張氏名多有異文。申本作誦，而袁、足二本均作繡。《略陽縣志》引何記作繡，而宦蹟志用俗字綉。待考。

張　潛　(1472-1526)，字用昭，號東谷，陝西華州人。少年為李東陽、楊一清所

奇。弘治五年(1492)舉于鄉，其明年赴試禮部不第。九年登進士第，授户部山
東司主事。滿三年吏部考其績上上，尋擢員外郎，陞郎中。正德五年(1510)遷
廣平知府，八年陞山東左參政。九年外察以忌者之譖歸。十年丁母憂，喪畢徙
華州居。有《東谷集》，未見，或佚。

獻95.23(4154)王九思撰墓志銘，資549，哈3.80，方803，庫1071，呂柟〈送張
廣平序〉(《涇野先生文集》1.22a)，圖4，何集472：001-002

按：張潛、何景明於弘治末、正德初均爲京官，而無得證其此時巳相識。何景
明復官，張潛已出爲地方官，後歸陝西。正德十五年春，何景明與康海、王
九思等遊樓觀，張潛與之，何景明詩題稱其字。

張　璉　(1471-1543)，字汝器，陝西耀州人。登弘治十五年(1502)進士，授行人。
正德元年(1506)擢監察御史，九年陞浙江副使。歷山西按察使、四川布政使、
順天府尹。嘉靖二年(1523)巡撫遼東。以疾歸。起爲户部左侍郎，以劾張璁致
仕。

獻30.41(1254)實錄傳，資550，哈3.88，方804，《(嘉慶)耀州志》8.2a(223)，
庫1072，圖8，實1031，《蘭臺法鑑錄》13.58b，何集内：

按：張璉與何景明同年登進士。張璉任御史時，何景明以序贈之，該文後編入
〈内篇〉。

張　璿　(1466-1531)，字伯純，山西澤州人。弘治九年(1496)登進士，授尉氏縣
知縣。改宜陽，十七年選御史。正德五年(1510)晉河南提學僉事，六年遷陝
西，以劾廖鵬等大臣下獄，凡三年。九年除名。嘉靖初，起爲陝西按察司僉
事。有《遂言》、《舜澤記》、文集等，未見，或佚。

獻94.114(4124)崔銑撰墓志銘，資553，哈3.88，《蘭臺法鑑錄》13.35b，庫
1075，何集252：503

按：張璿官河南時，何景明在信陽養病，以詩寄之。《(乾隆)信陽州志》載按
察司諸官表有僉事張璿，弘治十八年任官(5.7b[174]：《(民國)信陽縣志》20.4.1a[815]
同)。然，州、縣志此表似有誤。《蘭臺法鑑錄》：「弘治十三年由宜陽知
縣選陝西道御史，十一年巡鹽兩浙。正德二年巡按雲南，四年巡按山東。丁
憂，復除河南道，陞河南提學副使，調陝西。疏請致仕。」此條亦有誤(「十
一年」似誤：「十七年」或是)，待考。今依《武宗實錄》60.6b(1332)。

張繼孟　字子醇(一作子純、一作子淳)，浙江仁和人。登弘治十八年(1505)進士，歷禮部儀制司員外郎，郎中。正德十二年(1517)陞江西布政司參議，轉山東。年未五十致政歸家居。年八十卒。

　　獻95.46 (4165) 無名氏撰傳，資559，何集352：021，033，082，196，219，222，249-250，268，270；372：027，089

　　按：張繼孟傳不明。《國朝獻徵錄》稱其自員外郎陞山東參議，而《武宗實錄》記其正德十二年自郎中陞江西參議。王廷相有〈送張子醇督稅歌〉(《王氏家藏集》11.7a[409])。王氏詩中既稱「督稅」，當爲其自正德九年至十一年間官贛榆時之作。該詩謂張繼孟來察鹽法，疑指張爲山東參議。《(萬曆)杭州府志》載弘治十八年進士張繼孟「江西參議」(56.30b[863])。然，《(嘉靖)山東通志》左參議載張繼孟，仁和人，進士，由郎中陞任(10.16b[646])。《(雍正)山東通志》載張繼孟，浙江仁和人，任左參議，然時爲弘治末年(25上.96b[538])。待考。

彭　偉　山東萊州人，弘治五年(1492)中舉。正德九年(1514)知信陽州，終府同知。

　　方1022，《(乾隆)信陽州志》5.11b(182)，何集記：002

　　按：何景明〈信陽修城記〉言知州彭偉爲「董其役者」之一。

彭　澤　字濟物，號幸庵，陝西蘭州人。幼學於外祖段堅。弘治三年(1490)登進士，授工部主事。歷刑部郎中、徽州、真定二府知府。正德三年(1508)陞浙江按察副使，五年陞左參政，尋陞河南按察使。六年，巡撫保定等府。未幾，提督軍務，平河南、四川賊。九年使甘肅經略哈密事。與王瓊、錢寧有隙，十三年詔斥爲民。武宗崩，尋起兵部尚書，竟復罷爲民。家居鬱鬱以卒。有《邃卦》，未見，或佚。

　　史198.5235，索666，獻39.3 (1575) 劉耕撰傳，資646，哈3.130，方1025，庫1287，DMB1038，何集352：191-192；371：509；452：038

　　按：何集452：038稱「彭幸庵中丞」，371：509稱「彭中丞」，352：191-192稱「彭總制」，而皆當指彭澤。彭澤任河南按察使時，何景明家居信陽，二人或於此時相識。彭澤於正德十四年罷爲民，何景明以詩寄之。

徐文燦　字德章，號東洑，南京宜興人，徐薄孫。應鄉試不偶，後廕爲中書舍人。正德初以積忤劉瑾革職，瑾誅復原任。其嘉靖元年(1522)後事無考。

　　獻77.7 (3247) 萬士和撰傳，資456，哈3.119，何集252：504；372：044，102，

107

按：徐文燦由弘治至嘉靖初任中書舍人，與何景明同官，而何氏著作甚少提
及。何集252：504；372：107稱其字，372：044詩題稱「徐舍人」而詩文稱
「孺子」(與252：504同)，或指徐文燦。372：102稱「徐舍人」，存疑。

徐　玉 (1448-1515)，字德卿，號方竹，南京武進人。七應鄉舉不利，而聲聞日
起。弘治十七年(1504)，以貢授建安訓導，居三歲遂棄官歸。卒年六十九。
　　資457，庫900，徐問〈府君行述〉(《山棠萃稿》15.9a)，毛憲〈建安縣訓導封承
　　德郎刑部主事徐公行狀〉(《古菴毛先生文集》5.9a)，何集雜：002
按：徐玉非何景明之友，而其子徐問與何景明為同年進士。〈方竹先生誄〉序
　　云：「先生謝逝，訃音奔告，大夫篤孝，幾隕幾絕。於是同年生汝南何景明
　　誄之」(雜：002)」。「大夫」指徐問。

徐　度　字克弘，南京江陰人。正德三年(1508)登進士，授信陽州知州。累陞廣東
按察司副使。
　　索472，方664，《(嘉靖)江陰縣志》17.30b，圖84，何集352：215；序：502
按：徐度於正德三年知信陽州，當與何景明相識，而家集無詩之。何景明還
　　京師後，於八年春或曾以詩寄之。〈寄徐太守〉(352：215)雖不稱徐度名、
　　字，而詩稱「南國」，疑指信陽。

徐禎卿 (1479-1511)，字昌穀，又字昌國，南京吳縣人。少與唐寅、沈周、楊循
吉、文徵明同遊，以詩知名。弘治十八年(1505)登進士第，授大理寺左寺副，
與李夢陽遊。乞徙南就養，會坐失囚，正德四年(1509)降國子監博士。卒於
官，年三十三。有《迪功集》、《談藝錄》等。
　　史286.7350，索478，資468，哈3.124，方689，庫920，圖81，叢520，別9.
　　117，DMB569，何集253：502
按：據徐禎卿文集知其居京師嘗與李夢陽、邊貢、杭淮、殷雲霄、普泰等同
　　遊。其作卻無言及何景明者。然，王守仁撰〈徐昌穀墓誌銘〉言其：「與李
　　夢陽、何景明數子友，相與砥礪於辭章」(《王文成全書》25.6b[680])。何景明家
　　居信陽時，曾以長詩贈徐禎卿。景明自雲南返京師後，似與徐氏相識。

徐　縉 (1479-1545)，字子容，號崦西，南京吳縣人。登弘治十八年(1505)進士，授
庶吉士，正德二年(1507)改編修。十一年陞侍讀，十二年引病乞休歸。嘉靖初
復官，六年(1527)任詹事，尋改禮部右侍郎，轉吏部。竟坐劾大臣除名歸。有

《徐文敏公集》。

> 索476，資471，哈3.127，方676，庫910，別9.160，圖81，DMB1346，何集352：023，024，026，029，231，233，288-289，297，302；371：019，035，058；序：009

按：徐縉雖任京官二十餘載，然，其傳記少。〈哈〉3.124引《本朝分省人物考》「徐文敏」條確與徐縉無關。雖然，他人文集屢言及之。其《徐文敏公集》以年月編次。故其事可得知。皇甫汸〈徐文敏公祠碑〉》《《皇甫司勳集》47.8b[811]）稱其早歲與李夢楊、何景明、徐禎卿、崔銑定交，而何集中稱徐縉之作無早於正德八年秋者。徐縉九年使湖南，便道省親，亦擬訪李夢陽，見於《武宗實錄》112.7b(2290)、何集、《徐文敏公集》1.29a-30b，2.20a-22a中。十二年，以武宗北征，謝病歸，見《武宗實錄》154.4b(2974)。

徐　聯　(1459-1515)，字成章，南京長淮衛人。弘治八年(1495)中舉，明年登進士第，拜南京大理寺左評事。九年轉右寺副，尋遷右寺正。十八年陞河南按察僉事，整理信陽兵備。以內艱歸。正德四年(1509)服闋復授信陽兵備，未幾陞陝西布政司右參議。五年陞副使，理肅州兵備。六年，以疾乞致仕。家居五年卒，年五十七。有《畏齋稿》，未見，或佚。

> 獻94.68(4101)顧璘撰墓志銘，資470，哈3.127，何集271：510

按：何景明以詩贈徐聯見〈繫年考〉，正德四年冬。

惲　巍　字功甫，號東麓，南京武進人。學於徐玉，弘治八年(1495)中舉，十五年登進士，授戶部主事，改刑部，歷郎中。正德五年(1510)陞湖廣按察司僉事，九年改兵備副使，平襄陽賊，毛伯溫薦以自代。以不賂中貴罷歸。有《東麓存稿》，未見，或佚。

> 資637，方1028，《毘陵人品志》8.16b，《武宗實錄》63.1a(1379)，圖219，何集351：005-006

按：惲巍與何景明爲同年進士。其明年喪妻，何景明曾以詩二首悼之。

戴　冠　字仲鶡，號邃谷，河南信陽人。學於何景明，正德二年(1507)舉于鄉，三年登進士，授戶部主事。憂國用之不足，廩錄多耗，上書極諫。疏入，武宗大怒，十年貶廣東烏石驛丞。居七年，種蔬自給。世宗即位，起戶部員外郎，半道陞延平知府，尋改蘇州，數月拜山東提學副使。未至，父死，服闋而感風，病積終卒。有《戴氏集》、《邃谷集》。

> 史189.5015，索676，獻95.69(4177)樊鵬撰墓志銘，資915，哈2.104，方1453，

庫1757，叢602，別9.118，圖165，何 集252：092；271：014；274：024-025；352：151-152，159，177，243；雜：003

按：明代名爲「戴冠」者有三。〈資〉、〈哈〉分別載之，而〈叢〉、〈別〉則合之爲一。京集詩稱戴姓者，〈戴生在吾語感秋思歸詩以慰留之〉(352：151-152)，〈送戴生歸獻縣〉(352：159)實指戴冠(見〈繫年考〉)。〈與孫戴張三子納涼〉(352：177)，〈夜集世其次戴子韻〉(352：243)卻祇稱「戴子」。然，352：177亦稱「孫子」，352：243亦稱「世其」，疑其指孫繼芳、戴冠。戴冠於何年授主事待考。樊鵬爲撰墓志銘：「主事三年，憂國用之不足…貶廣東烏石驛丞，是爲正德十年。」戴冠〈送蕭學論致仕敍〉(《戴氏集》2.1a)稱十年爲其至廣東時。三年登進士後或曾丁憂、省親，後始任主事。待考。

又按：鄭善夫〈寄戴仲鶡延平〉：「嗟爾投荒在，十年歸鬢新。」又：「客衣渾自浣，不染洛陽塵」(《鄭詩》12.5b，《少谷集》6.24a[100])。據鄭詩編次，此詩爲嘉靖元年(1522)夏、秋季之作。戴冠似甫自廣東還。

戴 欽 (1526卒) 字時亮，號鹿原，廣西馬平人。正德九年(1514)登進士第，授刑部主事。歷員外郎，郎中。嘉靖初，以諫大禮受杖。五年，因信方士食毒藥，暴卒于京師。有《鹿原集》。

索677，哈2.105，庫1758，《粵西文載》70.23b (221)、《粵西叢載》6.31a (454)、《明詩紀事》戊籤12.12b (1626)，圖165，何集351：067；352：010，104，280：372：095

按：何景明從未以官銜稱戴欽。據編次推斷，戴欽正德十二年歸廣西，疑其還京師後始任主事。〈贈時亮〉：「戴子有仙癖，時荷金門遇」(351：067)。《粵西叢載》：「惜時亮不自負，信方士學神仙術。餌金石，毒發，膚裂以死。」知何景明語有其據。同時另有名戴欽者，〈索〉將二人混爲一。

方 豪 字思道，號棠陵，浙江開化人。登正德三年(1508)進士，除崑山縣知縣。十二年改沙河知縣。遷刑部主事。諫武宗南巡，跪闕下五日，授杖幾死。嘉靖初起湖廣僉事，歷官副使，以養親歸。有《棠陵集》等。

史286.7357，索6，資15，哈2.155，方32，庫24，叢350，別9.163，《(嘉靖)衢州府志》10.34a，圖65，何集352：109

按：何集352：109雍本題作〈送方思道令沙河〉，而他本作〈送沙河方令〉。據《衢州府志》傳知其爲沙河知縣(《明史》傳未言及是官)，《(乾隆)沙河縣志》5.2b有方豪，於正德十二年任官。

施　儒(1478-1539)，字聘之，號西亭，浙江歸安人。正德二年(1507)舉于鄉，其明年舉會試，而以劉瑾弄權託疾歸。家居教授，與都穆、祝允明、文徵明友善，結社賦詩。六年廷對賜進士，授監察御史。八年出巡山海關，九年改巡應天。初，乾清宮災，應詔上疏不報。十年竟為所誣詔獄奪職。世宗即位，起任廣東僉事，陞副使，以怨家訕落職歸。有《學庸臆說》等，未見，或佚。

　　索69，獻99.105 (4424) 張元撰墓志銘，資341，哈3.32，方562，庫683，圖153，何集352：074，609；354：016-017；372：016，060

　　按：何集352：609稱「施御史」而不稱其名、字。當指施儒。352：074，609，372：060均為送施之作。據編次推斷，372：060為正德十年春之作，疑為施儒將赴任應天時之作。352：074為十一年春之作，疑為施儒奪職歸時之作。352：609屬獨次，編次不能用，而其題稱「便道壽母」，或亦十年春赴任應天之作。施儒傳稱其九年任應天，而372：060：「近日西臺多諫草，少年南國有詩名。別絃更憶風流調，愁聽東城二月鶯。」疑十年二月始離京師。〈答施生二首〉第一首：「二泉門下士，海內早知名」(354：016)似指施儒。「二泉」乃邵寶。施儒既與華南諸文人遊，或亦與邵氏相識。

易舒誥(1475-1526)　字欽之，湖廣攸縣人。登弘治十八年(1505)進士，選翰林院庶吉士，正德二年(1507)授國史檢討。四年，以忤劉瑾意調南京戶部主事。瑾誅乃復為檢討，謁告歸省二親。臥家十四年絕意榮利。寢疾終于家，年五十二。

　　資302，哈2.297，方486，庫626，嚴嵩〈翰林院檢討易君墓誌銘〉(《鈐山堂集》29.6b)，圖95，何集352：223；372：001

　　按：〈寄易內翰〉(352：223)不稱其名、字，而與〈送易太史歸省湖南〉(372：001)同稱長沙，指攸縣。據編次推斷，二首均作於正德七、八年，與易舒誥傳合。

曹　弘　字毅之，南京江陰人。正德十一年(1516)中舉，十二年登進士第，除南豐縣知縣。十六年擢監察御史，清軍西川。以疾還里。有《方湖集》，未見，或佚。

　　哈2.276，方852，庫1000，《(嘉靖)江陰縣志》14.25ab，17.31a，何集352：144；364：001-004

按：據編次，何景明著作中言及曹弘者均作於正德二年之前。然，曹弘於正德十二
年始登進士。何景明何時與曹弘相識待考。

曹　倣　字汝學，南京丹徒人。登弘治十八年(1505)進士，授行人。正德四年
(1509)擢監察御史，十一年陞南京太僕寺少卿，十四年閒居。

　　哈2.276，《國朝列卿記》154.12a(7513)，《蘭臺法鑑錄》13.56b，《武宗實
　　錄》47.1b(1062)，87.5b(1866)，135.9a(2685)，何集352：003

按：據〈九月二十五日會曹汝學侍御于麓堂，夜歸道過侍御宅〉(352：003)何景
明似與曹倣本無交往，而偶然相識於李東陽宅。

曹　琥　(1478-1517)，字瑞卿，號秀山，南京巢縣人。弘治十四年(1501)舉于鄉，
十八年登進士，授南京工部主事，改戶部。正德七年(1512)以周廣下獄，上疏
力救之。吏部擬調河南通判，而錢寧欲遠竄，乃改潯甸。遷廣信同知，堅抗寧
王徵斂。十二年擢鞏昌府知府，將之任，道病還，卒于家，年四十。

　　史188.5002，索857，獻94.122(4128)費宏撰墓表，資509，哈2.276，方855，
　　庫1003，何集352：163-164

按：曹琥或未與何景明爲至交。以其敢言而謫，何景明以詩二首送之。

普　泰　字魯山，號野庵，陝西人。初受知於楊循吉、沈周，復見稱於李夢陽。住
京師興隆寺。有《棲閒集》、《野庵集》，未見，或佚。

　　索1072，哈2.309，庫1232，圖158，何集351：016-017；352：504；354：

按：普泰爲僧，其傳不明。據編次，〈遊魯山城南舍〉(351：016-017)爲正德元年
夏季之作，〈謝泰公饋杏〉(354：009)，〈送泰公茶〉(354：010)爲六年至九年
間之作。〈魯山院竹〉(352：504)爲十三年之作，或爲普泰卒後之作。薛蕙
〈過魯山禪師故院世傳師講經雨花因題斯句〉：「昔聞魯山子，此地講經
年」(《考功集》6.3a[71]；按：《薛西原集》不載此詩，不知其作於何年。然於《考功集》，覘其上
下諸詩乃正德十三、四年間之作，則此詩或與之作於同時。)據該詩，普泰此時當已圓寂。
李夢陽有〈逢泰公門徒因寄〉：「垂翅昨年辭帝都，散花今日見門徒」(《空
同先生集》31.8b[832]，30.8a[259])。

景　暘　(1476-1524)，字伯時，號前溪，南京金陵人。登正德三年(1508)進士及
第，授編修。十一年陞國子監司業。歷官侍讀。十六年丁母憂。嘉靖三年
(1524)服除，北上道病，卒年四十九。有《前溪集》，未見，或佚。

　　索884，獻19.35(778)詹園集傳，又74.23(3192)顧璘撰行略，資670，哈2.296，

方1029，庫1294，圖40，何集352：226

按：何集中唯一言及景「內翰」之詩爲景暘、呂柟、呂經、田汝耔四人見訪時
之作。

曾　璵 **(1480-1558)**，字東玉，號少岷山人，四川瀘州人。正德二年(1507)舉于
鄉，其明年登進士，授戶部江西司主事。轉員外郎、郎中。十一年出爲建昌府
知府，十四年，寧王反，曾璵即抗。後，王守仁遣璵取南康。十五年歸，購茅
齋數楹，書萬卷，日坐其中，手一編以著述自快。卒年八十。有《少岷存
搞》，未見，哈佛大學圖書館藏。

索1073，獻87.40(3737)張佳胤撰墓誌銘，資635，哈2.309，方1033，庫1236，
圖175，何集352：105

按：〈送曾建昌取道還瀘州〉(352：105)言及曾璵任官地、故鄉。據編次，知該
詩爲正德十二年春之作。張佳胤撰墓誌銘言曾璵於丙子(十一年)任建昌。璵或
十一年上任，後以外察返京師，十二年春便道瀘州還任所。抑或於十一年末
授任，謀先歸家，後順江上任，十二年春始離京師。張佳胤又言及曾璵「所
與交者」有王守仁、何景明、鄭善夫、呂柟。

朱　忠 **(1449-1515)**，京師定邊衛人。朱旺女，甯賢妻，信陽兵備甯河母。甯賢
於成化十七年(1480)登進士，授溧水縣知縣。六年而卒。朱忠寡居撫其子河，
河後中進士任官。

何集狀：003

按：甯河小傳見上。何景明既以信陽事與之書，河求狀，言「子雖未識河」，
何景明或以河有善篆而爲作母狀。

朱應登 **(1477-1526)**，字升之，號凌谿，南京寶應人。弘治十二年(1499)登進士
第，歷延平府知府。正德六年(1511)陞陝西提學副使。九年外察以才力不及令
轉雲南。十年遷參政，竟中飛語罷歸。有《凌谿集》。

史286.7356，索328，獻102.23(4573)李夢陽撰墓誌銘，資149，哈2.14，方
213，庫310，圖58，叢477，別9.137

按：何景明著作中無言及朱應登者。然，朱應登有〈夢大復何子〉：「京華一
云別，瞥若紛飛翼。」朱氏後與何景明同稱「十才子」之一。

李三才 **(1623卒)**，字道甫，陝西臨潼人，以戍籍居京師通州。萬曆二年(1574)登
進士第，授戶部主事。以救御史魏允貞謫東昌推官，歷官南京禮部郎中、山西

按察副使，三十七年擢僉都御史，總督漕運，巡撫鳳陽。屢上疏陳礦稅之害，終以屬東林被劾，棄官歸。天啟二年(1622)起為南京戶部尚書，未赴任卒。有《雙鶴軒詩集》等。

　　史232.6061，索602，資190，哈2.224，庫437，圖115，DMB847

按：十五卷本《何仲默先生詩集》(李本)題「關中李三才校」。此本屬《合刻李何二先生詩集》，萬曆三十年(1602)刊。李三才於二十七年官御史，總督漕運，其校何景明詩或爲稍前之事。

李　氏　(1433-1510)，河南信陽人，張雲母。

　　何集銘：506

按：張雲與何景明同年登進士，其母卒會景明憂居信陽，雲求銘焉。

李仲良　信陽人，當州老之役者。

　　何集序：006

按：李仲良舉州老時，適逢災。鄉人吳抑之、彭寬夫求序於何景明戒仲良以慎。

李汝佐　山西潞州人。紀長子。不仕。

　　方373，《(萬曆)潞安府志》11.33b，何集371：007，銘：001

按：何景明年少遊李紀之門，與汝佐同遊。〈憶昔行〉(371：007)似爲弘治十七年之作(見〈繫年考〉)。該詩云：「君有長才未得施，臥龍儀鳳猶棲遲。」正德十年，何景明作李紀墓誌銘，謂李紀「生子五人，長汝佐，郡學生。」據此語知李汝佐三十未中舉。《潞安府志》言：「博雅能文，不樂仕進。與何景明相友，吟詠唱和，得其切磋之力。」

李廷詔　字德宣，福建閩縣人。弘治十一年(1498)中舉，曾任教諭。正德十年(1515)陞襄陽府通判。此後曾知邛州。

　　方377，《(萬曆)福州府志》18.31b，庫456，何集內：019

按：〈(送李子判襄陽序)〉：「教諭李君除襄陽通判問治」(內：019)。《(萬曆)襄陽府志》20.3b載閩縣人李廷詔正德十年任通判，當爲其人。

李東陽　(1447-1516)，字賓之，號西涯，湖廣茶陵人，以戍籍居京師。幼為神童，登天順八年(1463)進士，十八歲。選庶吉士，授編修。歷官侍讀，學士，

大學士。劉瑾入司禮，大學士三人均即日辭位，而獨留李東陽。瑾弄權五年，凡所為亂政，東陽彌縫其間，亦多所補救。瑾誅，李東陽乞罷，而武宗慰留之。正德八年，邊將見大寵，李東陽數乞休，竟許之。居四年，卒，年七十。有《懷麓堂集》、《擬古樂府》等。

　　史181.4820，索634，獻14.37(468)楊一清撰墓誌銘，又14.43(471)實錄傳，資201，哈2.226，方381，庫458，叢584，別9.123，圖116，DMB877，何集272：510；352：003，277-278，279；372：017；書：503

按：〈觀竹〉(352：279)雖不言及李東陽名、字，其首句：「相國西垣第」實指李東陽宅。當與352：277-278作於同時。何景明爲李東陽所奇，其復官乃得東陽之薦。然何景明著作中，言及東陽者甚少而亦未露有友情，李東陽集又無言及何景明之篇。疑其交往乃官場、文壇之事。

李　紀　(1441-1515)，字朝振，號默菴，山西潞州人。成化元年(1465)舉于鄉，授故城縣知縣，遷錦衣衞經歷。歷任臨洮府知府，以忤都御史降長蘆運司同知。正德元年(1506)擢福建運使，三年外察以老疾令致仕。卒年七十五。

　　獻104.27(4684)何景明撰墓志銘，資206，哈2.248，《(萬曆)臨洮府志》12.7b，方324，庫402，何集372：104；銘：001，祭：002

按：李紀知臨洮府時，何景明父何信方爲驛丞。李紀奇何景明才，稱之爲「少友」(見〈繫年考〉)。身後，何景明爲作墓志銘、祭文。〈送李長蘆先生〉(372：104)未稱李氏名、字。《(乾隆)滄州志》載長蘆運司官，唯一之李姓者爲李應正：「儀封人，正德十三年」任運判(6.21b[447])。《(乾隆)儀封縣志》有李應禎，弘治十一年(1498)舉于鄉(9.7b[392])。其人則與何景明同年舉河南鄉試，當爲其所識。然，〈送李長蘆先生〉云：「十年相見倍相親，風表依然道義存。幾憶趨庭陪鯉對，無緣縮地拜龍門。」據此語知李長蘆爲李紀，非李應禎也。

　　又按：《臨洮府志》載李紀弘治十一年(1498)任知府。何景明於本年中舉，可知《府志》誤。考其知府表，前任者成化二十三年(1487)任，其後者無任年，其次則弘治十四年(1501)任官。《府志》雖確有誤，今無有可以考辨者。

　　又按：李紀於何年調長蘆同知不明。據《武宗實錄》：「(正德元年十月癸亥〔十八日NV2，1506〕)，陞長蘆都轉運鹽使司同知李紀爲福建都轉運鹽使司運使」(18.9b[548])，知李氏任長蘆當在正德元年以前。

李茂元　河南祥符人，祐子。登弘治十八年(1505)進士第，曾任郎中。

何集狀：502

按：何景明作李祐行狀(見下)，謂其子茂元爲己之親友。

李　時　(1471-1539)，字宗易，號序菴，京師任邱人。登弘治十五年(1502)進士第，改庶吉士，授編修。正德十年(1515)陞侍讀，十一年晉右諭德。嘉靖陞禮部尚書，大學士。十七年卒于官。

　　史193.5113，索639，獻16.17(557)趙永撰行狀，資208，哈2.250，方327，庫404，圖115，何集372：059

按：何景明集中唯一言及李時之篇爲和李時立春日之作。

李　祐　(1456-1515)，字宗吉，號三川，河南祥符人。幼好學，習舉業，善書。思起科目。然，其父母懼其弱而致疾，奪其志。終未試。年十七、八，喪父，雖孤而無依，力營幹忍慾，延師教子。其長子茂元終中進士。

　　哈2.243，庫403，圖117，何集狀：502

按：何景明爲其友李茂元作其父李祐行狀。

李　崟　(1444-1504)，字世瞻，號靜菴，陝西臨潼人。成化五年(1469)登進士第，授屯留知縣。陞戶部主事，歷郎中、廬州府知府、河南左參政。丁憂，復補山東參政，服闋貧不能治裝，遂不出比，卒。

　　索610，獻92.28(3987)何景明撰傳，又95.18(4151)張弘道撰墓表，資210，哈2.233，方331，庫409，圖114，何集雜：802

按：何景明撰李崟傳，各本何集均不載。劉海涵編年譜，據《國朝獻徵錄》載之。然《國朝獻徵錄》乃襲《雍大記》轉載此傳。是否爲何景明之作待考。

李崇光　(1514卒)，字宗顯，陝西高陵人。以貢生入太學。正德六年(1511)授南京國子監典籍。九年以疾卒於官。

　　獻74.38(3199)黃佐撰傳，資211，哈2.233，方385，圖112，康海〈明故南京國子監典籍李君墓表〉(《康對山先生集》36.7b)，呂柟纂《(嘉靖)高陵縣志》6.9b(278)，何集371：030

按：康海撰墓表僅見於四十六卷本《康對山先生集》，故〈資〉不載。喬世寧〈李淑人墓誌銘〉：「李淑人者，高陵人，侍郎呂涇野先生配也。父李翁重光仕爲南國子監典籍」(《丘隅集》16.9a)。康表稱崇，喬銘稱重，未知孰是。

李　賢　(1408-1467)，字原德，河南鄧州人。宣德七年(1432)舉鄉誌第一，其明

年登進士。使河津察蝗災，授驗封主事，歷吏部郎中。扈從北征，土木師覆脫還。景泰二年(1451)上疏陳正本十策，同年擢兵部侍郎。英宗復位，入文淵閣，進尚書。終大學士。卒年五十九，諡文達。《明史》讚曰，自三楊以來，得君無如賢者。有《古穰集》。

　　史176.4673，索644，獻13.45(435)朱睦㮮撰傳，資221，哈2.238，方351，庫425，實548，叢587，別9.85，DMB819，何集372：066

按：據編次，〈謁李文達公祠堂〉(372：066)爲正德十年夏季之作。

李夢陽 (1473-1529)，字獻吉，號空同子，本籍陝西慶陽人。登弘治六年(1493)進士，授戶部主事。十四年受誣下獄，得釋。十八年應詔上書劾張鶴齡，下獄。孝宗護之，得釋。正德元年(1506)與韓文等京官劾劉瑾，二年令致仕，還開封。三年詔獄，劉瑾欲殺之，竟以康海說瑾得釋，還開封。五年，瑾誅，六年起故官，尋遷江西提學副使。與他官上疏相劾，夢陽九年夏放歸，還開封閒住。十四年。坐寧王黨，削籍。後不出。家居十年卒。有《空同先生集》、《空同子》等。

　　史286.7346，索626，獻86.68(3684)崔銑撰墓志銘，資219，哈2.235，方390，庫479，圖114，叢583，別9.148，DMB841，何集賦：003，701；251：025；252：011，093-094；254：508-509；271：016，503；272：506；273：501；351：011-013，014-015；352：048，135，233；371：035，058，517；372：042；內：005；書：005，502

按：李夢陽爲何景明師、友，二人時以詩、賦相贈。正德十年以後，李夢陽還開封閒居，以何景明近作與己意不合，與之書。何、李各答書後，疑稍有隙，然李夢陽妻左氏卒，何景明以賦哭之。赴陝西上任過開封時曾與李夢陽遊。

李　濂 (1489-1566後)，字川甫(一作川父)，號嵩渚，河南祥符人。少負俊才，李夢陽奇之。正德八年(1513)舉于鄉，其明年登進士，授沔陽知州。已與何景明、薛惠結社。十五年遷寧波同知，擢山西按察司僉事。嘉靖五年(1526)以大計免歸。里居四十餘年，著述甚富。有《汴京遺蹟志》、《祥符文獻志》等。亦有文集《嵩渚文集》百卷，孤本，北京圖書館藏。

　　史286.7360，索617，資223，哈2.242，方353，庫428，叢578，別9.182，圖114，何集352：001，005，280，283，284，298；354：015；371：054，058，505，517

按：〈李大夫行〉(371：058)，〈昔遊篇〉(371：505)，〈大梁吟送李進士〉(371：

517) 均不稱李濂名、字而當指李濂。據何集編次，李濂登進士後還開封，十
年春已返京師，十年冬知沔陽。十二年春以外察遊京師。

李　瀚　(1453-1533)，字叔淵，號石樓，山西沁水人。成化十六年(1480)舉于
鄉，其明年登進士，授樂亭知縣。二十二年擢監察御史，弘治十一年(1498)按
河南。歷湖廣按察司副使，丁憂，十六年服闋復除河南。歷官湖廣按察使。正
德二年(1507)轉河南右布政使，尋改左，未幾遷順天府尹、副都御史。四年入
為右都御史，五年陞吏部右侍郎，尋改左。劉瑾伏誅，瀚以瑾黨為所劾，然六
年進南京戶部尚書，尋致仕。
　　索623，獻31.51 (1304) 張璧撰墓表，資228，哈2.242，《孝宗實錄》206.1b
　　(3824)，方359，庫434，何集賦：005；253：501
　按：據行狀，弘治十一年，李瀚調汝寧諸生，奇何景明。正德二年，何景明歸
　　信陽過開封，李瀚方任布政使，景明以詩贈之，六年又以〈霍山賦〉贈之
　　(按：霍山在沁水北)。

杜　璿　河南唐縣人。曾任藍田訓導。
　　何集372：013
　按：據編次，〈送杜司訓之藍田〉(372：013)為正德八年之作。《(隆慶)藍田縣
　　志》上。40b言「訓導杜璿，河南唐縣人」，疑即為其人。然，《(乾隆)唐
　　縣志》未載其名。

林大霖　字時雨，福建莆田人，弘治二年(1489)中舉。歷餘姚訓導、南昌教諭、仁
化知縣。正德十三年(1518)擢為信陽州知州。又曾官四川。卒年八十四。
　　方505，《(萬曆)南昌府志》16.30a，《(崇禎)閩書》111.30b，《(民國)莆田
　　縣志》13.20a(341)，《(乾隆)信陽州志》5.11b(182)，庫610，何集記：002
　按：據何集記：002，信陽城成，林大霖來求記於何景明。

林廷模　字利正，福建閩縣人，瀚子。弘治十一年(1498)舉于鄉，官潮州府同知，
有《雨江漁唱》、《秋江集》，未見，或佚。
　　哈3.143，庫613，《明詩紀事》丁籤8.1a(1265)，《石倉歷代詩選》463.16a
　　(324)，何集371：028
　按：何景明與林廷模相識當在弘治十二年在京師之時。何、林同年得鄉薦，廷
　　模或亦與景明同年試禮部而落第。何景明遊太學，為祭酒林瀚所奇，亦與林
　　廷模為友。

林　俊（1452-1527），字待用，號見素、雲莊，福建莆田人。成化十三年（1477）
得鄉薦，其明年登進士第。除刑部主事，晉員外郎。以上疏極劾近倖者犯憲宗
忤，謫姚州判官，尋復官轉南京。弘治元年（1488；一作成化二十三年）用薦擢
雲南按察副使。歷湖廣按察使。九年引疾歸。十三年起拜南京都察院右僉都御
史，提督江西。正德元年（1506）改巡撫，以丁母憂歸。制滿，命再撫江西，丁
父憂不果。四年起撫四川。六年以小人劾罷歸。世宗即位，起工部尚書，改刑
部。致仕，卒年七十六。

　　史194.5136，索761，獻45.1（1854）楊一清撰墓誌銘，資293，哈3.148，方490，
　　庫604，叢646，別9.140，圖120，實1093，何集272：027

按：正德三年，林俊憂居，以詩贈劉大夏，何景明遂次其韻。

林　瀚（1434-1519），字享大，號泉山先生，福建閩縣人。成化二年（1466）登進
士第，改庶吉士，授編修。累遷國子祭酒，典國學垂十年，弘治十三年（1500）
拜南京吏部尚書。正德初，交譖於劉瑾，二年（1507）謫浙江參政，致仕。瑾
伏誅，瀚復故官，致仕。卒年八十六。

　　史163.4428，索762，獻42.27（1735）章懋撰傳，資299，哈3.146，方502，庫
　　608，何集252：524；353：013；371：028；372：040

按：何景明雖遊林瀚之門未數月而還，平生師之。贈林瀚諸篇爲「奉寄」，
　　「壽」之作。

杭　淮（1462-1538），字東卿，號雙溪，南京宜興人，濟弟。登弘治十二年
（1499）進士，授刑部主事，歷官員外郎。正德三年（1508）出爲浙江按察司僉
事，六年陞副使。十年任雲南提學副使。十六年轉湖廣按察使，累陞副都御
史。嘉靖七年（1528）歸，卒於家。有《雙溪集》。

　　索663，資299，哈3.142，方487，庫581，叢594，別9.164，圖70，何集
　　252：501；352：270；372：015，065

按：〈送杭憲副兵備天津〉（372：065）不言杭淮名、字、號，而現存淮傳不言及
　　其任此官。據〈寄杭東卿高曾唯二憲副〉（372：015）知其正德七年之後始離浙
　　江。《武宗實錄》：「（十年七月乙巳〔AG29，1515〕）御史馬錄奏，壩上盜起（天
　　津）兵備副使杭淮才力不及…淮改雲南」（127.9a〔2551〕）。據何集編次，〈子純
　　邀過東卿〉（352：270）爲正德十年春之作，可知杭淮十年任天津，尋使雲南。

杭　濟（1452-1534），字世卿，號澤西，南京宜興人，淮兄。弘治五年（1492）舉

于鄉，四十一歲。其明年登進士，授稽勳主事。歷官吏部郎中，十七年遷福建提學副使，正德四年(1509)陞福建參政。十年轉河南，十一年陞福建右布政使。久之，堅乞休，卒於家，年八十三。有《澤西集》、《方齋存稿》，未見，或佚。

　　獻90.7(3904)湛若水撰墓表，資300，哈3.142，方487，庫581，叢594，別9.157，圖70，何集372：082

按：先是杭濟出任地方官，後因其弟淮與何景明爲友或始與景明相識。據何集編次，〈送杭大參之河南〉(372：082)爲正德十年冬，杭濟上任河南時之作。

桑　溥　字汝公，山東濮州人。登正德九年(1514)進士，十三年知華州。嘉靖二年(1523)擢陝西按察司僉事。歷官大理寺卿、浙江按察使，竟坐事落職歸家居。

　　哈2.294，方694，庫886，《本朝分省人物考》96.24a(138.677)，圖149，何集472：004

按：何景明或早在京師時已與桑溥相識。然，何集中唯一言及桑溥之作爲任西時所作(見〈繫年考〉)。

楊一清　(1454-1530)，字應寧，號石淙，又號邃菴，本籍雲南安寧，少居湖廣巴陵。十四歲得鄉薦，成化八年(1472)登進士第，授中書舍人，累官南京太常卿。弘治十五年(1502)擢左副都御史，督理陝西馬政。正德初爲劉瑾所誣，逮下獄。李東陽、王鏊力救得解，致仕歸。五年(1510)詔起總制軍務以平安化王反。還京師，與中官張永發劉瑾罪。瑾伏誅，楊一清拜戶部尚書，尋改吏部。十年爲大學士。十一年，中錢寧等誣歸。嘉靖三年(1524)詔起兵部尚書，進大學士。後與張璁、桂萼不和致仕。有《石淙詩稿》等。

　　史198.5225，索771，獻15.70(520)謝純撰行狀，又15.78(524)李元陽撰墓表，資694，哈3.153，方1142，庫1374，圖204，叢649，別9.150，DMB1516，何集書：502

按：不知何景明曾否與楊一清同遊。何集中唯一言及一清者爲正德九年(1514)之作。李夢陽在江西累事，何景明以楊一清任吏部尚書與之書，以救夢陽。

楊廷和　(1459-1529)，字介夫，號石齋，四川新都人，十二歲舉于鄉，登成化十四年(1478)進士第，改庶吉士，授檢討。丁憂，弘治十五年(1502)服除左春坊左中允。累官大學士。正德九年(1514)乾清宮火，應詔上書，武宗不省。尋以父卒乞奔喪，三請乃許。服闋，即召至。武宗卒，廷和總朝政事。然，世宗竟以廷和忤旨而削其職。有《樂府餘音》等。

史190.5031，索774，獻15.1(486)孫志仁撰行狀，又15.34(502)趙貞吉撰祠碑，資702，哈3.156，方1147，庫1383，叢650，別9.147，圖206，DMB1542，何集371：518

按：何集唯一言及楊廷和者爲廷和憂居時之作。

楊廷儀　字正夫，四川新都人，廷和三弟。弘治十二年(1499)登進士第。歷兵部主事、吏部郎中。正德五年(1510)陞太僕寺少卿。十年，陞提督四夷館、太常少卿。九年陞太僕寺卿，十年轉太常寺卿。丁憂，服闋。十二年陞工部右侍郎。十四年改兵部，世宗即位遷左侍郎。嘉靖二年(1523)致仕。

史190.5039，索775，資702，哈3.156，《國朝列卿記》52.39b(3502)，《武宗實錄》6.3a(193)，圖206，何集352：172-174

按：〈送楊太常歸省〉題稱其官。第一首：「扈聖元公在，寧親季子歸」(352：172)。第二首「錦里趨庭日，聲華冠蜀都。弟兄今二妙，父子宋三蘇」(352：173)，知其確爲送楊廷議之作。《武宗實錄》：「戊辰(七年十二月二十八日，FB2，1513)…陞太常寺少卿楊廷儀爲太僕寺卿」(95.8a[2017])。本文姑從《國朝列卿記》而存疑。楊氏自正德七年至九年任太常寺少卿，十年陞寺卿而未幾丁憂歸。該詩第三首：「聞道西南寇，猶多虎豹群」(352：174)。四川賊於八年平，此三首則當作於七、八年。李東陽有〈楊少卿廷儀歸省成都，石齋閣老以長卷見屬，請紀其事〉(《李東陽集》1.590)。據詩題、李集編次，知此詩作於同時。何瑭〈送楊太常歸省〉：「聖朝須佐理，莫戀錦江春」(《柏齋集》11.11a[632])作於同時。何瑭於正德八年謫開州(見何瑭小傳)，亦爲景明詩作於七、八年之左證。劉龍亦有〈送同年楊正夫太常歸省〉(《紫巖集》4.5b)。劉龍與楊廷儀同登弘治十二年進士。楊一清〈送楊少卿正夫歸省〉(《石淙詩稿》11.15b)亦爲此時之作。據此二詩題知廷儀之字即正夫。

楊　保　號無用子。

晉本何景明集題「晉府校正，無用子楊保刻。」

按：楊保無考。

楊　慎　(1488-1559)，字用修，四川新都人，廷和子。正德二年(1507)中舉，明年試禮部而落第。六年登進士第一，授翰林院修撰。八年丁繼母憂，十一年服闋起故官。十二年諫武宗北征，尋謝病歸。十五年始北上，仍舊官。嘉靖初，議大禮，以劾桂萼、張璁再廷杖，謫戍雲南，終生未赦。有《升菴集》等。

史192.5081，索797，獻21.51(865)陳文燭撰年譜，資712，哈3.166，方1130，庫

1365，叢656，別9.219，DMB1531

按：何集中無言及楊慎之作。然，楊慎有〈無題〉自注云：「丁丑歲同何仲
　　默、張愈光、陶良伯作」（《升菴集》30.9a[221]，見〈唱和集〉）。

樊　亮　(1459-1513)，字懋昭，河南信陽人。其先為軍籍。然，其父失其官。亮
　　少好賈，賈不欺人。甯河任信陽兵備，問首善，以亮為鄉長。
　　　何集銘：004
　　按：樊亮子鵬從何景明學。其父卒，乃求銘於景明。

樊　凱　(1513卒)，字大振，河南安陽人。成化八年(1472)以其貌美選尚英宗五女
　　廣德公主。二十年，公主卒。二十二年，凱命統禁兵。劉瑾用事，凱獨不屈。
　　解任家居。其女嫁黔國公沐崑。
　　　索712，獻4.16(133)崔銑撰傳，資803，哈2.254，方1310，實900，《武宗實
　　　錄》100.2b(2074)，何集374：019
　　按：何景明或因樊凱與知友崔銑同鄉而識之。

樊　鵬　字少南，號南溟，河南信陽人。少從何景明學，嘉靖五年(1526)登進士
　　第，授安州知州。歷官工部郎中、陝西按察司僉事兵備，為劉天和甚器種。以
　　丁母憂歸，服闋而卒。有《樊氏集》。
　　　資804，哈2.255，方1311，庫1574，叢618，別9.214，《本朝分省人物考》13.
　　　19a(130-287)，圖64，何集252：533；371：508；雜：004
　　按：樊鵬少年遊何景明之門，從之信陽、京師、陝西。身後為作行狀，而何集
　　　中言及樊鵬之作甚少。何集371：508為送鵬赴南京之作。不知鵬何由往南
　　　京，淹留否。

武　雷　山東館陶人，弘治八年(1495)中舉。十六年知靜海縣。正德七年(1512)以
　　捕盜立功，陞高郵知州，九年遷徐州知州。後遷西安府同知。終肅府長史。
　　　方518，《(嘉靖)河間府志》17.24a，《(乾隆)館陶縣志》5.6a，《(隆慶)高
　　　郵州志》5.12b，《(嘉靖)徐州府志》2.19a(85)，《(同治)靜海縣志》5.2a，
　　　何集序：505
　　按：正德十五年(1520)，何景明作《正蒙會稿序》，言武雷為「共圖刻本行
　　　焉」諸君之一。《靜海縣志》載武雷正德十六年任官。然，由府同知遷知縣
　　　為貶官，與武雷諸傳不合。今依《館陶縣志》。

殷雲霄 **(1480-1516)**，字近夫，號石川，山東壽張人。登弘治十八年(1505)進士，其明年以疾歸。作蓄艾堂於石川，以作者自名，著書十餘篇。正德六年(1511)病愈還京師，授靖江縣知縣。八年調青田，十年考績赴京師，授南京工科給事中，卒年三十七，有《石川集》。

> 史286.7357，索458，獻80.126(3432)崔銑撰墓志銘，資448，哈3.106，方697，庫935，叢510，別9.121，圖212，何集371：046，048；372：039

> 按：〈送殷近夫之青田〉(372：039)為正德八年(或九年春)之作。〈石川子歌〉：「泰山嵯峨青石室，樓閣窈窕雲霧密。」又：「石川子，七年茸茅臥煙島，餐藜被褐身懷寶」(371：048)。知此篇指殷雲霄正德元年至六年家居「以作者自名」。然其為何時之作待考。〈畫竹〉(371：046)不言及殷雲霄名、字，而云：「殷君示我林埛竹，臨風寫雨奪天巧。」或亦指之。疑371：046，048為正德八、十年間之作。

段　炅　字德光，號河濱，陝西臨洮人(或作蘭州)，堅子。弘治十八年(1505)登進士第。正德二年(1507)，授翰林院檢討。諂附焦芳。《孝宗實錄》成，與焦芳父子教劉瑾以評其誤。後，炅盡發芳陰事於瑾。芳父子竟罷。瑾敗，炅調外，落職。家居數十年，與王九思、康海並以文學鳴世，稱關中三老。年八十卒。有《河濱集》，未見，或佚。

> 索1049，方570，庫772，《(雍正)甘肅通志》34.31a(296)，圖178，何集472：001-002；雜：801

> 按：現存段炅傳均闕其字。〈登樓觀閣，時王令明叔邀王敬夫、段德光、康德涵、張用昭四子遊〉(472：001-002)稱「段德光」。王九思〈遊山記〉記此遊樓觀事，稱「河濱段子德光」(《渼陂集》10.7b[340])，知段德光即段炅。

段　逵　字士達，號竹水，山西蒲州人。正德五年(1510)得鄉薦，任正定府通判。

> 《(嘉靖)蒲州志》3.12b，何集352：257

> 按：〈寺中送段子還蒲州〉(352：257)不言及「段子」名、字。據編次推斷，該詩為正德十年(1515)春之作。《蒲州志》所載唯一段姓舉人即段逵，而《州志》又載此詩，可知該詩為送段逵之作。逵或於正德六年落第，九年復試禮部。失第，留京師，竟歸。

毛伯溫 **(1482-1545)**，字汝厲，號東塘，江西吉水人。登正德三年(1508)進士，授紹興府推官。六年擢監察御史，巡按福建、河南、湖廣。嘉靖中使安南，「不發一矢而定之」。後為所劾，削籍，尋卒於家，年六十四。

史198.5239，索270，獻39.42 (1595) 羅洪先撰行狀，資90，哈2.4，方42，庫181，別9.184，圖137，DMB1047，何集352：503

按：毛伯溫多巡按外省，或未與何景明爲友。然，於正德十三年，將赴湖廣時，何景明以詩送之。

江　玨　字玉成，江西金谿人。弘治十八年(1505)登進士。明年，授華州府知府。陞刑部員外郎。正德十四年(1519)與諫武宗南巡，廷杖革職。世宗即位，詔褓之。

方215，庫241，圖31，《(隆慶)華州志》13.3a，《(光緒)撫州府志》50.27a(858)，何集352：145

按：〈送江華州〉：「少年乘五馬，何夜夢三刀」(352：145)。據編次，此詩爲正德元年秋季之作。江玨之父江貴於成化年間曾知信陽州。

沈　昂　字子高，號清溪子，南京吳縣人。約於弘治元年(1488)客信陽。正德二年(1507)，復旅之。與何景明爲友，其年冬歸，後事無考。

何　集251：029，030；252：027-028，029-030，032，033-036，069，071，073；271：011；272：007，008，009-010，011；序：004

按：現存明代書籍中僅有何景明集言及沈昂。

沈與文　字辨之，號姑餘山人，南京吳縣人。藏書，以「野竹齋」刻《韓詩外傳》、《何氏集》等書。

《明代版刻綜錄》2.19b

按：沈與文何由刻何景明集待考。

沐　崑 (1482-1519)，字元中，號玉岡，黔國公沐英裔。沐琮無子卒，令崑嗣。弘治十二年(1499)平諸蠻、普安賊，後屢破亂。崑初喜文學，後通賂權近，所請無不得。疾作，卒年三十八。有《玉岡詩集》，未見，或佚。

史126.3763，索563，獻5.41b (157) 蔣冕撰墓誌銘，資161，哈3.14，方428，庫362，實953，何集171：008；174：001，002-005；351：049；372：020

按：何景明使雲南時與黔國公沐崑相識，而北返後再作詩言及之。〈寄黔國公〉(372：020)或以會曹琥、趙惠二人同時赴雲南而作。據何集編次，〈玉岡黔國地種竹〉(351：049)爲正德九年(1514)秋季之作。或因王宗器將赴雲南而薦之。

汪　偉　字器之，號聞齋，江西弋陽人。登弘治九年(1496)進士，選庶吉士。十一
年授翰林院檢討，十三年丁憂，十八年補原職。與兄俊皆忤劉瑾，正德四年
(1509)調南京禮部儀制司主事。尋丁憂。八年補檢討，尋陞南京國子監司業。
十三年陞祭酒。嘉靖初議大禮，伏闕力爭，竟罷歸。卒於家。

　　史191.5060，索522，資165，哈3.21，方403，庫314，《國朝列卿記》45.20b
(2894)，圖194，何集352：111-112

按：何集352：111-112〈送汪二司業還南京〉不稱汪名、字，而題稱「汪
二」，第二首：「中朝貴昆弟，時論有輝光。」此時無他汪姓之司業，此謂
汪俊、汪偉。

汪道昆　(1525-1593)，字伯玉，號南明，南京歙縣人。嘉靖二十五年(1546)得鄉
薦，明年登進士第。不附夏言，遂出知義烏縣。三十年，進戶部主事，累陞郎
中。三十六年，陞襄陽知府。四十年，遷福建按察司副使，備兵福寧。以防海
寇立功。四十二年陞按察使。明年晉右僉都御史。四十五年告歸，遂丁父母
憂。隆慶四年(1570)起撫治鄖陽，旋進右副都御史，撫全楚。六年，晉兵部右
侍郎。萬曆元年(1573)轉左侍郎。雖為張居正同年友，意不相下，遂請終養
歸。卒於家。有《太函集》。

　　史287.7382，索523，資166，喻均〈明通義大夫兵部左侍郎汪南明墓誌銘〉
(《山居文稿》7.32b)，哈3.18，方411，庫319，圖193，叢537，別10.4，DMB1427

按：汪道昆陞兵部左侍郎後，何景明孫洛文求墓碑焉。碑文後載《何大復集》
附錄。

梁　山　河南信陽人。正德、嘉靖年間任百户。
　　《(民國)信陽縣志》20.9.4b(856)，何集記：002

按：何景明〈信陽修城記〉言百户梁山為「董其役者」之一。《信陽縣志》不
引何氏記，而載梁山於嘉靖年間在任。王義同(見下)。

梁　迁　河南孟津人，成化年間例貢。曾任鴻臚寺。正德八年(1513)遷什邡縣知
縣。
　　何集353：005

按：梁迁無傳。孟洋有〈送梁明府〉：「名家孟津口，高誼洛中聞」(《孟有涯
集》2.12a)。何景明〈送梁鴻臚之什邡次孟望之韻〉：「王官葉縣宰，仙令漢
庭聞」(353：005)。《(天啟)成都府志》載什邡知縣梁迁，弘治、正德時任官
(9.9a)。《(康熙)河南府志》載孟津縣例貢梁迁，「成化年，歷任四川什方縣

知縣」(19.84a；按：「方」字誤，當作「邡」)。然，《(乾隆)什邡縣志》無梁迁而有知縣梁遷，「河南人，正德八年任」(7.2b；《(嘉慶)什邡縣志》34.2b、《(民國)重修什邡縣志》3.1b[210]同)。疑「遷」簡作「迁」與「迂」形近而誤。

梁景行 字宗烈，廣東順德人。幼學於陳獻章，弘治二年(1489)舉于鄉。知崇明縣，改晉江，未赴丁憂。服除不起，吳廷舉數薦之，得鎮江府同知。以忤楊廷和遷壽府長史，歸。有《壺山集》，未見，或佚。

　　獻83.60(3515)順德縣志傳，資476，哈2.180，方868，庫987，何集251：526-527；252：509

　　按：不知何景明、梁景行何由相識。〈贈梁宗烈〉第一首：「珊瑚產南海，翡翠生炎洲」(251：526)。疑梁景行自廣東往京經過信陽而二人相遇。〈寄梁宗烈〉：「憐君不第日，即我挂冠時」(252：509)或指正德三年春，劉瑾「定制」之稍後，梁景行試禮部落第。

潘　氏 (1445-1515)。潘宗女，徐傑妻。

　　何集銘：003

　　按：潘氏卒後，有刑部郎中張君者，爲作狀。潘氏孫徐漢來求銘於何景明。

潘希曾 (1476-1532)，字仲魯，浙江金華人。弘治十五年(1502)登進士第，授庶吉士，十八年丁憂。服闋，改兵科給事中，正德二年(1507)陞兵科右給事中，三年忤劉瑾，被杖而斥爲庶民。六年起爲刑科右給事中，七年陞禮科左給事中，九年陞工科都給事中。十一年遷南京太僕寺少卿。世宗即位，擢寺卿。歷右副都御史，終兵部右侍郎。致仕卒。有《竹澗集》。

　　索541，獻40.40(1662)程文德撰傳，資776，哈3.2，方1327，庫1530，叢549，別9.154，圖143，實998，何集352：209，254

　　按：〈答潘都諫郊壇見遺之作〉(352：254)言「潘都諫」。其人即希曾，說見〈繫年考〉(正德十年春)。〈送宗魯使安南〉(352：209)之「宗魯」爲潘希曾，說見〈繫年考〉(七年春)。

焦黃中 字蘊德，號淮濱，河南泌陽人，大學士芳子。正德三年(1508)登進士第，授翰林院檢討。俄進編修。以父附劉瑾進。五年夏，劉瑾與焦芳有隙，數於眾中斥芳父子，芳乃乞歸，黃中以侍讀隨父還。瑾敗，言官交劾，黜黃中爲庶民。久之，芳使黃中齎金寶遺權貴，上章求復官，爲吏科所駁，狼狽遁走。

　　索267，DMB233，何集252：087；272：545

按：何景明以不屈劉瑾而歸信陽養病，當不與瑾黨之大學士焦芳子焦黄中
遊。然，何集有〈同焦太史遊青峰禪寺〉(272：545)、〈寄焦太史蘊德〉(252：
087)。「太史」指「翰林院編修」，弘正年間唯一焦姓任編修者乃焦黄中。
何集272：545袁本題作〈同太史焦淮濱游青峰禪寺〉。「淮濱」或爲焦黄
中之號。王崇慶有〈送焦蘊德養病〉：「西風吹劍下南州，太史聲名河漢
流。忠孝平生都不愧，且將心事付滄洲」(《端溪先生集》7.七絕。2b)。此詩似爲
焦黄中與其父歸家時之作。據其言「太史」知黄中字蘊德。焦芳父子爲沁
陽人，沁陽近信陽，可謂何景明之同鄉。焦黄中與何景明同榜中舉。疑何
景明早與焦芳父子相識。何集252：087屬共次，據編次推斷，爲正德三年
秋季之作。該詩云：「抱璞聲名舊，逢時意氣殊。」又：「遙知東觀裏，
終日會文儒。」似無刺意。

熊　卓　(1463-1509)，字士選，江西豐城人。登弘治九年(1496)進士第，授平湖
知縣。十三年拜監察御史。正德初，以忤劉瑾罷歸，卒於家。瑾誅，李夢陽過
豐城，哭其墓，收輯其遺詩六十首而刻之。有《熊士選集》。
　　索291，資770，哈2.279，方1203，庫1510，叢467，別9.114
按：何景明現存著作中無言及熊卓者。然，熊氏有三首和景明之作(見〈唱和
集〉)。

熊　相　字尚弼，江西高安人。正德三年(1508)登進士第。八年選監察御史，十三
年清軍四川，十四年巡按山東，十六年刷卷南畿。嘉靖元年(1522)陞山東副
使，致仕。
　　索292，哈2.280，《蘭臺法鑑錄》14.44a，方1209，庫1510，何集352：042
按：據編次，〈送熊御史尚弼謝病還江西〉(352：042)當爲正德九年之作。而《蘭
臺法鑑錄》載熊相十二年由仙居知縣始選御史。《法鑑錄》又言其八年登進士，
而八年實無會試。此條似誤。據《武宗實錄》：「(八年六月十九日)丙辰(JL21，1513)
以…知縣…熊相…爲試監察御史」(101.6a[2099])。此言熊相八年拜御史。疑相九年
病歸，十二年起用，復原職。

熊　紀　字時振(一作廷振)，河南南陽人。弘治二年(1489)得鄉薦，登十五年進
士，授新昌縣知縣。正德三年(1508)選刑科給事中，七年陞禮科右給事中，九
年陞湖廣右參議。卒於官。
　　資770，哈2.280，方1209，《掖垣人鑑》12.13a，何集371：703
按：〈送熊廷振之楚藩〉(371：703)，申、雍、袁三本均不載，足本編次置諸

〈入京篇〉(271：018)，與〈送顧錦衣赴廣東僉憲〉(371：502)之間。足本甲組以七言古詩京集自271：018始(見〈版本考〉)，以此篇屬家集。乙組以371：703爲京集之首。熊紀於正德九年任湖廣，該詩云：「燕京春色花太半，豫州楊柳風吹斷。」又：「帝城朝開羅旆旌，欲發未發明星明。」知其確作於京師，乙組正甲組之誤。

王九思 **(1468-1551)**，字敬夫，號渼陂，陝西鄠縣人。弘治三、六年連試禮部不得第，九年(1496)則登進士第，選庶吉士，授檢討。調吏部，至郎中。正德五年(1510)，劉瑾敗，以瑾黨謫壽州同知，復被論，六年勒致仕歸。家居數十年，疾卒年八十二。有《渼陂集》。

史286.7348，索112，獻22.25(913)李開先撰傳，資19，哈2.40，方111，庫96，叢396，別9.198，圖183，DMB1366，何集251：022；352：266；452：002，003；472：001-002

按：王九思雖與何景明同屬所謂「明七子」，何集中言及九思之篇爲少。家、京二集各載一首，秦集始有二人同處之作。據〈六子詩：王檢討九思〉(251：022)，何、王於弘治末年已交好，知何景明早期之作有佚。

王九峰 **(1479-1526)**，字壽夫，號白閣山人，陝西鄠縣人，九思弟。弘治十四年(1501)得鄉薦，登正德三年(1508)進士，授試監察御史，其明年實授。六年以父疾歸，八年丁父憂，家居。十一年服除北上，授監察御史，巡按順天。十四年稍遷金華知府，擢山西按察副使兵備。歸，卒年四十八。有《白閣山人遺稿》，未見，或佚。

獻97.77(4268)王九思撰墓志銘，資20，哈2.40，方111，庫96，何集352：265

按：據何集編次，〈王壽夫過分韻得吾字〉(352：265)當爲正德十年春季之作，而王九峰自八年冬丁父憂家居，不知何由於十年春遊京師

王世貞 **(1526-1590)**，字元美，號弇州山人，南京太倉人。年十九登嘉靖二十六年(1547)進士第，授刑部主事。累陞郎中，以救楊繼盛忤嚴嵩，出爲青州兵備副使。其父王忬失事下獄，世貞與其弟世懋疾救而忬竟死西市。兄弟持喪歸。制滿，世貞意不欲出。隆慶二年(1568)始爲大名副使，尋改吳興。四年陞山西按察使，未幾丁母憂歸。服除補湖廣，改廣西右布政使。萬曆二年(1574)以右副都御史撫治鄖陽。以忤張居正再罷，家居十年。十四年起南京兵部右侍郎，被劾，移疾乞歸，卒於家。有《弇州山人四部稿》、《續稿》等。

史287.7379，索118，獻45.85(1896)王錫爵撰神道碑，資25，哈2.39，方117，

庫105，圖188，叢399，別9.297，DMB1399

按：王世貞著〈何大復集序〉言袁璨來求之，而未言所見該集之款式。

王　光　字德輝，河南陽武人。登正德三年(1508)進士，歷博興知縣、行人。八年
　　　擢御史，十二年巡按陝西邊境，歷承平、保定知府，山西副使，致仕。

　　　　哈2.54，庫45，《蘭臺法鑑錄》14.21a，《武宗實錄》101.6a(2099)，《(雍正)
　　　河南通志》57.99b(405)，何集372：076

　　　按：據何集編次，〈送王御史德輝西巡〉(372：076)為正德十年(1515)秋季之作。
　　　有關王光之傳記少，其於何時西巡無他據。《蘭臺法鑑錄》言王光七年選御
　　　史，今從《武宗實錄》。

王希孟　(1475-1515)，字宗哲，號淇東，河南獲嘉人。弘治十一年(1498)舉于
　　　鄉，十八年登進士，初出為唐山縣知縣，改邢臺。三載晉刑部主事。正德六年
　　　(1511)選授鴻臚寺少卿。卒年四十一。

　　　　獻76.9(3234)崔銑撰墓碑，資34，哈2.52，方124，庫113，何集351：039；
　　　352：028，268，300；372：002，025，034

　　　按：王希孟雖與何景明同榜中舉，何集言及王希孟之作，莫早於正德六年。

王廷相　(1474-1544)，字子衡，又字秉衡，號浚川，河南儀封人。弘治八年
　　　(1495)舉于鄉，十五年登進士。選庶吉士，十七年授兵科給事中，丁憂歸。正
　　　德初，服闋上京，三年(1508)，劉瑾以違限謫亳州判官。量移高淳縣知縣。四
　　　年選監察御史，五年出巡長蘆鹽，改按陝西。八年抑中官廖堂，被誣。時已改
　　　督京畿學校，逮繫詔獄，九年謫贛榆丞，累陞寧國縣知縣、松江府同知。十二
　　　年陞四川僉事，十六年遷山東副使，皆提督學校。歷官左都御史。久之，以事
　　　斥為民，越三年卒。有《王氏家藏集》。

　　　　史194.5154，索86，獻39.36(1592)于慎行撰墓表，資35，哈2.42，《蘭臺法鑑
　　　錄》14.12a，方125，庫114，叢383，別9.179，圖190，DMB1431，何集351：
　　　076-079；352：130，238，293；353：006，010；372：009，036

　　　按：王廷相與何景明為同鄉，同年進士，早結交。〈別王秉衡〉352：130為弘
　　　治十八年夏之作，其他諸篇為正德七年至十一年間之作。秦集雖無言及王廷
　　　相者，然據王氏集知二人此時書信往還。王廷相集中提及何景明之作頗多。
　　　然，因其編次無編年次序，可入繫年之作少。

王廷陳　字稚欽，湖廣黃岡人。正德十二年登進士第，選庶吉士，改吏科給事

中。上疏諫武宗南巡，謫裕州知州。以忤監司免歸，林居三十餘年，日以詩文
自娛。有《夢澤集》。

史286.7359，索86，資35，哈2.42，《本朝分省人物考》78.43a(137-281)，庫
114，叢383，別9.193，DMB1442，何集352：036，275

按：何景明著作中無稱王廷陳之字、號者。然，王氏《夢澤集》附唱和詩作有
景明〈贈王舉人〉(352：036)(19.1a[697])、〈贈王子〉(352：275)(19.1b[697])。據何
集編次，該詩爲正德九年秋季、十年夏季之作。疑王廷陳於九年試禮部而落
第，曾留京師，十年夏始歸。〈贈王子〉云：「城南相覓處，花暮獨迴
車。」

王宗器　字有鄰，四川成都人。成化十九年(1483)舉于鄉，正德年間知雲南趙州。
《(嘉慶)成都縣志》2.46b，《(道光)趙州志》2.9b(196)，何集352：049

按：王宗器生平殆無考，不知何景明何由以詩送之往趙州。

王尚絅　**(1478-1531)**，字錦夫，號蒼谷，河南郟縣人。幼讀書漢中，弘治八年
(1495)中舉，九、十二年試禮部而落第。十五年始登進士，除兵部職方司主
事。其明年丁父憂。正德元年(1506)服除原官，三年調吏部稽勳司，尋陞驗封
員外郎。四年遷稽勳郎中。七年出補山西布政司左參政，以二母垂老引疾還。
十三年以原官調四川，封選部，撤不起。歸十有七年，除陝西左參政，再遷浙
江右布政使，逾年卒於官，年五十四。有《蒼谷集》。

獻84.12(3554)朱睦㮮撰傳略，資39，哈2.53，方129，庫118，叢407，圖188，
別9.152，王綖〈明故浙江右布政使蒼谷王子墓誌銘〉(載《蒼谷全集》附錄1a)，何
集　251：027；252：075，100；271：015；352：616，617-618，619；372：
508h0

按：〈望京師寄王職方〉(252：100)、〈寄王職方〉(271：015)僅稱「職方」，不稱
名、字、號。何景明交遊之中，王姓之任職方司官者有二：王守仁、王尚
絅。王守仁於正德二年孟春與李夢陽同時離京師。王尚絅任職方司時則爲正
德二、三年，乃何集家集時期。王尚絅於正德三、四年之官程諸說不一。今
據薛應旂撰傳(《明文海》388.1a[500])。王綖撰墓誌銘、朱睦㮮撰傳以爲三年調吏
部，四年始陞驗封員外郎，尋陞稽勳郎中。待考。王尚絅有〈陳情乞養親
疏〉：「臣年三十五歲…中弘治十五年進士，任兵部主事三年，考滿稱職調
吏部主事，歷陞本部署員外郎，郎中。六年考滿稱職實授郎中，歷俸五箇月
之上陞前職…於本年四月，初四日到任」(《蒼谷全集》7.1a)。此疏當作於正德
七年。亦待考。又有〈贈言會錄序〉，述其早年事(《同》8.16a)。何景明京集

中言及王尚絅者有五首，而均不見雍、申二本。三首爲夜集中之作，
疑爲正德十三年冬、十四年春，何景明上任陝西經過郏縣之作。王尚
絅言及何景明之作有十首，均見於劉譜附錄。

王岩溪　其名待考，疑岩溪爲其號。南京歙縣人。

　　何集352：214

　　按：據編次，〈一舫齋〉(352：214)當爲正德八年之作。呂柟〈一舫齋跋〉：
　　「此一舫齋者，歙人岩溪王先生之齋扁也」(《涇野先生文集》36.28a)。夏良勝
　　〈一舫齋詩集後跋〉：「名齋居者，嚴溪先生…仲子天錫…王氏父子」(《東
　　洲初稿》1.23a[724])。王岩溪、天錫均無考，疑其爲商賈。

王秉良　字伯存，四川西充人。弘治十一年(1498)舉于鄉，十八年登進士，正德八
　　年(1513)已任刑部郎中。出知雷州府。時中官爲民難，秉良數抗，中官回構誣
　　之，逮至京下獄。嘉靖初始復長沙府知府。

　　方130，庫119，《(嘉靖)廣東通志》50.48a，《武宗實錄》99.3b-4a (2064-
　　65)，何集內：002

　　按：《廣東通志》載王秉良於正德年間任雷州府知府。《武宗實錄》載其於正
　　德八年以刑部郎中爲册封副使。其任知府當爲任郎中後之事。不知王秉良與
　　何景明何由相識。秉良將任雷州，景明以序贈之，其文編入〈內篇〉。

王　昇　字文熙，南京武進人，俁孫，沂子。弘治十七年以廕授中書舍人。本年十
　　一月丁父憂。服除復中書舍人。正德六年卒於官。

　　何集賦：026；252：508；351：001-004；352：149

　　按：王昇無傳，又未有言昇字文熙者。然，考其事，仍以此說爲長。今略辨之
　　如下：《孝宗實錄》：「癸卯(此即弘治十七年四月十二日)(AP26，1504)…授南京吏部
　　尚書王俁之孫昇爲中書舍人，以習字三年已滿也」(210.9b[3918])。又：「乙巳
　　(此即十七年十一月十九日，DC24)，都察院右副都御史王沂卒。沂字希曾，直隸武
　　進縣人，南京吏部尚書昇之子…弘治十四年，陞右副都御史，巡撫真定等
　　府，兼提督紫荊三關。累疏乞休，不允，卒於官。年六十二。訃聞，賜葬
　　祭，給驛歸其喪」(218.8b[4108])。邵寶〈王淑人楊氏墓誌銘〉：「有僕者致其
　　主王童子節言，若曰，節先祖都憲府君暨先父中書君繼以沒。節也幼，惟吾
　　祖母淑人實鞠以生。今淑人卒且葬…先是，都憲公之葬實弔諸其墓。時，中
　　舍哀經從事。今其母淑人卒，而中舍亡矣…淑人長，歸武進王氏，爲南京吏
　　部尚書文蕭公之冢婦。其配諱沂，字希曾…至都察院右副都御史，巡撫畿內

真定諸郡…淑人生子昇，將冠而殤。側室子昇即中書也。淑人親教以成…都憲公卒於真定，淑人以喪歸…中舍自京師奔喪，逾淮而及淑人…淑人卒以正德辛未十二月十八日(JR6，1512)」(《容春堂前集》17.25a[193])。都穆〈王肅公集〉：「故南京吏部尚書毗陵王公集，十二卷。公之孫，中書舍人昇所詮次…述作甚富，稿留公家，其子都御史希曾嘗刻之以行，亦既有年。昇以公之文浩瀚，人未易遍覽，託李戶部獻吉校定以成斯集。將重刻焉…昇之用心，不其厚哉。穆與李君友於昇甚契，因僭書公集之後」(《南濠居士文跋》2.7b)。李夢陽〈贈王舍人昇二首〉第一首：「殊域寡親戚，孤子故難任。荼蓼積愈苦，淚下不可禁」(《空同先生集》9.5a[185]，11.2a[77])。邊貢〈贈王文熙五首〉第三首：「咄嗟蒼苦心，逝者寧見知。」第四首：「逝者爲何人，寔惟予先公」(《邊華泉集》1.8a[19]，1.14a[10])。李夢陽〈又贈王舍人四首〉第一首：「送美城東陌，還車望上陽」(《空同先生集》9.5a[185]，11.2b[77])。此言「城東陌」或與邊氏第二首：「總轡城東門，綣綣行子舟。」有關。又邊氏第三首：「昔子往恒山，倉卒不我辭。」恒山在紫荊關西不遠。此五首似爲送王昇奔喪之作，「恒山」句或指其曾辭京師往紫荊關以省父。疑何景明〈後別思賦〉序：「王舍人文熙館爲別，予以事不得往，益爲之快然，乃紆鄙懷爲〈後別思賦〉」(賦：026)亦指此事。該賦云：「天冽冽而疾飆，月霏霏而微霰。」又：「葉歷歷以辭秋，霜淒淒而凝冷。」此賦當作於弘治十七年。何景明〈贈王文熙四首〉(351：001-004)則與李夢陽〈贈王舍人昇〉、邊貢〈贈王文熙〉作於同時(王沂於十一月卒，昇於其明年二月始辭京師奔喪，說見〈繫年考〉)。據編次，何景明〈寄王文熙〉：「之子南歸日，江湖淚泫然。」又：「三年望天末，徒有寸心懸」(352：149)爲正德元年秋季之作。邊貢〈寄王昇舍人二首〉第一首：「不見王子猷，經春復經夏。」第二首：「獨把重陽酒，西風白鷴回。江南菊花早，應傍美人開」(《邊華泉集》7.2a[381]，7.2a[131])。何景明〈懷王舍人文熙〉(252：508)屬家集獨次，編次不足用以考其寫作之年時。然，該詩云：「自我還鄉里，無書到野亭。江湖春浩浩，鴻鴈日冥冥。」又：「寧知同省客，萬里各飄雲。」疑此詩爲三年春之作。據邵寶撰王淑人墓誌銘知楊氏六年十二月卒時，王昇已先卒。李夢陽有〈哭王舍人昇〉：「金門鐘動會千官，野老騎驢戴鶡冠。走問常州王內舍，昨朝客死漢長安」(《空同先生集》32.16a[879]，33.18b[293])。該詩似非李夢陽三年「械至京師」時之作，當爲六年春季復官時之作。

王　相　(甲)(1470-1518)，字夢弼，號覺軒，河南光山人。弘治十四年(1501)舉于鄉，正德三年(1508)登進士。五年授沭陽縣知縣。明年拜監察御史，兩上疏劾

江彬、錢寧。出清軍湖廣，十二年巡按山東，忤中官黎鑑，被誣下詔獄，民遮道留之不得。十三年補判高郵州。未幾疾卒於官，年四十九。

　　史188.4996，索120，獻65.56(2845)王崇慶撰墓誌，又83.70(3520)朱睦㮮撰傳，資42，哈2.68，《蘭臺法鑑錄》13.36a，方59，《(康熙)沭陽縣志》2.5b(66)，2.75b(101)，庫53，圖184，何集352：505；內：006

　　按：〈(送王侍御按湖南序)〉：「御史王子相，按湖廣清軍」(內：006)。足本「相」字上有「廷」字。河南本雖言申本無「廷」字而誤，有「廷」者實誤。現存王廷相傳無言及其按湖廣清軍者。王崇慶所撰王相墓誌銘、《蘭臺法鑑錄》王相傳卻均載其任此官。

　　又按：王崇慶撰墓誌銘、《蘭臺法鑑錄》傳均載其事。然，其年不同。《蘭臺法鑑錄》：「王相，字夢弼，河南光山縣人。弘治九年進士，十三年由沭陽知縣選山西道御史，清軍湖廣，巡按山東。」《明清進士題名碑錄索引》載進士王相四人，而無弘治九年登第者(293)。王崇慶述其任沭陽時，劉瑾用事、山東賊起二事。據此知其拜御史不早於正德七年。《(康熙)沭陽縣志》載其於正德五年任官，言，「二年考最，授御史。」此當指六年外察。明代名爲「王相」者不少。《蘭臺法鑑錄》似誤，而其何由以誤待考。

王　相　(乙)，南京宜興人。正德二年(1507)中舉。十二年任廣東鹽課司提舉。
　　《(嘉靖)廣東通志》60.28a，《(萬曆)常州府志》11上.24a，52b，《(萬曆)宜興縣志》7.16a，何集374：045

　　按：〈送王提舉〉：「日出帆高煙水空，嶺雲遙在粵天東。此行不爲浮江興，他日須傳煮海功」(374：045)。據詩題、本文知王氏將赴任廣東鹽課提舉。弘正年間王姓任提舉者僅有王相，於正德十二年任官，疑何詩指其人。然，別有王吉者，湖廣武昌人，弘治十四年(1501)歲貢，於正德十年任副提舉(見《廣東通志》60.28a、《(光緒)武昌縣志》13.10a[817])。此詩指何人待考。然其詩當爲正德九年至十二年之作。

　　又按：嚴嵩有〈送王提舉〉：「天地重溟盡，江山百粵盤。攜家赴蠻徼，南斗望長安」(《鈐山堂集》4.8b)。此詩當作於同時。

王崇慶　(1484-1565)，字德徵，號端溪，京師開州人。登正德三年(1508)進士，除户部主事。六年以言事降廣東壽康驛丞。後陞山西沁州判官。十四年任登州府同知。累官山西僉事、左參議、副使。以母老歸養。後起至南京工部尚書。有《端溪先生集》。

索92，資53，哈2.49，《國朝列卿記》133.17b (7018)，方134，庫128，圖184，叢
390，別9.241，何集351：054；352：252

> 按：王崇慶任職以地方官爲多，不知其於何時與何景明相識。據何集編次，
> 〈人日齋居過王德徵〉(352：252)爲正德十年春之作。〈酬贈王德徵〉：「一
> 鳴遠見斥，棄置南海潯」(351：054)指其於正德六年謫壽康，而不提及離別。
> 或爲王崇慶由廣東陞泌州以後之作。《端溪先生集》所載詩作中，有七首言
> 及何景明。

王朝良 河南信陽人。何景明甥。嘉靖七年(1528)中舉。曾知束鹿縣。

《(乾隆)信陽州志》7.5a(235)，何集252：530；374：052；序：507

> 按：王廷相〈大復集序〉：「斯集棄行久矣，尚未託有序列。其甥王君朝良泣
> 謂余曰，公吾舅氏之知己也。」

王　暘 字明叔，河南河內人。登正德九年(1514)進士。知崑山、蟄屋二縣，歷官
副使。

《(道光)河內縣志》7.6a(241)，何集372：096；472：001-002，

> 按：王暘傳記甚少。據何集僅知其於正德十二年已在任崑山、十三年知蟄屋，
> 其他不詳。

王瑞之 南京江陰人。正德三年(1508)登進士。歷南京戶部主事。入中官譜，十一
年謫永州推官。十四年去任，終貴州按察司僉事。

索85，《(嘉靖)江陰縣志》14.24b，《(隆慶)永州府志》4B.13a，何集352：
076

> 按：王瑞之無傳。然，《明史》〈徐文溥傳〉言「先後逮知府瞿唐、部曹王
> 鑾、王瑞之、御史施儒、張經等，又入裝官王堂譜，下僉事韓邦奇獄」(188.
> 4991)。《明通鑑》據《武宗實錄》載寧波知府瞿唐於十年十二月丙辰(即四日，
> JR7，1516)下獄。考異：「今…並據《明史》文溥傳中補入王瑞之、施儒二
> 人」(46.1724-25)。然，據〈送王判之永州〉(352：076)言「秋行」，知王瑞之先
> 謫官，瞿唐後下獄。

王　紞 (1477-1537)，字邃伯，號龍湫，京師開州人。弘治十一年(1498)舉于
鄉，春試不第，卒業太學。十八年登進士，授戶部主事，尋陞員外郎。正德初
丁父憂，服闋陞衛輝府知府。十二年(1517)考績，以索得人心留撫之，逾年遷
湖廣副使。嘉靖初以不屈谷大用即日棄官歸。後，歷官大理寺卿，山東參政，

卒於官。

　　獻68.23(2966)韓邦奇撰墓志銘，資65，哈2.70，方82，圖191，何集252：075

　　按：據何集編次，〈洪法寺別錦夫邌伯〉(252：075)爲正德三年之作。此時，王
　　　　綖、王尚絅皆丁憂家居，不知其何由過信陽。

王　賢　字崇德，河南商城人。爲何景明父何信之友。

　　何集序：002

　　按：王賢傳僅有何景明〈林泉圖序〉(序：002)。

王　義　河南信陽人。正德末、嘉靖年間任百户。

　　《(民國)信陽縣志》20.9.4b(856)，何集記：002

　　按：何景明〈信陽修城記〉言載百户王義爲「董其役者」之一。

王　錦　(1453-1481後)，號復菴，河南襄城人。成化五年(1469)十六歲登進士
第，授庶吉士。出爲御史，轉副使，以與同僚不合乃歸。時年二十八。

　　庫87，《(雍正)河南通志》65.57b(152)，何集253：001

　　按：何景明正德二年歸信陽，經襄城以詩懷王錦。該詩云：「其人中土產，未
　　　　老即重泉。」何瑭〈追輓復齋王憲副〉(《柏齋集》11.18a[636])或亦指其人。

王孺人　(1455-1516)，河南信陽人。馬瑀妻，馬錄母。

　　何集銘：007

　　按：王孺人卒，其子馬錄任御史，使於外。聞孺人卒，乃復于京，將奔喪，求
　　　　銘於何景明。

王　鍔　字伯堅，或爲信陽人。

　　何集474：701-704；雜：701

　　按：〈王伯堅字説〉：「王氏子鍔者」(雜：701)。王鍔無傳。然，何集雜：701
　　　　爲足本乙組丑版始載之，疑其據信陽稿本。《(乾隆)信陽州志》載嘉靖八年
　　　　(1529)進士王銳(7.2a[229])，又載其四年中舉(7.5a[235])，又載嘉靖年歲貢王錫(7.
　　　　10b[246])。鍔、銳、錫字均屬金部，其三人或爲同宗。待考。

王　瓊　(1459-1532)，字德華，號普溪，山西太原人。登成化二十年(1484)進
士，授工部主事。歷郎中，河南右布政使，戶部尚書。正德十年(1515)任兵部
尚書，寧王反平後，遷吏部尚書。世宗即位坐交結錢寧等，戍綏德。七年

(1528)起督陝西三邊軍務，卒於官。

史198.5231，索88，獻24.106(1018)霍韜撰神道碑銘，資80，哈2.73，方104，圖183，庫91，實999，DMB1367，何集371：519

按：王瓊爲彭澤仇，附錢寧黨，不知何景明何由爲之題畫。

王　瓖　號愚菴，河南襄城人。正統十年(1445)登進士第。曾任户部郎中。

《(嘉靖)襄城縣志》4.16a，何集253：002

按：何景明經過襄城，以詩懷王瓖。魯鐸〈王愚庵先生輓詩序〉：「襄城王愚庵先生沒既十有三載，其子拱之既爲行人，於予同年進士」(《魯文恪公集》7.13b)亦指斯人。

王　儼　**(1426-1513)**，字民望，號畏齋，又號明山，湖廣華容人。成化五年(1469)登進士第，授兵部主事，累陞刑部郎中，二十年遷成都太守，歷官陝西右布政使，副都御史巡撫山東。弘治十三年(1500)晉户部右侍郎，十五年陞左。正德元年(1506)上疏乞休，得致仕歸。居無何，劉瑾以儼在朝累抑宦官，下詔獄，四年戍遼東。五年赦歸。劉瑾伏誅，儼復官，八年卒，年八十八。

獻30.30(1248)無名撰傳，資81，哈2.77，方107，庫94，何集賦：020

按：王儼致仕歸，何景明以賦贈之。或以其爲信陽知州孫榮之同鄉而相識。

璽上人　僧。居信陽。其事無考。

何集252：513；254：502

按：戴冠〈贈璽師次大復〉(《戴氏集》8.13b)，韻腳(然、前、緣、傳)與何景明〈贈璽師〉(252：513)同。

田汝耔　**(1478-1533)**，字勤甫，號水南，河南祥符人。弘治十一年(1498)舉于鄉，遂遊太學。登十八年進士，已丁憂歸。服除授行人。正德四年(1509)選刑科給事中，八年遷江西提學僉事，與曹琥同遊。十二年以外察稱其「才力不及」調山西，十四年遷湖廣副使。乞休歸，耕讀終生。

獻88.82(3822)崔銑撰墓志銘，資107，哈2.143，方166，庫212，圖171，何集351：044-046；352：017，206，212，225，226，238，247；371：016，027，038；372：011，018，024，033，034

按：田汝耔雖確與何景明早已相識，然，無詩、文以據。何集詩集中言及田汝耔者以正德九年，田汝耔任江西僉事爲終。十六題中稱田汝耔字、號者有八題。其餘稱「田子」，「田給事」，「田黄門」等(「黃門」指給事中)，而以編

次、何集中無他田姓者，知其皆指汝耔。

又按：何集中所言及田汝耔之作，雖無晚於正德九年早春者，田、何二人似於
此後猶有書信往還。夏良勝〈與田勤甫書〉：「比歲論別，行者無葆其力，
居者無忘其初，猶在耳也。繼自元承得條教，自仲默得近稿」（《東洲初稿》4.
26a[785]）。

田汝棘　字深甫，號莘野，河南祥符人，汝耔弟。遊李夢陽門，正德十一年中舉，
十三試禮部不第，乃謁選官，終兵不司務。有《田莘野集》。

資107，哈2.143，庫212，叢687，別9.187

按：何集中無言及田汝棘之作。然，田氏有〈夏日遊吹臺追懷與空同、大復二
子同遊感而作此〉（見〈唱和集〉）。何、李、田俱遊吹臺或爲正德十三年，即
何景明赴陝經開封時之事。

申　理　**(1474-1520)**，字伯溫，號潛山，陝西鎮原人。本姓許，中世冒申姓。弘
治十一年(1498)舉于鄉，正德六年(1511)登進士。七年授丹陽縣知縣。十一年
選兵科給事中，丁父憂，十六年疾卒，年四十八。

資109，方886，庫216，951，呂柟〈兵科給事中許君墓誌銘〉（《涇野先生文集》
23.9a），圖152，何集內：017

按：申理於正德七年授丹陽知縣，何景明以序贈之，其序後編入〈內篇〉。

盛　琛　字廷獻，河南商城人。弘治十一年(1498)中舉。正德年間知太平縣。

《(嘉靖)商城縣志》5.4a，《(雍正)太平縣志》4.7a，《(萬曆)平陽府志》
3.37b，何集內：003

按：盛琛與何景明同年得鄉薦。其任太平時，何景明以序贈之，此文後編入
〈內篇〉。

盛應期　**(1474-1535)**，字斯徵(一作思徵)，號值菴，南京吳江人。弘治六年
(1493)登進士，授工部都水司主事。忤中貴者，下詔獄，謫雲南驛丞，改長沙
府同知。正德六年(1511)陞雲南僉事，八年陞副使。以太監所劾，詔獄，會乾
清宮災得復職。歷河南按察使、山東右布政使、陝西左布政使。十四年擢巡撫
四川。嘉靖中以忤世宗怒奪職。後復官，致仕卒。

史223.5863，索851，獻59.87(2501)袁袠撰傳，資649，哈2.117，方1048，庫
1281，圖153，實1008，何集472：501

按：因盛應期任官多在地方，疑與何景明不相識，而於正德十四年上任四川過

西安，或偶與景明同遊，景明乃以詩送之。

盧　雍　(1474-1521)，字師邵，號古園，南京吳縣人。正德五年(1510)中舉，明年登進士第，選監察御史。十二年出巡按四川，積勞成疾，遂乞歸。十五年以疾平復御史，尋擢四川按察副使，督理學政。乘便過家，俄不起卒。有《古園集》。

　　　索277，資869，《古園集》12.3a李廷相撰墓誌銘，哈2.283，方1389，庫1703，圖131，別9.128，何集352：613；372：057

　　按：盧雍《古園集》內，次韻、聯句諸篇頗多。〈酬盧侍御見訪有作用韻〉(352：613)、〈答盧侍御樊氏洞中觀梅見懷之作次韻〉(372：057)皆次盧雍韻。盧氏有〈次韻何仲默元夕同燕劉戶部〉，次何景明〈元夕以道宅同蘇管二君子〉(372：513)之韻。諸詩當爲正德十年正月之作(見〈繫年考〉)。

石　鼎　京師趙州人。或曾中舉。知任廣濟縣。

　　　哈2.323，方173，何集352：007

　　按：何集有〈送石令之廣濟〉(352：007)。《(乾隆)廣濟縣志》(4.3a)、《(乾隆)廣州府志》(7下.14a)均載趙州人石鼎，正德年任官。然，二志稱石鼎爲進士，而明代實無趙州人石鼎登進士者。縣、府志似誤。何集又有〈送石秀才下第還趙州〉(352：246)。據編次，此爲正德八年之作。疑何集352：007爲正德十年之作。石秀才是否與石鼎有關待考。

祝　壽　字靜菴(一作字仁齋)，山東歷城人。登正德三年(1508)進士。歷西安府同知、黎平府知府。嘉靖六年(1527)遷雲南參政。或歷雲南、河南布政使。

　　　方700，《(萬曆)貴州通志》15.56a，《(乾隆)歷城縣志》37.26a，庫813，圖60，何集序：505

　　按：何景明任陝西提學副使，欲刊行劉璣《正蒙會稿》，以與關中諸生。祝壽與同僚共圖刻之。何景明於正德十五年(1520)著序，言祝壽有功焉。《歷城縣志》言：「其歷官之詳不可考矣。」

种雲漢　字天章，陝西西安人。其父、兄俱宦達，雲漢獨以詩、酒自娛，與張治道、胡侍友善。其書法名一時。

　　　圖63

　　按：何集雍本錄西安門人校其集，四人中唯有种氏有傳。

秦豫齋　名無考，豫齋或為其字、號。任安仁教官。

何集354：001-002；372：103

按：秦豫齋無考。〈席上分得時字送豫齋〉(354：001-002)不稱其姓，又不言其何往。據編次，此篇當作於弘治十六、十七年。又有〈送秦豫齋南歸領教安仁〉(372：103)。據編次，此詩當爲正德二年以前之作。該詩云：「兩年京國喜同遊，忍送孤帆下潞洲。」又：「聞道錦江三畝宅，開門遙對萬峰秋。」「安仁」當指江西饒州府安仁縣。安仁縣弘正時教官無考。邊貢〈送秦文學之安仁〉：「三載京華幾勝遊，雨中蕭寺月中洲」(《邊華泉集》6.20b[304]，6.27b[104])。杭淮有〈送秦豫齋之官江西〉(《雙溪集》8.6b[301])。何、邊、杭三人詩之韻同(遊、洲、流、頭、秋)。據此該三首當爲弘治末年，三人俱居京師時之作。

管　楫　字汝濟，陝西咸寧人。弘治十一年(1498)舉于鄉，正德六年(1511)登進士第，授刑部浙江司主事。八年改吏部驗封司，十年調考功司，本年陞稽勳司員外郎，十二十年調考功司，十三年改文選司，十四年陞稽勳司郎中，本年以江彬亂政引疾歸。嘉靖六年(1527)起，至右副都御史，巡撫山東，十四年以母疾歸。有《平田集》，未見，或佚。

哈2.280，庫1514，《國朝列卿記》121.20a (6479)，圖102，何集352：051，123，255，305；372：513；452：029-030

按：據何集編次，言及管楫諸篇爲正德九年冬季至十二年冬季之作。據薛蕙文集之編次，其〈黃河行贈管汝濟病歸〉(《薛西原集》2.3b、《考功集》4.6a[49])作於十四年春季。

羅　江　陝西略陽人。曾任完縣主簿。

《(嘉靖)略陽縣志》4.14a，何集記：003

按：何景明〈略陽遷建廟學記〉言諸生羅江爲「改卜」者之一。

翟　清　字汝揚，京師大名人。弘治十七年(1504)中舉。正德十三年(1518)，知高陵縣。後改蘭田。

方1215，《(嘉靖)高陵縣志》4.26b(208)，《(乾隆)大名縣志》13.6b，何集序：009

按：何景明序《漢紀》，言高陵知縣翟清將刻布之。

胡　止　字仲善，河南羅山人。登正德三年(1508)進士第，四年除監察御史，五年
巡鹽河東。九年陞陝西按察僉事。十二年外察稱其不謹，遂致仕。

　　　哈3.171，方581，庫688，《蘭臺法鑑錄》14.6a，《武宗實錄》109.7a(2239)，
　　　何集372：507

　　按：胡止於正德四年授御史，九年陞按察僉事。〈壽羅山胡侍御〉(372：507)爲
　　　此年間之作。

胡　侍　(1492-1553)，字承之，號濛溪，本籍南京溧陽，陝西咸寧人。登正德十
二年(1517)進士，十三年授刑部雲南司主事。十六年晉廣東司員外郎，歷官鴻
臚寺少卿。

　　　史191.5077，索804，獻76.11(3235)許宗魯撰墓志銘，資347，哈3.178，方
　　　581，庫691，圖88，叢660，何集452：040；472：007

　　按：〈贈張時濟陳伯行胡承之周少安三月三日出城遊宴〉(452：040)，〈送胡承
　　　之北上〉(472：007)或皆爲正德十六年之作。

胡秉性　河南信陽人。嘉靖四十年(1561)中舉。知崇陽縣，拜南京御史，言事忤權
貴者，遷夔州知府，以疾乞歸。

　　　《(乾隆)信陽州志》7.6a(237)

　　按：據周子義〈何大復先生集序〉，足本爲胡秉性、陳堂所刊行。

胡　瓚　字宗器，河南信陽人。弘治十四年(1501)舉于鄉。歷保定、松江二府通
判。

　　　何集272：529；序：515

　　按：胡瓚事蹟待考。〈贈胡君宗器序〉(序：515)稱其字，言其爲「余黨」，辛
　　　酉年(1501)舉人，將任保定，而《(萬曆)保定府志》無其名(8.6a-7a[182-83])。
　　　《(萬曆)汝南志》載辛酉舉人胡瓚「信陽衛人，松江通判」(11.14a)。《(崇
　　　禎)松江府志》載通判表有胡瓚「浙江青田人，嘉靖二年(1523)任」(26.26a)。
　　　青田或爲其本籍。另有胡鼎者，亦字宗器。胡鼎爲洪武時人，非何集之所稱
　　　者(見《掾曹名臣錄》7a)。又有胡瓚字伯珩者，亦非何集所言及者。

胡纘宗　(1480-1560)，初字孝思，後更世甫，號可泉，自號鳥鼠山人，陝西泰安
人。弘治十四年(1501)中舉，正得三年(1508)登進士，三甲第一人。會大學士
焦芳子黃中登二甲第一人，芳乃倚劉瑾勢以二、三甲第一人俱授翰林院檢討。
纘宗辭職不獲。瑾敗，外補嘉定州判官。八年陞潼川知州，十年晉南京戶部員

外郎，十三年至南京吏部郎中。十四年陞安慶知府，嘉靖三年(1524)遷蘇州，六年陞山東右參政，尋改浙江，八年調山西，十一年陞山西右布政使，未幾丁憂。十四年服闋補河南，明年轉左，本年陞都察院右副都御史，巡撫山東。十七年改治河道。世宗南巡，續宗以作詩記事為所訐，逮下獄，尋放歸，卒於家。有《鳥鼠山人集》等。

史202.5333，索804，獻61.95(2618)無名撰墓志銘，資355，哈3.177，方603，庫706，圖88，叢660，別9.229

按：戴冠知蘇州府，原擬刊何景明集，後遷山東。胡續宗繼之任知府，冠數致書以求序而竟不果。

花　當　韃靼人，朵顏衛都督。正德十年(1515)入寇，後使其子打哈入朝請罪，詔釋不問。十三年，武宗北征，招之燕。

索687，庫631(和爾丹)，《(雍正)熱河志》106.8b(628)，何集352：292

按：花當入寇時，何景明以詩劾其「背恩」。

范永鑾　字汝和，湖廣桂陽人，范淵族孫。登正德九年(1514)進士，十年除貴溪縣知縣。十四年徵授御史，出為福建副使，督學政。改陝西，歷河南按察使、四川布政使，致仕歸。

索684，資361，哈2.194，《蘭臺法鑑錄》14.57a，圖64，庫741，何集371：056

按：〈贈范君〉(371：056)，雍本題作〈贈范汝和侍御〉。該詩作於正德十二年，即范永鑾離京師還貴溪時(見〈繫年考〉)。范永鑾十四年始選御史，此時何景明已往任陝西副使。疑雍本題稱「侍御」為後改。其詩言及桂陽、君山(指范淵，見下)、燕泉(指何孟春)，又云：「范君古貌更好古，問之君山乃其祖。」

范　淵　字靜之，號君山，湖廣桂陽人。弘治九年(1496)登進士第，任刑部主事，歷郎中。正德四年(1509)以不附劉瑾被繫逮，左遷威州知州。五年陞雲南按察司僉事，六年陞副使。卒於官。

方607，《(萬曆)郴州志》16.23b，《武宗實錄》67.12a(1489)，72.3a(1583)，圖64，何集172：008；352：259；371：056；372：514

按：何集中無稱范淵名、字者，而諸索引不載其號。據邊貢〈次韻同年范君山絕筆之作〉(《邊華泉集》6.46b[356]，6.63a[122])、〈哭同年范副使淵兼悼亡友徐博士禎卿同空同李子作〉(《同》6.46a[355]，6.62a[122])知范淵為邊貢之同年。於弘

治九年登進士第者有范姓二人，其中有桂陽人范淵。何集中言及范淵者共四篇。〈寄君山〉(172：008)作於弘治十八年，即何景明奉使雲南，途經巴陵時，云：「塵蹤西過巴陵地，尚欠君山寺裏詩。十里無緣攜客到，六年不見使人思。」此指景明六年前居巴陵從其兄景韶學，曾遊岳陽西之君山寺。371：056已見上，該詩云：「君山十年絕相見，見君如見君山面。」〈送范以載之南京〉(352：259)爲正德十年早春之作(見下)，云：「不見君山面，看君意獨哀。」范淵或已卒。〈輓范君山和其絕筆詩〉(372：514)爲何時之作待考。據李夢陽〈哭亡友范副使淵其族孫進士永鑒寄其絕筆詩到〉(《空同先生集》32.16a[879]，33.19a[293])，李夢陽似以范永鑒進士告訃始知范淵卒。疑范淵卒後，永鑒始任貴溪。然則372：514當爲九、十年之作(范永鑒十年任貴溪，說見〈繫年考〉，十二年春)。和范淵絕筆之作者不限於何、邊、李三子。李濂亦有〈追和范君山絕筆韻〉(《嵩渚文集》29.7b)，或爲稍後之作。該詩云：「萬里圖書隨老去，五雲城闕憶同遊。」

范　紳　南京盱眙人。正德十二年(1517)登進士，十五年任漢中府推官。
　　　《(嘉靖)漢中府志》6.21a，何集序：509
　　按：何景明正德十五年至漢中府，與諸生行鄉射禮，言其「屬范推官紳肄于東城之圃。」《漢中府志》言：「北京人」似誤。

范　輅　(1474-1536)，字以載，號質菴，又號三峰，湖廣桂陽人。登正德六年(1511)進士第，授行人。陞南京御史，數劾中貴者，論馬姬不當入宮，語皆切直。尋命清軍江西，堅抗寧王、鎮守，被誣，遂逮下詔獄，淹繫經年，十四年終謫龍州經歷。世宗即位復故官，歷福建布政使，卒於官。
　　　史188.4997，索685，獻90.18(3909)呂柟撰墓志銘，資364，哈2.195，方607，庫738，圖64，何集352：259
　　按：〈送范以載之南京〉(352：259)言及范淵，范輅或與淵有關。

華　昶　(1459-1521)，字文光，號梅心，又號雙梧居士，南京無錫人。幼與錢榮同學，弘治五年(1492)舉于鄉。九年登進士，改庶吉士，授戶科給事中。以十二年會試劾程敏政，遷南京太僕寺主簿。三載遷寺丞，又三載擢守韶州。正德二年(1507)丁憂。服除，六年擢貴州參政，改四川。歷福建布政使歸，卒於家。
　　　索721，獻90.10(3905)邵寶撰神道碑，資672，哈2.218，方1063，庫1297，圖89，何集354：003-004

按：據何集編次，〈雙梧草堂〉(354：003-004)為正德二年以前之作。未審何、華何由相識，或以其共友於錢榮。

葉邦重　其名無考，邦重為其字。疑為河南信陽人。不仕，居信陽山莊。

何集252：557，558；262：501；272：533

按：葉邦重無考。何景明憂居時期，或為其鄰。

葛　蘭　字時秀，河南信陽人。正德五年(1510)舉于鄉，十二年登進士。除東明縣知縣。嘉靖初知蒲縣。

方1173，庫1412，《(嘉靖)山西通志》17.13a，何集252：077，523；352：606

按：葛蘭雖為信陽人，何集少言及之。據何集編次，〈酬葛時秀〉(252：077)為正德三年秋季之作。〈贈葛時秀〉(252：523)屬獨次，而當作於五年冬季、六年春季，即葛蘭得鄉薦後將赴會試時。〈送葛時秀任東明〉(352：606)屬京集。然，據《(乾隆)東明縣志》，葛蘭十四年始知東明(4.4b[366])。疑此詩為十三年冬，何景明赴任陝西之作。

董　玘　(1483-1546)，字文玉，號中峰，浙江會稽人。弘治十四年(1501)舉于鄉，年十九。遊太學，登十八年進士及第，授翰林院編修。不屈劉瑾，正德四年(1509)遷南京刑部主事，改吏部考功司。瑾誅，還翰林。九年遷侍讀，十一年陞左諭德。十二年乞歸省。後起，歷吏部侍郎。丁父憂，被誣，致士，疾卒。有《中峰文選》。

索679，獻26.26(1088)徐階撰墓誌銘，資734，哈2.210，實1041，庫1402，別9.188，何集352：240

按：董玘與崔銑同遊太學，同官翰林院。何集唯一言及董玘之作為景明與銑同訪玘宅之作。據何集編次，此篇作於正德八年秋季。

蔡天祐　(1535卒)，字成之，號石岡，河南睢州人。弘治十一年(1498)中舉，十八年登進士第，授庶吉士。正德五年(1510)改吏科給事中，七年遷福建按察司僉事。十一年陞山東左參議，歷副使。嘉靖初，陞山西按察使。時大同兵變，蔡天祐平之，陞右僉都御史，巡撫其地。陞兵部左侍郎，未幾被論回籍。十二年(1533)以薦起用，未至而疾作，卒於家。有《石岡集》，未見，或佚。

史200.5285，索747，獻40.50 (1667) 賈詠撰墓誌銘，資810，哈2.203，方1335，庫1590，實1004，圖173，何集271：701；內：016

按：蔡天祐與何景明同年中河南舉人。何景明家居時，作〈懷三吉士〉(271：
701)：「蔡君通朗及衆藝，」又指「睢漳之水」。據此語知蔡天祐乃「三吉
士」之一。蔡氏遷福建僉事，何景明以序贈之。其文後編入〈內篇〉。

又按：蔡天祐《明史》傳載其嘉靖三年「從數騎馳入城」以平大同兵，而十二
年卒年九十五。此似有誤。

蔡汝楠　(1516-1565)，字子木，號白石，浙江德清人。十八年登嘉靖十一年
(1532)進士，授行人。陞南京刑部員外郎。出守歸德，未幾丁母憂歸。服闋補
衡州。累官四川按察副使、江西參政、山東按察使、江西布政使。四十年拜都
察院右副都御史，巡撫河南。召為兵部侍郎，終南京工部侍郎。卒於官。有
《自知堂稿》。

　　史287.7369，索748，獻53.37 (2255)茅坤撰行狀，資810，哈2.204，方1336，
　　庫1590，圖173，叢638，別9.240

按：蔡汝楠巡撫河南時後，著〈創建大復何先生祠記〉。

蔣山卿　字子雲，號南泠，南京儀真人。正德九年(1514)登進士，授工部主事。武
宗將南巡，力諫被仗，謫南京。世宗即位復故官，歷廣西參政。善詩，與顧
璘、薛蕙為友。有《南泠集》。

　　史189.5023，索694，資804，哈2.197，方1345，庫1581，圖33，叢612，別9.
　　183，何集372：088

按：據何集編次，〈送蔣子雲冬官病還揚州〉(372：088)爲正德十一年春之作。
　　然，現存蔣山卿傳均無其於十一年病還之事。據薛蕙〈病中何仲默蔣子雲過
　　訪〉知蔣山卿於十三年春季已在京師(見〈繫年考〉)。

薛　蕙　(1489-1541)，字君采，號西原，河南亳州人。年十二能詩，登正德九年
(1514)進士，授刑部主事，病免。十一年還京師，諫武宗南巡，受杖奪俸，旋
引疾歸。起復故官，調吏部考功司，歷郎中。議大禮，撰〈為人後解〉、〈為
人後辨〉。世宗大怒，罷歸。家居十八年，以疾卒。有《薛西原集》、《考功
集》。

　　史191.5074，索730，獻26.83 (1117)唐順之撰墓志銘，資903，哈2.201，庫
　　1782，圖77，叢624，別9.173，何集351：050-053，071，081，082；352：
　　038-039，043，100，101，122；354：011-012；371：036，058，505；372：
　　041，047；374：023-024

按：薛蕙爲何景明之好友。何景明言及薛蕙之諸作中，以〈贈薛君采〉(374：

023-024)或爲最早。薛蕙謝病歸後，景明作〈李大夫行〉(371：058)亦言及薛
蕙。薛蕙於十一年冬還京師，十二年春移居，近何景明宅。由此至十三年秋
季，即景明陞陝西副使時，二人常以賦詩往還。

蕭一中　字執夫(一作質夫)，湖廣華容人，孫繼芳妹夫。登正德十二年(1517)進士
第，授新城知縣。十六年擢監察御史，以救馬錄貶廣西。歷浙江左布政使，嘉
靖二十四年巡撫四川，未至任所卒。

索690，哈2.216，方1398，《(萬曆)湖廣總志》55.7a，庫1717，《本朝分省
人物考》78.30b(137-256)，圖76，何集352：050：372：051

按：據何集編次，〈秋夕同蕭執夫舍姪士飲〉(352：050)、〈以道席上送世其與
其妹丈蕭執夫同行〉(372：051)均爲正德九年秋、冬之作。蕭一中或於九年會
試落第後，留京師。

蕭　琥　字文彧，號古峰，河南信陽人。正德貢生，任臨川、完縣教官。能畫。

《(民國)信陽縣志》22.4.4a(943)，何集271：504；序：510，518

按：蕭琥傳記甚少。〈古峰畫梅歌〉(271：504)屬獨次，不知作於何年。〈贈蕭
文彧號古峰序〉(序：510)稱蕭琥爲景明父、兄之老遊，景明登進士後，琥訪
之求號。〈送蕭文彧分教臨川序〉(序：518)爲蕭琥赴任臨川訓導時之作，不
知其作於何年。

蕭廷儀　字升之。河南信陽人。貢生。正德年間，任登州府訓導。又曾任垣曲教
諭。

《(乾隆)信陽州志》7.10a(245)，《(順治)登州府志》12.27b，何集352：047

按：《登州府志》載訓導蕭廷儀，正德年任官。據編次，〈送蕭升之任登州府
學〉(352：047)爲正德九年之作，疑即此人。

衛　道　字正夫，河南葉縣人。正德九年(1514)登進士第，授武昌府推官。十四年
陞南京刑科給事中，諫武宗南巡。嘉靖初，議大禮，左遷山東布政司。歷兵科
都給事中。嘉靖八年(1529)陞貴州參政，終南京刑部右侍郎。

索288，資873，《掖垣人鑑》13.6b，哈3.116，方1349，庫1680，圖196，何
集372：077

按：《(萬曆)湖廣總志》20.1b載武昌推官有衛姓者二人，而其中唯衛道曾登
進士。《總志》誤言其本籍爲華縣。

袁廷玉 **(1335-1410)**，名珙，號柳莊，以字行。浙江鄞縣人。嘗遊海外，學相人
術。成祖為燕王，匿於九人中，珙一見即前跪，稱其有天子相。燕王即位，召
至京師，拜太常寺丞。竟歸鄉，卒年七十六。有《柳莊集》。

　　史299.7642，索658，獻70.47 (3047)姚廣孝撰墓志銘，資425，哈2.259，方
714，庫870，圖217，別9.54，DMB1638，何集271：020

　　按：〈胡生行〉：「近時逢人論術數，胡生相法稱獨步。」又：「我朝名家亦
不少，神妙無過袁柳莊」(271：020)。

袁　勑　字沖霄，河南信陽人。弘治年貢生。未仕。

　　《(乾隆)信陽州志》7.10a(245)，何集252：587；272：520

　　按：弘正年間信陽袁姓貢生僅有袁勑。〈袁秀才書院芍藥〉(252：587)則當指袁
勑。〈袁沖霄先生同惟學過訪〉：「竹林萬古追遊地，二阮風流未足誇」
(272：520)指阮籍暨其侄阮咸，疑袁沖霄乃袁鎔之叔。「勑」袁鎔父之名
「勛」同屬「力」部，疑其為同宗。

袁　勛　**(1446-1509)**，字世臣，河南信陽人。任信陽衛指揮同知，備宣府，終稱
病歸，為其仲子鎧所襲。卒年六十四。

　　《(民國)信陽縣志》20.9.1b(850)(袁勳)，何集252：561；銘：505

　　按：袁勛傳僅有〈懷遠將軍信陽衛指揮同知袁公合葬墓誌銘〉(銘：505)。

袁　錡　字惟器，河南信陽人，勛季子。

　　何集雜：502

　　按：袁錡為何景明同年舉人袁鎔之季弟。劉節亦為景明、袁鎔之同年，以錡之
交遊不可直呼其名，節為之求字於景明。〈袁惟器字說〉(雜：502)記其事而
說其字。袁錡無其他傳。

袁　璨　河南信陽人，鎧子，何景明婿。任指揮，卒於官。

　　《(乾隆)信陽州志》9.1b(318)，〈何氏傳〉(《(民國)信陽縣志》20.9.4a[855])

　　按：據鄒察〈大復集題辭〉，「袁璨與景明子何立校景明歌行、雜體諸篇，併
遺稿，分類刻之。」袁本各冊首卷端題下有「都指揮嬌袁璨刊」。王世貞
〈何大復集序〉言：「何子之甥袁(璨)來謂王生若為何子敍其遺言。」據上
引諸語得知袁璨於何氏集之刊行有大功焉。

袁　鎔　字惟學，河南信陽人，勛長子。弘治十一年(1498)舉于鄉。不欲襲勛。何
　　景明家居時常與之遊。鎔亦嘗訪景明於京師。正德十五年(1520)知當涂縣。
　　　《(康熙)太平府志》15.36b (261)，何集252：536，553-554，561；272：
　　　520，522：352：190；372：501；銘：505；雜：502
　　按：疑家集言及袁鎔諸篇多爲正德四年春之作。唯〈九日袁惟學邀南園登高病
　　　不赴〉(252：536)當爲五年秋季之作。疑〈得朝信惟學書〉(352：190)爲七年秋
　　　之作。〈送惟學南還〉(372：501)屬獨次，云：「一年賓館空彈劍，九月燕京
　　　未授依。」又：「京國重來又三載，臨歧真恨不同歸。」「一年」指袁鎔。
　　　「三載」當自指，疑該詩爲九年九月之作。袁鎔早得鄉薦，疑已再三會試落
　　　第。袁勛於正德四年卒，鎔憂居不試，疑於八年秋、冬赴京師而九年又失
　　　利，試後留京而終不得選官。歸時，何景明始贈之詩。

袁　鎧　字惟武，河南信陽人，勛仲子。襲父位，任信陽衛指揮、將軍。
　　　《(民國)信陽縣志》20.9.3b (854)，何集252：557；271：022，501；272：
　　　516，701；371：701；記：002；銘：505
　　按：何集中言及袁鎧之諸篇少於言及鎔者，而詩文中少以鎧爲主人。二首爲題
　　　畫詩。其他諸篇爲宴樂之作。

許　完　字補之，南京丹徒人。登弘治十八年(1505)進士，授蘭谿知縣。選監察御
　　史，清軍河南，劾中官錢寧，下獄，正德十三年(1518)降定州判官。復故職，
　　陞浙江副使，卒。
　　　索73，哈3.52，方884，《蘭臺法鑑錄》13.67a，何集352：615
　　按：〈同許補之劉子緯登定州塔〉(352：615)屬獨次，編次不足以辨其爲何年之
　　　作。然，劉文煥爲定州人，於正德十三年病歸(見上)。此年，許完讁定州判
　　　官、何景明將赴任陝西途經定州，可知該詩確爲十三年之作。

許　理　見申理。

許　逵　字汝登，河南固始人。登正德三年(1508)進士，其明年授樂陵知縣，六年
　　春，流賊衡行，逵城其縣而練其民，賊攻，大敗之。以功擢山東武定兵備僉
　　事，十二年遷江西副使。十四年，寧王將反，逵不屈，死之，年三十六。
　　　史289.7430，索74，獻86.72(3686)呂柟撰墓志銘，資488，哈3.51，方887，庫
　　　952，圖85，何集371：018；序：513
　　按：〈樂陵令行〉(371：018)未及令名，而當指許逵。〈贈許汝登序〉(序：513)言

其既爲樂陵令，任兵備僉事三年，後赴考功部，疑該序爲正德十一、二年之作。

許　進　(1437-1510)，字季升，號東崖，河南靈寶人。登成化二年(1466)進士，除御史，歷陜西按察使、户部左侍郎，被劾，致仕。武宗襲，起兵部左侍郎，代劉大夏爲尚書。元年(1506)應詔上書，極劾中官群小，武宗不訥，改吏部。三年忤劉瑾，令致仕，尋削籍。瑾誅，復故官致仕，未聞命卒，年七十四。

　　史186.4923，索73，獻24.99(1015)景暘撰墓誌銘，資489，哈3.51，方886，庫952，叢376，圖85，實867，DMB576，何集353：002；書：501

　　按：何景明自奉使雲南返京之稍後，先以詩壽許進，後致書説之(見〈繫年考〉)。

許　誥　(1472-1534)，字廷綸，號函谷山人，河南靈寶人，進子。弘治八年(1495)得鄉薦，十二年登進士，授户科給事中。十八年晉刑科右給事中。正德元年(1506)以父進爲兵部尚書，改翰林院檢討，三年，進削籍，誥謫全州判官。五年以父喪歸。十二年，雖薦起尚寶司司丞，復引疾歸。家居授徒講學。嘉靖初起，歷侍讀、太常卿、南京户部尚書，卒於官。

　　史186.4926，索70，獻31.75(1316)王廷相撰墓誌銘，資489，哈3.53，方888，庫953，圖85，DMB590，何集372：505；序：506；記：501

　　按：何景明、許誥或於弘治末年已相識，而現存著作中言及許誥者或皆作於正德十三年，即何景明赴陜西過靈寶時。

許　讚　(1473-1548)，字廷美，號松皋，河南靈寶人，進子，誥弟。弘治八年(1495)與誥同年舉于鄉，九年登進士，十一年授大名府推官。十五年拜監察御史。正德二年(1507)以父官改翰林院編修。許進罷，讚以降臨淄知縣。五年，丁父憂。九年服除浙江按察司僉事，十三年陞副使，十四年調山西提學，十六年遷四川參政。歷官浙江左布政使、光祿寺卿、刑、户、吏三部尚書。年七十乞休，世宗令落職閒住，歸三年卒。有《松皋集》。

　　史186.4927，索70，獻16.66(581)嚴松撰神道碑，資491，哈3.53，方890，庫955，實1048，圖86，DMB608，何集372：037

　　按：何景明、許讚或早相識，而何集中唯一言及許讚者作於正德九年，即讚將赴任浙江僉事時。

謝廷柱　字邦用，號雙湖，福建長樂人。弘治十二年(1499)登進士，除大理寺右評

事。正德九年(1514)陞湖廣按察司僉事，十二年乞致仕。有《雙湖集》，未見，或佚。

索54，資884，張邦奇〈贈僉憲謝先生致仕序〉（《紆玉樓集》4.21a），哈3.46，方1439，庫1750，《明詩紀事》丁籤8.4b(1269)，何集352：018

按：謝廷柱或早與何景明相識，而何集所載均無以據。

謝　忠　字汝正，浙江上虞人。弘治八年(1495)舉於鄉，十二年登進士。或官徐州。任主事、屯田司郎中。正德八年(1513)由工部郎中陞湖廣右參議。九年外察以不謹令閒住。

《武宗實錄》108.3a(2203)，何集371：015

按：〈憶昔行〉序云：「予上京師之二年，汝正有湖南之行」(371：015)。何集不稱「汝正」之姓。然，孟洋有〈送謝汝正少參之湖南〉（《孟有涯集》10.13a），戴冠有〈送謝汝正赴湖南少參〉（《戴氏集》5.7a），可知「汝正」姓謝。據《(萬曆)湖廣總志》，明代至萬曆年間謝姓任參議者僅有謝忠，「浙江上虞人」(19.27a)。《武宗實錄》載其於八年正月陞湖廣參議(見〈繫年考〉)。《(萬曆)上虞縣志》，載進士表有謝忠「參議」，而無其傳(13.9b)。戴冠該詩又云：「使君昔自彭城來，秋風漠漠黃金臺。」又：「憶昔彭城初見君，山東豹虎多如雲。」疑謝忠曾任徐州官。據《武宗實錄》：「丙辰(正德三年十一月二十二日，DC14，1508)罰…主事謝忠米…三百石」(44.7a[1017])，知謝忠於三年曾任主事。據韓邦靖〈送謝屯部之湖廣〉（《五泉韓汝慶詩集》3.2b)知謝忠以屯田清吏司郎中遷湖廣參議。

谷　高　字仰之，河南詳符人。登正德九年(1514)進士，歷官刑部員外郎。十四年陞山東僉事，終副使。

圖102，《武宗實錄》179.5a(3493)，何集371：041

按：谷高無傳。天順四年(1466)與正德十六年(1521)谷琰與谷鸞分別登進士。其間五十五年唯一谷姓之登進士者僅谷高一人。以此得知何氏詩〈谷進士宴歸圖歌〉(371：041)所指當爲谷高。《(乾隆)詳符縣志》無谷高傳，而載進士表有其名，言「官副使」(12.7a)。

費　榮　陝西西安人。

何集雍本唐龍序下

按：費榮無考。雍本言「西安門人…校刻」，而費氏乃其四人之一。

賈　策　號西谷，疑為山東人，曾任信陽訓導、階州學正。

> 何集251：508；252：114，125，145，516，534，565，592；264：001-002；
> 271：026；272：034-037，518；274：034-035，512；352：110

> 按：何集有〈送賈郡博之階州〉(352：110)。《(萬曆)階州志》載學正表有賈
> 策，而不言其於何年任官(中.15b)。《(光緒)階州直隸州續志》載賈策「正德
> 中任」而不載其本籍(23上.17a[611])。疑賈策為何集352：110所稱之「賈郡
> 博」。該詩云：「十載一儒官，西行路復難。」據編次，此篇為正德十二年
> 春季之作。使此詩指賈策已任之官，則該官疑於正德三年以前已任。家集亦
> 有「賈郡博」者，見〈與賈郡博宿夜話〉(251：508)。「郡博」指教官，家集
> 亦有稱「賈司教」者，如〈贈賈司教先生〉(264：001-002)、〈簡賈司教〉(274：
> 034-035)。又有稱「賈長教」者，如〈賈長教舍白菊〉(252：125)、〈雪中簡賈
> 長教〉(252：145)、〈懷賈長教壇上杏花〉(252：592)、〈張太守宅同賈長教會
> 集〉(272：518)；又有稱「賈廣文」者如〈九月二十六日同賈廣文…〉(272：034-
> 037)。「司教」，「長教」，「廣文」均指訓導。據《(民國)信陽縣志》，
> 正德年間有訓導「賈西谷」(20.6.1a[833]按：西谷之號實為家集中之所以稱賈氏者：《縣志》
> 或據此)。賈西谷與家集「賈郡博」等當為一人。今疑其亦與京集之賈策為同
> 人。邊貢有〈送賈廷臣司訓二首〉(《邊華泉集》7.18b[434]，7.35a[147])，或與賈西
> 谷有關。

賈　詠　(1464-1547)，字鳴和，號南塢，河南臨潁人。弘治二年(1489)舉于鄉，
九年登進士，改翰林院庶吉士。十一年授編修。正德二年(1507)丁母憂，四年
服除還。未幾忤劉瑾，改南京兵部主事，五年遷禮部員外郎。瑾誅，還編修。
六年遷左春坊左中允兼修撰，九年轉侍讀學士，掌南京院事。十一年拜南京國
子祭酒，十三年轉北京祭酒，丁父憂。服除，歷大學士。嘉靖六年(1527)以老
致仕。疾卒，年八十四。有《南塢集》，未見，或佚。

> 索162，獻15.100(535)李濂撰行狀，資692，哈2.293，方1188，庫1342，圖31，
> 何集372：058

> 按：〈送賈學士之南京〉(372：058)不稱「賈學士」之名、字、號。據編次，該
> 詩為正德十二年早春之作。賈詠或於九年末轉南京，十年春季始離京師。

趙士器　河南人，弘治十四年(1501)中舉。正德末年在任保定府通判。

> 何集序：512

> 按：何景明言趙士器任保定府通判。然，《(萬曆)保定府志》8.6a-7a(182-83)不
> 載其名。

趙　惠　字元澤，號雪舟，河南信陽人。弘治末年以貢生遊太學。任嵩明州吏目、壽光知縣。

　　呂柟〈送趙嵩盟序〉《《涇野先生文集》2.16a》，何集251：030；252：555；254：017-018；271：011；272：008，011；352：073；372：021；序：003，004

　　按：趙惠是否號雪舟無明據。據〈送郡守孫公考績詩序〉(序：003)、〈贈清溪子序〉(序：004)知趙惠於正德二、三年居信陽，與何景明、沈昂、馬錄有往還。何集中言及「趙雪舟」之作多亦稱沈、馬。惠與雪舟當可推定爲一人。何景明還京師後，曾送趙惠之嵩明州。然，現存嵩明州志不載其名。

趙　楫　山東濟寧人。成化十九年(1483)中舉。正德年間任延安府知府。九年(1514)外察以疾令致仕。

　　《(乾隆)濟寧直隸州志》20.11a，《(嘉慶)延安府志》18.6a(409)，庫1470，《武宗實錄》108.3a(2203)，何集內：009

　　按：趙楫將赴任延安，何景明贈之序。其文後編入〈內篇〉。

趙　鶴　字叔鳴，號具區，南京江都人。年十四遊靳貴之門。弘治九年(1496)登進士，授户部主事。十二年陞郎中。正德三年(1508)出知建昌府，未踰月，左遷南安同知。五年擢知金華府，陞山西提學副使。值父喪不行。十年服除，補山東。有《具區集》。

　　索827，資768，哈2.112，方1235，庫1475，叢672，別9.138，《本朝分省人物考》31.1b(131-792)，《武宗實錄》38.3a(899)，圖15，何集352：276

　　按：何景明、趙鶴於何時相識待考。據編次，〈送趙叔鳴視學山東〉(352：276)爲正德十年夏季之作。然，何、趙或於弘治末年，即趙、李夢陽俱任户部郎中時，始交游。

邊　貢　(1476-1532)，字廷實，號華泉，山東歷城人。弘治八年(1495)得鄉薦，其明年登進士，除太常博士。十八年擢兵科給事中，尋改太常寺寺丞。正德四年(1509)遷衛輝知府，五年改荆州，六年擢山西題學副使，尋丁父憂。九年服除河南題學副使，十二年丁母憂，家居。嘉靖初，用薦起，歷南京太常卿，南京户部尚書。久之，都御史劾貢縱酒廢職，遂罷歸。有《邊華泉集》。

　　史286.7354，索575，獻31.71(1314)李廷相撰神道碑，資941，哈2.84，方1487，庫1836，實999，圖147，叢567，別9.153，DMB1120，何集251：026；253：503；351：031-034；371：058；372：097

按：邊貢、何景明同屬所謂「七子」，於弘治末年早已有往還。正德六年，景
明還京師，邊貢赴任山西，與顧璘、王廷相共遊開封。

郭　波　字澄卿，福建閩縣人。正德十二年(1517)登進士第，授戶部主事。嘉靖元
年(1522)以長洲知縣挫中官，中官以奏劾，波乃降五級。有《嚴在稿》，未
見，或佚。

　　索63，哈3.35，方896，庫963

按：據戴冠〈與長洲郭大尹〉(見〈繫年考〉)，知郭波曾參與何景明集之刊行，
亦知此爲嘉靖初年之事。

郭　章(一作漳，又作璋)，河南新安人。監生，任江陰縣丞。嘉靖三年(1524)任和
順縣丞。

　　《(民國)新安縣志》10.9a(649)，《(嘉靖)江陰縣志》13.15a，《(民國)和順
　　縣志》6.11b(298)，何集352：294

按：據編次，〈送郭外舅之江陰〉(352：294)爲正德十年之作。郭「外舅」與何
景明之關待考。

郭維藩　(1475-1537)，字价夫，號杏岡，又號杏東，河南義封人。登正德六年
(1511)進士，改翰林院庶吉士，八年授檢討。十二年歸省。十六年擢南京國子
監司業。歷侍讀，太常寺少卿，卒於官。有《杏東文集》，未見，或佚。

　　獻20.44(813)吳國倫撰墓誌銘，又70.32(3039)無名氏撰傳，資497，哈3.37，方
　　909，庫976，實1012，圖106，何集352：069；372：018，090

按：〈詩上郭价夫內翰兄聊寫隕珠之痛…〉(372：090)稱郭維藩爲兄。疑其與郭
　　章「外舅」有關。郭維藩曾與何景明同榜中舉。〈酬郭內翰上陵還詩〉
　　(352：069)言「郭內翰」，而無其名、字、號，然。疑其亦爲維藩。

郭　瓘　(一作瑾)(1471-1545)，字達誠，號一菴，江西廬陵人。弘治八年(1495)
中舉。十八年始登進士第，授刑部主事，冤獄多所平反，陞員外郎。正德八年
(1513)遷寧波知府。十年以外艱歸。服闋補潮州知府，致仕歸，家居二十餘年
卒。

　　獻100.21(4467)郭一鶚撰傳，資500，哈3.35，何集352：242

按：何景明何由與郭瓘相識待考

都　穆　(1459-1525)，字玄敬，號南濠，南京吳縣人。弘治八年(1495)舉于鄉，

十二年登進士，十七年拜工部都水司主事。未幾丁憂，服除復官工部。正德元年(1506)改南京兵武庫司，六年還工部，七年晉禮部主客郎中。上疏乞骸骨，許之歸。遊山著書十三年而卒，年六十四。有《南濠集》等。

索812，獻72.41(3112)胡纘宗撰墓志銘，資642，哈3.170，方1069，庫1026，叢664，圖177，DMB1322，何集352：147-148，179；372：062

按：據《武宗實錄》，都穆於正德八年四月任禮部郎中(99.3b-4a[2064-65])。其「乞骸骨」應爲稍後之事。

鄒　智　(1466-91)，字汝愚，號立齋，四川合州人。成化二十二年(1486)得鄉薦第一，二十三年登進士，授庶吉士。孝宗即位，上疏力劾中官，下獄，竟謫廣東石城所吏目。與陳獻章學。居二年，得疾卒，年二十六。有《立齋遺文》。

史179.4755，索465，獻22.52(926)無撰人傳，資742，哈3.104，方1196，庫1431，圖44，叢512，別9.97，何集序：514

按：俞滂謫官廣東，何景明贈之序，序中言鄒智之事。其文後編入〈內篇〉。

鄒　察　字明卿，南京長洲人。嘉靖三十二年(1553)登進士，授信陽知州。歷官工部郎中。

圖44，《(乾隆)信陽州志》6.9a(213)

按：袁本有鄒察所作題辭，述袁璨與何立校何景明集，既刻求跋於鄒察。

鄭　元　字伯生，號峒谷，湖廣夷陵人。正德六年(1511)登進士，授禮部主事。歷禮部郎中，十六年陞雲南提學副使。

資782，方1358，庫1534，《(嘉靖)湖廣圖經志書》6.124a(546)，張璧〈偕壽榮封序〉(《陽峰家藏集》24.14b)，何集353：012

按：據編次，〈送鄭伯生送親還夷陵〉(353：012)爲正德九年冬季之作，未審何、鄭何由相識。

鄭汝美　(1461-1517)，字希大，號白湖，福建閩縣人。登弘治六年(1493)進士第，授户部主事，歷郎中。十六年使湖藩，以便道歸省，遂不復出。

資783，哈3.279，別9.124

按：鄭汝美有〈和何仲默寄泉山韻〉(見〈唱和集〉)，而何景明現存諸詩無用同韻腳者。

鄭善夫　(1485-1524)，字繼之，號少谷山人，福建閩縣人。弘治十八年(1505)登

進士，尋丁父、母憂。正德六年(1511)始授戶部主事。八年以群小用事告歸，築草堂，讀書其中。十三年起禮部主事，十四年轉員外郎。武宗將南巡，偕同列切諫，杖於廷，乞歸，其明年始得，嘉靖初，用薦起南京刑部郎中，未上改吏部。赴任途中行山，風雪絕糧，得病卒，年三十九。有《鄭詩》、《鄭文》、《少谷集》等。

> 史286.7356，索1098，獻27.69(1166)林釴墓碑，資789，哈3.278，方1378，庫1552，圖27，叢786，別9.131，DMB211，何集352：245；371：020，025；372：099；374：048-049

> 按：〈少谷子行〉(371：020)爲正德八年，即鄭善夫將歸閩時之作。其他諸篇作於善夫家居時。

鄭　選 **(1471-1531)**，字子眾，號鳳岡，河南光州人。弘治十五年(1502)登進士，授洪洞令，進戶部主事，歷郎中。使大同諸餉，拜御史，改夔州府知府，尋請歸。卒於家。

> 《皇明文海》15.4.12張雲撰傳，何集內：014

> 按：鄭選唯一之傳記載《皇明文海》。此書在中國已佚，日本有抄本。該傳不言鄭選於何年使大同。何景明於此時贈之序，其文後編入〈內篇〉。

鄺　琛 正德年間任確山縣丞。

> 《(乾隆)確山縣志》3.10a，何集記：502

> 按：何景明〈確山修城記〉言鄺琛爲「悉力董之，以儳厥事」者之一。

鄺　璠 **(1458-1521)**，字廷瑞，號阿陵，京師任丘人。弘治五年(1492)舉于鄉，其明年登進士，除知吳縣。在吳八年，丁父憂歸。終喪改金華。正德二年(1507)以丁母憂歸。服闋改河南府。六年擢知瑞州府，七年爲流賊所敗，八年贖罪還職。十二年考績，歸卒年六十四。

> 索58，獻87.30(3732)費宏撰墓表，資912，哈3.56，方1464，庫1801，叢371，圖103，何集352：117

> 按：據編次，〈壽鄺廷瑞太守〉(352：117)爲正德十二年春季之作。本年，璠六十歲。劉龍〈壽鄺瑞州廷瑞〉(《紫巖集》6.9b)當爲同時之作。

金獻民 字舜舉，號蓉溪，四川錦州人。成化二十年(1484)登進士，除行人。弘治四年(1491)選授御史，按雲南、順天。十一年陞山東按察副使，十五年丁憂。十八年服闋補湖廣。正德二年(1507)陞湖廣按察使。本年忤劉瑾，下獄，三年

斥為民。五年，瑾誅，起貴州按察使，本年丁憂。七年補山東按察使，八年巡撫延綏等地方。九年陞都察院副都御史，十二年遷刑部左侍郎，十五年陞南京刑部尚書。嘉靖初任兵部尚書，被劾，引疾歸，竟逮下獄，奪職閒住。

　　史194.5141，索1060，資311，哈2.153，方535，庫666，圖37，何集353：502

按：〈蓉溪書屋〉屬獨次，云：「書屋蓉溪曲，雲林蜀嶺斜」(353：502)。方豪〈蓉溪書屋記〉：「大司寇綿州金公在正德初以按察副使家居於州城之東。結室若干楹，畜書萬卷，時以誦讀爲樂。」又：「及夫元姦既踣，天子思用舊臣，公乃復起爲按察使」(《棠陵文集》3.1a)。據方氏之語，知金獻民居此屋爲正德初至劉瑾既伏誅時期之事。《明史》金獻民傳言其忤劉瑾時已任職按察使。然，方豪言其以副使家居，未知孰是，而以方氏稱「大司寇」(此語指刑部尚書)，知其序作於正德十五年至嘉靖初年之間。鄭善夫亦有〈金司寇芙蓉溪草堂命余題句〉(《鄭詩》8.12a，《少谷集》7.7b[106])(司寇指刑部侍郎、尚書)。金獻民於正德十三年遷刑部侍郎，據鄭善夫集編次，該詩爲十三年冬季之作。劉龍〈蓉溪書屋爲小司寇金舜舉賦〉(《紫巖集》20.2b)、陸深〈蓉溪書屋爲金司寇〉(《儼山集》2.6a[11])亦爲此時之作。楊一清〈蓉溪書屋爲金都憲舜舉賦〉(《石淙詩稿》12.25b)、顧清〈蓉溪書屋爲金都憲舜舉賦〉(《東江家藏集》13.31b)均當爲九年至十二年間之作。何景明〈蓉溪書屋〉或作於同時。

錢　進　**(1430-1516)**，字景升，號菊菴，京師大興人。少敏，善書法。天順間有薦之朝者，不報。因終身不仕，以德行聞。

　　庫1729，何集銘：005

按：錢進三子祿任中書舍人，與何景明同官，或因此求銘焉。

錢　榮　字世恩，號伯川，南京無錫人。登弘治六年(1493)進士，歷戶部郎中。正德元年(1506)任工部都水郎中，三疏乞歸始許之。家居數年，不入城府。

　　資880，庫1730，《毘陵人品記》8.13a，何集賦：004，025，026；樂：507：252：072：352：140：372：068

按：〈後別思賦〉序云：「伯川將之河西，予既爲〈別思賦〉矣」(賦：026)。邊貢〈車遙遙送錢伯川監稅河西〉(《邊華泉集》2.5a[57]，2.10a[27])爲同時之作。〈伯川詞〉序云：「水部錢君…將俟官成，歸于伯川之上，命予作辭歌以樂志」(賦：004)。可知此篇爲錢榮將歸之作。亦知錢伯川即錢榮。邊貢〈伯川子仕爲地官大夫，能其官，且有顯陟矣，乃一旦思其母夫人解印綬去，予知其必有以也，取六義之比賦有免詩二章以美之〉(《邊華泉集》1.14a[31]，1.22a[14])、〈送錢伯川歸錫山〉(《同》2.15a[77]，2.20b[32])、〈次空同子韻送伯川子

歸吳二首〉(《同》4.3b[172]，4.3b[61])、杭淮〈送錢水部士弘致仕還十絕〉(《雙溪集》5.3a[272])或爲同時之作。何景明〈雙鴈篇〉序云：「錢水部世恩在宦失偶，日夕哀吟。其友何景明爲作〈雙鴈篇〉寄之」(樂：507)，可知此篇爲錢榮未歸時之作。〈寄錢水部〉：「多情錢水部，別後有哀吟，萬里秋風興，孤舟日暮心」(352：140)。景明於弘治十八年秋季奉使雲南，正德二年秋季已歸信陽，故知此篇爲正德元年之作。〈得錢水部書〉：「故人俱落魄，水部近何如。河上三年別，天涯十月書」(252：072)。據編次，此詩爲二年冬、三年早春之作。「三年」指正德元年至三年。據編次，372：068〈寄世恩愛日樓〉爲正德十年春、夏之作。李東陽〈愛日樓爲錢郎中榮作〉(《李東陽集》1.559)、邊貢〈愛日樓爲錢水部作〉(《邊華泉集》2.27b[102]，2.37a[40])、孫一元〈題愛日樓〉(《太白山人漫稿》4.28b[819])或爲同時之作。邊貢亦有〈次韻壽東湖錢水部八十〉(《邊華泉集》6.42a[347]，6.57a[119])，知錢榮享長壽。

錢應福　浙江錢塘人。正德年間任福州府推官。

　　《(萬曆)福州府志》14.10a，何集352：608

　　按：錢應福無傳。其何年赴任福州府待考；亦未審其何由與何景明相識。

閻　欽　(1480-1529)，字子明，號定峰，陝西隴州人。登正德三年(1508)進士，四年選吏科給事中。六年丁父憂，八年還任。在吏科前後七年，不避權貴者，同列劾多出其手，十年選河南兵備僉事。十五年上疏乞致仕，詔進河南參議以歸。

　　獻92.68(4007)王九思撰墓志，資866，哈2.121，庫1695，何集序：519；記：002，502

　　按：閻欽任河南兵備僉事時力承宵河之功。〈信陽修城記〉(記：002)、〈確山縣修城記〉(記：502)記之，而〈壽閻定峰兵備序〉(序：519)賀其生日。諸篇爲正德十三年秋、冬，景明赴任陝西途經過信陽之作。

陰　盈　字克復，河南汝陽人。弘治十二年(1499)登進士第，授中書舍人。正德初，丁憂。三年(1508)以違限謫晉州判官，四年調南和知縣。未久陞主事。終戶部員外郎。

　　方910，《(萬曆)汝南志》10.9a，《(嘉靖)順德志》24.27a，《武宗實錄》36.2a(857)，《(康熙)汝陽縣志》8.7b(484)，庫998，圖212，何集252：004

　　按：陰盈傳記少。今疑其以同鄉，同年中舉之故，後任同官則與何景明相識。

陳　沂　(1469-1538)，初字宗魯，後改魯南，號石亭居士，南京應天人。弘治十四年(1501)舉于鄉，正德十二年(1517)始登進士，年四十九。授庶吉士，十四年陞偏修。歷侍講、山東參政、太僕寺卿，致仕。有《抱虛集》。

　　史286.7355，索1008，獻104.3(4672)顧璘撰墓志銘，資578，哈3.212，方915，庫1131，圖21，叢737，別9.165

　　按：何景明著作中無言及陳沂者。然，陳沂集中有言及何景明之詩(見〈唱和集〉)。

陳　堂　字明佐，廣東南海人。登隆慶二年(1568)進士第，初任嚴州司理，拜南京監察御史。萬曆五年(1577)以星變上疏，與張居正忤，出為四川參議，以大計貶歸。後起廣西僉事，晉光祿少卿，以南京尚寶司卿致仕。家居二十年。有《湘南集》等，未見，或佚。

　　索1024，哈3.207，庫1140，《(雍正)廣東通志》45.43b(106)，圖23

　　按：周子義〈何大復先生集序〉言景明之孫洛書示陳堂以其「會萃編次」本何集，陳氏乃謂，「是集永足以風」，後與信陽人胡秉性「捐贖鋟梓之。」

陳　煥　字德彰，江西貴溪人。正德十二年(1517)登進士第。嘉靖八年(1529)由刑部郎中遷嚴州府知府。卒於官。

　　《(萬曆)嚴州府志》9.15a(195)，方940，庫1144，何集374：050

　　按：據編次，〈送陳進士還江西〉(374：050)為正德十二年之作。本年江西籍之陳姓登進士者僅有陳煥。本年另有進士陳煥者，字子文，浙江人。見〈資〉、〈哈〉等。

陳　標　字立之，河南真陽人。弘治八年(1495)舉于鄉，任垣曲知縣。

　　《(萬曆)汝南志》11.13a，何集內：010

　　按：據《(康熙)垣曲縣志》，陳標於正德十一年始任知縣(5.7b[178])。將赴任，何景明贈之序，其文後編入〈內篇〉。

陳繼昌　字世顯，陝西慶陽人。監生。官光祿司。正德十年(1515)陞太谷縣知縣。

　　《(康熙)太谷縣志》2.3a，何集內：004

　　按：陳繼昌赴任太谷，何景明贈之序，其文後編入〈內篇〉。

陶永淳　(1442-1513)，字質夫，號樸菴，南京華亭人。天順六年(1462)中舉，成

化二年(1466)登進士第，授魏縣知縣。丁憂去。服闋改南和知縣，轉紹興府同知。以忤御史稱病歸。

　　方997，《(崇禎)松江府志》39.23b，庫1030，圖169，何集狀：002

按：陶永淳即何景明友陶驥之父。永淳卒，驥求狀於景明。

陶　驥　字良伯，一作德良，南京華亭人。弘治十四年(1501)舉于鄉，十八年登進士，授行人。歷吏部員外郎，直內閣。正德八年(1513)丁父憂，十年考察以不謹令冠帶閒住。

　　《(嘉慶)松江府志》45.71b(984)，《武宗實錄》123.1b(2464)何集352：236，241；353：007；354：018；371：017；372：031，050；狀：002

按：陶驥傳記甚少。然，可以何集之著作補之，則其大略可得而知。據〈苦熱行簡問陶良伯〉：「六月二十火雲發，京師毒熱勝吳下」(371：017)得知此篇爲晚夏之作。該詩又云：「姑蘇才人玉堂客，鄰近不得同杯斝，因君欲訪姑蘇臺，臺下清江千尺瀉。」「玉堂客」指陶驥直內閣，「欲訪」指景明得知姑蘇之妙而欲訪，非謂陶驥將往蘇州。此篇疑爲正德七、八年之作，據「玉堂客」覘之，當以八年爲長。據編次，〈贈良伯〉(353：007)爲八年七月七日之作，〈十四夜對月集陶良伯〉(352：236)爲八年八月十四日之作，而〈十月四日過良伯〉(352：241)爲八年十月四日之作。〈慈仁寺送良伯〉(372：031)不言陶驥何往。據編次，該詩爲正德八年之作。何集狀：002爲驥父陶永淳所作(見上)，言永淳於正德八年九月九日卒。驥聞父疾，即日歸，至家時，永淳已卒。〈送良伯〉：「去年秋杪遙相送，今歲冬殘復此行」(372：050)。據編次，此篇爲九年冬季之作，而於其「去年」十月四日，何景明曾過陶驥。然，該時之詩作未言及「遙相送」。據景明所撰陶永淳行狀推斷，十月四日之稍後，驥始聞父疾歸，而景明以〈慈仁寺送良伯〉「遙相送」。該詩雖云：「入寺松陰散鶴群，出城冬旭裛煙氣」，以〈十月四日過良伯〉爲十月四日之作而尚稱「秋色」，〈慈仁寺送良伯〉或爲幾日後之作。九年冬季，驥或暫還京師，而景明以〈送良伯〉送之。此後，陶驥致仕。《武宗實錄》123.1b(2464)：「(正德十年四月)甲午(AP20)，吏部會都察院考察…員外郎…陶驥…以不謹，宜冠帶閒住。」據編次，〈至日答良伯〉(354：018)爲十年以後之作，而不知繫之何年爲是。據該詩云：「天邊登北樓，歲暮望南國」、楊慎〈無題〉自注云：「丁丑歲，同何仲默、張愈光、陶良伯作」(《升菴集》30.9a〔221〕)，可知陶驥於正德十二年又遊京師。〈至日答良伯〉或爲此時之作。

陸　深　(1477-1544)，字子淵，號儼山，南京上海人。弘治十四年(1501)得南畿鄉薦第一，登十八年進士，改庶吉士。正德二年(1507)授國史編修。踰年丁母憂。四年以不附劉瑾改南京主事。瑾誅，復職。七年以疾休，十一年復起。十三年陞國子監司業，巡丁父憂。後歷祭酒、四川布政使、詹事府詹事，致仕。有《儼山文集》。

　　　史286.7358，索991，獻18.42(745)許讚撰墓表，資568，哈3.195，方1001，庫1015，圖132，叢726，別9.181，DMB999

　　按：何集中無言及陸深之作。然，陸深言及景明之篇有二(見〈唱和集〉)。

雷　雯　字煥章，河南上蔡人。正德三年(1508)登進士第，授行人。六年遷戶科給事中，年末命隨軍紀功於北直隸。八年迎其父至京師。九年應詔陳言十四事，其疏留中不下。雯乞假送親歸，卒于家。

　　　資693，哈2.290，方1200，《(萬曆)汝南志》13.26a，《掖垣人鑑》12.18a，《武宗實錄》82.9a(1783)，何集371：034

　　按：呂柟〈壽雷先生序〉(《涇野先生文集》2.20b)錄雯之同年十一人致祝，其中有王相、胡止、戴冠、許遠、馬錄、呂柟。

靳　貴　(1464-1520)，字充道，號戒菴，南京丹徒人。弘治二年(1489)得鄉薦第一。其明年登進士及第，授翰林院編修。歷春坊諭德、翰林院侍講、太常寺少卿。正德四年(1509)陞禮部右侍郎，尋左遷光祿卿。劉瑾敗，陞吏部右侍郎。九年陞文淵閣大學士，十二年數上疏乞歸，致仕。有《戒菴集》。

　　　索673，獻15.66(518)王鏊撰墓志銘，資721，哈3.141，實964，方1203，庫1351，圖39，別9.128，何集內：025

　　按：〈戒菴記〉(內：025)記靳貴戒菴，據其稱「靳大學士」知該記爲正德九年以後之作。

鞏　淮　河南唐縣人。正德十年任金壇縣丞。明年卒於官。

　　　《(康熙)金壇縣志》7.15b，何集374：043

　　按：鞏淮略無考。《(乾隆)唐縣志》、《(康熙)南陽府志》均不載其傳，選舉表無其名。《金壇縣志》僅云：「十年任，卒于官。」何景明、鞏淮或因而景明妻王氏同爲唐縣人而相識。據《金壇縣志》，鞏淮繼劉天和任金壇。景明〈送鞏丞之金壇因訊養和〉(374：043)稱劉天和之善政。

韓邦奇　(1479-1556)，字汝節，號苑洛，陝西朝邑人。正德三年(1508)登進士

第。四年除吏部主事，五年進員外郎，六年以上疏陳時政闕失黜為平陽通判，九年遷浙江按察僉事。十年以裁抑中官逮至京下詔獄，十一年竟斥為民。世宗即位，起任山東右參議。歷南京兵部尚書，致仕歸。嘉靖三十四年(1556)，陝西地大震，韓邦奇卒焉，年七十七。有《苑洛集》。

　　史201.5317，索719，獻42.72(1757)無名氏撰傳，資893，哈3.136，實1066，方1449，庫1774，圖70，叢619，別9.211，DMB488，何集352：087-088；內：026(序：504)

按：韓邦奇因多任地方官少與何景明同遊。然正德十一年冬，邦奇斥為民，其弟邦靖已歸。何景明贈之〈送韓仲子並訊其弟季子〉（352：087-088）。據王九思所撰韓紹宗墓碑(見〈獻〉90.62[3931])知邦奇為仲子，邦靖為季子。

韓邦靖　(1488-1523)，字汝慶，號五泉，陝西朝邑人，邦奇弟。登正德三年(1508)進士，與兄邦奇同年。四年授工部主事，七年進員外郎。九年以乾清宮災，指斥時政甚切。武宗大怒，下之詔獄，奪其職罷為民。世宗即位起山西左參議。有饑，奏請發幣，不准，竟乞歸，不待令輒行，抵家疾卒，年三十六。有《韓五泉詩》。

　　史201.5319，索719，獻97.59(4259)王九思撰墓誌銘，資894，哈3.136，方1450，庫1774，叢619，圖70，別9.132，何集古：002；351：040；352：087-088，167，182-183；374：025-026

按：韓邦靖、何景明於正德六年秋季至九年春季間同遊於京師。〈出城贈韓子〉(351：040)不言韓名、字、號、官、籍。其是否與邦靖有關待考。

韓　奕　，字大之，陝西慶陽人。家貧不能受讀。後以賦役見辱，奮志向學，登正德九年(1514)進士第，授新都知縣。十三年遷監察御史。陞四川按察司僉事，致仕。隱居教授，講明性理學。

　　資895，哈3.134，方1443，庫1765，圖69，何集372：053

按：明代名韓奕者有二人。另一字公望，乃明初詩人。〈哈〉以二者為一人，〈資〉、〈方〉等辨之為二。

韓　珍　四川金堂人。弘治二年(1489)中舉，任郃陽教諭。陞國子監助教。

　　《(嘉慶)金堂縣志》5.32b，《(嘉靖)郃陽縣志》下.26b，何集372：038

按：韓珍無傳。據編次，何景明於正德九年(1514)春贈之詩。

韓　貫　京師霸縣人，貢生。正德中任延津知縣。

《(嘉靖)霸州志》7.11b，《(萬曆)開封府志》7.43b，何集371：039

按：韓貫無傳。其將赴任延津時，何景明贈之〈延津歌〉，言「延津寇過」，此或爲正德六、七年之作，待考。

韓　福 (1545卒)，字德夫，陝西西安人。成化十七年(1481)登進士，授滑縣知縣。弘治元年(1488)擢御史。十八年由大名府知府陞浙江右參政，改左。病歸，尋召大理寺右少卿。正德元年(1506)陞右僉都御史。二年坐累，下詔獄。劉瑾以同鄉命出之，三年陞爲户部左侍郎。命理湖廣缶餉，其斂嚴苛。瑾忽怒召還。四年復命覈遼東屯田。軍士亂，瑾勤福致仕。五年，瑾敗，籍福家，得其在湖廣時所餽白金數十萬兩，遂戍固原。世宗即位始赦歸。

史306.7841，索717，獻30.37(1252)無名氏撰傳，資897，哈3.136，實870，康海〈野田先生碑〉(《康對山先生集》6.1a[273]，16.6a，35.6a)，圖69，庫1770，何集252：147-148

按：何景明未與韓福交遊。福自湖廣召還時，途經信陽，景明贈之〈送韓亞卿返湖南〉。

韓　鼐　字國器(一作國用)，南京華亭人。成化十六年(1480)舉于鄉，登二十三年進士，歷官河南按察司僉事。

《(嘉慶)松江府志》45.69a(983)，何集252：067

按：韓鼐傳記少。據《信陽縣志》，韓鼐於弘治十八年(1505)任職僉事(20.4.1a[815])。據編次，何景明〈韓席二僉憲見過留飲〉爲正德二年冬季之作。

顧可適　字與行，南京無錫人。登正德三年(1508)進士，授中書舍人。歷刑部郎中，擢廣西參議。有《蓉峰遺稿》，未見，或佚。

哈3.41，《明詩紀事》戊籤10.12b(1590)，圖101，何集352：251；372：078

按：據編次，〈顧以行諸客見訪次韻〉(352：251：)、〈送顧隱君還常州君來視其姪中書子進士〉(372：078)皆爲正德十年之作。372：078不言其名、字、號，而稱「中書子進士」。弘正年間時常州顧姓登進士者有三：可適、可學、可久。唯可適曾官中書舍人。

顧可學 (1466卒)，字與成，南京無錫人。登弘治十八年(1505)進士，歷官工部郎中。正德九年(1514)陞浙江右參議，十年言官劾其盜官帑，十一年斥歸(一作病免)。家居二十餘年。後以世宗好長生，略同年嚴嵩以見，自言能煉長生藥，拜工部尚書，尋改禮部。竟以年老乞休，卒。

史307.7902，索533，獻34.22(1393)無名氏撰傳，資950，哈3.41，實1074，庫
1865，《武宗實錄》131.6ab(2609-10)；何集352：020

按：顧可學於於正德九年將赴任浙江參議，何景明贈之詩一首。

顧　英　，字順中，浙江慈谿人。弘治十五年(1502)登進士第，授萬載知縣。正德
三年(1508)選南京監察御史。九年陞湖廣按察僉事，十四年陞四川副使。歷見
昌兵備副使。以剛直忤時，致仕歸田。有《發齋集》，未見，或佚。

資953，方1509，圖102，《武宗實錄》109.7a(2239)，何集樂：501；352：216

按：〈悼遠辭〉序云：「侍御顧君…同年友也」（樂：501）。又有〈送顧侍御還
南京〉(352：216)。弘治十五年顧姓登進士者有三人，僅有英曾任御史。何集
此二作當指其人。

顧鼎臣　(1473-1540)，字九和，號未齋，南京崑山人。弘治十四年(1501)得鄉
薦，十八年登進士第一。授修撰，尋丁父憂。正德二年(1507)服闋，三年還
朝，與修實錄。四年陞翰林侍讀。丁母憂，七年服闋告疾家居。八年冬還朝。
十一年陞左春坊左諭德兼侍讀。嘉靖歷禮部尚書，文淵閣大學士。十九年
(1540)卒于官，年六十八。有《顧文康公文集》。

史193.5115，索534，獻16.41(569)嚴嵩撰神道碑，資956，哈3.40，實1023，庫
1867，圖101，別9.169，何集352：066

按：據編次，〈顧九和內翰約看花城南寺病目不赴〉(352：066)為正德十一年春
季之作。

顧　璘　(1476-1545)，字華玉，號東橋，南京上元人。登弘治九年(1496)進士，
十二年授廣平知縣。十五年擢南京吏部主事，晉郎中。正德五年(1510，一作
四年)出為開封知府。數與鎮守錢堂、王宏忤，逮下錦衣獄，八年謫全州知
州。十一年，秩滿遷台州知府。歷浙江左布政使，巡撫山西、湖廣，南京刑部
尚書。罷歸，卒。有《山口集》，《憑几集》，《浮湘稿》，《息園存稿》，
《顧華玉集》等。

史286.7354，索533，獻48.76(2038)京學志傳，資957，哈3.44，方1512，庫
1864，圖101，叢543，別9.185，何集352：022，150，217

按：〈寄顧華玉〉：「詞客金陵去，那期歲屢過」（352：150）。顧璘於弘治十五
年官南京，據編次，此篇為正德元年秋季之作。璘或以陞員外郎時暫客京
師，後還南京。

顧應祥　(1483-1565)，字惟賢，號箬溪，浙江長興人。登弘治十八年(1505)進士，詔纂孝宗實錄。正德三年(1508)，授饒州府判官。六年補錦衣衛經歷。十年出為廣東按察僉事，十四年入賀萬歲節，至京會寧王反，擢江西副使。官至南京刑部尚書。致仕歸，卒於家，年八十五。有《箬溪歸田詩選》，未見，或佚。

　　索532，獻48.80 (2040) 徐中行撰行狀，資958，哈3.42，實1084，圖102，方1516，庫1868，叢542，別9.239，DMB749，何集371：502

　　按：〈送顧錦衣赴廣東僉憲〉(371：502)為正德十年，即顧應祥赴任廣東時之作。

馬　陟　南京合肥人。弘治六年(1493)登進士。授中書舍人。正德二年(1507)陞尚寶丞，五年陞光祿寺少卿，十一年轉太僕少卿。

　　《國朝列卿記》147.2b (7322)，《武宗實錄》24.4a (657)，60.2b (1324)，133.4b (2646)，何集352：021，135

　　按：〈自滇蜀歸李户部馬舍人見訪〉(352：135)稱「馬舍人」，此時馬陟任中書舍人，與何景明同官。據李夢陽〈過馬陟次毛庶子韻〉(《空同先生集》31.3b [822]，30.1b[255])詩題得知李、馬相識。352：135以李、馬並稱，或指其人。

馬　理　(1474-1556)，字伯循，號谿田，陝西三原人。幼從王恕學，為楊一清所奇，弘治十一年(1498)得鄉薦，入國學，與呂柟、崔銑、張士隆相遊。然試禮部連失第，正德九年(1514)始登進士。擢稽勳主事，調文選。十一年請告歸。十三年起考功主事，諫南巡被杖。十五年復告歸，教授生徒。嘉靖三年(1524)起員外郎，爭大禮，下詔獄再杖。歷官南京光祿寺卿，致仕。三十四年陝西地震，死焉。有《谿田文集》。

　　史282.7249，索937，獻71.42 (3088) 薛應旂撰傳，資414，哈2.140，方726，庫825，圖136，別9.208，何集452：031

　　按：馬理雖久居京師，與何景明至交崔銑等同遊，京集中無詩言及者。何景明官陝西時訪之，詩中始見之。

馬　卿　(1479-1536)，字敬臣，河南林縣人。弘治八年(1495)十七歲中舉，後兩試禮部不利。與張士隆、田汝籽、崔銑、呂柟、馬理等遊太學。十八年登進士第，改庶吉士。正德二年(1507)授户科給事中，五年陞吏科右給事中，六年以上疏劾大學士靳貴奴洩試題。貴大愧恨，馬卿遂調大名府知府。會賊亂，修城募兵，賊圍而竟不拔。十年晉浙江按察副使，十二年轉山西提學副使，十四年

陞右參政。歷官雲南布政使、漕運復都御史，卒於官。有《中丞馬先生詩、文
集》。

索945，獻59.73(2494)朱睦楔撰傳，資413，哈2.140，方726，庫825，圖135，
別9.160，何集271：701

按：何景明、馬卿或因其共友崔銑等相識。正德六年返京師時，馬氏已外調。
此後二人似未有來往。

馬　錄　字君卿，號百愚，河南信陽人。登正德三年(1508)進士，五年冬授固安知
縣。八年徵御史，按應天、山西。十一年丁母憂。嘉靖中以李福達事劾武定侯
郭勛，永戍廣西。久絕口不言往事，竟卒於戍所。有《百愚集》，未見，或
佚。

史206.5427，索946，獻65.53(2844)，朱睦楔撰傳，資416，哈2.141，方730，
庫829，圖136，DMB317，《武宗實錄》113.4b(2302)，何集251：030；252：
031，055-058，069，080，088，527；272：008，009-010，513；351：041，
047；352：273；371：037；序：004；銘：007

按：何景明歸信陽，常與馬錄遊。於正德二年秋、冬，有六題(十首)爲據。三
年春，馬錄赴京師試禮部，登進士第，試後歸信陽，三年秋返京，知固安縣
時，景明送以詩寄之。八年拜御史後，二人俱游京師。

馬應祥　(1458-1526)，字公順，號敬湖山人，陝西咸寧人。弘治二年(1489)得鄉
薦，九年登進士，十年授河內知縣。其明年以母喪歸，服除改任歙縣。召吏部
稽勳司主事。正德二年(1507)調文選，陞員外郎。與尚書忤，四年陞湖廣按察
僉事督學校，六年改督屯河南，未幾復以母喪歸。九年服除尋丁父憂。起改山
西督屯僉事，十六年擢山西按察副使，未久上疏乞休，歸里。

獻97.72(4265)王九思撰墓志銘，資416，哈2.138，方737，庫836，何集252：
510，511；271：503；272：501-504

按：馬應祥赴任湖廣過信陽，與何景明遊，二人或無其他往還。

馮　洸　(1479-1508)，字宗武，河南信陽人，鎬子。爲郡學生，人雖望其取高第
如拾芥，然，數試不利。三十以疾卒。

何集銘：501

按：馮洸卒時，其父馮鎬甫丁憂，居信陽，與洸弟馮格訪何景明，求銘焉。

馮　禎　(1512卒)，陝西綏德衛人(一作南京舒城人)。起家卒伍，累功爲副總兵。

正德六年(1511)詔入討中原賊，以功進都督僉事。明年春，與賊戰於洛南，死焉。贈洛南伯。

　　史175.4666，索528，獻108.39 (4845) 實錄傳，資625，哈3.26，實892，庫1220，圖66，何集371：011

按：〈馮都督歌〉(371：011)言馮禎忠勇，或藉此以刺其他邊將。

馮　鎬　字大京，河南信陽人。登成化十四年(1478)進士，歷刑部主事、湖廣兵備、貴州按察使。弘治十七年(1504)遷廣西右布政使。明年陞左，轉廣東。丁憂歸。正德四年(1509)陞南京光祿寺卿。以不屈於劉瑾歸。五年陞右副都御史，巡撫保定，致仕。

　　哈3.27，《國朝列卿記》145.8a(7301)，《(乾隆)信陽州志》8.4a(269)，何集274：503；372：083；銘：501

按：馮鎬雖爲信陽長者，因多任地方官，何景明或少與之遊。〈題馮大京畫蘭〉(274：503)或爲正德五、六年，即馮鎬歸後時之作。〈同馮光祿登慈仁寺閣〉「也知光祿高情興，自合題詩在上頭」(372：083)或爲指馮鎬之作。鎬任南京光祿寺卿不久。正德四年冬任，至五年冬已陞御史。其詩當爲甫升官時之作。景明於十年見而和之。

馮　顒　字有孚，廣東瓊山人。弘治九年(1496)登進士第，授户部主事，再陞郎中。廣西黎賊叛，顒陳以夷攻夷之策，兵部尚書劉大夏稱其言，召從之。十五年選監察御史，巡按湖廣。嘗以事忤劉瑾，爲所誣，自經死。

　　史188.4989，索529，資625，哈3.27，《蘭臺法鑑錄》13.42a，方1079，庫1221，圖67，何集賦：022

按：〈白菊賦〉(賦：022)言馮侍御而不言其名、字、號。該賦爲弘治十七年之作。此時馮姓之任御史者，僅有馮顒。

高　澇　字穎之，南京江都人。登弘治十八年(1505)進士，改庶吉士。正德二年(1507)授兵科給事中。劾六十一人，己父在其中。九年陞右給事中。十年遷南京光祿少卿。

　　索18，資389，哈2.166，方741，《掖垣人鑑》12.7a，圖98，何集352：025

按：正德九年，高澇使楚，何景明以詩送之。

高　貫　(1466-1516)，字曾唯，號恕齋，南京江陰人。弘治八年(1495)舉于鄉，十二年登進士。尋以養母告歸。十四年授工部主事，十八年改刑部，陞員外

郎。以不屈於劉瑾謫遼州知州。瑾誅，遷戶部員外郎，正德六年(1511)陞郎
中。七年擢浙江按察副使。十一年考績京師，歸道得疾，至丹陽南數里卒。

　　獻84.73(3584)邵寶撰墓志銘，資389，哈2.165，方741，庫782，圖98，何集
　　372：015

按：〈寄杭東卿高曾唯二憲副〉：「樓船水戰江流急，鼓角秋城海日陰」
　　(372：015)。疑此指正德七年流賊橫行長江。杭淮、高貫皆任浙江副使。淮自
　　六年至十年以前在任，貫自七年至十一年間在任。

高　鑑　(1452-1518)，字克明，號鐵溪，河南信陽人。登成化十四年(1478)進
　　士，授吏部主事。以忤中貴人謫鎮遠通判。弘治元年(1488)遷青州府，其明年
　　遷鎮江同知。後任夔州府知府。任一年歸。卒年六十七。有《鐵溪集》，未
　　見，或佚。

　　哈2.169，方745，庫788，《本朝分省人物考》92.10b(138-318)，圖97，何集
　　251：030；252：037-040，101；272：003，028，034-037，521；　序：004；
　　銘：008；祭：501

按：何景明歸信陽「養病」，時與高鑑遊。馬理〈蒼谷全集序〉(載《蒼谷全
　　集》)：「古今諸賢之學，各有所發…大復發於高鐵溪。」高鑑之詩亦爲邊貢
　　所稱，見其〈題史元之所藏沈休翁高鐵溪詩卷〉(《華泉集》14.10b[238]，偉文版不
　　載)。何景明赴任陝西時，適鑑卒，卒前曾乞銘。景明撰墓誌銘雖爲高鑑最
　　詳之傳，而〈資〉、〈庫〉均漏載。

又按：〈圖〉97載二條，然，藝術典786/486/8A中指別人。

魏良貴　字師孟，號及齋，江西新建人。與其兄良政等師王守仁。嘉靖十四年
　　(1535)登進士第。歷山西按察副使，終都御史。

　　索419，資926，哈3.108，圖195

按：郢察〈大復集題辭〉言魏良貴過信陽，訪何立，得「賦詩若干篇，命察刊
　　之。」

鮑　國　河南信陽人。曾任指揮使。

　　《(民國)信陽縣志》20.9.4a(855)，何集記：002

按：信陽城竣工，指揮使鮑國求記於何景明。

鮑　弼　字以忠，號梅山，南京歙縣人，久商於開封。能詩，與李夢陽同遊。有
　　《梅山集》，未見，或佚。

庫1737，李夢陽〈梅山先生墓志銘〉(《空同先生集》43.15b[1246]，45.19b[416])，圖144，何集354：008

按：據編次，〈飲鮑以忠〉(354：008)爲正德六年，即何景明返京師途中之作。此時，李夢陽已赴任江西，景明或以與顧璘遊而識鮑弼。

黃　昭　字明甫，南京江陰人。弘治九年(1496)登進士。任吏、兵二部主事，改御史。以忤劉瑾罷。正德七年(1512)起用。八年陞廣東按察司僉事，歷福建按察副使，以平寇立功，丁母憂歸。

索744，哈2.269，方1086，庫1251，《蘭臺法鑑錄》13.32a，《(康熙)江南通志》44.34a，《武宗實錄》88.9b(1896)，100.7a(2083)，圖90，何集372：043

按：據編次，〈夜訪黃明甫〉(372：043)爲正德九年秋季之作，云：「十年歧路無窮事，話對秋堂夜不眠。」據此語可知景明與黃昭應在弘治末年之前已相識。

黃省曾　(1490-1540)，字勉之，號五嶽山人，南京吳縣人。少好古文，遊喬宇之門，命輯諸山記。學詩於李夢陽，從王守仁、湛若水遊。嘉靖十年(1531)得鄉薦，以母老遂罷試，卒於家。有《五嶽山人集》等。

史287.7363，索746，資655，哈2.265，方1110，庫1265，圖92，叢636，別9.168，DMB661

按：黃省曾雖未序何景明集，其功不可沒。戴冠問之編次，後以己遷山東，即託省曾刊行。

附錄1—人物別名索引

何粹夫	見何　瑭	252:022；書:004
何燕泉	見何孟春	371:031；474:005-008
侯子	或爲侯宜正	內　:011
侯汝立	見侯宜正	352:237，287；內:005
侯郎中	見侯宜正	352:032
侯都閫	無考，弘治十八年	書　:001
	任永寧	
公順	見馬應祥	252:510，511；271:503
俞公濟	見俞　濘	序　:514
寇定州	見寇　恭	352:175
劉士奇	見劉儲秀	352:016；472:006
劉士寄	待考，疑誤	352:016
劉大司馬	見劉大夏	序　:514
劉大參	待考	252:003
劉大理	見劉澄亮	352:004
劉子	見劉　佐	352:260，614
劉子	見劉　訪	內　:012
劉子	見劉　銑	352:082
劉子	待考，疑爲劉　銑	352:080-081
劉子	待考	352:070；372:046
劉子	待考，或爲劉儲秀	352:101，122
劉子(延安)	見劉　琛	內　:009
劉子緯	見劉文煥	351:047；352:299，615；372:074
劉公	見劉　榮	銘　:002
劉户部	見劉　佐	352:062
劉文直	無考	254:703
劉氏昆弟	見劉　佐、劉　侃、	352:303
	劉　仁	
劉主事	待考，劉　佐、劉	352:032
	文煥、劉儲秀均可	
劉以正	見劉　侃	352:016，281；371:032‘
劉以道	見劉　佐	352:260，273
劉令(襄陵)	見劉　諭	372:061
劉生	無考	353:008
劉汝忠	見劉　銑	352:249-250，290；372:079
劉西曹	見劉儲秀	352:304

劉伯雨	見劉 滂	252:606
劉君(侍御)	見劉成德	序 :501
劉武選	無考	371:045
劉侍御	見劉天和	351:065;372:035
劉東之	見劉 淮	254:020-021;352:162
劉東山	見劉大夏	272:027,030
劉張	見劉儲秀、張治道	472:006
劉符臺	見劉 鈗	372:089
劉朝信	見劉 節	252:505-507,512,526,535,556,560;272:032,521,526,528,544;372:054;雜:502
劉筆峰	見劉鳳鳴	451:701
劉黃巖	見劉 夔	451:701
劉御史(侍御)	待考	351:065
劉僉事	待考	內 :024
劉遠夫	見劉大謨	樂 :045-047
劉德徵	見劉文煥	352:028;372:030,032
劉養和	見劉天和	372:035
劉舉人	見劉 節	272:034-037
勤父	見田汝耔	372:033
勤甫	見田汝耔	352:017,225,238;372:011,024,033,034
勤清	見田汝耔	372:033
函谷子	見許 誥	序 :506
夔州	見高 鑑	272:028
雙梧	見華 昶	354:003-004
司農公	見李 瀚	賦 :005
古峰	見蕭 琥	271:504
古愚翁	無考	371:003
呂子	無考,與申理同鄉,或爲呂 柟	內 :017
呂子(高陵)	見呂 柟	352:019,266;內:005
呂子	見呂 經	352:057
呂內翰	見呂 柟	352:226,230;371:019
呂仲木	見呂 柟	351:041;352:244;序:009
呂克中	見呂 和	序 :509

呂給事	見呂　經	352:166;內:004
呂涇野	見呂　柟	351:041
呂甥	見呂　柟	371:030
呂道夫	見呂　經	351:041;352:,168
呂揮使	無考	352:239;374:021-022
呂黃門	見呂　經	352:226;371:507
向先生	見向文璽	序:516
吳子	無考	351:080
吳中丞	待考	352:262
吳司訓	見吳　玨	372:070
吳東伯	待考	雜:703
吳逸士	無考	352:046
吳進士	見吳　寶	371:504
吳獻臣	見吳廷舉	序:514
君山	見范　淵	172:008;352:259;371:056
君采	見薛　蕙	351:050-053,071,082;352:038-039,043,100;354:011-012;372:041,047;374:023-024
君卿	見馬　錄	252:031,055-058,080,088,527;351:047;352:273;371:037
周大	無考	272:543
周子賢	見周廷用	內:018
周少安	待考	452:040
周令(蒙城)	待考	372:504
周明府	無考	252:146
周進士	見周廷用	352:170
周都閫	無考	352:218
周儀賓	無考	371:053
周孺人	無考	雜:603
唐子	見唐　澤	內:008
唐學士	無考	272:544
商三	無考	371:513
喬直閣	見喬　宗	352:021
嚴生	無考	272:541
嚴內翰	見嚴　嵩	372:098
嚴太史	見嚴　嵩	352:114-116

嚴惟中	見嚴 嵩	352:114-116
執夫	見蕭一中	352:050;372:051
士奇	見劉儲秀	352:016;452:029-030;472:006
士姪	見何 士	352:291
壽夫	見王九峰	352:265
夏少參	待考	372:106
大和	無考，恐與馮大和	352:282
	有關	
太公	見普泰	354:009，010
太虛上人	無考	272:536
姚希哲	待考	雜 :601
子言	見張 詩	351:068;352:258，284
子容	見徐 縉	352:023，024，026，029，233，288-289，
		297，302;371:035
子純	見張繼孟	352:222，249-250，270;372:027
子緯	見劉文煥	352:299;372:074
子衡	見王廷相	352:238，293;353:006，010;372:009，036
子靜	見劉澄甫	352:299
子鍾	見崔 銑	352:240
存上人	無考	352:178
孟夫子	見孟 洋	371:505
孟望之	見孟 洋	251:514-517;252:064，091，102-103;
		272:026;353:005
孫子	見孫繼芳	352:177
孫內翰	見孫紹先	371:019
孫公	見孫 榮	序 :003;記:001
孫太史	見孫紹先	374:021-022
孫太守	見孫 榮	252:008;272:030
孫氏(丹楊)	見孫思和	353:501
孫世其	見孫繼芳	賦 :021;252:061，076，081，107-108;
		254:022-025;352:017，176，221
		:記:001
孫尚書	見孫 交	371:057
孫教諭	見孫 宗	152:025
孫從一	見孫 元	371:057
孫處州	見孫 榮	序 :005

孫懋仁	見孫　榮	序　：005，007
宏器	見任　鏞	樂　：513；252：110；272：703
宗哲	見王希孟	352：028，300；372：002，025，034
宗烈	見梁景行	252：509
宗魯	見潘希曾	352：209
甯母	見朱　忠	狀　：003
甯伯柬（兵備）	見甯　河	記　：002
甯兵備	見甯　河	書　：003
封君許太史公	無考	372：093
少谷子	見鄭善夫	371：020
少谷山人	見鄭善夫	374：048-049
尹舍人	見尹繼祖	372：079
岳母	待考，景明妻張氏母	祭　：503
岳豫之	見岳　泰	274：517-520
崔子	見崔　銑	古　：001；271：701；352：082；371：032 　：372：018
崔子鍾（太史）	見崔　銑	352：240；371：013
崔內翰	見崔　銑	352：034，253；371：019；372：003
崔太史	見崔　銑	352：034，218；372：003
崔氏	見崔　銑	351：072-075
崔史	見崔　銑	371：058
崔生	見崔　銑	371：013
崔君子	見崔　銑	372：018
左先生	見左　經	序　：511
希哲	待考	272：511
席僉憲	見席　書	252：067
師君	見師　夔	序　：511
師侍御	見師存智	372：026
師御史	見師存智	372：026
康子	見康　海	352：266；372：506；452：006；序：601
康（子）德涵	見康　海	252：014-018；351：018-019；452：006； 　　472：001-002
龐推官（岳陽）	見龐　璁	274：601-604
龐推府	見龐　璁	274：601-604
張子	見張士隆	古　：004

張子	見張　詩	352:040，177；372:014；374:051
張子	見張繼孟	352:082
張子行	見張惟恕	352:014
張子言	見張　詩	351:068；352:258，284
張子辰(秀才)	無考	272:042
張子純	見張繼孟	352:196；372:027
張子淳(郎中)	見張繼孟	352:021
張元傑	見張漢卿	內：011
張元德	見張承仁	352:184；372:029
張公	待考，張雲父	祭：502
張公(信楊知州)	見張　拱	雜：503
張太守	見張　志	272:518
張方伯	見張子麟	271:005
張母	無考	371:052
張用昭	見張　潛	472:001-002
張仲修(侍御)	見張士隆	352:103，614
張光祿	見張　玠	352:021
張同知	見張　珍	內：013
張合之(秀才)	無考	252:047-048
張行人	見張　賁	452:041
張伯純(提學)	見張　璣	252:503
張別駕	見張　紳	272:031
張秀才	無考，或爲固安人	252:522
張秀才	見張　詩	352:176
張侍御	見張士隆	352:103，218，253
張侍御	見張承仁	352:184；372:029
張侍御	見張　璉	內：001
張侍御	待考	內：007
張季升	見張　雲	252:090；371:702；記：002
張員外	見張繼孟	352:219
張郎中	見張繼孟	352:033
張時濟	見張治道	452:040；472:006
張國賓	無考	372:028
張陳胡周	見張治道、胡侍	452:040
張給事	見張　雲；張漢卿亦	272:534；內：010
	曾任給事中	

張御史仲修	見張士隆	古 :004
張誦	見張　繡	記 :003
張德充	待考，大梁人	內 :021
張道夫	待考	452:025
張膳部	見張繼孟	372:089
彭中丞	見彭　澤	371:509
彭天章	待考，或與彭生同	252:567-568
彭生	無考	252:563-564;271:011，511;371:511
彭幸菴(中部)	見彭　澤	452:038
彭總制	見彭　澤	352:191-192
川父	見李　濂	352:283
川甫	見李　濂	352:001，005，283，284，298;354:015
徐一敬	待考	371:014
徐子	見徐　縉	371:019
徐子容	見徐　縉	352:023;371:035;序:009
徐內翰	見徐　縉	352:231
徐公(信陽太守)	見徐　度	序 :502
徐太守	見徐　度	352:215
徐少參	見徐　聯	271:510
徐主事	待考	372:105
徐以敬	待考	371:014
徐生	無考	252:520，521，563-564;271:511
徐君	待考，或為徐縉	371:023
徐舍人	見徐文燦	372:043，102
徐博士	見徐禎卿	253:502
徐卿	見徐　縉	371:058
徐廣文	無考	252:514
徐德章(舍人)	見徐文燦	252:504;372:107
復菴王公錦	見王　錦	253:001
德徵	見劉文煥	352:028;372:030
忽生	待考	352:269

按：忽生為陝西人。劉佐兄弟母姓忽，疑與關。

惟學	見袁　鎡	252:553-554，561;272:520，522;352:190; 372:501;雜:502
惲功甫	見惲　巍	351:005-006
愚菴王公瓖	見王　瓖	253:002

懷遠將軍	見袁　勛	銘 ：505
戴子	見戴　冠	352：177，243
戴生	見戴　冠	254：022-025；352：151-152，159
戴仲鶡	見戴　冠	252：092；271：014；274：024-025；雜：003
戴時亮	見戴　欽	351：067；352：010，280；372：095
承之	見胡　侍	472：007
敬夫	見王九思	452：003
文玉	見董　玘	352：240
文達公	見李　賢	內 ：020
方子	待考	內 ：011

按：或為正德三、六年進士，疑為方豪。

方竹先生	見徐　玉	雜 ：002
方令（沙河）	見方　豪	352：109
方思道（令）	見方　豪	352：109
施生	見施　儒	354：016-017
施聘之	見施　儒	352：074；372：016，060
施御史	見施　儒	352：609
易內翰	見易舒誥	352：223；372：001
易太史	見易舒誥	372：001
明山	見王　儼	賦 ：020
明威將軍	見余文淵	銘 ：502
旺兄	見何景旺	271：025
時亮	見戴　欽	351：067；352：104
時濟	見張治道	452：024，029-030；472：006
曹	無考	371：517
曹汝學（侍御）	見曹　倣	352：003
曹瑞卿	見曹　琥	352：163-164
曹毅之	見曹　弘	352：144；364：001-004
曹遜卿	待考	352：232
曾東石（太守）	見曾　璵	352：105
曾建昌	見曾　璵	352：105
景黃門	見景　暘	352：226
月山子	無考	371：002
望之	見孟　洋	251：036-040；252：064，070，074，102-103， 143-144，515，539；271：013；272：024， 026，511；351：035-038；352：012，022，

		153，222，271，602-603；353：005；372：008
朝良	見王朝良	序：507
朝信	見劉 節	252：512，561；272：521，528；274：512；352：190
本貞	待考	352：616；內：015
朱有中	無考	252：519
朱君	無考	271：021
朱調元	無考	252：106
李大夫	見李 濂	371：058
李子	見李夢陽	賦：003；272：506；371：058；內：005
李子	見李廷詔	內：019
李子知	（蘇州府同）待考	內：015
李川父	見李 濂	352：280，284
李川甫	見李 濂	352：280，284，298
李中丞	無考，任巡撫	書：006
李公	見李 紀	銘：001
李公	見李 祐	狀：502
李公（從地官）	待考	372：509
李戶部	見李夢陽	352：135
李文達（公）	見李 賢	372：066
李令（宜城）	待考	352：079
李生	無考，或與李秀才同	252：532，569；352：611
李石樓方伯	見李 瀚	253：501
李先生	見李崇光	371：030
李西涯	見李東陽	書：503
李秀才	無考，或與李生同	252：525，588，589；272：003
李君	見李 濂	371：505
李宗伯	待考	371：506
李宗易（內翰）	見李 時	372：059
李真人	無考	352：137-138
李空同	見李夢陽	271：016；書：005
李長蘆	見李 紀	372：104
李侯	無考	271：028
李南陽	待考	352：024

杭東卿	見杭　淮	252:501;372:015
杭憲副	見杭　淮	372:065
柬子	無考	內　:017
東曹郎中	待考	371:040
東昌公	見何景韶	252:014-018;祭:001
東卿	見杭　淮	352:270
李相	見李東陽	352:277-278
李郎中	見李夢陽	273:501
李參謀	無考，貴州官	152:014-015
李揮使	無考	271:022
李進士	見李　濂	371:054，517
李默菴	見李　紀	祭　:002
李舉人(隴州)	待考，李善甥	372:073
李薛	見李濂、薛蕙	371:058，505
李獻吉	見李夢陽	252:093-094;254:508-509;351:011-013;
		371:035
李體仁	待考	352:235
杜司訓	見杜　璿	372:013
杜訓導	見杜　璿	372:013
杭大參	見杭　濟	372:082
林利正	見林廷模	371:028
林都憲	見林　俊	272:027
柬之	見劉　淮	254:020-021
桑汝公	見桑　溥	472:004
柴公	無考，當與柴先生同	252:137-142
柴先生	無考	252:106，135-136
柴逸士	無考，當與柴先生同	271:502
梅溪公	見何　信	狀　:501
楊子滷	待考	352:129

按：陸深有〈送楊子滷大理得告歸嶺南〉(《儼山集》8 · 8a[50])

楊中舍	待考	371:042
楊太常	見楊廷儀	352:172-174
楊郎	無考	371:023
楊遂菴	見楊一清	書　:502

楊靜之	無考，監生，或爲河南人	272:535；序:517
楊驛丞	無考	352:141
樊氏	無考	372:057
樊少南	見樊　鵬	雜　:004
樊生	見樊　鵬	371:508
樊生鵬	見樊　鵬	252:533
樊秀才	見樊　鵬	252:054
樊國賓	待考	252:012
樊戀昭	見樊　亮	銘　:004
樊駙馬	見樊　凱	374:019
權僧	無考	352:061
欽師	無考	352:267
段子	見段　達	352:257
段德光	見段　炅	472:001-002
殷君	見殷雲霄	371:046
殷近夫	見殷雲霄	372:039
毛汝厲	見毛伯溫	352:503
汝正	見謝　忠	371:015
汝立	見侯宜正	352:055-056，287；372:045，055
汝忠	見劉　銃	352:213；372:008
汝濟	見管　楫	352:051，123，255，305；452:029-030
汝寧	或誤，見管　楫	352:123
汝慶	見韓邦靖	352:182-183；374:025-026
江華州	見江　玨	352:145
沖霄	見袁　敇	272:520
沈子	見沈　昂	251:030；252:069，073；271:011
沈子高	見沈　昂	251:029
沈清溪	見沈　昂	251:030；252:027-028；272:008，009-010，011
沈逸士	見沈　昂	272:007
沈道士	無考	352:194，195
汪二司業	見汪　偉	352:111-112
汪器之	見汪　偉	352:111-112
泰公	見普　泰	354:009，010
泉山(先生)	見林　瀚	252:524；353:013；371:028；372:040

海嶽陳翁	無考	352:295;372:049
梁宗烈	見梁景行	251:526-527;252:509
梁鴻臚	見梁　迁	353:005
淇上人	無考	352:187
淇公	無考	352:187
清溪(子)	見沈　昂	251:029;252:027-028，029-030，032，033-036，071;272:009-010，011;序:004
潘秀才	無考	274:526
潘都諫	見潘希曾	352:254
熊廷振	見熊　紀	371:703
熊尚弼(御史)	見熊　相	352:042
熊御史	見熊　相	352:042
熊舉人	無考	252:529
焦文禎	待考，南陽人	內:020
焦太史	見焦黃中	272:545
焦淮濱(太史)	見焦黃中	272:545
焦太史蘊德	見焦黃中	252:087
燕泉(先生)	見何孟春	371:056;序008
獻吉	見李夢陽	252:011，093-094;271:503;351:014-015;352:233;371:035;372:042
王子	見王廷陳	352:275
王子(雷守)	見王秉良	內:002
王子	見王九思	352:266
王子	待考，或爲王九思	252:105
王子廷相	見王　相(甲)	內:006
王子相	見王　相(甲)	內:006
王子衡	見王廷相	351:076-079;352:293;353:006
王文熙	見王　昇	賦:026;252:508;351:001-004;352:149
王氏子衡	見王廷　相	351:076-079
王司封	見王尚絅	372:508
王生	無考	252:566;352:073
王判(官)	見王瑞之	352:076
王有鄰(太守)	見王宗器	352:049
王伯堅	見王　鍔	474:701-704;雜:701
王(君)夙	待考	272:505

王（君）宿	待考	272：505
王宗哲（少卿）	見王希孟	351：039；352：028，300；372：002，034
王令（崑山）	見王　暘	372：096
王叔明	見王　暘	472：001-002
王明叔	見王　暘	372：096；472：001-002
王秉衡	見王廷相	352：130；353：006；372：009，036
王普溪（大司馬）	見王　瓊	371：519
王提舉	見王　相（乙）	374：045
王都諫	待考	371：043
王敬夫	見王九思	452：002；472：001-002
王夢弼	見王　相（甲）	352：505
王壽夫	見王九峰	352：265
王職方	見王尚絅	252：100；271：015
王德宣	見王崇慶（疑誤）	352：252
王德徵	見王崇慶	351：054；352：252
王德輝（御史）	見王　光	372：076
王舉人	見王廷陳	352：036
玄敬	見都　穆	352：179
甥朝良	見王朝良	374：052
甄邦治	無考	271：512
申伯温	見申　理	內：017
田子	見田汝耔	351：044-046；352：247；371：016，027；372：018，034
田水南	見田汝耔	371：038
田君子	見田汝耔	372：018
田郎	見田汝耔	352：212
田給事中	見田汝耔	352：206
田勤甫	見田汝耔	352：225；372：034
田黃門	見田汝耔	352：226
白生	無考	372：510
白將軍	待考	352：027
百愚	見馬　錄	272：009-010
盛子	見盛　理	內：003
盛斯徵	見盛應期	472：501
盧侍御	見盧　雍	352：613；372：057
直公	無考	371：040

真翁	無考	371:040
真陽令	待考	371:510
石令	見石　鼎	352:007
石川子	見殷雲霄	371:048
石秀才	無考	352:246
石齋	見楊廷和	371:518
祖邦	見呂　夔	352:607，610
季升	見張　雲	252:569；352:611
秉衡	見王廷相	352:238；353:010
秦翁	無考	352:002
空同（子）	見李夢陽	352:048；書:005
管汝濟	見管　楫	352:051，255
管君子	見管　楫	372:513
粹夫	見何　塘	352:286；353:004；451:004-007
羅生	無考，疑爲河南人	古：501；252:563-564
羅秀才	無考	252:502
聘之	見施　儒	371:016；372:016，060
胡子	見胡　侍	472:007
胡山人	無考	252:085，552
胡戶部	待考	352:306
胡兄	無考，與胡山人同	252:552
胡本清	無考	272:537
胡生	無考	252:563-564；271:020
胡別駕	無考	352:601
胡侍御(羅山)	見胡　止	372:507
胡宗器	見胡　瓚	272:529；序:515
胡承之	見胡　侍	452:040；472:007
金姪士	見何　士	352:050
良伯	見陶　驥	352:236，241；353:007；354:018；371:017； 372:031，050
范以載	見范　輅	352:259
范汝和	見范永鑾	371:056
范君	見范永鑾	371:056
范君山	見范　淵	372:514
莊國賓	無考	252:127；272:041
華玉	見顧　璘	352:022

葉四公子	無考	272:517
葉生	無考	371:025
葉時華	無考	252:078
葉進士	待考	351:010
葛時秀	見葛　蘭	252:077，523：352:606
董文玉	見董　玘	352:240
董先生	無考	祭　:003
董侍御	待考	352:124
蒼谷	見王尚絅	352:616，617-618，619
蓉溪	見金憲民	353:502
蔡大尹	待考	272:505
蔡子	見蔡天祐	內　:016
蔡君	見蔡天祐	271:701
蔡(親)	無考	272:514
蔣子雲	見蔣山卿	372:088
蔣冬官	見蔣山卿	372:088
蕭升之	見蕭　儀	352:047
蕭文彧	見蕭　琥	序　:510，518
蕭惟一	待考	雜　:602
蕭執夫	見蕭一中	352:050；372:051
蕭御醫	無考	371:050
薛子	見薛　蕙	351:081；352:101，122
薛生	見薛　蕙	371:036
薛君	見薛　蕙	371:505
薛君采	見薛　蕙	351:050-053；354:011-012；374:023-024
藩司	待考	書　:002

按：任布政使，疑指正德三、四年任河南布政使者。

蘇考功	待考	372:056
蘇君子	待考	372:513
衛進士	見衛　道	372:077
袁沖霄(先生)	見袁　敫	272:520
袁柳莊	見袁廷玉	271:020
袁秀才	見袁　敫	252:587
袁揮使	待考，袁　勛、袁	252:561
	鎧均可	
袁惟武(揮使)	見袁　鎧	252:557；271:022，501；272:516，701；

371：701

袁惟器	見袁　錡	雜　：502
袁惟學	見袁　鎔	252：536，553-554，；272：522
西谷	見賈　策	252：516，534
西涯(先生)	見李東陽	272：510；372：017
許子(尚寶)	見許　誥	記　：501
許公	見許　進	書　：501
許司馬	見許　進	353：002
許汝登	見許　達	序　：513
許庭美	見許　讚	372：034
許廷綸	見許　誥	372：505
許補之	見許　完	352：615
謝中丞	待考	352：037
謝邦用	見謝廷柱	352：018
謝晚耕	無考	352：620
谷進士	見谷　高	371：041
谿田	見馬　理	452：031
豫齋	見秦豫齋	354：001-002；372：103
賈司教	見賈　策	264：001-002；274：034-035
賈西谷	見賈　策	252：114，534，565；271：026；274：512
賈長教	見賈　策	252：125，145，592；272：518
賈郡博	見賈　策	251：508；352：110
賈學士	見賈　詠	372：058
賈廣文	見賈　策	272：034-037
趙子	見趙　惠	251：030；271：011
趙子	見趙　鶴	352：276
趙元澤	見趙　惠	372：021；序：003，004
趙司訓	無考	372：502
趙生	無考	252：590；272：539
趙先生	見趙　惠	252：555
趙君(延安守)	見趙　楫	內　：009
趙叔	見趙　惠	352：073
趙叔鳴	見趙　鶴	352：276
趙雪舟	見趙　惠	251：030；254：017-018；272：008，011
道夫	見呂　經	352：057，168
遠夫	見劉大謨	352：224

邃伯	見王　綖	252:075
邊李	見邊　貢、李夢陽	371:058
邊子	見邊　貢	351:031-034；372:097
邊太常	見邊　貢	253:503
邦重	無考，與葉邦重同	252:557
邵子	無考	內　:019
郭子	見郭維藩	372:018
郭內翰	見郭維藩	352:069
郭氏	待考	352:071，227-228；372:012
郭外舅	見郭　章	352:294
郭生	無考	371:512
郭价夫	見郭維藩	372:090
郭刑部	見郭　灌	352:242
郭君子	見郭維藩	372:018
郭進士	待考	352:108
都玄敬	見都　穆	352:147-148，179
都南濠	見都　穆	372:062
鄒子	待考	352:040
鄒子家	待考	352:284
鄒汝愚	見鄒　智	序　:514
鄭子	見鄭　選	內　:014
鄭佐	待考	352:092

> 按：陸深有〈次韻何仲默別鄭山人兼柬李獻吉〉（《儼山續集》3‧7a[671]）。
>
> 此詩和何集352:092韻，見〈唱和集〉。

鄭伯生	見鄭　元	353:012
鄭客	無考	352:086
鄭繼之	見鄭善夫	352:245；371:025
鄺太守	見鄺　璠	352:117
鄺廷瑞(太守)	見鄺　璠	352:117
野塘	無考	354:019
錢公(處士)	見錢　進	銘　:005
錢世喬	待考，為錢榮兄弟	372:067
錢水部	見錢　榮	賦　:004；252:072；352:140
錢水部世恩	見錢　榮	樂　:507
錢推府	見錢應福	352:608
錦夫	見王尚絅	252:075；352:616

鑑上人	無考，或與鑑公同	352：282
鑑公	無考	352：077，089
鐵溪(先生)	見高　鑑	252：101；272：521；銘：008
閒雲子	無考	452：028
闕郡博	無考	372：069
閻子明	見閻　欽	記：002
閻定峰	見閻　欽	序：519
阮世隆	無考，與阮　隆同	271：032
阮生	無考	252：562，563-564；271：011，507，511
阮行人	無考	252：089
阮隆	無考，與阮世隆同	271：032
陰舍人	見陰　盈	252：004
陸子	待考	352：607；372：108
陸子引(舍人)	待考	252：504

按：邊貢有〈送陸子引〉(《邊華泉集》3・22a[153]，3・26b[56])

陸舍人	待考	372：101
陶良伯	見陶　驥	352：236；371：017
陳大理	無考	序：514
陳子	見陳繼昌	內：004
陳子(真陽)	見陳　標	內：010
陳生	無考	271：511
陳伯行	待考	452：040

按：馬理有〈贈陳伯行僉憲〉(《谿田文集》9・307a)。

陳真人	無考	內：022
陳進士	見陳　煥	374：050
陳翁	無考	352：295；372：063
陳逸老	無考	252：517
陳鳳谷(侍御)	待考	452：026
雪舟	見趙　惠	254：017-018，272：011
雲卿	待考	372：515

按：楊一清有〈送唐雲卿之台州推官〉(《石淙詩稿》8・8a)。

雷長史	無考	252：084；272：043-046；372：019
雷道士	無考	372：075
雷黃門	見雷　雯	371：034
靳公(大學士)	見靳　貴	內：025
鞏丞	見鞏　淮	374：043

韓大之	見韓　奕	372:053
韓子	見韓邦靖	古 :002
韓子	見韓邦奇	內 :026
韓子	待考，韓邦奇、韓	351:040
	邦靖均可	
韓令(延津)	見韓　貫	371:039
韓仲子	見韓邦奇	352:087-088
韓汝節	見韓邦奇	352:087-088
韓汝慶	見韓邦靖	352:087-088；374:025-026
韓季子	見韓邦靖	352:087-088
韓亞卿	見韓　福	252:147-148
韓師	見韓　珍	372:038
韓僉憲	見韓　鼎	252:067
顧九和(內翰)	見顧鼎臣	352:066
顧內翰	見顧鼎臣	352:066
顧太史	待考，疑誤	352:218
顧以行	見顧可適	352:251
顧汝成	見顧可學	352:020
顧侍御	見顧　英	樂 :501；352:216
顧華玉	見顧　璘	352:022，150，217
顧進士(中書子)	見顧可適	372:078
顧御史	見顧　英	352:216
顧與行	見顧可適	352:251
顧與成	見顧可學	352:020
顧與誠	見顧可學	352:020
顧隱君	待考	372:078
顧錦衣	見顧應祥	371:502
養和	見劉天和	374:043
馬子	見馬　錄	251:030；252:069
馬太和	待考，疑誤	352:006
馬氏	見馬　卿	271:701
馬公順	見馬應祥	272:501-504
馬光祿	見馬　陟	352:021
馬百愚	見馬　錄	251:030；272:008，009-010
馬君卿	見馬　錄	252:031，055-058，080，088；272:513；
		351:041；序 :004

馬舍人	見馬　陟	352:135
馬谿田	見馬　理	452:031
馮大和	待考	352:006
馮大京	見馮　鎬	274:503
馮太和	待考，疑誤	352:006
馮光祿	見馮　鎬	372:083
馮侍御	見馮　顯	賦　:022
馮宗武	見馮　洸	銘　:501
馮都督	見馮　禎	371:011
高子登	待考	252:518

按：樊鵬有〈賀高子登〉（《樊氏集》1·23a），〈寄高子登〉《（同》2·8a）。

高太守	見高　鑑	251:030
高曾唯	見高　貫	372:015
高新甫	無考	272:029
高穎之(給事)	見高　溁	352:025
高夔州	見高　鑑	272:003
高夔府	見高　鑑	272:034-037
高鐵溪	見高　鑑	251:030；252:037-040；272:521；序:004；
		祭:501
魯山	見普　泰	351:016-017；352:504
鮑以忠	見鮑　弼	354:008
黃(親)	無考	272:514
黃車駕	待考	371:026
黃明甫	見黃　昭	372:043
黔國(公)	見沐　崑	171:008；174:001；372:020

附錄2—何景明交遊本籍、登科表⑴—總 表

	信 陽	汝寧府	河 南	陝 西	湖 廣	華 北 (亦見下)	華 南 (亦見下)	未詳
1433			李 賢					
1445			王					
1463					劉大夏 李東陽			
1465鄉						李 紀		
1466			許 進				林 瀚 陶永淳	
1469			王 錦	李 崙	王 儼			
1472							楊一清	
1478	馮 鎬 高 鑑					楊廷和	林 俊	
1481				韓 福	孫 交	李 瀚		
1483鄉						王宗器 趙 楫		
1484						張子麟 王 瓊 金獻民		
1486鄉	何景韶	張 珍						
1487		劉 淮				張 拱 鄒 智	吳廷舉 韓 鼎	
1489鄉						韓 珍	林大霖 梁景行	
1490				彭 澤		席 書	靳 貴	
1492鄉		張 紳				彭 偉		
1493				李夢陽	何孟春	龐 璁 酈 璠	杭 濟 盛應期 鄭汝美 錢 榮 馬 陟	

	信　陽	汝寧府	河　南	陝　西	湖　廣	華　北 (亦見下)	華　南 (亦見下)	未　詳
1495鄉		陳標						
1496			讚詠、許買	張潛、王九思、馬應祥	范淵	劉瑞、張珹、張邊、貢	徐聯、汪偉、熊卓、華昶、趙鶴、顧璘、馮顒、黃昭	
1498鄉	何景明、劉節、袁鎔	盛琛					李廷詔、林廷模	
1499		陰盈	許誥	左經		楊廷儀	呂應和、唐澤、朱登、杭淮、謝廷柱、謝忠、都穆、高貫	
1501鄉	胡瓚		趙士器					
1502	張雲	鄭選	何瑭、熊紀、王廷相、王尚絅	劉琛、師夔、康海、張璉		李時	呂憚、潘希、顧高、魏夔、曾英、澇	
1504鄉						翟清		
1505	孟洋		崔銑、師存、張士隆、李元茂、王孟希、田汝天、蔡祐、馬卿、籽	段炅	向文璽、易舒諧	先河、孫紹、殷雲霄、王秉良、王延	劉滂、劉亮、嚴嵩、張繼、徐禎卿、徐縉、曹傲、曹琥、江玘、許完、郭灌、鄭善	

	信　陽	汝寧府	河　南	陝　西	湖　廣	華　北	華　南	未詳
						(亦見下)	(亦見下)	
(1505)							陶驥　陸深　顧可學　顧鼎臣　顧應祥	
1507鄉						劉鳳鳴　王相(乙)	張含	
1508	戴冠　馬錄	王相(甲)　胡止　許逵	侯宜正　劉大謨　焦黃中　王光	呂栴　呂經　王九峰　胡纘宗　閻欽　韓邦奇　韓邦靖	劉天和　劉澄甫　孫繼芳	劉文煥　劉澄甫　曾嶼　王崇慶　祝壽　雷雯	唐龍　徐度　方豪　施儒　景暘　毛伯溫　熊相　王瑞之　顧可適	
1510鄉						段逵		
1511			張漢卿　郭維藩	劉佐　范理　管楫	周廷用　范輅　鄭元	劉成德　劉夔　楊慎	盧雍	
1513鄉	何士			劉侃　劉仁				
1514			李濂　王暘　薛蕙　衛道　谷	劉儲秀　張治道　韓道高　馬里	吳寶　孫元　范永鑾	桑溥	戴欽　蔣山卿	
1516鄉			田汝耔					
1517	葛蘭			胡侍	王廷陳　蕭一中		曹弘　范紳　郭波　陳沂　陳煥	
1521		張惟恕						
1525鄉							任良榦	
1526	樊鵬							
1528鄉	王朝良							

	信陽	汝寧府	河南	陝西	湖廣	華北 (亦見下)	華南 (亦見下)	未詳
1532							蔡汝楠	
1535							魏良貴	
1538				喬世寧				
1543鄉	何立							
1547							汪道昆 王世貞	
1553							鄒察	
1561鄉	胡秉性							
1565	何洛文						周子義	
1568							陳堂	
1574				李三才				
舉人			劉諭		孫榮	武石、雷鼎		
貢生	任鏞、蕭琥、蕭儀、袁敕、趙惠、郭章		吳珏、梁迁	李崇、光昌、陳繼		張詩、韓繡、貫、張	徐玉	
試未詳	何信、王鍔、袁錡、鮑璨、國		周九、杜璿、梁迁、翚	劉儀、張三、种雲、羅、費	吳良、宋臣、照臣	何子、寇奇、劉恭、喬訪、張宗、李鄂、賈佐、錢策、汝、進	俞滂、孫宗、吳金、沈思、王與、錢應、嚴溪、和文、福	周寶、張志、張恕、楊賓、秦保、豫、郿齋、琛
未第	任武、何岳旺、何景暉欽、傅景漢、孟、岳泰	余文淵、王賢	李祐、樊凱	普泰、馮禎	吳偉	劉銃	劉榮、徐燦、文、沈昂崑、沐玉、王廷、袁弼、鮑	周聖、寶、上人、當、花

	信　陽	汝寧府	河　南	陝　西	湖　廣	華　北	華　南	未　詳
						(亦見下)	(亦見下)	
未第	李仲良 樊亮山 梁義重 王邦勛 葉　鎧 袁　洗 袁 馮						黃省曾	
女	任　氏 何渭女 李　氏 王孺人	何　氏 倪　氏		廉　氏		朱　忠		潘　氏

何景明交遊本籍、登科表(2)—華北、華南諸地

	京師	山西	山東	四川	南京	浙江	福建	江西	兩廣	雲、貴
1465鄉		李　紀								
1466					陶永淳		林　瀚			
1472										楊一清
1478				楊廷和			林　俊			
1481		李　瀚								
1483鄉			趙　楫	王宗器						
1484	張子麟	王　瓊		金獻民						
1487				張　拱 鄒　智	韓　鼏				吳廷舉	
1489鄉				韓　珍			林大霖		梁景行	
1490				席　書	靳　貴					
1492鄉			彭　偉							
1493	鄺　璠		龐　瑮		杭　濟 盛應期 錢　榮 馬　陟		鄭汝美			

	京師	山西	山東	四川	南京	浙江	福建	江西	兩廣	雲、貴
1496	張玠	張璂	邊貢	劉瑞	徐聯 華昶 趙鶴 顧璘 黃昭			汪偉 熊卓	馮顒	
1498鄉							林廷模 李廷詔			
1499				楊廷儀	唐澤 朱登 杭淮 都穆 高貫	呂和 謝忠	謝廷柱			
1502	李時				惲巍 高溓	潘希曾 顧英		呂變		
1504鄉	翟清									
1505	甯河 王綖	孫紹先	殷雲霄	王秉良	張承仁 徐禎卿 徐縉 曹倣 曹琥 董玘 許完 陶驥 陸深 顧可學 顧鼎臣	劉滂 張繼孟 顧應祥	鄭善夫	劉澄亮 嚴嵩 江珏 郭灌		
1507鄉		劉鳳鳴			王相 （乙）				張含	
1508	劉文煥 王崇慶	雷雯	劉澄甫 祝壽	曾嶼	徐度 景暘 王瑞之 顧可適	唐龍 方豪 龍儒		毛伯溫 熊相		
1510鄉		段逵								
1511		劉成德 劉夔		楊慎	盧雍					
1514			桑溥		蔣山卿				戴欽	

	京師	山西	山東	四川	南京	浙江	福建	江西	兩廣	雲、貴
1517					曹　弘 范　紳 陳　沂		郭　波	陳　煥		
1525鄉									任良榦	
1532						蔡汝楠				
1535								魏良貴		
1547					汪道昆 王世貞					
1553					鄒　察					
1565					周子義					
1568									陳　堂	
舉人	石　鼎		武	雷						
貢生	張　詩 韓　貫			張　繡	徐　玉					
未詳	錢　進	寇　恭 喬　宗 李汝佐	劉　訪 張　鄂 賈　策	何子奇	孫思和 沈與文 王巖溪	俞　滐 錢應福		吳　金		孫　宗
未第				劉　銑	劉　熒 徐文燦 沈　昂 王　昇 袁廷玉 鮑　弨 黃省曾					沐　崑
女	朱　忠									

第三章 何景明集版本考

第一節 現存版本初探

迄今述及何景明著作之版本者已有二種。劉海涵撰《何大復先生年譜》附錄2. 41b-42b有〈大復集刻板源流〉，草率而多誤。近人陽海清〈何景明著述版刻述略〉(《何景明研究》160-70)載錄各種全、選、輯本，甚詳。今略述其全集本以備源流、編纂之參考。

現存明本何景明集(除題為〈選集〉者外)共有九種如下：

一、《何仲默集》，十卷。明嘉靖間關中刊本。半頁九行，每行二十字。孤本。台北故宮博物院藏，有美國國會圖書館微卷。有康海嘉靖三年(1524)二月甲子序，及唐龍同年三月既望序。目次後附張治道題辭。唐龍序後有「西安門人費榮、李文華、种雲漢、張三畏校刻」。

張治道題辭：
　張治道曰，何子去關中時嘗以稿付余。余觀稿內古詩凡三百五首，律詩凡八百四十七首。暇日與對山康子(海)擇而類焉。古詩去七十三首，存二百三十二首。律詩去三百七首，存五百四十首。

康海〈大復集序〉：
　(正德)十六年秋仲默既卒。又三年予次第其文為若干卷。首賦、次詩、次文、皆隨體區裁因製列。卷題曰《何仲默集》…方予定次仲默集時，值張子時濟(治道)過予。所見與予甚同，因更與定之如此集云。

唐龍〈何復集序〉：
　康子德涵、張子時濟皆何子之友也。何子既歿，張子收其逸稿訪康子于灄西之野而共揚榷之。

按：此本分家、京、關中三集。無使集。樂府見家集中，僅二十首。康序雖言「首賦，次詩，次文」，此本賦、文均不見載。

又按：此本總計載四言古詩四首、樂府二十首、古詩一百九十六首、律詩五百六首、排律二十一首、絕句九十首。若以四言、樂府、絕句為古詩，排律為律詩，則得古詩總數三百一十首，律詩五百二十七首，與張治道題辭不合。

又按：張治道〈對山宅選大復詩作，大復別號白坡〉(《張太微詩集》8.4a)：「院靜

憐風色，庭寒媚雪姿。來燒清夜燭，共檢白坡詩。大雅還堪續，斯文更可悲。
百年纔未半，回首意淒其。」

二、《何氏集》，二十六卷。明嘉靖間義陽書院本。半頁十行，每行十八字。有美
　　國國會圖書館微捲。有王廷相嘉靖十年(1531)六月初伏日序。無目次。其第一、
　　五、九、十二、十五、十八、二十一、二十四卷為各冊首卷，卷首之次行下半
　　題「奉直大夫知信陽州桂林任良榦校」。每頁下口有「義陽書院」四字。
　　王廷相序：
　　　　大復集辭賦三卷、四言古詩一卷、樂府二卷、使集二卷、家集五卷、京集七
　　　　卷、秦集一卷、內篇一卷、外篇四卷，通二十六卷。別論若干卷。刻在潞州。
　　　　斯集梓行久矣，尚未託有序列。(〈何氏集序〉亦見《王氏家藏集》23.3a(995)，而此本末
　　　　二句則作：「大復全集刻行久矣。猶未託有序列。」)
　　按：據《(乾隆)信陽州志》2.5b(64)，義陽書院：「在城南，今廢。」《同》5.
　　　　11b(182)云任良榦自嘉靖十四年(1535)至二十一年(1542)間任信陽州知州。則此本
　　　　當為任良榦所校，而嘉靖十四年後在信陽義陽書院刊行。
　　又按：清刊本《何大復》集王廷相序有題嘉靖十六年者，劉譜附錄2.42a據以為
　　　　說。然明刊本皆題十年，劉氏失察。

三、《何氏集》，二十六卷，明沈與文野竹齋刻本，半頁十行，每行十八字。有美
　　國國會圖書館微捲。此本與義陽本相似，而有唐龍序，無王廷相序、目次。
　　按：各本《何氏集》尚有後續出版者。野竹齋本有翻刻本，版式相似而不盡同，
　　　　唐序後無「野竹齋雕」四字(如國立中央圖書館藏11693號)。義陽書院本又有冊首缺
　　　　「任良榦校」一行者(如國立中央圖書館藏11695號)。孰先待考(亦見下)。
　　又按：據莫友芝《邵亭知見專本書目》15.10b(592)、邵懿辰《增訂四庫簡明目錄
　　　　標注》842，明刊本二十六卷《何氏集》又有「雅竹齋」本。未見。現藏書目
　　　　均無，《明代版刻綜錄》4.6b，5.14b據邵懿辰載而不錄藏本，疑「雅竹齋」為
　　　　「野竹齋」以音近而誤。

四、《大復遺稿》三卷，明嘉靖間任良榦刊本。孤本。未見。《明代版刻綜錄》2.
　　17b錄福建大學藏本。
　　按：任良榦〈戴氏詩集序〉(載《戴氏集》)：「余嘗刻大復遺稿三卷…嘉靖己亥，
　　　　孟冬朔(NV11，1539)，知信陽州，桂林任良榦書。」劉譜附錄2.42a：「嘉靖十六
　　　　年任良榦刊詩集二卷，見良榦〈戴邃谷集序〉。」未知此與「遺稿」同否，劉
　　　　譜或有誤。陽海清〈何景明著述版刻述略〉(167)有《大復遺稿一卷、新論一

卷、附錄一卷》：「明嘉靖任良干（榦）刻本。半頁八行，行十八字，白口，四
周單邊。卷端下題：『奉直大夫守信陽州桂林任良榦刊』，版心上鐫《大復遺
稿》、《大復新論》，下刻『南嶠書院』四字。」

　　又按：《明代版刻綜錄》引《福建大學圖書館善本書目錄》。然，據查並無此大
學。所引之目錄亦未見。福建師範大學、福州大學、廈門大學均不藏此書。
《綜錄》所據待考。

五、《大復集》三十七卷，明嘉靖間袁璨刊本，半頁十行，每行十八字。習見者為
　　美國國會圖書館微卷據故北平圖書館藏本，今藏台北故宮博物院，缺卷四至
　　七。全本藏日本東京尊經閣文庫等處。有康海，唐龍，王廷相序，鄒察嘉靖乙
　　卯年元月既望(JR24，1555)題辭。各冊首卷端題下有「都指揮婿袁璨刊」七字。
　　七字下有缺格一。

鄒察題辭：
　　何大復先生文集刻行海內久矣。有遺稿弗盡錄，讀者恨不見全編。歲甲寅春，
　　僉憲及齋魏翁過信陽，首訪先生子立，得詩賦若干篇，命察附刊之，既而先生
　　館甥袁君璨與立校其歌行雜體諸篇併遺稿分類刻之凡幾卷。刻成屬跋諸末，夫
　　先生間世之文當傳不朽。
　　此本與足本相似而不盡同。詩文略有增刪。申、足本均有「內篇」一卷，此本
　　無，而〈內篇〉之二十六段散見於諸卷，各有其題。
　　按：鄒察為信陽州知州，嘉靖三十二年(1553)至三十六年(1557)在任。見《(乾隆)
　　　　信陽州志》5.12a(183)、《(民國)信陽縣志》20.5.1b(824)。魏及齋即魏良貴。
　　又按：鄒察稱「遺稿」，未知是否指任良榦刊本《大復遺稿》。任刊本或有作
　　　　一、二、三卷者不等，書目所稱各殊，而《何氏集》較《大復集》少十一卷，
　　　　恐《遺稿》之外尚有遺稿。
　　又按：此本亦有後續出版者。美國普林斯頓大學藏《大復集》三十七卷本，第一
　　　　至三、八至十九、二十三至三十七卷為刻本，似與北平、尊經閣本同。然，第
　　　　四至七、二十至二十二卷為抄本。二部版式不盡同。刻本卷端題「大復集卷第
　　　　(某)」，而抄本題「何大復先生集卷之(某)」。「都指揮婿袁璨刊」七字各卷
　　　　有，而其下，抄本無缺格。筆者迄今唯見普林斯頓本第四至第七卷。其編次、
　　　　文字近似足本，而與北平，尊經閣本不同。本文以下簡稱北平、尊經閣諸版為
　　　　「袁本甲版」，普林斯頓版稱「袁本乙版」。

六、《大復集》十三卷，明萬曆間楊保刊本，半頁十行，每行十八字。有唐龍序，
　　王廷相序，卷端第三行下半有「晉府校正，無用子楊保刻。」孤本。日本東京

尊經閣文庫藏。

此本卷一至三載辭賦、四卷載四言古詩，五、六卷載樂府，卷七至十載五言古、律、排律、絕句，各一卷，十一卷載七言古詩、排律，十二、三卷載七言律詩、絕句各一卷。其編次與申本盡同。

按：「無用子」楊保無考，尊經閣題「萬曆」不知何據。劉海涵言此本或為王廷相所稱潞州本。然，其內容與王序不合。

七、《何仲默先生詩集》十五卷，明萬曆三十年(1602)《合刻李何二先生詩集》本。半頁十行，每行二十字，無序文。卷端第二行下半題「關中李三才校」。

此本有四言古詩一卷，樂府一卷(而目次誤稱樂府二卷)，五言古詩二卷，七言古詩二卷，五言律詩四卷，七言律詩二卷，五、七言排律一卷，五、六言絕句一卷，七言絕句一卷。

八、《何大復先生集》三十八卷，明萬曆間陳堂、胡秉性刊本，半頁十行，每行二十字。有康海、唐龍、王廷相序，亦有王世貞嘉靖戊午年(1558)序，附錄有喬世寧撰傳、樊鵬撰行狀、孟洋撰墓誌銘、汪道昆撰墓碑、蔡汝楠撰〈創建復何先生祠記〉，皇明名臣言行錄一條、陝西通志傳、河南通志傳、中州人物志傳。附錄頁數一通。

按：明三十八卷本《何大復先生集》有數種，各種版式大同小異，而有二組如下：

甲組：每頁下口有刻工名、字數；篇題上有二缺格；附錄資料次序為：喬、樊、孟、汪、蔡、名臣、陝西、河南、中州。

乙組：下口無刻工名、字數；篇題上有三缺格(而卷二十三至二十五有二缺格)；有補增篇如下：〈送劉筆峰暨從子黃巖赴省應試〉(451：701)、〈題王伯堅小景〉(474：701-704)、〈王伯堅字說〉(雜：701)；附錄次序為喬、蔡、汪、名臣、　西、河南、中州、樊、孟。

甲組至少有二版。其間有異文(見下)：

乙組有二版，其不同為二：

一，序文或以草書，或以楷書；二，補遺，「乙組子版」僅載451：701，「乙組丑版」六篇均載。雜：701疑用不同版木。

又按：王世貞〈何大復集序〉：「何子之甥袁燦來謂王生若為何子敘其遺言」知袁燦(㷍)不但刊袁本，又曾向王世貞求序。袁本不載王世貞序。王重民《中國善本書提要》(585)疑王世貞序偽。然《弇州山人四部稿》64.14b(3032[按：此頁數誤。3132為是])實載此序，可知王序並非偽作。

又按：足本有載周子義萬曆丁丑(1577)序者，周序曰：「集凡幾刻，本或闕軼弗全。公之孫伯子，彙萃編次，衰為成帙。會典試來南都，及侍御陳君偕，間出以示。侍御謂南雍故藏書府，四方人士遊覽者眾。是集永足以風。蓋刻而藏旃，爰暨乃僚胡君捐贖鋟梓之。諸所訂正，悉出伯子。伯子博雅而文，方遭時策勔，以竟公緒業…陳君名堂，南海人；胡君秉性，信陽人。」

清本何景明集，除翻刻明本外，有數種如下：

甲、康熙本。未見。劉譜附錄2.42b：「康熙時汝守金長真詩集刊本有施閏章序。」乾隆以後諸本多載施閏章康熙某年序，當錄自此本。

乙、乾隆十五年(1750)賜策堂重鐫本，半頁九行，每行二十字。此本載康、唐、王廷相、王世貞序、施閏章序、清人三名乾隆年序、何輝少題辭；附錄如上。每卷首頁第二、三行有「五世姪孫源洋、六世姪孫維基同校訂、七世姪孫輝少、八世姪孫永謙重梓」。不知是四人生於何時。源洋、維基或為康熙時人，與施閏章序有關。輝少、永謙乾隆間重刻，以書版置於賜策堂。待考。任宏業序：「明季兵燹之後，舊集毀失，何太學輝少購得而再梓之。」

丙、咸豐壬子年(1852)世守堂。此本為賜策堂之「轉版」，其出自賜策堂本甚明。版式盡同，而源洋等名刪去，卷首二、三行仍留其空行。題頁亦同，但「賜策堂」改為「世守堂」，刻年亦改。

丁、《大復集》四庫全書本，半頁九行，每行二十一字。

戊、《何大復先生集》宣統己酉(1909)本，半頁十一行，每行三十字。

第二節　版本源流略考
第一目　小　引

何大復集未有全校本。河南本〈點校說明〉：「點校工作以明嘉靖戊午年袁燦輯《何大復集》為底本(按：此實指足本乙組子版，詳見下)，與乾隆本(即賜策堂本)、咸豐本(即世守堂本)、唐龍序本(即野竹齋本)與金鎮評《大復詩集》本(按：此指康熙本)、宣統石印本互校。」河南本校注雖於此數本之異文盡行考辨，然，其憑校之版本不足，偶有遺誤，筆者因以五種校對補之如下：

㈠以河南本校注為底本，而校以雍、義陽、袁本，足本甲組子、丑二版，乙組丑版、四庫本。

㈡足本甲組載「一作」注六十三條(乙組略其三條)。其中有一條袁本亦載。今以申、袁、雍本互校「一作」諸條。

　　㈢申、雍、袁、足四本詩文題辭之異文不少。今互校四本諸題辭（申本野竹、義陽二版均校）。

　　㈣因河南本編者未考雍、袁二本，筆者以之互校。雍、申二本所不載諸篇又以袁、足（甲組丑版）二本互校。又以義陽本、足本甲版互校。所得異文，校以義陽、野竹、足本甲組子版、足本乙組丑版、四庫本。經此，共得異文數百。

　　㈤以十二本何景明集互校詩一百十四首（並序一首），校版本如下：

野竹齋本　　（野竹：中央圖書館11690號本）

義陽書院本　　（義陽：同，11694號本）（此二本同，則並稱申本）

何仲默集本　　（雍本）

十三卷本　　（晉本）

十五卷本　　（李本）

袁粲本　　（袁本；用北平本：卷四至七、北平本所缺諸頁〔10.36，43；20.3；21.35；34.1〕用尊經閣文庫本）

足本甲組子版　　（中央圖書館11698號本）

同，丑版　　（加拿大，溫哥華，英屬哥倫比亞大學圖書館本）

足本乙組丑版　　（中央圖書館11700號本）

乾隆　　（賜策堂）本

四庫全書本　　（文淵閣本）

咸豐　　（世守堂）本

　　校詩如下：

　樂：015，041，050，062，067

151：008，018，031

152：027，029

171：003

172：002，004，005，006

251：008，013，014，028，029，031，033，034，063

252：001，004，022，029，032，065，073，082，086，114，118，134，143，
　　　150，154，541，585，597

253：505

254：004，028，603

271：001，007，016

272：002，016，020，033，039，523，528，533

274：009，501，515，517，525

351：002，004，008，042，067，068

352：010，016，059，070，078，086，093，113，118，124，158，163，189，
　　192，227，237，261，269，293，300，501

353：001

354：003

364：001

371：009，023，027，038，515

372：019，032，042，071，077，097，101

374：004，005，026

451：002

452：019，021，027

464：001-002

472：002

474：001

第二目　雍　本

　　此本但有一版，似以康海、張治道所收之原稿為本。二人原稿當互有異文。
然，原稿久佚，今無考，唯有康、張合輯之刻本。其獨有之異文甚多：
　　題辭：

總　號	他　本	雍　本
古：001	中林之棘—	○○送崔子
：002	原有楚——	○○贈韓子
：004	淮水——————	○○送張御史仲脩
樂：035	鳴鴈行	○○—
251：006	冬雨率然有二十韻	○○—————
：013	還至別業	—○家—
：029	十四夜同清溪子對月	○○○○沈子高○○
：030	十五夜高鐵溪同沈清溪趙雪舟馬百 愚過敝居對月	○○○○○太守併沈——趙——馬— —三子—○○
：071	望郭西諸峰有懷昔隱兼發鄙志	○○○○○—○—○————
252：023	晚歸自溪上	溪上晚歸
：029	雨夜似清溪	○○次○○　（按：疑次是，亦見下）
：031	雨後邀馬君卿	○○○—○○

總　號	他　本	雍　本
：055	九日同馬君卿任洪器登高	○○○—○○○○○○
252：064	懷孟望之	○—○○
：070	喜望之至以詩迎之	○○○○————
：073	懷沈子	○○生
：077	酬葛時秀	○○○○○才
：080	遊賢隱寺次馬君卿韻	○○○○○—○○○
：081	與孫世其晚坐	○—○○○
：088	寄馬君卿進士	○—○○○
：093	懷李獻吉	○—○○
：102	雨後次孟望之	○○○—○○
：108	送孫世其舉人歸華容	○—○○○○○○
：110	任宏器過訪	—○○○○
：150	得五清先生消息尚客澧州悵然有懷作詩	○○○○○—客澧州消息○○○ ○——
253：003	悼馬詩	○○
254：018	簡趙雪舟乞菊	○—○○○
：027	白雪曲	○○—
：034	（白雪曲）	少年行
271：025	長歌行贈旺兄	○○—○○○
：026	短歌行贈賈西谷——	○○—○○○○先生
272：001	呂公祠	○翁○
：003	—高藥州先生示賞李秀才園中—芍藥詩用韻奉答	答○○○○○——李○○園○賞○ ○—○○○○○
：006	吹笛	聞○
：007	沈逸士來自吳下—————能詩善鼓琴間投篇什見訊顧館於城中予以病不得造乃作此詩招致敝庄	○○○自吳下來居城中逸士○○○ ○○———————————○○ ○○○○謁○○—○○——
：008	邀沈清溪趙雪舟馬百愚——登樓次百愚韻	○○○○○○○○○○三子○○○ ○○○
：009	馬百愚同沈清溪見訪次韻	—○○○—○○○○○
：011	十一月五日雨中邀沈清溪趙雪舟	○○○○○○—○—○○—○
：016	秋興	秋日感懷
：026	人日懷孟望之	○○○—○○
274：002	溪上水新至漫興	○○○○○○——
：038	吾郡古要害地也閒居興懷追詠古跡作詩	——————○○——○○— ——
351：050	贈一君采效何遜作	○薛○○○○○
：065	送劉御史按淮揚諸郡	○○侍御○○○○
：067	贈一時亮	○戴○○
：068	贈一子言	○張○○
：076	寄贈王子衡	○—○○○
352：001	夜過川甫—	○○○○宅
：003	九月二十五日會曹汝學侍御于麓堂夜歸遂過—侍御宅	○○○○○○———————— ———○曹○○○
：016	九日夜過劉以正—別—士奇	○○○○—○○宅○劉○○
：017	元夜孫世其席上餞勤甫	○○—○○○○○
：018	送謝邦用之湖南	○○○赴○○
：020	送顧與成赴浙江參議	○○○誠○○○○

總　　號	他　本	雍　本
352：021	殿試宿禮部張子淳郎中署奉和馬張二光祿喬直閣諸公	○○○○○—————○○○○ ○○○○○○○○
：022	得顧華玉全州書兼知望之消息	○—○○○○○○○○○○
：023	徐子容見過	—○○○○
：025	送高穎之給事使楚道過揚州	○○給事穎之○○○○○
：028	與王宗哲過訪劉德徵兼有所懷	○—○○—○—○○—○
：033	次韻張郎中九日無菊	九日無菊次韻————
：034	謝崔太史惠菊	○○內翰○○
：042	送熊御史尚弼謝病還江西	○○——○○○○○○
：048	寄空同子卜居襄陽	○○○—○○○○
：051	贈管汝濟	○—○○
：055	汝立席上送世其	————送世其
：057	贈呂子遷左給事中	○道夫○○○○
：066	顧九和內翰約看花城南寺病目不赴	○○○○○○城南寺看花○○○○
：069	酬郭內翰上陵還詩一	○○○○○○○見寄
：074	送施聘之御史南還	○○○○侍御○○
：076	送王判一之永州	○○○官○○
：082	九月五日與張劉崔三子約九日遊法藏寺塔劉嘗約遊西山竟寒盟故云	——————○○○○○○○○○○ ○○—————————
：087	送韓仲子並訊其弟季子	○○汝節○○○○汝慶
：099	一蘇子一遊赤壁圖	題○○瞻○○○○
：103	張侍御仲修送弓	答仲修侍御○○
：105	送曾建昌取道還瀘州	○○東石太守○○○
：106	寺中吾子館海石榴	○○——○○○
：108	送郭進士告歸大梁	○○○○—○○○
：109	送沙河方令	送方思道令沙河
：110	送賈郡博之階州	○○○○赴○○○
：111	送汪二司業一還南京	○○器之司成○○○
：114	奉和嚴太史謁泰陵	—○○惟中○—○
：121	詠天寧寺塔	—○○○○
：163	送曹瑞卿謫尋甸	○○○○○濤○
：166	中秋夜集呂給事宅	○○—○○○○
：167	與韓汝慶行歸長安望月	同○○○——○○○○
：168	贈呂道夫轉右給事	○—○○○○
：176	與孫世其過張秀才一	○—○○○○○○宅
：182	汝慶宅一紅菊	○○○詠○○
：184	過寺中飲贈張元德侍御	—○○○○○—○○
：185	出遊功德寺	—○○○○
：187	宿淇公方丈	○○上人室
：190	得朝信惟學書	○○—○○○
：191	送彭總制之西川	○○○○赴○○
：195	天壇沈道士觀中	——○○○院—
：208	清明日病懷	○○○臥病
：210	春雪諸翰林見過	○○○內翰○○
：212	過田郎一	○○○宅
：218	同崔太史張侍御飲周都閫亭子	○○○○○○○○○○○○—
：221	過孫世其時有警報	○—○○宅———
：225	出閣過一勤甫省中	○○○田○○宅—

總　號	他　本	雍　本
352：227	再遊郭氏園亭	○○○○—○
：236	十四夜對月集陶良伯—	○○○○○○—○○宅
：237	十六夜月集侯汝立—	○○○○○○○○宅
：238	夜集勤甫宅時秉衡至	○○○○○○子○○
：241	十月四日過良伯—	————○○○宅
：243	夜集世其—次戴子韻	○○○○宅○○○
：244	夜集贈呂仲木	——○○○○
：246	送石秀才下第還趙州	○○○○○○○
：249	正月四日同子純過劉汝忠—次韻	——○○○○○○○○宅○○
：252	人日齋居過王德徵—	○○○○○○○○舍
：254	答潘都諫郊壇見遺之作前韻	○○○○○○○○○○用
：258	寺中張子言自浙來話———	○○同○○作時子言自浙迴
：260	夜過劉以道兄弟	○○—○○宅—
：262	—吳中丞雙輓	挽○○○大婦
：264	出遊城南寺	—○○○○
：266	寄三子詩	○○○—
：268	清明日同諸友遊城南寺　（足本）	○○—○○○○○　（亦見下）
：269	送忽生還關中次韻	○○○○○○——
：270	—子純邀過東卿—	同○○—○○○宅
：271	喜望之量移兼寄	○○○○○——
：272	亮公房雨後—	○○○○○作
：273	送—以道次君卿韻	○劉○○○○○
：280	李川甫戴時亮過訪	○○○○○○見過
：281	暮雨劉以正過—飲	雨中—○○○留○
：284	同李川甫鄒子家過張子言舍	○—○○○○○○—○○○
：286	立秋日寄粹夫	○○—○○
：287	送侯汝立之東昌	○—○○赴○
：288	訪子容———自荊州使回	○○○時子容○○○—○
：293	得王子衡贛榆書	○○○○○○
：295	—海嶽陳翁輓章	挽○岳○○——
：296	—鏡光閣	登○○○
：297	中秋十三日子容樓—	○○————○○○作
：298	十四夜李川甫宅	○○○—○○○
：299	十五夜劉子緯宅子靜初至對月	○○○同子靜子緯宅——對月
：300	過—宗哲故宅	○王○○○
：301	十七夜月思	○○○對月
：302	八月二十八日子容—過對菊	○○○○○○○見○○○
：303	九月一日過劉氏昆弟—對菊	○○○○○○○○宅○○
：305	汝濟夜過同以行對菊	○○○○○○—○○
353：005	送梁鴻臚之什邡次孟望之韻	○○○○○○○○○○
：006	寄贈王子衡御史時——按關中	○○○○○○——○子衡○○○
354：009	謝泰公饋杏	○太○○
：010	送泰公茶	○太○○
371：014	東海太守行贈徐以敬	○○○○○○○—○
：017	苦熱行簡問陶良伯	○○○○—○○○
：028	送林利正同知之潮陽	○○○○赴潮陽同知
：035	醉歌贈—子容使湖南便道歸省兼訊　—獻吉	○○○徐○○○○○○○○○○　李○○

總　號	他　本	雍　本
371：056	贈范君———	○○汝和侍御
：058	李大夫行	—○○○
372：001	送易太史歸省湖南	○○內翰○○——
：002	八日王宗哲宅見菊	○○—○○○○
：003	九日雪答崔太史	○○○○○○內翰
：008	汝忠宅待月同望之	○○○同望之待月
：009	別王秉衡御史	○—子○○
：010	元夜——仲脩宅對月	○○宴歸○○○○
：013	送杜司訓之藍田	○○訓導往○○
：014	送張子之浙江	○○○——
：015	寄杭東卿高曾唯二憲副	○○○○○○○○使
：016	簡施聘之	○—○○
：018	小齋初開—崔郭田三君子至	○○○○喜○○○○—○○
：026	九日送師御史之浙中	○○○○侍御巡浙—
：027	和張子純白髮	○—○○○
：029	送張元德侍御巡畿內	○○——○○○○
：030	夜集劉德徵○	○○—德徵宅
：034	月夜王宗哲宅贈田勤甫江西提學	○○—○○○—○○○○○
：036	送王秉衡謫贛榆	○—子○○○○
：038	送韓師之郘陽	○○○○——
：039	送殷近夫之青田	○○○○——
：047	夜過君采—	○○○○宅
：051	以道席上送世其與其妹丈蕭執夫同行	○○○—○○○○○○—○○○○
：054	送劉朝信之江山	○○○○——
：057	答盧侍御樊氏洞中觀梅見懷之作次韻	○○○○○○○○○○○○○用○
：058	送賈學士之南都	○○○○往○○
：060	送施聘之侍御	○—○○——
：065	送杭憲副兵備天津	○○○○天津兵備
：074	——答劉子緯雨後之作次韻	次韻○—○○○○○○——
：076	送王御史德輝西巡	○○○——○○
：077	送衛進士推武昌——	○○○○赴○○推官
：088	送蔣子雲冬官病還揚州	○○○○——○○○○
：092	閣直立春日雪	立春日閣直雪
：096	送崑山王令還	○王明叔還崑山
：100	立春日	○○—
374：023	贈薛君采	○—○○
：025	送韓汝慶還關中	○—○○○○
452：016	草一店雨行	草涼○○○
：021	昭烈廟	○○祠
：024	書院課士雨至有作———	○○○○○○○○柬時濟
：029	臥病簡汝濟士奇時濟	○○柬○○○○○
：038	寄彭幸菴中丞	○○○○先生
：039	清明日病臥聞三司諸公出城——	○○—○○○○○○○○遊宴
：040	贈張時濟陳伯行胡承之周少安三月三日出城遊宴	○○○○○○周少安胡承之○○○○○○
：041	送張行人賚大行皇帝遺詔使秦蜀	○○○○————奉哀○入—○

總　號	他　本	雍　本
464：001	虀屋清明日	○○○○—
471：002	子昂畫馬一歌	○○○○圖○
472：006	劉士奇張時濟過觀雪竹	—○○—○○○○○
：007	送胡承之北上	○—○○○
474：005	四圖詩贈何燕泉——	○○○○—○○先生

本文：

總　號	句	他　本	雍　本
古：001	後題	中林之棘九章	○○○○八○
：003	章2，句2	中圜有條	○原○○
：004	章7，句4	勿日言弗用	○○○勿○
樂：010	6	水歡同源	○○○淵
	8	胡能弗敦	焉○○○
	15	秋芳是悦	○○可
：011	1	墓田望不極	暮○○○
	3	存生有歡怨	生存○○
：022	8	葉密花稀愁奈何	—○○○○○
：023	5	明月宛轉流西方	○○○○生○
：025	7	含淒歛嘆君莫猜	○○○咲○○○
：037	6	駕車騎馬有人羨	○○○○如雷電
：046	2	斑斑下阪馬	班班○○○
：048	1	上陵風以雨	○○有風雨
	2	下陵月星露	○○有○○
251：001	7	樹木何蕭蕭	○○○○條
	10	歆釜何用陟	○岑○○○
	16	盛烈存茲國	○列○○○
：003	7	安見千年後	○○○秋○
：006	5	沙霾翳白晝	————
	6	遠望何由豁	————
	7	六龍墮青冥	○○望○○
	9	義和扶日行	————
	10	紆辔竟焉託	————
	11	神媧補天裂	————
	12	鍊石恐遺落	————
	21	豈無數畝禾	————
	22	狼籍委秋霅	————
：007	2	抽翰預時髦	○○○始○
	4	四海皆同袍	○○○○胞
：009	7	所遇豈殊故	○○○○時
	8	即事自成今	○自成古今
	16	寧不傷離襟	惻惻○○心
：013	7	行人暮飢渴	○○○苦飢
：014	11	無為泥形跡	○勞○○○
：016	5	故林茂以密	○○日○○
	12	仰偃遂平生	偃仰○○○
	13	所願在怡親	————
	14	餘者奚足營	————

總　號	句	他　本	雍　本
251：017	3	神飇汎光蕙	○○○清光
	4	渥露沾華林	蕙渥漏○○
	17	翹思慕遠匹	○○暮○○
：021	2	返景流東隅	○影○○○
：022	序	當世名士也	○○一○○
		予以不類得承契	○——————
		納輔志勵益者多矣	————————
：023	12	頗好斑馬辭	○○司○○
	13	良史久無稱	○○○不作
：025	16	賈生亦南遷	○○無○○
：026	16	啟篋得爾玩	○○○珎○
：027	4	萬里飄雲鴻	○○隨飆○
：029	6	冉冉素雲揚	○○紫○○
	10	忽覓在我傍	○覺○○○
：030	1	端居撫盛節	○坐○○○
	11	眾賓侈佳瓢	○○○○玩
：031	7	單居不為樂	○瓢○○○
	18	豈慮天路何	○○○○退
：032	5	胡為蔽氛霾	—————
	6	坐使清光匱	—————
	7	跼蹐久延待	—————
	8	慘景鬱無色	—————
	12	道遠不可即	○路○○○
：033	14	玉貌寧久妍	王○○○○
：036	4	夕泛黃河流	○汎○○○
：037	2	弭駕北域隈	○○此○○
	3	北城一何修	此○○○○
	12	樹木何摧頹	○○○催○
：038	12	胡為悲故鄉	○○○戀○
	14	從子俱翱翔	○○去○○
：048	6	紅塵不可尋	○○那○○
：051	12	霜雪愴以悲	雨○○○○
：053	7	揚音綵霞裏	○采丹○○
	15	誰為同心人	—————
	16	並起乘雙鸞	—————
：054	6	暮沒歸山丘	日暮○○○
：057	10	振翮起孤騫	○○蕩○○
	11	遺我若逝波	—————
	12	望子如高山	—————
：068	5	客行在殊境	君子事行役
	14	泗涕徒沾裳	泣○○○○
：071	17	霞構象丹崖	丹崖○霞構
	18	煙蘿裊青壁	清○隱煙○
	21	興性感彌深	○往○○○
252：005	2	餘雷振遠空	○○震○○
：006	7	昭回曾有倡	照○○○○
：019	6	餘輝戀水樓	○○上○○
：053	4	秋色不宜看	○○○能○

總　號	句	他　本	雍　本
252：054	5	栽依石竹下	種○○○○
	6	發與畹蘭齊	開○○○○
：057	6	高臺日暮愁	○堂○○○
：058	8	孤負菊花杯	辜○○○○
：059	1	野闊窮秋出	闊野○○○
：071	8	休滯北來音	莫○○○○
：073	3	落月清江樹	○○青○○
	7	想到鄉關日	若○○○○
：089	8	枉駕幾時過	驄馬○○○
：097	1	野望秋無賴	○外○○○
：103	8	風起暮繽紛	○○○紛○
：110	1	磊落同鄉友	○○○心○
：111	5	且為烹茶坐	○○煎○○
：143	2	登樓望欲迷	○高○○○
：147	4	卿月洞庭中	鄉○○○○
：148	8	測望達堯天	○○○○夫
253：002	7	要地能知止	○○臨○○
	21	九原長不起	○○常○○
：003	11	詎能酬飼秣	○○○○抹
：004	3	嚴趨神路左	○○○○右
	7	未迴衡嶽駕	來○○○○
271：004	12	雖有萬弩何由迴	○○○努○○○
	30	稚子垂竿取魴鯉	○○○干釣○○
：006	4	已是繁華不如昨	○見○花○○○
：007	26	為君擊節淚沾衣	君為○○○○○
：012	16	亦有當時高臥人	無○○○○○○
：017	13	饑鶴翻飛不畏人	———————
	14	老雅鳴噪日近屋	———————
：020	10	識鑑至今如畫一	式○○○○○○
	32	數偶還教際會奇	○遇○○○○○
：022	5	我時凍吟在西野	○○○冷○○○
	13	卿家父子皆好客	○○○○能○○
：025	21	自從離兄仕都下	○○○君○○○
	29	愛兄好靜謝塵網	○君○○○○○
	30	一卷道書常在掌	○○○○長○○
	31	托身未肯附年少	○○○○○少年
：026	8	為爾且繫雙銀瓶	○○○係○○○
：028	25	吁嗟人世是還非	○○世事○○○
272：001	4	呂公祠堂松桂新	○翁○○○○○
274：004	2	菖蒲雨後葉初肥	葡萄○○○○○
351：031	7	聯鑣始宋中	○鑣○○○
：032	4	轉昤淇水陽	○盼○○○
	7	辛勤眷途語	○○○徒御
：042	6	忘卻門前道	志○○○○
：047	8	浮雲起中央	遊○○○○
：051	2	與子中邂逅	○○終○○
：053	6	且玩冬花粲	○○東○○
：054	8	顧昤無千金	○盼○○○

總　號	句	他　本	雍　本
351：057	7	豈不畏沾污	○○為○○
：064	16	盤蔬代庖羞	○○○○饒
	25	寄言馳鶩子	○○○慕○
：072	13	驅車赴燕薊	○○越○○
：080	7	既枉高人躅	○往○○○
352：037	5	神鬼愁先見	○○○無○
：067	5	水曲蘭芳淨	○○○房○
：070	3	乍喧饒柳意	○喧○○○
：102	7	憶爾常南北	○○長○○
：104	3	山川蟠秀地	○○○○色
：106	8	光輝逼日華	○○門○○
：108	7	古園風竹動	故○○○○
：113	2	御苑復高霞	○院○○○
	8	空林集暮鴉	宮○○○○
：114	4	弓墮哭千官	○○淚○○
：116	7	臨門日呼召	○○○○照
：123	5	明月含珠浦	○○還○○
：169	1	月蝕中秋夜	○食○○○
：171	2	深盃且自揮	○悲○○○
：176	3	占晴行苑外	○情○○○
：181	2	花間白日醺	○○○○曛
：184	2	秋夜劇呼盧	○月○○○
：185	5	荷衰猶映水	○○斜○○
：191	7	威明聊一借	○名○○○
：193	6	須還節制才	還須○○○
：197	1	閣院雨晴初	○內○○○
	4	雲闕過清虛	○○迥○○
：198	2	朝廷再剖符	○○每○○
：201	1	萬國猶防寇	○古○○○
	3	天清聞鼓角	○晴○○○
：211	6	開軒對玉柯	○○○○珂
：232	7	卻喜干戈後	○○○弋○
：245	5	天邊登越嶠	○○○月○
：246	2	行歌燕市中	○○○寺○
：253	7	分明共朝市	○○○○寺
：258	7	山中問百草	○河○○○
：264	2	春尋景未斜	○深○○○
：270	6	鶯囀尚餘春	○轉○○○
：273	3	風塵暫把袂	○聲○○○
：284	4	西日半籠花	斜○○○○
：294	6	哦詩竹檻成	吟○○○○
：297	2	憑闌萬里遙	○○○○謠
	6	魂從楚望銷	○○○○消
：305	8	恐負此花神	○○○○辰
353：003	5	始失徐關險	○識○○○
	25	愴往衣冠禍	○望○○○
：004	11	倘惠長生術	○會○○○
：006	3	函崤天下險	崤函○○○

總　號	句	他　本	雍　本
353：012	9	雨露殘冬景	○雪○○○
354：011	2	丹闕對嶸岣	仙○○○○
	3	出入雲霄上	○○○○裏
371：012	5	雄模壯麗凌朝廷	○○○○臨○○
	21	撼里歌鍾賓客遊	戚○○○○○
：013	序	崔太史子鍾見之日	○○○○○——○
	4	海內俱識文章客	○○但○○○
	13	我到長安訪交友	○○○○○○游
：015	序	感念往昔要之將來耳	○○○者○○○○
：016	62	可憐聖賢皆厄塞	○○賢聖○○
：017	2	京師毒熱勝吳下	○時○○○○
	5	閉門袒跣真發狂	○戶○○○○
	7	風雲昨日忽入城	○○○○○出○
	16	千雲蔽日森炎夏	○○○○○○下
：018	19	一嗟乎	吁○○
：019	7	咫尺金門接玉堂	只○○○○○
：020	19	去鳥晴生鴈宕雲	○○情○○岩
	32	流螢木葉交相映	○鶯○○○○
	34	海濱歸客秋風興	○邊○○○○
：021	24	保和玩物隨煙塵	○合○○○○
：022	20	長風西來吹北極	○○○○○極北
：026	1	畫竹忌屈不忌直	○○○曲○○○
	13	窗下每逢賓客出	○○○○○朋
：027	5	吳生跌宕得畫理	○○鐵岩○○○
	11	源潭窈窕不可測	○灘○○○○
	12	波浪洶湧多奇觀	○濤○○○○
	13	泉邊二老顏色異	○○三○○○
：030	9	白鷺洲前芳草歇	○露○○○○
：034	1	漢家賊盜臨京都	○○盜賊○○○
：039	4	一鴈先飛清衛南	○○○○○渭○
：040	1	君不見真翁堂下竹	○○○直公○○○
：041	13	長安鐘鼓聲入雲	○○○○○如○
：044	16	乃知我輩真鍾情	○○○○○衷○
：046	2	臨風寫雨奪天巧	○○瀉○○○○
：048	20	京華相遇謫仙才	○○○○識○○
	22	花邊昔放雙鳧去	○○西○○○○
	27	天路雲衢自茲始	○○○逶○此○
：050	6	菊泉橘井俱仙靈	○○○○○山
	12	君今一身官未尊	○○十年○○○
：051	12	煙鬢霧珮流雲霞	○環○○○○
：054	11	濡藻光迴星漢垂	○○○輝○○
	17	君不見臨漳此物難復親	○○○○○○○復難觀
：055	8	七澤龍蛇盡盤曲	○○○○盡○
	22	送饌先生百壺酒	逢○○○○○
	28	眼前點毀終難動	○○○○○南○
：058	23	對坐相看兩鳳毛	坐對○○○○
372：001	6	海畔登樓望北辰	○○○臺○○
：009	1	客車梁地相逢日	○居○○○○

總　　號	句	他　　　本	雍　　　本
372：013	4	儒冠今喜慰生涯	○官○○○○○
：016	6	倚瑟番驚越調高	○○翻○○○○
：019	4	楚客重看賈傳尊	○國○○○○○
：030	1	冬夜深杯醉減愁	○○○悲○○
：039	3	海上故栽彭澤柳	○○舊○○○○
：054	1	江山縣中山木蒼	○○○○○杉
：077	8	畫簾終日對清虛	書○○○○○○
：100	2	燕京春色念江潭	帝○○○○○○
374：012	1	玉佩金貂列上勳	○風○○○○○
：013	1	天下山河有洛中	○上○○○○○
451：001	10	架閣憑虛空	駕○○○○
	11	羽填烏鵲岸	○○○雀○
	12	力圻黿鼉宮	○折○○○
：002	10	隱曜川光含	○○○○寒
	17	臨深匪忘懼	○○悲恐○
：006	7	曠哉既往古	○○慨○○
：007	5	服理昧情性	○○○性情
：008	4	遙天雙帶縈	○○○○縈
	7	隔樹望迴合	○歲○○○
452：008	2	丹梯出崒微	○○入○○
：015	3	朝廷仍北極	○○○○駐
：016	3	奔湍迴白石	○○○○日
：017	3	倚立飛雲上	獨○○○○
	8	煙昏度碧溪	寒煙下○○
：019	2	西盤出武關	○行○○○
	6	風雲惟鳥還	江山○○○
：022	5	色籍荒庭草	○○○亭○
：023	7	長安望不遠	○○○○極
：033	1	漢殿詞臣第	○○○○地
：034	4	花抱五臺雲	○抱○○○
	8	未訪赤霞文	○○石○○
：037	1	王君首山下	聞○○○○
：039	8	遊賞未能同	邀○○○○
471：002	10	想見奔騰過都國	○○崩○○○
	16	登臺一顧千金輕	○壇○○○○
474：003	1	燒棧登壇各有勳	○○○○盡○○
	2	謀臣猛將鬱如雲	○○○○各○○

另有申本不載，袁、足二本同，而雍本獨有異文者如下：

題辭

總　　號	袁、足本	雍　　　本
251：503	立春日作　、	○○——
252：534	和賈西谷暮春雨後之作	○—○○○○○○○
：551	清明自先塋歸	○○————
：552	出寺過胡山人家	○○○○兄—○

總　號	袁、足本	雍　本
252：553	過袁惟學南園集飲	○一○○○○○
：555	同趙先生宿一山家	○○○○○一○○
：576	登堅山寺絕頂真武廟	○○○○○○古一○
253：502	寄徐博士二十二韻	○○○○○○四○
272：505	王君宿邀蔡大尹過予舍至期雨候蔡	○○夙○○○○○○○○○○○○
	不至作詩促之	○○○○
274：602	寄岳陽龐推官	○○○○○府
371：501	胡人獵圖歌	○○○○一
：509	彭中丞四民圖歌	○○○○○一
：510	桃源圖歌	○○○一
：519	題大司馬王普溪先生十牛圖	○一一一一○○○司馬○○○

本文

總　號	句	袁、足本	雍　本
251：503	19	疏還念知止	○遠○○○
：507	5	倚扉憩南岡	○○○○圍
：508	2	人生劇如縈	○○繁如劇
	3	予方值憂艱	○○○○難
	9	積雪委沙曲	○○阻○○
	16	寂寞古人計	○苦○○○
252：502	5	落月清淮朗	○葉○○○
：536	1	經秋予臥病	一○○○○
：575	3	古壁棲金象	○○○○像
：592	6	風靜落花深	○淨○○○
253：501	93	舊業心常在	○○○長
：502	23	羅傷廷獄宅	○○○尉○
271：511	11	陳阮二生皆少年	○○○○○年少
272：501	8	可堪相見又相違	○○○○復○○
371：502	3	顧君出入身不移	○○○○○○疑
	11	海嶠諸城發鼓迎	○○○○伐○○
：503	5	昨傳胡入白楊城	○○○○揚○
	19	天清野曠恣剽掠	○○○○資○
：505	38	夜月留連金叵羅	月夜○○○○○
	84	回首向崧岳	○○○嵩○
：506	25	觀圖願君壽與比	○○○公○○○
：507	6	高天雲影樓樹寒	○○影雲○○○
：508	10	星河北極開幽燕	○○沙○○○○
：509	29	即今西戎忽復驕	○○○○復忽○
：510	9	真陽仙令欲南往	○○先○○○○
：513	1	去冬雪雨留薊門	○○雨雪○○○
：514	4	虎驟龍馳候煙霧	○○○○池○○
	33	城中莫辦真天子	○○○辨○○○
：515	7	攢峰疊翠盤石蓮	○風○○○○○
	10	青蜺下望憑雲煙	○○○○馮○○
：516	10	島嶼倒影翻源潭	○○○景○○○
：518	24	平生貞志同金斷	○○真○○○○

總　號	句	袁、足　本	雍　本	
371：519	12	南山白日消黃塵	○○○石○○○	［袁本缺］
	13	攻駒不羨三千牝	驪○○○○○	［袁本缺］
372：505	8	洛日嵩雲首重回	落○○○○○	

　　題辭中異文有數類，如略「行」、「曲」、「歌」、「詠」等辭者，略姓者，略題辭者，略官名者等。他本當據申本補之。

　　詩本文異文之肇因有音近、形近、意近者不少。然，又有文字異而意仍通者。此類或依何景明改之原稿(有不少與足本「一作」條有關，亦見下)。

第三目　申　本

　　申本有二種，刊行四版。河南本乃以野竹齋本與他本互校者，茲錄其異文二百多條。今補之以河南本之未錄者，共得異文如下：

　　題辭：

總　號	他　本	申　本
樂：065	誰謂河廣行	雖○○○○
252：085	宿胡山人家	○湖○○○
272：003	高夔州先生示賞李秀才園中芍藥詩用韻奉答	○○○○○○○○○○○圖○○○○ ○○○○
351：047	七夕劉子緯宅次君卿韻	○○○○○一○○○一
：076	寄贈王一子衡	○○○氏○○
352：006	送馮大和	○馬○○
：016	九日夜過劉以正別士奇	○○○○○○○○○寄
：046	吳逸士一	○○○人
：050	秋夕同蕭執大舍姪士飲	○○○一○○○○○
：068	皇陵一	○○詩
：118	再過玄明宮	○○○一○
：123	賀汝濟生子	○○寧○○
：258	寺中張子言自浙來話——	○○○○○○○○○前韻
：261	過城南寺——	○○○○二首　［李本同；　實無二首］
：270	子純邀過一東卿	○○○○會○○
：280	李川甫戴時亮過訪	○○父○○○○
：284	同李川甫鄒子家過張子言舍	○○○父○○○○○○
：295	海嶽陳翁輓章	○○○○挽○
：305	汝濟夜過同以行對菊一	○○○○○○○○○花
353：012	送鄭伯生送親還夷陵	○○○○○○○夾
371：015	憶昔行	○惜○
：042	遠遊篇送楊中舍承家雲南省墓	○○○————————
372：033	登勤甫樓	○○清○
374：007	諸將入朝歌	○○○一
：021	孫太史宅一贈呂揮使	○○○席上○○○○
452：003	同敬夫遊至華陽谷聞歌妙曲	○○○○○化羊○○○○○
：020	馬道驟雷雨復霽	○○○○○——

總　號	他　　本	申　本
452：029	臥病簡汝濟士奇時濟	○○———————
：040	贈張時濟陳伯行胡承之周少安——	○○——○——○——○——四子
	三月三日出城遊宴	○○○○○○○○
472：001	登樓觀閣時王令明叔邀張用昭段德	○○○○○○○叔明○王敬夫○○
	光王敬大康德涵四子同遊	○康德涵張用昭○○○○
：004	華州作柬桑汝公	○○○————
：006	劉士奇張時濟——過觀雪竹	○——○——二子○○○○
：007	送胡承之北上	○○子—○○
474：005	四圖詩贈何燕泉	［474：005-008四首各有題：職方奉使、藩省句宣、太卿考牧、都憲巡撫］

本文(亦見下，考晉、李本)：

總　號	句	他　　本	申　本
樂：018	18	身後聲名更何益	前○○○○○○
	23	千年雲開錦繡壁	○○○間○○○
：030	5	遺簪墮珥不復數	○○○○○○服○
：031	2	蘭煙蕙火薰象床	○—○○○○○
：033	6	紗幬白晝淒風起	○○當○○○○
：035	16	及爾遊邁	○○逝○
251：006	8	萬象淪玄朔	○○論○○
	18	園卉亂吐蕚	○○辭○○
：008	3	返顧望城闕	○○□○○
：019	10	俯仰丘中阿	○○□○○
：024	4	學道歷壯齒	○○櫪○○
	9	洞悟超先幾	○愰○○○
：046	1	明姿稱二八	○○○○○人
：048	2	藉綺冠華簪	籍○○蓋
：067	10	感激獨徬徨	○○心○○
	12	置在黃金床	○立○○○
	15	一心奉光惠	○○○公○
252：037	1	積雨空林畔	○○○材○
：073	4	歸人何處船	○○○○舡
：100	3	西風入上苑	□□○○○
：143	5	饑餞饒郡盜	○○○○□
	6	徵求及寡妻	□○○○○
：148	8	側望達堯天	○○遠
253：001	3	薦鶚推前達	○鴞
254：012	2	學語太輕狂	○○大
271：006	2	人生反覆亦相若	○○翻○○○
：007	17	含宮移羽何春容	○○○○○○春
：009	5	洞庭瀟湘落秋水	○天○○○○○
	8	繼行暮逐哀箏起	□□○○○○○
	13	君不見隴山鸚鵡解人語	○○是○○○○○○
：017	15	生男長成娶比鄰	○○○○聚北○
：020	31	才殊未可尋常得	○○○得○○○

總　號	句	他　　本	申　本
271：022	10	流風迴霰滿堂中	○○○霰○○○
	14	能留對雪歡今夕	難○○○○○○
：028	23	奮迅那推一鶚先	○○○○○○鶚
272：018	8	池上虛疑織女星	○○○凝○○○
：021	6	水上浮雲晚故多	○○○○曉○○
351：037	8	忽爾離隔久	○下○○○
：038	2	叱馭寧顧危	此○○○○
	10	傾心量不移	○○亮○○
：044	11	人生重貞固	○○○○同
：055	4	千駟祇一唾	○○底○○
：057	1	隕葉辭舊枝	○○亂○○
：063	7	意比緜袍戀	○此○○○
：064	4	談辯雄名流	○辨○○○
：066	21	怛焉傷逝心	恆○○○○
：067	3	辟穀遊人間	○○○○門
：070	2	素霰霧層城	○○○曾○
	10	膳宰翼房楹	○○○旁○
：072	8	層阜蔽皇都	曾○○○○
：075	11	深言匪由衷	○○○有裏
	13	亮君弼恆德	○○最○○
352：006	4	不是愛冠纓	○○受○○
：048	3	草憐王璨井	○鄰○○○
：058	1	晚眺平坡上	○睡○○○
：067	5	水曲蘭芳靜	○○○○淨
：068	8	縹緲在青霄	○○○春○
：093	2	陰霞絢石房	○○絢○○
：095	1	金榜星辰幕	○○○○暮
：099	8	千載尚風煙	十○○○○
：114	7	龍遊萬歲後	遊龍○○○
：211	4	花劇暮寒多	○○莫○
：214	6	擊楫渡江心	繫○○○○
：219	2	聞君候鎖闈	○○俟○
：222	7	無論去與住	○○○○往
：265	3	十年常道路	千○○○○
：267	8	祇樹幾回攀	祇○○○○
：303	2	楚客醉燕邦	是○○○○
	8	還來倒玉缸	遷○○○○
371：012	8	秉權自倚薰天勢	○○○俯○○○
：013	6	四海不見煙沙清	○○○○○○青
	10	天下財賦難盡榷	○○○○○○推
	44	努力他時有大用	○○○○○人○
：014	9	玉食常懷股肱郡	○○○○肱醢○
：015	序	新政弛廢	○○施
	9	馮唐上書亦嘆老	○○○○○笑○
	23	少癖山水躭雲松	○廦○○○○
	36	長楫輈軒指南極	○揖○○○○

總　號	句	他　本	申　本	
371：016	17	天門晝關守虎豹	○○晝○○○○	
	24	杞國憂天獨勞苦	祀○○○○○○	
	26	浮沉帝傍近紫庭	○○○○戲○○	
	49	長孺從來歎積薪	○○○○笑○	
	65	神駿翻為轅下駒	○○番○○○○	
：020	9	肺腑真成水石痼	○○直○○○○	
	13	頃將東遊觀岱宗	○○○○覘○○	
	29	已看鳳凰在千仞	○○○皇○○○	
：022	22	野岸空懸舟楫心	○○○○○揖○	
：023	9	深黃稦紫雜煙皐	○○襛○○○○	［雍本：濃］
：026	3	今之畫圖幾百年	○日盡○○○○	
：028	1	憶在城均共携手	○○成○○○○	
：029	2	衡波跋浪風江急	御○○○○○○	
	10	白晝雷霆行地底	○○○○○何○○	
：030	9	白鷺洲前芳草歇	○○州○○○○	
：031	21	黃金盡識故交態	○○○○○○友○	
	26	戰場暮吊黃河岸	○○○○○沙○	
：032	9	荷花初紅酒初碧	○華○○○○○	
：033	11	赤壁之山只如此	○○○○○足○○	
：034	2	西衡河塞東海隅	○○○○○○○渦	
	10	晝行獨擁旌旗裏	○○○○旗旌○	
：035	3	都門悵飲慨今昔	○○帳○○○○	
：041	15	赤鯤在天振羽翼	○蜫○○○○○	
：042	21	相如使蜀人同羨	○○○○○○美	
：043	2	塞林海嶂產真骨	○○○嶂○○○	
	15	此鷹不逐群鴈飛	○○○○○飛群	
：044	2	頗厭世間兒子態	○○○門○○○	
：045	17	鸕黃鳥黑隱可辨	○○鳥○影○○	
：051	4	參天峙地何嶘屼	○○○○和○○	
：053	15	遣使常聞八珍送	○○○○入○○	
：058	1	君不見大梁李進士	○○○○○一○○	
	4	汗血飛黃看過都	汗○○○○○○	
	12	君獨時時問草玄	○○○○向○○	
372：032	8	泰園宮草日霏霏	秦○○○○○○	
：057	8	碧江東閣恨無津	○○○○○兼○	
374：014	4	滄海鯨鯢作釜魚	○○○○依○○	
：015	1	闕下千官侍鳳樓	關○○○待○○	
：033	3	銀床晝鎖琉璃井	○○盡○○○○	
：037	4	昨朝雷拔殿壇松	先○○○○○○	
：040	1	胡馬炎天動萬群	○為○○○○○	
	3	王師六月殲獫狁	○○八○○○○	
451：001	9	穿石鑿坤艮	○○○○良	
	11	羽填鳥鵲岸	○○鳥○○	
：003	7	隝岸互傾欹	○○三○○	
：006	7	曠哉既往古	曠○○○○	
452：023	5	雪下湯泉樹	○○渦○○	
：031	7	何時還過訪	浚丁遙○○	
：032	1	梁棟起層雲	○○○曾○	

總　號	句	他　　本	申　本
472：001	1	秋城雨色靜微塵	○○○○淨○○
：004	7	乘興欲攀仙掌去	○○更扳○○○
：006	8	聊共傾壺散鬱煩	好○○○○○○
：007	1	秦關迢遞南山曲	○川○○○○○
474：008	3	坐掃蠻山開瘴癘	○○○○○○厲

另有雍本不載，袁、足二本同而申本獨有異文者如下：

題辭：

總　號	袁、足　本	申　本
賦：018	古塚賦	○冢○
252：069	一雪東沈馬任三子	見○○○○○○○
：090	寄張季升給事一	○○○○○○中
371：005	赤壁圖歌	○○○一
374：003	雪中漫興	○○謾○
：051	張子近得道士飲鹿血術欲試未得吾 家有一鹿一欲取血飲張子臨庖哀呼 不忍見死乃作詩遺張子焉	○○○○○○○○○○○○ ○○○○吾○○○○○○○ ○○○○○○○○○○
書：005	與李空同一一論詩書	○一○○先生○○○
銘：001	明故大中大夫資治少尹福建都轉運 鹽使司運使李公墓誌銘	○○○○○○○○○○○○○○○ ○○○○○○○○○○一
：006	一一劉孺人廉氏墓誌銘	明故○○○○○○○○
：102	姪岳州壙誌銘	○○○○○一

本文：

總　號	句	袁、足　本	申　本
賦：001	69	下土幽暗而嶮巇兮	○○○闇○○○○
：002	30	升九閽以陳詞兮	○○○○陳○○
	31	仰憑翼而訊之	○馮○○○○
	64	驅虹電以前導兮	○○蜺○○○○
：003	26	與奔競之先至	○競奔○○○
	32	卒囚執而俎醢	○○○○菹○
	42	蒿艾蔽而成林	○蕭○○○○
	50	故世人之所訾	固○○○○○
：004	20	我迎伯兮河之隅	○○○○何
：005	序	而賈生一所以悼毀也	○○○之○○○○也
		其度于于然	○○油油
：008	25	亦斑其皮	○班○○
：011	23	泛長空兮秋水	汎○○○○○
：012	24	少小結髮	小少○○
	59	夫婦辯説	○○辨○
	62	悲啼掩口	○蹄○○

總　號	句	袁、足本	申　本
賦：013	序	得侍親膳	○待○○
		不煩登途比試矣	○○○途○○○
	51	仰皇度之寬綽兮	○里○○○○○
	57	淚潢潦之濡轍兮	○○○○濡○
	98	略眇少之陋觀	路○○○○○
	121	飭桂衡之超駕兮	飾○○○○○○
	160	盼東海之漫淫	○車○○○○
：014	47	極隴隧之脩延兮	○壟○○○○
：015	22	命烏鵲以築梁	○鳥○○○
：017	23	鴻鴈嗷嗷以安戾兮	○○○○○○○人
	50	俾天害之弗悔	○一○○○
：019	3	與父偕享	○交○○
	13	華鄂鄂以含幹兮	○○○○○○芳
：020	5	攬七澤之斥莫	○亡○○○
：021	30	以觀乎楚之鉅□	○○○○○○一
	32	聞皇帝之長樂	○黃○○○
	95	較獲易捕	○○○鋪
：022	13	喜幽玩以怡情	善○○○○
	53	釭滅影兮續膏	○○景○
	55	馳留嘆于永謝	○流○○○
	82	奚移志于始終	○○忘○○○
：023	11	循周除而蕩思	○○儲○○
	13	階薜穢而不治	○□○○○○
	56	緬中霄以前席	○○宵○○○
：024	21	垂清房以綴珠	○青○○○○
	34	揭蘅莎	○衡○
：025	11	迎夕露而拆葵	○○○○折
：026	11	締久要而莫渝	○○○○○愉
：027	1.17	竊聞子病一謝客	○○○○病○○
	3.30	布絲帳於道周	○○障○○
	5.23	聞弦自墮罹羅立殛	○○○○○網○極
	5.44	鹿麝麋豹	○○戶○
	6.48	然後臨清地	○○○○池
	7.21	出騰八極驂兩儀	○○○○參○○
：028	33	歉餘風兮莫覿	欣○○○○
：029	序	所越皆重山複嶺	○○崇○○
		截長邀短	○○要
	40	又安用之足勝	人○○○○
樂：002	2	崒嵂參差十二鬟	○館○○○○○
：021	6	桂舟蘭楫紛屢移	○○○○□○○
：032	序	憂國傷人心悲而嘯	○○○○心故○○○
	5	室家非我營兮	○○○○宮
：037	2	織女牽牛不相見	牽牛織女○○○
：040	5	憶昔棗初赤	□□○○○
：059	11	綠畛齊結食	○○○○實
：066	9	女當徐死難當事	○○○○○男
151：008	4	石圻起焦煙	○圻○○○
：015	6	居人亦何多	○○一○○

總　號	句	袁、足　本	申　本
151：023	6	採薪發秋木	○○伐○○
152：005	5	島嶼秋逾靜	○○○○○淨
171：002	43	霜皮露甲如虯蟠	○○○○○○此○
：008	31	空冥縹緲聞笙竽	○○○○○○竿
：009	8	俎牲咒神釂神酒	○○祝○○○○
172：007	5	屏燭夜深秋似水	○○影○○○○
：025	2	蕭索風煙似晚秋	○瑟○○○○○
173：001	2	哀哀淚落古城煙	○○○○○○前
	15	朝廷德意思柔遠	○○得○○○○
251：012	11	日月屢薄食	○○○○○蝕
：035	20	棄擲故所懷	○置○○○
：063	23	素絲有蒼黃	青○○○○
：065	7	衾裯卷不寢	○○○下○
252：001	3	棲鳥張燈起	□○○○○
：004	8	北望一沾巾	○○○○襟
：042	4	初乞茂陵官	○○○園○
：044	7	農家務收穫	○○○妝○
：084	8	休憶錦江魚	○○○○漁
：112	8	哀淚灑松楸	○○○楓○
：119	1	村居元舊業	○○無○○〔袁本缺〕
	6	見客眾雞鳴	○○○□□□〔袁本缺〕
	7	翻怪巢由輩	□□□□□〔袁本缺〕
	8	空多世上名	□□□□□〔袁本缺〕
：122	2	緣溪不奈秋	○○○□○〔袁本缺〕
：140	3	恩深思欲斷	○○嘶○○
271：005	15	行見虞廷咨岳典	○○○庭○○○
：010	5	寒沙陰堊晝難開	○○○○○□○○
	9	嚴威著地坤維裂	○○○○○□○烈
	19	塵生釜甑暗不掃	○○金○○○○
：011	5	城中佳人沉與趙	○○家○○○○
：013	7	大子風流本絕世	○○流風○○○
：014	12	肝膽義氣無與比	○○意○○○○
	18	昆吾鐵冶風雷號	□○○○○○○
	19	寶鞘玉珥黃金錯	○○○弭○○○
：015	7	京師南來四千里	○○○○○○十○
：018	14	霓旌羽扇五雲車	蜺○○○○○○
：019	5	夜寒露下步瑤臺	○○○○○瑤臺步
：021	6	但須囊中有酒錢	○願○○○○○
：024	24	父老雖憐將奈何	○○誰○○○○
：027	1	漢家西北煙塵起	○○○比○○○
	3	胡虜奔騰一萬騎	○○崩○○○○
	20	驅兵夜度天山上	驅○○○○○○
272：015	5	舒倦不殊群物理	○卷○○○○○
：024	7	擬辦盤餐留暫住	○辨○○○○○
：027	2	幾回天上識容顏	□□○○○○○
：028	4	卜居今日願為鄰	○○○○○○憐
：030	4	江湖渺渺接天長	○○○○○長天

總　號	句	袁、足　本	申　本
274：005	3	莫嘆鄰翁生計拙	○○林○○○○
：018	1	蒼鳧攜子戲波瀾	○○挾○○○○
：027	1	青雲白髮太難平	○○○○大○○
：033	1	漢家葡萄出西域	○○○○○○城
351：010	8	不竟當如何	○○○何如
：012	4	脩塗浩橫潦	○○○潢○
：016	12	狼藉列樽俎	○籍○○○
：018	13	鬱霧暖庭陰	○○暖○○
：019	10	浮飈扇清秋	○炎○○○
：023	9	賤者日迍邅	○○○邅屯
：024	2	螻蟻戀腐莝	○○□○○
：046	11	依依北堂隅	○○此○○
：048	3	羅雉為雄雌	○鷙○○○
：049	40	斯韻播人口	○詠○○○
：081	5	褰裳望西苑	塞○○○○
	7	陰館辟炎埃	○○碎○○
	9	泠泠朱夏井	○○永○○
352：011	3	天上傳鐘鼓	○○轉○○
：138	3	積雨階除靜	○○○○淨
：160	6	寧親未有期	還家○○○
：161	4	波濤帶夕陰	○○○積○
：290	1	城晚客居靜	○○○車○
353：001	7	牽袖天寒倚	○柚○○○
：002	61	竇氏燕山桂	○○○○柱
354：001	3	回書寄來使	○○○○便
371：001	13	朱文露網動輕車	○○○綱○○○
	31	桑條吐葉青鬱鬱	○○○○晴○○
：006	11	高樓窈宛鎖煙霧	○○○○○山○
：007	20	十載長安見君面	千○○○○○○
：009	序	是以三百篇首乎睢鳩	○○之○○○○○○
		義關君臣朋友	意○○○○○
		其旨遠矣	○首○○
	54	烏鵲南飛可奈何	鳥○○○○○○
	58	玉莭青蛾苦緘怨	○○朱顏○○○
：010	11	鳴鸞佩玉青雲間	○鑾○○○○○
372：085	2	令弟將歸陝路難	○○○○○○艱
：094	3	窗矚太行雲斷處	○斷○○○○○
：102	7	悵望一春詩社冷	惆悵○○○○○
內：001		激則訐人以自標	○○許○○○○
：005		苟有志於創貧賤焉	○○忘○○○○○
：006		御史王子廷相	○○○○○一○
：009		可以無良守邪	○○○○○乎○
：012		富者懼不善使也	○懼者○○○○
		以自耀也	○白○○
：014		士需將徵	○○○微
：015		燭張而蚊至	○○○□○
		制車者不試轍	○軍○○○
：016		不斷必有反令	○○○○○命

總　號	袁、足　本	申　本
內：017	知勇有義	智○○○
：018	故文生導民巧	○○王○○○
：020	子將勿忽其易以圖其難焉爾	于○○○○○○○○○
：021	昔漢文帝許民賣爵	○○○○○氏○○
書：001	何使之寂然不出也	○○○○○○去○
：002	此正執事者所宜控竭智慮	○○○○○○○○○知○
	前者因民劫略為盜	○○○○○掠○○
	比其少得	此○○○
	反因是致死	○○○等○
	而欲興一利以救民之凶	○○○○○○收○○○
：003	人所樂趨	之○○○
	急則憚害而罕任	○○俾○○○○
：005	夫空同子何有於僕諤諤也	○○○○○○○一一○
	與過焉者	○○者焉
	試取丙寅間作	○○○○一○
	僕嘗謂詩文有不可易之法者	○○○○又○○○○○○
	詩弱於陶	○溺○○
	然古詩之法	一○○○○
	成一家之言以傳不朽者	一一一一一○○○○
：006	謂樞機約旋而博被也	○○○○○○○彼
	惟得專任久試	懽○○○○○試
序：001	且省讀書	旦○○○
	實煩簡閱	○○擬○
	總五卷	○六
	罕有存者	空○○○
：002	又從而適之	父○○○○
	固吾圖中物也	□□□□□□
：003	敢固請於子	○○○□□
	予辭不得命	□○○○命
	次其殿最而為之黜陟者也	○○○□□□○○○○
	守位雖尊于令	○○□○○○
	未可考也	本○○○
	未可考也縣無缺事而後可考	一一□□□□□□□□考
：004	乃數與清溪子語	○○○一一○○
：005	自吾長	目○○
	而志氣展布	○氣志○○
：009	錄賢臣之行	○臣賢○
	有思於命世作者之意焉	○○一○○○○○
記：001	可以稼穡	○○○穡
	將惟是以終	○○○○於
	而子者嘗得其概	○○○○○○共
	子業己奇公	○○也○○
	是予所云華容秀產也	○子○○○○○
	而歸則無所終	○○○○○於
	我往于田	○○子○

總　號	袁、足　本	申　本
記：002	裹括萬家之室	囊○○○○○
	視之曰庫也	○○○庫○
	東縣皷司晨	○○○——
	西縣鐘司昏	○○○——
	小南門司晝夜四時	○○○————
	於時事先後緩急	○是○○○○
	何一景明	○氏○○
	此豈可謂末弗治邪	○○○○○○○也
：003	迺行縣躬詣其地一視之	○○○○○○○則○○
	學官張繡	○宮○誦
	附之坡	付○○
	又五越月而卒其役	○○○○訖○○
	嚮背因形	○皆○○
	坡之開茲地也	○○○此○○
	大禮義之	○———
	俗成於富厚忠敬之道可施蠻貊	————————————
	至文王布岐周之治	○○○—————
	治化淳裕之盛	立學崇教○○
	則風尚移易	○習俗○○
	其有己乎	○何○○
	尚未底于顯融	○非——融顯
	呂君奉上命菼關南	○○之——○○○
	寔惟永觀	是○○○
	表于西南	○行○○
	文翁罔專美矣	○○豈○○邪
	究其文物所從來者一	○○○○○○○○矣
銘：001	曾大父本	○○○—
	又善無遺忘	○○忘○○
	始至故城	——○○
	乃歲以地出給貧民	○○○○○○用○
	日與寮寀張宴會	○○○—○○—
	不能一恭事上官	○○為○○○○
	而重利漁民	○○○于○
	獨不計子女邪公弗聽	○○○于○○—○○
	居可貪弗污者	○○貧○○○
	夫誰知予一者	○○○○知○
	孫男子一時可	○○○—○○
	初景明從先君為驛丞時	—○○○○○○○○○
	及先君致仕	—○○○○
：002	又嘗為今上正字	○○○○止○○
	一塚雙戶	○○○穴
：004	朝夕笿罳	○○打
	遊鄭陽	○正湯
	即大喜	耶○○
	求免役	○○後
	棄之地	業○○

總　號	袁、足本	申　本
銘：005	日誦數千言	○○○十○
	吾何願焉	○行○○
	嘗自合秘方膏藥	常○○○○○○
	公度量夷坦無崖岸	○○○○恒○○○
	次即祿一	○○○官
：007	享年六十二	○○○○三
：008	必何子銘我而可	何必○○○○○
	則事攝而官可不重置	○○懾○○○○○○
	益肆形世外	○○○外世
	皆奇健自成一家	○可○○○○○
狀：001	後將必取償于官	○○○○價○○
	負山岨叛——令不復能制也	○○○○令約○○○○○○
	聘張氏子士奇	○○○○○音
：002	始御史屢上南和令治行	○○○○○○○□○
	能作歐字	文○○○
	孫男四—長孝次友俱縣學生	○○○女三○—○—○○○
	次媏次睦	一員一○
	孫女三長聘朱氏子麟出	長孫女一○○○—○○
	————餘皆幼騣出	文兒次孫女○○○○
	兄永洪不能自立	○○○○○—○
	可謂善承其志矣	○○○稱○○○
：003	將臣大使多倚之	○○○○○急○
	吾母也	居○○
祭：001	且以遍視坐客	○○○示○○
	長者就外傳	○○○○傅
：002	公謂曰	○請○
	它日是子一貴一	○○○所○者
	然所自就立者一	○○○○○也
：003	然繼者有令子以廣其志	○○○○孔○○○
雜：001	嘗見今之為其子弟求師	○○—○○○○○○
	一口訪耳採	曰○○○○
	此吾所謂俾而可羞者也	○○○為○○○○○
：005	化溥施公	○□○○
：009	固予所未喻也	○○○謂○
：010	君子察名繹義	○○○○澤
：027	雉鵳鳶弗可得常食也	○雞○○○○○○
：033	施不報之恩	○○○○惠

　　除些許略補題辭之意者外，申本獨有之異文中因音、形近而誤者為多。袁、足本與雍本同者，則或依雍本。雍本不載而袁、足二本同者，則應有其同源本。編此同源本者或曾參閱何景明之原稿而改申本之誤。

第四目　義陽、野竹二本

河南本校注引野竹齋本而未引義陽書院本。今錄義院本與野竹本不同者如下：

題辭：

總　號	義陽本	野竹本
352：291	送士姪歸省巢縣	○○○○雀○○
372：035	送劉——侍御謫金壇	○○養和——○○○[他本作：○劉養和侍御○○○]

本文：

總　號	句	義陽本	野竹本	
賦：014	34	下蘭室與蕙房	○蘭○○○○	[雍本缺]
151：018	10	持刀殺其馬	○力○○○	[雍本缺]
171：003	10	割鬐斫鱠不論百	□○○○○○○	[雍本缺]
251：036	15	前有盈觴酒	○○盆○○	
252：092	1	戴生久離別	○○大○○	
：101	6	淒涼作賦才	○○○○求	
271：008	8	霜刃旋看錦鮮碎	○月○○○○	
：011	17	須臾簷雨亂沾席	○○○○○沾○	[雍本缺]
：021	3	不肯上書干明主	○○○○千○○	[雍本缺]
352：265	8	執手五雲衢	○乎○○○	
371：013	43	天生公等世所須	大○○○○○○	
：018	7	黃金大印賜豪貴	其○○○○○○	
：020	33 燕山遊子落日吟	○○○○○目○		
：034	16	封侯拜將珥貂列	卦○○○○○○	
372：045	4	僻地惟聞草木香	○○○○○水○	[雍本缺]
：053	20	蜀道風煙此日開	○○○○○○間	
：071	4	薦熟誰開寢廟筵	鷹○○○○○○	
：077	5	仙人樓閣春雲裏	○○○○○○人	[此條亦見下]
451：001	7	闌干既重復	○于○○○	
452：006	3	柳色開門閉	○○○○閡	
書：006		中土人意邪	○上○○○	[雍本缺]
記：002		二兵備之於役也	○○○○○後○	[雍本缺]
		董其役者	○○後○	[雍本缺]
		政貴人和	○青○○	[雍本缺]
：003		金坡治其工	○披○○○	[雍本缺]
雜：005		始入城門	○○○明	[雍本缺]

以上諸條，野竹本獨有異文。義陽本概與他本(雍、袁、足諸本)同。筆者所校，義陽本獨有異文僅有八條如下：

總　號	句	他　本	義陽本	
樂：015	18	尺帛寄離愁	○□○○○	[雍本缺]
：044	2	鄰翁春粱婦炊飯	○○○○□○○	
	5	火輪飛出扶桑霞	出○○○○○○	

總號	句	他本	義陽本	
152：029	2	于今息戰侵干	干○○○○	［雍本缺］
272：025	4	此夜清樽益可憐	曉○○○○○	［雍本缺］
	6	更看江海淨風煙	○○○○呼○○	［野竹本：寧；雍本缺］
352：038	6	仙人自十洲	○○日○○	
：258	8	早晚折春雷	○○○○雪	

義陽、野竹二本各有其獨有異文。然，野竹本之為多，皆似以形近而誤。王重民題義陽本云，「卷內闕字與野竹齋刻本相同，未知何本付梓在先」（《中國善本書提要》584）。王氏說未盡是。此二本有小異如下：

總號	頁	行	野竹齋本	義陽書院本	備考
252：100	11.20a	6	□□□	□□入	
：143	12.8a	1	□□	□□	義陽本上字上部，下字下部可見。
					原為何字不明，然似與他本「盜徵」同
272：005	12.11a	7	病後	□□	義陽本篇題空，而詩首句則云：「病後頻驚節」
書：005	23.9b	6	人文漸門	○○○朗	雍本缺；義陽本朗字月部缺撇畫下半
記：003	24.4a	5	而學官正居其卑	○○宮○○○○	雍本缺；義陽本有「宮」字下半破損者

今疑野竹本為義陽本之翻刻本。據戴冠、黃省曾所作書信（見〈繫年考〉，嘉靖二年）得知此時有一本何景明集，款式與申本盡同，書版既刻於蘇州而後傳至信陽、山西。此時未有序。嘉靖十年始有王廷相所撰〈何氏集序〉云：「刻在潞州。斯集棗行久矣。」王氏所謂「刻在潞州」或與戴冠任職山西有關。義陽本或用原刻書版，增「義陽書院」四字於下口而行之。此當為任良榦知信陽州時期之事。

義陽書院本有二種，其一為有「任良榦校」云云者（以下簡稱「任校本」），另一為無該語者（以下簡稱「無校本」）。二種之書版同。筆者未盡互校。然，其不同者至少有三處（其文皆見上）：

樂：015：二本均缺「帛」字；任校本又缺「寄」字之一小部。

樂：044：二本均缺「婦」字；無校本又缺其上之「粱」字暨其左旁之「出輪」二字。

372：035題辭「養和」任校本字體似與他字不同，無校本不然。

今疑任校本先而無校本後。待考。

野竹齋本之翻刻本字體較粗，偶然有異文，如352：265，野竹本作「乎」，翻刻本作「于」；書：005，野竹本作「門」，翻刻本作「開」。翻刻本似因野竹本意不通而臆改。河南本此二處作「乎」、「開」，未知其依何本。

據以上諸條得知：（一）義陽本似為野竹本之原。（二）雍本與義陽本同，則二本當與何景明原稿亦同。（三）後出本（袁、足諸本）多近義陽本，當出義陽本（亦見下）。

第五目—晉、李二本

晉、李本未盡校。筆者所校諸詩中，各本有其獨有異文如下：

總　號	句	他　本	晉　本	
樂：050	8	美人立	○○泣	[雍本缺]
251：034	18	運思一何深	○○亦○○	[雍本缺]
252：029	題	雨夜似清溪	○○次○○	[與雍本同；見上]
：032	題	與中和清溪	○○○○一	
：143	4	日暮萬行啼	○○○猿○	
352：093	6	遲煙散遠楊	○○○○揚	
		屬音向春陽	○○○○楊	
371：009	序	三百篇之後流	二○○○	[雍本缺]
	44	七夕風濤還可度	□□○○○○	[雍本缺]
	46	九秋七夕須臾易	○○○○○○□	[雍本缺]
	47	盛年一去真堪惜	□○○○○○○	[雍本缺]
	49	可憐流素凝瑤席	○○○○○○□	[雍本缺]
	52	客心對此嘆蹉跎	○○○○○□○	[雍本缺]
	55	湖上佳人挾瑟歌	○○○○□○○	[雍本缺]
464：002	1	獨樹桃花自發	○對○○○○	[宣統本：去]

總　號	句	他　本	李　本	
樂：062	7	先機失所豫	○○○○遇	[雍本缺]
151：031	8	三五玉繩耿	○○王○○	[雍本缺]
171：003	16	操刀具案不忍傷	○戈○○○○○	[雍本缺]
251：033	1	更深月復明	○○明○○	
：034	4	歲暮芳寒侵	○○祁○○	[雍本缺]
252：065	6	愁顏付酒甫	○○○○筒	
271：001	9	合沓輪騕交紫陌	○○○驪○○	[雍本缺]
272：016	5	無邊風雨入秋來	○○○○○○木	
274：009	1	紫蔓青藤各一叢	系○○○○○	[雍本缺]
351：068	1	張生神駿骨	○○○馭	
352：010	2	談玄靜夜真	潭○○○	[雍本缺]
371：009	42	河邊織女期七夕	○○○○○一○	[雍本缺]
451：002	7	千林覽蔥蒨	○○鬱○○	
472：002	3	鳳笙錦曲春縹緲	○○○○○飄○	

亦有二本與申本同，與他本異者如下：

總　號	句	他　本	申、晉、李　本	
151：008	4	石圻起焦煙	○圻○○○	[雍本缺]
251：063	23	素絲有莃黃	青○○○○	[雍本缺]
252：004	8	北望一沾巾	○○○○襟	[雍本缺]
351：067	3	辟穀遊人間	○○○○門	
371：009	序	義關君臣朋友	意○○○○○	[雍本缺]
：	58	玉甃青蛾苦織怨	○○朱顏○○○	[雍本缺]

筆者所校諸詩，僅有一條晉、李本同，與他本盡不同：

總　號	句	他　本	晉、李　本
371：009	序	其調反在四子之下與	○○○○○○○予「雍本缺」

「予」、「與」字可通，此條或偶然而同。

申本有誤字、缺字者，晉、李二本則或改而各有不同，如下：

晉本依申本，李本改：

總　號	句	他　本	申、晉　本
252：073	4	歸人何處船	○○○○舡
371：009	序	是以三百篇首乎雎鳩	○○之○○○○○ ［雍本缺］
：023	9	深黃穠紫雜煙皋	○○濃○○○○［雍本：濃］

李本依申本，晉本改：

總　號	句	他　本	申、李　本
271：007	17	含宮移羽何春容	○○○○○春○
353：001	7	翠袖天寒倚	○柚○○○ ［雍本缺］
371：009	54	烏鵲南飛可奈何	鳥○○○○○○ ［雍本缺］

晉、李二本均改：

總　號	句	他　本	申　本	晉　本	李　本
252：143	6	徵求及寡妻	□○○○○	誅○○○○	征○○○○

申本缺字，晉本獨改，李本與他本同者有二條：

總　號	句	他　本［李本同］	申　本	晉　本
251：008	3	返顧望城闕	○○□○○	○○都○○
252：001	3	栖鳥張燈起	□○○○○	宿○○○○

上引九條中，晉、李之一本與他本所同者八。疑其據上下文臆改。非據他本校也。

野竹本既出義陽本(見上)，則晉、李二本何所出？筆者所校，晉本出義陽本。有一條似有李本出野竹本之據如下：

總　號	句	他　本	野竹本	李　本	
372：077	5	仙人樓閣春雲裏	○○○○○○人	○○○○○○入	［亦見上］

此條，晉本與他本同，不知其是否依義陽本，抑或臆改。

第六目—袁、足本

　　袁、足本有五版可資考辨：(甲)袁本甲版、(乙)袁本乙版、(丙)足本甲組子版、(丁)足本甲組丑版、(戊)足本乙組丑版。乙組子版則似與丑版同，僅有之不同者乃丑版添增二題(見上)。另有異文一條(見下)。以下不分論子、丑二版，而稱「乙組」。

　　先考袁、足二本之與申、雍二本之異同。其次，考袁、足本載「一作」注。其次，考袁本二版、足本三版之間之異同。

　　　　(甲)申、雍二本與袁、足二本。

　(1)申、雍二本同。袁、足二本相同而與申、雍二本異有如下者：

　題辭：

總　號	申、雍　本	袁、足本
254：020	寄劉柬之副使	○○○○憲副
271：022	雪中宴李揮使——宅	○○○袁○○惟武○
351：041	過呂涇野宅同呂道夫馬君卿	○○仲木○○○○○○
352：006	送馮太和	○○大○
：020	送顧與成赴浙江參議	○○汝○○○○○
：249	——四日同子純過劉汝忠次韻	正月○○○○○○○○○
：251	顧與行諸客見訪次韻	○以○○○○○○
：252	人日齋居過王德宣	○○○○○○徵
：254	答潘都諫郊壇見遺之作前韻	○○○○○○———
371：027	吳偉飛泉畫圖一	○○○○○○歌

　本文：

總　號	句	申、雍　本	袁、足本	
樂：036	10	安能保君常不棄	○得○○○○○	
251：017	13	靈彩欻以晦	○○○○晦	
：026	12	清廟徒三嘆	○○獨○○	
：029	12	左右挹流光	○○浥○○	
：032	4	盈虛本相直	○○○○值	
：033	13	逝魄不常望	○○○長○	
252：016	3	尚平婚未畢	向○○○○	
：109	6	龍旗拂曙開	○旍○○○	
：152	2	消息幾迴聞	○○回○○	
	8	空得九辨文	○○○辯○	
271：004	24	聞此中夜令人驚	○○終○○○○	[亦見上]
：007	18	泠泠萬壑吟風松	冷冷○○○○○	
：032	3	銅槃絳蠟暖照春	○○○煖○○	
272：008	3	十里沙平遙對雨	○○○○○○酒	
274：001	2	垂楊裊裊夾朱樓	○○嫋嫋○○○	
351：041	7	況偕同心友	○譜○○○	
：044	6	鳴鑣並京陌	○「○鑣○○	
：071	14	庶俾思心豁	○○私○○	

總　號	句	申、雍本	袁、足本
351：072	14	兹歲奄七踰	○○淹○○
352：012	6	青尊涕淚傍	清○○○○
：018	8	元是漢庭評	○○○廷○
：036	5	旅食清楓改	○○青○○
：095	7	楊雄老陪從	○○○倍○
：097	5	珮委春塀草	○○○池○
：104	3	山川蟠秀地	○○盤○○
：107	4	仙裳拂楚丘	○○覆○○
：113	2	御苑復高霞	○○覆○○
：121	6	珠衡四日光	○含○○○
：192	5	開府松沙靜	○○○杉○
：219	2	聞君候鎖闈	○○○瑣○
：277	2	林堂水石隈	○塘○○○
：300	6	歸襯有孤舟	○櫬○○○
353：008	4	相交盡老蒼	吾尤重○○
：010	27	曉闥明星晳	○榻○○○
354：011	1	玉橋迴宛轉	○河○○○
371：031	10	春樹吟開畫省堂	○○迎○○○○
：041	20	千載長記南宮宴	○○常○○○○
：051	5	憑風倒景萬樓閣	○○○影○○○
：053	14	車旗從官皆漢儀	○騎○○○○○
：056	16	詞場獨覺良工苦	辭○○○○○○
374：044	2	湖水風增萬頃波	○○○○○丈
451：005	7	將遂偕龍蟊	○○譜○○
452：030	8	不見好音懷	○○○○來
：036	3	壇場如往昔	○○○○日

　　申、雍本同，則當與何景明手稿同，然，以上諸條中有袁、足本並非誤者，如352：249題辭，袁、足二本增「正月」二字，352：018本文「漢庭」作「漢廷」等。袁、足本或臆改，抑或參原稿。

　　又有271：022題辭，申、雍二本均稱「李揮使」而袁、足二本稱「袁揮使惟武」。袁本當為袁璨所編，而袁鎧，字惟武，即其父。以李揮使改袁揮使應有其據。李揮使無考。《（民國）信陽縣志》載天順年間指揮僉事李氏，「失其名，張雲外祖，何大復有〈雪夜宴李指揮詩〉」(20·9·2a[851])。未知孰是。

　　⑵申、雍二本不同，則袁本多依中本，足本多依雍本：

　　題辭：

總　號	申、袁本	雍、足　本
252：027	同一清溪夜坐	○沈○○○○
254：020	寄一柬之副使	○劉○○○○
271：008	觀打魚一東坡韻	○○○用○○○
272：007	沈逸士來自吳下能詩善鼓琴間投篇什見訪顧館於城中予以病不得出乃作此詩招致敝庄	○○○○○○○○○○○○○○○○○ ○○訊○○○○○○○○造 ○○○○○○○

總　號	申、袁本	雍、足本
272：009	次韻馬百愚同沈清溪見訪——	——○○○○○○○○○○次韻
352：020	送顧與成之浙江——	○○○○赴○○參議
：026	子容飲餞	餞子容
：042	送熊御史——謝病還江西	○○○○尚弼○○○○
：066	顧——內翰約看花城南寺病目不赴	○九和○○○○○○○○
：082	——五日與張劉崔三子約九日遊法藏寺塔劉嘗約遊西山竟寒盟故云	九月○○○○○○○○○○○○○○○○○○○○○○
：103	張侍御——送弓	○○○仲修○○
：117	廓太守壽章	壽廓廷瑞太守
：166	中秋夜集呂給事令	○○○○○○○宅
：179	簡—玄敬	○都○○
：184	過寺中飲贈張元德——	○○○○○○○侍御
：216	送顧御史還南京	○○侍御○○○
：218	周都閫亭子同顧太史張侍御飲————	——————○崔○○○○○周都閫亭子
：227	再遊郭氏——	○○○○○園亭
：238	夜集勤甫—時秉衡至	○○○○宅○○○○
：240	文玉見招同子鍾過飲有贈	同崔子鍾過董文玉宅——
：244	夜集賀—仲木	○○贈呂○○
：246	送石秀才——還趙州	○○○○下第○○○
：247	田子宅夜宴別	○○○—○○○
：253	寺中齋居簡崔內翰張侍御二子	○○○○○○○○○○○○——
：255	立春—汝濟見過次韻	○○管○○○○○○
：257	——送段子還蒲州寺中作	寺中○○○○○○○○
：260	夜過劉子—兄弟	○○○以道○○
：265	—壽夫過分韻得吾字	王○○○
：268	清明日二張王劉諸友同出城南寺	○○○————同○○—遊○○○
：276	送趙子—視學山東	○○叔鳴○○○○
：280	李川甫戴時亮二子過訪	○○○○○○——○○
：282	飲鑑上人房訪大和兄—	—○○○○○○○○○飲
：283	過寺中避暑同川父	同川甫寺中避暑—
353：005	送梁鴻臚————次孟望之韻	○○○○之什邡○○○○○
：006	寄贈王秉衡御史————	○○○子○○○時按關中
：010	秉衡在獄中感懷有作二十韻	子○○○—○○—○○
354：018	至日寄答良伯	○○—○○○
371：017	苦熱行簡問—良伯	○○○○陶○○
：019	同崔呂孫—內翰集徐子瞻辰樓	○○○○三○○○○
：031	———送何燕泉今昔行	今昔行○○○○———
：032	與崔子同送劉以正還關中	—同崔子○○○○○
372：027	白髮和張子純——	——○○○○白髮
：029	送張元德——巡畿內	○○○○侍御○○
：034	月夜王宗哲宅贈田子之江西——	○○○○○○○勤甫○○提學
：077	送衛進士推武昌府	○○○○○○○
：088	送蔣——冬官病還揚州	○○子雲○○○○○
452：006	過康子——彭麓別業	○○○德涵○○○○
：008	題普緣塔	—○○○
：015	登樓在草店作	○○鳳縣—○
：023	過華清—	○○○宮
：031	過—谿田村居	○馬○○○○

本文：

總　號	句	申、袁　本	雍、足本	
古：004	1.3	之子南征	○○○行	［袁本乙版同］
	4	行夫不遑	征○○○	［袁本乙版同］
樂：018	1	郡不見泰山高一	○○○○○○高高	［袁本乙版同］
	3	古來封一禪一無宮館	○○○壇○地○○○	［袁本乙版同］
	4	崖崩壁拆鐵鎖斷	○○○圻○○○	［袁本乙版同］
：033	4	炎埃上起高塞天	○○畫○○○○	［袁本乙版同］
：046	3	我騎虎與兕	○非○○○	［袁本乙版同］
：060	2	飛去仍徊徨	○○○○翔	［袁本乙版同］
251：009	6	春氛感鳴禽	○氣○○○	［袁本乙版同］
：025	11	撫志冀陳力	抗○○○○	
：028	3	金鳥麗秋闌	○魄○○闥	
：029	7	踰時灝氛澈	○○○氣○	
：030	12	聯篇抱華風	○○把○○	
：037	9	□念徂遠路	念子○○○	
：039	4	世專攸推遷	○○倏○○	
252：037	8	騎馬到荒林	○○○○村	
：059	5	水落龍蛇臥	○○○○蟄	
：073	7	想到鄉關日	○○○園	
：097	8	千載意難招	○○竟○○	
：103	4	石壁明孤雲	○○斷○○	
253：003	8	終遣塞翁悲	○共○○○	
254：018	3	相見九日到	○看○○○	
271：004	8	巨丘已沒高岸頹	○○欲○○○○	
	24	聞此中夜令人驚	○○○○○心○	
：025	9	僕童馴雅妻更良	○僮○○○○○	
：026	10	手書佳句況盈軸	○○○○己○○	
272：008	6	曲水風煙盡日留	水曲○○○○	
：011	8	相過此日莫遲回	○○地○○○	
：020	3	江清樓閣中秋見	○○○○○流○	
：023	5	連山落水蕭條後	○○○木○	
351：035	10	胡為思離闊	○○忍○	
：055	6	擴士鮮無過	曠○○○○	
：063	8	恩同曠絮溫	○○纊○○	
：064	22	無志卑公侯	吾○○○○	
：065	18	再觀司隸章	○覩○○○	
：074	13	曾城羅宮殿	層○○○○	
	19	貧賤豈不安	終焉從子逝	
	20	福貴非我營	福貴非我營	
	21	終焉從子逝	—————	
	22	無為世所嬰	—————	
：075	9	明珠倘有因	○○○無○	
352：023	1	二月三十日	三○○○	
：053	1	尋僧憩石寺	○○○古	
：054	1	古寺城中斷	○路○○斷	
：065	6	舊雨到西城	暮○○○○	
：089	7	吾居入鄰並	○○亦○○	
：120	5	鷗度桑乾去	鴈○○○○	

總　號	句	申、袁　本	雍、足本	
352：167	7	悵望廣寒上	○○高雲○	
：175	1	五月燕京市	○○○○寺	
：199	8	今是霍嫖姚	○○○嫖○	
：218	8	錦騎莫頻催	歸○○○○	
：225	6	山景落彫牆	○影○○○	
：231	4	籍雨坐秋天	○草○○○	
：232	2	此日暫回家	○○○還○	
：241	2	霜盡靜煙沙	○晝○○○	
：264	3	聽鶯到竹裏	○○○○院	
：266	序	西望高駢，慷慨悲懷	○○興○，─────	
：295	1	白雲秋送老	○○送秋○	
：301	1	秋風已如此	○夜○○○	
353：010	1	朋儔日幸塞	○○○乖○	
371：012	23	生時千門與萬戶	○前○○○○○	
	24	葬地那遺一丘土	死時不得○○○	
：021	30	書生頗得親講詢	諸○○○○○○	
：022	14	此地塵沙幾回徙	北○○○○○○	
：029	12	酒酣相視不改容	○○○○一○○	
：042	15	瀟湘黿鼉經水國	○○○鼉○○○	
：044	18	造化弄人每如此	○物○○○○○	
：045	19	延頸戴翼各共向	○○○○○○拱	
：050	17	林中有草金光耿	○○○○○○映	
：055	2	先生捧敕馳星軺	○○奉○○○○	
	35	不然信此可棲息	○○從○○○○	
：056	2	四時雲氛流杉松	○○○氣○○○	
	32	念今道故增悲傷	感○○○○○○	
：057	3	昨朝邂逅樽酒間	○○○○尊○○	
：058	24	破圍貫籍千軍力	○○實藉○○○	
372：010	1	春月同看此地圓	○○○○○度	
：023	2	鳴雨蕭蕭晚細微	○○瀟瀟○	
	7	為報春求鴻鴈侶	○○○來○○	
：036	7	世路風塵各飄轉	○○○蓬○○	
：096	7	悵望忍看燕草色	○別○○○○	
：097	8	白頭抽筆賦長陽	○○○○○○揚	[足本乙組：楊]
451：001	17	梯杭無外至	○航○○○	
452：005	2	高山萬古存	南○○○○	
：032	3	九嶧瞻太岱	○○○泰○	
：033	6	春晴渭北花	○情○○○	

申、雍二本不同，袁本依申本，足本獨有異文者：

總　號	句	申、袁　本	雍本	足本
271：026	18	水上浮雲草頭露	○○○泙○○○	○○○漚○○○

據以上諸條可知袁、足二本雖有同源本，然足本亦有其依雍本者。

⑶與上諸條相反，申、足本同，而雍、袁本同者僅有題辭一條：

總　號	申、足本	雍、袁本
352：043	世其宅夜集同君采作一難字	○○○○○○○○○限○○

⑷申、雍本不同，袁、足二本相同而與申、雍二本均不同者有二條如下：

總　號	句	申本	雍本	袁、足本
352：176	6	桃波映日空	跳○○○○	滄○○○○
371：044	6	笑指兄娣羅成行	○○○弟○○○	○○○姊○○○

⑸申本載，而袁本獨有異文如下：

題辭：

總　號	他本	袁本
271：032	懷舊吟贈阮世隆	○○○○○一○
352：069	酬郭內翰上陵還詩一	○○○○○○有作
371：029	畫魚一	○○歌
：033	赤壁圖一	○○○歌
：045	劉武選百鳥圖一	○○○○○○歌
：046	畫竹一	○○行
472：007	送胡一承之北上	○○子○○○○

本文：

總　號	句	他本	袁本
252：016	7	九京何日返	○泉○○○
：028	4	燈靜壁蛩喧	○○○虫○
：133	7	慷慨無人測	○○○○惻
253：001	6	詞翰落雲煙	○漢○○○
271：004	31	眼前喜愕俱已忘	○○○惡○○○
：020	10	識鑑至今如畫一	○見○○○○○
：022	7	開書讀罷喜即行	○○○○○郎
351：050	6	曉闌殘月輝	○樹○○○
	8	宵行誰與歸	霄○○○○
：060	1	寸心抱貞固	○○○真○
：074	15	長嘯歌五噫	○笑○○○
352：217	1	白日春城暮	○○○○過
	4	予意一何深	○○亦○○
：259	2	看君意獨哀	○○獨意○
：262	8	何恨九泉深	○○○原○
：272	4	星月度微雲	○夜○○○
：304	5	香署含清旭	○○令○○
353：009	7	玉盤春不獻	○○○○見
：011	21	好時瞻春祀	部○○○○

總　號	句	他　本	袁　本
371：032	4	金鞭暮指秦中柳	○○○○○川○
：043	3	欻爾飛立都諫之高堂	倏○○○○○○○○
：045	28	鳳兮鳳兮何時來	○○○—○○○
：048	4	泰山嵯峨青石室	秦○○○○○○
：056	3	江開秀色蟠三楚	○○○○盤○○
：057	14	花顏雲髮青錦袍	○○○饕○○
452：006	1	不求金馬召	○○○○詔
471：002	7	萬里精神開絹素	千載○○○○○
	8	百年毛鬣生風霧	一朝○○○○○
472：003	5	黿鼉岸拆深無地	○○○坼○○○

(6)雍本不載，申、足二本同，而袁本獨有異文如下：

題辭：

總　號	申、足　本	袁　本
371：006	畫山水一	○○○歌

本文：

總　號	句	申、足　本	袁　本
賦：029	序	故夫□匯潭淵淺渦暗灘隱石者	○○—○○○○○○○○○
152：029	5	濁浪魚龍黑	○○○○里
371：009	30	征夫塞上行憐影	○○○□○○○

(7)申本不載，袁本獨有異文

題辭：

總　號	雍、足　本	袁　本
252：549	晚晴	○晴
：574	訪堅山寺僧不遇	至○○○○○○
：575	再至寺	○過○
271：513	長安大道行	○○太○○

本文：

總　號	句	雍、足　本	袁　本
251：507	22	欣焉秉柔翰	○○乘○○
252：547	3	歲時聊杖履	賓朋○○○
：576	6	危峰曲迤通	微○○○○
253：501	5	世業端居里	○○○□○
271：511	15	吁嗟汝輩各努力	○○○○○○—

總　號	句	雍、足　本	袁　本	
272：501	1	關中人物從來盛	近來○○關中○	
	2	況汝才名天下稀	夫子○○海內○	
：503	1	兩年懷抱值君開	○○○○今日○	
	2	聞說京華首重回	聽話○○○○○	
	3	天上故人難再見	○○○○○得○	
	6	遠客浮雲萬里臺	○○清尊○○○	
	7	南斗尺書相望切	○○○○何月返	
	8	暮天鴻　幾時來	○○○○○一行○	[亦見下]
371：501	11	金鍾虜酒亦易醉	○鐘○○○○○	
	14	抽箭仰視天山雲	插○○○○○○	
：505	33	以茲守嵯跎	鄉○○○○	
：508	6	大江石城通日月	○○○成○○○	
：509	26	來朝獨擁諸軍節	○○○○○侯○	
：513	2	開筵謔浪倒金罇	○言○○○○○	
：516	25	京師豪貴競迎致	○時○○○○○	

(8)申、雍本同，袁本與同而足本獨有異文如下：

題辭：

總　號	他　本	足　本
352：096	駕幸南海一	○○○○子
354：011	晚出左掖簡一君采	○○○○○薛○○
371：041	谷進士宴歸一歌	○○○○○圖○

本文：

總　號	句	他　本	足　本
樂：027	5	輕身起舞垂紅羅	○○○○○○纖○
251：026	1	世事多戚促	○士○○○
271：025	17	弟昔省兄盡君歡	○○○○○兄○
272：011	7	三徑已□留二仲	○○○拌○○○
351：059	3	徒看色笑親	徒○○○○
352：022	1	地北一為別	○○憐○○
：236	4	白露迥含悽	○○○○凄
：253	1	融雪草生細	徑○○○○
374：013	1	天下山河有洛中	○○○○首○○

(9)雍本不載，申、袁本同，而足本獨有異文者如下：

題辭：

總　號	申、袁　本	足　本
352：290	雨景劉汝忠過對棋觀詩談邊事作	○中○○○○○○○○○○○○
372：090	詩上一价大內翰兄聊寫隕珠之痛兼	○○郭○○○○○○○○○○○○○
	致夢蘭之望云	○○○○○

本文：

總　號	句	申、袁本	足　本	
賦：001	69	下土幽暗而嶮巇兮	○○○○○○○兮	
：002	39	胡恪和於九域	○格○○○○	
	75	求畀綏康	永○○○	
：003	63	退欽策而改輻兮	○歛○○○○兮	
：013	165	終養恬以順年兮	○○○○頤○○	
：017	11	痛嘉谷之不實兮	○○穀○○○兮	
	13	攬翳翳之蕪卉兮	○○○○○無兮	
	26	狐狸媚而求親	○○媒○○○	
：020	2	奠華章之名區	○章華○○○	
：022	81	詎纓情于豐華	○嬰○○○○	
：023	24	咎玄樞之舛化	○○○○○訛	
：027	18	敷林搜塈	剔○○○	
	35	櫛栖豫樟	○○○章	
171：006	19	雲中鼓角連雲起	營○○○○○○	
	30	黃蒿離離白骨稿	○○○○○○槁	
172：014	2	行到窮邊見洞氓	○○○○○○民	[袁本乙版同]
251：012	19	從我藉雄辯	○戎○○○	
252：026	6	風迴草樹班	○○○○斑	
：124	4	吾生漫有涯	○○詎○○	
：132	1	出郭初冬暮	○○冬初○	
254：011	2	春條秋未催	○○○○摧	
271：002	5	請降盡是迴曲軍	○○○○○洄○○	
：023	16	霸上朝看赤雲起	灞○○○○○○	
：027	17	驚風盡起遶沙漲	○○晝○○○○	
272：033	4	月落燈前鴻鴈來	○○○○○江○	
：044	6	雲霄北望少歸攀	○○○○○追○	
353：002	46	營觀虎豹馴	○○○○伏	
	69	願保喬崧歲	○○○松○	
364：004	2	山寒宿宿沉暉	○○杳○○	
371：001	36	我馬躊躇皆不鳴	○○蹢躅○○○	
：002	27	只今烽炮西北來	○○○砲○○○	
372：080	7	十年躍馬從吾地	○○○○○君○	
：084	8	忍向橋山覓暮林	○○○○○墓○	
：085	6	屋樹春花發自班	○○○○○○斑	
內：004		用六師弗相令也	○○○用○○	
：012		劉守之擺廬附也	○○○○州○	
：016		網馳口緩	○弛○○	
：019		搏裂抗割之而已	搏○○○○○	
序：003		且將諸卿大夫之命	○○○鄉○○○	
：004		與子路遊	○○語	
：007		茲不傷述，大復何景明著	○○○○－－－－－	
：008		貨弗積則弗殖	○○○○不○	
		先生蚤歲，神穎越悟	○○○○，○○超○	
記：001		又可以睡而得也	○○○眺○○○	
		而子者嘗得其概	○○昔○○○	
銘：006		其子琦功嬉	○○○幼○	

總　　號	申、袁　本	足　　本
狀：002	誣以妖言	○○妖○
	明年□月□日	○○某○某○
祭：001	卒勤來歸	辛○○○

申本不載，雍、袁二本同，足本獨有異文者僅有一條：

總　　號	句	雍、袁　本	足　　本	
272：503	8	暮天春鴈幾時來	○○鴻○○○○	［亦見上］

袁本、足本獨有異文，或偶然誤，抑或臆改。

⑽申、雍二本均缺，而袁本獨有異文如下：

題辭：

總　　號	足本諸組、版	袁　　本
252：509	寄梁宗烈	○—○○
：512	劉朝信讀書山寺	—○○○○○
：516	西谷有浙聘予喜其得勝遊因話浙中之勝	○○○○○○—○—○—○○○○○○○
：520	與徐生	贈○○
：530	寄王甥朝良憂居	○甥王○○○○
：531	途中寄別餞送諸生	——○○○○○○
：557	飲一邦重山莊夜歸	○袁惟武○○○○
：562	遊堅山阮生談西巖險絕予未嘗到	——○○○○○○○○○○
：565	留賈西谷學舍	○○○○—○
：579	自山家歸寺	○○○○—
：606	————送慈谿劉伯雨之南京尚寶卿	戊寅七月○○○○○○○○○○○
254：502	一璽上人送茶	酬○○○○○
272：510	懷西涯先生	○○○公
：515	清明日上先祖並兄墓	○○—○○○○○
：520	袁沖霄先生同惟學過訪	—○○○○○○○
：521	同高鐵溪先生劉朝信兄宿賢隱寺次韻	○—○○——○○—○○○○
：522	袁惟學南園	—○○○○
：528	對雪懷劉朝信	○○○朝信兄
：533	題葉邦重山水畫限韻	—○○○○○○——
：540	題任宏器思親卷	○○草亭○○○○
：545	同焦太史——游青峰禪寺	○太史焦淮濱○○○○○
274：505	雨中看花	○○觀○
352：604	送客	［無題］
：616	夜集錦大同本貞限韻	○○蒼谷○○○○○
372：502	送趙司訓喪偶還羅山———	○○○——○○○以喪偶歸
：507	壽羅山胡侍御——	○○○○○○先生
銘：506	封孺人————李氏墓誌銘	○○○張公大人○○○○○
狀：501	封徵仕郎中書舍人先考梅溪公行狀	○○○○○○○○○○——○○○○
祭：502	祭封———工科左給事中張公文	○○徵仕郎○○○○○○○○

本文：

總　號	句	足本諸組、版	袁　本
賦：501	13	棟梁岌嶪	○○岢○
252：557	2	漁樵仄徑逢	○○窄○○
：563	序	[有]	[缺]
	1	川流一曲抱	○源○○○
：595	6	風生響度岑	○來○○○
：603	3	響從銀漢落	○○雲○○
271：506	3	東風吹開更吹落	○○○○又○○
272：514	8	莫厭拌留到夜闌	○○拚○○○
：519	7	卻喜故園桃李樹	○○○○○杏
：538	7	平生師友兼恩義	五年○○○○
：540	8	目斷雲孤思正勞	日○○○○
：543	7	梁山楚水無多路	○○○○○歸
	8	來往風塵易歲華	○○○○幾○○
274：604	4	湘女祠邊日暮花	○○園祠○○○
書：502		揚善登俊	○登善○
序：506		————————	大復山人何景明識
：509		則其文辭緒理可尋也。—————	○○○○○○○○○。汝南何景明志
記：501		豈徒自遁以遂其高者也。————	○○○○○○○○○。正德十二年，丁丑，十一月，冬至。大復山人汝南何景明記。
銘：505		終其身無有怨也	○○○○○○願○
雜：501		臣不勝幸甚。—————	○○○○○。緣係應詔，陳言治安。事理為此，具本親齎。謹以奏聞，伏候敕旨。

又有雍本不載而申、袁、足三本均不同者如下：

總　號	句	申　本	袁　本	足　本
252：033	序	今年北遠	○○○還	○○○游
372：081	3	異鄉盞酒誰相醉	○○盃○○○○	○○醆○○○○
狀：002		曾孫男一一元孝出	○○○□□○○出	○○○某一○○○

　　申、雍二本均不載之諸篇，袁、足二本之同源本或依《遺稿》。袁本尤有其似依原稿者，如252：557，：606，272：545之題辭，序：506，509，記：501之本文。

(二)袁、足本「一作」考

袁、足二本「一作」與他本異同有各式如下:

總 號	句	足本本文	足本一作	申本	雍本	袁本	備考
		●	○	[一 缺;※=破損,此頁缺]			
樂:025	7	含凄歛嘆君莫猜	○○○唉○○○	●	○	●	
			[足本乙組一作笑]				
:048	1	上陵風以雨	○○有風雨	●	○	●	
	2	下陵月星露	○○有○○	●	○	●	
							[星:袁本乙組:風]
:050	7	美人立	○○泣	●	—	●	[晉本:泣]
251:009	7	所遇豈殊故	○○○○時	●	○	●	
	8	即事自成今	○自成古今	●	○	●	
							[自:袁本乙組:目]
	16	寧不傷離襟	惻惻○○心	●	○	●	
:013	7	行人暮飢渴	○○○苦飢	●	○	●	
:021	7	叢蕙植幽闈	○蘭○○○	●	●	●	
:026	12	清廟獨三嘆	○○徒○○	○	○	●	
	16	啟篋得爾玩	○○○珎○	●	○	●	
:029	10	忽覓在我傍	○覺○○○	●	○	●	
:031	7	單居不為樂	○瓵○○○	●	○	●	
	18	豈慮天路何	○○○○遐	●	○	●	
:038	4	宮觀鬱相望	○○遙○○	●	●	●	
	9	孤鴻暮南驚	○○務○○	●	●	●	
	12	胡為悲故鄉	○○戀○○	●	●	●	
:050	1	高臺臨萬戶	○樓○○○	●	●	●	
:051	12	霜雪愴以悲	雨○○○○	●	●	●	
:053	7	揚音綵霞裏	○○丹○○	●	○	●	[此句亦見上]
:057	10	振翮起孤騫	○○瀁○○	●	○	●	
:065	7	衾裯卷不寢	○○○下○	○	—	●	
:067	10	感激獨徬徨	○○心○○	○	●	※	[袁本似作獨]
:068	5	客行在殊境	君子事行役	●	○	●	[袁本有一作]
:071	17	霞構象丹崖	丹崖○霞構	●	○	●	
	18	煙蘿裊青壁	清○隱煙○	●	○	●	[「秦本作」]
	21	興性感彌深	○往○○○	●	○	●	
:507	5	倚扉憩南岡	○○○○闈	—	○	●	
252:009	5	霧嶂看初滅	○○○○滅	●	○	●	
:054	5	栽依石竹下	種○○○○	●	○	●	
	6	發與畹蘭齊	開○○○○	●	○	●	
:059	5	水落龍蛇蟄	○○○○○臥	○	●	○	
:072	7	更枉懷人作	○○停雲	●	—	●	
271:012	16	亦有當時高臥人	無○○○○○	●	○	●	
:015	8	春鴻秋鴈每相望	○○○○莫○忘	●	○	●	
:027	3	胡虜奔騰一萬騎	○○崩○	○	—	●	
272:508	2	清沙遲日眺孤城	○○○○照	—	○	●	
351:047	8	浮雲起中央	遊○○○○	●	○	●	
:082	3	清雲汎蘭暑	○○○蘭渚	●	●	●	

總　號	句	足本本文 ●	足本一作 ○	申本	雍本	袁本	備考 [一 缺；※＝破損，此頁缺]
352：048	3	草憐王璨井	○鄰○○○	○	●	●	
：065	6	暮雨到西城	舊○○○○	○	●	●	
：106	8	光輝逼日華	○○門○○	●	○	●	
：113	8	空林集暮鴉	宮○○○○	●	○	●	
：136	8	幾日不相逢	惆悵○○○	●	—	●	
：161	4	波濤帶夕陰	○○○積	○	—	●	
：185	5	荷衰猶映水	○○斜○	●	○	●	
：197	4	雲闕過清虛	○○迴○	●	○	●	
：218	8	歸騎莫頻催	蓮漏○○○	錦騎	●	錦騎	
：264	2	春尋景未斜	○深○○○	●	●	●	
：291	1	見汝南歸日	喜見○○○	●	—	●	
	2	令予北倚樓	應憐○○○	●	—	●	
371：013	4	海內俱識文章客	○○但○○	●	●	●	
：048	20	京華相遇謫仙才	○○○○識	●	●	●	
372：015	8	北雲南樹各沾襟	各天風雨一○○	●	●	●	
：023	7	為報春來鴻鴈侶	○○○求	○	●	○	
：032	8	泰園宮草日霏霏	園花○○○○	秦園	●	●	
：058	8	逢時真羨洛陽才	○○更○	●	●	●	
：101	3	迴風樹裏吹官騎	○○○○催	●	—	●	
451：008	6	岸折屢崩驚 [岸折：中本：圻岸]	洲渚各縱橫	●	●	●	
	7	隔樹望迴合	○歲○○○	●	○	●	
452：017	3	倚立飛雲上	獨○○○○	●	○	●	
	8	煙昏度碧溪	寒煙下○○	●	○	●	
：023	1	冬駐華清殿	偶○○○○	●	●	●	
：030	8	不見好音來	○○○○懷	○	○	●	
：034	4	花抱五臺雲	○挹○○○	●	○	●	
472：003	5	黿鼉岸坼深無地	○○○○疑○○	●	●	●	

　　據諸「一作」條，知其未盡以申、雍二本之不同者為據。 除使集外，家、京、秦三集皆有異文。足本「一作」與申、雍、袁三本全然不同者不少，可知其另有所據，而其究以何據今無考。故欲擬編校本者，勢必非參用申、雍、袁、足四本不可。

　　（三）袁本甲版、乙版，足本甲組子版、丑版、乙組五版異文考

袁本乙版有異文，而甲版與他本同如下：

總　號	句	甲版，他本	乙版
古：001	章8，句5	孰無朋友	熟○○○
：002	後題	三章，章五句	二○，○○○
樂：026	4	金盤玉羞奉君需	○○○養○○○
：027	3	明珠白璧豈足多	○○○○是○
：031	4	繁膏列炬舒華光	○○○矩○
：036	2	篋有纖素	○○素織
251：010	2	歷歷懷苦辛	○○○○心
	11	遙遙盼鄉域	○○盼○○

總　號	句	甲版,他本	乙版
251：013	6	上堂歃悲歡	堂上〇〇〇
：016	5	故林茂以密	〇〇〇〇蜜
：019	3	竹柏夾脩水	〇相〇〇〇
：020	6	零露傷青林	〇〇〇旨〇

袁本乙版有異文，申、雍二本不載，而甲版與足本同如下：

總　號	句	甲版,足本	乙版
樂：502	18	秦皇霽怒	〇〇〇恕
	33	如矢不直	〇〇——
：502	4	一飛與一沉	〇〇又〇
：513	序	復以此冊求予詩	〇亦〇〇〇〇
272：511	4	天涯兄弟見俱難	大〇〇〇〇〇

又有三條，乙版無異文，甲版卻有如下：

總　號	句	乙版,他本	甲版	
樂：067	6	舞陽色沮那敢呼	〇〇〇阻〇〇〇	［雍本缺］
151：018	4	庭後長山檻	〇〇□〇〇	［雍本缺］
	8	騎馬到部下	□〇〇〇〇	［雍本缺］

由此三條得知二版不盡同，疑普林斯頓本依他本而傳抄。袁本乙版依足本何組不明。其與甲版不同，而與足本諸版互異者僅有如下二條：

總號	章	句	字	● 袁本甲版	〇 乙版	足甲子	甲丑	乙丑	申、雍
古：004	8	1	2	詩	時	〇	〇	●	●
樂：502	8	18	23	拆	圻	●	●	〇	—

據二條上下文、字意、版本學常識，袁本乙版似依足本乙組子版。

足本甲組獨有異文如下：

總　號	句	他　本	足本甲版	
賦：001	51	六鰲兮戴山	〇〇〇載〇	［雍本缺］
：003	35	予羨大二疏之鑑止兮	〇〇〇一〇〇〇〇	［雍本缺］
：027	4·45	眾客出座	〇〇〇坐	［雍本缺］
251：065	5	良人行未適	〇〇〇返	［雍本缺］
252：034	5	宿蘂依沙樹	〇槳〇〇	
：531	6	關雲入暮征	〇〇〇墓〇	［申、雍本缺］
271：005	18	太行西來隔千嶂	〇〇雨〇〇〇	［雍本缺］
351：031	5	北鶩方自茲	比〇〇〇〇	
352：070	1	我憶湖西寺	〇〇〇山	
：211	1	冉冉煙城晨	〇〇城煙	
371：016	31	漢皇不好相如賦	〇王〇〇〇〇	

總號	句	他本	足本甲組	
內：025		則多畏而慮不周。夫室有關	○○○○○○○矣。○○○	［雍本缺］
序：002		而君者	王○○	［雍本缺］
：009		深墳素之情者矣	○○索○○○○	［雍本缺］
記：001		起伏皆自秉崗曲壟相應顯	○○○○○○○○隱○	［雍本缺］
		向忻見山川者	○所	［雍本缺］
：002		兵備之三年	○○○二○	［雍本缺］
銘：004		吾貧可遺其一還其二	○○○○○二○	［雍本缺］
：501		然觀於二事	○○○一○	［申、雍本缺］
雜：004		是故豫樟濩落	○○○章○○	［雍本缺］

以上諸條似甲組誤而乙組改。

甲組子版無獨有異文。丑版則有如下：

總號	句	他本	甲組丑版
252：143	5	饑饉饒群盜	○○○郡○
352：300	4	風庭折晚榴	○○○免○
書：001		在主土者尤不可缺	○王○○○○○

又有八條，袁本、足本甲組丑版同，而甲組子版、乙組丑版有異文，如下：

總號	句	袁本、足本甲組丑版		甲組子版、乙組	
賦：027	4·2	三十冶容	［申本同］	○五○○	［雍本缺］
152：028	5	入峽愁□客	［申本同］	○○孤○	［雍本缺］
252：141	8	八駿歷曾空	［申本同］	○○○層○	［雍本缺］
352：276	4	腰○○○○		驟裹萬金前	［申、雍本同］
371：012	29	○○○○○	鎖鐵石户蒼苔生	鐵鎖	［申、雍本同］
內：005		乃出弁東昌	［申本同］	○○守○○	［雍本缺］
書：005		是故可以通□□	［申本同］	○○○○○古今	［雍本缺］
銘：002		□部郎中	［申本作：　—○○○］	禮○○○	［雍本缺］

又有一條似以上者而袁本、足本甲組丑版不同：

總號	袁本	足本甲組丑版	甲組子版、乙組
銘：006	左右相一賓敬　［申本同］	○○○□○○	○○○如○○

據以上九條，甲組丑版與袁本同，則當俱依同源本。丑版書板既刻，有誤字、缺字，則改書板，成子版。何景明文集有二條可證考之如下：

（甲）何集書：001，義陽本有「若有他出，為行者□可也。足下…」足本乙組同。野竹本、甲組丑版將空格改為「不」字。袁本、甲組子版則空格、「不」字均無。然，子版以「可也足」三字用四格，其為後改者無疑。(此書雍本缺。甲組丑版何以與野竹本同未明。由上下文知無「不」字為是，義陽本或後改。待考。)

（乙）何集序：517：「天下之事，其藏也一，其見也不一。其趨也一，其散也不一。其見也，散也，不一也。故君子…」此序雍、申本均不載。袁本，足本甲組丑版無「其趨也一，其散也不一」九字，又無空格。此頁下口甲組丑版有「吳科三百八十二」。子版則無刻工名，而其數字則作「三百八十九」。由此得知甲組子版乃重刻此頁之書版。不知編者何以知此處應補。當有原稿本可校（見下）。乙組則依甲組子版。

甲組子版與乙組同，而二版與他本異，可知甲組子版改，丑版亦有未據他本而臆改者。

乙組獨有異文為多，如下：

（甲）題辭

總　　號	他　　本	足本乙組
書：501	上蒙宰許公書	上許太宰書

（乙）本文

總　　號	句	他　　本	足本乙組	
賦：002	34	乘玄冥以丞行兮	○○○○嘔○○	［雍本缺］
352：136	4	四壁起鳴蛩	○璧○○○	［雍本缺］
：217	4	予意一何深	○憶○○○	
：263	3	常念賢昆弟	○○○兄○	［雍本缺］
371：009	30	征大塞上行憐影	○○○○憐行○	［雍本缺］
372：047	6	險路人間恨獨行	○○○○悵○○	
：108	1	客來繫馬樓前樹	夜○○○○○○	［雍本缺］
452：006	6	翠壁有留題	○璧○○○	
書：002		似為便宜	以○○○	［雍本缺］
雜：012		夙興夜寐	○○○昧	［雍本缺］

又有申、雍二本缺，袁本、足本甲組同，而乙組獨有異文之例如下：

總　　號	句	袁本、足本甲組	乙組丑版
252：531	3	風塵別汝輩	○○○○鞏
：566	8	雲雪共蕭森	雨○○○○
：593	5	細瀉愁難破	○寫○○○
：595	5	月過陰移壁	○○○○璧
254：510	1	翠壁層層合	○璧○○○
372：514	7	魚龍寂寞瀟湘冷	○寵○○○○○
序：517		學而卒業者	○○不○○

又有足本甲、乙二組不同，甲組與袁本同，乙組與申本同如下：

總　　號	句	申本，足本乙組		袁本，足本甲組	
賦：001	34	木蕭蕭兮葉下		○瀟瀟○○○	［雍本缺］
古：004	章8，句1	矢詩弗頌	［雍本同］	○時○○	
樂：067	7	手持七首摘銅柱		○○匕○○○	［雍本缺，亦見上］
252：152	6	班竹怨湘君	［雍本同］	斑○○○	
271：013	16	眼底勝會真難頻		○○盛○○○	［雍本缺］
：022	19	古人勝事長已矣	［雍本同］	○○盛○○○	
352：037	2	三山產異才	［雍本同］	■○○○○	
372：100	6	朝廷冠冕自通南		○正○○○○	［雍本同］
狀：002		陶公諱永淳		○○韓○○	［雍本缺］

據以上諸條，可知乙組雖多依甲組，然亦有其改誤者。

甲版未盡校。然，其書板似與丑版同。乙組子版獨有異文，僅有一條。

總號	袁本、足本甲組、乙組子版	乙組丑版
狀：502	丙子二月十三日	○○○○○二○

又有申、雍、袁本均缺，足本甲、乙二組不同如下：

總號	甲組	乙組
何子：703	睹蝮鷔之吏	睹○○○○
：710	則濟淫而禍災	○○○○福○

最後，有些許雜例如下：

總　　號	句		
371：050	15	輕才重義世罕比	（申、袁本，足本甲組）
		○財○○○○○	（雍本，足本乙組）
：051	19	蓬萊下用六鰲載	（申、袁本，足本乙組）
		○○○○○○戴	（雍本，足本甲組）
372：050	6	海目官船動水程	（申、袁本）
		○H○○○○○	（雍本，足本乙組）
		○月○○○○○	（足本甲組）
452：040	8	是日蓋時濟邀諸君	（雍本，足本甲組）
		［此注缺］	（申、袁本，足本乙組）
祭：001		可不朽也	（申本）
		可不不朽○	（袁本）
		可不□朽○	（足本甲組）
		可□不朽○	（足本乙組）
		可謂不朽○	（四庫本）
		［雍本缺］	

　　除上列異文外，甲、乙二組又有版式之不同，諸如刻工名、字數之有無，題辭上空格數、附錄編次等均已見上。其他如下：

目。6b.5（目錄六頁反半頁，第五行），甲組：「五言古詩五十五首」乙組改「五十七」而實僅增一首。

目。7a.7：乙組為7b.6增詩題（即451：501）以「送劉御史按淮揚諸郡」一題移至第七行下半。因下半行祇容八字，而此題九字故緊縮刊入之。

目。19b.7-8：詩題「送曾建昌取道還瀘州」九字，甲組處第七行下半而以「瀘州」二字彫為夾字。乙組卻處諸第八行。

目。23b.1：乙組以題辭「冬夜過飲戴時亮進士」移至下半行以容前題於上半行。下半行各字之空間較窄。

目。25b.5：甲組352：241題辭〈十月四日過良伯〉「日」後增「夜」字。乙組目錄、二組本文無此字。

目。36a.9(10)，36b.3(4)：二組之該處題有異。

目。43a.7：乙組丑版增題辭一條（即474：701-704）而41b.7未改「七言絕句九十七首」（乙組丑版此體實載一百一首）。

目。43b.10至45a.5.甲組卷三十三題「記、問、説、序共十一篇」本文載何集記：001，501，002，502，003，雜：001，003，004，502，序：519，006.乙組序：519，006見卷三十五末，卷三十三末增雜：601，卷題改「記、問、説共九篇」。卷三十五甲組題「序十二篇」，乙組改作「序十四篇」。

目。46b.1(2)：卷三十八甲組題「共三十一篇」，乙組則「三十三篇」。以「三十三篇」為是。卷末乙組（目。47a.1)有「附錄九篇。」甲組雖有空行於46b.10，仍無此題。

4.2b.10(3a.1)：因題上空格多，乙組多一行（5.2b.6[7]，9.4a.7[8]，36.20b.3[4-5]，37.10b.2-3同）。

6.2a.3：乙組因無「一作」條故省一行。

10.1a.2：乙組卷末雖增詩一首，卷端題仍作「五十五首」，與甲組同。

10.13a.8：乙組載451：501。甲組無。

12.11b.2(12b.3)：「以下京集」注，甲組見〈入京篇〉題下，乙組則見〈送顧錦衣赴廣東僉憲〉題下。〈入京篇〉實屬家集，甲組誤，乙組是（已見熊紀小傳）。

17.10a.10至17.11a.1：甲、乙二組編次不同，二組均與袁本編次不同。其有關諸篇以三種編次如下：

總號	詩題	袁本	甲組	乙組	
252：538	別寺僧是日立春	185	202	201	
：552	出寺過胡山人家	199	203	202	
：557	飲袁惟武山莊夜歸	204	200	203	（袁惟武：足本：邦重）
：558	葉邦重山居	205	199	199	
：559	寺僧留宿	206	201	200	

何集252：534至：551為時令之作。：552至：582為遊訪之作(此說見〈編次考〉)。據諸題、各本編次，疑袁本近原貌，足本甲組以題指「寺(僧)」之三篇并列，意指「葉邦重山居」者為倒置(其先在山居，後自山莊歸)。乙組何以：557，：558分列未明。

19.7b.10至。9a.3(袁本19.43b.5至·45a.6)：何景明贈呂經二首各本編次不同。三本編次如下：

總　號	詩　題	袁　本	甲　組	乙　組
352：061	贈權僧過昌化寺見訪次韻	87	87	87
：168	贈呂道夫轉右給事	95	88	88
：092	贈鄭佐	89	89	90
：100	君采遷居	90	90	91
：104	贈時亮	91	91	92
：123	賀汝濟生子	92	92	93
：124	贈董侍御	93	93	94
：162	贈劉柬之憲副	94	94	95
：057	贈呂子遷左給事中	88	95	89
：184	過寺中飲贈張元德侍御	96	96	96

袁、足本之家、京集五言律詩分類(見〈編次考〉)，例如京集五言律詩贈賀類見第八十五首至第一百一首。各類依申本編次，如第八十五首即何集352：030(〈贈王舉人〉)，第一百首則352：306(〈胡戶部父母同受封命〉)。第一百一首乃352：610(申本不載)。袁本編次則依申本不改，甲組則以官「右給事」應先於「左」者，而反置於前。乙組則以二首均指呂經故并列之。

22.8a.9：甲組有「一作」注，乙組無此注，省一行。

22.9a.4(3)：甲組詩末有自注：「是日蓋時濟邀諸君」。乙組無此注，省一行。

　　按：此注見雍本。申、袁本無。「時濟」即張治道，與康海合編《何仲默集》
　　　時，或增此注。

29.13a.2：乙組丑版載何集474：701-704〈題王伯堅小畫四首〉，甲組無此作。

31.17b.3-10：此頁為卷末。內：026自下半頁第三行刻本文共一百四十四字。為免卷末題又用一頁，甲組此半頁第四行有二十二字，第五、六行各有二十一字。乙組則以卷末題刻於第十行下半。

31.13b-14a：乙組丑版載何集雜：701〈王伯堅字說〉。他本均弗載。

34.1a.2：題辭甲組子版：「序十三篇」，丑版、乙組則「序十四篇」。

34.9b：甲組丑版以內：026〈韓子律呂直解序〉重見於此(見下)。

35.1a.2：題辭甲組「序十二篇」，乙組則「序十四篇」。當以「十四」為是(目錄亦有不同，見上)。

35.1b.1-3，7，2a.1-5：此九行，甲組各二十一字，省一行。

35.9b.7：此行乙組有十大字，十九夾字，省一行。

36.2b.4(5)：「天子」前，甲組有空格一，乙組則另起一行。

　　由上引諸條，乙組似出甲組而又有依原稿本之處。

　　袁、足本間之異已見上。二本編次近。袁本以內篇諸章分處序、記間，見下。其他少異，如賦：009二本編次不同，252：032-033袁本依申本為一首，足本依雍本分為二首；252：531足本置於家集五律末；352：059，617-618則二本不在同處。

　　袁、足二本同而與申本不同處卻多，如賦辭、古詩、樂府，家、京集五言排律，京、秦集五言律詩，京集七言古詩、序、記、銘、狀諸體。袁、足本有同出之原稿本無疑。此稿當合義陽本、《大復遺稿》內諸篇、以雍本互校，以京集五律、七古分類。此後，編袁本者以其「一作」多條，174：001-006，252：119，122，272：010刪去，以分處〈內篇〉諸章。編足本者，則多與他本互校，以何集251：513，252：515，517，519，527，701，372：510，序：502，雜：505-507刪去而增賦：701，254：701-703，271：701，272：701-704，274：701-702，352：502，371：519，801，序：701，與〈何子〉諸章。

　　袁本〈內篇〉諸章散見序、記間，似編者試圖復其原貌。〈內篇〉實出自序、記。然，袁本篇題無不襲諸章內之辭，當非其原文。足本甲組丑版仍依申本，子版刪其重見之〈韓子律呂直解序〉一篇，當是。

第七目—清刊本

　　河南本已校賜策堂(乾隆)、世守堂(咸豐)、宣統諸本，筆者僅以四庫全書本校之。清刊本異文有因清朝諱字者，有因人名，如玄改作元，燁、弦、胤等字或缺，或改。又有指華北諸胡字，如胡地改異域，胡塵改煙塵，胡笳改悲笳，胡人或改邊人，或改羌兒，胡騮改紫騮，老胡改老兵，破虜改破賊，蠻夷改黔黎，犬羊窺改狼烽暗，等。又有改句，如何集172：002「北伐朝廷已遣使」句刪「伐」字，352：210「中原有戎馬」452：021「中原無社稷」全句刪，甚至書：005(〈與李空同論詩書〉)「空同貶清俊響亮」以「貶清」語為忌而刪清字。此外，或有些許誤字，或有因所據本誤而改。然，編清刊本者似未見原稿、申、雍、袁諸本。今略考河南本校記，疑乾隆、世守版出足本甲組子版，宣統本出足本乙組。

　　四庫本之諱字無其他清刊本之多。此外，其獨有異文有如下者：

總號	句	他本	四庫本	
352：010	6	室有眾螢人	空○○○○	[雍本缺]
：016	4	風雁起溥河	○○○○沱	
：247	8	燕北有高樓	西○○○○	
371：009	序	僕始讀杜子七言詩歌	○一○○○○○○	[雍本缺]
	7	青天流景披紅蕊	○○○影○○○	[雍本缺]
	11	錦幌高賽香霧開	○○○○○濃	[雍本缺]
	30	榆黃沙白路逶迤	○○○○○露○	[雍本缺]
：023	12	錦石爛熳霜天高	○○○漫○○○	
372：019	5	花下圖書開玉殿	○○○○○王○	
書：006		乃土中之幸	○中土○○	[雍本缺]

此外，四庫本似出乙組子版。然，與此版不同處不少。他版與同者如下（除僅與申本同，詳已見上）：

總號	句	○ 他本	● 四庫本	申本	雍本	袁本	甲組	乙組
					[一＝缺；※＝破損、此頁缺]			
賦：021	32	聞皇帝之長樂	○黃○○○○	●	一	○	○	○
：027	6·48	然後臨清地	○○○○○池	●	一	○	○	○
樂：059	11	綠畛齊結食	○○○○實	●	一	○	○	○
251：065	5	良人行未適	○○○○返	●	一	○	●	○
253：502	23	羅傷廷獄宅	○○○尉	●	●	○	○	○
351：031	5	比鷟方自茲	北○○○○	●	●	●	○	※
：059	3	徒看色笑親	徒○○○○	●	●	○	○	○
352：095	7	楊雄老倍從	○○○陪	●	●	○	○	○
371：015	36	長楫轓軒指南極	○揖○○○○	●	○	○	○	○
：043	2	塞林海障產真骨	○○○嶂○○	●	○	○	○	○
：514	33	城中莫辦真天子	○○○辨○○	一	●	○	○	○
記：001		向忻見山川者	○所○○○	○	一	○	●	○
狀：502		丙子二月十二日	○○○○○三○	一	一	●	●	○
祭：001		長者就外傳	○○○○傅	●	一	○	○	○
		可不□朽也	○○謂○○		[見上，各版不同]			
雜：012		夙興夜眛	○○○寐	●	一	●	●	○

乾隆、咸豐二本獨有異文如下：

總號	句	他本	乾隆、咸豐本	
172：005	1	楚水滇池萬里遊	○○○○○經萬里	
252：547	6	山青萬井煙	○清○○○	[申本缺]
253：501	13	感會逢昌紀	盛○○○○	[申本缺]
：505	4	溪雨度河源	○○渡○○	[申本缺]
272：528	3	煙斜細細縈寒日	○霞○○○	[申、雍本缺]
351：078	2	量移遂山郭	○○逐○○	
352：205	4	春風爾較遲	○○教○○	
：269	5	彈劍歌今日	○冠○○○	
：301	3	含顰向玉魄	○○回○○	[此頁義陽、袁本缺]
354：003	4	楓子落雲窗	桐○○○○	[雍本缺]
372：508	4	浪跡聊為曲木全	○○寧○○○	[申、雍本缺]
：511	5	多病更逢愁是敵	○○況○○○	[申、雍本缺]
374：004	3	小院迴廊鎮春晝	○○○○鎖○○	[雍本缺]

總　　號	句	他　　本	咸豐本	
371：016	3	淮水如絲納九曲	○○○○細○○	
序：004		馬君卿者	○○鄉○	［雍本缺］
：510		將凌太虛	殆○○○	［申、雍本缺］

總　　號	句	他　　本	宣統本	
371：025	8	為道棲遲未應返	○○○○應未○	
372：087	7	巡簷一笑聊相慰	○○○○○想○	

又有一處河南本校記錄異文，以其為乾隆、咸豐二本誤改。然，其異文亦見野竹本如下：

總　　號	他　　本	申、乾隆、咸豐本	
銘：001	居可貪弗污者	○○貪○○○	［雍本缺］

今考各本詩文題辭異文，得知使集無異文。疑原稿僅有一本。家、京、秦三集，雍本異文較多，未知其是否與康海、張治道編輯有關。袁本多依申本，與申本不同處當是申本有誤。申、雍二本不同處，足本多取其善者。

第八目—卷末增編總考

編纂後若有新得，可處諸卷末空地。考編次與編纂法，則應察各卷末是否有新曾編者。今申、雍二本似無，袁、足二本則有如下：

第一卷：足本有賦：701〈結腸賦〉據編次似屬家集，然此實為正德十一年夏、秋之作(見〈繫年考〉)。

第二卷：袁、足本有賦：501〈待曙樓賦〉據編次似屬京集，而未審其為何時之作。嚴嵩有〈待曙樓〉詩(《鈐山堂集》4.11a)。據嚴集編次，此當為正德十三年之作。

第十卷：足本乙組有451：701〈送劉筆峰暨從子黃巖赴省應試〉據編次似屬秦集，然此詩實為弘治十七年夏、秋之作(見〈繫年考〉)。

第十一卷：袁、足二本有271：501〈袁惟武山水圖〉。此詩實為何景明家居時期之作。其置於271：020、與271：021(第十二卷首篇)之間當因第十一卷末版面尚有餘地。

第十三卷：袁、足二本有371：701〈題袁惟武鷹熊圖〉據編次似屬京集。今疑其與271：501同為家居時期之作。

第十六卷：袁、足二本有252：606〈送慈谿劉伯雨之南京尚寶卿〉據編次似為正德三年之作，而實作於十三年(見〈繫年考〉)。

第二十九卷：足本乙組丑版有474：701-704〈題王伯堅小景〉，據編次似屬秦集。疑王氏為信陽人(見其小傳)。使然，則此詩當屬家集。

第三十三卷：足本乙組丑版有雜：701〈王伯堅字説〉。此篇亦為編纂後所增。雖似屬秦集，然疑其實為家居信陽時期之作。

據上引諸異文，又考各本序文，版式等，略製何景明詩文集諸本源流圖如下（中括號[]內之版本係筆者未見本）：

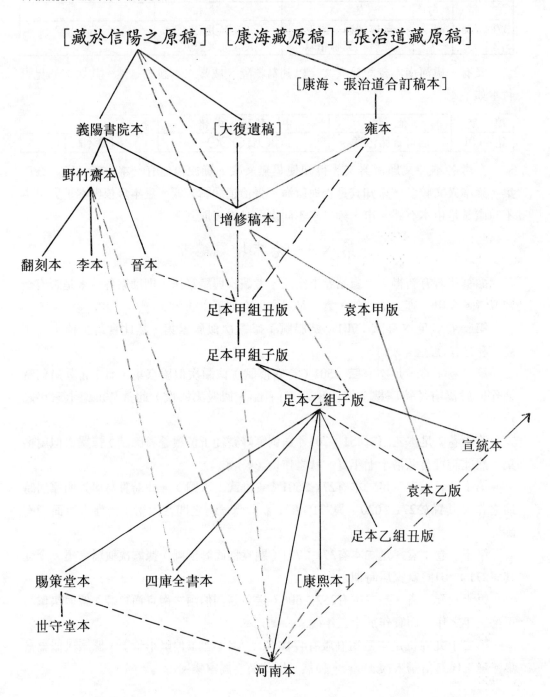

第四章—編次考

何景明分其詩為四小集：使集、家集、京集、秦集，以其一生中之四階段名
之。各小集內不分年月，而各種版本或分體或分類，則失其原貌。本章為備何景明
傳而考之各小集內以攄其是否有年月次序之可循者。

甲—使集

使集載何景明於弘治十八年(1505)夏季至正德元年(1506)春季間以孝宗皇帝之遺
召奉使貴州、雲南之作。使集篇題多稱地名，故其編次之確實年月次序甚明，〈繫
年考〉已詳論。存疑諸篇僅有三：其一為〈旅行〉(152：501)。申本不載，袁、足本
均附五言律詩後。該詩云：「日暮行湘水，春深別上都。」又：「骨肉千行淚，風
塵萬里軀。」疑是篇為何景明七月離岳陽稍後之作，而申本不知何故不載。另二首
為〈羅女行〉(151：025)、〈關索嶺〉(151：026)。申本以為五言古體詩，非也。然，其
置之於〈普定〉(151：024)與〈城南婦行〉(151：027)之間卻與何景明旅次合。袁、足二
本以〈羅女行〉為樂府，〈關索嶺〉為七言古詩。雖其體正然失其編次之意。

乙—家集

四小集中，無考之作以家集為多，故家集之年月次序最難定。各體前半申、
雍、袁、足四本均有，有共同編次(簡稱「共次」)，大同小異。後半(總號501以上諸篇)為
袁、足本獨有之篇(簡稱「獨次」)。獨次偶有雍本載者，然，雍本之次序與袁、足二
本之次序不同。

(一) 共 次

（子） 五言古詩

	年　時	備　考
251：001		〈涿鹿道中〉此篇為詠史詩，寫地而不寫時。
：002	春季	〈渡白溝〉：「春行傷旅思，單車悵蹉跎。」
：003		〈叢臺〉：「邯鄲多俠士，趙地產名娟。」以上三篇 當為自京師還家之作。
：004	秋季	〈五平五仄體〉：「秋原何蕭蕭，耳目去雜茸。」又 ：「寒風吹空林，落日照古冢。」
：005	十月	〈迎霜降〉
：006	冬季	〈冬雨率然有二十韻〉

	年　　時	備　　考
251：007-010	春季	〈發京邑〉第三首：「青陽藹廢墟，春氛感鳴禽」
：011		〈渡河〉：「豈無舟楫志，漂泊當奈何。」
：012		〈許下〉
：013-016	春季	〈還至別業〉第四首：「弭駕及春暮，比屋事耘耕。」以上四題亦為自京師返信陽途中之作，或作於正德二年。
：017-018	七月七日	〈七夕〉
：019	早秋	〈水曲納涼〉：「娛樂當及時，千秋豈復多。」
：020-021	晚秋、初冬	〈雜詩〉第一首：「蟋蟀何愁苦，終夜長哀吟。」
：022-027	正德二年秋季	〈六子詩〉序：「病歸值秋。」
：028	八月十三日	〈十三夜對月〉
：029	二年八月十四	〈十四夜同清溪子對月〉清溪子即沈昂，於正德二年客信陽（見〈繫年考〉）。下同。
：030	八月十五日	〈十五夜高鐵溪同沈清溪趙雪舟馬百愚過敝居對月〉
：031	八月十六日	〈十六夜月〉
：032-033	八月十七日	〈十七夜月〉以上六篇為中秋之作。
：034	秋、冬	〈擣衣〉：「言念無衣客，歲暮芳寒侵。」
：036-040	十二月	〈贈望之〉第二首：「季冬嚴風發，積雪皓皚皚。」
：041-042	十二月晦日	〈除夜〉

　　251：001-003，007-012稱地名，其為何景明春季自京師歸信陽之作甚明，而其中有秋、冬季之作251：004-006。何景明春歸信陽有三次。其一即弘治十二年落第後，其二即弘治十五年登進士第稍後，其三即正德二年歸家「養病」。251：007-012當為正德二年之作。251：001-006或同，或為弘治十二、十五年間之作。251：001-005雖無夏時之語，然，251：006寫冬雨，與正德二年事合，待考。251：013-042則為二年自春至冬季之作。251：043-071無考，皆擬古、詠史之類，或為正德三年之作。

　　（丑）　五言律詩

	年　　時	備　　考
252：001	春季	〈滹沱河上〉：「長堤枕春郭，斷岸入殘暉。」又：「古人堪墮淚，吾道豈常非。未識臨河意，中流擊枻歸。」此詩作於京師、信陽途中，下同。
：002	春季	〈渡淮〉：「津口風翻旆，春陰鬱未開。」又：「未忘舟楫興，臨路獨遲徊。」
：003	春季	〈贈劉大參〉：「草色青春細，棠陰白晝繁。」
：004	二、三年	〈寄陰舍人〉：「臥病春城暮，相思汝水潯。」又：「故知俱散盡，北望一沾襟。」陰舍人為陰盈（見其小傳）。
：007	五月	〈鳴蟬〉：「仲夏鳴蟬集，窗臨碧樹陰。」
：009	二年五月十五日	〈五月望月食〉（見〈繫年考〉）
：010	夏季	〈葵〉：「春後群花盡，孤葵且自芳。」
：011	夏、初秋	〈立秋寄獻吉〉
：014-018	二年秋季	〈東昌公哀祠〉序：「東昌公奄沒已踰三時。」第三首：「夜雨原花落，秋風墓草生。」

	年　時	備　考
252：019	七月十五日	〈中元夜月〉
：020	秋季	〈西郭〉：「雞豚歸故道，鳥雀下秋園。」
：022	二年秋季	〈夢何粹夫〉：「春從都下別，秋向夢中尋。」
：023	秋季	〈晚歸自溪上〉：「秋到城西樹，緣溪落葉多。」
：025-026	秋季	〈登樓〉第一首：「秋陰生巨壑，雲氣度西山。」第二首：「病來疏眺望，秋至廢躋攀。」
：029-030	秋季	〈雨夜次清溪〉第一首：「秋聲連蟋蟀，寒色上梧桐。」第二首：「冥冥來石壁，颯颯近秋堂。」
：037-040	秋季	〈懷高鐵溪先生〉第一首：「野樹斜連屋，秋山遙對門。」第四首：「好風吹永夜，片月度清秋。」
：041	八月	〈八月丁日〉
：042	八月六日	〈初度〉(見〈繫年考〉)
：044	秋季	〈陰〉：「地秋還易雨，樹晚故多風。」
：045	秋季	〈吾州〉：「秋郊獨臨眺，懷古意悲哀。」
：046	二年	〈北望〉：「自從歸病後，常夢五雲前。」
：050-051	八月上半	〈月〉第一首：「宛宛秋山月，今宵尚未圓。」第二首：「片月中秋近，輝光一歲無。」
：052	秋季	〈三關〉：「積水沈秋堞，長煙帶古烽。」
：053	九月	〈九月〉
：054	九月八日	〈樊秀才園內菊〉：「明日重陽酒，殷勤為爾攜。」
：055-058	二年九月九日	〈九日同馬君卿、任洪器登高〉第一首：「歲歲重陽菊，開時不在家。那知今日酒，還對故園花。」
：059	秋季	〈登釣臺〉：「野闊窮秋出，雲寒望未開。」
：060	十月	〈孟冬〉
：061	二年秋季	〈寄孫世其舉人〉：「得意西風裏，賓筵聽鹿鳴。」此指孫繼芳中湖廣鄉試(見其小傳)。
：062	秋、冬	〈除架〉：「苦葉蕭疏久，秋匏亦委沙。」
：063	十月	〈十月〉
：064	冬季	〈懷孟望之〉：「消息三秋隔，虛瞻鴻鴈群。」
：065	秋、冬	〈寒〉：「關河待冰雪，何處有途窮。」
：066	秋、冬	〈殘菊〉：「寒叢後搖落，冬至亦蹉跎。」
：067	十月	〈韓、席二僉憲見過留飲〉：「相逢孟冬節，翹首待陽回。」
：068	冬季	＜晴＞：「冬郊零雨霽，煙郭望初分。」
：069	十月	＜雪柬沈、馬、任三子＞(見〈繫年考〉)
：070	十一月	＜喜望之至以詩迎之＞：「臘近冰霜苦，春迴草木知。」
：071	冬季	＜再別清溪子＞：「冬館蕭條別，開尊為爾吟。」
：072	冬季	＜得錢水部書＞：「河上三年別，天涯十月書。」
：074	冬季?	＜別望之＞：「春還問消息，尺素莫蹉跎。」
：075	二、三年三月	＜洪法寺別錦夫、邃伯＞：「雲樹千山暗，風花三月飛。」此詩言及「開樽」可知其非憂居時期之作。
：076	三年三月	＜寄孫世其＞(見〈繫年考〉)
：077	三年秋季	＜酬葛時秀(秀才)＞(見〈繫年考〉)。
：079	夏、早秋	＜雨夜＞：「暗中螢火度，燈下草蟲啼。」
：080	秋季	＜遊賢隱寺次馬君卿韻＞：「天高還薄暮，地迥更逢秋。」

	年　時	備　考
252：081	秋季	〈與孫世其晚坐〉：「地僻唯宜竹，秋高未有花。」
：082	八月十四日	〈十四夜〉：「萬山秋葉下，獨坐一燈深。」
：083	秋季	〈雨中〉：「鳥鴈秋沙靜，雞豚委巷通。」
：088	三年三月之後	〈寄馬君卿進士〉(見〈繫年考〉)
：091	秋季	〈寄孟望之〉：「春去無消息，秋來書未還。」
：092	三年三月之後	〈寄戴仲鶡進士〉(見〈繫年考〉、戴冠小傳)
：093-094	三年夏、秋	〈懷李獻吉〉(見〈繫年考〉)。
：095-099	九月九日	〈九日同諸友登賢隱山〉
：100	二、三年	〈望京師寄王職方〉此詩當指王尚絅。句題稱「職方」知其為二、三年之作(見王尚絅小傳)
：101	九月九日	〈九日懷鐵溪〉
：102-103	秋季	〈雨後次孟望之〉第二首：「萬里看無際，高秋接素氛。」
：104	晚秋、初冬	〈霜節〉：「迴風夜不止，清霜日以繁。」
：107-108	三至五年九月	〈送孫世其舉人歸華容〉第一首：「孤城常作客，九月始還家。」
：109	九月二十四日	〈萬歲節〉，此為武宗之壽辰。
：110	秋季	〈任宏器過訪〉：「山中沽白酒，籬下覓黃花。」
：114	秋季	〈訪買西谷〉：「開門黃葉落，展席清風來。更喜庭前菊，寒花日暮開。」
：115-124	秋季	〈西郊秋興〉此十首中，數見其自指之語，如第二首：「近來疏懶甚，一月罷登樓」、第四首：「舊家灄水上，門向釣臺邊」、第十首：「世事那能定，吾生謾有涯。」據上引數句知此非定題之作，乃寫即時之景。
：125	秋、初冬	〈買長教舍白菊〉：「淡淡含秋色，亭亭傲歲華。」
：126	秋、初冬	〈雪〉：「一雪今冬早，霏霏白滿沙。」
：128-129	冬至	〈至日〉
：131-134	初冬	〈登釣臺〉第一首：「歲暮荒臺上，孤高望不窮。」第二首：「出郭初冬暮，登臺日已曛。」
：135-136	冬季	〈送柴先生〉第一首：「迢遞京華路，憐君歲暮行。」第二首：「季夏辭燕地，經冬滯汝湄。」
：137-142	冬季	〈病馬〉第三首：「天寒思故道，歲晚滯空城。」第四首：「東郊望春草，生意在何時。」
：143-144	晚冬至早春	〈答望之〉第一首：「天寒一　至，日暮萬行啼。」
：145	晚冬至早春	〈雪中簡買長教〉
：147-148	三年冬季	〈贈韓亞卿返湖南〉(見〈繫年考〉)
：149	晚秋至早春	〈雪〉
：150-155	三年季冬至四年春	〈得五清先生消息…〉(見〈繫年考〉)

　　252：001-074年月次序甚明，確為正德二年之作無疑。以：077-155當為正德三年秋、冬之作，而三年春、夏之作甚少。或散佚，或獨次載，何景明此時或專習「擬古」等題。待考。

　　（寅）　五言排律

家集五言排律有十首而無共次，見下。

（卯）五言絕句

	年　時	備　考
254：001	秋季？	〈絡緯吟〉：「秋風啼不斷，相伴下鳴機。」
：002-011	秋季	〈雨後〉第一首：「開門秋雨霽，閒步郭西亭。」第五首：「清秋易生感，深夜更多聞。」第十首：「塘邊楊柳樹，春條秋未催。」
：013	秋季	〈獨坐〉：「獨坐鳴虫起，秋懷已不勝。」
：014	秋季	〈獨立〉：「獨立對秋陰，冥冥望河渚。」
：015	秋季	〈風雨〉：「西郊秋日暮，雨細更風斜。」
：017-018	約九月九日	〈簡趙雪舟乞菊〉第二首：「我有白玉酒，君有黃金花。相見九日到，分送野人家。」
：019	二年秋季	〈九月桃梨花〉：「九月桃梨樹，花開滿故枝。」（見〈繫年考〉）
：020-021	三年早春	〈寄劉柬之憲副〉第一首：「遷鶯猶未起，應是待春風。」第二首：「長安經歲別，日日望春歸。」（見劉淮小傳）。
：022-025	三年春季	〈寄孫世其〉第三首：「戴生北上日，吾吟寶劍篇。相過若相見，高詠亦堪傳。」第四首：「旅食京華暮，那能不憶家。」（見〈繫年考〉）
：026-035	二月？	〈白雪曲〉第一首：「美人朝玩雪，置酒臨高臺。祇疑仲春月，風送落花來。」〈白雪曲〉為樂府詩題，此十首是否作於二月未定。

疑五言絕句共次有正德二年秋至三年春間之年月次序。二年春、夏或無此體之作。

（辰）　六言絕句

	年　時	備　考
264：001-002	春季	〈贈賈司教先生〉第一首：「春風桃李絳帳，朝日苜蓿空盤。」

此體家集僅有一題二首，而申、袁、足三本均載，故以共次類視之。共次詩為正德二、三年之作（見下），264：001-002或為二、三年之作。

（巳）　七言古詩

	年　時	備　考
271：001	三月？	〈大梁行〉：「朝登古城口，夕藉古城草。日落獨見長河流，塵起遙觀大梁道。」又：「楊花飛入侯嬴館，草色淒迷魏王殿。」又：「夜雨人歸朱亥里，秋風客散信陵門。」又：「繁臺下接古城西，春深桃李自成蹊。朝來忽見東風起，薄暮飛花滿故堤」。此四段，第一、四自指，第二、三詠史。此詩或三月作於開封，亦未可知。

	年　時	備　考
271：002		〈蔡州行〉此亦詠史詩。或為過蔡州時之作。
：003	六月	〈流螢篇〉：「廣儲六月清無暑，流螢暗逐薰風舉。」
：004	五月五日後	〈觀漲〉：「五月十日雨如射，西山諸溪水皆下。」
：005	二年夏至三年春	〈寄贈張方伯〉(見〈繫年考〉)
：006	季夏至初秋	〈木槿花歌〉：「朝見花開暮見落，人生反覆亦相若。」又：「持花為謝青樓女，鏡裏容華不待汝。」此詩以木槿花喻人生，其是否寫時景未定。然木槿花開於季夏、初秋，其詩或為此時之作。
：007	秋季、十五日？	〈聽琴篇〉：「燈孤月明客不發，絃悲調急秋夜長。」
：009	冬季	〈孤鴈篇〉：「孤鴈北來來幾時，窮冬無侶鳴聲悲。」又：「洞庭瀟湘落秋水，苦竹黃蘆一千里。」(「庭」一本作「天」)此詩亦詠物以喻人生。
：010	初冬？	〈北風行〉：「古申城邊秋風落，北風慘慘夜復作。玄冬煙霧卷寒沙，白晝雷霆出陰窒。」
：012	冬季	〈白雪篇〉：「玄飇作雪龍沙窟，萬里吹花度南麓。」
：013	冬季	〈白雪呈望之〉：「北風蕭蕭天雨雪，洪川大陸冰嶙峋。」
：014	二年冬、三年春	〈寶劍篇〉(見〈繫年考〉)
：015	三年？	〈寄王職方〉：「故人王郎天上客，一歲寄言凡兩束。」王尚絅於正德三年自職方司調吏部(見其小傳)，何景明於二年歸信陽，知此詩作於三年。
：016	十二月	〈寄李空同〉：「黃河臘月冰十丈，縱有鯉魚那得上。」
：017	十二月	〈歲晏行〉：「舊歲已晏新歲逼，山城雪飛北風烈。」
：018		〈入京篇〉此詩足本入京集，或以為何景明上京後之作。其詩卻無自指之語，未諳為何時之作。
：019		〈嫦娥圖〉詠嫦娥詩，以中秋作為多，而此為題畫詩，其為何時之作當與畫面無關。詩雖云：「玉宇瓊樓閉早秋，金蟾銀兔啼寒夜。」不可以定為秋季之作。
：022	冬季、早春	〈雪中宴遠揮使惟武宅〉：「四郊飛雪暗高城，北風怒號天杳冥。」
：025	晚春	〈長歌行贈旺兄〉：「兄前勸飲嫂勸餐，留我一月相盤桓。」又：「山中桂樹況逢春，谷口桃花更照人。」
：026	冬季	〈短歌行贈買西谷〉：「長溪風起寒日冥，晚雲含白冬樹青。」
：028	秋季	〈孤鶴篇〉：「日來秋塘啄苦蓼，時向空牆倚脩樹。」
：029-031	冬季	〈冬雨嘆〉第一首：「季冬十日雨不絕，寒煙凍霧何淒淒。」第二首：「一冬枯槁雪不集，細雨冥冥高岸濕。」
：032		〈懷舊吟贈阮世隆〉：「君家高樓對芳樹，開宴曾留三日住。銅架絳蠟煖照春，金壺銀漏寒催曙。」(「高」一本作「萬」)又：「爾時北上與君別，蔡州城外花如雪。」又：「君從秋日遙分手，我向東風一回首。」此詩中之春景疑寫往事，或指弘治十五年應試、十六年返京師、或正德元年自雲南北還時睽別之作。以「君從秋日」二句視之，此詩當為秋日送別之作。
：034-035	十二月晦日	〈除夕醉歌〉

七言古詩共次271：001-025雖與年月次序近，亦有其倒置。諸篇當為正德二年之作。疑271：026-035為二年冬或三年之作。

（午） 七言律詩

	年　時	備　考
272：001	二年春季	〈呂公祠〉（見〈繫年考〉）
：002	二年春季	〈還家口號〉（見〈繫年考〉）
：004	二年五月五日	〈五日〉（見〈繫年考〉）
：005	秋季	〈病後〉：「秋來門巷依楓橘，歲晚衣裳戀芰荷。」
：006	秋季	〈吹笛〉：「關山月落腸應斷，樓閣秋生響易悲。」
：007	二年秋季	〈沈逸士來自吳下……〉：「寂寞秋山臥病年，美人勞贈白雲篇。」
：008	二年八月	〈邀沈清溪、趙雪舟、馬百愚登樓次百愚韻〉（見〈繫年考〉）
：009-010	二年秋季	〈馬百愚同沈清溪見訪次韻〉（見〈繫年考〉）
：011	十一月五日	〈十一月五日雨中邀沈清溪、趙雪舟〉
：012	冬季	〈雨晴〉：「竹裏柴門冬日輝，水邊煙霧晚霏微。」
：013	冬至	〈冬至〉
：014	二、四、五年十二月	〈立春〉（見〈繫年考〉）
：015		〈燕子次杜工部韻〉：「燕子飛時江柳春，眼看節序幾回新。亦知社日歸鄉國，忍對秋風別主人。」此為次韻詩，春、秋之景俱現。不可以據其語而知其為何時之作。
：016-023		〈秋興〉此八首多寫秋景，或為即景之作，或擬杜甫〈秋興八首〉，亦未定。第五首：「湘南兩度曾遊地，惆悵煙花暮轉哀」指弘治十二年，進士落第從兄景韶學、十八年使雲南二事，第六首附注：「時李獻吉在汴州。」汴州即開封。李夢陽於正德元年十二月罷歸，家居開封，六年正月復官，而三年春下獄，秋始釋。此八首為何時之作未明。然，可知其非三年晚春至秋季間，亦非六年正月以後。
：024	冬季十二月	〈聞望之買馬促裝以詩留之〉：「聞君買馬衝宵發，正為慈顏在遠京。已喜尺書前日至，不妨旌節隔年行。故鄉歲暮難為別，長路天寒益繫情。擬辦盤餐留暫住，況逢風雪阻嚴程。」
：025	十二月上半	〈十二夜月〉：「待月東林月未圓，水邊樓閣半輪偏。」
：026	一月七日	〈人日懷孟望之〉
：027	二、三年	〈寄贈劉東山先生次林都憲韻〉（見〈繫年考〉）
：029	春季	〈酬高新甫〉：「行吟出郭愁仍破，病起逢春思益嘉。」
：030	二、三年	〈代孫太守自題沱西別業次劉東山先生韻兼酬東山〉（見上）。
：031		〈寄張別駕〉此詩「秋風興」、「雪夜舟」諸語乃用典故，非當時即景之作。
：032	九月九日	〈九日不見菊次劉朝信韻〉

	年　時	備　考
272：033	晚秋、冬季	〈夜坐〉：「暮雨寒雲黯復開，山齋獨坐思難裁。」又：「四海交遊摠霄漢，十年蹤跡但塵埃。長安不見空回首，歲晚愁登萬里臺。」
：034-037	三年九月二十六日	〈九月二十六日…高藥府先生宅內賞菊〉(見〈繫年考〉)。
：038	三、四年	〈生子〉：「兩歲歸來生兩雛，故園夫婦亦相娛。盧家自愛添丁好，徐氏誰言二子殊。」又：「劬勞正念吾親在，更遣悲歡此日俱。」劉譜：「尋繹末聯，似生子在本年四月。其曰兩雛亦如夢陽雙子耶。先生次子立生於乙亥，此兩雛其一，或長子夫。」傅譜亦據「劬勞」二句以此詩為何景明雙親死後之作。據「兩歲」句，正德三、四年均可。又有〈祥殤〉：「兒生三月夭，李膚覘花顏」(252：601)。此詩屬獨次，不知其為何年之作，而疑其指〈生子〉「兩雛」之一。
：039	晚秋、孟冬	〈溪上〉：「月寒沙柳蕭蕭落，天晚江鴻蕭蕭飛。」又：「相逢醉語休辭數，城外黃花漸覺稀。」
：040		〈無題〉：「多情自古還多恨，腸斷春風巷柳斜。」此雖寫春景，其詩為「無題體」，或與著作時間無關。
：041	三年？晚秋、冬季	〈次韻答莊國賓見訊〉：「多病無能合罷官，清時那敢獨求閒。」又：「美人歲暮勞相問，叢桂山中祇自攀。」此詩云「罷官」或與何景明三年春罷官有關。
：043-046	晚秋、冬季	〈答雷長史〉第一首：「每誦清詞動我愁，山中歲暮若為酬。」第四首：「極知歲晚傷心切，起傍官梅自詠詩。」

　　272：001-030為二年春至三年春之年月次序甚明，而：031-046或為三年秋、冬之作。

　　（未）　七言絕句

	年　時	備　考
274：002-005	夏季？	〈溪上水新至漫興〉第一首：「溪上水生三尺深，茅堂清夏氣蕭森。」第三首：「菡萏風前花不稀，菖蒲雨後葉初肥」(「菖蒲」雍本作「葡萄」)。
：006-020	秋季	〈秋日雜興〉第一首：「寒螿啼斷槿園空，萬樹凋傷八月中。」第七首：「八月飄零九月來，天時人事太相催。」
：021-023		〈雞鳴曲〉第一首：「鳴箏錦瑟秋塵裏，玉鴈金蟬共一行。」第三首：「樓上羅幃映早霞，不須重鬥鏡中華。春蘭秋菊皆零落，爭似菖蒲不作花。」此三首亦為定題詩，其是否與時令有關不明。
：024-025	二年晚秋	〈喜戴仲鶡得鄉薦〉(見〈繫年考〉)。
：026-027	二、五年晚秋	〈慰任宏器諸友失第〉第一首：「黃鵠但教毛羽在，不妨失意下秋風。」第二首：「我亦少時曾得意，十年回首是浮名。」據「秋」知是二首乃指鄉試。

	年　時	備　考
274：028-031	九、十月	〈對菊〉第二首：「菊過重陽開更繁，城中車馬未 　　　　曾看。」第三首：「多情似與詩人約，一夜還開 　　　　四五花。」
：032-033		〈葡萄〉第一首：「晴闌裊裊風鬚動，暑架垂垂露 　　　　乳寒。卻憶高樓清夏日，美人常對水晶盤。」此 　　　　二首為詠物詩，其為何時之作不明。
：034-035	晚秋	〈簡賈司教〉第二首：「古壇雙樹挺秋煙，廢院殘 　　　　花照暮天。」
：036-043		〈吾郡古要害地也，閒居興懷追詠古跡作詩〉第六 　　　　首：「青春下與滄溟會，白日常聞霹靂飛。」第 　　　　七首：「楚關中成鬱茫茫，野草春沙更斷腸。」 　　　　此八首為詠史詩，其是否作於春時待考。

七言絕句共次詩或均屬正德二年夏至三年春間之年月次序。

（二）　獨次

（子）　五言古詩

	年　時	備　考
251：501-502	秋、冬	〈遊西山〉第一首：「攜首托相贈，歲寒永為好。」 　　　　此詩云「歲寒」，或典故，指永友，未沈其是否 　　　　作於秋、冬。
：503-504	立春	〈立春日作〉
：505-506	三年夏季	〈田園雜詩〉第一首：「習宦非我長，官久計轉拙。 　　　　遭斥還田廬，獲與初念協。」又：「披襟恣吾適， 　　　　既夏不知熱。」第二首：「去官今七暑，漸與農 　　　　務親。」
：507	春季	〈水營墅治田圃種樹〉：「負杖行春岸，時澤冒原 　　　　隰。」
：508	四年十二月	〈與賈郡博宿夜話〉（見〈繫年考〉）
：509-513	四年除夕	〈除夕述哀〉（見〈繫年考〉）
：514-517	六年八月	〈贈別孟望之〉（見〈繫年考〉）
：518-519	春季	〈遊西山〉第一首：「願言歷嶇嶔，況此春華在。」
：520	四年？元日	〈元日言志〉：「自予脫朝簪，及茲謝塵鞿。」
：521	早春	〈觀春雪〉：「積陰改玄節，新陽獻青歲。」
：522-525	二月	〈仲春雨霽出遊郊麓覽物敘懷興言自歌〉

五言古詩獨次詩少，無年月次序可考辨。

（丑）五言律詩

家集五言律詩獨次詩編次分類如下：252：501-533 題稱人（送別，寄贈等），
：534-551 題稱時令（而：534-539 兼稱人），：552-584 題稱處所（遊覽等），：585-586 獨坐、獨
立，：587-595 題花草，：596-599 題天候，：600-605 為雜題。

題人詩有據如下：

	年　時	備　考
252：501	三年二月之後	〈寄杭東卿〉：「碧樹東南地，寒江日夜潮。石梁如可度，仙路坐相邀。」據「東南」、「石梁」、「潮」諸語知此詩寫浙江。《武宗實錄》35.4b (846)：「壬午(即正德三年二月十四日)陞………刑部員外郎杭淮………為按察司僉事………浙江。」
：502	秋季	〈送羅秀才歸省〉：「汝念高堂母，還家秋色深。」
：503	五、六年	〈寄張提學伯純〉張璨於何年由監察御史陞河南提學僉事(或副使)，諸說不一(見其小傳)。然，此詩當為其甫上任時期之作。詩云：「山城有桃李，花向幾時開」以花為喻，指諸生，非寫詩時景。
：505-507	四年？三月	〈喜劉朝信過飲〉第二首：「落花寒食雨，高柳夕陽天。」第三首：「況值清明後，酣歌爛熳春。相看三月暮，過我勿言頻。」清明節正德二年則二月十六日。三年則二月二十七日。四年則三月八日。五、六年，何景明憂居，無「酣歌」事。第三首稱「清明後」、「三月暮」，二、三、四年均可，而四年為長。二年此時何景明或未至信陽。
：508	春季	〈懷王舍人文熙〉：「江湖春浩浩，鴻鴈日冥冥。苑內花空發，池邊草自青。」
：509	三年春之後	〈寄梁宗烈〉：「憐君下第日，即我掛冠時。」(見〈繫年考〉)
：510	五年春	〈送公順赴湖南有懷舊遊〉(見〈繫年考〉)
：511	五年春	〈公順阻雨又贈〉(見〈繫年考〉)
：518	二、五年季夏	〈送高子登赴試〉：「夏雲連楚甸，秋月滿梁園。」
：519	二、五年？八月	〈送朱有中〉：「秋風八月起，宋苑一花開。」此指朱氏八月在「宋苑」事，或亦同前首指應鄉試。
：521	二、五年秋季	〈送徐生赴試〉：「爾到梁都日，西風發醉歌。秋深花近苑，夜迴月臨河。」
：522	晚秋	〈送張秀才還固安〉：「十月燕山雪，孤城易水風。」固安近京師。此二句寫張秀才至固安之景。
：523	五年九、十月	〈贈葛時秀〉(見〈繫年考〉)
：525	冬季	〈為李秀才壽母〉：「寒歲開筵處，佳辰對碧山。梅花似白髮，萱草亦朱顏。」
：526	五年冬、六年早春？	〈送別劉朝信〉：「暮雪燕關樹，春風漢苑花。知君騎馬地，名姓滿京華。」此詩指劉節春季至京師，當為季冬、孟春之作。劉氏或亦將赴試。
：527	五年冬季之後	〈寄君卿〉(〈繫年考〉)
：528	六年晚春	〈寄任洪器〉(見〈繫年考〉)
：529	冬季	〈送熊舉人〉：「歲暮爾何適，天涯誰共過。敝裘衝雨雪，匹馬向關河。」
：530	四、五年冬季？	〈寄王甥朝良憂居〉：「苦塊冰霜重，鯤鵬羽翼成。人言爾似舅，潦倒愧賢甥。」此詩疑亦指何景明憂居。
：531	六、十三年冬季	〈途中寄別餞送諸生〉(見〈繫年考〉)
：532	季冬	〈壽李生父〉：「佳辰近元日，物色是新春。」

　　題人詩疑有年月次序，而其詳有不明者。252：510-528(或530)為五年春季至六年春季間之作較明。：501-509或為三四年間之作，以252：502為四年秋之作，然置諸稍前亦可。252：531為六年秋之作，而袁本置諸冬、春季之詩中，不知何據。252：532、533或為十三年之作。

　　題時詩有證如下：

	年　時	備　考
252：534	五年三月	〈和賈西谷暮春雨後之作〉(見〈繫年考〉)
：535	三、四年春季	〈答劉朝信春日之作〉：「聞君新歲作，吾亦念生涯。」又：「渴思春岸雨，醉憶碧溪沙。何日酬懽賞，相邀共物華。」據詩題、「聞君」句知此詩作於春季。據「渴思」二句知何景明此時非在憂居時期，該詩則當作於三、四年春。據「何日」二句疑劉節此時不在信陽。
：536	五年九月九日	〈九日袁惟學邀南園登高病不赴〉(見〈繫年考〉)
：537	四年三年七日	〈三月七日同諸生出遊〉(見〈繫年考〉)
：538	立春日	〈別寺僧是日立春〉
：539	六年九月九日	〈九日震雷山懷望之〉(見〈繫年考〉)
：540	立春日	〈立春日憶京〉詩題稱立春日，而年不明。詩云：「香脆金盤菜，寒輕綵勝花。繁華舊時事，回首一長嗟。」
：541-542	五年正月一日	〈元日哭先人墓〉(見〈繫年考〉)
：543		〈社前一日上先墓〉社日為立春後第五戊日。何景明喪親後曾在信陽經過二次社日。五年社日即二月二日。六年社日即二月十七日。不知孰是。
：545	春季	〈春來〉
：546	五、六年寒食節	〈寒食〉：「不沾寒食酒，空映古墳花。」此指憂居期。
：547	三、四年清明節	〈清明〉：「碧草晴川麗，遊人興渺然。歲時聊杖履，兒女更鞦韆。沙白孤城日，山青萬井煙。風花暮無數，片片落河邊」(「歲時」袁本作「賓朋」)。此詩似無憂居之情。
：548	四年二月二日	〈仲春二日〉(見〈繫年考〉)
：549		〈晚晴〉：「茫茫春水地，斜日滿菰蒲。隔水雲峰峻，含風雪壁孤。」
：550	三、四年二月下半	〈春興〉：「二月已過半，三月來逡巡。」又：「白馬過遊客，黃鸝呼醉人。紅顏樓上女，端坐獨傷春。」「醉人」雖不必指何景明，然此詩當非期間之作。
：551	五、六年清明節	〈清明自先塋歸〉：「感慨清明節，留連野外尊。」又：「常懷九原下，悽斷百年魂。」此當為雙親卒後之作。

　　此組宜分為三部。一部即252：534-539，人時並稱，與歲時次序不合。另一部即252：540-546，疑皆五、六年之作。第三部即252：547-550或為三、四年作。

題處所詩有證如下：

	年　時	備　考
252：552	五、六年春季	〈出寺過胡山人家〉：「花好圍牆發，鶯嬌入院啼。風光不能醉，吟望轉淒迷。」此當為憂居期之作。
：553-554	三、四年春季	〈過袁惟學南園集飲〉第一首：「始識南園路，垂楊一逕斜。」又：「客醉迷深竹，鶯啼過別花。」第二首：「獨坐春林暮，飛花送酒杯。」
：555	冬季	〈同趙先生宿山家〉：「同宿京華地，今來又六年。那知風雪夜，復此共床眠。」「六年」未譜所指。「趙先生」亦無考。
：556	三、四年二、三月	〈劉朝信西園〉：「邀客西園內，知君愛醉吟。相看二月盡，無奈百年侵。」
：558	春季	〈葉邦重山居〉：「鳥鳴春樹裏，僧傍翠巖行。」
：560	早春	〈賢隱寺次劉朝信〉：「春來初出郭，日暮更登山。」此詩為何年之作未明，而言劉節不言將別，當非六年之作。
：561	三、四年二、三月	〈袁揮使別墅次朝信、惟學韻〉：「桃花紅映郭，柳色翠臨流。」此詩當非憂居期之作。
：563-564		〈夜酌黑龍潭〉序：「于時相從者徐、羅、彭、阮、胡五人。黑龍潭，予嘗過，望見之，未嘗到也。是遊予自發西山有此意，而彭生即攜一壺酒，馬上從予，至則夜矣。相與酌石上。一二行而徐生復不舍，遂卒遊。蓋甚奇也」(此序袁本不載)。第二首：「江山一壺酒，天地六人情。醉踏金鰲背，潛窺玉鯉行。」此詩年時不明，而石上夜飲當非冬季之事。序、詩皆稱飲酒，知其非憂居期之作。疑作於四年春季。
：565	夏季	〈留賈西谷學舍〉：「壇杏當筵墜，階葵夾座翻。」
：566	秋、冬季	〈王生館雨坐〉：「獨坐王生館，淒然歲暮心。高城翻落照，空院積寒霖。鵷鷟秋飛盡，蛟龍夜或吟。西山舊松竹，雲雪共蕭森。」
：567-568	三年夏之後	〈過先人墓示彭天章〉第二首：「少小承顏日，恩深世所稀。」又：「此身如寸草，何以答春暉。」此詩為喪親後之作。「此身」二句以「春暉」喻親恩，並非時景。
：569	六年	〈同季升過李生書舍〉(見〈繫年考〉)
：570-571	三，四年三月	〈登西巖寺〉第一首：「共坐題詩暮，山花落酒杯。」第二首：「花樹三春暮，山川百代心。」
：572	春季	〈遊賢隱寺〉：「寂寂春山寺，雙峰晝自陰。」
：573	十二月	〈過萬家莊〉：「迴風吹落日，臘雪滿寒山。」
：574	冬季	〈訪堅山寺僧不遇〉：「峭壁何年寺，重來雪路迷。」
：576-577		〈登堅山寺絕頂真武廟〉第二首：「不盡登高興，無人送酒來。」疑此指偶然無酒，非憂居期。
：580	春季	〈近寺〉：「花鳥還春日，樓臺即化城。」
：581-582	冬季	〈過書院〉第一首：「凍柳依高堞，霜荷傍曲池。」第二首：「駐馬高城畔，酣歌送落梅。風霜十月盡，杯酒眾賓回。柳色含春動，筮聲向晚催。」據「酣歌」、「杯酒」諸語知其非憂居期之作。或為正德十三年之作。
：583	四月	〈登樓〉：「孟夏遊茲地，登樓慰所期。」

　　題處所詩亦可分為二小組。一為252：552-569人與處所並稱。一為 252：570-584稱處所而不稱人。第一小組似有年月次序：252：552 為六年之作，反置於前，：553-558為二年之作，：559-564 為正德四年之作，：565-566 為五年之作，：567-569 為六年之作，而可據以考辨者不多。第二小組更少，年月次序不可辨。

　　其餘五律獨次各組(獨坐、獨立、花草、天候、雜題)詩少，其是否有年月次序待考。

　　（寅）　五言排律

	年　　　時	備　　　考
253：001		〈復菴王公錦〉：「世業襄城舊，孤墳汝路偏。脩文應地下，遺像儼生前。」王錦為襄城人，疑此詩為何景明途中經襄城之作。弘治末年，正德二年春均可，似以二年為當。
：002		〈愚菴王公瓌〉：王瓌亦為襄城人。此詩當與 ：001 作於同時。
：003	二年六月十五日稍後	〈悼馬詩〉(見〈繫年考〉)
：004	二年七月十五日	〈中元節有感〉(見〈繫年考〉)
：005	十月	〈雷〉：「十月鳴雷動，中霄萬壑哀。」
：501	二年春季	〈上李石樓方伯〉(見〈繫年考〉)
：502		〈寄徐博士二十二韻〉：「逢時不得意，謫宦轉悠然。」此似指徐禎卿自大理寺副貶國子監博士。徐禎卿何時貶官未明。
：503		〈寄邊太常〉：「不簿淮陽守，翻辭大省寮。聯翩追近地，奉引憶先朝。」此詩雖題稱「太常」，似指邊貢正德四年自太常寺謫衛輝府知府。邊氏五年遷荊州，則此詩當為四、五年之作。
：504	六年九月九日	〈九日〉(見〈繫年考〉)
：505	春季	〈雨後溪園即事〉：「偃息春朝晏，輕陰散野園。」又 ：「幽棲何限意，難與世人論。」

　　家集五言排律無共次。申本載五首，雍本載九首，而袁、足本載十首。各本有其編次(袁、足本同)。申本編次無違年月次者，疑可用以繫253：005 於二年冬季。其他諸詩待考。

　　（卯）　五、七言絕句

　　獨次五、七言絕句無可考年時者，言及季節者皆為春季之作，其年月次序亦無可考者。

　　（辰）　七言古詩

	年　　　時	備　　　考
271：502	三年中秋	〈醉歌行贈柴逸士〉(見〈繫年考〉)
：503	五年早春	〈和獻吉送公順〉(見〈繫年考〉)
：504		〈古峰畫梅歌〉此詩雖屢言早春之景，因其為題畫之作，其為何時之作當與畫面無關。

	年　時	備　考
271：505	晚春	〈登山吟〉：「我行登山採石耳，長歌捎林暮風起。君不見寺傍桃李飛如霰，青春已破白日晏。」
：506	春季	〈落花嘆〉：「君不見樹上花，東風吹始開。」又：「汝南何生未三十，頭髮未白心已灰。」
：509	五年十月	〈古松歌〉(見〈繫年考〉)
：510	四年冬、五年春	〈隴右行送徐少參〉(見〈繫年考〉)
：511	仲夏	〈遊西峰示四子〉：「日長古寺風景靜，蜀葵始青榴始紅。」「四子」乃彭、徐、陳、阮四生，均無考。
：513		〈長安大道行〉此詩詠國都之盛。然，不必指何景明六年返京師之景。
：701	二年	〈懷三吉士〉(見〈繫年考〉)

七言古詩獨次似無年月次序。

(巳)七言律詩

	年　時	備　考
272：501-504	五年春季	〈送馬公順視學湖南〉(見〈繫年考〉)
：507	早春	〈早春眺望〉
：508	晚春	〈感春〉：「綠堤堙柳葉相暗，隔屋山桃花獨明。」
：510	五、六年	〈懷西涯先生〉：「兵戈此日交馳檄，將帥何時議築壇。」此或指五年，安化王朱寘鐇反，或指六年河南等處有賊亂。
：511	早春	〈寄希哲望之二兄〉：「孤城落日黃鸝暮，紫塞青春旅雁寒。」
：512	六年	〈寄任司訓〉：「異域親朋皆萬里，故鄉花柳又新年。」(見〈繫年考〉)
：513	六年春季	〈寄馬君卿固安〉(見〈繫年考〉)
：514	春季	〈雨中留蔡黃二親〉：「浮雲落日山河暮，細雨青春樓閣寒。」
：515	五、六年清明節	〈清明日上先祖并兄墓〉
：516	三、四年春季	〈袁惟武邀客泛舟夜下次韻〉：「春水迢迤碧樹邊，滿筵賓客醉開船。」因袁鎧父助於四年秋卒，五年春當無「滿筵賓客醉」之集。何景明嚴守憂戒，六年春或不與其集。此詩似為三、四年春季之作。
：517		〈葉四公子西園〉：「邀客西園公子家，東風二月已飛花。」又：「移席尊罍遙出浦，入舟燈火更依沙。」此詩亦似非何景明憂居期之作。
：518	四年二月	〈張太守宅同賈長教會集〉(見〈繫年考〉)
：519	晚春	〈春興〉：「東風回首即殘春，日日清江愁白蘋。」
：520	三、四年春季	〈袁沖霄先生同惟學過訪〉：「風起高城春日斜，相留肯醉野人家。」
：521	四年春季？	〈同高鐵溪先生劉朝信兄宿賢隱寺次韻〉(見〈繫年考〉)
：522	三、四年春季	〈袁惟學南園〉：「樹裏行盃坐日斜，池邊立馬聽鳴鴉。苔陰雨暮寒青竹，小色春深靜白沙。

年　時		備　考
272：523	春季	〈登謝臺〉：「故國蕭條登此臺，暮雲春色轉相催。」
：524	三月	〈楊花〉：「三月楊花裊裊白，憂人淚點暗中拋。」又：「紅塵滿眼青樓暮，攪亂春愁為爾勞。」據「青樓」、「春愁」諸語知其所謂「憂人」非憂居之何景明。
：525	六年?秋季	〈秋夜〉：「干戈未息瘡痍在，永夜遲迴折寸心。」
：526	仲冬	〈賢隱寺別劉朝信〉：「臘近孤城送客難，一尊蕭寺共悲懽。」又：「歧路人間妨躍馬，十年天上憶鳴鸞。知君此去長安近，擬向雲霄直北看。」劉節上京或為應試而不必然(見下)。「十年」疑指其十年前中舉之事。
：527	三年冬季	〈歲暮〉：「病起一身惟從酒，愁來雙淚忽沾襟。」
：528		〈對雪懷劉朝信〉：「十月孤城雲黯然，萬峰飛雪此溪邊。」又：「何處玉珂迷紫陌，幾家銀燭照華筵。」據「紫陌」等語知劉節於此時客居京師。此詩有感懷十月之意，知272：526乃「臘近」時之作。送劉氏上京為前歲之事。
：530	正月初八日	〈穀日〉穀日即正月初八。
：531-532	四年春季	〈送任宏器入京〉(見〈繫年考〉)
：535	重陽節	〈贈楊靜之歸真陽〉：「九日黃花聊對酒，千山紅樹正憑欄。」「聊對酒」似自指，則其詩當非憂居期所作。三、六年均可。三年重陽節，何景明與諸友登賢隱山，作何集252：095-099，101(見〈繫年考〉)。六年，則憂居時，作253：504(同)。疑此詩為三年之作。
：537	春季	〈遊西山胡本清邀留〉：「獨馬尋僧春到寺，萬山邀客晚登臺。」
：538	六年九月	〈新色寺與諸生留別〉(見〈繫年考〉)
：539	秋季	〈趙生書屋〉：「不妨濁酒繆綢醉，況有秋花爛熳開。」此亦非憂居期之作。
：540	弘治十五年	〈題任宏器思親卷〉(見任鏞小傳)
：542	正德六年春季	〈述懷〉：「紫芝黃獨幾回新，霜雪山中又見春。萬古光陰雙過客，五年江海一歸人。豺狼滿地無行路，戎馬他鄉有戰塵。」「五年」或自二年以虛歲計，指六年。「戎馬」則指六年春季賊寇中原。
：543	九、十月	〈送周大〉：「月白寒城菊有花，孤燈落葉映交加。冬亭霧露縈沙曲，夜閣星河傍水涯。」
：545	五年夏至六年秋	〈同焦太史遊青峰禪寺〉(見〈繫年考〉)
：701	早秋	〈贈袁將軍惟武〉：「雄劍光寒射早秋，南征曾共伏波謀。」
：702	晚春	〈暮春〉
：703	四年春季	〈再送宏器〉(見〈繫年考〉)

　　獨次七言律詩不少，而可據考辨之篇亦多。然，其編次蕪雜不易檢尋。272：501-504為正德五年春之作。：507-511疑為五、六年春之作。：512-513確為六年春之作。：514-515或同。：516-517為三、四年春之作。：518為四年二月之作。：519-522疑為三、四年春之作。：523-524為何年之作不明。：525為六年秋之作，

：526疑為五年冬季之作，而：528作於：526之前。：527為三年冬之作。：531-532為四年春之作。其餘，除定年詩（：538，540，703）外，均無考，不足據以考其年月次序。272：540乃家集獨次唯一可確定為弘治年間之作。未審家集著作中另有否弘治年間之作。272：535-541或載該時期之作（272：534詩題稱「張給事」，指張雲，正德二年始任官；272：542為正德六年之作。）〈趙生書屋〉（272：539）若作於弘治年間，則〈趙生書堂竹〉（252：590）或亦然。待考。

（午）　六、七言雜體

家集載六言律詩、七言排律各一首，無編次。

丙—京集

京集詩作多而可據考辨者亦夥，共、獨次雖均有，共次佔其十分之九以上。與家集對比，京集較穩妥。京集各體有一組詩雍本不載。考其年，則皆早於家集之作（見下）。

（子）　五言古詩

	年　時	備　　考
351：001-004	弘治十八年二月	〈贈王文熙〉（見〈繫年考〉、王昇小傳）
：005-006	十六年冬、十七年春	〈惲功甫悼亡〉（見〈繫年考〉）
：007-009	十六年冬季	〈悼亡〉（見〈繫年考〉）
：014-015	十八年五月？	〈答獻吉〉（見〈繫年考〉）
：016-017	初夏	〈遊魯山城南舍〉第一首：「初夏苗始盛，荷蓻事田圃。」第二首：「喜無鳴蟬聒，幸有好鳥吟。」
：018-019	正德元年八月十七日	〈中秋十七夜留康德涵飲〉（見〈繫年考〉）
：020-029		〈詠懷〉第一首：「北陸無淹晷，歲邁陰已長。」第三首：「英英園中槿，朱榮媚朝陽。」第九首：「白露晞朝日，苕榮委清秋。」各首所指季節不一。詠懷詩內之寫時景未必與其著作之時期有關。
：030	秋、冬季	〈東皋〉：「寒香有時匱，秋來望攀折。」
：031-034	六年秋、冬	〈贈邊子〉（見〈繫年考〉）
：035-038	八年春季	〈贈望之〉（見〈繫年考〉）
：039	八年夏季	〈送王宗哲少卿〉（見〈繫年考〉）
：041	八年夏季	〈過呂涇野宅同呂道夫馬君卿〉（見〈繫年考〉）
[樂：045-047]	八年夏季	〈隴頭水流歌送劉遠夫行〉此三首雍本置於351：041與：044之間（351：042，：043，雍本不載）。（見〈繫年考〉）
351：043	冬至	〈冬至〉
：044-046	八年十二月	〈贈田子〉（見〈繫年考〉）
：047	七月七日	〈七夕劉子緯宅次君卿韻〉
：050-053		〈贈君采效何遜作〉第一首：「霜空鴈絕響，風庭葉罷飛。念爾別離日，淒然芳歲微。」第四首：「歲宴客來歸，車馬一何亂。新粧下機笑，白髮倚門看。未俟春林敷，且玩冬花粲。閑居有徽音，倘付雲中翰。」此四首似指薛蕙於正德九年歸家之事。然，因其以「效」為體，故不可以其言指為時事。

	年　時	備　考
531：065	秋季？	〈送劉御史按淮揚諸郡〉：「泛舟淮泗急，褰幕風日涼。鷹隼在寥闊，一擊乘秋霜。」此若指著作時期之景像，則其詩為秋季之作。
：066	秋、冬	〈遊洪法寺塔園土山〉：「跡陳慨往躅，心賞諸秋晤。時惟冬氣交，零木爽登顧。」
：069	冬季	〈冬夜〉
：070	十一年十二月初一日	〈十二月朔日大駕觀牲〉（見〈繫年考〉）
：071		〈簡君采〉：「見面不須臾，何以展契闊。」又：「駢居淹晨暮，庶俾思心豁」（「思」袁、足二本作「私」。此詩指何景明、薛蕙同居京師時，當作於八年秋至九年秋，十一年冬至十三年秋之間。）
：072-075	十二年夏季	〈送崔氏〉（見〈繫年考〉）
：076-079	九年春至十二年夏	〈寄贈王子衡〉此四首為王廷相居近海地時所作（見〈繫年考〉，十二年六月引詩句）。此當作於謫贛榆（九年春）至自松江陞四川（十二年夏）之間。
：080	早夏	〈集吳子寺館〉：「首夏憩祇園，遊息解冠簪。」
：081		〈夏夜薛子宅〉此詩之「薛子」即薛蕙。薛、何均在京師過夏季但有九、十二、十三年。斯詩當為此三年之一所作。

　　五言古詩編次與年月次序合。然雍本不載之組(351：001-030)或有倒置者。
：054-064無考。今以351：001-015為弘治十六年至十八年之作，：016-030為正德元年作，：031-034為六年作，七年無五言古詩，：035-043為八年之作，：044-053為九年之作，：054-069為九年至十一年之作，：070-071為十一年冬之作，：072-081為十二年之作，：082或為十三年之作。

　　（丑）　五言律詩
　　京集五言律詩可分為五組：
（甲）352：001-123 各本均有，著作時間之可確定者乃自正德九年至十二年之作
（乙）　　：124-162 雍本不載，著作時間之可確定者為正德二年以前之作
（丙）　　：163-306 各本均有，著作時間之可確定者乃自正德七年至十年之作
（丁）　　：501-506 申本不載，著作時間之可確定者乃正德十三年之作
（戊）　　：601-621 申、雍本不載，定年篇自正德元年至十三年之作
　　甲、丙二組，申、雍二本編次同(除張治道，康海刪去篇外)而二組倒置。(申本組次為甲、乙、丙：雍本為丙、甲、丁。)袁、足二本編次統合分類，而似以申、雍本編次為本。
　　（1）　甲組
　　甲組可分為三小組：：001-016；：017-064；：065-123。

	年　時	備　考
352：001	八年至十年秋、冬	〈夜過川甫〉：「月析楓烏起，霜燈竹戶開。」李濂於正德八年秋、冬至京師應試。明年登進士，歸開封。其於何時返京師未明，似為十年春。十年冬、十一年春，上任沔陽。十二年春為外察暫回京。此詩之作，繫之八、九、十年均可。
：002	秋、冬	〈秦翁輓章〉：「邑人傳月旦，蒿里慘霜筋。」又：「壟雲深一墓，寒月晝空斜。」未知此詩為何年之作。
352：003	七年至十年九月二十五日	〈九月二十五日會曹汝學待御于麓堂，夜歸道過侍御宅〉曹做於正德四年選御史，十一年遷太僕寺少卿。李東陽於十一年夏季卒。
：004	十二、三年	〈送劉大理守衢州府〉(見〈繫年考〉，十三年春季)
：005	八年季秋至十一年春	〈雪簡川甫〉：「一雪數花集，空庭寒起遲。」(見上，352：001)
：006	晚秋	〈送馮大和〉：「久客依親友，深秋念此行。」又：「木落燕天鴈，花催楚岸鶯。」此詩為何年之作待考。然，另有〈鑑上人房訪大和兄飲〉(352：282：見〈繫年考〉，十年夏季)。疑此詩為十、十一年之作。
：007	七年至十三年	〈送石令之廣濟〉：「柳澤春陰細，琴堂晝日閑。」此詩為送人之作。其寫春景或指送人時，抑或指至廣濟後之事。據《(乾隆)黃州府志》，石鼎之前知廣濟縣者於正德壬申(七年)在任。其後者於己卯(十三年)在任。
：008		〈寄任司訓〉此詩當為寄任鏞之作。任氏於正德五年任訓導，故疑此詩為七年至十三年之作。
：009		〈鸚鵡〉：「側身燕雪苦，垂翅隴雲高。」此詩乃詠物體。是否寫著詩時期之景像待考。
：010		〈冬夜過飲戴時亮進士〉戴欽於正德九年登進士。此詩則作於九年至十二年間之冬季。
：011		〈五更〉：「五更霜雪霽，忽夢紫宸班。」又：「憶在先朝日，朝朝見聖顏。」此詩寫冬景，又指武宗之失朝。然，其為何年之作待考。
：012	十年冬至	〈至日寄望之汶上〉(見〈繫年考〉)
：013	十年冬季？	〈簡以道〉(見〈繫年考〉)
：014	九、十年？	〈送張子行〉(見〈繫年考〉)
：015	冬季	〈內直過雪〉：「春還今歲早，先報漢宮梅。」
：016	十年九月九日？	〈九日夜過劉以正別士奇〉(見〈繫年考〉)

　　此十六篇疑為何景明欲赴關中之稍前所初抄之雜作。以晚冬，早春之篇為多，而年次不明。除：004外，均可認之為十年下半之作。

	年　時	備　考
352：017	九年正月十五日	〈元夜孫世其席上餞勤甫〉(見〈繫年考〉)
：018	九年二月十四日後	〈送謝邦用之湖南〉(見〈繫年考〉)

	年　時	備　考
352 : 020	九年二月三日後	〈送顧與成赴浙江參議〉(見〈繫年考〉)
: 021	九年二月十五日	〈殿試宿禮部張子淳郎中署奉和馬張二光祿喬直閣諸公〉(見〈繫年考〉)
: 022	九年晚春、夏季	〈得顧華玉全州書兼知望之消息〉(見〈繫年考〉)
: 023		〈徐子容見過〉:「三月三十日,燕京春興愜」「三月」申本作「二月」。第一句言三月三十日(或二月三十日)。何景明居京師之諸年間,三月有三十日者,計有弘治十七、十八年、正德九、十一、十二年。二月有三十日者,則計有弘治十六年,正德元、二、七、八、十一、十三年。
: 024	九年五月二十五日後	〈李南陽宅餞子容〉
: 025	九年五月二十五日後	〈送高穎之給事使楚道過揚州〉
: 026	九年五月二十五日後	〈餞子容〉(以上三首均見〈繫年考〉)
: 028	六年冬至十年秋	〈與王宗哲過訪劉德徵兼有所懷〉劉文煥於正德三年登進士,至十三年居京師。王希孟於六年以知縣遷鴻臚寺少卿,十年卒。
: 029	九年五月五日	〈端陽日過子容登瞻辰樓〉(見〈繫年考〉)
: 030	九月九日	〈九日顯靈宮宴集〉:「菊花催酩酊,仙侶得追陪。」
: 032	晚秋、孟冬	〈侯郎中劉主事見過對菊〉:「菊樹開初爛,軒窗坐晚晴。」
: 033	九月九日	〈次韻張郎中九日無菊〉:「九日盃空綠,秋城菊未花。」
: 034	秋季	〈謝崔太史惠菊〉:「遺我高庭菊,懷君秋樹林。」
: 035	秋季	〈聞鴈〉:「萬行關塞淚,秋日墮胡笳。」
: 036	秋季	〈贈王舉人〉:「旅食清楓改,秋吟素髮生。」
: 038-039	九年下半	〈過君采次韻〉(見〈繫年考〉)
: 040	秋季	〈送鄒子之浙中訪迎張子〉:「秋城悵獨往,春棹好同歸。」
: 042	秋季	〈送熊御史尚弼謝病還江西〉:「晨車發帝里,秋棹返江鄉。」現存熊相傳不足以考此詩為何時所作(見熊相小傳)
: 043	冬季	〈世其宅夜集同君采作限南字〉:「冬夕具盤餐,明燈坐不寒。」又:「美人江國去,惆悵采芳難。」疑此詩指薛蕙九年冬將歸。
: 044	冬季	〈冬月〉
: 045	冬季	〈以行自西山還相訪〉:「石壁雲孤裊,冬巖菊自班。」
: 047	冬季?	〈送蕭升之任登州府學〉:「日對蓬萊觀,春登海上臺。」此二句指蕭廷儀至登州後之景。其詩或為冬季之作。
: 048	九年下半	〈寄空同子卜居襄陽〉(見〈繫年考〉)
: 050	秋季	〈秋夕同蕭執大舍姪士飲〉
: 051	冬季	〈贈管汝濟〉:「冠裳同海內,盃酒對寒宵。」又:「願聽雲門奏,春風入鳳簫。」「春風」似指將來之事。
: 052	晚冬、早春	〈將雪有懷〉:「已動尋梅興,空成采葛詩。」
: 053-054	晚秋只早春	〈真空寺送人不及〉第一首:「目送寒天鳥,孤飛日易昏。」

	年　時	備　考
352：055-056	九年晚冬至十年早春	〈汝立席上送世其〉（見〈繫年考〉）
：057	九年春季	〈贈呂子遷左給事中〉呂經於九年春季陞左給事中。此詩為稍後之作。
：058	晚秋至早春	〈平坡〉：「一僧行樹杪，諸客到寒天。」
：060		〈圓通寺〉：「飛梁裊石澗，寒日抱霜林。」此詩之景與：058同。
：062	除夕	〈除夕劉户部宅〉
：063	六年至九年之除夕	〈除夕和以道懷弟之作〉劉佐於十年卒。
：064	晚秋、冬季	〈送以行往平山省外父母次韻〉：「歲暮忽為別，亦知非遠遊。」

此四十八篇為正德九年之作。季節次序雖偶有倒置，編次與年月次序則大略符合。

	年　時	備　考
352：065	十一年春季？	〈晚過以行〉：「伯兄難更見，愛弟復佳名。」又：「春星度北牖，暮雨到西城」「暮」中、袁本作「舊」。此詩或為劉佐卒稍後之作。
：066	春季	〈顧內翰約看花城南寺病目不赴〉：「簇馬低春日，啼鶯隔綵煙。」
：067	三月三日	〈三月三日〉：「病眼看天地，風沙當晝吹。」此詩指其有眼病，疑此詩與：066約同時之作。
：068	春季？	〈皇陵〉：「如看翠華度，縹緲在春霄」（「春」雍、袁、足三本均作「青」。）
：069	春季	〈酬郭內翰上陵還詩〉：「楸梧開玉殿，雲霧宿春山。」
：070	春季	〈送劉子遊西山寺〉：「我憶湖西寺，春山爾獨行。」
：071	春季	〈遊郭氏山亭〉：「庭春歸雪篠，洞古發煙蘿。」
：073	三月	〈送王生還嵩盟兼訊趙叔〉：「行人三月盡，獨馬萬山中。」此詩指三月，似為送人之時。
：074	秋季	〈送施聘之御史南還〉：「蹋翼青冥去，高秋隻隼孤。」
：075	夏季至早秋	〈觀荷〉：「流螢點點度，故傍綠陰池。」
：076	秋季	〈送王判之永州〉：「日出楚帆高，秋行不覺勞。」
：078	八月十五日	〈中秋無月〉
：079	秋季	〈送李令赴宜城〉：「明邑今為宰，東行更屬秋。」
：080-081	九月四日	〈九月四日劉子見過〉
：082	九月五日？	〈九月五日與張劉崔三子約九日遊法藏寺塔劉嘗約遊西山竟寒盟故云〉（「九月五日」四字，中、袁二本作「五日」；雍本無此四字）
：083-084	秋季	〈登塔〉第一首：「古塔層城畔，秋毫萬里看。」第二首：「望餘秋色遠，登罷客心豪。」疑此二首為重陽節之作。
：085	九月十五日	〈九月十五夜月〉
：086	冬季	〈雪簡鄭客〉
：087-088	十一年十月二十六日	〈送韓仲子並訊其弟季子〉（見〈繫年考〉）
：089	冬季	〈訪客鑑公房〉：「閣日斜寒晝，窗雲下夕陰。」

年　時	備　考
352：090-091　晚冬至早春？	〈送兄〉第一首：「風回鴻鴈急，雪度鵁鶄寒。」第二首：「柳含燕甸色，花隔楚園春。」
：093　正月	〈齋宿大興隆寺〉：「疊雪霏雲礎，陰霞絢石房。」又：「齋心臨暮景，屬意向春陽。」每年正月南郊大祀天地之前，諸臣必齋居三日。疑該詩為此時期之作。
：094　十二、三年正月	〈駕出〉以下五首寫武宗大祀天地於郊壇及其幸南海子遊獵。此事正德十二、十三年正月均曾有之（見〈繫年考〉，十二年春）
：095	〈大祀〉
：096	〈駕幸南海子〉
：097	〈駕入〉
：098	〈慶成宴〉
：100　九、十二、十三年春季	〈君采遷居〉：「題竹元因主，看花更屬春。」何、薛二人春季俱居京師之年限於此三年。
：101　春季	〈春日劉薛二子過〉
：102　春季	〈春鴈〉
：103	〈張侍御仲修送弓〉張士隆於正德六年拜監察御史，十三年謫官。此詩為張氏任御史時期之作。
：105	〈送曾建昌取道還瀘州〉曾嶼於正德十一年知建昌。其詩云：「雲山蟠越嶲，錦樹雜冬春。」此詩或為十一年春季之作。十一年冬季，十二年早春亦無不可。
：106　春季	〈寺中吾子館海石榴〉
：107　春季	〈雨中紅芍藥〉
：108　春季	〈送郭進士告歸大梁〉：「沙柳繁臺閣，春花宋苑裏。」
：109　十二年	〈送沙河方令〉（見〈繫年考〉）
：111-112	〈送汪二司業還南京二首〉汪偉於正德八年至十三年任南京國子監司業。此二首為汪氏任此官時期之作。
：113　早春	〈晚出左掖〉：「洞門餘積雪，御苑復高霞。」又：「青回初霽柳，紅動峭寒花。」
：114-116　十一、二年秋季	〈奉和嚴太史謁泰陵〉此詩題，雍本作〈和嚴惟中謁陵〉。嚴嵩於正德二年授編修，未幾歸，家居十年始還朝（見其小傳）。此三首當作於十一年之後。第一首：「白日園陵閟，秋雲松柏寒。」第三首：「夜壑霜鍾杳，秋岑玉殿扃。」
：117　十二年晚春、早夏	〈壽酈廷瑞太守〉：「五馬歸來日，閑身六十強。春花自爛熳，雲水共徜徉。」酈璠於正德十二年正六十歲。此年考滿歸。
：118　晚秋？	〈雨過玄明宮〉：「朔海風雲變，玄宮日月移。登臨逼九日，搖落倍前時。」
：120　九月九日	〈九日登仁壽寺後山〉：「人疑送酒客，地即望鄉臺。」
：122　十月十五日	〈十月望夜劉薛二子過對月〉

此五十九篇為正德十一、十二年之作。以上小組之中自十一年春季始，顯與年月次序合，而：114-123或有倒置者。

(2) 乙　組

	年　時	備　考
352：124	春季	〈贈董侍御〉：「汀花不寄遠，惆悵獨逢春。」
：125	秋季	〈秋夜〉
：126-128	弘治十六、七年重陽節	〈九日登慈恩寺塔〉第一首：「天寒鴻鴈少，秋晚菊花遲。」又第三首：「天涯有兄弟，猶滯楚江橈。」此或指何景詔官巴陵。果如次，則此三首當為弘治十六、七年之作。
：129	晚春	〈送楊子滯下第還廣東〉：「懷君不得意，春盡獨還家。」此詩指楊氏甫落第而還家。當作於何景明居京師而有殿試之年。繫之弘治十五、十八，正德九、十二年均可。
：131	正月十五日	〈元夕〉
：132		〈新鄭道中〉
：133		〈淇門〉
：134		〈銅雀臺〉：「殿冷閑歌吹，宮春罷綺羅。」此三詩皆寫河南北部之處所，當為何景明春季赴京師所作。弘治十二、十五、十六，正德元年早春均可。
：135	正德元年夏季	〈自滇蜀歸李戶部馬舍人見訪〉(見〈繫年考〉)
：136	秋季	〈秋雨〉
：137-138	秋季	〈雨中過李真人方丈〉第一首：「鳴磬秋堂濕，燃燈古殿深。」
：139		〈菊莊〉：「白髮秋逾短，黃花晚自開。百年常對酒，九日漫登臺。」此詩寫秋景，指九日。
：140	元年秋季	〈寄錢水部〉：「萬里秋風興，孤舟日暮心。」(見錢榮小傳)。
：143	九月	〈鴈〉：「長風度關塞，九月下瀟湘。」
：144	秋季	〈秋夕懷曹毅之〉
：145		〈送江華州〉江珏弘治十八年登進士，授華州知州(見江珏小傳)。此詩作於十八年以後。
：146	元年秋、冬季	〈星變〉(見〈繫年考〉)
：147-148		〈送都玄敬主事二首〉第二首：「扁舟南國遠，歲晚大江深。」都穆於弘治十六年任工部主事，十七年丁憂歸，正德元年遷南京兵部主事。繫此詩於弘治十七、正德元年均可。
：149	元年秋季	〈寄王文熙〉(見王炌小傳)
：150	弘治十六、十七年、正德元年秋季	〈寄顧華玉〉：「詞客金陵去，那期歲屢過。相思秋水隔，悵望暮雲多。」顧璘於弘治十五年(1502)歷郎中。正德四、五年出為開封府知府。
：151-152	正德元年秋季	〈戴生在吾語感秋思歸詩以慰留之二首〉(見〈繫年考〉)
：153	秋季、孟冬	〈懷望之姊夫〉：「自爾出門去，天時十月催。」
：154	秋季、孟冬	〈懷姊〉：「旅病秋來減，鄉書歲暮遲。」

	年　時	備　考
：155	秋季、孟冬	〈懷三兄〉：「為客全經夏，還家已過秋。」
：156-157	十月初一日	〈十月一日二首〉
：158	冬季	〈冬月〉
：159	元年冬季	〈送戴生歸獻縣〉(見〈繫年考〉)
：160	晚冬	〈歲晏〉：「浮雲當日暮，積雪見春遲。」
：161	晚冬	〈望海〉：「島嶼迎寒日，波濤帶積陰」（「積」袁、足二本作「夕」）。
：162	元年冬至二年春	〈贈劉柬之憲副〉(見〈繫年考〉)

京集五言律詩乙組為正德二年以前之作。除352：124-129外，其編次與年月次序合。352：124-129或弘治十七年春至十八年春之作。

（3）　丙組

丙組可分為二小組：352：163-247：：248-306。

	年　時	備　考
352：163-164	七年八月十二日	〈送曹瑞卿謫尋旬〉(見〈繫年考〉)
：165	八月十五日	〈中秋〉
：166	七年至十一年中秋	〈中秋夜集呂給事宅〉呂經自正德三年至十一年任給事中。何景明於六年冬始返京師。
：167	七、八年中秋	〈與韓汝慶行歸長安望月〉：「中秋高宴會，客散向長安。」韓邦靖於正德三年既登進士任京官，九年春始罷歸。
：168	七年八月五日	〈贈呂道夫轉右給事〉(見〈繫年考〉)
：169	七年八月十六日	〈月食〉(見〈繫年考〉)
：170	秋季	〈晚過周進士言別聞琴〉：「城高下木葉，樓迴上秋參。」
：171	八月六日	〈初度〉：「此日吾初度，深盃且自揮。」此詩為何年之作待考。
：172-174	七、八年	〈送楊太常歸省三首〉(見楊廷儀小傳)
：175	五月	〈送寇定州〉：「五月燕京寺，高雲動客旌」（「寺」申、袁二本作「市」）。
：176	夏季	〈與孫世其過張秀才〉：「長夏稀朝謁，相邀此地同。」此詩寫夏景。孫繼芳於正德七、八年，又十一、十二年居京師。繫之於各年夏季均可。
：177	夏季	〈與孫戴張三子納涼〉
：178	夏季	〈壁暑存上人方丈〉
：179	七年？	〈簡都玄敬〉：「草玄常避客，頭白近為郎。」都穆於正德七年晉郎中，此詩或指其陞官。
：180	秋季	〈聞鴈〉：「水寒沈塞角，沙暮起秋雲。」
：182-183	六年至八年秋季	〈汝慶宅紅菊〉第二首：「秋花何太豔，綠盞慰飄零。」韓邦奇見上。
：184	秋季	〈過寺中飲贈張元德侍御〉：「竹林清宴集，秋夜劇呼盧。」
：185	秋季	〈出遊功德寺〉：「晚日丹梯近，秋天翠巘齊。」
：187	秋季	〈宿淇公方丈〉：「落日罷登臨，禪房秋坐深。」
：189	秋季	〈望湖亭〉：「先朝四百寺，秋日遍題名。」
：191-192	七年九月十七日	〈送彭總制之西川二首〉(見〈繫年考〉)

	年　時	備　考
352：194	晚春	〈沈道士館牡丹〉：「仙亭牡丹樹，不數玉山桃。」又：「明歲天壇路，春風憶錦袍。」
：195	夏季	〈天壇沈道士觀中〉：「夏日天壇上，登臨傍九霄。」
：197	七、八年	〈內直〉：「衰職聞封事，軍情見捷書。」以下六首皆指賊亂事，似為正德七、八年之作。
：198-199	七、八年	〈觀兵二首〉第一首：「直指黃河外，長驅碧海盜隅。」
：200	七、八年	〈諸將〉：「萬方皆寇盜，諸將半公侯。」
：201	七、八年	〈防寇〉：「萬國猶防寇，三年未罷師。」
：202	七、八年	〈盜起〉：「天地河嵩隔，風塵海岱陰。」
：203	三月	〈長安柳〉：「三月長安柳，春風吹暮天。」
：204	三月三日	〈三月三日〉
：205	晚春、孟夏	〈芍藥〉：「城中芍藥遍，席上把殘枝。」又：「南國今開罷，園亭數夢思。」芍藥於春、夏之際開花。
：206	七、八年春季	〈病居田給事中夜過〉：「臥疾春天暮，相尋客夜幽。」田汝籽於正德四年遷給事中，九年元夕稍後離京師赴任江西提學僉事(見〈繫年考〉)。此詩指春季，無將別之語，當為七、八年春季之作。
：207	六年至十二年	〈慈恩寺〉：「十年復到此，朋輩各天涯。」何景明於弘治十二年(1499)始上京。此詩為其於正德六年復官後之作。
：208	七、八年清明節	〈清明日病懷〉此詩結聯：「故鄉聞稍定，南望好林泉」似指平河南賊。疑其為七、八年之作。
：209	七年春、夏	〈送宗魯使安南〉(見潘希曾小傳)
：210-211	七、八年正月	〈春雪諸翰林見過〉第一首：「正月燕京雪，飛花落滿筵。」又：「中原有戎馬，何日凱歌旋。」此詩指正月，又指「中原戎馬」。
：212	七、八年夏季？	〈過田郎〉：「炎天忽雲雨，西日更雷霆。」「田郎」若為田汝籽，則此詩當為七、八年之作。
：213	七、八年？	〈答汝忠〉：「乾坤尚戎馬，我輩復簪纓。」此詩指「戎馬」。
：215	春季？	〈寄徐太守〉：「塞鴈去復盡，燕臺愁望春。」又：「秋來有詞賦，莫使怨騷人。」
：216	九年以前	〈送顧御史還南京〉此詩指顧英(見顧英小傳)。顧英於正德九年以南京監察御史陞僉事。
：217	八年春季	〈送顧華玉謫全州〉(見〈繫年考〉)
：222	八年至十年	〈子純宅夜集懷望之〉此詩為正德八年至十年間之作。其作於八年夏、秋似為長。
：224	八年夏季	〈過遠夫〉(見〈繫年考〉)
：225	七、八年夏季	〈出閣過勤甫省中〉田汝籽於九年早春離京師赴任江西僉事(見上)。其詩云：「並坐停盃晚，高談卷幔涼。」
：226	七、八年立秋日	〈立秋日呂景二內翰呂田二黃門見訪〉呂柟由三年至九年間官翰林院。景暘與柟同時入院，九年仍在任。呂經由三年至十一年任給事中。田汝籽由六年至八年冬任同官。

	年　時	備　考
352：227-228	早秋	〈再遊郭氏〉第一首：「園林再駐馬，臺樹已流螢。」第二首：「日暮北亭上，悵然秋望深。」
：229	六至八年	〈懷劉園諸友〉：「亭榭劉園麗，攜遊汝輩頻。」又：「橋是經行地，城餘戰鬥塵。京華又二載，腸斷楚鄉春。」此詩寫何景明與信陽諸友遊地。詩中言及「戰鬥塵」似指賊亂。「又二載」同。「楚鄉春」則感懷昔日之樂，其詩是否為春季之作待考。
：230	七、八年秋季	〈送呂內翰上陵〉：「碧山秋殿閣，白露漢陵園。」「呂內翰」當即呂柟。
：231	七月十五日	〈送徐內翰上陵〉：「君向六陵間，中元月正圓。」
：232	七、八年	〈送曹遜卿還汝寧〉：「卻喜干戈後，鄉園見歲華。」此似指賊平，當為正德七、八年之作。
：233	秋季	〈過子容有懷獻吉〉：「雨助鳴蛩夕，風驚過鴈秋。」
：234	秋季	〈過顯靈宮〉：「洞草秋先長，壇雲晝自生。」
：236	八月十四日	〈十四夜對月集陶良伯〉：「鴻鴈秋江北，芙蓉漢苑西。」
：237	七年至十年八月十六日	〈十六夜月集侯汝立〉：「秋月尚不減，客堂清宴闌。」侯宜正於正德十年知東昌府。此詩當為七年至十年間之作。
：238	七、八年秋季	〈夜集勤甫宅時秉衡至〉：「琴清繁玉露，坐久密秋星。」田汝耔於九年早春離京師(見上)。
：240	秋季	〈同崔子鍾過董文玉宅〉：「霜天留把菊，風檻促行杯。」
：241	十月四日	〈十月四日過良伯〉
：242	八年冬至九年春	〈送郭刑部守寧波〉(見〈繫年考〉)
：243	秋、冬季	〈夜集世其宅次戴子韻〉：「哀柝霜天迥，叢篁雪館深。」孫繼芳於九年謝病歸，十一年始復起。此詩為七、八年，十一、十二年下半年之作。
：244	八年？	〈夜集賀仲木〉呂柟亦於九年謝病歸。此詩當為六年至九年間之作。詩云「官勳三載見，客抱此宵開。」其何指待考，而「三載」若自呂柟五年復官數，則此詩或為八年之作。
：245	八年冬至九年春	〈得鄭繼之書〉鄭善夫於八年秋季歸，十三年始返京師。此詩云：「累月音書數，清秋涕淚雙。」
：246	秋、冬季	〈送石秀才下第還趙州〉：「鄉書催朔鴈，旅食寄霜楓。」石秀才落第當為京師鄉試。何景明任京官，行鄉試之年即弘治十七年、正德八、十一年。
：247	八年冬、九年春	〈出子宅夜宴別〉：「竹戶霜燈裊，風城海角流。豫章天更遠，燕北有高樓。」此指田汝耔將赴任江西之事。

　　352：163-247為正德七、八年之作。其編次與年月次序近而不盡合。今以352：163-174為七年早秋之作，：175-178為七年晚夏之作，：179-192為七年晚秋、冬季之作，：193-195為七年早夏之作，：196-209為七年春季之作，：210-247為八年春至冬之作。

	年　時	備　考
352：248	正月初一日	〈元日〉：「元日王正月，傳呼晚殿班。」
：249-250	正月初四日	〈正月四日同子純過劉汝忠宅次韻二首〉中、雍二本無「正月」二字
：251	七年至十三年春季	〈顧與行諸友見訪次韻〉：「雪峰斜暮景，霜草勁寒春。」此寫早春景。顧可適於正德三年登進士，任京官，於十四年始遷外。
：252	十年正月七日	〈人日齋居過王德徵〉(見〈繫年考〉)
：253	春季	〈寺中齋居簡崔內翰張侍御二子〉：「傷春懷二子，齋沐掩禪扉。」
：254	十年春季	〈答潘都諫郊壇見遺之作前韻〉(見〈繫年考〉)
：255	立春日	〈立春管汝濟見過次韻〉
：256	春季	〈鶯〉：「草香春過處，花暖晝眠時。」
：258	春季	〈寺中張子言來話前韻〉：「山中問百草，早晚折春雷。」：258題「前韻」而其韻腳(催、迴、盃、雷)與：257〈寺中送段子還蒲州〉同。此二詩當為同時所作。
：259	九、十年	〈送范以載之南京〉：「春江暮雲樹，愁望北帆開。」此指范輅至南京之景。(見〈繫年考〉)
：260	七年至十年早春	〈夜過劉以道兄弟〉：「風燈懸岸館，竹色靜春沙。」又：「雪融花尚細，煙裊柳初斜。」劉佐於十年冬卒。
：261	春季	〈過城南寺〉：「出城春漸近，到寺日猶高。」
：263	七年至十年晚春	〈過以道喜其弟以正至限韻得衣字〉：「美人今夕酒，行子暮春衣。」劉佐十年冬卒(見上)。
：264	春季	〈出遊城南寺〉：「樓閣倚清沙，春尋景未斜。」
：266	九年至十三年	〈寄三子詩〉序云：「三子者，王、康、呂三子也。三子俱產之關中，並見而同隱。」「王、康、呂三子」當指王九思、康海、呂柟。呂柟於九年歸，王、康早已罷官。
：267	春季	〈送欽師歸西山〉：「赤崖春到寺，白塔晝開關。」
：268	清明節	〈清明日二張王劉諸友同出城南寺〉
：269	春季	〈送忽生還關中次韻〉：「望爾西行路，春風萬柳條。」
：270	晚春	〈子純邀過會東卿〉：「雲陰初薄暮，鶯囀尚餘春。」
：271	十年	〈喜望之量移兼寄〉(見〈繫年考〉，十一年春)
：273	八年至十年	〈送劉以道次君卿韻〉馬錄於正德八年始由固安知縣陞御史，劉佐於十年冬卒。
：276	十年	〈送趙叔鳴視學山東〉(見〈繫年考〉)
：277-278	五月	〈懷麓堂集將遊東園以風雨遂止二首〉第一首：「仲夏陰晴半，林堂水石隈。」第二首：「東圃春餘麗，西亭晝不譁。」李東陽於正德十一年七月卒，此二首則為弘治十六至十七年，正德元、七年至十年間之作。
：280	九、十年夏季	〈李川甫戴時亮二子過訪〉：「炎天雷雨豁，深院鬱蒸開。」此寫夏景。李濂於九年登進士，十年末赴任沔陽。
：281	夏季	〈暮雨劉以正過飲〉：「炎蒸三伏破，風霧二儀昏。」
：282	夏季	〈飲鑑上人房訪大和兄〉：「雷雨思炎月，塵沙苦冀方。」

	年　時	備　考
352：283	夏季	〈同川甫寺中避暑〉：「逃暑無三伏，憑虛有一臺。」
：284	夏季	〈同李川甫鄒子家過張子言令〉：「濕雲翻抱暑，西日半籠花。」
：285	十年六月十五日	〈六月望月食〉(見〈繫年考〉)
：286	八年至十二年立秋日	〈立秋日寄崒夫〉何瑭於正德八年謫開州同知，十年遷東昌府同知，後乞歸。
：287	十年	〈送侯立之東昌〉(見〈繫年考〉)
：288-289	秋季	〈訪子容自荊州使回二首〉第二首：「入秋翻暑濕，過午復雲雷。」
：290	秋季	〈雨中劉汝忠過對基觀詩談邊事作〉：「城晚客車靜，邊秋胡馬多」（車）袁、足二本作「居」。
：292	十年	〈花當〉(見〈繫年考〉)
：293	九年至十一年	〈得王子衡贛榆書〉王廷相於九年正月謫贛榆(見〈繫年考〉)。其〈近海集序〉：「予以正德甲戌春謫丞于此，丙子夏轉寧國。」《王氏家藏集》22・29b[964]」
：294	九、十年	〈送郭外舅之江陰〉(見〈繫年考〉)
：295	秋季	〈海嶽陳翁挽章〉：「白雲送秋老，一墓海門邊。」
：297	八月十三日	〈中秋十三日子容樓〉：「對酒中秋日，憑闌萬里遙。」
：298	九、十年八月十四日	〈十四夜李川甫宅〉：「獨院淹杯酌，高秋驚旅魂。」李濂於十年冬上任汴陽(已見上)
：299	八月十五日	〈十五夜劉子緯宅子靜至對月〉：「長安今夜月，復滿桂花輪。」
：300	十年七月之後	〈過王宗哲故宅〉：「過門猶宿昔，駐馬復誰留。雨院殘春竹，風庭折晚榴。」王希孟於十年七月卒。據「殘竹」對「折榴」知其未必春、夏之作。
：301	八月十七日	〈十七夜月思〉：「秋風已如此，美人安在茲。」
：302	八月二十八日	〈八月二十八日子容過對菊〉
：303	九月初一日	〈九月一日過劉氏昆弟對菊〉
：304		〈送劉西曹決獄畿內〉：「日下秋官出，天邊漢使分。」此詩「秋官」與「西曹」同指刑部，而不指其詩為何時之作。
：305	秋季	〈汝濟夜過同以行對菊花〉此詩題雖指秋景。其詩則云：「酒曛留媚眼，燈色笑生春。」此指春情，非春季也。
：306	春季	〈胡戶部父母同受封命〉：「草動春江色，花擷漢署香。」

　　352：248-306為正德十年之作，其編次亦與年月次序合。僅有352：306為春季之作，或作於十一年。

　　(4)丁組

	年　時	備　考
352：502	正月十五日	〈元夜寺中集〉
：503	十二年冬至十三年春	〈送毛汝厲按湖南〉(見〈繫年考〉)
：504	春季	〈魯山院竹〉：「雨颮春墻碧，風含石室涼。」
：505	十三年二月二十五日	〈送王夢弼之高郵〉(見〈繫年考〉)
：506	春季	〈入直〉：「風晝楊花色，煙春蕙草香。」

丁組或為甲組之續，其何由未編入申本不明。六首均似為正德十三年春季之作。

(5)戊組

	年　時	備　考
352：602-603	十二年春季	〈送望之赴汝上二首〉(見〈繫年考〉)
：604-605	七年？	〈送客二首〉第一首：「中原雖寇盜，晉國有山河。」此詩似為正德七年，即山東、河南有賊亂時之作。
：606	十三年	〈送葛時秀任東明〉(見〈繫年考〉)
：607	元年冬季？	〈陸子樓餞祖邦〉(見〈繫年考〉)
：609	春季	〈送施御史便道壽母次韻〉：「堂下忘憂草，今春倍往春。」
：610	元年冬季？	〈贈祖邦〉(見〈繫年考〉)
：611	七年春季？	〈懷李生園東季升〉：「李生北園內，亭樹近如何。草徑猶紅藥，紫扉自碧蘿。江湖歸路少，天地戰場多。空憶張夫子，清尊夜夜過。」張雲歸信陽有自正德五年至八年，又自十一年至十四年間二次。此詩似寫春景，據其言「戰場多」疑為七年春季之作。
：612	元年十二月	〈寄家書〉(見〈繫年考〉)
：613	十年春季	〈酬盧侍御見訪有作用韻〉(見〈繫年考〉)
：614	六年至十年？	〈同張仲脩再過劉子〉：「劉家好兄弟，鄰近苑西樓。」此詩似指劉佐兄弟。
：615	十三年秋季	〈同許補之劉子緯登定州塔〉(見〈繫年考〉)
：616	六、七年？	〈夜集錦夫同本貞限韻〉：「中原尚格鬥，未可問雲松。」此似指盜亂之事。
：617-618	十三年冬季	〈雪夜九梅翁園同蒼谷宴集二首〉(見〈繫年考〉)
：619	七年之後秋、冬季	〈寄題蒼谷寺〉：「清天望嵩少，白晝吐風雲。」又：「霜鍾翠微裏，日暮渺相聞。」此詩指王尚絅鄉居於郟縣。
：620	秋季	〈輓謝晚耕〉：「故里松猶在，秋田草自生。」
：621	冬季	〈雨雪曲〉：「蒲海雲成陣，天山雪作花。」

戊組為京集五言律詩之獨次，其編次與年月次序不合。

京集五言律詩共次之編次與時季合，而其年有反置者。茲全列如下：

　　352：001-016年時不一，多為正德十年下半年之作

　　　　：017-064正德九年

　　　　：065-089正德十一年

　　　　：090-123正德十二年

：124-162弘治十六年至正德元年

：163-209正德七年

：210-247正德八年

：248-305正德十年

：306、501-506當為正德十三年春季之作

（寅）　五言排律

	年　時	備　考
353：001	晚秋？	〈友竹〉：「江亭朝對雨，水榭早迎秋。翠袖天寒倚，朱絃日暮愁。」又：「歲晚根逾固，霜繁花蓋綢。」此詩或非寫當時即景之作。
：002	元年五月三日	〈壽許司馬〉（見〈繫年考〉）
：003	七年五月	〈聞河南捷呈閣內諸公〉（見〈繫年考〉）
：005	七年冬季	〈送梁鴻臚之什邡次孟望之韻〉（見〈繫年考〉）
：006	七年冬季	〈寄贈王子衡御史時按關中〉（見〈繫年考〉）
：007	七月七日	〈贈良伯〉：「帝座神仙侶，天河烏鵲橋。」此詩似指七夕節。
：008	夏、冬	〈贈劉生〉：「炎天留玉樹，花夕映冠裳。」
：010	八年冬至九年春	〈子衡在獄充感懷有作二十韻〉（見〈繫年考〉）
：011	正月	〈郊觀二十二韻〉此詩寫郊壇大祀天地。
：012	孟冬	〈送鄭伯生送親還夷陵〉：「晝錦供萊服，秋懷罷越吟。路難回馭志，江穩放舟心。雨露殘冬景，風塵靜夕陰。荊門巴國盡，巫峽楚宮深。碧樹猶春色，黃鸝更好音。」此詩言「殘冬景」預指旅途將經之景，言「春色」則指南方之氣候。

京集五言排律，申、雍、足三本編次各殊（袁本與足本同）。雍、足本編次與年月次序不合，而申本符合。353：001，002雍本不載，而：002為正德元年之作，疑：001亦為早期之作。：003-004當為七年之作，：006-010為八年之作，：011-012為九年之作。：013，501，601無考。

（卯）　五言絕句

	年　時	備　考
354：003-004	秋季	〈雙梧草堂二首〉第一首：「相思秋月下，風子落雲窗。」第二首：「銀床飄一葉，秋到美人家。」
：008		〈飲鮑以忠〉鮑弼居開封。此詩當為何景明經開封時之作。弘治十二、十五、十六年、正德元、六、十三年均可。
：009	季夏、秋季	〈謝泰公饋杏〉：「饋我高林杏，開函爛如火。」
：011-012	九年秋季？	〈晚出左掖簡薛君采二首〉何景明、薛蕙於正德八、九年始相識。此詩第二首：「文園病司馬，消渴望金莖。」或指薛氏於九年秋將謝病歸。
：013-014	清明節	〈清明二首〉
：015	九、十年秋季	〈秋日簡川甫〉李濂秋季居京師之年即正德九、十年。
：018	冬至	〈至日寄答良伯〉：「天邊登北樓，歲暮望南國。」

京集五言絕句少。然，其編次不違年月次序。354：001-007雍本不載，當為早期之作。：008為六年之作，：011-012當為九年歲末之作，則：013-014或為十年，：015疑為十年秋之作。

　　（辰）　六言絕句

京集六言絕句有一題四首，雍本不載。詩題辭言及正德十二年進士曹弘。待考。

　　（巳）　　七言古詩

京集七言古詩有四組。甲組雍本不載，乙組各本均載，丙組申本不載，丁組申、雍二本均不載。

（1）　甲組

	年　時	備　考
371：001	弘治十七年寒食節	〈五馬行〉(見〈繫年考〉)
：003	秋季	〈古愚翁挽詞〉：「古龍啾啾啼劍井，井底秋泉七星冷。」
：007	弘治十七年？	〈憶昔行〉(見〈繫年考〉)
：008	三月	〈柳絮歌〉：「長安三月百花殘，滿城飛絮何漫漫。」
：009	中秋節？	〈明月篇〉此詩多言時令，如「紫蘭紅蕊西風起，九衢夾道秋如水。」又：「紅閨貌減落春草，玉門腸斷逢秋色。」今疑其為中秋節之作。
：010		〈邯鄲行〉此詩或為何景明途經邯鄲時之作。然，其為詠史題詩亦可。

　　甲組年時可辨者僅二首。雖然，雍本不載此組，今以他詩體例視之，疑全組為正德二年以前之作。

（2）　乙組

	年　時	備　考
371：011	正德七年、三月、二十六日後	〈馮都督歌〉此詩為馮禎戰死稍後之作(見〈繫年考〉)
：012	六、七年？	〈玄明宮行〉此詩寫劉瑾為己所立之宮。據其言「己巳年來」得知其為正德六年之後所作。又：「天下衣冠難即振，中原寇盜時復起。」
：013	六年冬至七年春	〈崔生行〉(見〈繫年考〉)
：015	八年三月上旬	〈憶昔行〉(見〈繫年考〉)
：016	八年冬至九年春	〈田子行〉(見〈繫年考〉)
：017	六月	〈苦熱行簡問陶良伯〉：「六月二十火雲發，京師毒熱勝吳下。」
：018	七年秋季？	〈樂陵令行〉(見〈繫年考〉)
：019	八年秋季	〈同崔呂孫三內翰集徐子瞻辰樓〉(見〈繫年考〉)
：020	八年八月	〈少谷子行〉(見〈繫年考〉)

	年　時	備　考
371：024	八年	〈題文與可畫竹上有東坡山谷識〉：「客從南方來見予，手持錦軸長丈餘。」鄭善夫有〈與可墨竹卷跋〉（《少谷集》16.10a[202]；《鄭文》不載）：「癸酉歲，葉茂全偶持此畫欲余作詩。余欲仲默先作詩。及見仲默詩，竟縮手退舍不敢出口。茂全強余為之，曰，中州人士，品題當世人物，皆以吾子文不逮詩。果然，余詩之自信，乃如此文斯下矣。」據鄭氏跋得知何景明詩為八年之作，鄭善夫此年秋辭京師歸。葉茂全無考。今疑其為何集371：025之「葉生」。
：025	八年冬至十二年春	〈送葉生還閩中兼懷鄭繼之〉：「江南畫舸春柳底，海上茅堂白雲滿。谷口如逢鄭子真，為道棲遲未應返。」此詩寫華南春景，當為冬季、早春之作。鄭善夫於八年秋歸，十二年秋自閩返京。此詩則為八年冬季至十二年早春之作。
：027	八年冬至十年春	〈吳偉飛泉畫圖歌〉：「長安獨過田子舍，留我一玩飛泉畫。」又：「客堂六月生畫寒，耳中髣髴高江灘。」又：「偉哉田子今儒宗，文標南指匡廬峰。」「田子」當為田汝籽。詩言「南指匡廬峰」或指田氏陞江西僉事。使是，則其詩當為八年冬、九年早春之作。然，則其又言「六月生畫寒」「寒」指吳偉之筆勢，或與著作時無關。
：028	九年春、夏季	〈送林利正同知之潮陽〉（見〈繫年考〉）
：030	九年	〈金陵歌送李先生〉（見〈繫年考〉）
：031	七年秋季	〈今昔行送何燕泉〉（見〈繫年考〉）
：032	七年至十年晚春	〈同崔子送劉以正還關中〉：「燕川芳草歇已久，行子西行更回首。駿馬春停渭曲花，金鞭暮指秦中柳。」又：「看君兄弟皆豪雄，十年倒想中丞公。」據是言「兄弟」知此時劉佐未卒。
：034	七年秋季	〈雷黃門凱旋圖歌〉（見〈繫年考〉）
：035	九年夏季	〈醉歌送徐子容使湖南便道歸省兼訊李獻吉〉（見〈繫年考〉）
：036	九年秋、冬季	〈薛生行〉（見〈繫年考〉）
：037	八年至十一年六月	〈晚雨君卿招不赴〉：「騎馬出門還復入，六月陰晴不可卜。」馬錄於正德八年以固安知縣拜監察御史，於十一年七月丁憂歸。
：038	七、八年秋季	〈晚過田水南有贈〉：「謔浪雖稱青瑣賢，經過罕識黃門面。長安雨積鞍馬稀，堂下苔生集秋燕。」何景明於六年返京師，田汝籽於八年冬季遷江西僉事（見上）。
：041	九年三月十九日	〈谷進士宴歸圖歌〉（見〈繫年考〉）
：042	七年至十三年春季	〈遠遊篇送楊中舍承家雲南省墓〉：「憶昔滇中為使者，黔公宴我滇山下。」又：「岳樓畫錦湖光開，京口春帆江色動。」
：047	七年夏之後	〈裕州行〉（見〈繫年考〉）
：048	八、十年	〈石川子歌〉（見殷雲霄小傳）
：049	七月七日	〈七夕詞〉

	年　時	備　考
371：053	晚冬	〈周儀賓朝天歌〉：「燕山臘盡春未生，可憐裘馬衝霜雪。」
：054		〈同李進士觀銅硯歌〉（見〈繫年考〉）
：055	十一年春季	〈送五清先生赴浙江提學歌〉（見〈繫年考〉）
：056	十二年春季	〈贈范君〉（見〈繫年考〉）
：057	春季	〈相逢行贈孫從一〉：「海雲浩歌起春色，送爾萬里東南行。」
：058	十一年冬至十二年春	〈李大夫行〉（見〈繫年考〉）

　　乙組編次與年時不合。七年至十年之作多置在十年至十三年間諸作之前，而不可以定年篇推斷其他諸篇之寫作年時。

　　（3）　丙組

	年　時	備　考
371：502		十一月二十五日後〈送顧錦衣赴廣東僉憲〉（見〈繫年考〉）
：504		十年夏、秋季〈觀吳進士舞劍歌〉（見〈繫年考〉）
：505		十二年春季〈昔遊篇〉（見〈繫年考〉）
：507		十一年冬至十二年春〈呂黃門畫竹歌〉（見〈繫年考〉）
：509		九年夏季〈彭中丞四民圖歌〉（見〈繫年考〉）
：513		春季〈贈商三〉：「去冬雨雪留薊門，開筵謔浪倒金尊。今春燈火到長安，過門不肯迴銀鞍。」
：514		十二年正月〈遊獵篇〉（見〈繫年考〉）
：516		〈吳偉江山圖歌〉：「吳偉老死不可見，人間畫史空嗟羨。」吳偉卒於正德三年。此詩則作於六年以後，即何景明已返京師時。
：517		九年春季〈大梁吟送李進士〉（見〈繫年考〉）
：519		十年至十四年〈題王晉溪司馬十牛圖〉王瓊於正德十年任兵部尚書，十四年遷吏部。

　　丙組詩無必作於八年以前者，而其編次與年月次序不合。

　　（4）丁組

	年　時	備　考
371：703	九年二月三日	〈送熊廷振之楚藩〉（見〈繫年考〉）

　　丁組僅有三首，著作時間之可確定者僅一首，其編次無考。

　　　（午）　七言律詩

	年　時	備　考
372：001	七年秋季	〈送易太史歸省湖南〉（見〈繫年考〉）
：002	七年至九年九月八日	〈八日王宗哲宅見菊〉：「人世幾回逢一笑，天涯明日過重陽。」王希孟於六年任京官，十年七月卒。
：003	九月九日	〈九日雪答崔太史〉：「颯颯仍兼木葉下，輝輝故弄菊花開。」

	年　時	備　考
372：004		〈苦熱〉：「燕京閏夏清涼阻，楚客羸驅毒熱偏。」何景明居京師諸年，夏季有閏月者唯有三，即弘治十七年、正德七、十年。
：005	七年夏季？	〈雨中〉：「炎天樓閣虛相映，燕地風塵日自悲。滄海未通吳貢賦，黃河猶閃漢旌旗。」
：006	七年春季	〈聞河南寇〉（見〈繫年考〉）
：007	春季	〈西海子〉：「寺下煙波春不開，苑中風浪隱樓臺。」
：008		〈汝忠宅待月同望之〉何景明、劉銃、孟洋皆在京師之年即弘治十六至十八年。正德元、六至八年暨十二年。
：009	六年秋季	〈別王秉衡御史〉（見〈繫年考〉）
：010	八年正月十五日	〈元夜仲修宅對月〉（見〈繫年考〉）
：011	七、八年春季	〈省中贈勤甫〉：「春城紫禁轉逶迤，退食相尋出省遲。」又：「少日從遊並英俊，十年潦倒愧君知。」此詩寫春景，言何、田二人相識已十年。田汝籽於九年早春自京師赴任江西。
：012	八年五月？	〈遊郭氏園〉：「郭侯園林清客心，況有樓閣炎天陰。」據何集352：220，227-228得知何景明於八年五月遊郭氏園，今疑此詩為同時之作。
：014	五月	〈送張子之浙江〉：「張子別我吟玉壺，荷花五月下江湖。」
：015	七年至十年	〈寄杭東卿高曾唯二憲副〉（見高貫小傳）
：016	六、七年？	〈簡施聘之〉施儒於正德六年拜監察御史，八年出巡山海關，九年調應天，十年罷歸。此詩云："欲扳御史新驄馬，擬脫仙郎舊錦袍。"據其言"新驄馬"疑此詩為六、七年之作。
：017	六至十一年六月九日	〈壽西涯相公〉：「十年天下先憂淚，五畝園中獨樂身。」據其言「十年」得知此詩為六年之後之作。後之作。其是否指李東陽致仕後居京師待考。此詩詩當為六年至十一年間之作。李東陽生於六月九日。
：018	七、八年季夏至早秋	〈小齋初開喜崔郭田三君子至〉：「竹下涼蟾輝几杖，花間螢火靜琴書。」田汝籽於九年早春赴江西。
：020	八月	〈寄黔國公〉：「飄飄奉使金門客，目斷銀河八月槎。」
：021	七月秋季？	〈送趙元澤之嵩明州〉：「日莫千花出漢園，秋深萬水入湘沅。干戈喜見黃塵息，勳業愁看白髮繁。」此似指賊甫平之事。按：「莫」諸本同，疑誤。
：022	七月七日	〈七夕〉（亦見〈繫年考〉，正德八年）
：023	秋季	〈雨夕集世其館〉：「秋風淅淅吹人衣，鳴雨蕭蕭晚細微。」何景明、孫繼芳俱居京師之年即正德七年至九年，十一，十二年。
：024	七、八年九月八日	〈八日勤甫惠菊〉：「燕京明日是九日，庭下菊花無一花。」田汝籽於正德七、八年在京師。
：025	七年至九年九月	〈宗哲初至夜集〉：「衛川舟楫九秋旋，京洛衣冠更此筵。」王希孟於十年七月卒。
：026	八年九月九日	〈九日送師御史之浙中〉：（見〈繫年考〉）

	年　時	備　考
372：027	秋季	〈白髮和張子純〉：「我見秋風驚壯心，君悲白髮苦相侵。」
：028		〈送張國賓進萬壽表還〉：「秋楓旅夢迴青瑣，春草鄉情動玉池。歸到定知承睿問，雪園梅殿有佳期。」此詩似寫張國賓懷其鄉園之春景，擬秋季離京師，冬季始至家。
：029	八年冬季	〈送張元德侍御巡畿內〉（見〈繫年考〉）
：030	冬季	〈夜集劉德徵〉：「冬夜深杯醉減愁，北堂寒色坐幽幽。」
：031	冬季	〈慈仁寺送良伯〉：「入寺松陰散鶴群，出城冬旭裊煙氛。」
：032	六年後、秋、冬？	〈劉德徵上陵還有贈〉：「霜鍾潤壑流清漢，玉殿松杉眇翠微。先帝侍臣零落盡，泰園宮草日霏霏。」
：033	九年之前季冬	〈登勤甫樓〉：「天畔登樓冬日微，帝京臨眺轉依依。河冰海雪春聲動，苑柳宮梅歲色歸。」此詩題辭有異文。申本「甫」作「清」，疑「甫」是然，則其詩為九年之前之作。
：034	八年冬至九年春	〈月夜王宗哲宅贈田勤甫之江西提學〉（見〈繫年考〉）
：035	九年正月二十四日後	〈送劉養和侍御謫金壇〉（見〈繫年考〉）
：036	九年正月二十四日後	〈送王子衡謫贛榆〉（見〈繫年考〉）
：037	九年二月十四日後	〈送許庭美之浙江〉（見〈繫年考〉）
：038	七年至九年春季	〈送韓師之郿陽〉：「劍門日落兵西阻，河華春生鴈北來。」據其言「兵西阻」以此詩為七年至九年之作。
：039	八年冬至九年春	〈送殷近夫之青田〉（見〈繫年考〉）
：040		〈奉寄泉山先生〉：「北戰南征兵未休，我師高臥只林丘。」此詩似指正德八、九年，即山東賊平後，仍有蜀賊，小王子等寇北邊諸事。
：041	秋、冬季	〈晚過君采次韻〉「朔雲臥對寒城菊，燕月留沽晚市醪。」
：042	九年夏季	〈得獻吉江西書〉（見〈繫年考〉）
：043	六年之後秋季	〈夜訪黃明甫〉：「十年岐路無窮事，話對秋堂夜不眠。」
：044	六月	〈雨過徐舍人〉：「長安六月半雲雨，孺子軒窗清杳然。」
：045	七年至十年夏季	〈雨後汝立見過承詩贈〉：「炎天忽送風雷氣，僻地惟聞草木香。」侯宜正於十年調東昌知府。
：046	八月十六日	〈十六夜劉子宅對月次韻〉：「芙蓉清月鳳凰城，露白秋堂碧霧輕。」
：047	九年冬季？	〈夜過君采〉：「冬館明燈猶艷菊，水鄉春棹杏啼鶯。風塵歲暮愁相送，險路人間恨獨行。」此似指薛蕙於九年冬歸。
：049	晚秋、初冬	〈送海岳陳翁還常州〉：「裊裊菊花南園宴，萋萋蕙草北山亭。」
：050	晚冬	〈送良伯〉：「去年秋杪遙相送，今歲冬殘復此行。」
：051	九年冬、十年春	〈以道席上送世其與其妹丈蕭執大同行〉（見〈繫年考〉）
：053	十年春季	〈送韓大之赴新都〉（見〈繫年考〉）

	年　時	備　考
372：054	十、十一年	〈送劉朝信之江山〉（見〈劉節小傳〉）
：055	春季	〈簡汝立〉：「風塵對酒空行路，雨雪逢春尚在山。」
：056	春季	〈蘇考功宅宴集〉：「九衢春月罷歌鍾，萬井晴煙翠欲重。」
：057	春季	〈答盧侍御樊氏洞中觀梅見懷之作次韻〉：「未假霜威同索笑，卻因麗藻獨傷春。」
：058	十年春季	〈送賈學士之南都〉（見〈繫年考〉）
：059	立春日	〈和李宗易內翰立春日作〉
：060		〈送施聘之侍御〉：「別絃更憶風流調，愁聽東城二月鶯。」此詩指施儒二月至後之景。
：061	十年至十三年	〈送劉令還襄陵〉劉諭於正德十年任襄陵縣知縣（見其小傳）
：062		〈送都南濠歸吳〉：「丹梯五岳盧敖杖，春水三江范蠡船。」此寫都穆歸後將賞之春景。都氏於正德八年四月陞郎中，以此官乞休（見都穆小傳）。此詩則為八年至十三年冬季、早春之作。
：065	十年春季	〈送杭憲副兵備天津〉此詩指杭淮，為十年之作（見杭淮小傳）。其詩云：「日月晝懸滄海樹，龍蛇春壓九河流。」
：067		〈衍慶堂為無錫錢世喬作〉：「新巢燕雀生成去，古木蛟龍屈曲蟠。」
：068		〈寄世恩愛日樓〉：「江鄉春水鱭魚至，海岸冬雷竹筍生。」此二詩當作於同時。顧：067指晚春，：068指晚冬，疑此二詩寫地，不寫時令。
：069	春季	〈送闕郡博〉：「石磬古堂時自發，風雩春服暮同歸。」
：070		〈送吳司訓之內丘〉：「內丘城閣夏陰陰，窈窕儒宮雙檜林。六月沙郊騎馬到，四時潭水聽龍吟。」此指吳珏於六月至內丘，其詩或為正月之作。
：071	五月	〈鱭魚〉：「五月鱭魚已至燕，荔支盧橘未應先。」
：072	十年至十三年	〈雨過何太僕〉何孟春於十年正月遷太僕少卿，十三年陞太僕寺卿，尋出巡撫雲南。此詩則為十年至十三年之作。
：073	十一、十二年	〈為隴州李舉人壽其伯尚書公〉：「見說尚書解綬還，七年高臥隴西山。」李姓隴州人任尚書，於何景明同時僅有李善，於正德五年陞南京工部尚書，同年歸（見《國朝列卿記》63.1b[4224]）。
：074	秋季	〈答劉子緯雨後之作次韻〉：「萬里秋風張翰魚，扁舟常憶楚江漁。」
：075	六年之後秋季	〈天壇雷道士院〉：「蘿洞晝棲雲霧入，石壇秋禮珮環歸。」又：「渡海卻思千載事，買山今恨十年違。」此詩言「十年」可知其為六年之後，秋季之作。
：077	九、十年	〈送衛進士赴武昌推官〉「衛進士」即衛道，說見其小傳。衛道於九年登進士，授武昌推官。
：078	七、八月	〈送顧隱君還常州君來視其姪中書子進士〉：「河關曉發隨燕鴈，江路秋帆拂楚雲。歸向惠泉攜舊客，菊筵開酒送清芬。」此寫顧隱君歸常州後將賞之晚秋景。其詩當為七、八月之作。

	年　時	備　考
372：079	八月十六日	〈十六夜尹舍人宅次劉汝忠韻〉：「今年月色倍常年，今夕還如昨夕圓。」
：080	十年至十一年重陽	〈九日獨酌簡何太僕〉：「無客秋堂菊自芳，寒城獨酌對重陽。」何孟春見上。
：081	冬至	〈冬至〉
：082	十年十月二十七日	〈送杭大參之河南〉(見〈繫年考〉)
：083	冬季	〈同馮光祿登慈仁寺閣〉：「今度慈仁寺閣遊，崒煙冬日抱重樓。」
：084	十年十一月二十七日後	〈哭以道〉(見〈繫年考〉)
：085-086	十年十一月二十七日後	〈送以正歸其兄槻還關中二首〉(見〈繫年考〉)
：087	二月	〈二月見梅〉
：088	九年至十三年晚春	〈送蔣子雲冬官病還楊州〉：「春來日日風塵色，海畔冥冥天地昏。坐傍桃花停岸舸，行隨楊柳到江村。」據蔣山卿傳知此詩當為九年至十三年晚春之作。
：089	重陽	〈九日同張膳部劉符臺遊法藏寺〉：「在野興深增感慨，望京心遠慰登臨。叢篁雨颯春墻碧，老檜霜留古殿陰。」此詩雖言「春碧」，當為九月九日之作。
：090	九年之後	〈詩上价夫內翰兄聊寫隕珠之痛兼至夢蘭之望云〉郭維藩生於成化十一年(1475)，正德九年(1514)正四十歲。其子何年卒待考。然，此詩當為九年以後之作。
：091	冬季	〈對雪〉
：092	立春日	〈閣直立春日雪〉
：093	春季	〈封君許太史公壽章〉：「天上封章傳翰苑，山中壽酒屬春筵。」
：094	春季	〈過寺訪以行〉：「今年春色倍堪思，奈爾看春病起遲。」
：095	九年至十三年	〈送戴進士時亮〉戴欽於九年登進士第。
：096	十二年早春？	〈送王明叔還崑山〉：「悵別忍看燕草色，寄詩須折早春梅」「別」中、袁二本作「望」。王暘於九年登進士第，授崑山知縣。十三年遷盩厔。此詩則為九年至十三年間之作。以其言「還」指早春，今疑其為十二年外察時之作。
：097	十二、三年春季？	〈懷寄邊子〉：「一出雲霄空悵望，十年岐路各蒼茫。春天縹緲金莖露，晝日氤氳紫殿香。」此詩寫春景，言「十年」。何、邊二人於正德六年分手後，未相會。然，自六年數，何景明十三年辭京師赴任陝西未滿十年。其意當為「久」。此詩或為十二、三年年之作。
：098	五月五日後？	〈題嚴內翰賜扇〉：「端陽綵扇百官傳，每歲宮臣賜獨偏。」疑指其甫過端陽節之作。
：099	九年至十二年春季	〈寄題鄭園〉：「三山今有鄭公園，避俗從來亦避喧。」又：「天邊鴻鴈春寥廓，海畔蛟龍晝曲蟠。」此詩載鄭善夫《少谷集》附錄(25.2b[314])。據此得知鄭公即善夫。「山」福州。鄭善夫於八年秋季歸，十二年秋自福州返京。

	年　時	備　考
372：100	十二年閏十二月十六日	〈立春日〉(見〈繫年考〉)
：101	季夏、早秋？	〈送陸舍人使吳下〉：「北固樓臺秋寺遍，長洲花草故宮非。」此寫陸舍人至華南將賞之秋景。
：102	春季	〈送徐舍人使南都〉：「悵望一春詩社冷，有誰吟對省中薇。」此詩言「省中」，故疑其為何景明未陞員外郎以前之作。
：103	正德二年以前？	〈送秦豫齋南歸領教安仁〉：「聞道錦江三畝宅，開門遙對萬峰秋。」此語似寫常有之景，不必與著作時像有關。邊貢、杭淮均有和斯詩之作(見秦豫齋小傳)。何、邊、杭三人皆在京師，僅有何景明病歸之前數年。
：104	元年以前	〈送李長蘆先生〉此詩為送李紀之作(見其小傳)。據其言「十年」知此指何景明少年從李紀學之時期，可知其為何氏病歸信陽前之作。
：105	三月	〈送徐主事還金陵〉：「送客出門三月暮，片帆遙見石頭城。」
：107	冬至	〈至日過徐德章〉：「竹門寒旭鳳城隈，春氣潛浮地底灰。世路十年長不定，客懷此日更難開。」此詩言「十年」指徐文燦。不可以考何景明傳。
：108	元年冬季？	〈陸子樓夜集〉：「客來繫馬樓前樹，暮倚危闌對雪峰。」又：「殘歲良宵俱可惜，紅塵分手莫匆匆。」〈陸子樓餞祖邦〉(352：607)又言及「陸子樓」，亦為冬季之作(見上)。今疑此詩與352：607同為正德元年冬季之作。
：501	九年秋季	〈送惟學南還〉(見袁鎔小傳)
：502	秋季	〈送趙司訓喪偶還羅山〉：「日暮千山歸故國，秋深一鴈度黃河。」
：503	六年冬？	〈望雪〉：「中原日見黃塵生，上國空懸白雪情。」又：「農人隔歲猶須慮，寇賊今冬尚未平。」此詩似指中原賊亂，或為何景明甫返京時期之作。
：505	十三年冬季？	〈函谷草堂贈許廷綸〉(見〈繫年考〉)
：506	六、七年	〈寄康子〉：「十年朋輩飄零盡，海內兵戈戰鬥餘。花劇秦川誰見汝，鴈稀燕北渺愁予。」據「十年」，「花劇秦川」得知此詩為五年，康海罷官後之作。據「海內兵戈」疑此詩為六、七年，何景明返京師稍後之作。
：507	六年至九年	〈壽羅山胡侍御先生〉(見其小傳)。
：508	六年冬至七年春	〈和王司封〉何景明於六年冬返京師，王尚絅於七年正月陞山西左參政。
：509	春季	〈送李公從地官〉：「鄉路春行傍九河，帝京晴望五雲多。」
：511	七年至十年	〈用韻答以行〉：「雨來碧草遙添色，風過紅蕖不斷香。」此詩韻字與372：045同(堂、郎、香、鄉、光)。：045亦言及雨，為七年至十年之作(亦見〈繫年考〉)。

	年　時	備　考
372：512	九年秋季？	〈石磯〉此詩題指孫繼芳號，乃其家鄉之地。雖無其 　　他據，今疑此詩作於九年秋季，即孫氏將歸時。
：513	十年元夕	〈元夕以道宅同蘇管二君子〉(見〈繫年考〉)
：514	九年至十三年	〈輓范君山和其絕筆詩〉(見范淵小傳)

　　京集七言律詩372：001-108為「共次」，：501-515為「獨次」。獨次諸篇之編次不足用以推定其寫作之年期。共次詩與年月次序大合，而有倒置、寫作時待考之篇如下：

（一）：001-021

　　　　　　　：001-003　七年　晚秋

　　　　　　　：004-005　七年　夏

　　　　　　　：006-008　七年　春

　　　　　　　：009　　　六年　秋

　　　　　　　：010-011　八年　春

　　　　　　　：012-014　八年　夏

　　　　　　　：015-021　七年　夏、秋

（二）：101-108此八首，雍本不載。其可考者均為正德二年以前之作。

　　（未）七言絕句

　　京集七言絕句雖少，然有四組。甲、丙、丁三組之作。其著作時間皆無可考者。甲組詩為374：001-005，雍本不載，當為早期之作。丙組盡二首，374：051-052，雍本不載，而袁本以：052編入家集，其為何年之作無考。丁組為374：501-504，一題四首。374：501，503-504，申、雍二本均不載，而374：502即家集274：001.374：505-508袁本屬京集，足本屬家集，或亦為早期之作。乙組為374：006-050，諸組中之可據考辨者如下：

	年　時	備　考
374：001		〈閨情〉：「秋風嫋嫋生羅衣，美人夜泣紅燭微。」 　　此詩言「秋風」。然，其為否秋季之作不明。
：002	晚秋、冬季	〈晚至昌平寺中〉：「度盡青溪十里霜，寒蕪落日下 　　蒼茫。」
：003	冬季	〈雪中漫興〉
：004		〈寫情〉：「小院迴廊鎮春晝，何人來為掃庭花。」 　　「寫情」未審此詩是否實寫其著作時間之景 　　像。
：005	晚春	〈送鄉人還〉：「楊柳花飛燕草青，故鄉南望幾長 　　亭。」
：007-018	七年	〈諸將入朝十二首〉(見〈繫年考〉)
：019	八年五月六日前	〈樊駙馬府中宴〉樊駙馬即樊凱 (見其小傳)。

年　時	備　考
374：020　晚春	〈閣內杏花〉：「東掖杏花開不遲，日邊春色獨先知。」
：021-022　十年以前	〈孫太史席上贈呂揮使二首〉（見孫紹先小傳）
：023-024　八年至十三年	〈贈薛君采二首〉此二詩指薛蕙在京師，為八年冬季至九年冬季間、十一年冬季至十三年秋季間之作。
：025-026　九年六月二十五日稍後	〈送韓汝慶還關中二首〉（見〈繫年考〉）
：027-030　八月十六日	〈燕京十六夜曲四首〉
：031-040　十一年之前	〈苦熱行十首〉第一首：「六月十一日苦熱，奪伏爭秋番太強。」（見〈繫年考〉，十年夏）
：041-042　晚夏	〈內閣荷花二首〉
：043　九、十年	〈送鞏丞之金壇因訊養和〉（見〈繫年考〉）
：045　九年至十二年	〈送王提舉〉（見王相[乙]小傳）
：047　春季	〈椒軒〉：「春開軒地引紅椒，錦樹西江望不遙。」
：048-049　十二年秋季	〈寄少谷山人二首〉（見〈繫年考〉）

　　乙組編次之年月次序似無乖違者，而著作年時可考之篇甚少，今以374：006-018為正德七年之作，：019-024為八年之作，：025-030為九年之作，：031-043為十年之作，：044為十一年之作，：045-046為十二年之作，：047-050為十三年之作：：051-052為何年之作不明。

丁—秦集

　　秦集為四小集中詩作最少者，編次亦最難考。有五言律詩四十二首，他體詩甚少。五言律詩各本編次異。共次雖無，申、雍二本有三小組，各小組諸本編次相似。第一為452：001-008，即何景明正德十五年春與王九思、康海等遊鄠縣、盩屋等地之作。第二為452：009-022即十五年春、夏巡漢中等地之作。其三為452：029-041或為十五、十六年之作。其他體詩少，無共次，不可用年時可察之篇以推定其餘諸篇之著作年月。

小結

　　總結以上諸說：

一：申、雍二本之編次以年月次序為本。何景明詩集中之可定年月篇佔四分之三以上，是故欲編其傳記必須以其詩集為基本資料。

二：據編次可以推知何景明自編其詩集之體例：

　　（甲）使雲南時，疑隨作隨抄。諸詩作原為混合一帙，後始以詩體分類，而誤將〈關索嶺〉置於五言古詩中。亦有刪除者，今以方志補之。

（乙）家集詩以詩體分類，其共次之部或為正德三年時謄抄二年之作，不知三年以後之作何故未按年月次序謄抄，或與其喪親有關。何景明赴關中時，或祇帶家集選本，以二年共次者為主，補之以三年以後之作，為數不多。此乃《何中默集》家集之本。共次原稿仍留信陽，後為《何氏集》家集之本。不知家集獨次之詩何故未編入《何氏集》。其原稿疑為《遺稿》之本。待考。

（丙）京集有二組。其一為正德二年以前之作，現存一部。何景明或自刪其餘，至關中時並未攜往。其二組為於正德六年至十三年居京師時之作。除七言古詩、樂府詩外，皆按年月次序抄之，或每年春謄抄其前一年之作。顧五言律詩多，疑一年謄清一冊，其數冊中或有次序誤倒者，合訂之後，是為申、雍本之所據。

（丁）秦集，何景明未自編。以故申、雍二本無共次而有同次小組。

戊—文賦等

何景明詩分四小集，其賦、四言詩、樂府、文無分集者。除足本以辭賦分使、家、京三集賦(辭不分期)，雍本以樂府二十首置諸家集中，現存何景明集但以文體分類。今據其編次以考其年月次序。

（子）辭賦

	年　時	備　考
賦：002	弘治十八年夏季	〈告咎文〉此作似指孝宗崩。
：003	正德二年秋季	〈蹇賦〉(見〈繫年考〉)
：004	元年秋季	〈伯川詞〉(見〈繫年考〉)
：005	六、七年	〈霍山賦〉序：「司農公致為臣而去…聞日汝南何景明往告公。」「霍山」、「司農」指山西沁水人李瀚，於正德六年以南京戶部尚書致仕。
：006	三年冬季？	〈澧有蘭辭〉此未言及人名，然今疑其指劉瑞，以劉瑾用事謝病，客澧州(見劉瑞小傳)(見〈繫年考〉)。據編次，何集 252：150-155〈得五清先生消息，尚客澧州，悵然有懷作詩〉為正德三年冬季之作。疑此辭為同時之作。
：007	二年至六年	〈水車賦〉足本以此賦屬家集。
：008	三年六月二十四日稍後	〈雨頌〉(見〈繫年考〉)
：009	元年冬季	〈甘露賦〉(見〈繫年考〉)
：012	三年冬季	〈東門賦〉(見〈繫年考〉)
：013	三年二月初一日稍後	〈述歸賦〉(見〈繫年考〉)
：014	二年秋季	〈寡婦賦〉(見〈繫年考〉)
：015	二年秋季	〈織女賦〉(見〈繫年考〉)
：016	二年至六年	〈秋思賦〉足本以此賦屬家集。
：017	三年夏季	〈憂旱賦〉(見〈繫年考〉)
：018	二年至六年	〈古塚賦〉足本以此賦屬家集。
：019	三、四年二月	〈壽母賦〉：「春仲之望，為母壽節，與父偕享。

	年　時	備　考
賦：020	元年五月三日後	時諸子舉觴，諸婦進履，諸孫羅舞，及女姪諸婿咸在。少子景明前跪稱賦。」何景明母李氏生於二月，於正德四年夏卒，此賦述景明家居。〈明山草堂賦〉(見〈繫年考〉)
：021	二年夏、秋？	〈石磯賦〉：「孫世其從何子游，奉端溪之硯，進中山之穎，求為石磯賦。」足本以此賦屬家集，今疑其為正德二年夏、秋之作。三年秋，孫氏落第歸華容，途中留信陽，繫之三年亦無不可。
：022	弘治十七年九月十四日	〈白菊賦〉(見〈繫年考〉)
：023	正德元年十月	〈後白菊賦〉(見〈繫年考〉)
：024		〈荷花賦〉足本以此賦屬京集，然其為何年之作待考。
：025	弘治十七十月	〈別思賦〉(見〈繫年考〉)
：026	十七年冬季	〈後別思賦〉(見王异小傳)
：027	正德二年春至三年春	〈七述〉：「胎簪子為舍人，病弗能朝謁，脫籍納組，買車以還。還而謝姻戚社慶弔，卻除塗戶塊焉以居。」此指何景明於正德二年春歸信陽而未言及其三年春免官。此賦當作於該二事之間。
：028	弘治十八年冬季	〈渡瀘賦〉(見〈繫年考〉)
：029	十八年冬季	〈進舟賦〉(見〈繫年考〉)
：030	十八年秋季	〈畫鶴賦〉(見〈繫年考〉)
：701	正德十一年夏季	〈結腸賦〉(見〈繫年考〉)

據上引諸據得知申、袁、足三本載何景明賦，其編次與年時次序無關。

（丑）古詩

	年　時	備　考
古：001	十二年夏季	〈中林之棘〉(見〈繫年考〉)
：002	九年夏季	〈原有楚〉(見〈繫年考〉)
：003		〈秋風〉此題雍本入京集。
：004	十年？	〈淮水〉(見〈繫年考〉)
：005	弘治十八年秋季	〈皇告〉(見〈繫年考〉)

各本何景明集古詩編次於年時次序不合。

（寅）樂府

	年　時	備　考
樂：010	二、三、六年秋季	〈短歌行〉：「冉冉秋序，蕭蕭霜露。蓄我旨酒，召我親故。」又：「園有藝菊，庭有樹蘭。」雍本以此詩入家集。據其指飲酒得知此非四、五年秋之作。
：011	二年春？	〈銅雀妓〉雍本以此詩入家集五言古詩。今疑其為何景明歸信陽途中之作(見〈繫年考〉)。
：018		〈梁甫吟〉此詩雍本入京集七言古詩，而其作於何年待考。
：021-023	二年至六年	〈搖蓮曲〉此三首雍本屬家集。
：024	二年至六年	〈獨漉篇〉此詩雍本屬家集。
：025-031	二年至六年	〈白苧歌〉此七首雍本屬家集。

	年　時	備　考
樂：033-034	三年夏季？	〈苦熱行〉(見〈繫年考〉)
：035	二年至六年	〈鳴鴈行〉此詩雍本入家集。
：036-039	二年至六年	〈行路南〉此詩雍本入家集。
：042	六年冬至八年夏？	〈河水曲〉樂：042，043，雍本屬京集五言絕句。
：043-044	六年冬至八年夏	〈車遙遙〉(見上)
：045-047	八年夏季	〈隴頭流水歌，送劉遠夫行〉樂：045-048，雍本入京集五言古詩。(見〈繫年考〉)。
：048	八年秋季	〈下陵曲〉(見上)
：057	三年夏季	〈處州別駕行〉(見〈繫年考〉)
：060	二年至六年	〈雙燕篇〉此詩雍本入家集。
：063	二年十一月十六日	〈月食篇〉(見〈繫年考〉)
：065	二年至六年	〈誰謂河廣行〉此詩雍本入家集。
：501	三年至九年	〈悼遠辭〉序：「侍御顧君…」此指顧英(見其小傳)。顧英於正德三年拜監察御史陞僉事。
：503	二年至六年	〈君子有所思行〉雍本入家集。
：504	二年至六年	〈燕喞泥〉雍本入家集。
：505	二年至六年	〈養蠶詞〉雍本入家集。
：506	二年至六年	〈嗟哉行〉雍本入家集。
：507	二年春之前	〈雙鴈篇〉(見錢榮小傳)
：513	四年	〈南山篇〉(見任鑣小傳)序：「宏器為思親卷，予為作詩、文。及今八年矣。宏器得貢，將入京，復以此冊求予詩，遂為是篇」(樂：513)。〈題任宏器思親卷〉(272：540)屬家集獨次，其為何時之作未明。樂：513言「八年」，「得貢將入京」故此詩當為正德四年之作，而272：540當為弘治十五年之作。

何集樂府諸篇之編次於年時次序不合。

(卯)內篇

	年　時	備　考
內：001	七年	〈(贈張侍御序)〉(見〈繫年考〉)
：002	八年四月之後	〈(贈雷守王子序)〉(見王秉良小傳)
：003	正德年間	〈(送盛子令太平序)〉(見盛琛小傳)
：004	十年	〈(送陳子令太谷序)〉(見〈繫年考〉)
：005	十年夏季	〈(送侯汝立守東昌序)〉(見〈繫年考〉)
：006	七年至十一年？	〈(送王侍御按湖南序)〉王相於正德六年拜御史，十三年降高郵判官。任御史時，先清軍湖廣，後巡按山東，忤中官下獄。今疑其使湖南為七年至十一年之事。
：008	九年春季	〈(送唐子擢福建憲副序)〉(見〈繫年考〉)
：009	九年以前	〈(送趙君守延安)〉趙楫於正德年間知延安府。其於何年上任待考，於九年致仕(見其小傳)。
：010	十一年	〈(送陳子令垣曲序)〉(見〈繫年考〉)
：011	八年	〈(送張子令魏縣序)〉(見張漢卿小傳)

	年　時	備　考
賦：020	元年五月三日後	時諸子舉觴，諸婦進履，諸孫羅舞，及女姪諸婿咸在。少子景明前跪稱觴。」何景明母李氏生於二月，於正德四年夏卒，此賦述景明家居。
：021	二年夏、秋？	〈明山草堂賦〉(見〈繫年考〉) 〈石磯賦〉：「孫世其從何子游，奉端溪之硯，進中山之穎，求為石磯賦。」足本以此賦屬家集，今疑其為正德二年夏、秋之作。三年秋，孫氏落第歸華容，途中留信陽，繫之三年亦無不可。
：022	弘治十七年九月十四日	〈白菊賦〉(見〈繫年考〉)
：023	正德元年十月	〈後白菊賦〉(見〈繫年考〉)
：024		〈荷花賦〉足本以此賦屬京集，然其為何年之作待考。
：025	弘治十七十月	〈別思賦〉(見〈繫年考〉)
：026	十七年冬季	〈後別思賦〉(見王炅小傳)
：027	正德二年春至三年春	〈七述〉：「胎簪子為舍人，病弗能朝謁，脫籍納組，買車以還。還而謝姻戚社慶弔，卻除塗戶塊焉以居。」此指何景明於正德二年春歸信陽而未言 及其三年春免官。此賦當作於該二事之間。
：028	弘治十八年冬季	〈渡瀘賦〉(見〈繫年考〉)
：029	十八年冬季	〈進舟賦〉(見〈繫年考〉)
：030	十八年秋季	〈畫鶴賦〉(見〈繫年考〉)
：701	正德十一年夏季	〈結腸賦〉(見〈繫年考〉)

據上引諸據得知申、袁、足三本載何景明賦，其編次與年時次序無關。

（丑）古詩

	年　時	備　考
古：001	十二年夏季	〈中林之棘〉(見〈繫年考〉)
：002	九年夏季	〈原有楚〉(見〈繫年考〉)
：003		〈秋風〉此題雍本入京集。
：004	十年？	〈淮水〉(見〈繫年考〉)
：005	弘治十八年秋季	〈皇告〉(見〈繫年考〉)

各本何景明集古詩編次於年時次序不合。

（寅）樂府

	年　時	備　考
樂：010	二、三、六年秋季	〈短歌行〉：「冉冉秋序，肅肅霜露。蓄我旨酒，召我覯故。」又：「園有藝菊，庭有樹蘭。」雍本以此詩入家集。據其指飲酒得知此非四、五年秋之作。
：011	二年春？	〈銅雀妓〉雍本以此詩入家集五言古詩。今疑其為何景明歸信陽途中之作(見〈繫年考〉)。
：018		〈梁甫吟〉此詩雍本入京集七言古詩，而其作於何年待考。
：021-023	二年至六年	〈搖蓮曲〉此三首雍本屬家集。
：024	二年至六年	〈獨漉篇〉此詩雍本屬家集。
：025-031	二年至六年	〈白苧歌〉此七首雍本屬家集。

	年　時	備　考
樂：033-034	三年夏季？	〈苦熱行〉(見〈繫年考〉)
：035	二年至六年	〈鳴　行〉此詩雍本入家集。
：036-039	二年至六年	〈行路南〉此詩雍本入家集。
：042	六年冬至八年夏？	〈河水曲〉樂：042，043，雍本屬京集五言絕句。
：043-044	六年冬至八年夏	〈車遙遙〉(見上)
：045-047	八年夏季	〈隴頭流水歌，送劉遠夫行〉樂：045-048，雍本入京集五言古詩。(見〈繫年考〉)。
：048	八年秋季	〈下陵曲〉(見上)
：057	三年夏季	〈處州別駕行〉(見〈繫年考〉)
：060	二年至六年	〈雙燕篇〉此詩雍本入家集。
：063	二年十一月十六日	〈月食篇〉(見〈繫年考〉)
：065	二年至六年	〈誰謂河廣行〉此詩雍本入家集。
：501	三年至九年	〈悼遠辭〉序：「侍御顧君…」此指顧英(見其小傳)。顧英於正德三年拜監察御史陞僉事。
：503	二年至六年	〈君子有所思行〉雍本入家集。
：504	二年至六年	〈燕喞泥〉雍本入家集。
：505	二年至六年	〈養蠶詞〉雍本入家集。
：506	二年至六年	〈嗟哉行〉雍本入家集。
：507	二年春之前	〈雙　篇〉(見錢榮小傳)
：513	四年	〈南山篇〉序：「宏器為思親卷，予為作詩、文。及今八年矣。宏器得貢，將入京，復以此冊求予詩，遂為是篇」(樂：513)。〈題任宏器思親卷〉(272：540)屬家集獨次，其為何時之作未明。樂：513言「八年」，「得貢將入京」故此詩當為正德四年之作，而272：540當為弘治十五年之作。

何集樂府諸篇之編次於年時次序不合。

(卯)內篇

	年　時	備　考
內：001	七年	〈(贈張侍御序)〉(見〈繫年考〉)
：002	八年四月之後	〈(贈雷守王子序)〉(見王秉良小傳)
：003	正德年間	〈(送盛子令太平序)〉(見盛琛小傳)
：004	十年	〈(送陳子令太谷序)〉(見〈繫年考〉)
：005	十年夏季	〈(送侯汝立守東昌序)〉(見〈繫年考〉)
：006	七年至十一年？	〈(送王侍御按湖南序)〉王相於正德六年拜御史，十三年降高郵判官。任御史時，先清軍湖廣，後巡按山東，忤中官下獄。今疑其使湖南為七年至十一年之事。
：008	九年春季	〈(送唐子擢福建憲副序)〉(見〈繫年考〉)
：009	九年以前	〈(送趙君守延安)〉趙楫於正德年間知延安府。其於何年上任待考，於九年致仕(見其小傳)。
：010	十一年	〈(送陳子令垣曲序)〉(見〈繫年考〉)
：011	八年	〈(送張子令魏縣序)〉(見張漢卿小傳)

	年　時	備　考
內：012	十年至十三年	〈(送劉子守漢陽序)〉劉訪於正德年間任漢陽知府(見其小傳)。然，其於何年上任未明。《(嘉靖)漢陽府志》6.30b-31a載正德年間任知府者八人。劉訪乃第五。第三人於九年任官。
：013	六年	〈(送張君二守寧國序)〉(見〈繫年考〉)
：014	七年	〈(送鄭子治大同諸餉序)〉(見〈繫年考〉)
：015	六年至十三年	〈(送李子倅蘇序)〉此篇引張士隆語，當為張氏任御史居京師時之作。
：016	七年秋季	〈(送蔡子擢福見僉憲序)〉(見〈繫年考〉)
：017	七年	〈(送申子令丹陽序)〉(見〈繫年考〉)
：018	七年	〈(送周子令宣城序)〉(見〈繫年考〉)
：019	十年	〈(送李子判襄陽序)〉(見〈繫年考〉)
：022	七年八月	〈(壽陳真人序)〉此篇言及壽何景明，當為何景明生日之作。或為正德七年八月之作(見〈繫年考〉，七年春)。
：023	八年秋季之後	〈(河南癸戌同年齒錄序)〉(見〈繫年考〉)
：025	九年之後	〈(戒菴記)〉(見新貴小傳)
：026	七年重陽	〈(韓子律呂直解序)〉(見〈繫年考〉)

　　內：013-022 或皆為正德六、七年之作。〈內篇〉其他諸篇之編次似無編年性。

　　(辰)書

	年　時	備　考
書：001	弘治十八年冬季	〈與侯都闍書〉(見〈繫年考〉)
：002	正德三年	〈擬與藩司論救荒書〉(見〈繫年考〉)
：003	七年至十年	〈與甯兵備書〉(見甯河小傳)
：004	十年夏、秋季	〈與何粹夫書〉(見〈繫年考〉)
：005	十年秋季	〈與李空同論詩書〉(見〈繫年考〉)
：501	元年冬季	〈上蒙宰許公書〉(見〈繫年考〉)
：502	八年冬季	〈上楊邃菴書〉(見〈繫年考〉)
：503	七年春季	〈上李西涯書〉(見〈繫年考〉)

　　何集　書：001-005之編次似有編年性。書：006代考。：501-503似與年月之次序無關。

　　(巳)序

	年　時	備　考
序：001	二年夏季	〈王右丞詩集序〉(見〈繫年考〉)
：002	二年至六年夏季	〈林泉圖序〉此篇為何景明家居信陽時之作。其文云：「今歲夏，自其鄉來訪。」
：003	二年夏季	〈送郡守孫公考績詩序〉(見〈繫年考〉)
：004	二年冬季	〈贈清溪子序〉(見〈繫年考〉)
：005	三年春、夏季	〈送孫處州序〉(見〈繫年考〉)
：006	三年冬季	〈贈李仲良耆老序〉(見〈繫年考〉)
：007	三年	〈海叟集序〉(見〈繫年考〉)

	年　時	備　考
序：008	十三、四年	〈四圖詩序〉(見〈繫年考〉，十四年春)
：009	十五年	〈漢紀序〉(見〈繫年考〉)
：501	十二年正月	〈漢魏詩集序〉(見〈繫年考〉)
：502	三年夏季	〈喜雨卷序〉(見〈繫年考〉)
：503	十六年正月	〈學約古文序〉(見〈繫年考〉)
：504	七年秋季	(此篇與 內：026 同[見上])
：505	十五年八月十一日	〈正蒙會稿序〉(見〈繫年考〉)
：506	十三、四年	〈函谷子太極圖論引〉(見〈繫年考〉，十三年冬)
：507		〈思親詩引〉：「甥朝良為卷，曰，思親。進曰，甥也不幸而二尊人亡也。」王朝良為信陽人。嘉靖中始中舉。此篇為何時之作待考，疑其為何景明家居、途經信陽時之作。
：508	十六年春季？	〈古樂府敍例〉此篇為何景明任陝西提學副使時之作。(見〈繫年考〉)
：509	十五年夏季	〈鄉射禮直解敍例〉(見〈繫年考〉)
：510	弘治十五年？	〈贈蕭文或號古峰序〉(見〈繫年考〉)
：511	正德十年十一月二十九日後	〈贈左先生序〉(見〈繫年考〉)
：512	十三秋季	〈贈趙君士器序〉(見〈繫年考〉)
：513	十一、二年	〈贈許汝登序〉(見許逵小傳)
：514	七年至十三年	〈送南雄判俞君序〉(見俞滂小傳)
：515	京師居時	〈贈胡君宗器序〉
：516	京師居時	〈贈向先生序〉
：517	京師居時	〈贈楊靜之南歸序〉
：518	家居信陽時	〈送蕭文或分教臨川序〉
：519	十三年冬季	〈壽閻定峰兵備序〉(見〈繫年考〉)
：701	十四年冬季	〈武功縣志序〉(見〈繫年考〉)

何景明序諸篇，其共次似與年時次序合，獨次諸篇不然。

(午)記

	年　時	備　考
記：001	二年夏季、早秋	〈沱西別業記〉(見孫榮小傳)
：002	十三年	〈信陽修城記〉(見〈繫年考〉，冬季)
：003	十五年夏季	〈略陽縣遷建廟學記〉(見〈繫年考〉)
：501	十二年冬至	〈龍灣草堂記〉(見〈繫年考〉)
：502	十三年冬季	〈碻山縣修城記〉(見〈繫年考〉)

何集共次諸記之編次有編年性。

(未)銘

	年　時	備　考
銘：001	十年三月三日之後	〈李公墓誌銘〉(見〈繫年考〉)
：003	十年九月四日之後	〈徐太母潘氏墓誌銘〉(見〈繫年考〉)
：004	八年十二月二十一日之後	〈樊懋昭墓誌銘〉(見〈繫年考〉)
：005	十一年五月	〈明處士錢公墓誌銘〉(見〈繫年考〉)

	年　時	備　考
銘：006	十二年四月十日之後	〈廉氏墓誌銘〉(見〈繫年考〉)
：007	十一年七月六日之後	〈王孺人墓誌銘〉(見〈繫年考〉)
：008	十三年八月十五日之後	〈高公墓誌銘〉(見〈繫年考〉)
：101	二年六月十日之後	〈姪渭女壙磚銘〉(見〈繫年考〉)
：102	二年六月二十三日之後	〈姪岳州壙誌銘〉(見〈繫年考〉)
：501	四年二月二十二日之後	〈馮宗武墓誌銘〉(見〈繫年考〉)
：503	四年十一月十六日之後	〈倪氏墓誌銘〉(見〈繫年考〉)
：504	四年十二月十日之後	〈任氏墓誌銘〉(見〈繫年考〉)
：505	四年十一月二日之後	〈袁公合藏墓誌銘〉(見〈繫年考〉)
：506	五年十二月二十五日之後	〈李氏墓誌銘〉(見〈繫年考〉)

　　何景明所作墓誌銘之編次略合年月次序。其共次諸篇屬京集時，獨次諸篇卻為家居信陽時之作。

　　(申)行狀

	年　時	備　考
狀：001	二年春季	〈亡兄行狀〉(見〈繫年考〉)
：002	八年九月九日之後	〈陶公行狀〉(見〈繫年考〉)
：003	十年十二月十三日之後	〈甯母朱太夫人狀〉(見〈繫年考〉)
：501	四年四月二十九日之後	〈先考梅溪公行狀〉(見〈繫年考〉)
：502	十一年十一月十九日之後	〈李公行狀〉(見〈繫年考〉)

　　何集行狀諸篇之編次無編年性。

　　(酉)祭文

	年　時	備　考
祭：001	二年春季	〈祭亡兄東昌公文〉(見〈繫年考〉)
：002	十年三月三日之後	〈祭李默菴先生文〉(見〈繫年考〉)
：501	十三年八月十五日之後	〈祭高鐵溪先生文〉(見〈繫年考〉)
：502	十一年以後	〈祭張公文〉：「公之仲子，今都諫君也…景明於都諫君同年進士也。」此指張雲。張雲於正德十一年丁父憂。

　　何集祭文諸篇之編次無編年性。

（戌）雜著

	年　時	備　考
雜：003	弘治十七年？	〈說琴〉：「何子有琴，三年不張，從其遊者戴仲鶡，取而繩以絃，進而求操焉。」此篇為何時之作未明。然，戴冠「從其遊」年有弘治十七、八年，正德元至二年。今疑此篇為十七年之作。
：005	弘治十八年冬季	〈蚩盜文〉（見〈繫年考〉）
：009	正德二年	〈讀《精華錄》〉：「偶讀山谷《精華錄》，見和東坡〈西湖縱魚〉詩。因次其韻作〈冠打魚〉詩（271：008）。」據編次，此詩為正德二年之作，其文當作於同時。
：501	九年春季	〈應詔陳言治安疏〉（見〈繫年考〉）
：502	二年至六年	〈袁惟器字說〉：「予中衛世家凡數十第，然，自昔稱袁氏，曰袁氏世有文武士，子弟匪徒龍紈綺者也。至予同年舉人惟學兄弟，于前又盛也。惟學之季弟曰錡，少而有成志…交遊者謂，弗可名也，當字之。而朝信劉君以命予。」此指何景明家居信陽時期。

何集雜著雖多，其可考者少。今疑其共、獨次均無編年性。

何景明詩文集各本編次表

辭　賦(雍本均不載)

總　號	申　本	袁　本	足　本	
賦：001	1:1.1a	2:3.33a	辭　　2:3.1a	九詠
賦：002	2:1.2a	4:3.35a	辭　　5:3.3a	告咎文
賦：003	3:1.3b	5:1.11b	家賦　5:1.10b	蹇賦
賦：004	4:1.5b	6:3.43a	辭　　7:3.10b	伯川詞
賦：005	5:1.6a	7:3.43b	辭　　8:3.11a	霍山辭
賦：006	6:1.7a	1:3.33a	辭　　1:3.1a	澧有蘭辭
賦：007	7:1.7b	14:2.23b	家賦　15:2.4a	水車賦
賦：008	8:1.8a	3:3.34b	辭　　3:3.2a	雨頌
賦：009	9:1.8b	8:3.45a	辭　　4:3.3a	甘露頌
賦：010	10:1.8b	9:3.45a	辭　　9:3.12a	榮養堂歌
賦：011	11:1.9a	10:3.45b	辭　　10:3.12b	滕王閣歌
賦：012	12:1.9b	6:1.13b	家賦　6:1.12a	東門賦
賦：013	13:2.1a	4:1.6b	家賦　4:1.6a	述歸賦
賦：014	14:2.6a	7:1.14a	家賦　7:1.13a	寡婦賦
賦：015	15:2.7b	8:1.15b	家賦　8:1.14b	織女賦
賦：016	16:2.9a	13:2.23a	家賦　14:2.3b	秋思賦
賦：017	17:2.9b	9:1.17b	家賦　9:1.16a	憂旱賦
賦：018	18:2.11a	12:2.22a	家賦　13:2.3a	*古塚賦
賦：019	19:2.12a	10:1.19a	家賦　10:1.17a	壽母賦
賦：020	20:2.12b	15:2.24a	京賦　16:2.4b	明山草堂賦
賦：021	21:2.13b	11:2.20a	家賦　12:2.1a	石磯賦
賦：022	22:3.1a	16:2.24b	京賦　17:2.5a	白菊賦
賦：023	23:3.3a	17:2.26b	京賦　18:2.7a	後白菊賦
賦：024	24:3.5a	18:2.28b	京賦　19:2.8b	荷花賦
賦：025	25:3.5b	19:2.29b	京賦　20:2.9b	別思賦
賦：026	26:3.6a	20:2.30a	京賦　21:2.9b	後別思賦
賦：027	27:3.7a	5:3.36b	辭　　6:3.4b	七述
賦：028	28:3.13b	1:1.1a	使賦　1:1.1a	渡瀘賦
賦：029	29:3.14b	3:1.4a	使賦　3:1.3b	進舟賦
賦：030	30:3.17b	2:1.2a	使賦　2:1.2a	畫鶴賦
賦：501	————	21:2.30b	京賦　22:2.10b	待曙樓賦
賦：701	————		家賦　11:1.18a	結腸賦

古　詩

總　號	申　本	雍　本	袁　本	足　本	
古：001	1:4.1a	京1:1.1a	3:4.1b	3:4.1b	*中林之棘
古：002	2:4.2a	京2:1.2a	4:4.3a	4:4.3a	*原有楚
古：003	3:4.2b	京3:1.2b	6:4.4a	6:4.4a	秋風
古：004	4:4.2b	京4:1.2b	5:4.3b	5:4.3b	*淮水
古：005	5:4.3b	————	1:4.1a	1:4.1a	皇告
古：501	————	————	2:4.1b	2:4.1b	泌之水

樂　府

總　號	申　本	雍　本	袁　本	足　本	
樂：001	1:5.1a	————	5:5.6a	7:5.2b	戰城南
樂：002	2:5.1b	————	6:5.6b	8:5.3a	巫山高
樂：003	3:5.1b	————	7:5.7a	9:5.3a	芳樹
樂：004	4:5.2a	————	8:5.7a	10:5.3b	關山月
樂：005	5:5.2a	————	9:5.7b	11:5.4a	琳池歌
樂：006	6:5.2b	————	10:5.7b	12:5.4a	招商歌
樂：007	7:5.2b	————	1:5.5a	3:5.1b	落葉哀蟬曲
樂：008	8:5.3a	————	11:5.8a	13:5.4b	公無渡河
樂：009	9:5.3a	————	12:5.8a	14:5.4b	明妃引
樂：010	10:5.3b	3:2.29a	13:5.8b	15:5.5a	短歌行
樂：011	11:5.4a	--:1.15a	14:5.9a	16:5.5b	銅雀妓
	*雍本見251:701				
樂：012	12:5.4b	————	15:5.9a	17:5.5b	苦寒行㈠
樂：013	13:5.4b	————	16:5.9b	18:5.5b	苦寒行㈡
樂：014	14:5.4b	————	17:5.9b	19:5.6a	苦寒行㈢
樂：015	15:5.5a	————	18:5.10a	20:5.6a	塘上行
樂：016	16:5.5a	————	19:5.10a	21:5.6b	放歌行
樂：017	17:5.5b	————	20:5.10b	22:5.7a	雁門太守行
樂：018	18:5.6a	--:4.27a	21:5.11a	23:5.7a	梁甫吟
	*雍本見371:702				
樂：019	19:5.6b	————	22:5.11b	56:6.3b	黃鵠歌
樂：020	20:5.7a	————	23:5.12a	57:6.3b	烏夜啼
樂：021	21:5.7a	————	24:5.12a	24:5.8a	採蓮曲㈠
樂：022	22:5.7a	7:2.30a	25:5.12a	25:5.8a	採蓮曲㈡
樂：023	23:5.7b	8:2.30b	26:5.12b	26:5.8a	採蓮曲㈢
樂：024	24:5.7b	1:2.28b	27:5.12b	27:5.8b	獨漉篇
樂：025	25:5.8a	10:2.30b	28:5.13a	28:5.8b	白紵歌㈠
樂：026	26:5.8a	11:2.31a	29:5.13a	29:5.9a	白紵歌㈡
樂：027	27:5.8a	12:2.31a	30:5.13b	30:5.9a	白紵歌㈢
樂：028	28:5.8b	13:2.31a	31:5.13b	31:5.9b	白紵歌㈣
樂：029	29:5.8b	14:2.31b	32:5.14a	32:5.9b	白紵歌㈤
樂：030	30:5.8b	15:2.31b	33:5.14a	33:5.9b	白紵歌㈥
樂：031	31:5.9a	16:2.31b	34:5.14a	34:5.10a	白紵歌㈦
樂：032	32:5.9a	————	4:5.5b	6:5.2b	倚柱操
樂：033	33:5.9b	9:2.30b	35:5.14b	35:5.10a	苦熱行㈠
樂：034	34:5.9b	————	36:5.14b	36:5.10b	苦熱行㈡
樂：035	35:5.9b	2:2.28b	37:5.15a	37:5.10b	*鳴鴈行
樂：036	36:5.10a	17:2.32a	38:5.15a	38:5.10b	行路難㈠
	*雍本不分二首				
樂：037	37:5.10b	[————]	39:5.15b	39:5.11a	行路難㈡
樂：038	38:5.10b	————	40:5.15b	40:5.11a	行路難㈢
樂：039	39:5.10b	————	41:5.16a	41:5.11b	行路難㈣
樂：040	40:5.11a	————	42:5.16a	42:5.11b	棗下何纂纂
樂：041	41:5.11a	————	43:6.17a	43:6.1a	俠客行
樂：042	42:5.11b	-:10.52b	44:6.17a	44:6.1a	河水曲
	*雍本見354:701				

總　號	申　本	雍　本	袁　本	足　本	
樂：043	43:5.11b	--:10.52b	45:6.17b	45:6.1a	車遙遙㈠
	*雍本見354:702				
樂：044	44:5.11b	———	46:6.17b	46:6.1b	車遙遙㈡
樂：045	45:5.12a	--:2.19b	47:6.17b	47:6.1b	隴頭流水歌送劉遠夫行㈠
樂：046	46:5.12a	--:2.20a	48:6.18a	48:6.1b	隴頭流水歌送劉遠夫行㈡
樂：047	47:5.12a	--:2.20a	49:6.18a	49:6.1b	隴頭流水歌送劉遠夫行㈢
	*此三首雍本見351:501—503				
樂：048	48:5.12a	--:2.20a	50:6.18a	50:6.2a	下陵曲
	*此篇雍本分二首，見351:504—505				
樂：049	49:6.1a	———	52:6.19a	52:6.2b	海山謠
樂：050	50:6.1a	———	53:6.19a	53:6.2b	秋江詞
樂：051	51:6.1b	———	54:6.19b	54:6.3a	瑤瑟怨
樂：052	52:6.1b	———	55:6.19b	55:6.3b	黃頭郎
樂：053	53:6.2a	———	56:6.20a	58:6.4a	竹枝詞
樂：054	54:6.2a	———	57:6.20b	59:6.4a	采葛篇
樂：055	55:6.2b	———	58:6.20b	60:6.4b	霹靂引
樂：056	56:6.2b	———	59:6.20b	61:6.4b	刺促篇
樂：057	57:6.3a	———	60:6.21a	62:6.5a	處州別駕行
樂：058	58:6.3b	———	2:5.5a	4:5.2a	剡溪歌
樂：059	59:6.3b	———	61:6.21b	63:6.5a	種瓠詞
樂：060	60:6.4a	4:2.29a	62:6.21b	64:6.5b	雙燕篇
樂：061	61:6.4a	———	63:6.22a	65:6.5b	去婦詞
樂：062	62:6.4b	———	64:6.22b	66:6.6a	種麻篇
樂：063	63:6.5a	———	65:6.22b	67:6.6a	月食篇
樂：064	64:6.5a	———	66:6.23a	68:6.6b	國士行
樂：065	65:6.5b	5:2.29b	67:6.23a	69:6.6b	*誰謂河廣行
樂：066	66:6.5b	———	68:6.23a	70:6.7a	下宮行
樂：067	67:6.6a	———	69:6.23b	71:6.7a	易水行
樂：068	68:6.6a	———	70:6.24a	1:5.1a	興隆祀丁曲
樂：501	———	———	3:5.5b	5:5.2a	悼遠辭
樂：502	———	———	51:6.18b	51:6.2a	直路行
樂：503	———	6:2.29b	71:6.24a	72:6.7b	君子有所思行
樂：504	———	18:2.32b	72:6.24b	73:6.7b	燕喞泥
樂：505	———	19:2.32b	73:6.25a	74:6.8a	養蠶詞
樂：506	———	20:2.32b	74:6.25a	75:6.8a	嗟哉行
樂：507	———	———	75:6.25b	76:6.8b	雙鴈篇
樂：508	———	———	76:6.25b	77:6.8b	莫羅燕
樂：509	———	———	77:6.26a	78:6.9a	牧犢行
樂：510	———	———	78:6.26a	79:6.9a	城略陽
樂：511	———	———	79:6.26b	80:6.9b	潘節婦
樂：512	———	———	80:6.26b	81:6.9b	高城行
樂：513	———	———	81:6.27a	82:6.10a	南山篇
樂：514	———	———	82:6.27b	83:6.10b	轅下駒
樂：701	--:7.6a	———	--:7.33b	2:5.1a	［見151:025］

使集（雍本均不載）

五言古詩

總　號	申　本	袁　本	足　本	
151:001	1:7.1a	1:7.28a	1:7.1a	武陵
151:002	2:7.1a	2:7.28a	2:7.1a	桃川宮㈠
151:003	3:7.1b	3:7.28b	3:7.1b	桃川宮㈡
151:004	4:7.1b	4:7.28b	4:7.1b	桃川宮㈢
151:005	5:7.1b	5:7.29a	5:7.1b	桃川宮㈣
151:006	6:7.2a	6:7.29a	6:7.2a	自武陵至沅陵道中雜詩㈠
151:007	7:7.2a	7:7.29a	7:7.2a	自武陵至沅陵道中雜詩㈡
151:008	8:7.2a	8:7.29b	8:7.2a	自武陵至沅陵道中雜詩㈢
151:009	9:7.2b	9:7.29b	9:7.2b	自武陵至沅陵道中雜詩㈣
151:010	10:7.2b	10:7.30a	10:7.2b	自武陵至沅陵道中雜詩㈤
151:011	11:7.2b	11:7.30a	11:7.2b	自武陵至沅陵道中雜詩㈥
151:012	12:7.3a	12:7.30b	12:7.3a	自武陵至沅陵道中雜詩㈦
151:013	13:7.3a	13:7.30b	13:7.3a	自武陵至沅陵道中雜詩㈧
151:014	14:7.3b	14:7.31a	14:7.3b	自武陵至沅陵道中雜詩㈨
151:015	15:7.3b	15:7.31a	15:7.3b	自武陵至沅陵道中雜詩㈩
151:016	16:7.3b	16:7.31b	16:7.3b	懷化驛芭蕉
151:017	17:7.4a	17:7.31b	17:7.4a	花崖梧桐
151:018	18:7.4a	18:7.32a	18:7.4a	清平令
151:019	19:7.4b	19:7.32a	19:7.4b	平越
151:020	20:7.4b	20:7.32b	20:7.4b	新添
151:021	21:7.5a	21:7.32b	21:7.5a	平壩城南村㈠
151:022	22:7.5a	22:7.33a	22:7.5a	平壩城南村㈡
151:023	23:7.5b	23:7.33a	23:7.5b	平壩城南村㈢
151:024	24:7.5b	24:7.33a	24:7.5b	普定
151:025	25:7.5b	25:7.33b	--:5.1a	羅女曲
	*足本見樂：701			
151:026	26:7.6a	--:11.6b	--:11.6a	關索嶺
	*袁，足本見171:501			
151:027	27:7.6b	26:7.34a	25:7.5b	城南婦行
151:028	28:7.7a	27:7.34b	26:7.6a	平夷㈠
151:029	29:7.7b	28:7.34b	27:7.6b	平夷㈡
151:030	30:7.7b	29:7.34b	28:7.6b	涪萬
151:031	31:7.7b	30:7.35a	29:7.6b	泊雲陽江頭玩月

五言律詩

總　號	申　本	袁　本	足　本	
152:001	1:8.1a	1:15.21a	1:15.1a	避雨山舍望見蒲圻縣
152:002	2:8.1a	2:15.21a	2:15.1a	景港渡
152:003	3:8.1b	3:15.21b	3:15.1a	辰溪縣
152:004	4:8.1b	4:15.21b	4:15.1b	沅水驛㈠
152:005	5:8.1b	5:15.21b	5:15.1b	沅水驛㈡
152:006	6:8.2a	6:15.22a	6:15.1b	沅水驛㈢
152:007	7:8.2a	7:15.22a	7:15.2a	沅水驛㈣

總　號	申　本	袁　本	足　本	
152:008	8:8.2a	8:15.22b	8:15.2a	沅州道中㈠
152:009	9:8.2b	9:15.22b	9:15.2a	沅州道中㈡
152:010	10:8.2b	10:15.22b	10:15.2a	沅州道中㈢
152:011	11:8.2b	11:15.23a	11:15.2b	沅州道中㈣
152:012	12:8.3a	12:15.23a	12:15.2b	平溪
152:013	13:8.3a	13:15.23b	13:15.2b	清浪
152:014	14:8.3a	14:15.23b	14:15.3a	李參謀府㈠
152:015	15:8.3b	15:15.23b	15:15.3a	李參謀府㈡
152:016	16:8.3b	16:15.24a	16:15.3a	鎮遠㈠
152:017	17:8.3b	17:15.24a	17:15.3b	鎮遠㈡
152:018	18:8.4a	18:15.24a	18:15.3b	鎮遠㈢
152:019	19:8.4a	19:15.24b	19:15.3b	查城十五夜對月㈠
152:020	20:8.4a	20:15.24b	20:15.4a	查城十五夜對月㈡
152:021	21:8.4b	21:15.25a	21:15.4a	查城十五夜對月㈢
152:022	22:8.4b	22:15.25a	22:15.4a	查城十五夜對月㈣
152:023	23:8.4b	23:15.25b	23:15.4b	查城十五夜對月㈤
152:024	24:8.5a	24:15.25b	24:15.4b	安南
152:025	25:8.5a	25:15.25b	25:15.4b	送孫教諭
152:026	26:8.5a	26:15.26a	26:15.4b	永寧舟中
152:027	27:8.5b	27:15.26a	27:15.5a	江門
152:028	28:8.5b	28:15.26b	28:15.5a	鹽瀨
152:029	29:8.6a	29:15.26b	29:15.5a	峽中
152:501	——	30:15.26b	30:15.5b	旅行
152:801	——	——	——	賦四亭詩㈠　　*見劉譜2.34b
152:802	——	——	——	賦四亭詩㈡
152:803	——	——	——	賦四亭詩㈢
152:804	——	——	——	賦四亭詩㈣
152:901	——	——	——	渡沅水　　*見《(乾隆)沅州府志》39.20a

五言絕句

總　號	申　本	袁　本	足　本	
154:001	1:8.13a	1:28.34a	1:28.1a	兵書峽
154:801	——	——	——	平彝道中　　*見劉譜2.35a

七言古詩

總　號	申　本	袁　本	足　本	
171:001	1:7.8a	1:11.1a	1:11.1a	乞巧行
171:002	2:7.8b	2:11.1b	2:11.1a	古松行
171:003	3:7.9b	3:11.2b	3:11.2b	津市打魚歌
171:004	4:7.10a	4:11.3a	4:11.2b	偏橋行
171:005	5:7.10b	5:11.3a	5:11.3a	省中公讌
171:006	6:7.11a	6:11.4a	6:11.3b	盤江行
171:007	7:7.11b	7:11.4b	7:11.4b	大石關行
171:008	8:7.12a	8:11.5a	8:11.4b	棲鳳亭（為黔國賦）
171:009	9:7.13a	9:11.6a	9:11.5b	黃陵廟
171:501	--:7.6a	10:11.6b	10:11.6a	[見151:026]

七言律詩

總　號	申　本	袁　本	足　本	
172:001	1:8.6a	1:24.14a	1:24.1a	舟次漢陽
172:002	2:8.6b	2:24.14a	2:24.1a	武昌聞邊報
172:003	3:8.6b	3:24.14b	3:24.1b	長安驛
172:004	4:8.7a	4:24.14b	4:24.1b	雲溪驛
172:005	5:8.7a	5:24.15a	5:24.1b	岳陽
172:006	6:8.7b	6:24.15a	6:24.2a	岳陽城中聞笛
172:007	7:8.7b	7:24.15b	7:24.2a	七夕
172:008	8:8.8a	8:24.15b	8:24.2b	寄君山
172:009	9:8.8a	9:24.16a	9:24.2b	華容吊楚宮
172:010	10:8.8b	10:24.16a	10:24.2b	秦人洞㈠
172:011	11:8.8b	11:24.16b	11:24.3a	秦人洞㈡
172:012	12:8.9a	12:24.16b	12:24.3a	月潭寺㈠
172:013	13:8.9a	13:24.17a	13:24.3b	月潭寺㈡
172:014	14:8.9a	14:24.17a	14:24.3b	出新添城
172:015	15:8.9b	15:24.17b	15:24.3b	憶中舍諸寅
172:016	16:8.9b	16:24.17b	16:24.4a	憶諸同遊
172:017	17:8.10a	17:24.18a	17:24.4a	安莊道中
172:018	18:8.10a	18:24.18a	18:24.4b	漢將祠
172:019	19:8.10b	19:24.18b	19:24.4b	新興
172:020	20:8.10b	20:24.18b	20:24.4b	普安
172:021	21:8.11a	21:24.19a	21:24.5a	九日黔國後園㈠
172:022	22:8.11a	22:24.19a	22:24.5a	九日黔國後園㈡
172:023	23:8.11b	23:24.19b	23:24.5b	白帝城
172:024	24:8.11b	24:24.19b	24:24.5b	歸州
172:025	25:8.12a	25:24.20a	25:24.5b	郢中

七言排律

總　　號	申　本	袁　本	足　本	
173:001	1:8.12a	1:27.31b	1:27.12b	平夷所老人

七言絕句

總　　號	申　本	袁　本	足　本	
174:001	1:8.13a	——	1:28.9a	玉菴（為黔國賦）
174:002	2:8.13a	——	2:28.9b	遊黔國魚池㈠
174:003	3:8.13b	——	3:28.9b	遊黔國魚池㈡
174:004	4:8.13b	——	4:28.9b	遊黔國魚池㈢
174:005	5:8.13b	——	5:28.9b	遊黔國魚池㈣
174:006	6:8.13b	——	6:28.9b	夷陵

家集

五言古詩

總　號	申　本	雍　本	袁　本	足　本	
251:001	1:9.1a	54:1.16a	1:7.35a	1:7.7a	涿鹿道中
251:002	2:9.1b	———	2:7.35b	2:7.7b	渡白溝
251:003	3:9.1b	44:1.15a	3:7.36a	3:7.7b	叢臺
251:004	4:9.1b	———	4:7.36a	4:7.7b	五平五仄體
251:005	5:9.2a	———	5:7.36a	5:7.7b	迎霜降
251:006	6:9.2a	55:1.16b	6:7.36b	6:7.8a	*冬雨率然有二十韻
251:007	7:9.2b	1:1.3b	7:7.37a	7:7.8b	發京邑(一)
251:008	8:9.3a	2:1.4a	8:7.37b	8:7.8b	發京邑(二)
251:009	9:9.3a	3:1.4a	9:7.37b	9:7.9a	發京邑(三)
251:010	10:9.3b	4:1.4a	10:7.38a	10:7.9a	發京邑(四)
251:011	11:9.3b	———	11:7.38a	11:7.9b	渡河
251:012	12:9.4a	———	12:7.38b	12:7.10a	許下
251:013	13:9.4b	5:1.4b	13:7.39a	13:7.10a	*還至別業(一)
251:014	14:9.5a	7:1.5a	14:7.39b	14:7.10b	還至別業(二)
251:015	15:9.5a	6:1.4b	15:7.39b	15:7.10b	還至別業(三)
251:016	16:9.5a	8:1.5a	16:7.40a	16:7.11a	還至別業(四)
251:017	17:9.5b	9:1.5b	17:7.40a	17:7.11a	七夕(一)
251:018	18:9.5b	———	18:7.40b	18:7.11b	七夕(二)
251:019	19:9.6a	10:1.5b	19:7.40b	19:7.12a	水曲納涼
251:020	20:9.6b	11:1.6a	20:7.41a	20:7.12a	雜詩(一)
251:021	21:9.6b	12:1.6a	21:7.41a	21:7.12a	雜詩(二)
251:022	22:9.6b	38:1.13a	22:8.1a	22:8.1a	六子詩：王檢討九思
251:023	23:9.7a	39:1.13b	23:8.1b	23:8.1b	六子詩：康修撰海
251:024	24:9.7b	40:1.13b	24:8.1b	24:8.1b	六子詩：何編修瑭
251:025	25:9.7b	41:1.14a	25:8.2a	25:8.2a	六子詩：李户部夢陽
251:026	26:9.8a	42:1.14b	26:8.2a	26:8.2a	六子詩：邊太常貢
251:027	27:9.8b	43:1.14b	27:8.2b	27:8.2b	六子詩：王職方尚絅
251:028	28:9.8b	13:1.6b	28:8.2b	28:8.2b	十三夜對月
251:029	29:9.9a	14:1.6b	29:8.3a	29:8.3a	*十四夜同清溪子對月
251:030	30:9.9a	15:1.7a	30:8.3b	30:8.3a	*十五夜高鐵溪同沈清溪趙雪舟馬百愚過敝居對月
251:031	31:9.9b	16:1.7b	31:8.3b	31:8.3b	十六夜月
251:032	32:9.10a	17:1.7b	32:8.4a	32:8.4a	十七夜月(一)
251:033	[———]	18:1.8a	[———]	33:8.4a	十七夜月(二)
	*申、袁本為一首				
251:034	33:9.10b	———	33:8.4b	34:8.4b	擣衣
251:035	34:9.11a	———	34:8.5a	35:8.4b	悼往
251:036	35:9.11a	19:1.8a	35:8.5b	36:8.5a	贈望之(一)
251:037	36:9.11b	20:1.8b	36:8.5b	37:8.5b	贈望之(二)
251:038	37:9.11b	21:1.8b	37:8.6a	38:8.5b	贈望之(三)
251:039	38:9.12a	22:1.9a	38:8.6a	39:8.6a	贈望之(四)
251:040	39:9.12a	———	39:8.6b	40:8.6a	贈望之(五)

總　號	申　本	雍　本	袁　本	足　本	
251:041	40:9.12b	———	40:8.6b	41:8.6b	除夜㈠
251:042	41:9.12b	———	41:8.7a	42:8.6b	除夜㈡
251:043	42:9.13a	46:1.15a	42:8.7a	43:8.6b	豔曲㈠
	*雍本題稱五首而八首皆在，251:044-048不分首				
251:044	43:9.13a	47:1.15b	43:8.7b	44:8.7a	豔曲㈡
251:045	44:9.13a	48:1.15b	44:8.7b	45:8.7a	豔曲㈢
251:046	45:9.13a	49:1.15b	45:8.7b	46:8.7a	豔曲㈣
251:047	46:9.13a	50:1.15b	46:8.7b	47:8.7b	豔曲㈤
251:048	47:9.13b	51:1.15b	47:8.8a	48:8.7b	豔曲㈥
251:049	48:9.13b	52:1.16a	48:8.8a	49:8.7b	豔曲㈦
251:050	49:9.13b	53:1.16a	49:8.8a	50:8.8a	豔曲㈧
251:051	50:9.13b	23:1.9a	50:8.8b	51:8.8a	擬古詩㈠
251:052	51:9.14a	24:1.9b	51:8.8b	52:8.8a	擬古詩㈡
251:053	52:9.14a	25:1.9b	52:8.9a	53:8.8b	擬古詩㈢
251:054	53:9.14b	26:1.9b	53:8.9a	54:8.8b	擬古詩㈣
251:055	54:9.14b	———	54:8.9b	55:8.9a	擬古詩㈤
251:056	55:9.15a	———	55:8.9b	56:8.9a	擬古詩㈥
251:057	56:9.15a	27:1.10a	56:8.10a	57:8.9b	擬古詩㈦
251:058	57:9.15a	———	57:8.10a	58:8.9b	擬古詩㈧
251:059	58:9.15b	———	58:8.10b	59:8.10a	擬古詩㈨
251:060	59:9.15b	28:1.10a	59:8.10b	60:8.10a	擬古詩㈩
251:061	60:9.15b	———	60:8.11a	61:8.10b	擬古詩⑪
251:062	61:9.16a	29:1.10b	61:8.11a	62:8.10b	擬古詩⑫
251:063	62:9.16a	———	62:8.11b	63:8.11a	擬古詩⑬
251:064	63:9.16b	30:1.10b	63:8.12a	64:8.11b	擬古詩⑭
251:065	64:9.17a	———	64:8.12a	65:8.11b	擬古詩⑮
251:066	65:9.17a	31:1.10b	65:8.12b	66:8.12a	擬古詩⑯
	*252:066-068雍本題作雜詩				
251:067	66:9.17b	32:1.11a	66:8.13a	67:8.12a	擬古詩⑰
251:068	67:9.17b	33:1.11a	67:8.13a	68:8.12b	擬古詩⑱
251:069	68:9.18a	———	68:8.13b	69:8.12b	魯連
251:070	69:9.18a	———	69:8.13b	70:8.12b	張良
251:071	70:9.18a	35:1.12a	70:8.14a	71:8.13a	*望郭西諸峰有懷昔隱兼發鄙志
251:501	———	34:1.11b	71:8.14a	72:8.13b	遊西山㈠
251:502	———	[———]	72:8.14b	73:8.13b	遊西山㈡
	*雍本為一首				
251:503	———	36:1.12b	73:8.14b	74:8.13b	*立春日作㈠
251:504	———	———	74:8.15a	75:8.14a	立春日作㈡
251:505	———	———	75:8.15b	76:8.14b	田園雜詩㈠
251:506	———	———	76:8.16a	77:8.14b	田園雜詩㈡
251:507	———	37:1.12b	77:9.17a	78:9.1a	水營墅治田圃種樹
251:508	———	56:1.17a	78:9.17a	79:9.1a	與賈郡博宿夜話
251:509	———	57:1.17a	79:9.17b	80:9.1b	除夕述哀㈠
251:510	———	———	80:9.18a	81:9.1b	除夕述哀㈡
251:511	———	———	81:9.18a	82:9.2a	除夕述哀㈢
251:512	———	58:1.17b	82:9.18a	83:9.2a	除夕述哀㈣
251:513	———	———	83:9.18b	———	除夕述哀㈤

總　號	申　本	雍　本	袁　本	足　本	
251:514	———	———	84:9.18b	84:9.2a	贈別孟望之(一)
251:515	———	———	85:9.19a	85:9.2b	贈別孟望之(二)
251:516	———	———	86:9.19a	86:9.2b	贈別孟望之(三)
251:517	———	———	87:9.19b	87:9.3a	贈別孟望之(四)
251:518	———	———	88:9.19b	88:9.3a	遊西山(一)
251:519	———	———	89:9.20a	89:9.3a	遊西山(二)
251:520	———	———	90:9.20a	90:9.3b	元日言志
251:521	———	———	91:9.20b	91:9.3b	觀春雪
251:522	———	———	92:9.20b	92:9.4a	仲春雨霽出遊郊麓覽物敍懷興言自歌(一)
251:523	———	———	93:9.21a	93:9.4b	仲春雨霽出遊郊麓覽物敍懷興言自歌(二)
251:524	———	———	94:9.21a	94:9.4b	仲春雨霽出遊郊麓覽物敍懷興言自歌(三)
251:525	———	———	95:9.21b	95:9.4b	仲春雨霽出遊郊麓覽物敍懷興言自歌(四)
251:526	———	———	96:9.21b	96:9.4b	贈梁宗烈(一)
251:527	———	———	97:9.22a	97:9.5a	贈梁宗烈(二)
251:701	-:5.4a	45:1.15a	-:5.9a	--:5.5b	［見樂：011］

五言律詩

總　號	申　本	雍　本	袁　本	足　本	
252:001	1:11.1a	———	1:15.27a	1:15.5b	淳沱河上
252:002	2:11.1a	1:5.1a	2:15.27a	2:15.5b	渡淮
252:003	3:11.1b	———	3:15.27b	3:15.5b	贈劉大參
252:004	4:11.1b	———	4:15.27b	4:15.6a	寄陰舍人
252:005	5:11.1b	2:5.1a	5:15.27b	5:15.6a	雨霽
252:006	6:11.2a	3:5.1a	6:15.28a	6:15.6a	雨
252:007	7:11.2a	———	7:15.28a	7:15.6b	鳴蟬
252:008	8:11.2b	———	8:15.28b	8:15.6b	送孫太守
252:009	9:11.2b	———	9:15.28b	9:15.6b	五月望月食
252:010	10:11.2b	———	10:15.28b	10:15.7a	葵
252:011	11:11.3a	4:5.1b	11:15.29a	11:15.7a	立秋寄獻吉
252:012	12:11.3a	———	12:15.29a	12:15.7a	寄樊國賓
252:013	13:11.3b	5:5.1b	13:15.29b	13:15.7b	沱西別業
252:014	14:11.3b	6:5.1b	14:15.29b	14:15.7b	東昌公哀辭(一)
252:015	15:11.4a	7:5.2a	15:15.30a	15:15.7b	東昌公哀辭(二)
252:016	16:11.4a	8:5.2a	16:15.30a	16:15.8a	東昌公哀辭(三)
252:017	17:11.4a	———	17:15.30a	17:15.8a	東昌公哀辭(四)
252:018	18:11.4b	9:5.2a	18:15.30b	18:15.8a	東昌公哀辭(五)
252:019	19:11.4b	10:5.2a	19:15.30b	19:15.8b	中元夜月
252:020	20:11.4b	———	20:15.31a	20:15.8b	西郭
252:021	21:11.5a	———	21:15.31a	21:15.8b	穫稻
252:022	22:11.5a	11:5.2b	22:15.31a	22:15.9a	夢何粹夫
252:023	23:11.5a	12:5.2b	23:15.31b	23:15.9a	*晚歸自溪上
252:024	24:11.5b	13:5.2b	24:15.31b	24:15.9a	客至
252:025	25:11.5b	———	25:15.32a	25:15.9b	登樓(一)
252:026	26:11.6a	———	26:15.32a	26:15.9b	登樓(二)
252:027	27:11.6a	14:5.3a	27:15.32a	27:15.9b	*同沈清溪夜坐(一)
252:028	28:11.6a	15:5.3a	28:15.32b	28:15.9b	同沈清溪夜坐(二)

總　號	申　本	雍　本	袁　本	足　本	
252:029	29:11.6b	16:5.3a	29:15.32b	29:15.10a	*雨夜似清溪㈠
252:030	30:11.6b	17:5.3b	30:15.33a	30:15.10a	雨夜似清溪㈡
252:031	31:11.6b	18:5.3b	31:15.33a	31:15.10a	*雨後邀馬君卿
252:032	32:11.7a	19:5.3b	32:15.33a	32:15.10b	雨中和清溪
252:033	33:11.7a	20:5.4a	33:15.33b	33:15.10b	清溪草堂㈠
252:034	34:11.7b	21:5.4a	34:15.34a	34:15.11a	清溪草堂㈡
252:035	35:11.7b	22:5.4a	35:15.34a	35:15.11a	清溪草堂㈢
252:036	36:11.7b	23:5.4a	36:15.34a	36:15.11a	清溪草堂㈣
252:037	37:11.8a	24:5.4b	37:15.34b	37:15.11a	懷高鐵溪先生㈠
252:038	38:11.8a	25:5.4b	38:15.34b	38:15.11b	懷高鐵溪先生㈡
252:039	39:11.8a	26:5.4b	39:15.35a	39:15.11b	懷高鐵溪先生㈢
252:040	40:11.8b	27:5.4b	40:15.35a	40:15.11b	懷高鐵溪先生㈣
252:041	41:11.8b	————	41:15.35a	41:15.12a	八月丁日
252:042	42:11.8b	————	42:15.35b	42:15.12a	初度
252:043	43:11.9a	28:5.5a	43:15.35b	43:15.12a	夜
252:044	44:11.9a	————	44:15.36a	44:15.12b	陰
252:045	45:11.9b	————	45:15.36a	45:15.12b	吾州
252:046	46:11.9b	————	46:15.36a	46:15.12b	北望
252:047	47:11.9b	————	47:15.36b	47:15.12b	贈張合之秀才㈠
252:048	48:11.10a	29:5.5a	48:15.36b	48:15.13a	贈張合之秀才㈡
252:049	49:11.10a	————	49:15.37a	49:15.13a	雷
252:050	50:11.10b	————	50:15.37a	50:15.13a	月㈠
252:051	51:11.10b	30:5.5a	51:15.37a	51:15.13b	月㈡
252:052	52:11.10b	31:5.5b	52:15.37b	52:15.13b	三關
252:053	53:11.11a	32:5.5b	53:15.37b	53:15.13b	九月
252:054	54:11.11a	33:5.5b	54:16.39a	54:16.1a	樊秀才園內菊
252:055	55:11.11a	34:5.6a	55:16.39a	55:16.1a	*九日同馬君卿任洪器登高㈠
252:056	56:11.11b	35:5.6a	56:16.39b	56:16.1a	九日同馬君卿任洪器登高㈡
252:057	57:11.11b	36:5.6a	57:16.39b	57:16.1b	九日同馬君卿任洪器登高㈢
252:058	58:11.12a	37:5.6a	58:16.39b	58:16.1b	九日同馬君卿任洪器登高㈣
252:059	59:11.12a	38:5.6b	59:16.40a	59:16.1b	登釣臺
252:060	60:11.12a	39:5.6b	60:16.40a	60:16.2a	孟冬
252:061	61:11.12b	————	61:16.40b	61:16.2a	寄孫世其舉人
252:062	62:11.12b	40:5.6b	62:16.40b	62:16.2a	除架
252:063	63:11.13a	————	63:16.40b	63:16.2b	十月
252:064	64:11.13a	41:5.7a	64:16.41a	64:16.2b	*懷孟望之
252:065	65:11.13a	42:5.7a	65:16.41a	65:16.2b	寒
252:066	66:11.13b	43:5.7a	66:16.41b	66:16.3a	殘菊
252:067	67:11.13b	————	67:16.41b	67:16.3a	韓席二僉憲見過留飲
252:068	68:11.14a	————	68:16.41b	68:16.3a	晴
252:069	69:11.14a	————	69:16.42a	69:16.3a	*雪東沈馬任三子
252:070	70:11.14a	44:5.7b	70:16.42a	70:16.3b	*喜望之至以詩迎之
252:071	71:11.14b	45:5.7b	71:16.42b	71:16.3b	再別清溪子
252:072	72:11.14b	————	72:16.42b	72:16.3b	得錢水部書
252:073	73:11.15a	46:5.7b	73:16.42b	73:16.4a	*懷沈子

總　號	申　本	雍　本	袁　本	足　本	
252:074	74:11.15a	47:5.8a	74:16.43a	74:16.4a	別望之
252:075	75:11.15a	48:5.8a	75:16.43a	75:16.4a	洪法寺別錦夫遜伯
252:076	76:11.15b	49:5.8a	76:16.43b	76:16.4b	寄孫世其
252:077	77:11.15b	50:5.8b	77:16.43b	77:16.4b	*酬葛時秀
252:078	78:11.16a	51:5.8b	78:16.43b	78:16.4b	懷葉時華
252:079	79:11.16a	——	79:16.44a	79:16.5a	雨夜
252:080	80:11.16a	52:5.8b	80:16.44a	80:16.5a	*遊賢隱寺次馬君卿韻
252:081	81:11.16b	53:5.9a	81:16.44b	81:16.5a	*與孫世其晚坐
252:082	82:11.16b	——	82:16.44b	82:16.5a	十四夜
252:083	83:11.17a	——	83:16.44b	83:16.5b	雨中
252:084	84:11.17a	——	84:16.45a	84:16.5b	寄雷長史
252:085	85:11.17a	54:5.9a	85:16.45a	85:16.5b	*宿胡山人家
252:086	86:11.17b	——	86:16.45b	86:16.6a	登堅山寺
252:087	87:11.17b		87:16.45b	87:16.6a	寄焦太史蘊德
252:088	88:11.18a	55:5.9a	88:16.45b	88:16.6a	*寄馬君卿進士
252:089	89:11.18a	56:5.9b	89:16.46a	89:16.6b	寄阮行人
252:090	90:11.18a	——	90:16.46a	90:16.6b	*寄張季升給事
252:091	91:11.18b	——	91:16.46b	91:16.6b	寄孟望之
252:092	92:11.18b	57:5.9b	92:16.46b	92:16.6b	寄戴仲鶡進士
252:093	93:11.19a	——	93:16.46b	93:16.7a	*懷李獻吉㈠
252:094	94:11.19a	58:5.9b	94:16.47a	94:16.7a	懷李獻吉㈡
252:095	95:11.19a	59:5.10a	95:16.47a	95:16.7a	九日同諸友登賢隱山㈠
252:096	96:11.19b	60:5.10a	96:16.47b	96:16.7b	九日同諸友登賢隱山㈡
252:097	97:11.19b	61:5.10a	97:16.47b	97:16.7b	九日同諸友登賢隱山㈢
252:098	98:11.19b	——	98:16.47b	98:16.7b	九日同諸友登賢隱山㈣
252:099	99:11.20a	——	99:16.48a	99:16.8a	九日同諸友登賢隱山㈤
252:100	100:11.20a	62:5.10a	100:16.48a	100:16.8a	望京師寄王職方
252:101	101:11.20a	63:5.10b.	101:16.48b	101:16.8a	九日懷鐵溪
252:102	102:11.20b	64:5.10b	102:16.48b	102:16.8b	*雨後次孟望之㈠
252:103	103:11.20b	65:5.10b	103:16.48b	103:16.8b	雨後次孟望之㈡
252:104	104:12.1a	67:5.11a	104:16.49a	104:16.8b	霜節
252:105	105:12.1a	——	105:16.49a	105:16.8b	為王子悼亡
252:106	106:12.1b	——	106:16.49b	106:16.9a	送柴先生之霍丘訪朱調元
252:107	107:12.1b	——	107:16.49b	107:16.9a	*送孫世其舉人歸華容㈠
252:108	108:12.1b	69:5.11b	108:16.49b	108:16.9a	送孫世其舉人歸華容㈡
252:109	109:12.2a	70:5.11b	109:16.50a	109:16.9b	萬歲節
252:110	110:12.2a	66:5.11a	110:16.50a	110:16.9b	*任宏器過訪
252:111	111:12.2a	68:5.11a	111:16.50b	111:16.9b	客至
252:112	112:12.2b	——	112:16.50b	112:16.10a	上祖塋
252:113	113:12.2b	——	113:16.50b	113:16.10a	上亡兄墓
252:114	114:12.3a	——	114:16.51a	114:16.10a	訪賈西谷

總　號	申　本	雍　本	袁　本	足　本	
252:115	115:12.3a	———	115:16.51a	115:16.10a	西郊秋興㈠
252:116	116:12.3a	———	116:16.51b	116:16.10b	西郊秋興㈡
252:117	117:12.3b	———	117:16.51b	117:16.10b	西郊秋興㈢
252:118	118:12.3b	———	118:16.51b	118:16.10b	西郊秋興㈣
252:119	119:12.3b	———	———	119:16.11a	西郊秋興㈤
252:120	120:12.4a	———	119:16.52a	120:16.11a	西郊秋興㈥
252:121	121:12.4a	———	120:16.52a	121:16.11a	西郊秋興㈦
252:122	122:12.4a	———	———	122:16.11b	西郊秋興㈧
252:123	123:12.4b	71:5.11b	121:16.52b	123:16.11b	西郊秋興㈨
252:124	124:12.4b		122:16.52b	124:16.11b	西郊秋興㈩
252:125	125:12.4b		123:16.52b	125:16.11b	買長教舍白菊
252:126	126:12.5a		124:16.53a	126:16.12a	雪
252:127	127:12.5a		125:16.53a	127:16.12a	寄贈莊國賓
252:128	128:12.5a		126:16.53b	128:16.12a	至日㈠
252:129	129:12.5b		127:16.53b	129:16.12b	至日㈡
252:130	130:12.5b		128:16.53b	130:16.12b	長安月
252:131	131:12.5b		129:16.54a	131:16.12b	登釣臺㈠
252:132	132:12.6a		130:16.54a	132:16.13a	登釣臺㈡
252:133	133:12.6a	72:5.12a	131:16.54a	133:16.13a	登釣臺㈢
252:134	134:12.6a	73:5.12a	132:16.54a	134:16.13a	登釣臺㈣
252:135	135:12.6b	74:5.12a	133:16.54b	135:16.13a	送柴先生㈠
252:136	136:12.6b	75:5.12a	134:16.55a	136:16.13b	送柴先生㈡
252:137	137:12.6b	———	254:18.24b	250:18.5b	病馬㈠
252:138	138:12.7a	———	255:18.25a	251:18.5b	病馬㈡
252:139	139:12.7a	———	256:18.25a	252:18.5b	病馬㈢
252:140	140:12.7a	———	257:18.25b	253:18.6a	病馬㈣
252:141	141:12.7b	———	258:18.25b	254:18.6a	病馬㈤
252:142	142:12.7b	———	259:18.25b	255:18.6a	病馬㈥
252:143	143:12.7b	76:5.12b	136:17.1a	138:17.1a	答望之㈠
252:144	144:12.8a	———	137:17.1a	139:17.1a	答望之㈡
252:145	145:12.8a	———	138:17.1b	140:17.1a	雪中簡買長教
252:146	146:12.8a	———	139:17.1b	141:17.1b	寄周明府
252:147	147:12.8b	77:5.12b	140:17.1b	142:17.1b	贈韓亞卿返湖南㈠
252:148	148:12.8b	78:5.12b	141:17.2a	143:17.1b	贈韓亞卿返湖南㈡
252:149	149:12.9a	———	243:18.22b	240:18.4a	雪
252:150	150:12.9a	79:5.13a	142:17.2a	144:17.2a	*得五清先生消息尚客澧州悵然有懷作詩㈠
252:151	151:12.9a	———	143:17.2b	145:17.2a	得五清先生消息尚客澧州悵然有懷作詩㈡
252:152	152:12.9b	80:5.13a	144:17.2b	146:17.2a	得五清先生消息尚客澧州悵然有懷作詩㈢
252:153	153:12.9b	———	145:17.2b	147:17.2b	得五清先生消息尚客澧州悵然有懷作詩㈣
252:154	154:12.9b	81:5.13a	146:17.3a	148:17.2b	得五清先生消息尚客澧州悵然有懷作詩㈤
252:155	155:12.10a	82:5.13a	147:17.3a	149:17.2b	得五清先生消息尚客澧州悵然有懷作詩㈥
252:501	———	84:5.13b	148:17.3b	150:17.2b	寄杭東卿

總　號	申　本	雍　本	袁　本	足　本	
252:502	———	85:5.13b	149:17.3b	151:17.3a	送羅秀才歸省
252:503	———	87:5.14a	150:17.3b	152:17.3a	寄張提學伯純
252:504	———	91:5.14b	151:17.4a	153:17.3a	聞陸舍人子引罷官兼懷徐舍人德章
252:505	———	95:5.15b	152:17.4a	154:17.3b	喜劉朝信過飲㈠
252:506	———	96:5.15b	153:17.4b	155:17.3b	喜劉朝信過飲㈡
252:507	———	———	154:17.4b	156:17.3b	喜劉朝信過飲㈢
252:508	———	———	155:17.4b	157:17.4a	懷王舍人文熙
252:509	———	———	156:17.5a	158:17.4a	*寄梁宗烈
252:510	———	———	157:17.5a	159:17.4a	送公順赴湖南有懷舊遊
252:511	———	———	158:17.5b	160:17.4a	公順阻雨又贈
252:512	———	———	159:17.5b	161:17.4b	*劉朝信讀書山寺
252:513	———	———	160:17.5b	162:17.4b	贈璽師
252:514	———	———	161:17.6a	163:17.4b	壽徐廣文
252:515	———	———	162:17.6a	———	答望之惠蜀扇並詩
252:516	———	———	163:17.6b	164:17.5a	*西谷有浙聘予喜其得勝遊因話浙中之勝
252:517	———	———	164:17.6b	———	贈陳逸老
252:518	———	———	165:17.6b	165:17.5a	送高子登赴試
252:519	———	———	166:17.7a	———	送朱有中
252:520	———	———	167:17.7a	166:17.5a	*與徐生
252:521	———	———	168:17.7b	167:17.5b	送徐生赴試
252:522	———	———	169:17.7b	168:17.5b	送張秀才還固安
252:523	———	———	170:17.7b	169:17.5b	贈葛時秀
252:524	———	———	171:17.8a	170:17.5b	奉寄泉山先生
252:525	———	———	172:17.8a	171:17.6a	為李秀才壽母
252:526	———	———	173:17.8b	172:17.6a	送別劉朝信
252:527	———	———	174:17.8b	———	寄君卿
252:528	———	———	175:17.8b	173:17.6a	寄任宏器
252:529	———	———	176:17.9a	174:17.6b	送熊舉人
252:530	———	———	177:17.9a	175:17.6b	*寄王甥朝良憂居
252:531	———	———	178:17.9b	256:18.6b	*途中寄別饒送諸生
252:532	———	———	179:17.9b	176:17.6b	壽李生父
252:533	———	———	180:17.9b	177:17.7a	贈樊生鵬
252:534	———	98:5.15b	181:17.10a	178:17.7a	*和賈西谷暮春雨後之作
252:535	———	———	182:17.10a	179:17.7a	答劉朝信春日之作
252:536	———	86:5.14a	183:17.10b	180:17.7a	九日袁惟學邀南園登高病不赴
252:537	———	93:5.15a	184:17.10b	181:17.7b	三月七日同諸生出遊
252:538	———	———	185:17.10b	202:17.10b	別寺僧是日立春
252:539	———	———	186:17.11a	182:17.7b	九日震雷山懷望之
252:540	———	———	187:17.11a	183:17.7b	立春日憶京
252:541	———	———	188:17.11b	184:17.8a	元日哭先人墓㈠
252:542	———	———	189:17.11b	185:17.8a	元日哭先人墓㈡
252:543	———	———	190:17.11b	186:17.8a	社前一日上先墓
252:544	———	———	191:17.12a	187:17.8b	春望
252:545	———	———	192:17.12a	188:17.8b	春來

總　號	申　本	雍　本	袁　本	足　本	
252:546	————	————	193:17.12b	189:17.8b	寒食
252:547	————	83:5.13b	194:17.12b	190:17.8b	清明
252:548	————	89:5.14b	195:17.12b	191:17.9a	仲春二日
252:549	————	90:5.14b	196:17.13a	192:17.9a	*晚晴
252:550	————	————	197:17.13a	193:17.9a	春興
252:551	————	94:5.15a	198:17.13b	194:17.9b	*清明自先塋歸
252:552	————	88:5.14a	199:17.13b	203:17.10b	*出寺過胡山人家
252:553	————	92:5.15a	200:17.13b	195:17.9b	*過袁惟學南園集飲㈠
252:554	————	————	201:17.14a	196:17.9b	過袁惟學南園集飲㈡
252:555	————	102:5.16b	202:17.14a	197:17.10a	*同趙先生宿山家
252:556	————	————	203:17.14b	198:17.10a	劉朝信西園
252:557	————	————	204:17.14b	200:17.10a	*飲邦重山莊夜歸
252:558	————	————	205:17.14b	199:17.10a	葉邦重山居
252:559	————	————	206:17.15a	201:17.10b	寺僧留宿
252:560	————	————	207:17.15a	204:17.11a	賢隱寺次劉朝信
252:561	————	————	208:17.15b	205:17.11a	袁揮使別墅次朝信惟學韻
252:562	————	————	209:17.15b	206:17.11a	*遊堅山阮生談西巖險絕予未嘗到
252:563	————	————	210:17.15b	207:17.11b	夜酌黑龍潭㈠
252:564	————	————	211:17.16a	208:17.11b	夜酌黑龍潭㈡
252:565	————	————	212:17.16a	209:17.12a	*留賈西谷學舍
252:566	————	————	213:17.16b	210:17.12a	王生館雨坐
252:567	————	————	214:17.16b	211:17.12a	過先人墓示彭天章㈠
252:568	————	————	215:17.16b	212:17.12a	過先人墓示彭天章㈡
252:569	————	————	216:17.17a	213:17.12b	同季升過李生書舍
252:570	————	99:5.16a	217:17.17a	214:17.12b	登西巖寺㈠
252:571	————	100:5.16a	218:17.17b	215:17.12b	登西巖寺㈡
252:572	————	————	219:17.17b	216:17.13a	遊賢隱寺
252:573	————	103:5.16b	220:18.18a	217:17.13a	過萬家庄
252:574	————	104:5.16b	221:18.18a	218:17.13a	*訪堅山寺僧不遇
252:575	————	105:5.17a	222:18.18b	219:17.13b	*再至寺
252:576	————	106:5.17a	223:18.18b	220:18.1a	*登堅山寺絕頂真武廟㈠
252:577	————	107:5.17a	224:18.18b	221:18.1a	登堅山寺絕頂真武廟㈡
252:578	————	————	225:18.19a	222:18.1a	懷西山
252:579	————	————	226:18.19a	223:18.1b	*自山家歸寺
252:580	————	————	227:18.19b	224:18.1b	近寺
252:581	————	————	228:18.19b	225:18.1b	過書院㈠
252:582	————	————	229:18.19b	226:18.2a	過書院㈡
252:583	————	————	230:18.20a	227:18.2a	登樓
252:584	————	108:5.17b	231:18.20a	228:18.2a	過杜家庄
252:585	————	————	232:18.20b	229:18.2a	獨坐
252:586	————	————	233:18.20b	230:18.2b	獨立
252:587	————	————	234:18.20b	231:18.2b	袁秀才書院芍藥
252:588	————	————	235:18.21a	232:18.2b	李秀才圃中牡丹
252:589	————	————	236:18.21a	233:18.3a	李秀才書屋冬菊花

總　號	申　本	雍　本	袁　本	足　本	
252:590	———	———	237:18.21b	234:18.3a	趙生書堂竹
252:591	———	———	238:18.21b	235:18.3a	梅
252:592	———	97:5.15b	239:18.21b	236:18.3b	懷賈長教壇上杏花
252:593	———	———	240:18.22a	237:18.3b	櫻桃
252:594	———	———	241:18.22a	238:18.3b	芍藥
252:595	———	———	242:18.22b	239:18.3b	雙柏
252:596	———	———	244:18.22b	241:18.4a	聞雷
252:597	———	———	245:18.23a	242:18.4a	曉起見雪
252:598	———	———	246:18.23a	243:18.4b	雨
252:599	———	———	247:18.23b	244:18.4b	密雨
252:600	———	———	248:18.23b	245:18.4b	漁樵
252:601	———	———	249:18.23b	———	祥殤
252:602	———	———	250:18.24a	246:18.5a	淮陰侯
252:603	———	———	251:18.24a	247:18.5a	吹笙
252:604	———	101:5.16a	252:18.24b	248:18.5a	廢屋
252:605	———	———	253:18.24b	249:18.5a	燕子
252:606			135:16.55a	137:16.13b	*送慈谿劉伯雨之南京尚寶卿

五言排律

總　號	申　本	雍　本	袁　本	足　本	
253:001	1:13.1a	4:8.25b	4:23.3b	4:23.3a	復菴王公錦
253:002	2:13.1a	5:8.25b	5:23.3b	5:23.3b	愚菴王公瓛
253:003	3:13.1b	2:8.24b	10:23.5b	10:23.5a	*悼馬詩
253:004	4:13.2a	3:8.25a	8:23.4b	8:23.4a	中元節有感
253:005	5:13.2b	———	6:23.4a	6:23.3b	雷
253:501	———	1:8.23b	1:23.1a	1:23.1a	上李石樓方伯
253:502	———	6:8.26a	2:23.2b	2:23.2a	*寄徐博士二十二韻
253:503	———	7:8.26b	3:23.3a	3:23.3a	寄邊太常
253:504	———	8:8.27a	9:23.5a	9:23.4b	九日
253:505	———	9:8.27b	7:23.4b	7:23.4a	雨後溪園即事

五言絕句

總　號	申　本	雍　本	袁　本	足　本	
254:001	1:13.2b	1:10.51a	1:28.34a	1:28.1a	絡緯吟
254:002	2:13.3a	———	2:28.34a	2:28.1a	雨後㈠
254:003	3:13.3a	2:10.51a	3:28.34b	3:28.1a	雨後㈡
254:004	4:13.3a	———	4:28.34b	4:28.1b	雨後㈢
254:005	5:13.3a	———	5:28.34b	5:28.1b	雨後㈣
254:006	6:13.3b	———	6:28.34b	6:28.1b	雨後㈤
254:007	7:13.3b	3:10.51a	7:28.34b	7:28.1b	雨後㈥
254:008	8:13.3b	———	8:28.35a	8:28.1b	雨後㈦
254:009	9:13.3b	———	9:28.35a	9:28.2a	雨後㈧
254:010	10:13.3b	4:10.51a	10:28.35a	10:28.2a	雨後㈨
254:011	11:13.4a	———	11:28.35a	11:28.2a	雨後㈩
254:012	12:13.4a	5:10.51a	12:28.35a	12:28.2a	八哥
254:013	13:13.4a	———	13:28.35b	13:28.2a	獨坐
254:014	14:13.4a	———	14:28.35b	14:28.2b	獨立

總　號	申　本	雍　本	袁　本	足　本	
254:015	15:13.4b	———	15:28.35b	15:28.2b	風雨
254:016	16:13.4b	6:10.51b	16:28.36a	16:28.2b	長安
254:017	17:13.4b	———	17:28.36a	17:28.2b	*簡趙雪舟乞菊㈠
254:018	18:13.5a	7:10.51b	18:28.36a	18:28.2b	簡趙雪舟乞菊㈡
254:019	19:13.5a	8:10.51b	19:28.36a	19:28.3a	九月桃梨花
254:020	20:13.5a	9:10.51b	20:28.36b	20:28.3a	*寄劉柬之副使㈠
254:021	21:13.5a	10:10.52a	21:28.36b	21:28.3a	寄劉柬之副使㈡
254:022	22:13.5b	———	22:28.36b	22:28.3a	寄孫世其㈠
254:023	23:13.5b	———	23:28.37a	23:28.3a	寄孫世其㈡
254:024	24:13.5b	———	24:28.37a	24:28.3b	寄孫世其㈢
254:025	25:13.5b	———	25:28.37a	25:28.3b	寄孫世其㈣
254:026	26:13.6a	———	26:28.37a	26:28.3b	*白雪曲㈠
254:027	27:13.6a	11:10.52a	27:28.37a	27:28.3b	白雪曲㈡
254:028	28:13.6a	———	28:28.37b	28:28.3b	白雪曲㈢
254:029	29:13.6a	12:10.52a	29:28.37b	29:28.4a	白雪曲㈣
254:030	30:13.6a	13:10.52a	30:28.37b	30:28.4a	白雪曲㈤
254:031	31:13.6b	———	31:28.37b	31:28.4a	白雪曲㈥
254:032	32:13.6b	———	32:28.37b	32:28.4a	白雪曲㈦
254:033	33:13.6b	———	33:28.38a	33:28.4a	白雪曲㈧
254:034	34:13.6b	14:10.52a	34:28.38a	34:28.4b	*白雪曲㈨
254:035	35:13.6b	———	35:28.38a	35:28.4b	白雪曲㈩
254:501	———	———	36:28.38a	36:28.4b	出寺
254:502	———	———	37:28.38b	37:28.4b	*酬璽上人送茶
254:503	———	———	38:28.38b	38:28.4b	雨雪歌
254:504	———	———	39:28.38b	39:28.5a	小景㈠
254:505	———	———	40:28.38b	40:28.5a	小景㈡
254:506	———	———	41:28.39a	41:28.5a	小景㈢
254:507	———	———	42:28.39a	42:28.5a	小景㈣
254:508	———	———	43:28.39a	43:28.5a	寄李獻吉㈠
254:509	———	———	44:28.39a	44:28.5b	寄李獻吉㈡
254:510	———	———	45:28.39b	45:28.5b	題畫
254:511	———	———	46:28.39b	46:28.5b	空屋見桃花
254:701	———	———	———	47:28.5b	聞蟬
254:702	———	———	———	48:28.5b	登樓
254:703	———	———	———	49:28.6a	邀劉文直不至

六言律詩

總　號	申　本	雍　本	袁　本	足　本	
262:501	———	———	3:28.42b	1:28.8a	上元葉邦重別墅歸

六言絕句

總　號	申　本	雍　本	袁　本	足　本	
264:001	1:13.7a	———	1:28.42b	1:28.8b	贈賈司教先生㈠
264:002	2:13.7a	———	2:28.42b	2:28.8b	贈賈司教先生㈡

七言古詩總號

總　號	申　本	雍　本	袁　本	足　本	
271:001	1:10.1a	———	1:11.6b	1:11.6a	大梁行
271:002	2:10.1b	———	2:11.7b	2:11.7a	蔡州行
271:003	3:10.2a	———	3:11.7b	3:11.7a	流螢篇
271:004	4:10.2b	1:3.1a	4:11.8b	4:11.7b	觀漲
271:005	5:10.3a	———	5:11.9a	5:11.8b	寄贈張方伯
271:006	6:10.3b	16:3.9b	6:11.9b	6:11.9a	木槿花歌
271:007	7:10.4a	2:3.1b	7:11.10a	7:11.9a	聽琴篇
271:008	8:10.4b	3:3.2a	8:11.10b	9:11.10a	*觀打魚用東坡韻
271:009	9:10.5a	4:3.2b	9:11.11a	10:11.10b	孤鴈篇
271:010	10:10.5b	———	10:11.11a	11:11.11a	北風行
271:011	11:10.6a	———	11:11.12a	12:11.11b	雨夕行
271:012	12:10.6b	5:3.3a	12:11.12b	13:11.12a	白雪篇
271:013	13:10.7a	———	13:11.13a	14:11.12b	雨雪呈望之
271:014	14:10.7b	———	14:11.13b	15:11.12b	寶劍篇
271:015	15:10.8b	———	15:11.14a	16:11.13b	寄王職方
271:016	16:10.8b	17:3.9b	16:11.14b	17:11.13b	寄李空同
271:017	17:10.9a	6:3.3b	17:11.14b	18:11.14a	歲晏行
271:018	18:10.9b	———	18:11.15b	49:12.11b	入京篇*足本甲組見 京集
271:019	19:10.10a	———	19:11.16a	19:11.14b	嫦娥圖
271:020	20:10.10b	8:3.4b	20:11.16b	20:11.15a	胡生行
271:021	21:10.11b	———	22:12.18a	22:12.1a	歸來篇
271:022	22:10.12a	9:3.5b	23:12.18b	23:12.1b	*雪中宴李揮使宅
271:023	23:10.12b	———	24:12.19a	24:12.2a	鴻門行
271:024	24:10.13a	———	25:12.19b	25:12.2a	垓下行
271:025	25:10.13b	10:3.5b	26:12.20a	26:12.2b	*長歌行贈旺兄
271:026	26:10.14b	11:3.6b	27:12.21a	27:12.3b	*短歌行贈賈西谷
271:027	27:10.15a	———	28:12.21b	28:12.4a	漢將篇
271:028	28:10.15b	12:3.7a	29:12.22a	29:12.4b	孤鶴篇
271:029	29:10.16a	———	30:12.22b	30:12.5a	冬雨嘆(一)
271:030	30:10.16b	———	31:12.23a	31:12.5b	冬雨嘆(二)
271:031	31:10.16b	———	32:12.23a	32:12.5b	冬雨嘆(三)
271:032	32:10.17a	13:3.8a	33:12.23b	33:12.6a	*懷舊吟贈阮世隆
271:033	33:10.17a	———	34:12.24a	34:12.6a	官倉行
271:034	34:10.17b	———	35:12.24a	35:12.6b	除夕醉歌(一)
271:035	35:10.17b	———	36:12.24a	36:12.6b	除夕醉歌(二)
271:501	———	———	21:11.17b	21:11.15b	袁惟武山水圖
271:502	———	7:3.4a	37:12.24b	37:12.7a	醉歌行贈柴逸士
271:503	———	———	38:12.25a	38:12.7b	和獻吉送公順
271:504	———	———	39:12.25b	39:12.7b	古峰畫梅歌
271:505	———	———	40:12.25b	40:12.8a	登山吟
271:506	———	———	41:12.26a	41:12.8a	落花嘆
271:507	———	———	42:12.26a	42:12.8b	復見阮生行
271:508	———	———	43:12.26b	43:12.8b	古井篇
271:509	———	———	44:12.26b	44:12.9a	古松歌
271:510	———	14:3.8a	45:12.27b	45:12.9b	隴右行送徐少參
271:511	———	15:3.9a	46:12.28a	46:12.10a	遊西峰示四子

總　號	申　本	雍　本	袁　本	足　本	
271:512	———	———	47:12.28b	47:12.10b	甄邦治行樂圖
271:513	———	———	48:12.28b	48:12.10b	*長安大道行
271:701	———	———		8:11.9b	懷三吉士

七言律詩

總　號	申　本	雍　本	袁　本	足　本	
272:001	1:12.10a	1:9.42b	1:24.20a	1:24.6a	*呂公祠
272:002	2:12.10b	2:9.43a	2:24.20b	2:24.6a	還家口號
272:003	3:12.10b	3:9.43a	3:24.20b	3:24.6b	*高夔州先生示賞李秀才園中芍藥詩用韻奉答
272:004	4:12.11a	4:9.43b	4:24.21a	4:24.6b	五日
272:005	5:12.11a	7:9.44a	5:24.21a	5:24.6b	*病後
272:006	6:12.11b	6:9.44a	6:24.21b	6:24.7a	*吹笛
272:007	7:12.11b	8:9.44a	7:24.21b	7:24.7a	*沈逸士來自吳下能詩善鼓琴間投篇什見訊顧館於城中予以病不得造乃作此詩招致敝庄
272:008	8:12.12a	9:9.44b	8:24.22a	8:24.7b	*邀沈清溪趙雪舟馬百愚登樓次百愚韻
272:009	9:12.12a	10:9.44b	9:24.22b	9:24.7b	*馬百愚同沈清溪見訪次韻㈠
272:010	———	11:9.45a	———	10:24.8a	馬百愚同沈清溪見訪次韻㈡
272:011	10:12.12b	22:9.47a	10:24.22b	11:24.8a	*十一月五日雨中邀沈清溪趙雪舟
272:012	11:12.12b	———	11:24.23a	12:24.8a	雨晴
272:013	12:12.13a	———	12:24.23a	13:24.8b	冬至
272:014	13:12.13a	———	13:24.23b	14:24.8b	立春
272:015	14:12.13b	———	14:24.23b	15:24.9a	燕子次杜工部韻
272:016	15:12.13b	14:9.45b	15:24.24a	16:24.9a	*秋興㈠
272:017	16:12.14a	15:9.45b	16:24.24a	17:24.9a	秋興㈡
272:018	17:12.14a	16:9.46a	17:24.24b	18:24.9b	秋興㈢
272:019	18:12.14b	17:9.46a	18:24.24b	19:24.9b	秋興㈣
272:020	19:12.14b	18:9.46a	19:24.25a	20:24.10a	秋興㈤
272:021	20:12.14b	19:9.46b	20:24.25a	21:24.10a	秋興㈥
272:022	21:12.15a	20:9.46b	21:24.25b	22:24.10a	秋興㈦
272:023	22:12.15a	21:9.46b	22:24.25b	23:24.10b	秋興㈧
272:024	23:12.15b	———	23:24.26a	24:24.10b	聞望之買馬促裝以詩留之
272:025	24:12.15b	———	25:24.26b	26:24.11a	十二夜月
272:026	25:12.16a	23:9.47a	26:24.26b	27:24.11a	*人日懷孟望之
272:027	26:12.16a	———	27:24.27a	29:24.11b	寄贈劉東山先生次林都憲韻
272:028	27:12.16b	———	28:24.27a	30:24.12a	寄懷端虛堂
272:029	28:12.16b	———	29:24.27b	31:24.12a	酬高新甫

總　號	申　本	雍　本	袁　本	足　本	
272:030	29:12.17a	———	30:24.27b	32:24.12a	代孫太守自題沱西別業次劉東山先生韻兼酬東山
272:031	30:12.17a	24:9.47b	31:24.28a	33:24.12b	寄張別駕
272:032	31:12.17b	———	32:24.28a	34:24.12b	九日不見菊次劉朝信韻
272:033	32:12.17b	———	33:24.28b	35:24.13a	夜坐
272:034	33:12.18a	———	34:24.28b	36:24.13a	九月二十六日同賈廣文劉舉人任貢士高夔府先生宅內賞菊㈠
272:035	34:12.18a	———	35:24.29a	37:24.13b	九月二十六日同賈廣文劉舉人任貢士高夔府先生宅內賞菊㈡
272:036	35:12.18b	———	36:24.29a	38:24.13b	九月二十六日同賈廣文劉舉人任貢士高夔府先生宅內賞菊㈢
272:037	36:12.18b	———	37:24.29b	39:24.13b	九月二十六日同賈廣文劉舉人任貢士高夔府先生宅內賞菊㈣
272:038	37:12.19a	———	38:24.29b	40:25.1a	生子
272:039	38:12.19a	———	39:24.30a	41:25.1a	溪上
272:040	39:12.19b	25:9.47b	40:25.31a	42:25.1b	無題
272:041	40:12.19b	———	41:25.31a	43:25.1b	次韻答莊國賓見訊
272:042	41:12.20a	———	42:25.31b	44:25.1b	贈穎川張子辰秀才
272:043	42:12.20a	26:9.48a	43:25.31b	45:25.2a	答雷長史㈠
272:044	43:12.20b	———	44:25.32a	46:25.2a	答雷長史㈡
272:045	44:12.20b	———	45:25.32a	47:25.2b	答雷長史㈢
272:046	45:12.20b	———	46:25.32b	48:25.2b	答雷長史㈣
272:501	———	12:9.45a	47:25.32b	49:25.2b	送馬公順視學湖南㈠
272:502	———	———	48:25.33a	50:25.3a	送馬公順視學湖南㈡
272:503	———	13:9.45b	49:25.33a	51:25.3a	送馬公順視學湖南㈢
272:504	———	———	50:25.33b	52:25.3b	送馬公順視學湖南㈣
272:505	———	27:9.48a	51:25.33b	53:25.3b	*王君宿邀蔡大尹過予舍至期雨候蔡不至作詩促之
272:506	———	———	52:25.34a	54:25.3b	讀李子艮嶽詩有感
272:507	———	———	53:25.34a	55:25.4a	早春眺望
272:508	———	———	54:25.34b	56:25.4a	感春
272:509	———	———	55:25.34b	57:25.4b	寄五清先生
272:510	———	———	56:25.35a	58:25.4b	*懷西涯先生
272:511	———	———	57:25.35a	59:25.4b	寄希哲望之二兄
272:512	———	———	58:25.35b	60:25.5a	寄任司訓
272:513	———	———	59:25.35b	61:25.5a	寄馬君卿固安
272:514	———	———	60:25.36a	62:25.5b	雨中留蔡黃二親
272:515	———	———	61:25.36a	63:25.5b	*清明日上先祖並兄墓
272:516	———	———	62:25.36b	64:25.5b	袁惟武邀客泛舟夜下次韻
272:517	———	———	63:25.36b	65:25.6a	葉四公子西園
272:518	———	———	64:25.37a	66:25.6a	張太守宅同賈長教會集

總　號	申　本	雍　本	袁　本	足　本	
272:519	————	————	65:25.37a	67:25.6b	春興
272:520	————	————	66:25.37b	68:25.6b	*袁沖霄先生同惟學過訪
272:521	————	————	67:25.37b	69:25.6b	*同高鐵溪先生劉朝信兄宿賢隱寺次韻
272:522	————	————	68:25.38a	70:25.7a	*袁惟學南園
272:523	————	————	69:25.38a	71:25.7a	登謝臺
272:524	————	————	70:25.38b	72:25.7b	楊花
272:525	————	————	71:25.38b	74:25.7b	秋夜
272:526	————	————	72:25.39a	75:25.8a	賢隱寺別劉朝信
272:527	————	————	73:25.39a	76:25.8a	歲暮
272:528	————	————	74:25.39b	77:25.8a	*對雪懷劉朝信
272:529	————	————	75:25.39b	78:25.8b	寄胡宗器悼內
272:530	————	————	76:25.40a	79:25.8b	穀日
272:531	————	————	77:25.40a	80:25.9a	送任宏器入京㈠
272:532	————	————	78:25.40b	81:25.9a	送任宏器入京㈡
272:533	————	————	79:25.40b	83:25.9b	*題葉邦重山水畫限韻
272:534	————	————	80:25.41a	84:25.9b	題張給事安期圖為乃翁壽
272:535	————	————	81:25.41a	85:25.10a	贈楊靜之歸真陽
272:536	————	————	82:25.41b	87:25.10b	太虛上人為起書樓
272:537	————	————	83:25.41b	88:25.10b	遊西山胡本清邀留
272:538	————	————	84:25.42a	89:25.10b	新色寺與諸生留別
272:539	————	————	85:25.42a	90:25.11a	趙生書屋
272:540	————	————	86:25.42b	91:25.11a	*題任宏器思親卷
272:541	————	————	87:25.42b	92:25.11b	贈嚴生
272:542	————	————	88:25.43a	93:25.11b	述懷
272:543	————	————	89:25.43a	94:25.11b	送周大
272:544	————	————	90:25.43b	95:25.12a	題劉朝信唐學士瀛洲圖
272:545	————	————	24:24.26a	25:24.11a	*同焦太史游青峰禪寺
272:701	————	————	————	28:24.11b	贈袁將軍惟武
272:702	————	————	————	73:25.7b	暮春
272:703	————	————	————	82:25.9b	再送宏器
272:704	————	————	————	86:25.10a	到寺
272:705	————	5:9.43b	--:27.26a	--:24.8b	［見372:506］

七言排律

總　號	申　本	雍　本	袁　本	足　本	
273:501	————	————	1:27.32a	1:27.13a	寄李郎中

七言絶句

總　號	申　本	雍　本	袁　本	足　本	
274:001	1:13.7a	1:10.54a	--:29.58b	--:29.11a	宮詞*袁、足本見京集374:502

總　號	申　本	雍　本	袁　本	足　本	
274:002	2:13.7b	2:10.54a	1:28.43b	1:28.10a	*溪上水新至漫興㈠
274:003	3:13.7b	————	2:28.43b	2:28.10a	溪上水新至漫興㈡
274:004	4:13.7b	3:10.54b	3:28.44a	3:28.10a	溪上水新至漫興㈢
274:005	5:13.7b	————	4:28.44a	4:28.10a	溪上水新至漫興㈣
274:006	6:13.8a	————	5:28.44a	5:28.10b	秋日雜興㈠
274:007	7:13.8a	————	6:28.44a	6:28.10b	秋日雜興㈡
274:008	8:13.8a	————	7:28.44a	7:28.10b	秋日雜興㈢
274:009	9:13.8a	————	8:28.44b	8:28.10b	秋日雜興㈣
274:010	10:13.8a	————	9:28.44b	9:28.11a	秋日雜興㈤
274:011	11:13.8b	————	10:28.44b	10:28.11a	秋日雜興㈥
274:012	12:13.8b	————	11:28.44b	11:28.11a	秋日雜興㈦
274:013	13:13.8b	————	12:28.44b	12:28.11a	秋日雜興㈧
274:014	14:13.8b	————	13:28.45a	13:28.11a	秋日雜興㈨
274:015	15:13.8b	————	14:28.45a	14:28.11b	秋日雜興㈩
274:016	16:13.9a	————	15:28.45a	15:28.11b	秋日雜興㈪
274:017	17:13.9a	————	16:28.45a	16:28.11b	秋日雜興㈫
274:018	18:13.9a	————	17:28.45a	17:28.11b	秋日雜興㈬
274:019	19:13.9a	————	18:28.45b	18:28.11b	秋日雜興㈭
274:020	20:13.9a	————	19:28.45b	19:28.12a	秋日雜興㈮
274:021	21:13.9b	————	20:28.45b	20:28.12a	雞鳴曲㈠
274:022	22:13.9b	————	21:28.45b	21:28.12a	雞鳴曲㈡
274:023	23:13.9b	————	22:28.46a	22:28.12a	雞鳴曲㈢
274:024	24:13.9b	————	23:28.46a	23:28.12a	喜戴仲鶡得鄉薦㈠
274:025	25:13.10a	————	24:28.46b	24:28.12b	喜戴仲鶡得鄉薦㈡
274:026	26:13.10a	————	25:28.46a	25:28.12b	慰任宏器諸友失第㈠
274:027	27:13.10a	————	26:28.46b	26:28.12b	慰任宏器諸友失第㈡
274:028	28:13.10a	————	27:28.46b	30:28.13a	對菊㈠
274:029	29:13.10b	————	28:28.46b	31:28.13b	對菊㈡
274:030	30:13.10b	————	29:28.46b	32:28.13b	對菊㈢
274:031	31:13.10b	————	30:28.46b	33:28.13b	對菊㈣
274:032	32:13.10b	————	31:28.47a	34:28.13b	葡萄㈠
274:033	33:13.11a	————	32:28.47a	35:28.14a	葡萄㈡
274:034	34:13.11a	————	33:28.47a	36:28.14a	簡賈司教㈠
274:035	35:13.11a	————	34:28.47a	37:28.14a	簡賈司教㈡
274:036	36:13.11a	————	35:28.47b	38:28.14a	*吾郡古要害地也閒居興懷追詠古跡作詩㈠
274:037	37:13.11b	————	36:28.47b	39:28.14b	吾郡古要害地也閒居興懷追詠古跡作詩㈡
274:038	38:13.11b	4:10.54b	37:28.47b	40:28.14b	吾郡古要害地也閒居興懷追詠古跡作詩㈢
274:039	39:13.11b	5:10.54b	38:28.47b	41:28.14b	吾郡古要害地也閒居興懷追詠古跡作詩㈣
274:040	40:13.11b	———	39:28.48a	42:28.14b	吾郡古要害地也閒居興懷追詠古跡作詩㈤
274:041	41:13.11b	———	40:28.48a	43:28.14b	吾郡古要害地也閒居興懷追詠古跡作詩㈥
274:042	42:13.12a	———	41:28.48a	44:28.15a	吾郡古要害地也閒居興懷追詠古跡作詩㈦

總　號	申　本	雍　本	袁　本	足　本	
274:043	43:13.12a	———	42:28.48a	45:28.15a	吾郡古要害地也閒居興懷追詠古跡作詩㈧
274:501	——	——	43:29.49a	46:29.1a	別相餞諸友
274:502	——	——	44:29.49a	47:29.1a	友人夜宿
274:503	——	——	45:29.49a	48:29.1a	題馮大京畫蘭
274:504	——	——	46:29.49b	49:29.1b	適堅山寺
274:505	——	——	47:29.49b	50:29.1b	*雨中看花㈠
274:506	——	——	48:29.49b	51:29.1b	雨中看花㈡
274:507	——	——	49:29.49b	52:29.1b	雨中看花㈢
274:508	——	——	50:29.50a	53:29.2a	雨中看花㈣
274:509	——	——	51:29.50a	54:29.2a	雨中看花㈤
274:510	——	——	52:29.50a	55:29.2a	雨中看花㈥
274:511	——	——	53:29.50a	56:29.2a	雨中看花㈦
274:512	——	——	54:29.50a	57:29.2a	賈西谷邀飲山寺朝信不至詩以促之
274:513	——	——	55:29.50b	58:29.2b	任宏器草亭㈠
274:514	——	——	56:29.50b	59:29.2b	任宏器草亭㈡
274:515	——	——	57:29.50b	60:29.2b	任宏器草亭㈢
274:516	——	——	58:29.50b	61:29.2b	任宏器草亭㈣
274:517	——	——	59:29.51a	62:29.3a	岳豫之小畫㈠
274:518	——	——	60:29.51a	63:29.3a	岳豫之小畫㈡
274:519	——	——	61:29.51a	64:29.3a	岳豫之小畫㈢
274:520	——	——	62:29.51a	65:29.3a	岳豫之小畫㈣
274:521	——	——	63:29.51b	66:29.3b	元夕懷都下之遊㈠
274:522	——	——	64:29.51b	67:29.3b	元夕懷都下之遊㈡
274:523	——	——	65:29.51b	68:29.3b	元夕懷都下之遊㈢
274:524	——	——	66:29.51b	69:29.3b	元夕懷都下之遊㈣
274:525	——	——	67:29.51b	70:29.3b	元夕懷都下之遊㈤
274:526	——	——	68:29.52a	71:29.4a	題潘秀才吹笛畫扇
274:601	——	——	--:29.59a	72:29.4a	*寄岳陽龐推官㈠
	*袁本見374:701-704				
274:602	——	6:10.54b	--:29.59a	73:29.4a	寄岳陽龐推官㈡
274:603	——	——	--:29.59a	74:29.4a	寄岳陽龐推官㈢
274:604	——	——	--:29.59b	75:29.4b	寄岳陽龐推官㈣
274:701	——	——	——	27:28.12b	黑龍潭
274:702	——	——	——	28:28.13a	過先墓
274:703	——	——	——	29:28.13a	野屋
274:801	——	——	——	——	天對山*見劉譜2.35a

京集

五言古詩

總　號	申　本	雍　本	袁　本	足　本	
351:001	1:14.1a	————	1:9.22a	1:9.5b	贈王文熙㈠
351:002	2:14.1a	————	2:9.22b	2:9.5b	贈王文熙㈡
351:003	3:14.1a	————	3:9.22b	3:9.5b	贈王文熙㈢
351:004	4:14.1b	————	4:9.23a	4:9.5b	贈王文熙㈣
351:005	5:14.1b	————	5:9.23a	5:9.6a	懼功甫悼亡㈠
351:006	6:14.1b	————	6:9.23a	6:9.6a	懼功甫悼亡㈡
351:007	7:14.2a	————	7:9.23b	7:9.6a	悼亡㈠
351:008	8:14.2a	————	8:9.23b	8:9.6b	悼亡㈡
351:009	9:14.2b	————	9:9.24a	9:9.6b	悼亡㈢
351:010	10:14.2b	————	10:9.24a	10:9.7a	挽葉進士
351:011	11:14.2b	————	11:9.24b	11:9.7a	贈李獻吉㈠
351:012	12:14.3a	————	12:9.24b	12:9.7b	贈李獻吉㈡
351:013	13:14.3a	————	13:9.25a	13:9.7b	贈李獻吉㈢
351:014	14:14.3b	————	14:9.25a	14:9.7b	答獻吉㈠
351:015	15:14.3b	————	15:9.25a	15:9.8a	答獻吉㈡
351:016	16:14.3b	————	16:9.25b	16:9.8a	遊魯山城南舍㈠
351:017	17:14.4a	————	17:9.25b	17:9.8b	遊魯山城南舍㈡
351:018	18:14.4a	————	18:9.26a	18:9.8b	中秋十七夜留康德涵飲㈠
351:019	19:14.4b	————	19:9.26b	19:9.9a	中秋十七夜留康德涵飲㈡
351:020	20:14.4b	————	20:9.26b	20:9.9a	詠懷㈠
351:021	21:14.5a	————	21:9.27a	21:9.9b	詠懷㈡
351:022	22:14.5a	————	22:9.27a	22:9.9b	詠懷㈢
351:023	23:14.5a	————	23:9.27a	23:9.9b	詠懷㈣
351:024	24:14.5b	————	24:9.27b	24:9.10a	詠懷㈤
351:025	25:14.5b	————	25:9.27b	25:9.10a	詠懷㈥
351:026	26:14.6a	————	26:9.28a	26:9.10b	詠懷㈦
351:027	27:14.6a	————	27:9.28a	27:9.10b	詠懷㈧
351:028	28:14.6a	————	28:9.28a	28:9.11a	詠懷㈨
351:029	29:14.6b	————	29:9.28b	29:9.11a	詠懷㈩
351:030	30:14.6b	————	30:9.29a	30:9.11b	東皋
351:031	31:14.7a	1:2.18a	31:9.29a	31:9.11b	贈邊子㈠
351:032	32:14.7a	2:2.18a	32:9.29b	32:9.11b	贈邊子㈡
351:033	33:14.7a	3:2.18a	33:9.29b	33:9.11b	贈邊子㈢
351:034	34:14.7b	4:2.18b	34:9.29b	34:9.12a	贈邊子㈣
351:035	35:14.7b	5:2.18b	35:10.31a	35:10.1a	贈望之㈠
351:036	36:14.7b	6:2.18b	36:10.31a	36:10.1a	贈望之㈡
351:037	37:14.8a	7:2.19a	37:10.31b	37:10.1b	贈望之㈢
351:038	38:14.8a	8:2.19a	38:10.31b	38:10.1b	贈望之㈣
351:039	39:14.8b	————	39:10.32a	39:10.2a	送王宗哲少卿
351:040	40:14.8b	9:2.19a	40:10.32a	40:10.2a	出城贈韓子
351:041	41:14.9a	10:2.19b	41:10.32b	41:10.2a	*過呂涇野宅同呂道大馬君卿

總　號	申　本	雍　本	袁　本	足　本	
351:042	42:14.9a	--:10.53b	42:10.33a	42:10.2b	鳴蟬*雍本分絕句二首見354:703-704
351:043	43:14.9b	———	43:10.33a	43:10.2b	冬至
351:044	44:14.9b	16:2.20a	44:10.33b	44:10.3a	贈田子㈠
351:045	45:14.10a	17:2.20b	45:10.33b	45:10.3a	贈田子㈡
351:046	46:14.10a	———	46:10.34a	46:10.3b	贈田子㈢
351:047	47:14.10b	18:2.20b	47:10.34a	47:10.3b	*七夕劉子緯宅次君卿韻
351:048	48:14.10b	———	48:10.34b	48:10.4a	斷絕詞
351:049	49:14.11a	———	49:10.34b	49:10.4a	玉岡黔國地種竹
351:050	50:14.11b	19:2.21a	50:10.35a	50:10.4b	*贈君采效何遜作㈠
351:051	51:14.11b	20:2.21a	51:10.35b	51:10.5a	贈君采效何遜作㈡
351:052	52:14.12a	21:2.21a	52:10.35b	52:10.5a	贈君采效何遜作㈢
351:053	53:14.12a	22:2.21a	53:10.36a	53:10.5a	贈君采效何遜作㈣
351:054	54:14.12a	23:2.21b	54:10.36a	54:10.5b	酬贈王德徵
351:055	55:14.12b	24:2.21b	55:10.36b	55:10.5b	江畬行
351:056	56:14.12b	25:2.22a	56:10.36b	56:10.6a	詠衣
351:057	57:14.13a	26:2.22a	57:10.37a	57:10.6a	古怨詩㈠
351:058	58:14.13a	27:2.22b	58:10.37a	58:10.6a	古怨詩㈡
351:059	59:14.13b	28:2.22b	59:10.37b	59:10.6b	古怨詩㈢
351:060	60:14.13b	29:2.22b	60:10.37b	60:10.6b	古怨詩㈣
351:061	61:14.13b	30:2.22b	61:10.37b	61:10.6b	古怨詩㈤
351:062	62:14.14a	31:2.23a	62:10.38a	62:10.7a	情詩
351:063	63:14.14a	32:2.23a	63:10.38a	63:10.7a	詠裘
351:064	64:14.14a	33:2.23a	64:10.38a	64:10.7a	飲酒
351:065	65:14.14b	34:2.23b	65:10.38b	65:10.7b	*送劉御史按淮揚諸郡
351:066	66:14.15a	35:2.24a	66:10.39a	66:10.8a	遊洪法寺塔園土山
351:067	67:14.15b	36:2.24b	67:10.39b	67:10.8a	*贈時亮
351:068	68:14.15b	37:2.24b	68:10.39b	68:10.8a	*贈子言
351:069	69:14.16a	———	69:10.40a	69:10.8b	冬夜
351:070	70:14.16a	38:2.24b	70:10.40a	70:10.8b	十二月朔日大駕觀牲
351:071	71:14.16b	39:2.25a	71:10.40b	71:10.9a	簡君采
351:072	72:14.16b	40:2.25b	72:10.40b	72:10.9a	送崔氏㈠
351:073	73:14.17a	41:2.25b	73:10.41a	73:10.9b	送崔氏㈡
351:074	74:14.17a	42:2.26a	74:10.41b	74:10.10a	送崔氏㈢
351:075	75:14.17b	43:2.26a	75:10.41b	75:10.10a	送崔氏㈣
351:076	76:14.17b	44:2.26b	76:10.42a	76:10.10b	*寄贈王子衡㈠
351:077	77:14.18a	45:2.26b	77:10.42a	77:10.10b	寄贈王子衡㈡
351:078	78:14.18a	46:2.26b	78:10.42b	78:10.10b	寄贈王子衡㈢
351:079	79:14.18a	47:2.26b	79:10.42b	79:10.11a	寄贈王子衡㈣
351:080	80:14.18b	48:2.27a	80:10.43a	80:10.11a	集吳子寺館
351:081	81:14.18b	———	81:10.43a	81:10.11a	夏夜薛子宅
351:082	82:14.19a	49:2.27a	82:10.43b	82:10.11b	贈君采
351:501	--:5.12a	11:2.19b	--:6.17b	--:6.1b	［見樂:045］
351:502	--:5.12a	12:2.20a	--:6.18a	--:6.1b	［見樂:046］
351:503	--:5.12a	13:2.20a	--:6.18a	--:6.1b	［見樂:047］
351:504	--:5.12a	14:2.20a	--:6.18a	--:6.2a	［見樂:048］
351:505	［———］	15:2.20a	［———］	［———］	［見樂:048］

五言律詩

總　號	申　本	雍　本	袁　本	足　本	
352:001	1:16.1a	136:6.40b	152:20.6a	153:20.4b	*夜過川甫
352:002	2:16.1a	————	278:21.31b	277:21.10b	秦翁輓章
352:003	3:16.1b	137:6.40b	153:20.6a	154:20.5a	*九月二十五日會曹汝學侍御于麓堂夜歸遂過侍御宅
352:004	4:16.1b	————	1:18.26a	1:18.6b	送劉大理守衢州府
352:005	5:16.1b	————	110:19.48a	111:19.11a	雪簡川甫
352:006	6:16.2a	138:6.41a	2:18.26a	2:18.6b	*送馮大和
352:007	7:16.2a	139:6.41a	3:18.26b	3:18.6b	送石令之廣濟
352:008	8:16.2b	————	111:19.48a	112:19.11b	寄任司訓
352:009	9:16.2b	140:6.41a	326:22.42a	325:22.5b	鸚鵡
352:010	10:16.2b	————	154:20.6a	155:20.5a	冬夜過飲戴時亮進士
352:011	11:16.3a	————	304:22.37b	303:22.2a	五更
352:012	12:16.3a	141:6.41b	112:19.48b	113:19.11b	至日寄望之汶上
352:013	13:16.3b	————	113:19.48b	114:19.11b	簡以道
352:014	14:16.3b	————	4:18.26b	4:18.7a	送張子行
352:015	15:16.3b	142:6.41b	290:21.34a	289:21.12b	內直遇雪
352:016	16:16.4a	143:6.41b	47:19.35b	47:19.1a	*九日夜過劉以正別士奇
352:017	17:16.4a	144:6.42a	5:18.26b	5:18.7a	*元夜孫世其席上餞勤甫
352:018	18:16.4b	145:6.42a	6:18.27a	6:18.7a	*送謝邦用之湖南
352:019	19:16.4b	146:6.42a	7:18.27a	7:18.7b	送呂子
352:020	20:16.4b	147:6.42b	8:18.27b	8:18.7b	*送顧與成赴浙江參議
352:021	21:16.5a	148:6.42b	142:20.3b	143:20.3a	*殿試宿禮部張子淳郎中署奉和馬張二光祿喬直閣諸公
352:022	22:16.5a	149:6.42b	143:20.4a	144:20.3b	*得顧華玉全州書兼知望之消息
352:023	23:16.5b	150:6.43a	155:20.6b	156:20.5a	*徐子容見過
352:024	24:16.5b	————	9:18.27b	9:18.7b	李南陽宅餞子容
352:025	25:16.6a	151:6.43a	10:18.27b	10:18.8a	*送高潁之給事使楚道過揚州
352:026	26:16.6a	152:6.43a	11:18.28a	11:18.8a	*餞子容
352:027	27:16.6a	153:6.43b	82:19.42b	82:19.7a	白將軍征南兼壽母
352:028	28:16.6b	154:6.43b	156:20.6b	157:20.5b	*與王宗哲過訪劉德徵兼有所懷
352:029	29:16.6b	155:6.43b	157:20.7a	158:20.5b	端陽日過子容登瞻辰樓
352:030	30:16.7a	156:6.44a	158:20.7a	159:20.5b	九日顯靈宮宴集
352:031	31:16.7a	157:6.44a	159:20.7a	160:20.6a	登紫極閣
352:032	32:16.7a	158:6.44a	160:20.7b	161:20.6a	侯郎中劉主事見過對菊
352:033	33:16.7b	159:6.44b	147:20.4b	148:20.4a	*次韻張郎中九日無菊

總　號	申　本	雍　本	袁　本	足　本	
352:034	34:16.7b	160:6.44b	314:22.39b	313:22.4a	*謝崔太史惠菊
352:035	35:16.8a	161:6.44b	325:22.41b	324:22.5b	聞雁
352:036	36:16.8a	162:6.45a	85:19.43a	85:19.7b	贈王舉人
352:037	37:16.8a	163:6.45a	280:21.32a	279:21.10b	輓謝中丞
352:038	38:16.8b	164:6.45a	161:20.7b	162:20.6a	過君采次韻㈠
352:039	39:16.8b	165:6.45b	162:20.8a	163:20.6b	過君采次韻㈡
352:040	40:16.8b	166:6.45b	12:18.28a	12:18.8a	送鄒子之浙中訪迎張子
352:041	41:16.9a	167:6.45b	256:21.27b	254:21.7a	繡水晴瀾
352:042	42:16.9a	168:6.46a	13:18.28b	13:18.8a	*送熊御史尚弼謝病還江西
352:043	43:16.9b	169:6.46a	163:20.8a	164:20.6b	*世其宅夜集同君采作難字
352:044	44:16.9b	170:6.46a	293:21.34b	292:21.13a	冬月
352:045	45:16.9b	171:6.46b	257:21.27b	255:21.7a	以行自西山還相訪
352:046	46:16.10a	174:6.47a	101:19.46a	102:19.10a	*吳逸士
352:047	47:16.10a	———	14:18.28b	14:18.8b	送蕭升之任登州府學
352:048	48:16.10b	175:6.47a	114:19.48b	115:19.12a	*寄空同子卜居襄陽
352:049	49:16.10b	176:6.47a	15:18.28b	15:18.8b	送王有鄰之趙州
352:050	50:16.10b	177:6.47b	164:20.8a	165:20.6b	*秋夕同蕭執夫舍姪士飲
352:051	51:16.11a	178:6.47b	86:19.43a	86:19.7b	*贈管汝濟
352:052	52:16.11a	179:6.47b	292:21.34b	291:21.12b	將雪有懷
352:053	53:16.11b	180:6.48a	16:18.29a	16:18.8b	真空寺送人不及㈠
352:054	54:16.11b	181:6.48a	17:18.29a	17:18.9a	真空寺送人不及㈡
352:055	55:16.11b	182:6.48a	18:18.29b	18:18.9a	*汝立席上送世其㈠
352:056	56:16.12a	183:6.48a	19:18.29b	19:18.9a	汝立席上送世其㈡
352:057	57:16.12a	184:6.48b	88:19.43b	95:19.9a	*贈呂子遷左給事中
352:058	58:16.12a	185:6.48b	258:21.27b	257:21.7b	平坡
352:059	59:16.12b	186:6.48b	165:20.8b	256:21.7a	夜歸昌化寺
352:060	60:16.12b	187:6.49a	259:21.28a	258:21.7b	圓通寺
352:061	61:16.13a	188:6.49a	87:19.43b	87:19.7b	贈權僧過昌化寺見訪次韻
352:062	62:16.13a	189:6.49a	166:20.8b	166:20.6b	除夕劉戶部宅
352:063	63:16.13a	190:6.49b	148:20.5a	149:20.4a	除夕和以道懷弟之作
352:064	64:16.13b	———	20:18.29b	20:18.9b	送以行往平山省外父母次韻
352:065	65:16.13b	191:6.49b	167:20.9a	167:20.7a	晚過以行
352:066	66:16.14a	192:6.49b	168:20.9a	168:20.7a	顧九和內翰約看花城南寺病目不赴
352:067	67:16.14a	193:6.50a	305:22.37b	304:22.2b	三月三日
352:068	68:16.14a	194:6.50a	133:20.2a	134:20.1b	*皇陵
352:069	69:16.14b	195:7.1a	140:20.3b	141:20.3a	*酬郭內翰上陵還詩
352:070	70:16.14b	196:7.1a	21:18.30a	21:18.9b	送劉子遊西山寺
352:071	71:16.15a	197:7.1a	169:20.9a	169:20.7a	遊郭氏山亭
352:072	72:16.15a	198:7.1b	291:21.34b	290:21.12b	入朝遇雨
352:073	73:16.15a	199:7.1b	22:18.30a	22:18.9b	送王生還嵩盟兼訊趙叔

總　號	申　本	雍　本	袁　本	足　本	
352:074	74:16.15b	200:7.1b	23:18.30b	23:18.10a	*送施聘之御史南還
352:075	75:16.15b	201:7.2a	315:22.39b	314:22.4a	觀荷
352:076	76:16.16a	203:7.2a	24:18.30b	24:18.10a	*送王判之永州
352:077	77:16.16a	204:7.2b	271:21.30b	270:21.9b	鑑公房石鐙
352:078	78:16.16a	205:7.2b	301:22.37a	300:22.1b	中秋無月
352:079	79:16.16b	206:7.2b	25:18.30b	25:18.10a	送李令赴宜城
352:080	80:16.16b	207:7.3a	170:20.9b	170:20.7b	九月四日劉子見過㈠
352:081	81:16.17a	208:7.3a	171:20.9b	171:20.7b	九月四日劉子見過㈡
352:082	82:16.17a	209:7.3a	172:20.10a	172:20.7b	*九月五日與張劉崔三子約九日遊法藏寺塔劉嘗約遊西山竟寒盟故云
352:083	83:16.17a	210:7.3b	173:20.10a	173:20.8a	登塔㈠
352:084	84:16.7b	211:7.3b	174:20.10b	174:20.8a	登塔㈡
352:085	85:16.17b	212:7.3b	300:22.36b	299:22.1b	九月十五夜月
352:086	86:16.18a	213:7.3b	115:19.49a	116:19.12a	雪簡鄭客
352:087	87:16.18a	214:7.4a	26:18.31a	26:18.10b	*送韓仲子並訊其弟季子㈠
352:088	88:16.18a	215:7.4a	27:18.31a	27:18.10b	送韓仲子並訊其弟季子㈡
352:089	89:16.18b	216:7.4a	175:20.10b	175:20.8a	訪客鑑公房
352:090	90:16.18b	217:7.4b	28:18.31b	28:18.10b	送兄㈠
352:091	91:16.18b	218:7.4b	29:18.31b	29:18.10b	送兄㈡
352:092	92:16.19a	219:7.4b	89:19.43b	89:19.8a	贈鄭佐
352:093	93:16.19a	220:7.5a	176:20.10b	176:20.8b	齋宿大興隆寺
352:094	94:16.19b	221:7.5a	128:20.1a	129:20.1a	駕出
352:095	95:16.19b	222:7.5a	129:20.1a	130:20.1a	大祀
352:096	96:16.19b	223:7.5b	130:20.1b	131:20.1a	*駕幸南海子
352:097	97:16.20a	224:7.5b	131:20.1b	132:20.1b	駕入
352:098	98:16.20a	225:7.5b	132:20.1b	133:20.1b	慶成宴
352:099	99:16.20b	226:7.6a	331:22.43a	330:22.6b	*蘇子遊赤壁圖
352:100	100:16.20b	227:7.6a	90:19.44a	90:19.8a	君采遷居
352:101	101:16.20b	228:7.6a	177:20.11a	177:20.8b	春日劉薛二子過
352:102	102:16.21a	229:7.6b	327:22.42a	326:22.6a	春鴈
352:103	103:16.21a	230:7.6b	272:21.30b	271:21.9b	*張侍御仲修送弓
352:104	104:16.21b	231:7.6b	91:19.44a	91:19.8a	贈時亮
352:105	105:16.21b	232:7.7a	30:18.31b	30:18.11a	*送曾建昌取道還瀘州
352:106	106:16.21b	234:7.7a	316:22.40a	315:22.4a	*寺中吾子館海石榴
352:107	107:16.22a	235:7.7b	320:22.40b	319:22.4b	雨中紅芍藥
352:108	108:16.22a	236:7.7b	31:18.32a	31:18.11a	*送郭進士告歸大梁
352:109	109:16.22b	237:7.7b	32:18.32a	32:18.11a	*送沙河方令
352:110	110:16.22b	238:7.8a	33:18.32b	33:18.11b	*送賈郡博之階州
352:111	111:16.22b	239:7.8a	34:18.32b	34:18.11b	*送汪二司業還南京㈠
352:112	112:16.23a	240:7.8a	35:18.32b	35:18.11b	送汪二司業還南京㈡
352:113	113:16.23a	241:7.8a	136:20.2b	137:20.2a	晚出左掖

總號	申本	雍本	袁本	足本	
352:114	114:16.23a	242:7.8b	137:20.2b	138:20.2b	*奉和嚴太史謁泰陵㈠
352:115	115:16.23b	243:7.8b	138:20.3a	139:20.2b	奉和嚴太史謁泰陵㈡
352:116	116:16.23b	244:7.8b	139:20.3a	140:20.2b	奉和嚴太史謁泰陵㈢
352:117	117:16.23b	245:7.9a	276:21.31b	275:21.10a	*壽酈廷瑞太守
352:118	118:16.24a	246:7.9a	178:20.11a	178:20.8b	*再過玄明宮
352:119	119:16.24a	247:7.9a	260:21.28a	259:21.7b	仁壽寺
352:120	120:16.24b	248:7.9b	179:20.11b	179:20.9a	九日登仁壽寺後山
352:121	121:16.24b	249:7.9b	261:21.28b	260:21.8a	*詠天寧寺塔
352:122	122:17.1a	250:7.9b	180:20.11b	180:20.9a	十月望夜劉薛二子過對月
352:123	123:17.1a	233:7.7a	92:19.44b	92:19.8b	*賀汝濟生子
352:124	124:17.1b	———	93:19.44b	93:19.8b	贈董侍御
352:125	125:17.1b	———	306:22.38a	305:22.2b	秋夜
352:126	126:17.1b	———	181:20.11b	181:20.9a	九日登慈恩寺閣㈠
352:127	127:17.2a	———	182:20.12a	182:20.9a	九日登慈恩寺閣㈡
352:128	128:17.2a	———	183:20.12a	183:20.9b	九日登慈恩寺閣㈢
352:129	129:17.2a	———	36:18.33a	36:18.12a	送楊子溶下第還廣東
352:130	130:17.2b	———	37:18.33a	37:18.12a	別王秉衡
352:131	131:17.2b	———	307:22.38a	306:22.2b	元夕
352:132	132:17.3a	———	273:21.30b	272:21.9b	新鄭道中
352:133	133:17.3a	———	274:21.31a	273:21.10a	淇門
352:134	134:17.3a	———	275:21.31a	274:21.10a	銅雀臺
352:135	135:17.3b	———	184:20.12b	184:20.9b	自滇蜀歸李户部馬舍人見訪
352:136	136:17.3b	———	294:21.35a	293:21.13a	秋雨
352:137	137:17.4a	———	185:20.12b	185:20.9b	雨中過李真人方丈㈠
352:138	138:17.4a	———	186:20.12b	186:20.10a	雨中過李真人方丈㈡
352:139	139:17.4a	———	262:21.28b	261:21.8a	菊莊
352:140	140:17.4b	———	116:19.49a	117:19.12a	寄錢水部
352:141	141:17.4b	———	38:18.33b	38:18.12a	送楊驛丞
352:142	142:17.4b	———	187:20.13a	187:20.10a	早入宣武門
352:143	143:17.5a	———	328:22.42b	327:22.6a	鴈
352:144	144:17.5a	———	102:19.46b	103:19.10a	秋夕懷曹毅之
352:145	145:17.5b	———	39:18.33b	39:18.12a	送江華州
352:146	146:17.5b	———	297:22.36a	296:22.1a	星變
352:147	147:17.5b	———	40:18.33b	40:18.12b	送都玄敬主事㈠
352:148	148:17.6a	———	41:18.34a	41:18.12b	送都玄敬主事㈡
352:149	149:17.6a	———	117:19.49b	118:19.12b	寄王文熙
352:150	150:17.6b	———	118:19.49b	119:19.12b	寄顧華玉
352:151	151:17.6b	———	149:20.5a	150:20.4b	戴生在吾語感秋思歸詩以慰留之㈠
352:152	152:17.6b	———	150:20.5b	151:20.4b	戴生在吾語感秋思歸詩以慰留之㈡
352:153	153:17.7a	———	103:19.46b	104:19.10a	懷望之姊夫
352:154	154:17.7a	———	104:19.46b	105:19.10b	懷姊
352:155	155:17.7a	———	105:19.47a	106:19.10b	懷三兄
352:156	156:17.7b	———	308:22.38b	307:22.3a	十月一日㈠
352:157	157:17.7b	———	309:22.38b	308:22.3a	十月一日㈡

總　號	申　本	雍　本	袁　本	足　本	
352:158	158:17.8a	———	298:22.36b	297:22.1a	冬月
352:159	159:17.8a	———	42:18.34a	42:18.12b	送戴生歸獻縣
352:160	160:17.8a	———	310:22.38b	309:22.3a	歲晏
352:161	161:17.8b	———	188:20.13a	188:20.10a	望海
352:162	162:17.8b	———	94:19.44b	94:19.8b	贈劉東之憲副
352:163	163:17.9a	1:5.17b	43:18.34b	43:18.13a	*送曹瑞卿謫尋甸㈠
352:164	164:17.9a	2:5.17b	44:18.34b	44:18.13a	送曹瑞卿謫尋甸㈡
352:165	165:17.9a	3:5.17b	311:22.39a	310:22.3b	中秋
352:166	166:17.9b	4:5.18a	189:20.13b	189:20.10b	*中秋夜集呂給事宅
352:167	167:17.9b	5:5.18a	190:20.13b	190:20.10b	*與韓汝慶行歸長安望月
352:168	168:17.9b	6:5.18a	95:19.45a	88:19.7b	*贈呂道夫轉右給事
352:169	169:17.10a	7:5.18b	299:22.36b	298:22.1b	月食
352:170	170:17.10a	8:5.18b	191:20.13b	191:20.10b	晚過周進士言別聞琴
352:171	171:17.10b	9:5.18b	277:21.31b	276:21.10b	初度
352:172	172:17.10b	10:5.19a	49:19.35b	49:19.1b	送楊太常歸省㈠
352:173	173:17.10b	11:5.19a	50:19.36a	50:19.1b	送楊太常歸省㈡
352:174	174:17.11a	12:5.19a	51:1936a	51:19.2a	送楊太常歸省㈢
352:175	175:17.11a	13:5.19a	52:19.36b	52:19.2a	送寇定州
352:176	176:17.11a	14:5.19a	192:20.14a	192:20.11a	*與孫世其過張秀才
352:177	177:17.11b	15:5.19b	193:20.14a	193:20.11a	與孫戴張三子納涼
352:178	178:17.11b	16:5.20a	194:20.14b	194:20.11a	避暑存上人方丈
352:179	179:17.12a	17:5.20a	119:19.49b	120:19.12b	*簡都玄敬
352:180	180:17.12a	18:5.20a	329:22.42b	328:22.6a	聞鴈
352:181	181:17.12a	19:5.20b	332:22.43a	331:22.6b	彼美東鄰子
352:182	182:17.12b	20:5.20b	317:22.40a	316:22.4b	*汝慶宅紅菊㈠
352:183	183:17.12b	21:5.20b	318:22.40b	317:22.4b	汝慶宅紅菊㈡
352:184	184:17.13a	22:5.20b	96:19.45a	96:19.9a	*過寺中飲贈張元德侍御
352:185	185:17.13a	23:5.21a	195:20.14b	195:20.11a	*出遊功德寺
352:186	186:17.13a	24:5.21a	263:21.28b	262:21.8a	大功德寺
352:187	187:17.13b	25:5.21a	196:20.14b	196:20.11b	*宿淇公方丈
352:188	188:17.13b	26:5.21b	264:21.29a	263:21.8b	玉泉
352:189	189:17.14a	27:5.21b	265:21.29a	264:21.8b	望湖亭
352:190	190:17.14a	28:5.21b	144:20.4a	145:20.3b	*得朝信惟學書
352:191	191:17.14a	29:5.22a	53:19.36b	53:19.2a	*送彭總制之西川㈠
352:192	192:17.14b	30:5.22a	54:19.36b	54:19.2a	送彭總制之西川㈡
352:193	193:17.14b	31:5.22a	283:21.32b	282:21.11a	百戰
352:194	194:17.14b	32:5.22b	319:22.40b	318:22.4b	沈道士館牡丹
352:195	195:17.15a	33:5.22b	197:20.15a	197:20.11b	*天壇沈道士觀中
352:196	196:17.15a	34:5.22b	198:20.15a	198:20.11b	張子純宅對月
352:197	197:17.15b	35:5.23a	134:20.2a	135:20.2a	內直
352:198	198:17.15b	36:5.23a	284:21.33a	283:21.11b	觀兵㈠
352:199	199:17.15b	37:5.23a	285:21.33a	284:21.11b	觀兵㈡
352:200	200:17.16a	38:5.23b	286:21.33b	285:21.11b	諸將
352:201	201:17.16a	39:5.23b	287:21.33b	286:21.12a	防寇
352:202	202:17.16b	40:5.23b	288:21.33b	287:21.12a	盜起
352:203	203:17.16b	41:5.24a	321:22.41a	320:22.5a	長安柳
352:204	204:17.16b	42:5.24a	312:22.39a	311:22.3b	三月三日

總　號	申　本	雍　本	袁　本	足　本	
352:205	205:17.17a	43:5.24a	322:22.41a	321:22.5a	芍藥
352:206	206:17.17a	———	199:20.15b	199:20.12a	病居田給事中夜過
352:207	207:17.17b	44:5.24b	266:21.29b	265:21.8b	慈恩寺
352:208	208:17.17b	45:5.24b	313:22.39b	312:22.3b	*清明日病懷
352:209	209:17.17b	46:5.24b	45:19.35a	45:19.1a	送宗魯使安南
352:210	210:17.18a	47:6.26a	200:20.15b	200:20.12a	*春雪諸翰林見過㈠
352:211	211:17.18a	48:6.26a	201:20.15b	201:20.12a	春雪諸翰林見過㈡
352:212	212:17.18b	49:6.26a	204:20.16b	204:20.12b	*過田郎
352:213	213:17.18b	———	151:20.5b	152:20.4b	答汝忠
352:214	214:18.1a	50:6.26b	267:21.29b	266:21.9a	一舫齋
352:215	215:18.1a	51:6.26b	120:19.50a	121:19.13a	寄徐太守
352:216	216:18.1b	52:6.26b	46:19.35a	46:19.1a	*送顧侍御還南京
352:217	217:18.1b	53:6.27a	48:19.35b	48:19.1b	送顧華玉謫全州
352:218	218:18.1b	54:6.27a	205:20.16b	205:20.13a	*同崔太史張侍御飲周都閫亭子
352:219	219:18.2a	55:6.27a	121:19.50a	122:19.13a	閫內簡張員外
352:220	220:18.2a	56:6.27b	206:20.16b	206:20.13a	郭氏園亭
352:221	221:18.2b	57:6.27b	207:20.17a	207:20.13b	*過孫世其時有警報
352:222	222:18.2b	58:6.27b	106:19.47a	107:19.10b	子純宅夜集懷望之
352:223	223:18.2b	———	122:19.50b	123:19.13a	寄易內翰
352:224	224:18.3a	59:6.28a	208:20.17a	208:20.13b	過遠夫
352:225	225:18.3a	60:6.28a	209:20.17b	209:20.13b	*出閣過勤甫省中
352:226	226:18.3b	61:6.28a	210:20.17b	210:20.13b	立秋日呂景二內翰呂田二黃門見訪
352:227	227:18.3b	62:6.28b	211:20.17b	211:20.13b	*再遊郭氏園亭㈠
352:228	228:18.3b	63:6.28b	212:20.18a	212:20.14a	再遊郭氏園亭㈡
352:229	229:18.4a	———	107:19.47b	108:19.10b	懷劉園諸友
352:230	230:18.4a	64:6.28b	55:19.37a	55:19.2b	送呂內翰上陵
352:231	231:18.4a	65:6.29a	56:19.37a	56:19.3a	送徐內翰上陵
352:232	232:18.4b	66:6.29a	57:19.37b	57:19.3a	送曹遜卿還汝寧
352:233	233:18.4b	67:6.29a	108:19.47b	109:19.11a	過子容有懷獻吉
352:234	234:18.5a	68:6.29b	213:20.18a	213:20.14a	過顯靈宮
352:235	235:18.5a	69:6.29b	58:19.37b	58:19.3a	送李體仁按雲南
352:236	236:18.5a	70:6.29b	214:21.19a	214:21.1a	*十四夜對月集陶良伯
352:237	237:18.5b	71:6.30a	215:21.19a	215:21.1a	*十六夜月集侯汝立
352:238	238:18.5b	72:6.30a	216:21.19b	216:21.1a	*夜集勤甫宅時秉衡至
352:239	239:18.6a	73:6.30a	59:19.37b	59:19.3b	送呂揮使
352:240	240:18.6a	74:6.30b	217:21.19b	217:21.1b	*同崔子鍾過董文玉宅
352:241	241:18.6a	75:6.30b	218:21.19b	218:21.1b	*十月四日過良伯
352:242	242:18.6b	76:6.30b	60:19.38a	60:19.3b	送郭刑部守寧波
352:243	243:18.6b	77:6.31a	219:21.20a	219:21.1b	*夜集世其次戴子韻
352:244	244:18.7a	91:6.33a	97:19.45b	98:19.9a	*夜集贈呂仲木
352:245	245:18.7a	92:6.33b	145:20.4b	146:20.3b	得鄭繼之書
352:246	246:18.7a	93:6.33b	61:19.38a	61:19.3b	*送石秀才下第還趙州

總　號	申　本	雍　本	袁　本	足　本	
352:247	247:18.7b	94:6.33b	62:19.38b	62:19.3b	*田子宅宴別
352:248	248:18.7b	95:6.34a	303:22.37b	302:22.2a	元日
352:249	249:18.8a	96:6.34a	220:21.20a	220:21.2a	*正月四日同子純過劉汝忠次韻㈠
352:250	250:18.8a	97:6.34a	221:21.20b	221:21.2a	正月四日同子純過劉汝忠次韻㈡
352:251	251:18.8a	98:6.34b	222:21.20b	222:21.2a	*顧與行諸客見訪次韻
352:252	252:18.8b	99:6.34b	223:21.20b	223:21.2a	*人日齋居過王德徵
352:253	253:18.8b	100:6.34b	123:19.50b	124:19.13a	*寺中齋居簡崔內翰張侍御
352:254	254:18.9a	101:6.35a	[141:20.3b]	142:20.3a	*答潘都諫郊壇見遺之作
352:255	255:18.9a	102:6.35a	224:21.21a	224:21.2b	*立春管汝濟見過次韻壟
352:256	256:18.9a	103:6.35a	330:22.42b	329:22.6a	
352:257	257:18.9b	104:6.35b	63:19.38b	63:19.4a	*寺中送段子還蒲州
352:258	258:18.9b	105:6.35b	225:21.21a	225:21.2b	*寺中張子言自淛來話
352:259	259:18.10a	106:6.35b	64:19.38b	64:19.4a	送范以載之南京
352:260	260:18.10a	107:6.36a	226:21.21b	226:21.2b	*夜過劉以道兄弟
352:261	261:18.10a	108:6.36a	227:21.21b	227:21.3a	*過城南寺
352:262	262:18.10b	78:6.31a	281:21.32b	280:21.11a	*吳中丞雙輤
352:263	263:18.10b	———	228:21.21b	228:21.3a	過以道喜其弟以正至限韻得衣字
352:264	264:18.11a	79:6.31a	229:21.22a	229:21.3a	*出遊城南寺
352:265	265:18.11a	80:6.31b	230:21.22a	230:21.3b	*王壽夫過分韻得吾字
352:266	266:18.11a	81:6.31b	127:19.51b	128:19.14a	*寄三子詩
352:267	267:18.11b	82:6.31b	65:19.39a	65:19.4a	送欽師歸西山
352:268	268:18.11b	83:6.32a	231:21.22b	231:21.3b	*清明日二張王劉諸友同出城南寺
352:269	269:18.12a	84:6.32a	66:19.39a	66:19.4b	*送忽生還關中次韻
352:270	270:18.12a	85:6.32a	232:21.22b	232:21.3b	*子純邀過東卿
352:271	271:18.12b	86:6.32b	124:19.50b	125:19.13b	*喜望之量移兼寄
352:272	272:18.12b	87:6.32b	233:21.22b	233:21.4a	*亮公房雨後
352:273	273:18.12b	88:6.32b	67:19.39b	67:19.4b	*送以道次君卿韻
352:274	274:18.13a	89:6.33a	234:21.23a	234:21.4a	城東泛舟
352:275	275:18.13a	90:6.33a	98:19.45b	99:19.9b	贈王子
352:276	276:18.13b	109:6.36a	68:19.39b	68:19.4b	*送趙叔鳴視學山東
352:277	277:18.13b	110:6.36b	235:21.23a	235:21.4a	懷麓堂集將遊東園以風雨遂止㈠
352:278	278:18.13b	111:6.36b	236:21.23b	236:21.4a	懷麓堂集將遊東園以風雨遂止㈡
352:279	279:18.14a	112:6.36b	323:22.41b	322:22.5a	觀竹
352:280	280:18.14a	113:6.37a	237:21.23b	237:21.4b	*李川甫戴時亮過訪
352:281	281:18.14b	114:6.37a	238:21.23b	238:21.4b	*暮雨劉以正過飲
352:282	282:18.14b	115:6.37a	239:21.24a	239:21.4b	*鑑上人房訪大和兄飲

總　號	申　本	雍　本	袁　本	足　本	
352:283	283:18.14b	116:6.37b	240:21.24a	240:21.5a	*同川甫寺中避暑
352:284	284:18.15a	117:6.37b	241:21.24b	241:21.5a	*同李川甫鄒子家過張子言舍
352:285	285:18.15a	———	302:22.37a	301:22.2a	六月望月食
352:286	286:18.15b	118:6.37b	125:19.51a	126:19.13b	*立秋日寄粹夫
352:287	287:18.15b	119:6.38a	69:19.39b	69:19.5a	*送侯汝立之東昌
352:288	288:18.15b	120:6.38a	242:21.24b	242:21.5a	*訪子容自荊州使回㈠
352:289	289:18.16a	121:6.38a	243:21.24b	243:21.5b	訪子容自荊州使回㈡
352:290	290:18.16a	———	244:21.25a	244:21.5b	*雨中劉汝忠過對棋觀詩談邊事作
352:291	291:18.16a	———	70:19.40a	70:19.5b	*送士姪歸省巢縣
352:292	292:18.16b	122:6.38a	289:21.34a	288:21.12a	花當
352:293	293:18.16b	123:6.38b	146:20.4b	147:20.4a	*得王子衡贛榆書
352:294	294:18.17a	124:6.38b	71:19.40a	71:19.5a	送郭外舅之江陰
352:295	295:18.17a	125:6.38b	282:21.32b	281:21.11a	*海嶽陳翁輓章
352:296	296:18.17a	126:6.39a	268:21.29b	267:21.9a	*鏡光閣
352:297	297:18.17b	127:6.39a	245:21.25a	245:21.5b	*中秋十三日子容樓
352:298	298:18.17b	128:6.39a	246:21.25b	246:21.5b	*十四夜李川甫宅
352:299	299:18.18a	129:6.39b	247:21.25b	247:21.6a	*十五夜劉子緯宅子靜初至對月
352:300	300:18.18a	130:6.39b	248:21.25b	248:21.6a	*過宗哲故宅
352:301	301:18.18a	131:6.39b	295:21.35a	294:21.13a	*十七夜月思
352:302	302:18.18b	132:6.40a	249:21.26a	249:21.6a	*八月二十八日子容過對菊
352:303	303:18.18b	133:6.40a	250:21.26a	250:21.6b	*九月一日過劉氏昆弟對菊
352:304	304:18.19a	134:6.40a	72:19.40b	72:19.5b	送劉西曹決獄畿內
352:305	305:18.19a	202:7.2a	251:21.26b	251:21.6b	*汝濟夜過同以行對菊
352:306	306:18.19a	135:6.40b	99:19.45b	100:19.9b	胡戶部父母同受封命
352:501	———	251:7.10a	269:21.30a	268:21.9a	關門
352:502	———	252:7.10a	———	97:19.9a	元夜寺中集
352:503	———	253:7.10a	74:19.40b	74:19.5b	送毛汝厲按湖南
352:504	———	254:7.10b	324:22.41b	323:22.5b	魯山院竹
352:505	———	255:7.10b	75:19.41a	75:19.5b	送王夢弼之高郵
352:506	———	256:7.10b	135:20.2b	136:20.2a	入直
352:601	———	———	73:19.40b	73:19.5b	送胡別駕出關
352:602	———	———	76:19.41a	76:19.6a	送望之赴汶上㈠
352:603	———	———	77:19.41b	77:19.6a	送望之赴汶上㈡
352:604	———	———	78:19.41b	78:19.6a	*送客㈠
352:605	———	———	79:19.41b	79:19.6b	送客㈡
352:606	———	———	80:19.42a	80:19.6b	送葛時秀任東明
352:607	———	———	81:19.42a	81:19.6b	陸子樓餞祖邦
352:608	———	———	83:19.42b	83:19.7a	送錢推府之閩
352:609	———	———	84:19.42b	84:19.7a	送施御史便道壽母次韻
352:610	———	———	100:19.46a	101:19.9b	贈祖邦

總　號	申　本	雍　本	袁　本	足　本	
352:611	————	————	109:19.47b	110:19.11a	懷李生園柬季升
352:612	————	————	126:19.51a	127:19.13b	寄家書
352:613	————	————	202:20.16a	202:20.12b	酬盧侍御見訪有作用韻
352:614	————		203:20.16a	203:20.12b	同張仲修再過劉子
352:615	————		252:21.26b	252:21.6b	同許補之劉子緯登定州塔
352:616			253:21.26b	253:21.7a	*夜集錦夫同本貞限韻
352:617	————	————	254:21.27a	332:22.6b	雪夜九梅翁園同蒼谷宴集㈠
352:618	————	————	255:21.27a	333:22.7a	雪夜九梅翁園同蒼谷宴集㈡
352:619	————	————	270:21.30a	269:21.9a	寄題蒼谷寺
352:620	————	————	279:21.32a	278:21.10b	輓謝晚耕
352:621	————	————	296:22.36a	295:22.1a	雨雪曲
352:701	--:20.6b	172:6.46b	--:23.10a	--:23.9a	［見353:012］
352:702	［———］	173:6.46b	［———］	［———］	［見353:012］
352:703	--:21.11a	257:7.11a	--:22.45b	--:22.8b	［見452:038］

五言排律

總　號	申　本	雍　本	袁　本	足　本	
353:001	1:20.1a	————	15:23.12b	15:23.11a	友竹
353:002	2:20.1b	————	2:23.7a	2:23.6a	壽許司馬
353:003	3:20.2b	9:8.21b	10:23.10b	10:23.9a	聞河南捷呈閣內諸公簡粹夫
353:004	4:20.3a	3:8.19b	4:23.8b	4:23.7b	
353:005	5:20.3b	4:8.19b	5:23.8b	5:23.8a	*送梁鴻臚之什邡次孟望之韻
353:006	6:20.3b	8:8.21a	6:23.9a	6:23.8a	*寄贈王子衡御史時按關中
353:007	7:20.4a	1:8.19a	7:23.9b	7:23.8b	贈良伯
353:008	8:20.4b	2:8.19a	8:23.10a	8:23.8b	贈劉生
353:009	9:20.4b	6:8.20a	14:23.12a	14:23.11a	方朔圖
353:010	10:20.5a	10:8.22a	11:23.11a	11:23.9b	*子衡在獄感懷二十韻
353:011	11:20.5b	11:8.22b	1:23.6a	1:23.5b	郊觀二十二韻
353:012	12:20.6b	--:6.46b	9:23.10a	9:23.9a	*送鄭伯生送親還夷陵
	*雍本作律詩二首，見		352:701-702		
353:013	13:20.6b	7:8.20b	3:23.8a	3:23.7a	壽泉山先生
353:501	———	5:8.20a	12:23.11b	12:23.10b	寄題丹陽孫氏七峰山房
353:601	————	————	13:23.12a	13:23.10b	蓉溪書屋

五言絕句

總　號	申　本	雍　本	袁　本	足　本	
354:001	1:20.7a	———	1:28.39b	1:28.6a	席上分得時字送豫齋㈠

總號	申本	雍本	袁本	足本	
354:002	2:20.7b	——	2:28.39b	2:28.6a	席上分得時字送豫齋(二)
354:003	3:20.7b	——	3:28.40a	3:28.6a	雙梧草堂(一)
354:004	4:20.7b		4:28.40a	4:28.6a	雙梧草堂(二)
354:005	5:20.7b		5:28.40a	5:28.6b	扇面小景
354:006	6:20.8a		6:28.40a	6:28.6b	題畫(一)
354:007	7:20.8a		7:28.40b	7:28.6b	題畫(二)
354:008	8:20.8a	1:10.52a	8:28.40b	8:28.6b	飲鮑以忠
354:009	9:20.8b	4:10.52b	9:2840b	9:28.6b	*謝泰公饋杏
354:010	10:20.8b	5:10.52b	10:28.41a	10:28.7a	*送泰公茶
354:011	11:20.8b	6:10.52b	11:28.41a	11:28.7a	*晚出左掖簡薛君采(一)
354:012	12:20.8b	7:10.53a	12:28.41a	12:28.7a	晚出左掖簡薛君采(二)
354:013	13:20.9a	8:10.53a	13:28.41a	13:28.7a	清明(一)
354:014	14:20.9a	9:10.53a	14:28.41b	14:28.7a	清明(二)
354:015	15:20.9a	10:10.53a	15:28.41b	15:28.7b	秋日簡川甫
354:016	16:20.9a	11:10.53a	16:28.41b	16:28.7b	答施生(一)
354:017	17:20.9b	12:10.53b	17:28.41b	17:28.7b	答施生(二)
354:018	18:20.9b	13:10.53b	18:28.42a	18:28.7b	*至日答良伯
354:019	19:20.9b	——	19:28.42a	19:28.7b	十六夜賞月野塘宅
354:701	--:5.11b	2:10.52b	--:6.17a	--:6.1a	[見樂:042]
354:702	--:5.11b	3:10.52b	--:6.17b	--:6.1a	[見樂:043]
354:703	--:14.9a	14:10.53b	--:10.33a	--:10.2b	[見351:042]
354:704	[———]	15:10.53b	[———]	[———]	[見351:042]

六言絕句

總號	申本	雍本	袁本	足本	
364:001	1:20.10a	——	4:28.43a	1:28.8b	江南思寄曹毅之(一)
364:002	2:20.10a		5:28.43a	2:28.9a	江南思寄曹毅之(二)
364:003	3:20.10a		6:28.43a	3:28.9a	江南思寄曹毅之(三)
364:004	4:20.10a		7:28.43a	4:28.9a	江南思寄曹毅之(四)

七言古詩

總號	申本	雍本	袁本	足本	
371:001	1:14.19a	——	11:13.35b	12:13.1b	五馬行
371:002	2:14.20a	——	56:14.5b	57:14.5a	畫馬行
371:003	3:14.21a		40:13.53a	41:13.17a	古愚翁挽詞
371:004	4:14.21b		57:14.6b	58:14.6a	畫鶴篇
371:005	5:14.21b		58:14.6b	59:14.6a	*赤壁圖歌
371:006	6:14.22a		59:14.7a	60:14.6b	*畫山水
371:007	7:14.22b		12:13.36b	13:13.2b	憶昔行
371:008	8:14.23a		68:14.12b	70:14.11b	柳絮歌
371:009	9:14.23b		69:14.12b	71:14.12a	明月篇
371:010	10:14.25b		70:14.15a	72:14.14a	邯鄲行
371:011	11:15.1a	1:3.9b	42:13.54a	43:13.18a	馮都督歌
371:012	12:15.1a	2:3.10a	71:14.15b	73:14.14a	玄明宮行
371:013	13:15.2b	3:3.11a	13:13.37a	14:13.3a	崔生行

總　號	申　本	雍　本	袁　本	足　本	
371:014	14:15.3b	4:3.12a	9:12.33b	10:12.16b	*東海太守行贈徐以敬
371:015	15:15.3b	5:3.12b	14:13.38a	15:13.4a	*憶昔行
371:016	16:15.4b	6:3.13b	15:13.39a	16:13.5a	田子行
371:017	17:15.6a	7:3.15a	72:14.16b	74:14.15a	*苦熱行簡問陶良伯
371:018	18:15.6b	8:3.15b	16:13.40b	17:13.6a	樂陵令行
371:019	19:15.7a	9:3.16a	75:14.17b	77:14.16b	同崔呂孫三內翰集徐子瞻辰樓
371:020	20:15.7b	10:3.16a	17:13.41a	18:13.6b	少谷子行
371:021	21:15.8a	11:3.17a	77:14.18a	79:14.16b	觀石鼓歌
371:022	22:15.9a	12:3.18a	18:13.42a	19:13.7a	九川行
371:023	23:15.9b	13:3.18b	60:14.7b	61:14.6b	畫菊歌
371:024	24:15.10b	14:3.19a	61:14.8a	62:14.7a	題文與可畫竹上有東坡山谷題識
371:025	25:15.11a	15:3.19b	19:13.42b	20:13.8a	送葉生還閩中兼懷鄭繼之
371:026	26:15.11a	16:3.20a	62:14.8b	63:14.7b	題黃車駕畫竹
371:027	27:15.11b	17:3.20a	63:14.9a	64:14.8a	*吳偉飛泉畫圖歌
371:028	28:15.12a	18:3.21a	20:13.43a	21:13.8a	*送林利正同知之潮陽
371:029	29:15.12b	19:3.21a	64:14.9b	65:14.8b	*畫魚
371:030	30:15.12b	20:3.21b	21:13.43a	22:13.8b	金陵歌送李先生
371:031	31:15.13a	21:3.21b	22:13.43b	23:13.8b	*今昔行送何燕泉
371:032	32:15.13b	22:3.22b	23:13.44a	24:13.9a	*同崔子送劉以正還關中
371:033	33:15.14a	23:3.22b	46:14.1a	47:14.1a	*赤壁圖
371:034	34:15.14a	24:3.23a	49:14.2a	50:14.2a	雷黃門凱旋圖歌
371:035	35:15.15a	25:3.23b	24:13.44b	25:13.9b	*醉歌贈子容使湖南便道歸省兼訊獻吉
371:036	36:15.15b	26:4.25a	25:13.45a	26:13.10a	薛生行
371:037	37:15.15b	27:4.25a	76:14.18a	78:14.16b	晚雨君卿招不赴
371:038	38:15.16a	28:4.25b	26:13.45b	27:13.10b	晚過田水南有贈
371:039	39:15.16a	29:4.25b	27:13.45b	28:13.10b	延津歌送韓令
371:040	40:15.16b	30:4.26a	73:14.17a	75:14.15b	修竹篇
371:041	41:15.17a	31:4.26b	28:13.46a	29:13.10b	*谷進士宴歸圖歌
371:042	42:15.17b	33:4.27b	29:13.46b	30:13.11a	*遠遊篇送楊中舍承家雲南省墓
371:043	43:15.18a	34:4.28b	44:13.54b	45:13.18b	王都諫畫鷹歌
371:044	44:15.18b	35:4.29a	41:13.53b	42:13.17b	哭幼女行
371:045	45:15.19b	36:4.29b	47:14.1a	48:14.1a	*劉武選百鳥圖
371:046	46:15.20a	37:4.30a	48:14.1b	49:14.1b	*畫竹
371:047	47:15.20a	38:4.30b	30:13.47a	31:13.12a	裕州行
371:048	48:15.20b	39:4.30b	31:13.47b	32:13.12a	石川子歌
371:049	49:15.21a	40:4.31b	74:14.17b	76:14.16a	七夕詞
371:050	50:15.21b	41:4.31b	32:13.48a	33:13.13a	杏林曲
371:051	51:15.21b	42:4.32a	43:13.54a	44:13.18a	三山春宴圖歌
371:052	52:15.22b	43:4.32b	39:13.52b	40:13.17a	河嵩篇壽張母
371:053	53:15.22b	44:4.33a	33:13.48b	34:13.13a	周儀賓朝天歌
371:054	54:15.23a	45:4.33b	78:14.19a	80:14.17b	同李進士觀銅雀硯歌

總　號	申　本	雍　本	袁　本	足　本	
371:055	55:15.23b	46:4.34a	34:13.49a	35:13.13b	送五清先生赴浙江提學歌
371:056	56:15.24b	47:4.34b	35:13.50a	36:13.14b	*贈范君
371:057	57:15.25a	48:4.35b	36:13.50b	37:13.15a	相逢行贈孫從一
371:058	58:15.25b	49:4.36a	37:13.51a	38:13.15b	*李大夫行
371:501	———	50:4.37a	55:14.5a	56:14.4b	*胡人獵圖歌
371:502	———	51:4.37a	1:12.29b	2:12.12b	送顧錦衣赴廣東僉憲
371:503	———	52:4.37b	65:14.10a	67:14.9b	點兵行
371:504	———	53:4.38b	67:14.12a	69:14.11a	觀吳進士舞劍歌
371:505	———	54:4.39a	6:12.31b	7:12.14a	昔遊篇
371:506	———	55:4.40b	38:13.52a	39:13.16b	海山謠壽李宗伯
371:507	———	56:4.41a	50:14.2b	51:14.2b	呂黃門畫竹歌
371:508	———	57:4.41b	2:12.30a	3:12.12b	送樊生
371:509	———	58:4.42a	51:14.3a	52:14.2b	*彭中丞四民圖歌
371:510	———	59:4.42b	52:14.3b	53:14.3b	*桃源圖歌
371:511	———	60:4.43a	3:12.30a	4:12.13a	彭生行
371:512	———	61:4.43b	4:12.30b	5:12.13b	黃河篇
371:513	———	62:4.44a	7:12.33a	8:12.15b	贈商三
371:514	———	63:4.44a	66:14.11a	68:14.10b	遊獵篇
371:515	———	64:4.45a	5:12.31a	6:12.13b	三清山人歌
371:516	———	65:4.45b	53:14.4a	54:14.4a	吳偉江山圖歌
371:517	———	66:4.46a	8:12.33a	9:12.16a	大梁吟送李進士
371:518	———	67:4.46b	10:13.35a	11:13.1a	石齋歌
371:519	———	68:4.47b	———	66:14.9a	*題大司馬王普溪先生十牛圖
371:701	———	———	45:13.55b	46:13.19a	題袁惟武鷹熊圖
371:702	———	———	54:14.5a	55:14.4b	張季升望雲圖歌
371:703	———	———	———	1:12.12a	送熊廷振之楚藩
	*足本甲組見京集；乙組見家集。京集為是。				
371:704	--:5.6a	32:4.27a	--:5.11a	--:5.7a	［見樂:018］

七言律詩

總　號	申　本	雍　本	袁　本	足　本	
372:001	1:19.1a	13:9.31b	3:25.44a	3:25.12b	*送易太史歸省湖南
372:002	2:19.1a	14:9.32a	4:25.44b	4:25.12b	*八日王宗哲宅見菊
372:003	3:19.1b	15:9.32a	5:25.44b	5:25.13a	*九日雪答崔太史
372:004	4:19.1b	16:9.32a	6:25.45a	6:25.13a	苦熱
372:005	5:19.2a	17:9.32b	7:25.45a	7:25.13b	雨中
372:006	6:19.2a	18:9.32b	8:25.45b	8:25.13b	聞河南寇
372:007	7:19.2b	19:9.33a	9:25.45b	9:25.13b	西海子
372:008	8:19.2b	20:9.33a	10:25.46a	10:25.14a	*汝忠宅待月同望之
372:009	9:19.3a	21:9.33b	11:26.1a	11:26.1a	*別王秉衡御史
372:010	10:19.3a	22:9.33b	12:26.1a	12:26.1a	*元夜仲修宅對月
372:011	11:19.3b	———	13:26.1b	13:26.1b	省中贈勤甫
372:012	12:19.3b	———	14:26.1b	14:26.1b	遊郭氏園
372:013	13:19.4a	23:9.34a	15:26.2a	15:26.1b	*送杜司訓之藍田
372:014	14:19.4a	4:9.29b	16:26.2a	16:26.2a	*送張子之浙江

總　號	申　本	雍　本	袁　本	足　本	
372:015	15:19.4b	24:9.34a	17:26.2b	17:26.2a	*寄杭東卿高曾唯二憲副
372:016	16:19.4b	25:9.34a	18:26.2b	18:26.2b	*簡施聘之
372:017	17:19.5a	————	19:26.3a	19:26.2b	壽西涯相公
372:018	18:19.5a	11:9.31a	20:26.3a	20:26.2b	*小齋初開崔郭田三君子至
372:019	19:19.5b	12:9.31b	21:26.3b	21:26.3a	送雷長史
372:020	20:19.5b	1:9.29a	22:26.3b	22:26.3a	寄黔國公
372:021	21:19.6a	————	23:26.4a	23:26.3b	送趙元澤之嵩明州
372:022	22:19.6a	26:9.34b	24:26.4a	24:26.3b	七夕
372:023	23:19.6b	7:9.30a	25:26.4b	25:26.3b	雨夕集世其館
372:024	24:19.6b	————	26:26.4b	26:26.4a	八日勤甫惠菊
372:025	25:19.7a	27:9.34b	27:26.5a	27:26.4a	宗哲初至夜集
372:026	26:19.7a	28:9.35a	28:26.5a	28:26.4b	*九日送師御史之浙中
372:027	27:19.7b	29:9.35a	29:26.5b	29:26.4b	*和張子純白髮
372:028	28:19.7b	————	30:26.5b	30:26.4b	送張國賓進萬壽表還
372:029	29:19.8a	30:9.35b	31:26.6a	31:26.5a	*送張元德侍御巡畿內
372:030	30:19.8a	31:9.35b	32:26.6a	32:26.5a	夜集劉德徵
372:031	31:19.8b	32:9.36a	33:26.6b	33:26.5b	慈仁寺送良伯
372:032	32:19.8b	33:9.36a	34:26.6b	34:26.5b	劉德徵上陵還有贈
372:033	33:19.9a	34:9.36a	35:26.7a	35:26.5b	*登勤甫樓
372:034	34:19.9a	35:9.36b	36:26.7a	36:26.6a	*月夜王宗哲宅贈田勤甫江西提學
372:035	35:19.9b	62:9.42b	37:26.7b	37:26.6a	*送劉養和侍御謫金壇
372:036	36:19.9b	36:9.36b	38:26.7b	38:26.6b	*送王秉衡謫贛榆
372:037	37:19.10a	————	39:26.8a	39:26.6b	送許庭美之浙江
372:038	38:19.10a	37:9.37a	40:26.8a	40:26.6b	*送韓師之郿陽
372:039	39:19.10b	38:9.37a	41:26.8b	41:26.7a	*送殷近夫之青田
372:040	40:19.10b	39:9.37b	42:26.8b	42:26.7a	奉寄泉山先生
372:041	41:19.11a	40:9.37b	43:26.9a	43:26.7b	晚過君采次韻
372:042	42:19.11a	2:9.29a	44:26.9a	44:26.7b	得獻吉江西書
372:043	43:19.11b	————	45:26.9b	45:26.7b	夜訪黃明甫
372:044	44:19.11b	————	46:26.9b	46:26.8a	雨過徐舍人
372:045	45:19.12a	————	47:26.10a	47:26.8a	雨後汝立見過承詩贈
372:046	46:19.12a	————	48:26.10a	48:26.8b	十六夜劉子宅對月次韻
372:047	47:19.12b	41:9.38a	49:26.10b	49:26.8b	*夜過君采
372:048	48:19.12b	————	50:26.10b	50:26.8b	無題回文
372:049	49:19.13a	42:9.38a	51:26.11a	51:26.9a	送海岳陳翁還常州
372:050	50:19.13a	43:9.38a	52:26.11a	52:26.9a	送良伯
372:051	51:19.13b	3:9.29b	53:26.11b	53:26.9b	*以道席上送世其與其妹丈蕭執夫同行
372:052	52:19.13b	6:9.30a	54:26.11b	54:26.9b	兩湖書屋
372:053	53:19.14a	44:9.38b	55:26.12a	55:26.9b	送韓大之赴新都
372:054	54:19.14a	5:9.30a	56:26.12a	56:26.10a	*送劉朝信之江山
372:055	55:19.14b	45:9.38b	57:26.12b	57:26.10a	簡汝立

總　號	申　本	雍　本	袁　本	足　本	
372:056	56:19.14b	46:9.39a	58:26.12b	58:26.10b	蘇考功宅宴集
372:057	57:19.15a	47:9.39a	59:26.13a	59:26.10b	*答盧侍御樊氏洞中觀梅見懷之作次韻
372:058	58:19.15a	48:9.39b	60:26.13a	60:26.10b	*送賈學士之南都
372:059	59:19.15b	———	61:26.13b	61:26.11a	和李宗易內翰立春日作
372:060	60:19.15b	49:9.39b	62:26.13b	62:26.11a	*送施聘之侍御
372:061	61:19.16a	———	63:26.14a	63:26.11b	送劉令還襄陵
372:062	62:19.16a	50:9.40a	64:26.14a	64:26.11b	送都南濠歸吳
372:063	63:19.16b	———	65:26.14b	65:26.11b	輓陳翁
372:064	64:19.16b		66:26.14b	66:26.12a	三忠祠
372:065	65:19.17a	51:9.40a	67:26.15a	67:26.12a	*送杭憲副兵備天津
372:066	66:19.17a	———	68:26.15a	68:26.12b	謁李文達公祠堂
372:067	67:19.17b	———	69:26.15b	68:26.12b	衍慶堂為無錫錢世喬作
372:068	68:19.17b	———	70:26.15b	70:26.12b	寄世恩愛日樓
372:069	69:19.16a	———	71:26.16a	71:26.13a	送闕郡博
372:070	70:19.18a	———	72:26.16a	72:26.13a	送吳司訓之內丘
372:071	71:19.18b	52:9.40a	73:26.16b	73:26.13b	鱘魚
372:072	72:19.18b		74:27.17a	74:27.1a	雨過何太僕
372:073	73:19.19a	———	75:27.17a	75:27.1a	為隴州李舉人壽其伯尚書公
372:074	74:19.19a	53:9.40b	76:27.17b	76:27.1b	*答劉子緯雨後之作次韻
372:075	75:19.19b	54:9.40b	77:27.17b	77:27.1b	天壇雷道士院
372:076	76:19.19b	55:9.41a	78:27.18a	78:27.1b	*送王御史德輝西巡
372:077	77:19.20a	8:9.30b	79:27.18a	79:27.2a	*送衛進士推武昌
372:078	78:19.20a	———	80:27.18b	80:27.2a	送顧隱君還常州君來視其姪中書子進士
372:079	79:19.20b		81:27.18b	81:27.2b	十六夜尹舍人宅次劉汝忠韻
372:080	80:19.20b	———	82:27.19a	82:27.2b	九日獨酌簡何太僕
372:081	81:19.21a	———	83:27.19a	83:27.2b	冬至
372:082	82:19.21a		84:27.19b	84:27.3a	送杭大參之河南
372:083	83:19.21b		85:27.19b	85:27.3a	同馮光祿登慈仁寺閣
372:084	84:19.21b		86:27.20a	86:27.3b	哭以道
372:085	85:19.22a	———	87:27.20a	87:27.3b	送以正歸其兄櫬還關中㈠
372:086	86:19.22a		88:27.20b	88:27.3b	送以正歸其兄櫬還關中㈡
372:087	87:19.22b	———	89:27.20b	89:27.4a	二月見梅
372:088	88:19.22b	59:9.42a	90:27.21a	90:27.4a	*送蔣子雲冬官病還揚州
372:089	89:19.23a	———	91:27.21a	91:27.4b	九日同張膳部劉符臺遊法藏寺
372:090	90:19.23a	———	92:27.21b	92:27.4b	*詩上郭价大內翰兄聊寫隕珠之痛兼致夢蘭之望云

總　號	申　本	雍　本	袁　本	足　本	
372:091	91:19.23b	———	93:27.21b	93:27.4b	對雪
372:092	92:19.23b	56:9.41a	94:27.22a	94:27.5a	*閣直立春日雪
372:093	93:19.24a	———	121:27.28b	120:27.10a	封君許太史公壽章
372:094	94:19.24a	———	122:27.29a	121:27.10b	過寺訪以行
372:095	95:19.24b	9:9.30b	123:27.29a	122:27.10b	送戴進士時亮
372:096	96:19.24b	57:9.41b	95:27.22a	95:27.5a	*送崑山王令還
372:097	97:19.25a	10:9.31a	96:27.22b	96:27.5b	懷寄邊子
372:098	98:19.25a	———	97:27.22b	97:27.5b	題嚴內翰賜扇
372:099	99:19.25b	———	98:27.23a	98:27.5b	寄題鄭園
372:100	100:19.25b	60:9.42a	99:27.23a	99:27.6a	*立春日
372:101	101:19.26a	———	100:27.23b	100:27.6a	送陸舍人使吳下
372:102	102:19.26a	———	101:27.23b	101:27.6b	送徐舍人使南都
372:103	103:19.26b	———	102:27.24a	102:27.6b	送秦豫齋南歸領教安仁
372:104	104:19.26b	———	103:27.24a	103:27.6b	送李長蘆先生
372:105	105:19.27a	———	104:27.24b	104:27.7a	送徐主事還金陵
372:106	106:19.27a	———	105:27.24b	105:27.7a	送夏少參之蜀
372:107	107:19.27b	———	106:27.25a	106:27.7b	至日過徐德章
372:108	108:19.27b	———	107:27.25a	107:27.7b	陸子樓夜集
372:501	———	———	1:25.43b	1:25.12a	送惟學南還
372:502	———	———	2:25.44a	2:25.12b	*送趙司訓喪偶還羅山
372:503	———	———	108:27.25b	108:27.7b	望雪
372:504	———	58:9.41b	109:27.25b	109:27.8a	送周令之蒙城
372:505	———	61:9.42a	110:27.26a	110:27.8a	函谷草堂贈許廷綸
372:506	———	--:9.43b	111:27.26a	111:27.8b	寄康子
	*雍本見272:705				
372:507	———	———	112:27.26b	112:27.8b	*壽羅山胡侍御先生
372:508	———	———	113:27.26b	113:27.8b	和王司封
372:509	———	———	114:27.27a	114:27.9a	送李公從地官
372:510	———	———	115:27.27a	———	送白生
372:511	———	———	116:27.27b	115:27.9a	用韻答以行
372:512	———	———	117:27.27b	116:27.9b	石磯
372:513	———	———	118:27.28a	117:27.9b	元夕以道宅同蘇管二君子
372:514	———	———	119:27.28a	118:27.9b	輓范君山和其絕筆詩
372:515	———	———	120:27.28b	119:27.10a	雲卿見訪次韻

七言絕句

總　號	申　本	雍　本	袁　本	足　本	
374:001	1:20.10b	———	1:29.52a	1:29.4b	閨情
374:002	2:20.10b	———	2:29.52a	2:29.4b	晚至昌平寺中
374:003	3:20.10b	———	3:29.52b	3:29.4b	*雪中漫興
374:004	4:20.11a	———	4:29.52b	4:29.5a	寫情
374:005	5:20.11a	———	5:29.52b	5:29.5a	送鄉人還
374:006	6:20.11a	44:10.60b	6:29.52b	6:29.5a	聞歌
374:007	7:20.11a	1:10.55a	7:29.53a	7:29.5b	*諸將入朝歌（一）
374:008	8:20.11b	2:10.55a	8:29.53a	8:29.5b	諸將入朝歌（二）

總　號	申　本	雍　本	袁　本	足　本	
374:009	9:20.11b	3:10.55a	9:29.53a	9:29.5b	諸將入朝歌(三)
374:010	10:20.11b	4:10.55b	10:29.53a	10:29.5b	諸將入朝歌(四)
374:011	11:20.11b	5:10.55b	11:29.53b	11:29.6a	諸將入朝歌(五)
374:012	12:20.12a	6:10.55b	12:29.53b	12:29.6a	諸將入朝歌(六)
374:013	13:20.12a	7:10.55b	13:29.53b	13:29.6a	諸將入朝歌(七)
374:014	14:20.12a	8:10.55b	14:29.53b	14:29.6a	諸將入朝歌(八)
374:015	15:20.12a	9:10.56a	15:29.53b	15:29.6a	諸將入朝歌(九)
374:016	16:20.12a	10:10.56a	16:29.54a	16:29.6b	諸將入朝歌(十)
374:017	17:20.12b	11:10.56a	17:29.54a	17:29.6b	諸將入朝歌(十一)
374:018	18:20.12b	12:10.56a	18:29.54a	18:29.6b	諸將入朝歌(十二)
374:019	19:20.12b	13:10.56b	19:29.54a	19:29.6b	樊駙馬府中宴
374:020	20:20.12b	14:10.56b	20:29.54b	20:29.6b	閣內杏花
374:021	21:20.13a	15:10.56b	21:29.54b	21:29.7a	*孫太史宅贈呂揮使(一)
374:022	22:20.13a	———	22:29.54b	22:29.7a	孫太史宅贈呂揮使(二)
374:023	23:20.13a	16:10.57a	23:29.54b	23:29.7a	*贈薛君采(一)
374:024	24:20.13a	17:10.57a	24:29.55a	24:29.7b	贈薛君采(二)
374:025	25:20.13b	18:10.57a	25:29.55a	25:29.7b	*送韓汝慶還關中(一)
374:026	26:20.13b	19:10.57a	26:29.55a	26:29.7b	送韓汝慶還關中(二)
374:027	27:20.13b	20:10.57b	27:29.55a	27:29.7b	燕京十六夜曲(一)
374:028	28:20.13b	21:10.57b	28:29.55b	28:29.8a	燕京十六夜曲(二)
374:029	29:20.14a	22:10.57b	29:29.55b	29:29.8a	燕京十六夜曲(三)
374:030	30:20.14a	23:10.57b	30:29.55b	30:29.8a	燕京十六夜曲(四)
374:031	31:20.14a	24:10.58a	31:29.55b	31:29.8a	苦熱行(一)
374:032	32:20.14a	25:10.58a	32:29.56a	32:29.8a	苦熱行(二)
374:033	33:20.14a	26:10.58a	33:29.56a	33:29.8b	苦熱行(三)
374:034	34:20.14b	27:10.58a	34:29.56a	34:29.8b	苦熱行(四)
374:035	35:20.14b	28:10.58b	35:29.56a	35:29.8b	苦熱行(五)
374:036	36:20.14b	29:10.58b	36:29.56a	36:29.8b	苦熱行(六)
374:037	37:20.14b	30:10.58b	37:29.56b	37:29.8b	苦熱行(七)
374:038	38:20.14b	31:10.58b	38:29.56b	38:29.9a	苦熱行(八)
374:039	39:20.15a	32:10.59a	39:29.56b	39:29.9a	苦熱行(九)
374:040	40:20.15a	33:10.59a	40:29.56b	40:29.9a	苦熱行(十)
374:041	41:20.15a	34:10.59a	41:29.56b	41:29.9a	內閣荷花(一)
374:042	42:20.15a	35:10.59a	42:29.57a	42:29.9b	內閣荷花(二)
374:043	43:20.15b	36:10.59b	43:29.57a	43:29.9b	送翠丞之金壇因訊養和
374:044	44:20.15b	37:10.59b	44:29.57a	44:29.9b	雨望西山
374:045	45:20.15b	38:10.59b	45:29.57a	45:29.9b	送王提舉
374:046	46:20.15b	39:10.60a	46:29.57b	46:29.10a	東嶠亭
374:047	47:20.16a	40:10.60a	47:29.57b	47:29.10a	椒軒
374:048	48:20.16a	41:10.60a	48:29.57b	48:29.10a	寄少谷山人(一)
374:049	49:20.16a	42:10.60b	49:29.58a	49:29.10b	寄少谷山人(二)
374:050	50:20.16b	43:10.60b	50:29.58a	50:29.10b	送陳進士還江西
374:051	51:20.16b	———	51:29.58a	51:29.10b	*張子近得道士飲鹿血術欲試未得吾家有一鹿吾欲取血飲張子臨庖哀呼不忍見死乃作詩遺張子焉

總　號	申　本	雍　本	袁　本	足　本	
374:052	52:20.16b	———	52:29.58b	52:29.11a	送甥朝良讀書梅黄山下
374:501	———	———	53:29.58b	53:29.11a	宮詞㈠
374:502	--:13.7a	--:10.54a	54:29.58b	54:29.11a	宮詞㈡〔見274:001〕
374:503	———	———	55:29.58b	55:29.11a	宮詞㈢
374:504	———	———	56:29.59a	56:29.11b	宮詞㈣
374:701	———	———	57:29.59a	--:29.4a	〔見274:601〕
374:702	———	--:10.54b	58:29.59a	--:29.4a	〔見274:602〕
374:703	———	———	59:29.59a	--:29.4a	〔見274:603〕
374:704	———	———	60:29.59b	--:29.4a	〔見274:604〕

秦集

五言古詩

總　號	申　本	雍　本	袁　本	足　本	
451:001	1:21.1a	1:2.27b	1:10.43b	1:10.11b	高橋
451:002	2:21.1b	2:2.27b	2:10.44a	2:10.12a	姜子嶺至三岔
451:003	3:21.1b	3:2.28a	3:10.44b	3:10.12b	青石崖棧
451:004	4:21.2a	--:7.15b	4:10.44b	4:10.12b	寄粹夫㈠
	*雍本見452:601-604				
451:005	5:21.2a	--:7.15b	5:10.44b	5:10.12b	寄粹夫㈡
451:006	6:21.2a	--:7.15b	6:10.45a	6:10.13a	寄粹夫㈢
451:007	7:21.2b	--:7.16a	7:10.45a	7:10.13a	寄粹夫㈣
451:008	8:21.2b	--:8.28a	--:23.13a	--:23.11b	渡涇渭
	*雍、袁、足本見453:501				
451:701	———	———	[8:10.13a]		送劉筆峰暨從子黄巖赴省應試
	*僅見足本乙組				

五言律詩

總　號	申　本	雍　本	袁　本	足　本	
452:001	1:21.4a	4:7.11b	27:22.48b	27:22.11a	咸陽原
452:002	2:21.4a	5:7.11b	1:22.43b	1:22.7a	到鄠簡王敬夫
452:003	3:21.4a	6:7.12a	2:22.43b	2:22.7a	*同敬夫遊至華陽谷聞歌妙曲
452:004	4:21.4b	7:7.12a	28:22.48b	28:22.11a	草堂寺
452:005	5:21.4b	22:7.14b	29:22.49a	29:22.11b	説經臺
452:006	6:21.5a	23:7.14b	3:22.43b	3:22.7b	*過康子德涵彭麓別業
452:007	7:21.5a	24:7.15a	19:22.47a	19:22.10a	普緣寺有馬融讀書洞
452:008	8:21.5a	25:7.15a	30:22.49a	30:22.11b	*普緣塔
452:009	9:21.5b	8:7.12a	18:22.46b	18:22.9b	登五丈原謁武侯廟
452:010	10:21.5b	9:7.12b	31:22.49b	31:22.11b	礄溪
452:011	11:21.6a	10:7.12b	32:22.49b	32:22.12a	長春宮
452:012	12:21.6a	11:7.12b	33:22.49b	33:22.12a	益門

總　號	申　本	雍　本	袁　本	足　本	
452:013	13:21.6a	12:7.13a	22:22.47b	22:22.10b	東河三月晦日
452:014	14:21.6b	13:7.13a	23:22.47b	23:22.10b	青峰閣曉霽
452:015	15:21.6b	14:7.13a	21:22.47b	21:22.10a	*登樓鳳縣作
452:016	16:21.7a	15:7.13b	24:22.48a	24:22.10b	*草店雨行
452:017	17:21.7a	16:7.13b	34:22.50a	34:22.12a	新開嶺
452:018	18:21.7a	17:7.13b	35:22.50a	35:22.12b	柴關
452:019	19:21.7b	18:7.14a	36:22.50b	36:22.12b	武關
452:020	20:21.7b	19:7.14a	25:22.48a	25:22.11a	*馬道驛雷雨復霽
452:021	21:21.8a	20:7.14a	37:22.50b	37:22.12b	*昭烈廟
452:022	22:21.8a	21:7.14b	38:22.50b	38:22.13a	鹿苑寺
452:023	23:21.8a	43:7.18a	39:22.51a	39:22.13a	*過華清宮
452:024	24:21.8b	2:7.11a	20:22.47a	20:22.10a	*書院課士雨至有作
452:025	25:21.8b	3:7.11b	4:22.44a	4:22.7b	答張道夫都閫病懷
452:026	26:21.9a	40:7.17b	5:22.44a	5:22.7b	九日同陳侍御鳳谷登宴
452:027	27:21.9a	41:7.17b	17:22.46b	17:22.9b	秦嶺謁韓祠
452:028	28:21.9a	26:7.15a	6:22.44b	6:22.7b	送閏雲子還河內
452:029	29:21.9b	31:7.16a	7:22.44b	7:22.8a	*臥病簡汝濟士奇時濟㈠
452:030	30:21.9b	32:7.16a	8:22.44b	8:22.8a	臥病簡汝濟士奇時濟㈡
452:031	31:21.9b	33:7.16a	9:22.45a	9:22.8a	*過馬豁田村居
452:032	32:21.10a	34:7.16b	26:22.48b	26:22.11a	弘道書院
452:033	33:21.10a	35:7.16b	10:22.45a	10:22.8b	冬夜過仲木
452:034	34:21.10b	36:7.16b	40:22.51a	40:22.13a	望終南
452:035	35:21.10b	37:7.17a	15:22.46a	15:22.9b	秦府進曆
452:036	36:21.10b	39:7.17a	16:22.46b	16:22.9b	拜將壇
452:037	37:21.11a	38:7.17a	41:22.51b	41:22.13b	首山
452:038	38:21.11a *雍本見京集352:703	--:7.11a	11:22.45b	11:22.8b	*寄彭幸菴中丞
452:039	39:21.11b	44:7.18a	14:22.46a	14:22.9a	*清明日病臥聞三司諸公出城
452:040	40:21.11b	1:7.11a	12:22.45b	12:22.8b	*贈張時濟陳伯行胡承之周少安三月三日出城遊宴
452:041	41:21.11b	45:7.18a	13:22.45b	13:22.9a	*送張行人賚大行皇帝遺詔使秦蜀
452:501	———	42:7.17b	42:22.51b	42:22.13b	兩河口
452:701	--:21.2a	27:7.15a	--:10.44b	--:10.12b	［見451:004］
452:702	--:21.2a	28:7.15b	--:10.44b	--:10.12b	［見451:005］
452:703	--:21.2a	29:7.15b	--:10.45a	--:10.13a	［見451:006］
452:704	--:21.2b	30:7.16a	--:10.45a	--:10.13a	［見451:007］
452:801	———	———	———	———	王喬洞*見研究297

五言排律

總　號	申　本	雍　本	袁　本	足　本	
453:501	--:21.2b	1:8.28a	1:23.13a	1:23.11b	［見451:008］

五言絕句

總號	申本	雍本	袁本	足本	
454:001	1:21.14a	———	1:28.42a	1:28.8a	鳳縣

六言律詩

總　號	申　本	雍　本	袁　本	足　本	
461:701	--:21.14a	--:10.53b	--:28.43a	1:28.8a	［見464:001-002］

六言絕句

總　號	申　本	雍　本	袁　本	足　本	
464:001	1:21.14a	1:10.53b	8:28.43a	--:28.8a	*盩厔清明日㈠
464:002	*足本二首並爲一首見462:701 2:21.14a	2:10.54a	9:28.43b	--:28.8a	盩厔清明日㈡

七言古詩

總　號	申　本	雍　本	袁　本	足　本	
471:001	1:21.3a	2:4.48b	2:14.19b	1:14.18a	太白山歌
471:002	2:21.3b	1:4.48a	1:14.10a	2:14.18b	*子昂畫馬歌

七言律詩

總　號	申　本	雍　本	袁　本	足　本	
472:001	1:21.12a	2:9.48b	1:27.29b	1:27.10b	*登樓觀閣時王令明叔邀張用昭段德光王敬夫康德涵四子同遊㈠
472:002	2:21.12b	3:9.49a	2:27.30a	2:27.11a	登樓觀閣時王令明叔邀張用昭段德光王敬夫康德涵四子同遊㈡
472:003	3:21.12b	1:9.48b	3:27.30a	3:27.11a	輞川
472:004	4:21.12b	5:9.49a	4:27.30b	4:27.11b	*華州作柬桑汝公
472:005	5:21.13a	———	5:27.30b	5:27.11b	東林書院
472:006	6:21.13a	4:9.49a	6:27.31a	6:27.12a	*劉士奇張時濟過觀雪竹
472:007	7:21.13b	7:9.49b	7:27.31a	7:27.12a	*送胡承之北上
472:501	———	6:9.49b	8:27.31b	8:27.12a	送盛斯徵巡撫四川

七言絕句

總　號	申　本	雍　本	袁　本	足　本	
474:001	1:21.14b	8:10.61b	1:29.59b	1:29.11b	寶雞縣
474:002	2:21.14b	1:10.60b	2:29.59b	2:29.11b	漢中歌㈠
474:003	3:21.14b	2:10.61a	3:29.59b	3:29.11b	漢中歌㈡
474:004	4:21.14b	3:10.61a	4:29.60a	4:29.12a	終南篇
474:005	5:21.15a	4:10.61a	5:29.60a	5:29.12a	*四圖詩贈何燕泉㈠
474:006	6:21.15a	5:10.61b	6:29.60a	6:29.12a	四圖詩贈何燕泉㈡
474:007	7:21.15a	6:10.61b	7:29.60a	7:29.12a	四圖詩贈何燕泉㈢

總　號	申　本	雍　本	袁　本	足　本	
474:008	8:21.15b	7:10.61b	8:29.60b	8:29.12b	四圖詩贈何燕泉㈣
474:009	19:21.15b	———	10:29.60b	10:29.12b	畫竹
474:010	10:21.15b	———	11:29.60b	11:29.12b	米元章拜石圖
474:501	———	9:10.62a	9:29.60b	9:29.12b	元日
474:701	———	———	———	[12:29.13a]	題王伯堅小景㈠
	*僅見足本乙	組丑版			
474:702	———	———	———	[13:29.13a]	題王伯堅小景㈡
474:703	———	———	———	[14:29.13a]	題王伯堅小景㈢
474:704	———	———	———	[15:29.13a]	題王伯堅小景㈣
474:801	———	———	———	———	遊清戒寺*見研究296

內篇（雍本均不載；袁本處序、記中）

總　號	申　本	袁　本	足　本	
內：001	1:22.1a	序27:33.66b	1:31.1a	［贈張侍御序］
內：002	2:22.1a	序28:33.67a	2:31.1a	［贈雷守王子序］
內：003	3:22.2a	序32:33.71b	3:31.2a	［送盛子令太平序］
內：004	4:22.2b	序33:33.72b	4:31.2b	［送陳子令大谷序］
內：005	5:22.3b	序34:33.73a	5:31.3a	［送侯汝立守東昌序］
內：006	6:22.4a	序35:34.1a	6:31.4a	［送王侍御按湖南序］
內：007	7:22.5a	序36:34.1b	7:31.4b	［送張侍御按淮揚序］
內：008	8:22.5b	序37:34.2a	8:31.5a	［送唐子擢福建憲副序］
內：009	9:22.6a	序38:34.3a	9:31.5b	［送趙君守延安序］
內：010	10:22.6b	序39:34.3b	10:31.6a	［送陳子令垣曲序］
內：011	11:22.7a	序40:34.4a	11:31.6b	［送張子令魏縣序］
內：012	12:22.8a	序41:34.5a	12:31.7a	［送劉子守漢陽序］
內：013	13:22.9a	序42:34.6a	13:31.8a	［送張君二守寧國序］
內：014	14:22.9a	序43:34.6b	14:31.8b	［送鄭子治大同儲餉序］
內：015	15:22.10a	序44:34.7a	15:31.9a	［送李子倅蘇序］
內：016	16:22.11a	序45:34.8a	16:31.10a	［送蔡子擢福建僉憲序］
內：017	17:22.12b	序46:34.9b	17:31.11a	［送申子令丹陽序］
內：018	18:22.13b	序47:34.11a	18:31.12b	［送周子令宣城序］
內：019	19:22.14a	序48:34.11b	19:31.13a	［送李子判襄陽序］
內：020	20:22.15a	序49:34.12b	20:31.13b	［贈焦文禎序］
內：021	21:22.16a	序29:33.68a	21:31.14b	［贈張德充序］
內：022	22:22.16b	序51:34.14a	22:31.15a	［壽陳貞人序］
內：023	23:22.17b	序12:32.47b	23:31.16a	［河南癸酉同年齒錄序］
內：024	24:22.18a	序 4:32.40a	24:31.16b	［劉子詩序］
內：025	25:22.18b	記 3:31.25a	25:31.17a	［戒菴記］
內：026	26:22.19b	序10:32.46a	26:31.17b	［韓子律呂直解序］［亦見序:504］

書（雍本均不載）

總　號	申　本	袁　本	足　本	
書：001	1:23.1a	4:30.10a	4:32.9b	與侯都閫書
書：002	2:23.3a	5:30.12b	5:32.11b	擬與藩司論救荒書
書：003	3:23.5a	6:30.14b	6:32.13a	與甯兵備書
書：004	4:23.6b	7:30.16a	7:32.14b	與何粹夫書

總　號	申　本	袁　本	足　本	
書：005	5:23.8a	8:30.17b	8:32.16a	*與李空同論詩書
書：006	6:23.11a	9:30.20b	9:32.18b	與李中丞書
書：501	———	[1:30.4a]	1:32.3b	*上蒙宰許公書
	*袁本題、文均無而有空行三十二			
書：502	———	2:30.5b	2:32.5a	上楊邃菴書
書：503	———	3:30.8b	3:32.7b	上李西涯書

序（雍本均不載；袁本多見內篇中）

總　號	申　本	袁　本	足　本	
序：001	1:23.14b	2:32.37b	2:34.1b	王右丞詩集序
序：002	2:23.15a	6:32.41b	5:34.4b	林泉圖序
序：003	3:23.16b	17:33.54a	15:35.1a	送郡守孫公考績詩序
序：004	4:23.18a	18:33.55b	16:35.2b	贈清溪子序
序：005	5:23.19b	30:33.68b	25:35.12b	送孫處州序
序：006	6:23.20b	52:34.15a	28:35.15b	贈李仲良耆老序
序：007	7:23.21b	3:32.38b	3:34.2b	海叟集序
序：008	8:23.23b	5:32.40b	4:34.3b	四圖詩序
序：009	9:23.24b	8:32.43b	6:34.6a	漢紀序
序：501	———	1:32.37a	1:34.1a	漢魏詩集序
序：502	———	7:32.43a	———	喜雨卷序
序：503	———	9:32.45a	7:34.7a	學約古文序
序：504	[內26:22.19b]	10:32.46a	9:34.9a	韓子律呂直解序
	內：026袁、足本甲組丑版重見			
序：505	———	11:32.46b	10:34.9b	正蒙會稿序
序：506	———	13:32.48a	11:34.10a	函谷子太極圖論引
序：507	———	14:32.48b	12:34.10b	思親詩引
序：508	———	15:32.49a	13:34.11a	古樂府敍例
序：509	———	16:32.50a	14:34.11b	鄉射禮直節序例
序：510	———	19:33.56b	17:35.3b	贈蕭文彧號古峰序
序：511	———	20:33.57b	18:35.4a	贈左先生序
序：512	———	21:33.58b	19:35.5a	贈趙君士器序
序：513	———	22:33.59b	20:35.6a	贈許汝登序
序：514	———	23:33.61a	21:35.7b	贈南雄判俞君序
序：515	———	24:33.62a	22:35.8b	贈胡君宗器序
序：516	———	25:33.63b	23:35.9b	贈向先生序
序：517	———	26:33.65b	24:35.11a	贈楊靜之南歸序
序：518	———	31:33.70a	26:35.13b	送蕭文彧分教臨川序
序：519	———	50:34.13b	27:35.15a	壽閻定峰兵備序
序：701	———	———	8:34.8a	武功縣志序

記（雍本均不載；亦見內篇）

總　號	申　本	袁　本	足　本	
記：001	1:24.1a	1:31.22a	1:33.1a	沱西別業記
記：002	2:24.2b	4:31.25b	3:33.3b	信陽脩城記
記：003	3:24.4a	6:31.28a	5:33.5b	略陽縣遷建廟學記
記：501	———	2:31.23b	2:33.2b	龍灣草堂記
記：502	———	5:31.27a	4:33.4b	碻山縣脩城記

墓誌銘（雍本均不載）

總　號	申　本	袁　本	足　本	
銘：001	1:24.6b	1:35.20a	1:36.3b	*明故大中大夫資治少尹福建都轉運鹽使司運使李公墓誌銘壽藏銘
銘：002	2:24.10b	14:35.42b	14:36.24a	
銘：003	3:24.11b	2:35.23b	2:36.7a	徐太母潘氏墓誌銘
銘：004	4:24.12b	3:35.24b	3:36.8a	樊懋昭墓誌銘
銘：005	5:24.14b	4:35.26b	4:36.9b	明處士錢公墓誌銘
銘：006	6:24.16b	5:35.28b	5:36.11b	*明故劉孺人廉氏墓誌銘
銘：007	7:24.17b	6:35.29b	6:36.12b	王孺人墓誌銘
銘：008	8:24.19a	7:35.31a	17:36.13b	明故夔州府知府鐵溪先生高公墓誌銘
銘：101	1:25.8b	15:35.44a	15:36.25a	姪渭女壙磚銘
銘：102	2:25.9a	16:35.44b	16:36.25b	*姪岳州壙誌銘
銘：501	——	8:35.33b	8:36.16a	馮宗武墓誌銘
銘：502	——	9:35.35a	9:36.17b	明威將軍指揮僉事余君墓誌銘
銘：503	——	10:35.36b	10:36.18b	誥封太淑人倪氏墓誌銘
銘：504	——	11:35.37b	11:36.19b	誥封淑人任氏墓誌銘
銘：505	——	12:35.38b	12:36.20b	懷遠將軍信陽衛指揮同知袁公合葬墓誌銘
銘：506	——	13:35.41a	13:36.23a	*封孺人張公夫人李氏墓誌銘

行狀（雍本均不載）

總　號	申　本	袁　本	足　本	
狀：001	1:25.1a	3:36.54b	3:37.8b	亡兄行狀
狀：002	2:25.3a	4:36.56b	4:37.10b	明紹興府同知致仕進階朝列大夫陶公行狀
狀：003	3:25.6a	5:36.59a	5:37.13a	甯母朱太夫人狀
狀：501	——	1:36.46a	1:37.1a	*封徵仕郎中書舍人先考梅溪公行狀
狀：502	——	2:36.52a	2:37.6b	封承德郎禮部主事李公行狀

祭文（雍本均不載）

總　號	申　本	袁　本	足　本	
祭：001	1:25.9b	1:37.64a	1:38.1b	祭亡兄東昌公文
祭：002	2:25.12a	2:37.66b	2:38.3b	祭李默菴先生文
祭：003	3:25.13b	3:37.68a	3:38.5a	祭董先生文
祭：501	——	4:37.68b	4:38.5b	祭高鐵溪先生文
祭：502	——	5:37.68b	5:38.6a	*祭封徵仕郎工科左給事中張公文
祭：503	——	6:37.69a	6:38.6a	祭岳母文

雜著（雍本均不載）

總　號	申　本	袁　本	足　本	
雜：001	問1:23.12b	問1:31.30b	問1:33.7b	師問

總　號	申　本	袁　本	足　本	
雜：002	誄1:24.6a	誄1:37.63a	誄1:38.1a	方竹先生誄
雜：003	1:26.1a	説1:31.32b	説1:33.9b	説琴
雜：004	2:26.2b	説2:31.34a	説2:33.11a	樊少南字説
雜：005	3:26.4a	1:37.69b	1:38.6b	嗤盗文
雜：006	4:26.6a	2:37.71a	2:38.8a	蹇盗
雜：007	5:26.6b	3:37.72a	3:38.8b	獸紀:狐
雜：008	6:26.7a	4:37.72b	4:38.9a	獸紀:玃
雜：009	7:26.7b	5:37.73a	5:38.9b	讀精華錄
雜：010	8:26.8a	6:37.73b	6:38.10a	雜器銘㈠燈銘
雜：011	9:26.8b	7:37.73b	7:38.10b	雜器銘㈡几銘
雜：012	10:26.8b	8:37.74a	8:38.10b	雜器銘㈢机銘
雜：013	11:26.8b	9:37.74a	9:38.10b	雜器銘㈣鏡銘
雜：014	12:26.8b	10:37.74a	10:38.10b	雜器銘㈤刀銘
雜：015	13:26.9a	11:37.74a	11:38.11a	雜器銘㈥硯銘
雜：016	14:26.9a	12:37.74b	12:38.11a	雜器銘㈦筆銘
雜：017	15:26.9a	13:37.74b	13:38.11a	雜器銘㈧枕銘
雜：018	16:26.9a	13:37.74b	14:38.11a	雜器銘㈨壺銘
雜：019	17:26.9a	14:37.74b	15:38.11b	雜器銘㈩瓶銘
雜：020	18:26.9b	16:37.74b	16:38.11b	四箴㈠好惡箴
雜：021	19:26.10a	17:37.75b	17:38.12a	四箴㈡言行箴
雜：022	20:26.10a	18:37.75b	18:38.12b	四箴㈢窮達箴
雜：023	21:26.10b	19:37.76a	19:38.12b	四箴㈣毀譽箴
雜：024	22:26.10b	20:37.76a	20:38.12b	雜言㈠
雜：025	23:26.11a	21:37.76a	21:38.13a	雜言㈡
雜：026	24:26.11a	22:37.76b	22:38.13a	雜言㈢
雜：027	25:26.11a	23:37.76b	23:38.13a	雜言㈣
雜：028	26:26.11a	24:37.76b	24:38.13a	雜言㈤
雜：029	27:26.11a	25:37.76b	25:38.13a	雜言㈥
雜：030	28:26.11b	26:37.76b	26:38.13b	雜言㈦
雜：031	29:26.11b	27:37.77a	27:38.13b	雜言㈧
雜：032	30:26.11b	28:37.77a	28:38.13b	雜言㈨
雜：033	31:26.11b	29:37.77a	29:38.13b	雜言㈩
雜：501	———	疏1:30.1a	疏1:32.1a	應詔陳言治安疏
雜：502	———	説3:31.35b	説3:33.12b	袁惟器字説
雜：503	———	碑1:35.17a	碑1:36.1a	張公去思碑
雜：504	———	碑2:35.19a	碑2:36.2b	王母何氏墓碑
雜：601	———	贊1:37.63b	———	姚希哲像贊
雜：602	———	贊2:37.63b	———	蕭惟一像贊
雜：603	———	贊3:37.64a	———	周孺人贊
雜：701	———	———	[説4:33.13b]	王伯堅字説
	*僅見足本乙組丑版			
雜：801	———	———	———	萊州府知府段公堅傳*見劉譜 2.35a
雜：802	———	———	———	河南左參政李公崙傳*見劉譜 2.36b
雜：803	———	———	———	跋郭熙畫*見劉譜2.37b
雜：804	———	———	———	雜言*見劉譜2.38a
雜：805	———	———	———	《雍大記》序例*見劉譜2.38a

何子（足本獨載）

足本

總　號	足　本	
何子：701	1:30.1a	嚴治篇
何子：702	2:30.2b	上作篇
何子：703	3:30.4b	法行篇
何子：704	4:30.6b	任將篇
何子：705	5:30.8b	勢成篇
何子：706	6:30.10a	功實篇
何子：707	7:30.12a	用直篇
何子：708	8:30.14a	敵中篇
何子：709	9:30.15b	固權篇
何子：710	10:30.17a	處與篇
何子：711	11:30.20a	策術篇
何子：712	12:30.22b	心跡篇

詩、文補遺

　　袁本、足本乙組、劉譜、《研究》、各有少數足本甲組未收之詩文。筆者另補詩一首，俱附此以備參考。

152:801-804　賦四亭詩四章（劉譜附錄2.34b引《全蜀藝文志》13.12b[129]）
　　　　　　　見山亭
　　　　　　　秀地名山出，晴窗疊巇羅。褰帷入雲霧，拂鏡影嵯峨。仙客丹梯意，
　　　　　　　樵人白石歌。悠然時一眺，佳色滿煙蘿。
　　　　　　　閲耕亭
　　　　　　　中山背北郭，曲樹俯通川。未羨龐公隱，先知沮溺賢。驅牛迎社日，
　　　　　　　聽鳥餉春煙。閒讀農書罷，逍遙策杖前。
　　　　　　　楚頌亭
　　　　　　　舊種三湘荷，初移千樹香。奈花繁檻雪，丹果壓簷霜。裊裊生南國，
　　　　　　　娟娟貢玉堂。嘉應伯夷並，高誦楚臣章。
　　　　　　　淮隱亭
　　　　　　　翠幹盤仙樹，西亭煙霧中。風簷自馥郁，月幌共玲瓏。白露棲雙鶴，
　　　　　　　青天下八公。獨同招隱曲，攀望小山叢。

152:901　渡沅水（《（乾隆）沅州府志》39.20a；亦見《（道光）芷江縣志》49.2a）
　　　　　灘淺聲如瀉，人行逐影流。歇鞍休病馬，掬水戲浮鷗。古渡橫西岸，江關
　　　　　截上游。莫言鄉國遠，襟帶在扁舟。

154:801　平彝道中（見《（康熙）平彝縣志》10.182b[364]；劉譜附錄2.35a引《（萬曆）
　　　　　雲南通志》29.14.40b[707]）
　　　　　崖懸雲自薄，山小路仍斜。古栢蒼松裏，參差幾樹花。

251:513　除夕述哀（第五首，見袁本9.18b）
　　　　　親存兒不覺，親去兒空哀。俯仰覆載間，始知天地恢。江河淚萬行，日夜
　　　　　腸千迴。盤餐輒不食，燈下悲風來。

252:515　答望之惠蜀扇並詩（見袁本17.6a）

浣花溪上物，萬里故人傳。豈意京華士，清風到我邊。亦知塵可障，更愛
月同懸。況有佳篇贈，長吟益爾憐。

252:517　贈陳逸老（見袁本17.6b）
此老非凡老，生涯與世同。人間多少歲，八十一春風。日月丹丘子，乾坤
白髮翁。無人知姓字，身不到城中。

252:519　送朱有中（見袁本17.7a）
磊落鄉中士，昂藏見爾才。秋風八月起，宋苑一花開。雄劍蛟龍化，黃金
駿馬來。青雲少年事，況爲築高臺。

252:527　寄君卿（見袁本17.8b）
望爾爲官處，悠悠天一涯。白雲連海嶠，紅日近京華。飛鳥來天上，鳴琴
坐日斜。春風桃李樹，應發滿城花。

252:601　祥殤（見袁本18.23b）
兒生三月天，李膚襯花顏。未試曹彬印，空探羊祜環。玉錢憐寂寞，錦褓
憶人間。欲問乘除理，蒼蒼不可攀。

274:801　天封山（《（乾隆）桐柏縣志》8下.29b；劉譜附錄2.35a引）
山雲勃勃湧驚濤，淮水湯湯侵巨鰲。極目下觀千萬里，扶桑依約見蟠桃。

372:510　送白生（見袁本27.27a）
黃河雷雨靜沙塵，遊子燕山望楚濱。觀國竟隨青鎖士，還家遙慰白頭親。
雲間騄駬千金少，花下斑斕五色新。聞説□□舊賓友，北城樓閣宴遊頻。

451:701　送劉筆峰暨從子黃巖赴省應試（見足本乙組10.13a）
年少劉家郎，綠鬢顏色鮮。大者氣孤卓，小者骨奇權。珊瑚碧玉樹，照耀
森我前。相看如二阮，俱爲竹林賢。向人長揖別，白馬垂雙鞭。朝出長安
門，夕至晉水邊。晉水生秋風，桂葉吹香綿。迢迢月中樓，夜冷蟾兔眠。
二子獨先登，舉頭叩遙天。衣裳結綵霧，金粟枝聯翩。眾人望高躅，飄如
雲中仙。丈夫生有才，即使功業傳。君看竹下人，落魄空自憐。春風杏園
花，擬待雙車還。

452:801　　王喬洞（見《何景明研究》297）

王喬古動深、駐馬欲相尋。積雪無行路、空山獨往心。鳳笙時一過、鳧鷖久雙沉。夢殿年年鎖、寒風落桂陰。

474:701-704　　題王伯堅小畫（見足本乙組丑版29.13a）

細柏疏篁小寺幽，碧江渺渺近山流。遊人載酒來何處，應上南溪第一樓。

青草孤帆落照餘，翠微樓閣對清虛。茆菴當午渾無事，細柳陰中看打魚。

白露蕭條楓葉哀，亭臺小小傍池開。晚風吹過蘆花岸，為送漁郎釣艇來。

竹［？］偃松歌一逕微，高樓縹緲見花飛。漁翁簑笠孤舟裏［？］，獨釣寒江夜不歸。

474:801　　遊清戒寺（見《何景明研究》296）

郡山西畔舊禪宮、朝暮風煙多不同。已見樓台翠微裏、更聞鐘鼓白雲中。

序：502　　喜雨卷序（見袁本32.42a）

是卷子郡人頌太守徐公者也。歲戊辰，予郡弗熟。郡之人至弗能生。己巳。太守來，寬其政，麥乃有秋。人稍活。五月，又弗雨，至六月，太守曰，予為天子牧是郡，弗幸值饑饉後，後死者需我活也。今天又弗雨，非我責誰也。我弗可辭。乃露跣求于郡之山川禱之。弗旬日，獲大雨，稼乃成，民相作，曰，此我太守雨我也。弗可忘也。於是，郡大夫士又相與，為文志其事。時予方制于大憂，弗能歌頌太守之盛。眾曰，然然，弗可終無言也。予乃言，曰，太守筮仕郎有實志于政。弗數月能生我民，則事功所至。有弗得限矣。雖由此雨，天下可也。然，太守所為民者，實耳。吾聞，有其實者不以文。予雖言何加焉。眾又曰，然然，是言亦足以志矣。遂書之卷末。

雜：601　　姚希哲像贊（見袁本37.63b）

行以文成，身由武甄。今之俊士，古之善人，忽睹其形，宛然其神，不愧前脩，裕爾後塵。嗚呼，此我兄希哲之貞。

雜：602　蕭惟一像贊（見袁本37.63b）

松鶴奇姿，岡陵福履，終奉高堂，早遊泮水。名在義門，風存仁里，白首一經，青雲有子。

雜：603　周孺人贊（見袁本37.64a）

松筠之操，蘭蕙其華，義方淑子，苦節成家。有脩者鬱，有瑱其珈，慶源既積，壽算攸遐。

雜：701　王伯堅字説（見足本乙組丑版33.13b）

王氏子鍔者，年最少。善與人觸事輒悟人無小大悉説之。既冠而未有以字之者，請于何子。何子曰，凡物之利者，必以堅爲本。鍔，物之利者也。其字曰伯堅。且告之，曰，天下之利器，莫有過于干將、莫邪，而所以爲干將、莫邪，必採五山之金，英而鑪錘之，均其陰陽。劗以歲月，越砥斂之，清水淬之，百鍊而成器，然後斷金劙革，截籃田寶山而罔不利也。堅之利固如是。今者，鉛刀之質，其柔繞指，刃始試而鋒已盡矣。安望其能利也哉。伯堅其自是益礪，其行深藏而薄發。中華兒外朴恒斂。其鍔而以干將、莫邪之器。自待毋以鉛刀爲利，斯可也。

雜：801　萊州府知府段公堅傳（《雍大記》29.4b。劉譜附錄2.35a引《國朝獻徵錄》96.11a[4207]）

段堅，字可久，蘭州人。生而剛方，早年讀書即知由正學希聖賢。人以伊川擬之。中景泰甲戌進士，天順己卯知山東福山縣。脩政治，隆道化。刊布小學，令邑人講誦，敷申五教，動以詩言。福山地僻俗陋，於是翕然丕變，海邦島嶼、颯颯乎絃誦之風焉。既四載、陞萊州知府。壤接福而俗等政教一如治福者。召譙郡縣及學正，屬賦詩啟諭勉振事用。未期萊人大化。以憂去服闋除南陽屬吏。被化，感奮思體國勤民視萊、更加病。近世以讀書媒利祿。階富貴、士鮮志聖賢之學，乃倡鳴周程張朱與古人爲學之意。召郡學及屬治諸生，親授講説、士志行勃然以變。自茲鳴世者輩出。又以民俗之偷由未預教乃取屬治童蒙、及其良心未鑿、勗志學書院教之、刊小學孝經，論語，崇正辨文公家禮教民俗言諸書授之講習。又於書肆收儲五經、性理大全，勑刊二程全書，俟盈科者給授百姓。習聞薰液純實同性禮讓、同俗逾世而風猶存、又勑節義祠取列女傳論祀有差。自是母儀婦道、閭閻可觀其爲政、持大體不立赫赫之威，不急功利。凡所思措規模遠大、而毀譽榮辱無一動心。其勁節直氣

勢力莫折、而抑強豪、去貪剝，察民隱，逆巫尼，疏冤獄，謹庫藏、輕
徭薄賦、與民休息。郡人戴之如父母。其敬畏之至，若家有一段太守
者，然惠澤究下、以直道不能取悅於上，竟不得大用。致政歸。郡城與
過屬地攀泣不忍舍。卒於家。郡人聞訃，無弗泣下者。遂作木主於志學
書院之企德堂，祀以少牢。後四十年，郡人思其德澤，又別立廟以祀。
有《容思集》、《柏軒語錄》行於世。蓋其學本河東薛文清公，承伊洛
之傳，故見於治行者如此。祭酒王鴻儒議曰，使南陽之人知有正學而不
知有俗學，知有王道而不知有伯道，知有關雎、麟趾之化而不知有桑間
濮上之風、皆先生始也。當以肇脩人紀之功歸焉。陸淵之贊曰，學術本
於至誠，政事純於王道，以廉恥忠信爲四海九州之宗，以文章禮樂爲一
邑兩郡之教。柴昇著〈祠堂碑〉、彭澤著〈墓碑、年譜〉、張景純著
〈行實〉。其詳可考。有子曰炅，翰林檢討。

雜：802　河南左參政李公崙傳（《雍大記》29.9a；劉譜附錄2.36b引《國朝獻徵
　　　　錄》92.28a[3987]）

李崙，字世瞻，臨潼人。幼篤實莊重，雖祁寒盛暑手不釋卷。成化己丑
進士，爲盧州府知府。清慎自持，不燃官燭，鋤強禁暴，[《雍大記》無
禁字。今據《國朝獻徵錄》補]興學築堤，百廢俱興。[興：《國朝獻徵
錄》：與。恐與是]歲饑，公遍歷所屬，加意安集，出庫藏銀帛，令自易
食。春初價貴，始發倉廩賑濟。全活者甚重。[重：《國朝獻徵錄》：
衆]所屬起解馬疋，令輪流解馬。七戶資之、民困始蘇、戶口鹽鈔存留。
令原解價，以三分之二給官軍，一充府庫，君民兩便。巢縣大河水急，
人每溺死，創立浮橋以便往來，自用淡薄，一[書]案衣[《雍大記》無書
字。今據《國朝獻徵錄》補]至八年方易，陞河南左參政。去日遮道挽留
者以萬計，立碑頌之。居家有都御史與同年者、遺之木[《雍大記》無者
字。今據《國朝獻徵錄》補]使屋焉，不受。比卒、貧不克葬。其後，夫
人郝氏不能遣日，守臣奏聞，命所司月給米養終其身。[所：《國朝獻徵
錄》：有]

雜：803　跋郭熙畫（劉譜附錄2.37b引《邵伯英古緣萃錄》）

河陽畫跡有秋山平遠圖，東坡、山谷兩先生爲之題詠、盛傳海內。吾耳
熟已久矣、猶未及見。茲幸見此長卷，觀圖中所作丘壑、皴如卷雲，悉
以濃重之筆爲之。凡亭林棧道、山樓、野店、人物、舟車、無一不極其
精備。展玩往復、足眩閱者之目。其妙處如入山陰道上、領賞不盡、誠

是河陽畫跡之可信者、無疑矣。人傳河陽畫，世已難得，今此卷歸吳東伯家，洵稱得所。乃知神物終不隱秘，亦有東伯好古不倦，有以致之也。正德十二年，夏，四月，六日，何景明拜題。

雜：804　雜言（劉譜附錄2.38a引《李亦復書屏大復先生清言》）

古法帖無妍媒放斂，其下筆無不厚者。厚故不易入、所以能傳試。取古帖中數字，極樸而無態者、一臨之覺有一二分似處、即佳矣。而其樸而無態者、自如反以爲不佳，乃所謂厚也。

雜：805　《雍大記》序例（劉譜附錄2.38a引）

雍大記者，記雍之大也。夫括方數千百里之地，貫穿數千百代之事，有不可勝載者，必博收約文，微詞廣義以勒成一家之言。斯可久達行矣。

夫類書，勤而不根，散而無宗，雜而靡具。是故觀者庇焉。今之所集、務採事實，撮要本，備始終，以利觀者。

方域易置，古今相湮，或失其故。今據圖乘，稽聞見，以求名實。

山川取其望者，某山宗也，某川統也，某山川系之、其丘澤陵墓、宮殿，率附見焉。若於地勢要害，時事得失，無所係者，悉得略之。

雍古帝王州也。正位大統，是宜詳載其三代封國之君。春秋以來諸侯，及晉宋之間夷狄入主者，世系未泯典策有徵，亦不得弗敍。

人物各以傳敍、列無傳而傳聞著者，亦得疏、其行實、其仕宦流寓，非其地產者、別敍其所建白、而其人因以見矣。

文章，錄其合作者，不必皆取全篇，苟有名理，即數言亦采。

敍述之義、悉依訓參史，斷以儒哲之論。其涉怪近誣，不可以經也，遂生者悉黜。

紀敍各以時伐俾，古今不相踰紊。（伐:劉譜:代。作代是）

書以類分。其類有六，其體惟三。類有多寡，各以數目詮次。

曰物產、戶口、徭役、賦稅弗載。何也。曰，是書之作，要在彰往蹟，宣人文而已。彼皆有地乘焉，故弗載。

今之人文，其存者弗錄。何也。曰，君子畢身而是定言行、身後而始章、蓋夫子沒而後，學者敍論其事、弗錄存者俟也。

何景明諸交遊唱和集

林　瀚〈何景明舉人辭歸賦此壯之〉

伊洛何家此景明，詞章落筆盡天成。李唐謾説張童子，昭代凌雲蓋世英。

《林文安公詩集》3.4a

熊　卓〈贈同科呂祖邦還南都和何仲默韻〉

地渺雲飛亂、江深鴈到遲。秋心值月夕、別淚感花時。楚蕙憐君意、隋珠遺我詩。都門二尊酒、雨雪問征期。

《熊士選集》1.2a

熊　卓〈歲晏和仲默韻〉

天涯寥落客、歲晚獨含思。白日當空速、歸雲帶雪遲。風煙憐去住、節物愴心期。對酒那能樂、攄懷一賦詩。

《熊士選集》1.2a

熊　卓〈和何仲默遊靈濟宮韻〉

乍識花源路、瀟然世外居。玉壇秋雨冷、紫閣晝陰虛。餐玉傳奇訣、抄方檢異書。卻憐城市客、羈束未能疏。

《列朝詩集》丙11.25（356）

李夢陽〈申州贈何子〉

翩翩雙黃鵠，凌風各將去。哀鳴歧路側，一步一回顧。何異同心子，失散在中路。別君倏五載，我髮忽已素。今逢不須臾，趨駕一何遽。臨分但踟躕，道語不及故。山川何悠悠，白日奄欲暮。努力愛玉體，慰我長思慕。

《空同先生集》9.7a（189）、11.5a（78），劉譜4.1b

李夢陽〈贈何舍人齎詔南紀諸鎮〉

先皇乘龍去不返，悲風慘淡吹宸極。四海哭若喪慈母，百官狂走天爲黑。憶昨臨危坐御床，手挈神器歸今皇。密語丁寧肺腑裂，三老親開眼流血。今滕立剖石室秘，此事難從外人説。我君謙讓不可得，割哀踐阼弘祖烈。日月重懸萬國朝，雷雨赦過群方悦。越南海北霹靂動，蠻夷盡奉王正月。此時九道使臣出，舍人亦輟螭頭筆。白馬朝騰薊北雲，錦帆暮閃江沱日。江沱秋交多烈風，洞庭雲夢俱眼空♂巴陵縣令舍人兄，接詔會弟西樓中。童年題詩在高壁，六載不到紗爲籠。南嶽以南惟峻山，苦蒸毒霧何盤盤。天王新令雷電掣，妖蛇不敢啼林端。五溪官長喘啄拜，黔州父老垂淚看。卻瞻蒼梧雲氣黑，斑竹臨江怨幽色。翠華縹緲空冥間，此時此恨誰知得。君不見馬援柱，

孔明碑，剝落黃蒿裏。千年莓苔待君洗。萬里之行自此始，歸來何以獻天
子。

《空同先生集》18.2a(387)，20.1a(145)，劉譜4.1b

李夢陽〈得何子過湖南消息〉

及過荊門信，洞庭秋已凄。湘江饒苦竹，幾聽鸝鴣啼。馬援留銅柱，王褒祀
碧雞。向南衡瘴癘，藥物去曾攜。

《空同先生集》24.5a(591)，25.4a(204)，劉譜4.2b

李夢陽〈憶何子〉（原注：其兄時爲巴陵知縣）

憶爾辭京日，余歌萬里行。經秋無過鴈，索處若爲情。去已窮滇海，歸應滯
岳城。鳳凰池上草，春到爲誰生。

《空同先生集》24.5a(591)，25.4a(204)，劉譜4.2b

李夢陽〈何子至自滇〉

醉折荷花別，寧期花復開。川原一回首，雲日共徘徊。知向百蠻去，云從三
峽來。進舟雖一賦，胡棄楚陽臺。

《空同先生集》24.5b(592)，25.4a(204)，劉譜4.3a

李夢陽〈答何子問訊三首〉

伊洛投簪日，憐余冒網羅。江湖鴻雁絕，道路虎狼多。萬死還鄉井，潛身茸
薜蘿。天涯歲仍晚，無路覓羊何。

仲夏辭梁地，中秋出夏臺。醉行燕市月，留滯菊花杯。日暮千行淚，天寒一
鴈來。亦知張季子，不爲食鱸迴。

弱冠眞憐汝，投閒更可哀。山高桐柏觀，水曲范滂臺。假寐憑巖桂，潛行倚
岸梅。此時誰借問，日短暮寒催。

《空同先生集》24.8a(597)，25.7b(205)，劉譜4.3a

李夢陽〈阻雨明港寄何子二首〉

白日雲猶動，青山雨忽來。計程今夜會，策馬出村回。月對荊門上，天從夢
澤開。旅燈依港宿，吟苦獨徘徊。

微微山日舒，彼美碧山隅。信宿猶難遣，經年祇重吁。花含明日艷，月助此
宵孤。久擬申城醉，香醪語爾沽。

《空同先生集》24.8b(598)，25.8b(206)，劉譜4.3b

李夢陽〈寄李濂兼呈何子〉

識汝塵埃際，飛騰步步高。許身元稷契，努力更風騷。暫亦遊香署，終能奪
錦袍。仲言應過數，萬里兩鴻毛。

《空同先生集》24.15a(611)，25.17b(210)，劉譜4.3b

李夢陽〈繁臺秋餞何子二首〉

　　會少憐君暫，臺孤引望頻。清秋屬過鴈，落日有征人。華嶽元通洛，黃河不
棄秦。異時愁獨上，千里見嶙峋。
　　候吏催邅幕，遊人怨解攜。十年內供奉，萬里竟關西。地古饒文物，時平罷
鼓鼙。巡行有佳興，應遍絕崖題。

《空同先生集》25.7a（627），26.6b（214），劉譜4.3b

李夢陽〈再餞何子〉

　　武場重布席，文士此分襟。人世東西路，秋天旦暮陰。杯光搖弱草，庭色下
饑禽。他日關中使，無忘汴上音。

《空同先生集》25.7a（627），26.6b（214），劉譜4.4a

李夢陽〈簡何舍人二十韻〉

　　黃扉通內閣，左順切文華。密勿君臣契，尊崇禮數加。詞頭存故事，國體與
宣麻。奏絕銅函密，封非墨敕斜。四門欽舜闢，隻日鄙唐邪。乾斷人心協，
風淳主德遐。萬方咸就日，六合迥爲家。司馬元牛走，臥龍曾兔置。吹噓振
羽翮，變化奮泥沙。邦計思劉宴，兵謀愧左車。分番春扣閽，捧牘晚歸衙。
影拂垂城草，香攜出苑花。雛經違白虎，投筆困青蛇。每憶他池鳳，私慚省
樹鴉。拘羈那有適，追琢冀無瑕。不忍醒爲醉，胡由玉倚葭。聖朝巢父耳，
荒里邵平瓜。隱抱丘園欲，私祈紀運嘉，鳴文極燕許，熙載老姬牙。帝澤川
歸海，浮雲莫蔽遮。

《空同先生集》28.12a（735），28.10b（237），劉譜4.1a，研究257

李夢陽〈郊齋逢人日有懷邊何二子〉

　　今日今年風日動，苑邊新柳弱垂垂。齋居寂寞難乘興，獨立蒼茫有所思。谷
暖遷鶯番太早，雲長旅鴈故多遲。鳳池仙客容臺彥，兩處傷春爾爲誰。

《空同先生集》31.3a（821），30.1a（255），劉譜4.4a

李夢陽〈過李氏荷亭會何子〉

　　三伏尋花到習池，幽懷真與故人期。出波菡萏晴相並，度檻流螢晚故遲。他
日宴遊能此地，向來開落果由誰。亦知塵世難逢醉，且把芳筒當酒卮。

《空同先生集》31.4b（824），30.3a（256），劉譜4.4a

李夢陽〈病間聞何舍人夢故山有感〉

　　我逢新歲兼新病，君夢故園登故山。木杪啼猿行問訊，枕邊流水莫潺湲。深
春古廟同誰往，絕壁孤雲只自攀。悵恨無家傍林谷，定應何處卜鄉關。

《空同先生集》31.5a（825），30.4a（257），劉譜4.4b

李夢陽〈九日寄何舍人景明〉

　　九日無朋花自開，登樓獨酌當登臺。孤城落木天邊下，萬里浮雲江上來。但
遣清尊常不負，從教白髮暗相催。梁南楚北無消息，塞鴈風高首重回。

《空同先生集》31.6b(828)，30.5b(257)，劉譜4.4b

李夢陽〈喜鄭生至自京師傳崔陸徐何諸人消息〉

汝從京國傳消息，屈指離吾幾換年。當日應劉俱老健，竭來燕趙自風煙。陽
回草木清霜後，歲暮賓朋醉眼前。別業舊臺攜手在，野鴻沙鳥日翩翩。

《空同先生集》31.13b(842)，30.15b(262)，劉譜4.4b

李夢陽〈夏日繁臺院閣贈孫兵部兼懷大復子〉

獨馬孤城送客回，亂蟬高柳出銜杯。晴天河嶽今開閣，戰地金元晚上臺。才
自籌邊期獻納，義猶傾蓋愧徘徊。何休門客如君幾，北望天風萬里來。

《空同先生集》32.3b(854)，31.1a(265)，劉譜4.5a

李夢陽〈春望東何舍人〉

城南春望春可憐，小苑高樓生暖煙。幾家芳草斷腸處，無數落花吹笛邊。川
原萋萋入暮雨，車馬駸駸矜少年。欲向仙郎誇白雪，陽春久已絕人傳。

《空同先生集》32.6b(860)，31.5b(267)，劉譜4.5a

李夢陽〈乙亥元日東省臺何邊二使君邊病臥久〉（此詩實不指何景明）

煙和日翠且重樓，洶洶綺羅悲此州。碧草可容漳浦臥，官梅真憶廣陵遊。來
鴻去燕催今昔，柏葉薇花阻但酬。興發春山能約往，冰開仙楫擬乘流。

《空同先生集》33.6a(891)，32.5a(276)，劉譜4.5b

李夢陽〈贈何舍人〉

朝逢康王城，暮送大堤口。相對無一言，含悽各分手。

《空同先生集》36.13a(1015)，34.12a(299)，劉譜4.5b

鄭汝美〈和何仲默寄泉山韻〉

瑞世何人丹穴鳳、忘機有侶白湖鷗。茫茫春樹金臺遠、倚遍三山樓上樓。

《白湖存稿》5.43a

何孟春〈次何仲默中舍九日見懷韻〉

鶗鴂無聲詎晚芳，園林隨處醉重陽。花應較我人還瘦，酒不知誰客更狂。唐
制許追三令節，漢星能聚幾同鄉。極知笑口開難再，身世聊今得暫忘。

《何文簡公文集》6.4b

何孟春〈題孟望之扇次何仲默韻〉

煙雨模糊一葉舟，水花開處見芳洲。江湖滿地皆南國，漁釣何人獨上流。醉
後客心愁對酒，病餘吟骨健逢秋。今宵正作瀟湘夢，塞鴈驚飛莫過樓。

《何文簡公文集》6.18b

王九思〈讀仲默集二首〉

大雅久不作，之子起詞林。萬里風雲氣，千篇錦繡心。青霄看鳳翥，碧海詫
龍吟。卻恨重泉閉，空遺清廟音。

爾與崆峒子，齊升大雅堂。風流驚絕代，培植荷先皇。日月層霄麗，江河萬
古長。斯文如不發，吾黨有輝光。

《渼陂集》4.17a(151)，研究261

王九思〈漫興十首之一〉

仲默親從獻吉遊，高才妙悟孰能儔。寧獨老夫堪下拜，即教獻吉也低頭。

《渼陂集》6.15a(227)，研究261

顧　璘〈次孟侍御酬何舍人仲默見寄之作〉

京洛何平叔，傳詩動我哀。同時座上侶，共向嶺南來。暮笛梅花落，秋醪竹
葉開。相期不相見，悵望碧梧臺。

《浮湘稿》2.10a(《顧華玉集》148)

顧　璘〈答何舍人仲默〉

嚴城寒夜共聞筰，馬首西來客路賒。落景離心臨碧草，故山幽興繞黃花。高
歌舊憶燕京市，多難今逢洛水涯。到處交親爭下榻，魯人元自敬東家。

《息園存稿詩》11.6a(《顧華玉集》421)

顧　璘〈詠菊寄何白坡中舍〉

寂寞三徑下，亭亭帶晨霜。行人愛嘉色，君子懷清香。

《息園存稿詩》14.2b(《顧華玉集》443)

邊　貢〈答西橋大復二君〉

丙子之歲，客遊兩河，辱何劉二君聯句惠寄。庚辰仲春，屏煩抱病，林居值
雨，檢賣前翰，悵焉起懷。步韻二章，爰申情抱云。爾鳳蟬音旨，豈曰同
哉。

憶在中州日，曾傳上苑歌。暮雲千里隔，春草四季過。漢殿仍金馬，秦關且
玉珂。報章慚獨晚，才力謝羊何。

懶性真成癖，哀吟不當歌。田園自開闢，城市少經過。雨臥山迴枕，春行柳
拂珂。馬周頭漸白，無日見常何。

《邊華泉集》4.28b(222)，4.29a(74)，劉譜4.6a

邊　貢〈人日答何李二子見懷之作〉

夾道煙花十二樓，大梁歌吹古名州。當年尚憶愁中過，此日那教病裏遊。司
馬調高真寡和，謫仙情重若爲酬。青鐙白髮春堂晚，臥歎年華以水流。

《邊華泉集》5.15b(254)，5.21a(87)，劉譜4.6b，研究262

邊　貢〈金陵春日有懷孟有涯兼憶亡友大復子〉

往在東山賦索居，竭來南國轉愁予。風前玉樹時難見，袖裏瑤華日漸疏。京
洛舊傳東野句，茂陵新出長柳書。交遊意氣關生死，伐木歌殘恨有餘。

《邊華泉集》6.26a(335)，6.49a(115)，劉譜4.6b

邊　貢〈寄何仲默〉

梁王臺前春草生，梁王臺上鳥嚶嚶。美人遙在黃金屋，客子登臨空復情。

《邊華泉集》7.21a(419)，7.25a(142)，劉譜4.7a

朱應登〈夢大復何子〉

京華一云別，瞥若紛飛翼。遙遙南中道，念子無消息。歲徂寒暑變，日落風
雨黑。詎知萬里魂，能達君子側。篇章煩見示，觸目見古色。瀏瀏清瀨鳴，
擢擢朱絃直。指摘發雋語，要我以終極。大質多渾成，至寶去雕飾。晤言忽
復竟，驚起謝良德。音徽猶若聞，轉盼已難即。悵悵牽垂帷，仰睇梁月色。
何由託歸鴻，附此長相憶。

《凌溪先生集》5.8a，劉譜4.7a，研究265(誤題為韓邦靖之作)

康　海〈喜仲默至〉

二月高陵縣，逢君發慶陽。十年方邂逅，百歲幾徜徉。詞賦名須久，安危望
已長。青尊今夜月，好醉滸西堂。

《對山文集》10.14b(486)，4.11b，10.3a，劉譜4.5b

康　海〈彭麓詩和白坡提學與諸公見過之作〉

返耕得茲麓，習靜欲長年。山水向春碧，煙霞當暮研。結廬垂四壁，枉駕辱
諸賢。遣興沽村酒，呼童鳴綠絃。

《對山文集》10.14b(486)，4.12a，10.3b

康　海〈普緣觀眺次仲默〉

地僻柳條初綻，春深小桃未花。草房凹口雲散，蕎麥山頭日斜。傍壑數椽僧
舍，隔谿三老人家。龍窟千尋俱水，蒼煙四望無涯。

《對山先生集》5.24b，15.1b

康　海〈樓觀〉

仙家樓觀俯層岑、春色逶迤萬木陰。檻外歌聲初迤邐、寰中人事幾銷沉。誰
將玉醴傳金椀、自欲浮生憩此林。本是無心名利客、悔教華髮到如今。
危樓迥對一峰孤、哀壑平連萬頃蕪。摩詰畫圖空掩映、伯陽道德豈虛無。方
西澗谷漢馳道、直北河山周故都。風土不殊人事異、誰將綿蕝問司徒。

《對山文集》10.24a(505)，6.10b，15.9a

康　海〈答何仲默見寄〉

罷棄自非明主意，還耕仍幸此生餘。異鄉擾擾方戎馬，惡俗悠悠況爾予。習
靜元卿先有宅，匡時伊陟未收書。君憂臣辱由來遠，笑我秋山已隱居。

《對山先生集》16.3a，劉譜4.6a，研究258

王尚絅〈期仲默不至歸坐偶書〉

買宅城西隅，退食慚幽獨。閉門芳草閒，誰復憐修竹。涼飆滿四鄰，海月照

山屋。仰視雲間鴻，冥飛不可逐。

《蒼谷全集》2.8b，劉譜4.10b

王尚絅〈過華清何子韻〉

薄暮驪山下，停車感歲華。煙波千里路，塵土十年家。故殿餘蒼柏，浮生落晚花。客宵催短晷，城戍已朝霞。

《蒼谷全集》3.4b

王尚絅〈雨夜次大復韻作別兼懷空同子〉

君年纔弱冠，辭官許禁庭。煙花開舊卷，風雨共閒亭。少室雙龍臥，清淮一冥。情思今夜裏，雲聚太階星。

《蒼谷全集》3.7b，劉譜4.10b

王尚絅〈仲默初至〉

三載衾綢夢，風雲與爾俱。野花虛別墅，秋月淨江隅。阻絕哀時暮，艱難謝世虞。午逢猶未晤，寂寞短檠孤。

《蒼谷全集》3.10a，劉譜4.10b

王尚絅〈得仲默書〉

過眼風花處，秋鴻遞遠愁。故人歸汴野，新月照蘆溝。海曙春迴宴，雲波凍不流。小齋空寂寞，千里寄神游。

《蒼谷全集》3.10b，劉譜4.10b

王尚絅〈用舊韻別大復二首〉

筆倒河流迥，帷褰華嶽新。同年三百輩，如子更何人。氣正迴天地，聲先動鬼神。八龍兼勖爽，星聚敢論陳。

宦況今餘幾，交情向爾多。鳳毛還瑞世，鵲羽欲填河。衢路元霄漢，山居自薜蘿。攀留意無限，高興復如河。

《蒼谷全集》3.17a，劉譜4.11a，研究263（一首）

王尚絅〈獨坐用白坡韻〉

禁漏疏鐘入座幽，年華倒指迅如流。郢中琴譜留孤調，海上山靈笑遠遊。花暗房櫳連日雨，月明砧杵萬家秋。興來空有如椽筆，不盡寒城此夜愁。

《蒼谷全集》4.6a

王尚絅〈兀坐讀空同詩有懷大復〉

幾年詩卷未曾開，紫邏雲山憶鹿臺。午漏旌旗隨日轉，天門鐘鼓放朝回。憐才不見李生久，動興還如何遜來。舊事新愁俱蹭蹬，清霜落木益堪哀。

《蒼谷全集》4.9b，劉譜4.11b

王尚絅〈漫興用杜韻寄大復子〉

薄軀病久春仍健，舊卷燈孤夜自開。亂鵲喜占梧樹杪，春鶯巧囀上林來。錦

囊不負吟池草，綠酒猶堪醉野梅。細向初唐變詩律，真成烈火煉金迴。

《蒼谷全集》4.27a，劉譜4.11a，研究263

王尚絅〈寄何仲默代簡〉

懷人愁夜雨，送客渡長河。渺渺看南雁，馳箋到白坡。

《蒼谷全集》5.4b，劉譜4.12a

王尚絅〈答大復書中語二首〉

中舍本爲賢隱客，薇垣偶得嶽山游。誰將蹤跡分朝野，萬里心同海上鷗。
（用九梅翁意）

選古初看樂府詞，悲秋重枉盛唐時。泰山如有琴書興，沮溺津頭問仲尼。
（答來書中語）

《蒼谷全集》6.6b，劉譜4.11b，研究263

王尚絅〈效子美十八郎十八首〉（錄一）：大復

撥悶如醒千日酒，開函唯有隔年書。消風黃閣文儒父，能使何郎跡也疏。

《蒼谷全集》6.13b，劉譜4.12a

王廷相〈寄仲默〉

翩翩水中鳧，友者鷩與鶴。風波忽間之，流落不得將。步出北郭門，北望鬱
蒼茫。君通清切禁，雙闕夾文昌。日月會亨途，風雲何悠颺。被服紫霞褕，
文彩相輝煌。佩之璃華鉤，明德燦同行。綴以明月乾，容華宛清揚。相去日
已疏，相念日已長。我欲從子遊，河水深無梁。鑿井貴得泉，握蘭願得香。
明義倘不虧，永言繼斯章。

《王氏家藏集》9.1b（306），劉譜4.14b

王廷相〈寄何仲默〉

伊余同懷友，德音何丕丕。結交岐路隅，胡能待龜蓍。亶茲企聖術，靡獨
忻辭。迫路有踽行，人事生蔽虧。璞英一何麗，剖之叢石間。德也不同塗，
生世良可歎。汎泉不濡坡，泌泌汎誰瀾。同生寡道晤，異代將奚傳。悠悠睠
北州，河渭渙其下。賴尾阻來茲，薄言擊芳社。式歌以長謠，俾余如轉櫓。
往哉申前期，逶遲嗟中路。

《王氏家藏集》10.17a（387）

王廷相〈酬何仲默〉

君不見宰相府中擁帚客。彤管華袍坐芸閣。又不見金馬門前執戟兒，虎牌金
印提邊師。落落平生不相面，萬言不一留肝脾。山雞竊比鳳鷟毛，款段笑殺
驊騮蹄。世人貴耳不貴眼，安能齷齪求相知。君家淮水南，我家黃河湄。執
儒簡策被儒衣，十年同拜天子墀。手中雷電不肯發，神氣力挽蒼溟迴。古今
流水東歸海，學士文章幾人在。頃來贈我關中詞，白璧明珠滿光彩。食封萬

戶安足道，麟閣勳名等霜草。留取精華五百篇，日月闌干轉蒼昊。風波金闕津，懊惱銀臺門。羽人飄飄好顏色，攜手五湖煙島春。

《王氏家藏集》13.12b(496)，劉譜4.15a，研究260

王廷相〈鵠湖亭宴集贈張天益道長兼訊何粹夫、何仲默二內翰〉

憶昔排雲入天府，玉堂學道瀛洲仙。一策君王賜顏色，方朔奏牘空三千。出入黃金閣歌嘯，白雲篇天遣鳳鳥。下人美，重華年。愁雲忽起湎九關，虎豹守闔天路艱。五嶽崩摧不可拾，義取冥蒙何時還。黃門御史一網盡，公卿屏逐如拔菅。二三君子謝時去，龍藏靈兮誠可嘆。帝怒掃清金馬門，百官始知朝廷尊。赦書罪己謝天下，欻起廢滯求直言。脩撰不得臥王屋，閣老亦薦中書君。普天環海風波息，圖出河清瑞應繁。君不見田翁樂歲還稱壽，醉唱山歌更擊缶。況我與子雄豪倫，再睹清朝見良友。鵠湖宴開雲碧滋，酌酒勸君君莫辭。飛龍拏雲九天上，不藉萬里長風吹。丈夫達命且須醉，無事苦心胡爾爲。

《王氏家藏集》13.14b(500)

王廷相〈十八子：何中書景明〉

中舍飛騰早，華年帝閣遊。揚雄擅詞賦，方朔傲公侯。命世才何忝，匡君志易酬。無緣逐鳳翼，接影九龍洲。

《王氏家藏集》14.11a(539)，劉譜4.16a

王廷相〈悼仲默、仲修二首〉(錄一)

吾友何平叔，同時奉紫微。貞心玉避潔，大道日爭輝。鳳去桐空在，琴亡調已稀。遺文星斗爛，後進足歸依。

《王氏家藏集》15.16a(599)，劉譜4.16a

王廷相〈酬仲默〉

久客思吾友，愁心海國遙。飛鴻懷舊札，落月想清標。彩鳳遊丹水，仙人住碧霄。春來無限意，夢著紫宸朝。

《王氏家藏集》15.18a(603)，劉譜4.15b

王廷相〈宿淮上寄何仲默〉

旅泊清淮狙，扁舟怯獨行。風鐘半淪滅，水月共微明。放逐甘吾道，棲遑念友生。高歌視雄劍，不覺壯心驚。

《王氏家藏集》15.20a(607)，劉譜4.15b

王廷相〈寄何仲默〉

一別連枝友，無由展燕私。朱絃空自拂，白髮任成滋。草綠巴江暖，鴻來秦塞遲。綢繆後期在，不耐此中時。

《王氏家藏集》16.5b(630)，劉譜4.16a

王廷相〈寄懷何仲默二十韻〉

綸閣三台接，黃樞五鳳通。徽文才士入，論道相臣同。巨筆侔先漢，新詞萬
國風。注書明賈傅，持論鄙揚雄。後輩尊何遜，達人仰謝公。神仙在平地，
鸑鳳翥高桐。儒雅光朝列，文思啟聖聰。功成三代上，名落九寰中。吾道堪
龍變，斯文補化功。嗟予方倚玉，轉首忽飄蓬。遠放金沙海，長迷紫貝宮。
鯨濤秋震蕩，霧島日溟濛。詫見龍吟壑，愁聞鴈度空。古人歌石爛，山鬼笑
途窮。魿渴西江水，鷺卑枳樹叢。倉皇偕計吏，漂泊狎漁翁。未必心成爐，
猶能氣吐虹。雅懷思振俗，孤慎恥和戎。狂簡諸生習，涵蓄哲匠功。天人多
道述，倘爾擊顓蒙。

《王氏家藏集》16.23a(665)，劉譜4.16b，研究259

王廷相〈冬夜憶仲默〉

大復山頭冬月昏，大復山人空故園。春秋泉石豈無主，飛動雲霞如有魂。白
鹿聽歌仍夜狙，黃鵬坐樹自軒軒。斯文精爽迥天上，玉闕瑤宮正掩門。

《王氏家藏集》17.2a(685)

王廷相〈得仲默書〉

一放窮荒空夢寐，十年親友歎多違。鰲竿尚掛扶桑樹，鶴馭常留明月磯。北
極星辰終夜望，東溟旌節幾人歸。遙天長路能相慰，不斷飛鴻下紫微。

《王氏家藏集》17.21a(723)，劉譜4.17a

王廷相〈寄顧開封華玉兼呈邊亭實何仲默二首〉

兵戈滿地仍災青，太守賢勞倍往年。四十三城懸皎日，百千萬姓沐薰絃。文
詞不數謝康樂，長厚還過黃潁川。天子憂民今側席，鳳凰飛下紫泥篇。
邊何王顧梁園夜（去歲與三子會于大梁），醉裏悲歌世莫知。天地飄零吾獨
遠，風塵澒洞各相思。淇波功望雙魚錦，遠道虛攀五色芝。官閣梅花門殘
臘，悽悽歲暮一題詩。

《王氏家藏集》18.8a(761)

潘希曾〈大興隆寺齋居次韻簡何中舍仲默〉

古寺來春夕，溶溶月滿亭。忽聞歌百雪，獨坐歎晨星。蠟炬生花赤，沉煙作
縷青。故人妨促席，腸斷暮雲停。

《竹澗集》2.22b(670)

陸　深〈春山辭贈別何舍人仲默〉

登長阪，望故都。辭帝闈兮南鶩，渡河梁兮春波。時一去兮難再，怨芳歲兮
蹉跎。赴山靈兮凤約，返初服兮荇蘿。林深兮春暮，草靡兮雲和。猿避席兮
空谷樹，開嶂兮崇阿。左蘭兮右芷，牽芙蓉兮肇蘿。聊徜徉兮寤歎，澹容與
兮嘯歌。望佳人兮不可即，眇千里兮傷如何。

《儼山集》4.2a(23)

陸　深〈何舍人館中對雪〉

燕地春猶淺，高城雪更明。相逢爲客處，同有望鄉情。棧閣因風積，樓臺入夜清。不知梁苑賦，何似蔡州城。

《儼山集》7.1a(41)，劉譜4.9a

陸　深〈酌別何舍人兼問訊空同子〉

年少誰如子，他鄉怯病身。春風滿歸路，幾日罷征輪。塵合青山遠，河開碧樹新。故園如見月，應念未歸人。

《儼山集》7.9a(45)，劉譜4.9a

陸　深〈次韻何仲默別鄭山人兼東李獻吉〉

歲晚同爲客，衝寒對別尊。獨憐辭帝闕，不羨曳王門。行計惟詩卷，相思有夢魂。南還逢李白，悵望幾黃昏。

《儼山續集》3.7a(671)

徐　縉〈秋夜仲默宅宴集〉

何郎觀我處，宛在禁城隈。窗外長碧草，階陰生紫苔。我來逢解榻，客至共銜杯。暢飲陶君興，狂歌李白才。涼風起宮樹，霜月隱庭槐。佳會真須惜，嚴更莫浪催。明朝有餘思，還就菊花開。

《徐文敏公集》1.20b

徐　縉〈三月過仲默宅夜話〉

九十春將盡，江湖我欲行。頻年遊子意，此日故人情。惜別金樽滿，憂時白髮生。岳陽風景地，覓爾舊題名。

《徐文敏公集》1.29a

徐　縉〈晚過仲默〉

何遜幽棲處，頻過意自賒。庭中森獨樹，苑內出飛花。離思牽風色，愁心感歲華。遲留未忍去，回首各天涯。

《徐文敏公集》1.29b

徐　縉〈端陽日仲默見過〉

燕京逢午節，佳客喜經過。滿酌清薄酒，狂吟白苧歌。西山朝雨歇，南國夏雲多，無限東歸興，其如悵別何。

《徐文敏公集》1.30a

徐　縉〈仲默席上作〉

湖南萬里使，江左十年思。把酒忽言別，長歌從此辭。御園金鼓急，滄海捷書遲。悵望清天月，臨岐無那悲。

《徐文敏公集》1.30b

徐　縉〈秋日崔洹野、孫宿山、呂涇野、何大復四子枉駕瞻辰樓有作因答一首〉

　　秋日異鄉渾寂寞，幽居僻地少經過。謾勞侍從金門客，爲賦陽春白雪歌。返
照入樓還作熱，流雲下苑卻隨波。碧霄無限瞻辰意，并倚高窗愁思多。

　　《徐文敏公集》2.20b

徐　縉〈三月三十日過仲默夜話〉

　　高齋寂寂春光暮，禁漏沉沉夜色遲。楚纜吳檣今日興，海雲江樹隔年思。殷
勤斗酒憐風物，寥落晨星感故知。南過匡廬尋李白，不知蹤跡定何之。

　　《徐文敏公集》2.22a

鄭善夫〈贈何仲默〉

　　何子生知姿，弱齒詠鳳皇。垂帷破墳籍，一目能十行。雅調走鮑謝，雄才抗
班揚。黃鍾一徹虛，絲管空鏗鏘。陸沈金馬門，卒歲泣麟傷。賈生亦逢時，
杜甫終爲郎。古來聖哲士，位細非所妨。岋岋大復山，後賢永相望。

　　《鄭詩》6.3a，《少谷集》4.16a(13)，劉譜4.7b，研究264

鄭善夫〈江上別道宗兼懷何仲默〉

　　卻向滄江別，潸然感物華。林泉移歲月，霄漢變雲霞。伏劍亦駭俗，出門寧
顧家。寄言何水部，遲爾折梅花。

　　《鄭詩》6.3a，《少谷集》4.10a(61)

鄭善夫〈送道夫赴闕兼懷何仲默〉

　　胡羯且搆患，我友之朔方。朔方萬餘里，金門鬱煌煌。下有避世士，大隱而
誕章。十年風塵深，寂寞中省郎。食祿儜儒下，修身思何長。我有薜荔裳，
因子遠寄將。一以存苦節，一以昭不忘。

　　《鄭詩》6.10a，《少谷集》1下。29a(19)

鄭善夫〈送何仲默遊關中六首〉

　　跨馬出薊門，馬行不旋顧。丈夫重高勛，狹徑有矩步。狹徑非所遵，將子恐
歲暮。多財乃善賈，長袖乃善舞。巍巍西崑丘，矯首以延佇。

　　延佇如奈何，離居生怨惜。輸心風雨夕，執手衢路側。神交無古今，長道有
羽翮。晤言念彌久，去去結松柏。女羅乘飄風，睠此中乖絕。

　　弱齒述篇翰，中途謝華藻。深文用情性，肇悅日以掃。簫韶奏虞庭，鳳凰出
瓊島。至音動天地，和者一何寡。永言承德輝，別爾乃草草。

　　登高望咸都，送子過易水。朔風何蕭蕭，黃鵠逝未己。肴函列百牢，涇渭亘
千里。西當太白僥，代有隱君子。長孺用高義，壺遂且遠舉。古道存遺編，
睠爾托經始。

　　崦嵫下西日，翳翳風景昏。虎豹扼九關，廣利那復聞。重華不可悟，聖智乃
沈淪。鷗鳶日連類，鵷雛遁其群。矢言引高步，行止遵時屯。

杪秋行終南，箭括高刺天。黃河從天下，列宿相勾連。何意紫極北，狼嘴張
其�。南開蠶叢山，北俯邛與廛。廣野繾闉人，草生鬱芊芊。塵飛苦無象，
谷變會有然。行哉殖元氣，皇圖壽萬年。

《鄭詩》8.6a，《少谷集》2.6b(25)，劉譜4.8a

鄭善夫〈哭仲默〉

去年孫復死，今復哭何休。霄漢冥交盡，嵩邙正氣收。操戈吾豈敢，懷寶爾
終投。祇益文章價，年年照斗牛。

《鄭詩》11.7a，《少谷集》6.6b(91)，劉譜4.9a

孟　洋〈隱者〉

何處覓徵君，風標薄紫氛。秋聞前岸笛，晚泊一江雲。楓樹青山色，蘆花白
鴈群。生涯催歲暮，野思正紛紛。

《孟有涯集》5.4a

孟　洋〈答何仲默清明見貽〉

此日清明節，天涯客子情。林圿思折柳，城市不聞鶯。上國風雲氣，中原
鼓聲。勳庸羨名輩，落魄恥浮生。

《孟有涯集》5.11b，劉譜4.12a

孟　洋〈宿堅山寺何仲默有讀書樓〉

山深微見月，夜久獨聞泉。海內無多地，人間有別天。松岩花雨落，雲閣梵
音懸。爲問登樓客，長安何處眠。

《孟有涯集》5.15b，劉譜4.12a

孟　洋〈次韻何仲默見寄〉

一惜鴈行別，空聞猿夜哀。思君南極淚，喜客北方來。書自三春發，封當七
月開。雲深嶺海樹，何處是燕臺。

《孟有涯集》5.16b，劉譜4.12b

孟　洋〈懷何仲默〉

白髮思同伴，青山不共遊。並看兒女大，各恐歲年流。關塞驚春鴈，江湖狎
暮鷗。三峰君莫上，望遠易生愁。

《孟有涯集》6.7a，劉譜4.12b

孟　洋〈曉發趙州懷何仲默〉

寒月欲沉西麓盡，明星亦報東方昕。村雞樹上鳴未歇，僧磬林深清可聞。回
首漸離燕趙雨，相思猶隔汝淮雲。莫嗔吏隱難相入，尊酒茅堂許論文。

《孟有涯集》9.15b，劉譜4.13a

孟　洋〈夜坐白坡書舍〉

燭影鑪煙夜未央，星垂霜落滿溪堂。故人偶喜琴尊合，愁鬢相看歲月長。自

向聖明干氣象，更憐幽獨學疏狂。滄江煙雨年來夢，北極風雲未可忘。

《孟有涯集》9.17b，劉譜4.13a

孟　洋〈酬何仲默以詩見留次韻〉

每逢晚歲懷鄉國，豈謂浮名戀帝京。道路自緣妻子計，冰霜忍別舊知行。梅花水檻非無思，柳色春城亦有情。感爾詩章挽星旆，顧予心緒入雲程。

《孟有涯集》9.17b，劉譜4.13b

孟　洋〈三月十五日病寓趙州時何舍人致仕馬戴二進士應廷試〉

抱病孤衛檢藥方，平明坐起到斜陽。落花白日娟娟細，乳燕青春故故忙。正喜交遊新得意，欲憐骨肉已韜光。微軀進退慚何益，魂夢家鄉復帝鄉。

《孟有涯集》9.18a，劉譜4.13a

孟　洋〈答何仲默見寄〉

人世百年常異處，帝鄉爲別動三年。頻頻入夢見顏色，日日祛愁多醉眠。修竹穠花田舍裏，亂山流水寺門前。幽居不省何時訪，好句虛勞萬里傳。

《孟有涯集》10.6a，劉譜4.12b

孟　洋〈慶壽寺齋居夜倍喬劉何三舍人〉

齋居笑接鳳池吟，春寺風煙故故侵。鍾鼓上方催暮景，松篁滿地散清陰。中原渺渺孤裘客，北斗依依萬里心。但擬聞雞朝玉闕，還期並馬出珠林。

《孟有涯集》10.9b

孟　洋〈和何子移居〉

長安大道禁城隈，何子移居庭戶開。花柳春天臨上苑，雲霞朝日近蓬萊。子雲宅裏書常滿，元禮門前客競來。棲息即欣違咫尺，頻煩莫厭日追倍。

《孟有涯集》10.10a

孟　洋〈人日別王明府同陳何李薛劉五子〉

王喬作宰試東吳，吳國江山興不孤。花繞縣前春嶂入，月臨城上夜潮呼。天涯人日看瑤雪，海內名流集玉壺。明發分飛各何在，卻因梅柳憶京都。

《孟有涯集》10.23a

孟　洋〈春雨寄何仲默三首〉

春日春城雲霧遮，馬蹄終日滯天涯。親朋總隔中原路，桃李空教滿樹花。
比年朋輩俱榮達，今日相思爾獨歸。漂泊一身春寂寂，黃昏三日雨霏霏。
零雨霏霏盡日幽，浮雲浩浩總生愁。城南城北饒春興，柳遠花深何處遊。

《孟有涯集》13.1b，劉譜4.13b

王崇慶〈感何仲默過訪〉

城南有遷客，舍館鄰都郊。畫角隱高閣，蒼鷹俯孤巢。白坡有佳人，海內鮮比交。所以傾蓋情，古人謂投膠。

南國有修竹，歲月蒼姿顏。美人治情性，讀書白雲間。棲遲一何樂，永矢藏深山。文帝思賈生，已見徵書還。

我生本疏愚，百年仰吾子。唐虞日已遠，哲人日以徙。長風吹大林，落日下金水。多病還自憐，門牆如萬里。

《端溪先生集》7.五古。1a，劉譜4.9a，研究266

王崇慶〈市酒江魚送何仲默〉

長安酒家新酒香，潞河銀魚三寸長。端溪客子懷大復，斟酒烹魚心欲狂。

《端溪先生集》7.七絕.9a

王崇慶〈大復館見鹿〉

梧桐長日閒深院，鹿子銜花出藥欄。白雨捲簾天萬里，西山空翠近長安。

《端溪先生集》7.七絕.9b，劉譜4.9b

王崇慶〈飲大復館〉

曹劉陶謝文章館，卻幸山人放酒杯。天上迅雷驚四座，馬前暴雨一時回。
大復山人留我坐，高談實見杜陵才。相逢恰似曾相識，落日關門尚未回。

《端溪先生集》7.七絕.9b，劉譜4.10a

王崇慶〈贈何仲默〉

木蘭花發雨經春，惆悵懷君侍紫宸。落日萬山黃葉下，相思獨對一燈新。

《端溪先生集》7.七絕.13b，劉譜4.9b

韓邦靖〈中秋同何仲默望月〉

燕地中秋月，仍看此度明。照人愁白髮，為客歎浮名。空闊無霄漢，清光接禁城。中原有戰士，今夕最關情。令節他鄉酒，關山獨夜情。看花秋露下，望月海雲生。碧漢通槎近，朱樓隔水明。南飛有鴻鴈，作意向人鳴。

《五泉韓汝慶詩集》3.1a，劉譜4.7a

韓邦靖〈紅菊同何大復席上分韻〉

紅菊移時晚，開花近北堂。枝枝穠向日，葉葉翠含霜。細雨幽人宅，晴雲妃子粧。酒酣一把玩，飄泊嘆秋光。

《五泉韓汝慶詩集》3.2a

韓邦靖〈送二兄赴平陽席上同何仲默、孟望之、劉子靜分韻〉

白髮雙親待，青春故里過。豈能忘弟妹，況復有干戈。歲序冰霜劇，關河涕淚多。無因同去住，那爾鴈行何。
兄到平陽府，離家只數程。總緣歸思重，轉覺宦情輕。塞鴈行行去，山雲故故橫。心知明日別，且共一樽清。

《五泉韓汝慶詩集》3.3b

韓邦靖〈陳真人院牡丹同何仲默、孟望之分韻〉

城裏樓臺十萬家，無人解種牡丹花。蕭條自發春風後，爛熳還開白日斜。已向上林誇富貴，卻從仙府鬥雲霞。他鄉客子愁看汝，海內風塵未有涯。

《五泉韓汝慶詩集》4.3a

戴　冠〈女蘿篇贈何大復〉

瞻彼女蘿，托身喬木。朝兮煙縮，夕兮雲矗。嫋嫋千尺，下引深谷。斧不可施，斤不可斸。豈無桃李，懷此幽獨。相依萬年，惟曰不足。媿彼兔絲，蔓于春綠。不慎所從，其能有淑。

《戴氏集》3.1b，劉譜4.14a，研究267

戴　冠〈與白坡先生夜話〉

共坐夜深沉，清談雜古今。感慨孤燈下，各慰相知心。相從此百年，自誓無晴陰。但恐癡絶子，昧昧非知音。

《戴氏集》8.7b，劉譜4.14a

戴　冠〈九日已過而菊始花同白坡夜宴對花〉

如何秋後菊，逾節始開花。燈下憐寒影，尊前對晚華。亭亭疑有待，脈脈似無誇。寥落慚予志，思君重自嗟。

叢叢籬下菊，秋至恨開遲。九日空持酒，孤根不及時。凌霜知素節，倚月愛清姿。幽賞同今夕，相酬各有詩。

《戴氏集》8.8a

戴　冠〈懷友用大復韻〉

別離驚歲月，寒暑自相催。及子將南適，而吾始北來。尊前能共醉，歌竟未忘哀。此夜知何處，關山有夢回。

《戴氏集》8.9b

戴　冠〈和大復見留之韻〉

爲客秋將盡，西風暖氣微。逢人頻問信，見鴈幾思歸。歲月親雄劍，乾坤尚布衣。豈無霄漢志，多病與時違。

少日事文墨，臨編愧逸才。江湖聊躑躅，塵世一徘徊。宗廟終期見，山蹊漸自開。未知千載後，肯許接清埃。

《戴氏集》8.10b，劉譜4.14b

戴　冠〈和大復先生所書虞美人〉

嬌娥舞罷回嬌盼，恰恰金蓮轉。嬌嬈紅臉帶餘曛，簧口恣歌遙見過行雲。桃源舊事隨風息，空想鴛鴦翼。夜寒清露泣香紅，無限相思長是月明中。

秦樓蕭咽秦娥盼，明月樓頭轉。玉人何處醉醺醺，望斷秋波空自逐愁雲。衡陽鴈到無消息，恨欲生雙翼。夜來風雨落殘紅，獨對芳樽愁淚滴杯中。

《戴氏集》11.10b

戴　冠〈和大復先生所書浪淘沙〉

春去落花殘，輕暖輕寒。鴛鴦被冷欲熏蘭。暗想當年攜手處，惱恨多般。
明月上冰盤，怕倚雕闌。鴛鴦目斷淚偷彈。樓外海棠依舊好。誰與同看。
眉黛晚粧殘，夜色凝寒。香銷羞佩謝家蘭。無語低頭思底事，萬萬般般。
清露墮金盤，獨倚朱闌。相思一曲向誰彈。柔指不禁寒料峭。偷別燈看。
秋老菊花殘，入夜偏寒。砌邊霜落怨清蘭。月慘星悽風又峭，愁思千般。
荳蔻落香盤。良夜將闌。瑤琴閒卻總羞彈。心事欲箋無寄處。那眼來看。

《戴氏集》11.12b

胡纘宗〈和孟御史洋望之、何中書景明仲默、薛主事蕙君采、李刺史濂川甫禁中春
雪(崑山作)〉

遙憐今歲成安雪，萬里隨春下九霄。色射黃金天上牓，影迷白玉月中橋。便
官草暖應先濕，別苑風寒□未消。王杜賈岑堪唱和、御河新柳憶聯鑣。

《鳥鼠山人小集》4.5b

胡纘宗〈送樊少南歸信陽兼呈李獻吉、何仲默二憲使〉

千首杜詩聞大復，百篇楚賦見崆峒。憐君同入郢中調，念我遙攀洛下風。一
榻山高江影細，片帆天遠海潮通。離亭酒盡猶堪醉，坐對寒花月滿叢。

《鳥鼠山人小集》4.10a

楊　慎〈無題〉(丁丑歲同何仲默、張愈光、陶良伯作)

石頭城畔莫愁家，十五纖腰學浣沙。堂下石榴堪繫馬，門前楊柳可藏鴉。景
陽粧罷金星出，子夜歌殘璧月斜。肯信紫臺玄朔夜，玉顏珠淚泣琵琶。

《升菴集》30.9a(221)

楊　慎〈存歿絕句—何中默〉

何遜重泉別，范雲清淚多。他年淮隱處，腸斷八公歌。

《升菴集》32.8a(234)

盧　雍〈訪何仲默〉

花霧晝冥冥，春雲覆草亭。人間此仙吏，天上一文星。思極頭將白，情深眼
獨青。門多問奇客，時見小車停。

《古園集》2.3a

盧　雍〈次韻何仲默元夕同燕劉戶部〉

苑牆高樹晚煙凝，一飲東風酒數升。四海客懷千古月，萬家春色九衢燈。要
尋樂地吟翻苦，若破愁城醉可憑。俊逸仙才鳳池客，陽春高調和難能。

《古園集》3.21a

盧　雍〈樊氏洞中觀梅何仲默有約不赴〉

曾與梅花是故人，客中相見倍情親。江南雪月頻形夢，洞裏乾坤別貯春。銀
燭多情照清夜，素衣何處染緇塵。西湖東閣同茲勝，何用桃源更問津。

《古園集》3.22a

周廷用〈雪夜飲何大復先生宅〉

海內風流真舊侶，天涯雪夜此清樽。詞翻郢調寒商遠，賦入江梅春思繁。雲
外征旗連紫塞，月中鳴笛近黃昏。芳鄰喜接何休宅，日夕詞園許共論。

《八崖集》6.2b

張　含〈讀亡友何仲默無題詩繼作二首〉

曉日昭陽燕子斜、香塵不到綠珠家。翠裾楚岸江蘺葉、紅袖唐宮石竹花。寶
鏡玉龍羞佩玒遙、檀槽金鵲澀琵琶。洗妝夜拜瑤池月、悵望神仙萼綠華。
結綺臨春照晚霞、瓊枝璧月鬥妍華。雙歌共醉瑤池酒、萬舞齊開玉樹花。合
浦明珠穿躞蹀、中山文木斲琵琶。可憐一笑傾城者、猶自江頭浣越紗。

《張愈光詩選》2.7a

薛　蕙〈同大復避暑寺中〉

攜客東林院，涼宵掃竹亭，龍珠寒露殿，寶樹影雲扃。聽法元清淨，觀心自
杳冥。坐中餘爽氣，虛對北山青。

《考功集》5.18a(66)，《薛西原集》不載

薛　蕙〈寄何中舍〉

翰墨何憔悴，英靈有屈伸。千年關氣運，一代出精神。夫子興篇什，聲名動
搢紳。波瀾含詭譎，刻峭露嶙峋。李杜那堪數，曹劉不足陳。無人宗大雅，
舉世儗凡倫。文學元同列，風騷自有鄰。新章標創始，舊例起湮淪。已覺空
前輩，懸愁絕後塵。價卑皆呫嗶，力怯謾逡巡。綺麗才難並，湛冥道所珍。
逍遙歸毋氏，杳眇入天人。霄漢心常遠，神仙意獨親。緒言存著作，大業負
經綸。蹤跡升沉隔，交情契合真。渴逢頻下榻，離別劇沾巾。去國仍初服，
還鄉似昔貧。丹房天上藥，酒肆世間身。青瑣辭通籍，滄洲憶問津。儻逢桐
柏隱，訪爾故山春。

《薛西原集》1.6a，《考功集》6.4b(72)

薛　蕙〈奉同何大復苦熱行十首〉

夏日日長不可論，扶桑萬里過崑崙。青天盡閉蛟龍雨，赤氣遙衝虎豹門。
崆峒霜雪近幽燕，閶闔神仙捧御筵。舍人退食苦炎熱，卑濕南方更可憐。
六月長安冰井臺，雪宮杳杳風門開。江邊此日苦消渴，闕下當年拜賜迴。
天上火雲不肯晴，城頭霹靂浪多驚。終朝虛覺神靈聚，幾日真看風雨生。
草堂低小只三間，日日炎蒸不暫閒。初驚滄海臨湯谷，更訝朱陵入火山。
金壺玉碗露漿調，綠李黃梅冰水消。不奈五侯無限樂，可憐三伏爲誰驕。

三年臥病楚江扉，六月池臺滿眼稀。玉笙樓上含煙霧，只許仙人醉酒歸。

人間毒熱不可當，想見山中樓閣涼。三十六洞何處好，欲借神仙白石床。

盤古山中太始雪，六月天邊萬里風。下界並愁炎火劫，丈人長對水精宮。

太液甘泉冰雪生，君王避暑奏歌聲。不須玉女招商曲，自有仙人苦熱行。

《薛西原集》1.9b，《考功集》8.6a(87)，劉譜4.17b(二首)

薛　蕙〈答何大復〉

宵懽不繼晨，朝遊豈延夕。欵念未云周，勞心彌已積。篤好追昔悰，興言撫今歲。纏綿金玉音，參差翰墨跡。開帙虛雲閣，臨觴望瑤席。惠思荷來章，褰裳奉良覿。

《薛西原集》1.24b，《考功集》3.11a(31)，劉譜4.17a，研究268

薛　蕙〈對雪簡崔洹野何大復〉

清陰翳洞房，淒氣飄飛閣。起視綠雲中，白雪乍零落。紛紛集青瑣，盈盈舞羅幕。玄沼湧珠華，翠苑棲瓊萼。良辰眷悅豫，幽居感離索。有酒今若斯，思君共斟酌。

《薛西原集》1.26a，《考功集》3.10b(31)

薛　蕙〈何中翰夜集〉

寥寥玄冬夕，穆穆北堂讌。徘徊芳翰詠，慇懃羽卮薦。霧幌入鮮月，風甍下微霰。自顧恥虛薄，何因屬深眷。

《薛西原集》1.26b，《考功集》3.12a(32)

薛　蕙〈病中何仲默蔣子雲過訪〉

何人顧寂寞，盡日少歡娛。慰藉煩知己，扳留強病軀。濁醪來近市，野飯出中廚。珍重交親意，艱難愧腐儒。

《薛西原集》1.38b，《考功集》5.4b(59)

薛　蕙〈九日同何仲默出郊〉

九日登高會，同人載酒來。寒城一以眺，秋色正堪哀。零雨晨初霽，浮雲午未開。南飛有鴻鴈，為爾立徘徊。

《薛西原集》1.34b，《考功集》5.3a(58)，劉譜4.17a

薛　蕙〈贈何大復〉

昔我弱冠日，翩翩綴文辭。發藻翰墨林，志意縱橫飛。慷慨惟古人，自言不足為。歷覽百千年，揚馬乃吾師。雖非絕倫才，王子幸見知。一朝邁嘉會，英俊相追隨。追隨親交者，四海皆匹儔。矧復適我願，得與子同遊。惟子當今時，名聲溢皇州。陵屬班與張，卓犖屈宋流。興文何韡曄，世儒焉可伴。慚予非子友，何以結綢繆。綢繆不相棄，感子意惓惓。自負窈窕姿，何言謂我妍。吁嗟知己人，自古亦皆然。嬿婉三歲間，朝夕共周旋。金石豈為

固，膠漆匪云堅。如何忽分析，使我心嬋媛。嬋媛傷人懷，紆軫無終極。送子臨衢路，泣涕霑胸臆。願言從子邁，安能有羽翼。浮雲逝不返，飄風不我值。江河廣無梁，山高不可陟。嘆息何所道，但言長相憶。相憶亮何益，怨此去路長。昔者同心友，今爲參與商。人生百年内，倏忽若流光。良會復何時，一別殊未央。君其篤平生，慰我遙相望。斯言儻弗諼，傾想惠來章。

《薛西原集》1.42a，《考功集》3.1a(26)

薛　蕙〈寄何仲默〉

久別憂成結，書來不解顏。開緘讀未半，攬涕望秦關。簿領余方倦，馳驅君詎閒。相將保玉體，去去入名山。

《薛西原集》2.7a，《考功集》5.10b(62)

薛　蕙〈戲成五絶〉（錄一）

海内論詩伏兩雄，一時倡和未爲公。俊逸終憐何大復，粗豪不解李空同。

《考功集》8.14b(91)，《薛西原集》不載，研究268

李　濂〈京師秋日和何舍人五平五仄體〉

秋風寒颼颼，節候倏爾變。孤鴻號湘雲，碧草歇漢甸。人無松喬年，歲月欻若電。歸哉燒丹砂，勿使俗子見。

《嵩渚文集》11.1b

李　濂〈過仲默宅觀銅雀硯歌〉

君不見銅雀臺，魏王築此何爲者。翠殿朱甍埋草萊，相傳惟有鴛鴦瓦。何君蓄瓦磨爲硯，草玄日日霏霜霰。玉櫝緘收錦帕籠，深齋什襲無人見。我來問奇閲此物，摩挲表裏興三嘆。滋潤遙看玉乳流，晶熒隱見玄雲散。虫魚背刻苔鮮融，建安小篆泥沙眩。青州諸石盡下品，鳳咮龍尾何須羨。喜君好古揮綵毫，長箋颯沓風雷號。雪宵促膝和高倡，卻憶當年魏武豪。嗚呼霸業真如夢，練帷瑶席風霜動。漳河猶遶鄴城流，蛾眉無復西陵慟。平生萬事俱可蚩，空留遺瓦騷人重。

《嵩渚文集》14.5a

李　濂〈同時亮過仲默鼓琴〉

水部堂無暑、相邀晚過吟。流雲月出沒、涼吹竹蕭森。江海扁舟思、風塵故國心。坐聞琴調苦、深夜各霑襟。

《嵩渚文集》18.2b

李　濂〈贈崔何二子〉

何遜篇章煥，崔駰著述雄。聯翩鸞閣上，待詔鳳池東。藻思奎垣落，仙才異夢通。同時見二子，騷雅古人風。

《嵩渚文集》18.3a

李　濂〈同仲默過存上人盋方丈〉

　　逕入招提晚，疏鐘裊翠微。竹深涼氣早，院靜客來稀。避俗惟須飲，逃禪未可非。聞君話空寂，益念北山薇。

　　《嵩渚文集》18.3b

李　濂〈過燕泉同大復子〉

　　曲巷揚雄宅，炎天問字來。碧憐庭篠合，紅羨石榴開。未返山陰柁，聊扳河朔盃。二何揮麗藻，俱是水曹才。

　　《嵩渚文集》18.3b

李　濂〈冬夜過戴時亮同大復子〉

　　雪裏來尋戴，梅邊喜見何。剡溪情不減，東閣興還多。旅夕悲鳴鴈，寒山夢碧蘿。風塵對二子，慷慨一高歌。

　　《嵩渚文集》18.3b

李　濂〈同大復訪鄒子家〉

　　席掩陳平戶，蓬深仲蔚居。登堂聞雅瑟，開篋見奇書。粲粲螢猶在，皚皚雪未除。喧闐萬車馬，誰到草玄廬。

　　《嵩渚文集》18.4a

李　濂〈歲晏寄何舍人仲默〉

　　歲晏滯南國，悲吟懷故曹。江寒稀鴈影，郡潦劇風濤。詩寄紫薇省，夢逢青錦袍。憔悴簿書側，徒嗟州縣勞。

　　《嵩渚文集》18.5b

李　濂〈秋夜酬何仲默過訪〉

　　霜宵悄無睡，詞客自相求。倒屣迎王粲，停舟見子猷。醉深花轉勤，興盡月仍留。明日朝回早，還期過我遊。

　　《嵩渚文集》19.1b

李　濂〈答仲默初雪見貽之作〉

　　微霰乘清旭，浮陰結歲闌。亂飄雲外濕，遙送鴈邊寒。倚甕誰同酌，開簾只獨看。仲言白雪倡，屬和調高難。

　　《嵩渚文集》19.2a

李　濂〈暮秋邀大復子夜話詩以代束〉

　　搖落驚秋晚，蕭騷賦索居。風窗開酒帙，霜燭靜琴書。竹掃高人榻，花迎長者車。呼兒檢筆札，今夕過相如。

　　《嵩渚文集》20.1b

李　濂〈人日同何仲默、陳魯南、薛君采集劉子深館〉

　　人日晝晴宜，西堂夜宴時。氣占新歲好，雪兆有年奇。諷誦高生寄，淒涼杜

甫悲。滿堂皆墨彥，茲會可無詩。

《嵩渚文集》20.2a

李　濂〈九月三日飲仲默舍賞菊〉

主勝花逾豔，宵歡酒益清。乾坤近九日，風雨滿孤城。隔慢香猶逸，臨燈色轉明，醉餘同插帽，俱有故園情。

《嵩渚文集》21.1b

李　濂〈登慈仁寺閣和仲默〉

雪閣嵳峩雄帝畿，登臨翻恨賞心違。蓬萊春色浮沙動，滄海潮聲入寺微。漢殿班行難廁跡，梁園骨肉重沾衣。多情賴有羊何輩，日日招邀醉夕暉。

《嵩渚文集》23.2a

李　濂〈過信陽訪何氏山莊時大復子在朝、其姪同年君出遊南洞〉

申伯城西楓樹林，我來停馬一高吟。東方大隱金門裏，小院南遊石洞深。落葉晚迷書院逕，遊絲晴育錦囊琴。出門回首空惆悵，桐柏山高淮水深。

《嵩渚文集》23.3a

李　濂〈輓何仲默〉

廿年不見胎簪子，手把遺編一悵予。杜甫盛傳三禮賦，虞卿蚤著八篇書。翩翩藻思空流輩，杳杳雲霞蔽故居。身後文章皆贅物，眼前天地是蘧廬。

《嵩渚文集》29.8b

李　濂〈秋日答何仲默〉

美人枉瑤札，空齋坐相憶。隔街騎馬來，與君對秋色。

《嵩渚文集》32.1b

張治道〈襄陵酒行、柬何大復先生〉

長安臘月十日雪，北風吹地地欲裂。大復山人玉堂仙，招我並坐開華軒。飲我襄陵之美酒，頓令霜臺生春煙。麻姑金華不足傳，古人空欲向酒泉。嗚呼此酒真難得，梨花片片落瓊筵。筵上豪客余與劉，酣飲狂歌醉不休。玉液纔傾琥珀盞，寒光已動鷫鷞裘。醉後騎馬踏月行，白眼望天天欲傾。劉伶好酒不再得，張旭徒傳草聖名。朝來示我襄陵歌，猶憶昨朝金巨羅。

《張太微詩集》4.6b

張治道〈雨中何仲默過留飲〉

草閣臨風閉，軒車冒雨過。清尊入夜飲，佳句倚松哦。竹淨穿雲逕，窗虛映水波。攀歡意不盡，攜手一長歌。

《張太微詩集》5.7b

張治道〈同大復管平田遊興善寺〉

何處堪遊眺，城南興有餘。朝來誰有約，攜手更同車。樓閣秋光滿，川原霽

411 ·

景舒。行吟日已晚，並坐把芙蕖。

《張太微詩集》5.11a

張治道〈回寺東何大復先生〉

城南興善寺，秋日遠相依。未盡流連飲，空令悵望歸。涼風吹野草，薄露濕單衣。暇日還堪過，提攜願不違。

《張太微詩集》5.11b

張治道〈次韻答何大復臥病見寄二首〉

僻地經過少，山齋歎索居。忽聞金馬客，遙遞玉京書。世路同淹病，田園共決渠。不知官舍裏，也復類林廬。

掃雪過林徑，插籬映竹齋。寒禽紛集樹，溜水亂浮階。多病那能遣，深愁強自排。窈勞傳翰墨，無計共幽懷。

《張太微詩集》6.11a

張治道〈病懷東大復平田西陂二首〉

卻掃開林館，焚香坐石床。空庭惟鳥雀，深院有松篁。悶整藏書帙，閒看爛玉方。山齋幽事癖，多病豈相妨。

題詩多漫興，抱病阻佳期。不見同懷者，空山獨在斯。歸雲趨衆壑，倦鳥入深枝。何日終南下，相攜酒一巵。

《張太微詩集》6.11b

張治道〈答何大復拜將臺用韻〉

念此荒涼地，因懷感遇時。登壇謀有在，報主志無移。盛跡千年往，勳名萬古垂。風雲日暮起，猶似漢旌旗。

《張太微詩集》6.14b

張治道〈聞大復先生出關〉

上書辭職早，抱病出關遲。生死憑誰訊，恓惶只自知。斯文應不斬，岐路固如茲。回首梁園道，思君但益悲。

《張太微詩集》6.19b

張治道〈何大復先生挽歌三首〉

江海埋雄劍，乾坤落大星。關山歸旅櫬，嵩嶽返精靈。對鵬哀王傅，悲麟絕孔經。詩名傳宇宙，孰不仰儀形。

桂折空群秀，蘭凋慘衆芳。玉樓天上詔，青史世間香。掛劍知何日，懸旌惜異方。空餘兩眼淚，飄洒渭川陽。

勳業期鍾鼎，文章接上台。忽爲遊岱客，徒有濟川才。吾道真堪淚，斯文更可哀。東門誠未別，懷抱爲誰開。

《張太微詩集》7.11b

張治道〈對山宅選大復詩作，大復別號白坡〉

院靜憐風色，庭寒媚雪姿。來燒清夜燭，共檢白坡詩。大雅還堪續，斯文更可悲。百年纔未半，回首意淒其。

《張太微詩集》8.4a

蔣山卿〈顯靈道院奉餞何仲默之關西〉

仙郎辭禁苑，祖餞向瀛洲。帝幕連銀闕，笙簫下玉樓。洞門棲日月，澗曲隱泉流。石壁藤蘿古，風軒松桂幽。濛濛含宿霧，颯颯動高秋。良夜始堪半，清談終未休。詞場爭絕倒，勝地縱冥搜。握手慚相贈，傾杯惜更酬。雲霄行易遠，人世別難留。高掌□□□，亟關紫氣浮。水同涇渭闊，山□□崝嶸。登眺秦城郭，經過漢置郵。斯文元北斗，吾道復西州。卓犖收才子，騫騰訪舊遊。聲名日延佇，札翰早相投。

《蔣南泠集》9.1a

戴　欽〈與李川甫夜燕何仲默〉

文宿中天會，琴尊清夜開。香風臨玉樹，涼月在金盃。嚴筆生春藻，高歌度落梅。誰知今代裏，復見謫仙才。

《鹿原集》37a（306上）

戴　欽〈送張白川西歸兼寄何大復〉

慷慨燕歌擊玉壺，平生交友半江湖。青春又送還鄉客，白眼誰憐抱病夫。天外冥鴻長自遠，花前皎月向人孤。煩君問訊何中翰，奈何音書積歲無。

《鹿原集》62b（318下）

戴　欽〈春日懷何仲默〉

萬里風塵苦憶君，江樓白晝默看雲。春鴻北去心曾寄，霜鴈南來信不聞。庾嶺梅花空自好，燕臺月色竟誰分。相如幾獻長門賦，漢主當年正好文。

《鹿原集》65a（320上）

田汝棘〈夏日遊吹臺追憶與空同大復二子同遊感而作此〉

荒臺落落澹孤煙、載酒重登想二賢。落日平蕪誰共眺、空林幽鳥獨堪憐。壁留麗句人皆美、碑斷雄文世所傳。回首江關勳業在、丹梯千古恨依然。

《田莘野集》11a

陳　沂〈哀辭六首：第三首大復何按察仲默〉

大復蚤立身，若冠已蒼顏。置身向篇什，畢命山水間。璀璨呈璠璵，欲逸無能刪。安知昔往餞，世路悲多艱。

《拘虛集》1.6a，劉譜4.17b，研究259

陳　沂〈朝謁值長至大賀和何仲默舍人〉

仲冬華月滿仙宮、玉琯寒回夜不風。歌樂奏來三殿合、表函傳進萬方同。霜

痕立馬珂旗外、雲影飛龍寶扇中。幸際一陽從道泰、敢依北斗頌成功。

《拘虛集》3.5b

黃省曾〈哀次何仲默集有感一首〉

薇省鸞臺何舍人，揚芬振藻鳳池新。只緣把釣依黃鵠，不及彈冠狎紫麟。

《五嶽山人集》28.8a

參考書目

《邵亭知見專本書目》　　　　　莫友芝　　　廣文版
《增訂四庫簡明目錄標注》　　　邵懿辰
《明代版刻綜錄》
《中國善本書提要》　　　　　　王重民　　　上海古籍版
《明史》　　　　　　　　　　　　　　　　　中華書局

《孝宗實錄》　　　　　　　　　　　　　　　中央研究院
《武宗實錄》　　　　　　　　　　　　　　　中央研究院
《明武宗實錄校勘記》　　　　　　　　　　　中央研究院
《世宗實錄》　　　　　　　　　　　　　　　中央研究院
《明通鑑》　　　　　　　　　　　　　　　　中華書局

《明史人名索引》
《國朝獻徵錄》　　　　　　　　焦竑
《明人傳記資料所引》
《八十九種明代傳記綜合引得》
《明代地方志傳記所引》
《四庫全書傳記資料所引》
《古今圖書集成中明人傳記索
　引》
《中國叢書綜目》
《中國歷代詩文別集聯合書目》　　　　　　　國學文獻館
《Dictionary of Ming Biography》

《本朝分省人物考》　　　　　　過廷訓　　　明代傳記叢刊（題《明分省人物
　　　　　　　　　　　　　　　　　　　　　　考》）

《國朝列卿記》　　　　　　　　雷禮　　　　成文版
《蘭臺法鑑錄》　　　　　　　　何出光　　　萬曆刻本（北290-291）
《掖垣人鑑》　　　　　　　　　蕭彥　　　　萬曆刊本（中02982）
《毘陵人品志》　　　　　　　　毛憲　　　　丙子（1936）重刊本
《國寶新編》　　　　　　　　　顧璘
《明清進士題明碑錄所引》　　　　　　　　　上海古籍版
《名山藏》　　　　　　　　　　何喬遠　　　成文版
《西園聞見錄》　　　　　　　　張萱　　　　民國排印本
《皇明世說新語》　　　　　　　周駿富　　　明代傳記叢刊
《列朝詩集小傳》　　　　　　　錢謙益　　　中華書局
《四友齋叢說》　　　　　　　　何良俊　　　中華書局版
《掾曹名臣錄》　　　　　　　　王鴻儒　　　續說郛

《（雍正）大清一統志》　　　　　　　　　　四庫全書本

《（萬曆）保定府志》　　　　　　　　　　　日本藏中國罕見地方志叢刊

《（嘉靖）固安縣志》	（北325）
《（嘉靖）霸州志》	天一版（6）
《（乾隆）滄州志》	成文版（北495）
《（同治）靜海縣志》	
《（嘉靖）河間府志》	天一版（1-2）
《（嘉靖）真定府志》	（北323-324）
《（乾隆）大名縣志》	
《（乾隆）東明縣志》	成文版（北513）
《（嘉靖）順德志》	景照本
《（乾隆）沙河縣志》	
《（崇禎）內丘縣志》	（北350）
《（康熙）江南通志》	景照本
《（隆慶）丹陽縣志》	（北349）
《（民國）丹陽縣志補遺》	成文版（中135）
《（康熙）金壇縣志》	景照本
《（崇禎）松江府志》	景照本
《（嘉慶）松江府志》	成文版（中10）
《（康熙）蘇州府志》	景照本
《（萬曆）常州府志》	（北337-339）
《（萬曆）宜興縣志》	（北381）
《（嘉靖）江陰縣志》	天一版（13）
《（崇禎）泰州志》	（北351）
《（隆慶）高郵州志》	（北370）
《（道光）續增高郵州志》	成文版（中154）
《（嘉靖）徐州府志》	成文版（中430）
《（康熙）沭陽縣志》	民國66年（1977）重印本
《（萬曆）廬州府志》	（北373-374）
《（嘉靖）安慶府志》	成文版（中632）
《（康熙）太平府志》	
《（嘉靖）寧國府志》	天一版（23）
《（萬曆）寧國府志》	景照本
《（雍正）河南通志》	四庫全書本
《（萬曆）開封府志》	景照本
《（乾隆）祥符縣志》	
《（乾隆）儀封縣志》	成文版（北94）
《（嘉靖）太康縣志》	天一版（續58）
《（民國）太康縣志》	成文版（北466）
《（嘉靖）襄城縣志》	天一版（45）
《（嘉靖）懷慶府志》	（北386）
《（道光）河內縣志》	成文版（北475）
《（康熙）河南府志》	
《（乾隆）洛陽縣志》	

《(民國)新安縣志》　　　　　　　　　　　成文版(北439)
《(乾隆)信陽州志》　　　　　　　　　　　成文版(北120)
《(民國)信陽縣志》　　　　　　　　　　　成文版(北121)
《(康熙)南陽府志》　　　　　　　　　　　學生版(152)
《(乾隆)唐縣志》　　　　　　　　　　　　成文版(北488)
《(乾隆)桐柏縣志》
《(康熙)汝陽縣志》　　　　　　　　　　　成文版(北480)
《(萬曆)汝南志》　　　　　　　　　　　　景照本
《(乾隆)確山縣志》
《(乾隆)羅山縣志》
《(乾隆)光州志》
《(嘉靖)商城縣志》　　　　　　　　　　　天一版(續60)

《(嘉靖)山東通志》　　　　　　　　　　　天一版(續51-52)
《(雍正)山東通志》　　　　　　　　　　　四庫全書本
《(乾隆)歷城縣志》
《(萬曆)章邱縣志》　　　　　　　　　　　(北340)
《(乾隆)濟寧直隸州志》
《(萬曆)東昌府志》　　　　　　　　　　　(北385)
《(嘉慶)東昌府志》
《(乾隆)館陶縣志》
《(萬曆)恩縣志》　　　　　　　　　　　　(北391)
《(順治)登州府志》

《(嘉靖)山西通志》　　　　　　　　　　　(北380-381)
《(乾隆)太谷縣志》　　　　　　　　　　　乾隆三十年(1765)本
《(光緒)太谷縣志》　　　　　　　　　　　學生版(97)
《(萬曆)潞安府志》　　　　　　　　　　　景照本
《(民國)和順縣志》　　　　　　　　　　　成文版(北408)
《(乾隆)大同府志》
《(萬曆)平陽府志》　　　　　　　　　　　(北364-365)
《(隆慶)襄陵縣志》　　　　　　　　　　　(北386)
《(嘉靖)蒲州志》　　　　　　　　　　　　(北388)
《(康熙)垣曲縣志》　　　　　　　　　　　學生版(99)

《(嘉靖)陝西通志》　　　　　　　　　　　(北371-372)
《(萬曆)陝西通志》　　　　　　　　　　　景照本
《(嘉靖)雍大志》　　　　　　　何景明　　嘉靖元年(1522)刊本(中03680)
《(乾隆)西安府志》
《(嘉靖)高陵縣志》
《(隆慶)藍田縣志》　　　　　　　　　　　(北489)
《(光緒)藍田縣志》
《(光緒)三原縣新志》
《(嘉慶)耀州志》

《(嘉靖)郃陽縣志》　　　　　　　　(北483)
《(隆慶)華州志》　　　　　　　　　(北489)
《(乾隆)直隸商州志》
《(乾隆)鳳翔府志》
《(正德)武功縣志》
《(嘉靖)漢中府志》　　　　　　　　(北733)
《(嘉慶)漢中續修府志》　　　　　　學生版(61)
《(嘉靖)略陽縣志》
《(道光)留壩廳志》
《(萬曆)漢陰縣志》　　　　　　　　(北492)
《(光緒)洵楊縣志》
《(光緒)鳳縣志》
《(嘉慶)延安府志》
《(嘉慶)中部縣志》　　　　　　　　學生版(50)

《(雍正)甘肅通志》　　　　　　　　四庫全書本
《(萬曆)臨洮府志》　　　　　　　　景照本
《(萬曆)階州志》
《(光緒)階州直隸州續志》　　　　　學生版(59)

《(天啟)成都府志》　　　　　　　　(北905-906)
《(嘉慶)成都縣志》
《(乾隆)什邡縣志》
《(嘉慶)什邡縣志》
《(民國)重修什邡縣志》　　　　　　學生版(17)
《(道光)新都縣志》
《(嘉慶)金堂縣志》
《(光緒)內江縣志》

《(嘉靖)湖廣圖經志書》
《(萬曆)湖廣總志》
《(同治)江夏縣志》　　　　　　　　成文版(中341)
《(光續)武昌縣志》　　　　　　　　成文版(中348)
《(嘉靖)漢陽府志》　　　　　　　　天一版(54)
《(乾隆)黃州府志》
《(乾隆)廣濟縣志》
《(同治)廣濟縣志》
《(萬曆)襄陽府志》　　　　　　　　景照本

《(隆慶)永州府志》　　　　　　　　(北412)
《(萬曆)郴州志》　　　　　　　　　天一版(58)
《(嘉靖)常德府志》　　　　　　　　天一版(56)
《(隆慶)岳州府志》　　　　　　　　天一版(57)
《(乾隆)華容縣志》
《(光緒)華容縣志》

《(光緒)桃源縣志》　　　　　　　　　　成文版(中111)
《(光緒)安鄉縣志》
《(乾隆)沅州府志》
《(道光)芷江縣志》

《(萬曆)南昌府志》　　　　　　　　　　景照本
《(光緒)撫州府志》　　　　　　　　　　成文版(中253)
《(嘉靖)臨江府志》　　　　　　　　　　(北414)

《(萬曆)杭州府志》　　　　　　　　　　中國史學叢書版
《(萬曆)新城縣志》
《(嘉靖)寧波府志》　　　　　　　　　　成文版(中495)
《(萬曆)上虞縣志》　　　　　　　　　　景照本
《(嘉靖)衢州府志》　　　　　　　　　　(北399-400)
《(天啟)衢州府志》
《(萬曆)嚴州府志》　　　　　　　　　　日本藏中國罕見地方志叢刊版
《(天啟)江山縣志》　　　　　　　　　　(北495)
《(同治)江山縣志》　　　　　　　　　　成文版(中67)
《(康熙)青田縣志》　　　　　　　　　　成文版(中605)

《(崇禎)閩書》　　　　　　　　　　　　(北459-464)
《(萬曆)福州府志》　　　　　　　　　　景照本
《(民國)莆田縣志》　　　　　　　　　　成文版(南81)

《(嘉靖)廣東通志》　　　　　　　　　　景照本
《(雍正)廣東通志》　　　　　　　　　　四庫全書本
《(嘉靖)南雄府志》　　　　　　　　　　天一版(續66)
《(嘉靖)潮州府志》　　　　　　　　　　景照本

《(萬曆)雲南通志》

《(嘉靖)貴州通志》　　　　　　　　　　天一版(續68-69)
《(萬曆)貴州通志》　　　　　　　　　　景照本
《(康熙)平彝縣志》　　　　　　　　　　成文版(南251)
《(道光)趙州志》　　　　　　　　　　　成文版(南259)

《(雍正)熱河志》　　　　　　　　　　　四庫全書本

《(雍正)太平府志》

《中國歷史地圖集》　　　　　　　　　　地圖出版社

《正蒙會稿》　　　　　　　　　　　　　叢書集成新編(22)

《李東陽集》　　　　　　李東陽　　　　岳麓書社

《東山詩集》	劉大夏	嘉靖五年(1526)重刊本(北)
《林文安公詩集》	林瀚	日本內閣文庫藏重刊本
《石淙詩稿》	楊一清	嘉靖刊本(中11494)
《容春堂前集》	邵寶	四庫全書本
《文肅公圭峰羅先生文集》	羅玘	崇禎七年(1634)刊本(中11548)
《東川劉文簡公集》	劉春	嘉靖三十三年(1554)刊本(中11552)
《東江家藏集》	顧清	四庫全書本
《空同先生集》	李夢陽	四庫全書本又偉文版
《何文簡公文集》	何孟春	萬曆二年(1574)刊本(中11596)
《白湖存稿》	鄭汝美	嘉靖七年(1528)刊本(中11600)
《高吾詩稿》	沉洪謨	嘉靖十三年(1534)刊本(中11602)
《渼陂集》	王九思	偉文版
《熊士選集》	熊桌	嘉靖二十二年(1543)刊本(中11614)
《龍江集》	唐錦	隆慶三年(1569)刊本(中11618)
《浮湘集》	顧璘	四庫全書《顧華玉集》本
《息園存稿》	顧璘	四庫全書《顧華玉集》本
《邊華泉集》	邊貢	偉文版又四庫全書本
《紫巖集》	劉龍	嘉靖刊本(中11646)
《沙溪集》	孫緒	四庫全書本
《王文成全集》	王守仁	四庫全書本
《凌溪先生集》	朱應登	嘉靖刊本(中11664)
《雙溪集》	杭淮	四庫全書本
《南濠居士文跋》	都穆	明刊本(中4974)
《對山文集》	康海	偉文版
《對山集》	康海	嘉靖二十四年(1545)刊本(中11669)
《康對山先生集》	康海	萬曆刊本
《白房雜興》	朱袞	嘉靖刊本(中11672)
《柏齋集》	何瑭	四庫全書本
《蒼谷全集》	王尚絅	乾隆二十三年(1758)刊本
《王氏家藏集》	王廷相	偉文版
《竹澗集》	潘希曾	四庫全書本
《山棠萃稿》	徐問	嘉靖二十年(1541)二年(北947)
《魯文恪公集》	魯鐸	湖北先哲遺書本
《董中峰先生文選》	董玘	嘉靖四十年(1561)刊本(中11713)
《儼山集》、《眼山續集》	陸深	四庫全書本
《鈐山堂集》	嚴嵩	嘉靖刊本(中11721)
《洹詞》	崔銑	四庫全書本
《崔氏洹詞》	崔銑	嘉靖刊本
《顧文康公集》	顧鼎臣	崇禎十三年(1640)刊本(中11719)

《徐文敏公集》　　　　徐縉　　　隆慶二年(1568)刊本(中11758)
《鄭詩》　　　　　　　鄭善夫　　嘉靖刊本
《鄭文》　　　　　　　鄭善夫　　嘉靖刊本
《少谷集》　　　　　　鄭善夫　　四庫全書本
《穆文簡公宦稿》　　　穆孔暉　　明刊本(中11757)
《太白山人漫稿》　　　孫一元　　四庫全書本
《孟有涯集》　　　　　孟洋　　　嘉靖十七年(1538)刊本(中
　　　　　　　　　　　　　　　　11753)
《徐迪功詩集、外集》　徐禎卿　　弘正四傑詩集本
《靡悔軒集》　　　　　張邦奇　　嘉靖《張文定公集》刊本(中
　　　　　　　　　　　　　　　　11755)
《紆玉樓集》　　　　　張邦奇　　嘉靖《張文定公集》刊本(中
　　　　　　　　　　　　　　　　11755)
《梧山王先生集》　　　王縝　　　明刊本(中11762)
《東塘集》　　　　　　毛伯溫　　嘉靖刊本(中11800)
《涇野先生文集》　　　呂柟　　　嘉靖三十四年(1552)刊本(中
　　　　　　　　　　　　　　　　11775)
《東洲初稿》　　　　　夏良勝　　四庫全書本
《端溪先生集》　　　　王崇慶　　嘉靖三十一年(1552)刊本(中
　　　　　　　　　　　　　　　　11779)
《五泉韓汝慶詩集》　　韓邦靖　　嘉靖刊本(中11780)
《苑洛集》　　　　　　韓邦奇　　嘉靖三十一年(1552)刊本(中
　　　　　　　　　　　　　　　　11791)
《棠陵文集》　　　　　方豪　　　嘉靖刊本(中11798)
《戴氏集》　　　　　　戴冠　　　嘉靖刊本
《鳥鼠小集》　　　　　胡纘宗　　嘉靖刊本(中11784)
《涂水先生集》　　　　寇天敘　　嘉靖刊本(中11804)
《古園集》　　　　　　盧雍　　　崇禎六年(1633)刊本(中11833)
《八厓集》　　　　　　周廷用　　景照本
《石磯集》　　　　　　孫繼芳　　嘉靖刊本(北994)
《陽峰家藏集》　　　　張璧　　　嘉靖二十三年(1544)刊板(中
　　　　　　　　　　　　　　　　11826)
《古菴毛先生文集》　　毛憲　　　嘉靖四十一年(1562)刊本(中
　　　　　　　　　　　　　　　　11930)
《張愈光詩文選》　　　張含　　　雲南叢書本
《崑崙山人集》　　　　張詩　　　嘉靖刊本
《薛西原集》　　　　　薛蕙　　　嘉靖十四年(1535)刊本(中
　　　　　　　　　　　　　　　　11849)
《考功集》　　　　　　薛蕙　　　四庫全書本
《嵩渚文集》　　　　　李濂　　　嘉靖刊本(北京圖書館藏)
《升菴集》　　　　　　楊慎　　　四庫全書本
《張太微詩集》　　　　張治道　　嘉靖刊本(北935)
《鹿原集》　　　　　　戴欽　　　北京圖書館古籍珍本叢刊109影
　　　　　　　　　　　　　　　　印明抄本

《蔣南泠集》	蔣山卿	嘉靖刊本
《谿田文集》	馬理	萬曆十七年（1589），隆慶修補本（中11859）
《田莘野集》	田汝耒	盛明百家詩本
《拘虛集》	陳沂	嘉靖刊本（中11908）
《夢澤集》	王廷陳	四庫全書本
《洞庭漁人文集》	孫宜	舊鈔本（中12042）
《皇甫司勳集》	皇甫汸	四庫全書本
《李開先集》	李開先	中華書局版
《五嶽山人集》	黃省曾	嘉靖刊本（中12089）
《丘隅集》	喬世寧	嘉靖刊本（北1004）
《弇州山人四部稿》	王世貞	偉文版
《山居文稿》	喻均	萬曆刊本（中12584）
《文選》	蕭統	正中書局影印本
《石倉歷代詩選》	曹學佺	四庫全書本
《皇明文海》	顧嗣立	京都大學人文科學研究所藏抄本
《明文海》	黃宗羲	四庫全書本
《明詩記事》		
《全蜀藝文志》		四庫全書本
《粵西文載》	汪森	四庫全書本
《粵西叢載》	汪奔	四庫全書本
《何大復先生年譜》	劉海涵	龍潭精舍叢刻本
《明七子詩文及其論評之研究》	龔顯宗	中國文化學院博士論文
《李何詩論研究》	簡錦松	國立臺灣大學碩士論文
《何景明評傳》	姚學賢、等	河南大學
《何景明研究》	李叔毅等編	中州古籍
〈李空同先生年表〉	安涎	
〈關於〈何大復年譜〉若干問題的考證〉	草木	信陽師範學院學報1991.3:58-61

國家圖書館出版品預行編目資料

何景明叢考

／白潤德著. --初版. --臺北市：
臺灣學生，民86
　面；　公分
參考書目：面
含索引
ISBN 957-15-0812-8(精裝).
ISBN 957-15-0813-6(平裝)

1.（明）何景明 - 作品集 - 評論
2.（明）何景明 - 傳記

846.5　　　　　　　　　　　　　　86001652

何 景 明 叢 考（全一冊）

著　　者：白　　　潤　　　德
出 版 者：臺　灣　學　生　書　局
發 行 人：丁　　　文　　　治
發 行 所：臺　灣　學　生　書　局
　　　　　臺 北 市 和 平 東 路 一 段 一 九 八 號
　　　　　郵 政 劃 撥 帳 號 ○○○二四六六八號
　　　　　電　話：三 六 三 四 一 五 六
　　　　　傳　眞：三 六 三 六 三 三 四
本書局登
記證字號：行政院新聞局局版臺業字第一一○○號
印 刷 所：常 新 印 刷 有 限 公 司
　　　　　地　址：板 橋 市 翠 華 街 8 巷 13 號
　　　　　電　話：九 五 二 四 二 一 九
定價　精裝新臺幣五八○元
　　　平裝新臺幣五○○元
西 元 一 九 九 七 年 四 月 初 版

84602　　　版權所有・翻印必究
　　　ISBN　957-15-0812-8（精裝）
　　　ISBN　957-15-0813-6（平裝）

臺灣學生書局 出版

中國文學研究叢刊

①詩經比較研究與欣賞　　　　　　　　裴　普　賢　著
②中國古典文學論叢　　　　　　　　　薛　順　雄　著
③詩經名著評介　　　　　　　　　　　趙　制　陽　著
④詩經評釋（二冊）　　　　　　　　　朱　守　亮　著
⑤中國文學論著譯叢（二冊）　　　　　王　秋　桂　編
⑥宋南渡詞人　　　　　　　　　　　　黃　文　吉　著
⑦范成大研究　　　　　　　　　　　　張　劍　霞　著
⑧文學批評論集　　　　　　　　　　　張　　　健　著
⑨詞曲選注　　　　　　　　　　　　　王熙元等編著
⑩敦煌兒童文學　　　　　　　　　　　雷　僑　雲　著
⑪清代詩學初探　　　　　　　　　　　吳　宏　一　著
⑫陶謝詩之比較　　　　　　　　　　　沈　振　奇　著
⑬文氣論研究　　　　　　　　　　　　朱　榮　智　著
⑭詩史本色與妙悟　　　　　　　　　　龔　鵬　程　著
⑮明代傳奇之劇場及其藝術　　　　　　王　安　祈　著
⑯漢魏六朝賦家論略　　　　　　　　　何　沛　雄　著
⑰古典文學散論　　　　　　　　　　　王　熙　元　著
⑱晚清古典戲劇的歷史意義　　　　　　陳　　　芳　著
⑲趙甌北研究（二冊）　　　　　　　　王　建　生　著
⑳中國兒童文學研究　　　　　　　　　雷　僑　雲　著
㉑中國文學的本源　　　　　　　　　　王　更　生　著
　　　　　　　　　　　　　　　　　　前　野　直彬　著
㉒中國文學的世界
　　　　　　　　　　　　　　　　　　龔　霓　馨　譯
㉓唐末五代散文研究　　　　　　　　　呂　武　志　著
㉔元白新樂府研究　　　　　　　　　　廖　美　雲　著
　　　　　　　　　　　　　　　　　　中 國 古 典 文 學
㉕五四文學與文化變遷
　　　　　　　　　　　　　　　　　　研 究 會 主 編